W0035423

Rupert Lay · Krisen und Konflikte

Rupert Lay

Krisen und Konflikte

Ursachen, Ablauf,
Überwindung

Wirtschaftsverlag
Langen-Müller/Herbig

© 1980 by Wirtschaftsverlag Langen-Müller/Herbig
Albert Langen, Georg Müller Verlag GmbH, München
Alle Rechte vorbehalten
Schutzumschlag, Christel Aumann, München
Satz: Josef Fink GmbH, München
Druck und buchbinderische Verarbeitung:
Jos. C. Huber KG, Dießen
Printed in Germany
ISBN 3-7844-7071-8

Inhaltsverzeichnis

Vorwort

Krisen und Konflikte sind nahezu allgegenwärtig. Ich gehe deshalb in diesem Buch davon aus, daß Krisen und Konflikte nicht unbedingte Ausnahmen im Leben eines Menschen oder einer Gesellschaft sind. Ich nehme auch nicht an, daß sie stets zerstörend wirken. Sie sind an erster Stelle Ausdruck des allerdings immer gefährdeten psychisch und sozial Gesunden. Eine Art von Lebenszeichen.

Über Selbstverständliches ein Buch zu schreiben, bedeutet immer ein gewisses Risiko. Aber ganz so selbstverständlich ist es denn nun mit Krisen und Konflikten auch wiederum nicht. Es gibt eine Reihe von solchen Ereignissen, für die wir bislang keine Strategien ausbildeten, vielleicht auch nicht einmal ausbilden konnten, weil wir ihnen noch nicht begegneten oder weil sie andere für uns lösten oder weil wir sie einfach nicht sahen oder nicht sehen wollten. Es gibt oft eine Vielzahl von Methoden, Krisen und Konflikten zu bewältigen. Die gerade aufgeführten sind allesamt nicht sonderlich befriedigend.

Eine optimale Reaktion in einer Krise oder einem Konflikt, den wir nicht schon im Verlauf unserer Sozialisation zu lösen gelernt haben, setzt eine Reihe von Eigenschaften voraus, die keineswegs selbstverständlich gegeben sind.

Dazu gehören:

● Ein gutes Maß psychischer und sozialer Gesundheit, das es uns erlaubt, die Gegebenheiten so zu sehen und so zu beurteilen, wie sie tatsächlich sind.

● Eine gute Kenntnis psychischer und sozialer Mechanismen, um die eigene und die fremde Reaktion zu erkennen und zu verstehen, sowie eine begründete Prognose über den weiteren Verlauf der Krise oder des Konfliktes geben zu können.

● Eine gut bestätigte Theorie über Krisen und Konflikte.

Dieses Buch kann nun keine psychische und soziale Gesundheit vermitteln. Es kann also nicht da therapieren, wo Hilfe als unmittelbarer menschlicher Anspruch und Zuwendung erforderlich ist. Es kann jedoch eventuell auf psychische und soziale Störungen aufmerksam machen, die immer dann vermutet werden dürfen, wenn psychische oder soziale Konflikte nicht oder nicht konstruktiv gelöst werden (können). Dieses Buch geht also von einer recht optimistischen Voraussetzung aus: Jede Krise und jeder Konflikt kann konstruktiv aufgelöst werden. Dazu möchte es Hilfen anbieten. Wohlgemerkt, es kann keine Patentrezepte vermitteln. Das liegt unter anderem daran, daß in Krisen und Konflikten Menschen tätig werden, deren Verhalten keineswegs determiniert ist und die daher in ihren Aktionen und Reaktionen kaum vorherberechenbar sind. Somit stellt sich jede Krise und jeder Konflikt sehr individuell dar und ist nur beschränkt mit anderen vergleichbar. Wenn das Buch schon keine Patentrezepte anbieten kann, was soll es dann? Theorien und Problematisierung gibt es in reicher Zahl. Sie um eine weitere zu mehren, lohnt kaum den Aufwand. Nun möchte ich keineswegs die Serie von Theorien und Problematisierung menschlicher Situationen um eine weitere vermehren. Ich will vielmehr den Leser in die Lage versetzen, Krisen und Konflikte zu erkennen, zu identifizieren und somit zu verstehen. Ist einmal eine Krise, ein Konflikt verstanden, ist er damit noch nicht notwendig schon gelöst. Denn Krisen und Konflikte spielen *auch* auf einer Ebene, die durch Verständnis und Einsicht nur beschränkt beeinflußt werden kann: Auf der Ebene der Emotionen nämlich, die nicht selten autonom, d. h. unabhängig von aller Einsicht und allem Wollen ablaufen.

Nun vermute ich aber, daß schon sehr viel zur Bewältigung eines Konflikts oder einer Krise geleistet ist, wenn der Betroffene die autonomen psychischen Reaktionen als diese durchschaut und somit in gewisser Hinsicht für einige Zeit soweit isoliert, daß sie nicht mehr in Handlungen oder Worten ausbrechen. Damit ist zwar ein Konflikt oder eine Krise nicht behoben, aber sie eskaliert auch nicht. Und mitunter ist das Einfrieren eines Konfliktes in seinem Status quo schon ein guter Schritt zur Lösung.

Sicherlich kann auch »der Beste nicht in Frieden leben, wenn es dem bösen Nachbarn nicht gefällt«. Zum Konflikt wie zur Konfliktlösung gehören in den meisten Fällen zwei. Das kann durchaus bedeuten, daß ein Konflikt noch lange nicht beigelegt ist, wenn nur einer der Partner konfliktfähig ist, d. h. in der Lage ist, Konflikte prinzipiell konstruktiv aufzulösen. Ist es nur einer, eskaliert in aller Regel der Konflikt nicht weiter. Und das *kann* schon sehr viel bedeuten. Nicht selten trocknet ein nicht eskalierender Konflikt von selbst aus, endet eine Krise ohne jedes Zutun von Menschen – auf Grund uns weitgehend unbekanter psychischer und/oder sozialer Mechanismen.

8

Somit hat also das Buch eine eindeutige Aufgabe: Es will Krisen und Konflikte in ihren Ursprüngen und Abläufen verstehen lehren, um dem Leser zu helfen, sich selbst konfliktfähiger zu machen.

Mangelnde Konfliktfähigkeit scheint eines der Merkmale unserer Zeit zu sein. Nur wenige Menschen sind in der Lage, konflikthafte Situationen sinnvoll zu meistern. Darunter leidet nicht nur die psychische und soziale Gesundheit des Betroffenen, sondern auch seine somatische. Die moderne Medizin geht davon aus, daß sehr viele körperliche Störungen und Leiden (von Magengeschwüren über Schlaflosigkeit bis zu Herz-Kreislauferkrankungen) ihren wichtigsten Grund haben in unaufgelösten psychischen oder sozialen Konflikten eines Menschen.

Mangelnde Konfliktfähigkeit macht auch Führen oft nahezu unmöglich. Führen schließt ganz sicher auch die Fähigkeit mit ein, Konflikte konstruktiv aufzulösen – das gilt keineswegs nur für soziale Konflikte, sondern auch für eigene psychische. Ein Mensch, der zwar die Konflikte seiner Umwelt zureichend beherrscht, nicht aber die seiner eigenen Psyche, wird schon deshalb kaum Menschen führen können, weil solche ungelösten psychischen Konflikte

● eine Menge »psychischer Energie« absorbieren,
● kaum eine positive Grundstimmung aufkommen lassen (sie kann allenfalls gespielt sein),
● nur begrenzt und kurzzeitig verborgen bleiben.

Ich denke, daß alle Menschen, die andere führen, diesen Führungsanspruch sich und anderen ausweisen müssen durch entwickeltere Konfliktfähigkeit. Das gilt für Eltern und für Unternehmer, für Therapeuten wie für Politiker, für Seelsorger wie für Verkäufer ...

Doch nicht nur im individuellen Bereich scheint die Konfliktfähigkeit gering. Auch unter Gruppen und Gesellschaften wird seit einigen Jahren eine Tendenz deutlich, die auf abnehmende Konfliktfähigkeit schließen läßt. Ich will hier auf nur einige solcher »gestörter Beziehungen« (denen unbeherrschte offene oder latente Konflikte zugrunde liegen) verweisen:

● Gewerkschaften – Arbeitgeberverbände,
● politische Parteien – Bürgerinitiativen,
● Erwachsenengesellschaft – Jugend,
● Industrieländer – Entwicklungsländer,
● Etablierte Kirchen – Jugendreligionen.

Wichtig ist nicht, daß es solche Konflikte gibt, sondern daß keine Strategien beherrscht werden, sie sinnvoll aufzulösen. Ich denke also, daß die Bildung zur Konfliktfähigkeit heute eine der vorrangigsten Bildungsziele sein muß.

Sollten Sie dieses Buch nicht nur überfliegen, sondern gründlich lesen – wenn möglich von Anfang an –, dann kann ich Ihnen zusichern, daß Ihre Konfliktfähigkeit nach einigem Training wesentlich besser geworden sein wird.

Doch dazu noch einige Hinweise.

● Sie sollten einige Geduld aufbringen und nicht zu früh kapitulieren, wenn Sie das eine oder andere nicht verstehen. Zentrale Inhalte werden in verschiedenem Kontext wiederholt – damit aus der so entstehenden Mischung von Bekanntem und Neuem eine optimale Chance werden kann, das Gelesene auch zu erfassen (und das meint nicht nur ein intellektuelles Begreifen, sondern auch ein emotional und von kritischer Eigenerfahrung begleitetes Verstehen).

● Sie sollten nach einigem Blättern, das Buch von vorne nach hinten lesen. Ich weiß, daß das für nicht wenige Leser eine Zumutung ist. Ich selbst bin es gewohnt, außer Kriminalromanen ein Buch erst einmal »Zwischendurch« zu lesen. Da dieses Buch aber nicht bloß Informationen vermitteln will, sondern Hilfe zur Selbsthilfe, sollten Sie es auch nicht unbedingt wie ein Buch, das bloße Information vermittelt (im Grenzfall etwa ein Lexikon), lesen.

● Sie sollten versuchen, die Abschnitte des zweiten Teils durch eigene Erfahrungen zu beleben. Es ist durchaus keine schlechte Methode, nach Lektüre des ersten Teils, zunächst einmal ein gutes Dutzend von Konflikten des eigenen Lebens niederzuschreiben, mit deren Auflösung Sie nicht recht zufrieden waren (aus oft nicht ganz erklärlichen Gründen). Es ist durchaus möglich, daß nach der Lektüre der ungelöste oder schlecht gelöste Konflikt durchschaubarer geworden ist – und ähnliche Konfliktsituationen deshalb in Zukunft entweder ganz vermieden oder doch besser gemeistert werden können. Der dauernde Rückgriff auf eigene Erfahrungen ist also unbedingt notwendig, um aus dem Durcharbeiten dieses Buches optimalen Nutzen zu ziehen.

Vielleicht wird der eine oder andere Leser solche Aufforderungen als Zumutung verstehen – vor allem dann, wenn er gewohnt ist, Bücher passiv zu lesen, wenn er auch im Bildungsbereich in die Rolle des Konsumenten geschlüpft ist. Dieser Konflikt zwischen Leser und Buch (bzw. Autor) kann durchaus fruchtbar sein.

Da die Bildung zur Konfliktfähigkeit meist nirgendwo ausdrücklich gelehrt wird (außer vielleicht in manchen Therapiegruppen in Bezug auf Käseglockenkonflikte, das sind Konflikte, die sich unter dem Schutz des Therapeuten abspielen und deren Stategien nur sehr begrenzt in die »richtige« Welt übertragbar sind), muß sie jeder Mensch selbst erlernen.

Für wen ist also dieses Buch gedacht? Nun, für alle Menschen, die sich der intellektuellen und emotionalen Mühsal unterziehen können und wollen, die mit der Lektüre eines solchen Buches verbunden ist. Vielleicht mag es auch den einen oder anderen Leser anstiften, darüber nachzusinnen,

● warum wir auf unseren Schulen alles mögliche lehren – nur Wichtiges nicht (und dazu gehören Techniken, mit Krisen und Konflikten optimal umzugehen)?

● warum die Fähigkeit, mit Krisen und Konflikten sinnvoll umzugehen offensichtlich nachläßt?

● warum Menschen anderen Menschen völlig überflüssiges Leid zufügen?

Ich habe auf alle diese Fragen keine Antwort parat. Ich vermute aber, daß mancher Leser zumindest die Problematik dieser Fragen erkennt und ahnen wird, daß es wichtig sei, sie zu beantworten.

Einleitung

Wie muß ein Buch gegliedert sein, daß helfen will, Konflikte und Krisen zu verstehen und sie so besser und kontruktiv durchzustehen und zu enden? Bei den vielen Konflikt-Seminaren, an denen ich während meiner Studienzeit oder während der Zeit als Hochschullehrer teilgenommen habe, ist mir stets aufgefallen, daß allen Konzeptionen eine meist implizite Persönlichkeits- und Gesellschaftstheorie zugrunde lag. Versuchte man, sie ausdrücklich zu machen oder gar auszuführen, zeigte sich in aller Regel, wie unzureichend und widersprüchlich viele dieser impliziten Theorien waren. Ich nahm mir deshalb schon als Student vor, daß – wenn ich jemals dazu kommen sollte, ein Buch über Krisen und Konflikte zu schreiben – ich nicht nur über eine Persönlichkeits- und Gesellschaftstheorie verfügen würde, sondern sie dem Leser auch vorstellen wollte.

Eine solche Theorie, die alle zur Verfügung stehenden Daten aus oft sehr verschiedenen Wissenschaftszweigen umgreift, kann notgedrungen nicht eine der unmittelbar empirisch gründenden Wissenschaften (wie Soziologie, Psychologie, Pädagogik) sein, sondern wird – auf diesen aufbauend – sich selbst philosophisch konzipieren. Kommt es doch nicht darauf an auszumachen, was unter dem formalen Aspekt dieser oder jener Psychologie oder Soziologie oder Pädagogik »Person« und »Gesellschaft« denn eigentlich bedeuten, sondern, was sie *an sich* real sind. Es kommt also darauf an, sich von einem theoretischen Konstrukt der spekulativen Beschreibung der Realität zuzuwenden. Das ist sicher nicht immer ganz ungefährlich. Und dennoch haben spekulative Theorien den Vorteil, daß sie – wenn schon allenfalls mittelbar empirisch falsifizierbar – dennoch eine gewisse Einheitlichkeit in aller Pluralität herzustellen erlauben. Und das ist notwendig, erfährt doch der konkrete Mensch sich und Gesellschaft als durchaus konkret und Eigenschaften von Person und Gesellschaft als in deren Realität begründet. Die grundsätzlich – wenn auch mittelbare – empirische Falsifizierbarkeit stellt zudem sicher, daß es sich dabei nicht um ein bloß rationales Konstrukt, nicht um den Aufbau eines Denksystems handelt, das auf Realität gar nicht oder nur begrenzt abzubilden wäre (wie etwa jene philosophischen Systeme der Vergangenheit, denen ein hoher Plausibilitätsgrad als Bestätigungsgrund genügte).

Damit ist schon deutlich gemacht, wie der erste Teil dieses Buches gestaltet sein muß: er wird philosophisch reflektieren über das, was »Person« und »Gesellschaft« bedeuten, wenn man diese Begriffe in möglichster Nähe zur Realität siedeln möchte, und sie nicht als Hilfsbegriffe einer empirischen Wissenschaft versteht.

Da Konflikte und Krisen stets in konkreten Personen und konkreten Gesellschaften gründen, müssen die realen (die »ontologischen«) Gründe von Person und Gesellschaft dargestellt werden, wenn man wissen möchte, wo denn eigentlich die Wurzeln von Konflikten gründen – und wo uns Grenzen gezogen sind, sie aufzulösen. Man wird auch etwas wissen müssen über die Bezüge, die Person an Gesellschaft und Gesellschaft an Person binden, denn gerade diese Bezüge sind nicht selten Orte von Krisen und Konflikten.

Der zweite Teil dieses Buches wird in eher üblicher Weise Typen von Konflikten und Krisen beschreiben und an Beispielen erläutern. Er wird versuchen, verfügbare und bestätigte Theorien anzubieten, um so ein eher *technisches* Verständnis für den Grund, den Ablauf und die Bewältigung von Krisen und Konflikten zu vermitteln. Ich versuche hier nicht eine theoretische Festlegung. Vielmehr wird gerade in dem Kapitel über psychische Konflikte, das sicherlich viele Leser betreffen und angehen wird, eine Pluralität von Theorien vorzutragen sein. Das geschieht keineswegs, weil ich selbst theorielos bin oder mich nicht für die eine oder andere entscheiden kann. Ich habe vielmehr im Laufe meiner therapeutischen Erfahrung feststellen können, daß es keine Theorie gibt, die in allen mir bekannten Fällen geeignet gewesen wäre, eine konkrete Situation optimal zu beschreiben. Ich vermute also, daß jeder Theorienmonismus, der sich auf eine einzige Theorie stützt, weder der Wissenschaft, noch der Praxis gerecht wird, für die allein Wissenschaft da zu sein hat, und in der sie sich legitimieren muß. Ich bitte daher den Leser, auch für sich selbst eine Pluralität von Theorien zuzulassen. Ich weiß, daß das bei Manchen auf Schwierigkeiten stoßen kann. Vor allem Vertreter psychoanalytischer oder verhaltenstherapeutischer Schulen sind mitunter so sehr von ihrer Theorie eingefangen, daß sie eine scheinbar konkurrierende nur noch unter dem Gesichtswinkel potentieller Mängel betrachten können. Das ist schade – vor allem weil es der Praxis nicht gerecht wird. Wir sind heute noch nicht in der Lage, eine einheitliche Theorie über Krisen und Konflikte zu geben, die es ermöglichte, jeder kritischen

Situation und jeder Konfliktart zureichend und umfassend gerecht zu werden. Ich werde daher auch durchaus – und das nicht nur terminologisch – einmal der einen, das andere Mal einer anderen Theorie zuneigen. Der dritte Teil des Buches endlich bringt einige Fälle aus der Praxis. Diese Fälle wurden – ohne die Substanz zu verändern – soweit verfremdet, daß eine Identifikation des beschriebenen Falls durch Dritte ausgeschlossen ist. Oft ist er so weit generalisierbar, daß er viele Menschen betrifft. In der Regel strebe ich bei der Darstellung von Fällen einen möglichst hohen Grad der Verallgemeinbarkeit an, damit der Leser Situationen vorfindet, die ihm nicht völlig fremd sind.

Dieser dritte Teil hat besonders die Aufgabe, bestimmte Teile des theoretischen praktisch zu machen. Es soll vor allem dem im theoretischen Denken weniger geschultem Leser möglich gemacht werden, den Praxisbezug von Theorien prinzipiell zu bemerken und die Weise kennen zu lernen, Theorien praktisch zu machen. Doch soll dieser eher formale Aspekt den vorgenannten inhaltlichen keineswegs verdrängen.

1. Teil

Person und Gesellschaft

Krisen und Konflikte – so will ich eingangs annehmen – werden erfahrbar als Störungen des psychischen und/oder sozialen Gleichgewichts einer Person oder einer Gesellschaft. Dennoch sind Krisen und Konflikte nur beschränkt mit dem Begriffsapparat, den Psychologie und Soziologie (bzw. Politologie, Ökonomie ...) zur Verfügung stellen, zu analysieren. Der Grund: diese Disziplinen stellen zunächst eher Begriffe bereit, solche Ungleichgewichtszustände zu beschreiben, als sie zu analysieren. Ihre Analyse setzt nämlich eine explizite Theorie voraus. Explizite Theorien aber über das Verhalten von Menschen gründen ihrerseits in aller Regel in impliziten *philosophischen* Persönlichkeits- und Gesellschaftstheorien, die aller einzelwissenschaftlichen Theorie voraus und – meist ganz unbewußt – ihr zugrunde liegen. Das Welt- und Menschenbild eines Menschen liegt *vor* seiner wissenschaftlichen Reflexion und begründet, lenkt und bestimmt diese oft weit mehr als allgemein bewußt ist.

Diese »impliziten philosophischen Theorien« sind meist Widerspiegelung von Teilinhalten der *symbolischen Sinnwelt* eines Menschen. Diese »symbolische Sinnwelt« kommt zustande im Bemühen, Erfahrungen, Bedürfnisse, Wissensinhalte, Überzeugungen in einen universellen, alles dies umgreifenden Interpretationsrahmen zu stellen. So wird es möglich, Anteile der Wirklichkeit aufeinander zu beziehen, sie zu ordnen, und aus dem Horizont möglicher Sinnlosigkeit und Widersprüchlichkeit herauszunehmen und zu »besinnen«. Diese symbolische Sinnwelt als universellster Referenzrahmen ist gleichsam als allgemeinste Theorie zu verstehen, als universellste Erklärung über alles Erfahrene und – vermutlich – Erfahrbare.

Hierbei handelt es sich nicht um eine »wissenschaftliche Theorie«, sondern um den allgemeinsten Anteil der ursprünglichen Theorie-Praxis-Einheit, in der Menschen sich selbst, Welt, Geschichte, Gesellschaft ... begegnen. Wissenschaft (auch Psychologie und Soziologie) entstehen erst mit ihrer Theorienbildung, wenn im Bereich der ursprünglichen Theorie-Praxis-Einheit Probleme (etwa Krisen und Konflikte) auftauchen, die nicht mehr als Elemente der symbolischen Sinnwelt verstehbar sind und diese also bedrohen oder doch infrage stellen. Und damit ist schon eine Eigenart vieler Krisen und Konflikte bestimmt: Sie werden zumeist ausgelöst durch Erfahrungen, die nicht mehr im Rahmen der herrschenden symbolischen Sinnwelt interpretierbar erscheinen und diese so infrage stellen.

Als Aufgabe der Wissenschaften wird zumeist angegeben, diese Gleichgewichtsstörung zu beheben, ohne die symbolische Sinnwelt infrage zu stellen. Und insofern sie selbst im Horizont solches Erkenntnisinteresses entstanden sind und sich in aller Regel auch realisieren, versuchen sie diesem Auftrag gerecht zu werden. Das geht auch zumeist solange gut, bis *problematische Probleme* auftauchen. Das sind – im Gegensatz zu »unproblematischen Problemen« – Probleme, die mit der impliziten Theorie der symbolischen Sinnwelt nicht zu lösen sind. Und damit stehen wir vor einem ersten Unterscheidungskriterium von Krisen und Konflikten: Die erste Gruppe ist »unproblematisch« – d.h. ihre Lösung erzwingt keine radikale Neubesinnung im Bereich der ursprünglichen Theorie-Praxiseinheit von Personen oder Gesellschaften –, die zweite ist die der problematischen. Diese sind nur zu lösen über eine wenigstens partielle Neudefinition der betroffenen Person oder Gesellschaft. Das kann zu neuen Qualitäten im Bereich von Sein und Bewußtsein, zu erheblichen Neuorientierungen, zu Veränderungen im Verhältnis zur Rechts- und Moralordnung, ja zu deren inhaltlicher Neubestimmung führen. Sie werden bemerken, daß die Lösung solcher problematischen Probleme in der Regel »revolutionär« ausgeht. Solchen revolutionären Lösungen liegen zumeist jedoch längere Latenzzeiten voraus, in denen die betroffene Person oder Gesellschaft versuchen, entweder die Problematik des Problems zu leugnen (und es so unerheblich zu machen) oder einfach so zu tun als wäre es gar nicht vorhanden. Das »Sich-totstellen« ist allemal eine mögliche, wenn auch meist recht wenig erfolgreiche Problemlösungsstrategie.

Um die mögliche Gefährdung symbolischer Sinnwelten voll zu ermessen, können Sie versuchen, folgende Thesen zu bedenken:

● Eine »Sinnwelt« ist stets theoretisch. Sie gründet also zwar in Erfahrungen, doch wird sie nicht von Erfahrungen erzwungen. Ganz ähnliche Erfahrungen können zu sehr verschiedenen Theorien führen. [»Theorie« ist hier als vorwissenschaftlicher Aspekt der ursprünglichen Theorie-Praxis-Einheit verstanden, mit der Menschen den verschiedenen »Welten« (soziale, kosmische, historische …) begegnen und sie erklärend besinnen.] Theorien sind auch in diesem Bereich (wie auch im wissenschaftlichen) niemals wahr, sondern allenfalls brauchbar, nützlich, erfolgreich …

● Eine »Sinnwelt« handelt stets über Sinn. Sie versucht, ihn aus- und festzumachen. »Sinn« aber bezeichnet eine Ordnungsform menschlichen Erlebens, die es verständlich und damit emotional und intellektuell beherrschbar macht. Solcher Sinn ist aber keineswegs allgemein vorgegeben, sondern wird in erheblichen Anteilen zuerst vom Menschen gesetzt. Das Verhältnis des Menschen zum »Sinn« ist also etwas zwiespältig und oft verwirrend. Er vermutet sich zumeist als Nachsinnender (über vorgegebenen objektiven Sinn im Nachhinein Denkender), obschon er doch weitgehend Besinnender (mit Sinn Begabender) ist. Es mag durchaus so etwas wie objektive Sinnvorgaben geben, die jedem konkreten Menschen und jeder konkreten Gesellschaft voraus liegen, nur können wir sie vermutlich nicht erkennen. Objektive Sinnbegründung, vorgängig zu Person und Gesellschaft, setzt die objektive (und nicht bloß subjektive) Existenz eines »Wesens« voraus, das allen Personen und Gesellschaften vorgegeben ist in schicksalhaftem Apriori. Man mag es »Gott« nennen oder »objektives Gesetz«. Kommunikabel erfahrbar ist es nicht zu machen, sondern allenfalls Gegenstand spekulativer Theorienbildung. Liegt der Existenz von Person und Gesellschaft also ein objektiver Sinn voraus, ist er nicht mitteilbar einzuholen, nicht sprachlich zu erfassen, weil grundsätzlich dem begreifenden Begriff entzogen, der die Heimat seiner Bedeutungen immer in einer konstituierten Sinnwelt hat.

● Symbolisch wird eine Sinnwelt dann genannt, wenn ihre Gegenstände keineswegs real sind, sondern allenfalls auf Reales verweisen – also Symbole vorstellen. Begriffe (mit ihren meist auch emotionalen Bedeutungen) sind etwa solche Symbole. Doch gibt es auch Symbole höherer Ordnung. Sie werden oft bezeichnet durch Begriffe die nicht Erfahrbares bezeichnen: Hierher gehören alle Begriffe, die wir Menschen *erdenken*, um Erfahrenes zu erklären. Die großen Worte der Menschen wie »Gott«, »Freiheit«, »Solidarität«, »Gesetz«, »Welt«, »Seele«, »Treue«... gehören hierher. Die Labilität dieser Begriffe ist sicher darin begründet, daß sie vor allem eine emotionale Bedeutung haben (und nicht an erster Stelle eine streng semantische). Sie bezeichnen also nicht erststellig Erfahrungen, die Menschen über ihre Sinneswahrnehmung machen, sondern Erfahrungen, die sich in interpersonalem Geschehen, in Begegnungsprozessen einstellen. Diese aber hängen nach Art, Interpretation und emotionalem Wert sehr viel weitgehender von subjektiven Vorgaben ab, als Erfahrungen, die in Sinneswahrnehmungen gründen. Das aber hat zur Folge, daß die Bedeutungen dieser Begriffe sehr labil sind – sie können sich von einer kommunikativen Situation zur anderen ändern, sie können von einem Menschen zum anderen und von einer Gesellschaft zur anderen sehr verschieden sein.

● Symbolische Sinnwelten sind offensichtlich überhaupt nur zu stabilisieren, wenn sie bestimmte Informationen und Erfahrungen als unerheblich eliminieren. Sie müssen also die Informationsaufnahme und die Erlebniserkenntnis gleichsam zensieren. Daß mit solcher Zensur immer mögliche Konfliktherde geschaffen werden, scheint offensichtlich. Diese Zensur ist übrigens selbst mit den Methoden *wissenschaftlicher* Erkenntnis nicht zu umgehen. Auch im Bereich von Wissenschaft bestimmen Aspekte kollektiver symbolischer Sinnwelten, was sinnvoller Gegenstand wissenschaftlicher Forschung ist. Die materiellen Sinngehalte symbolischer Sinnwelt gehen also wenigstens als Zensurinstanz in den Bereich der Konstitution wissenschaftlicher Fakten ein. Denn ein wissenschaftliches Faktum wird dadurch erhoben, daß man alles »Unwesentliche«, alles »Drumherum« wegläßt. Was aber unwesentlich ist und was peripher, bestimmen kollektive und individuelle symbolische Sinnwelten.

Man tut also gut daran, selbst den Bereich der Faktendarstellung schon vor dem Hintergrund von Sinnwelt zu interpretieren (das gilt ganz besonders jedoch und erst recht für die Theorienbildung). Diese Einsicht mag uns skeptisch werden lassen, wenn es sich um sogenannte wissenschaftliche Fakten handelt. Sie sind allesamt schon interpretiert, zumindest aber zensuriert, durch die aller Wissenschaft vorausliegende Theorie-Praxis-Einheit, die sich in ihrem theoretischen Anteil in der Sinnwelt verdichtet.

Die einzige Möglichkeit sich dieses zwingenden Implikats aller Wissenschaft zu bemächtigen und damit seine Herrschaft zu relativieren besteht darin, sich seiner selbst klar zu werden. Wenn es mir gelingt, meine symbolische Sinnwelt zu reflektieren, kann ich ihre Möglichkeiten und Grenzen auch im Raum von Theorien, die aufgestellt wurden, um Probleme mit anderen oder mit eigener Sinnwelt zu lösen, in einiger Annäherung erkennen. Solche Erkenntnis wird stets den Horizont von Einzelwissenschaften (mit ihrer immer schon sekundären Faktenkonstitution und -erklärung) sprengen. Hier bietet sich allenfalls eine philosophische Reflexion an.

Ich werde Ihnen also zunächst einmal zu erklären haben, wie ich Person und Gesellschaft vor dem Horizont meiner symbolischen Sinnwelt verstehe, um von hierher mein Interesse und meine theoretischen Ansätze zu verdeutlichen.

1. Person

Es kommt hier nicht darauf an, wie ich im Vorhergehenden deutlich zu machen versuchte, eine psychologische oder soziologische Erklärung dessen zu geben, was »Person« bezeichnet. Es kommt vielmehr darauf an, jenseits einzelwissenschaftlicher Erfahrung und unabhängig von deren Interessen und Sprachen herauszufinden, was denn aller einzelwissenschaftlichen Untersuchung zugrunde liegt. Es geht also um das gemeinsame Subjekt aller Wissenschaften, die vom Menschen als Einzelnem handeln (Psychologie, Pädagogik, Theologie ...). Es geht um das, was zumeist ganz unausgesprochen in unseren individuellen und kollektiven Sinnwelten an Information über »Person« gespeichert ist. Es gilt eine implizite, oft sehr ungenügende Definiton von »Person« explizit zu machen und so der rationalen Kritik und Weiterung zugänglich.

Die Frage nach der Bedeutung des Begriffs »Person« läßt sie sich in etwa überführen in die Frage: »Wer ist der Mensch?«. Ich habe schon verschiedentlich darauf verwiesen, daß diese Frage nicht verwechselt werden darf mit der Frage: »Was ist der Mensch?«, der Frage also nach dem »Wesen« des Menschen, nach dem, was allen Menschen gemeinsam ist. *

Die Frage nach dem »Wer«, nach dem Einzelnen, die Frage nach der Person des Ich und des Du ist vermutlich *die* Frage der europäischen Philosophie seit Platon. Sie hat immer noch keine Antwort gefunden, die schulmäßig zu vermitteln ist. Und das hat einen relativ einfach einzusehenden Grund. Die konkrete Person ist nicht festzumachen in Begriffen, weil sie – insofern Person – sich in stetem Wandel, in dauernder Veränderung befindet. Begriffe aber machen fest, haben – wenn sie in informierender Absicht in Sprache eingeführt werden – einigermaßen feste Bedeutungen. Das muß so sein, weil sonst niemand genau wüßte, worüber der andere eigentlich spricht. Sprache als Instrument, Wissen, Erkenntnis, Erfahrung ... übertragbar und mitteilbar zu machen, ist also

---

*Vgl. etwa: *Führen durch das Wort*, München (Wirtschaftsverlag Langen-Müller/Herbig) 1978, 14–17.

immer ein ziemlich starrer Apparat, der menschlicher Person, insofern alles andere als starr, nicht adäquat begreifen kann. Das ist die Grundeinsicht der Dialektik.

Und dennoch gibt es einen hilfreichen Weg aus dieser Sackgasse; dennoch scheint es möglich zu sein, über Personen zu handeln und nicht nur über Modelle von Personen, mag es möglich werden, nicht nur über Allgemeines, sondern auch über Individuelles zu sprechen, wenn es um Personen geht. Dazu ist es notwendig – wie schon Platon bemerkte – die Begriffe aus der Starrheit ihrer Identität mit ihren fixen Bedeutungen herauszulösen und so zu dynamisieren, daß sie dem von ihnen Bezeichneten auch in seiner Dynamik gerecht werden.

Wenn also die Wahrheit der Sache nicht *in* der festen Bedeutung von Begriffen liegt, sondern *zwischen* ihnen, dann liegt es nahe, Begriffsfelder zur Beschreibung von sich wesentlich stets Veränderndem (wie Personen oder Gesellschaften) zu verwenden. Um ein solches Begriffsfeld aufzufinden, wird man sich fragen, was gehört im Horizont meiner symbolischen Sinnwelt alles unaufgebbar zu Person (oder zu Gesellschaft) dazu. Ich denke, daß sich hier einige Merkmale aufweisen lassen, die nahezu allen Menschen, die in der europäischen Denktradition stehen, gemeinsam sind – und somit auch Elemente der impliziten Persönlichkeitstheorie der kollektiven symbolischen Sinnwelt. Diese Elemente sind: Weltlichkeit, Individualität, Gesellschaftlichkeit, Geschichtlichkeit, Grenzhaftigkeit. Ehe ich Ihnen diese einzelnen Begriffe auszuführen versuche, will ich zwei Dinge tun:

1. soll eine Skizze das Gemeinte etwas veranschaulichen und
2. sollen einige Worte den Zusammenhang dieser Überlegung mit unserem Thema verdeutlichen.

Als Skizze des Gemeinten bietet sich ein Fünfeck an, das die genannten fünf Merkmale in Zusammenhang setzt:

Die fünf Pole der Skizze sind durch die personkonstituierenden Merkmale besetzt. Sie sind *gleichursprünglich*. Das bedeutet, daß der eine nicht aus dem anderen herleitbar ist und daß keiner vor dem anderen einen Vorzug hätte. Zugleich aber sind sie *dialektisch* aufeinander bezogen. Das bedeutet, daß einer nicht ohne jeden anderen konkret sein kann (sondern allenfalls in der Abstraktheit des Begriffes und des Modellbegreifens).

Möchte ich also zu verstehen versuchen, was in einer konkreten Situation »Person« sagt, habe ich die zehn, durch die Verbindungslinien zwischen den Polen symbolisierten Beziehungen zu verstehen, in denen jeder Begriff jeden anderen auf sich hin relativiert. In einer gewissen Ver-

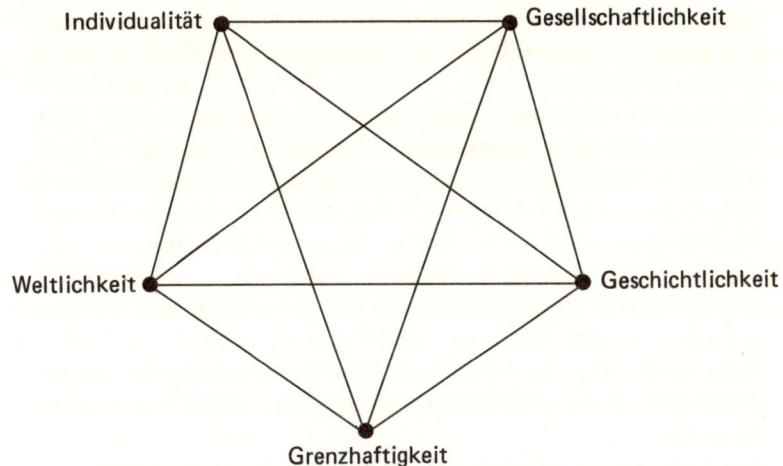

kürzung kann ich diese Beziehungen voneinander isolieren, d.h. aus ihrem dialektischen Kontext herausnehmen. Sehe ich davon ab, daß sich die zehn Bezüge ebenso gleichursprünglich und dialektisch wechselseitig bedingen (und hervorrufen), wenn ich über eine konkrete Person in einer konkreten Situation handle, dann mag ich in einer ersten Annäherung ans Konkrete, die konkrete Person durch ihren Ort im Spannungsfeld zwischen je zwei Polen zu bestimmen versuchen. Das kann dann etwa so aussehen:

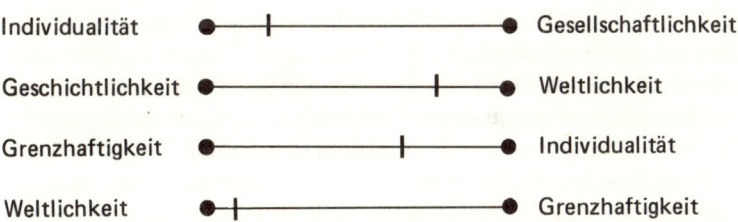

Unsere Person befände sich also in diesem Modell etwa in folgender konkreten Situation (markiert durch die Punkte auf den Linien): Im Spannungsfeld zwischen Individualität und Gesellschaftlichkeit erscheint sie stärker an Individualität orientiert (etwa im Sinne einer leichten Egozentrik). Im Spannungsfeld von Geschichtlichkeit und Weltlichkeit orientiert sie sich zur Zeit eher an ihrer »kosmischen Umgebung« als an ihrer geschichtlichen (der Eigengeschichte und der der Ge-

25

sellschaft, die weitgehend ihre Sinnwelt präformieren). Im Spannungsfeld zwischen Grenzhaftigkeit und Individualität befindet sie sich in
etwa im Gleichgewicht, d.h. die Fragwürdigkeit und der individuelle
Selbstbesitz sind so ausgeglichen, daß sie sich selbst zwar in Frage stellt,
ohne jedoch den Eigenstand zu gefährden. Im Spannungsfeld von Weltlichkeit und Grenzhaftigkeit befindet sie sich im Augenblick unter dem
nahezu faszinierenden Einfluß von Welt, den sie nur sehr beschränkt in
Frage stellt. Ähnlich wäre für die nicht dargestellten sechs weiteren Bezüge zu verfahren.

Was hat das aber nun mit dem Thema unseres Buches zu tun? Wenn Sie
mit mir bereit sind, Krisen und Konflikte als durch Ungleichgewichtigkeiten erfahrbar zu verstehen, dann kennzeichnen starke Orientierungen zu dem ein oder anderen Pol hin solche Ungleichgewichte oder Dis-
harmonien.

In Krisensituationen nimmt sich also ein Mensch zurück auf einen oder
auch auf mehrere dieser Pole unter Vernachläßigkeit anderer Gründe,
in denen er wurzelt. Krisen und Konflikte sind oft ausgelöst, durch die
Unfähigkeit, Spannungen und gar scheinbare Widersprüche des eigenen und im eigenen Leben zu ertragen, und dem begleitenden Versuch,
diesen unausweichlichen die menschliche Existenz ausmachenden
Konflikt kurzschlüssig dadurch zu lösen, daß ein Mensch die Balance
verliert und sich in scheinbarer Widerspruchsfreiheit in Widerspruch zu
seiner Menschlichkeit setzt.

Nun aber will ich Ihnen des Näheren auszuführen versuchen, was denn
diese Pole im Einzelnen bedeuten. Dabei bitte ich Sie, sich stets daran
zu erinnern, daß diese Pole und die durch sie aufgespannten zehn Beziehungen sich wechselseitig konstituieren, sobald wir aus der abstrakten
Beschreibung in die konkrete Anwendung gehen. Von diesem wechselseitigen Begründungszusammenhang sei hier – um der Verständlichkeit
willen – einmal abgesehen. Das bedeutet aber, daß ich die fünf Merkmale modellhaft beschreibe, wohl wissend, daß keine konkrete Person damit erreicht wird.

Im Jargon der Philosophen kann man übrigens diese fünf Merkmale als
»transzendentale Existentiale« bezeichnen. »Transzendental«, weil sie
aufgefunden werden, indem man die Frage nach der *Bedingung von
Menschsein überhaupt* stellt; »Existential«, weil sie nicht über das Wesen, das überzeitliche und unvergängliche, des Menschen handeln, sondern über seine konkrete Existenz, die sie begründen. In ihnen wurzelt
Person wie ein Baum in seinem Grund und Boden. Analog spreche ich
vom *Grund von Person.* Die einzelnen Menschen unterscheiden sich

26

voneinander, ja jeder Mensch in jeder Situation von sich selbst in einer anderen, insofern die Beziehung zu einzelnen Gründen, die Intensität in der sie konkrete Existenz begründen, wechselt. Dabei kann zudem ganz allgemein das Verhältnis zu den Gründen allgemein auch in seiner Intensität wechseln. Es gibt eine Lösung von allen Gründen, die einer Entwurzelung der Person gleichkommt – es gibt aber auch ein Eindringen in die Gründe nach Sein und Bewußtsein, das die Person zur Entfaltung und zur Vollendung bringt.

»Person« bezeichnet also nicht nur etwas, das stets in Veränderung ist, etwas, das sich einseitig im Reich seiner Gründe festmachen kann, sondern auch etwas, das sich selbst personalisieren oder entpersonalisieren kann, indem es sich allgemein an seinen Gründen orientiert oder sich von ihnen löst. Die Selbstentwirklichung mancher Psychotiker mag so gedeutet werden. Damit verbunden ist dann zumeist der Zerfall einer regulativen symbolischen Sinnwelt, entweder indem die Symbole nicht mehr auf Gegenstände oder Sachverhalte verweisen und sich somit entleeren oder aber daß Sinn nicht mehr konstituiert wird. Doch darüber mehr im speziellen Teil dieses Buches.

a) Individualität

Menschliche Person ist Individuum, insofern sie sich im Entgegensatz zu Gesellschaft, Welt, Geschichte ... erfährt. Aus diesem Entgegen entwickelt sich das Bewußtsein um ein eigenes Aktzentrum, das im Wandel der Welt und der Zeit mit sich identisch bleibt. Das Bewußtsein von der durchhaltenden Identität der Person mit sich selbst in allem Wandel, das Selbstbewußtsein also, begründet das Wissen des Menschen um seine Individualität. Als Individuum weiß er sich prinzipiell
● als unersetzlich und unvertauschbar,
● als nur begrenzt verständlich,
● im Gegenüber zu Welt, Geschichte, Gesellschaft,
● und so autonom seine Handlungen gründend.
Als Individuum bestimmt also Person sich selbst, versteht sich selbst und das in einzigartiger Weise. Sicherlich ist *konkrete* Individualität nicht ohne konkrete Weltlichkeit, Gesellschaftlichkeit, Geschichtlichkeit ... denkbar oder erfahrbar – doch abstrakt definiert sie sich im Gegensatz zu diesen.
Seit dem Beginn der philosophischen Neuzeit im 17. Jahrhundert beobachten wir eine Tendenz, Person und Individuum miteinander zu identi-

fizieren. Dem entsprach die Bewußtseinstatsache, daß Menschen sich zunehmend im Gegensatz zur Gesellschaft *erfuhren*, in einer mitunter recht feindlichen Gegensätzlichkeit. Diese schlechte Identifikation von Person und Individuum war sicher schon vorgegeben von all jenen mittelalterlichen Denkrichtungen, die Person von dem Begriff der singulären Substanz her definierten. Doch zum allgemeinen Bewußtsein scheint diese Verkürzung menschlichen Selbstverstehens erst langsam wachsend seit dem 17. Jahrhundert avanciert zu sein.

Die Folgen dieser Verkürzung sind nicht unerheblich:

So definierte A. Smith das herrschende ökonomische System eben dadurch, daß er den Egoismus als leitendes Prinzip zwischenmenschlichen Handelns erkannte. Und das nicht zu Unrecht. Jede *marktwirtschaftliche* Ordnung funktioniert nur auf der Ebene des Egoismus. Egoismus aber ist die nahezu logische, sicher aber nötigende psychologische Folge der Identifikation von Person und Individuum, das seinen Nutzen gegen den anderer durchzusetzen sucht. Adam Smith suchte diese entmenschlichte Form der Selbstinterpretation neuzeitlicher Menschen ethisch zu rechtfertigen. Er nahm an, daß das Streben des Einzelnen nach höchstem individuellen Nutzen auch – über eine geheimnisvolle prästabilierte Harmonie – zum höchsten allgemeinen Nutzen führe und deshalb »gut« sei. Doch ist dieser Versuch ziemlich mißlungen. Zum einen, weil er allenfalls bloß ökonomische Nutzenkategorien begreift, zum anderen weil die Bindung des privaten an den allgemeinen Nutzen nicht bewiesen werden kann. Das universelle Streben nach individuellem Nutzen kann durchaus auch in die ökonomische, wenn nicht gar in eine universelle Katastrophe führen.

Zum »Philosophen der Individualität« wurde Friedrich Nietzsche. Aus der Kreativität und Unableitbarkeit der Individualität zieht Nietzsche den Schluß, daß es ein allgemeines Gesetz – ob sittlich oder rechtlich – für den Menschen nicht geben dürfe. »Den Zweck des Menschen aufstellen, hieße die Individuen in ihrem Individuellwerden hindern und sie heißen, allgemein zu werden. Sollte nicht umgekehrt jedes Individuum der Versuch sein, eine höhere Gattung als den Menschen zu erreichen, vermöge seiner individuellsten Dinge?« (Aus: Der Wille zur Macht.) »Der höchste Grad von Individualität wird erreicht, wenn jemand in der höchsten Anarchie sein Reich gründet als Einsiedler.«

Ich denke, es ist schwer, der Konsequenz Nietzsches zu entgehen, wenn man Person ausschließlich oder auch nur primär von ihrer Individualität her definiert. Nietzsche ist der vielleicht konsequenteste Denker, wenn es um die Darstellung des Selbstverstehens neuzeitlicher Existenz geht.

Er dachte die Egozentrik der bloßen Individualität bis an die Grenze ihrer Absurdität im Wahn. So mancher Wahn ist nichts anders als konsequent zu Ende gedachte allgemeine Überzeugung. Wir wissen heute aus der psychotherapeutischen Praxis, daß die egozentrische Rückkoppelung des Individuums auf sich selbst, Symptom mancher psychischer Krankheiten ist. Der auf seine Individualität reduzierte Mensch verkümmert, weil er seine Wurzeln in anderen Gründen absägt oder doch zumindest vernachläßigt. Eine Gesellschaftsordnung, die auf dem Prinzip »Egoismus« als tragender Instanz aufbaut, ist hoch pathogen, weil sie zu einem völlig verstellten und absurden Selbstbild des Menschen führt. So mag es etwa dazu kommen, daß ein Mensch sich von seiner Leistung (der anerkannten) her definiert und somit seine Individualität an eine Sachinstanz delegiert. Das aber nicht etwa, weil er allen Egoismus überwand, sondern weil er eine völlig unzureichende Basis für seine Selbstinterpretation besitzt. So kann es dann zu der erwähnten *Paradoxie des Egozentrikers* kommen.

Vor dem Horizont christlicher Ethik gilt die Zurücknahme von Person auf ihre Individualität als entmenschlichend. Den Hang zum Egoismus kann man gar als wesentliche Folge dessen bezeichnen, was man früher einmal als »Erbsünde« darstellte. Der Egoist macht sich selbst zum letzten Bezugspunkt und vergöttlicht sich so. Er macht sich unfähig, die beiden Grundgebote der Jesusbotschaft zu realisieren: Selbstablösung und Liebe. Ohne sonderliche Mühe kann man im Egoismus gerade die Haltung beschrieben sehen, die der christlichen kontradiktorisch entgegen ist.

In der Philosophie der Gegenwart erfahren wir denn auch konsequent aus dem Erlebnis der Unmenschlichkeit der Individualisierung der Person resultierende Reaktionen. Hier sind etwa zu nennen die Vertreter einer »Du-Philosophie« [L. Feuerbach, K. Löwith, M. Buber, M. Theunissen] die die Persongründung in der dialogischen Situation mit einem Du thematisierten. M. Scheler und M. Landmann erörterten andererseits ausführlich den konstitutiven Bezug von Individualität und Weltlichkeit. Die Tendenz, Person zu individualisieren, scheint zunächst im philosophischen Raum gebrochen. Das gilt auch für die kritischen Ansätze eines Entwurfs einer »neuen« symbolischen Sinnwelt bei vielen Jugendlichen und Heranwachsenden.

Wie aber kommt es nun zum Wissen um die eigene unauswechselbare Individualität? Es ist das die Frage nach der Identitätsfindung. Diese läßt sich aber wohl nur in psychologischen Kategorien beschreiben. Da aber die gelungene Identitätsfindung (die wenigstens implizit beantwortete

Frage: »Wer bin ich eigentlich?«) für die individuelle Konfliktfähigkeit eines Menschen von zentraler Bedeutung ist, sei sie hier behandelt. Zunächst einmal soll ausgeschlossen werden, wie Identität nicht begründet wird: Sie wird nicht begründet durch:

- Identifikationen,
- Bedürfnisse,
- Individualgeschichte,
- Interaktionen,

wennschon alle diese bei der Identitätsgründung eine wichtige Rolle spielen.

Im Erleben einer befriedigenden Zweiseitigkeit zwischen Mutter und Kind, gewinnt das Kind jenes Selbstgefühl, von dem aus es zu anderen als Zuwendungs-Objekten hinüberreichen kann. Gelingt dies, so kann das Kind über Identifikationen mit Rollen und im Aufbau einer Rollenhierarchie, die verschiedene Rollen sinnvoll aufeinander zuordnet, seine soziale Identitätsbildung grundlegen.

In einem bestimmten Alter tragen die Kindheits-Identifikationen nicht mehr, es kommt – während der Adoleszenz – zu einer manifesten Identitätskrise (oder besser: die *personale* Identität wird als nicht vorhanden erfahren). Es handelt sich dabei um eine *normative Krise,* denn, trotz aller Ähnlichkeit mit neurotischen und psychotischen Symptomen, ist diese Phase vermehrter Konflikte normal. Im Gegensatz zu pathologischen Symptomen zeichnen sich diese Erscheinungen durch schnellen Wandel aus und psychische Energie wird eher freigesetzt als gebunden. Und das trotz aller neuen Ängste und trotz labilisierter Ich-Stärke.

Identifikationen sind für die Identitätsfindung nur Mechanismen begrenzter Brauchbarkeit. Werden Identifikationen typisch infantiler Art durch die Adoleszenz hindurch aufrechterhalten, wird eine Therapie versuchen, krankhafte oder übermäßige Identifikationen durch geeignetere zu ersetzen. Aber an das Problem der Identität ist sie damit noch nicht herangekommen. Eine bloße Summierung von Kindheitsidentifikationen (die bei Kranken oft auftritt) führt mit Sicherheit niemals zu einer »funktionstüchtigen Persönlichkeit«.

E. H. Erikson schreibt:

> Jene endgültige Identität, die am Ende der Adoleszenz entsteht, ist jeder einzelnen Identifikation mit den Beziehungspersonen der Vergangenheit durchaus übergeordnet; sie schließt alle wichtigen Identifikationen ein, verändert sie auch, um aus ihnen ein einzigartiges und einigermaßen zusammenhängendes Ganzes zu machen.

Ich vermute, daß Erikson Identität noch viel zu eng an Identifikationen bindet. Ich möchte Identität vielmehr festmachen an der Fähigkeit zu kreativer, der Situation angemessener Selbstdarstellung und Selbstvorstellung. Diese schließt Außenkonflikte nicht aus. Ich vermute, daß Erikson die Identität sehr eng an Identifikationen bindet, weil er der Person möglichst Konflikte ersparen möchte. Eine fest strukturierte Orientierung vermeidet Unsicherheit und Zweifel und damit mittelbar auch Ängste. Und die Vermeidung oder Ausräumung von Ängsten galt lange Zeit als eine Hauptaufgabe psychoanalytischer Praxis.

Ich vermute, daß man »Identität« so dynamisch verstehen muß, daß bei optimaler Ausfaltung und Entwicklung des so Bezeichneten, eine Anpassung *und* Auseinandersetzung mit der sozialen Umwelt möglich ist, sowie zugleich auch ein Durchhalten wie Verändern sozialer Normen (darunter auch der ethischen). Dafür aber bietet die Integration und Korrektur kindlicher Identifikationen eine viel zu schmale Basis. Identifikation bedeutet stets Orientierung an einer Vorlage. Als Vorlage können dienen:

● ein Elternteil,
● Idole aus Sport, Musik, Forschung, Theater ...
● Begründer von religiösen Gemeinschaften ...
● religiöse, politische ... ökonomische Ideale
● Religiöse, politische ... ökonomische Institutionen

Über die Bedeutung der idolischen Vorlage ist schon viel geschrieben worden. Ich will hier nicht darüber handeln, da die Ablösung von Idolen zumeist in der Adoleszenz relativ unproblematisch vonstatten geht. Solche Ablösungskrisen sind also eher typisch für ein bestimmtes Entwicklungsstadium und hinterlassen zumeist keine allzu tiefen Narben.

Immer aber bedeutet solche Orientierung an einer Vorlage:

● Delegation von Ich-Orientierungen an fremde Personen und damit eine weitgehende wenigstens partielle Heteronomie,
● Bereitschaft zur Anpassung an die Vorstellungen und Werte des Idols und -bei Massenidolen - auch eine weitgehende Kollektivierung des Wertens und Fühlens.

Ich nehme an, daß bei gelungener Identitätsfindung beide Folgen nicht nur überwunden werden müssen, sondern oft genug durch ihr gerades Gegenteil zu ersetzen sind.

Ich vermute, daß eine zur Identität gelangte Persönlichkeit nicht Objekt der Verhältnisse ist, sondern deren Subjekt. Und daß sie also Verhältnisse und Situationen auch gegen überkommene Vorstellungen zu gestalten bereit und fähig ist, wenn sie die Problematik der Verhältnisse und Situationen erkennt.

31

Sicherlich will ich nicht behaupten, der Mensch sei ein Wesen, daß mit sich, als seinem Entwurf, als mit dem, der er sein könnte, völlig identisch ist. *Diese* Nicht-Identität des Menschen mit sich selbst ist ja gerade der Grund, warum er sich gegen jeden Versuch sperrt, ihn in identischen Begriffen einzufangen. Er ist ein ganz und gar dialektisches Wesen und er erweist seine Nicht-Identität gerade in seinen menschlichsten Vermögen: im Vermögen

● zu hoffen und zu fürchten

● zu sorgen und sich zu ängstigen,

● zu lieben und zu hassen,

● zu leiden und zu glücken,

● zu fragen und zu antworten.

Ein Mensch holt sich niemals ganz selbst ein. Bleibt sich selbst stets und immer auch Entwurf.

Doch diese Nicht-Identität ist eine *anthropologische* Sache. *Hier* geht es um die psychologische Identität. Das heißt, um die Antwort auf die Frage nach dem Wer im Bereich der psychologischen Daten (des Fühlens, des Wollens, des Verstehens …). Die Frage nach dem anthropologischen Wer zielt auf den Sinn ab – den Sinn, den wir niemals begreifen. In einem soziologischen Ansatz hat T. Parsons die Identität der Person weitgehend von ihrer Identifikation mit den Normen von Gesellschaft her verstanden. Die Verinnerlichung dieser Normen und die Art der Verinnerlichung definieren geradezu Person. Er geht so weit zu schreiben:

Was Personen *sind,* kann nur verstanden werden im Rahmen von Überzeugungen und Gefühlen, die definieren, was sie sein *sollen.* Diese Behauptung ist nur in sehr allgemeiner Form richtig, aber sie ist dennoch grundlegend für das Verständnis sozialer Systeme.

Damit aber würde jedes dysfunktionale Verhalten, das konkrete Gesellschaft in ihrer normativen Selbstauslegung in Frage stellt, zugleich eine Identitätsstörung bedeuten. Parsons versucht, jede Interaktion im Horizont eines sozialen Systems zu beschreiben, dessen Erhaltung Selbstwert besitzt. Vor diesem Selbstwert, der Bewahrung des sozialen Systems, ist dann allerdings die Identität des Systems zu übersetzen auf die Identität der Person mit sich selbst, wobei die Spannung zwischen System und Person grundsätzlich durch die normierenden und normierten Rollen aufgehoben ist.

Ich halte diese Position für noch sehr viel bedenklicher als die von Erikson entwickelte, da hier tatsächlich Person von Gesellschaft (und nicht etwa von Gesellschaftlichkeit) her definiert wird und sich selbst zu definieren hätte.

Doch auch die Begründung von Identität über die *Bedürfnisse* des Menschen, wie sie von manchen interaktionistischen Theorien vorgeschlagen wird, halte ich für bedenklich. Hier scheint mir Haben mit Sein verwechselt zu werden. Eine Person *hat* Bedürfnisse. Auch mag man sagen, daß jede Person andere Bedürfnisse hat und durch ihre Bedürfnisse eindeutig identifiziert werden kann – wie etwa an Fingerabdrücken. Daraus aber folgt nicht, daß sie sich selbst von ihren Bedürfnissen her interpretiert und so zu ihrer Identität kommt.

Auch Tiere haben Bedürfnisse und es mag sein, daß man deren Identität weitgehend über diese Bedürfnisse (seien sie aktuell, seien sie virtuell) bestimmen kann. Bei Menschen scheint jedenfalls eine spezifische Weise des Selbstbewußtseins das Identitätbewußtsein zu begründen, das es ihm erlaubt, sich als in Zeit durchhaltendes Aktzentrum zu verstehen, das in allem Wandel »irgendwie« mit sich selbst identisch bleibt.

Hilfreich ist jedoch die Unterscheidung der interaktionistischen Konflikttheorie zwischen sozialer und personaler Identität. Ich will diese Terminologie aufnehmen, doch mit anderen Merkmalsbeschreibungen. Ich verstehe:

● soziale Identität als jene Identität, die der Person auf Grund internalisierter Rollen eigen ist und

● personale Identität als jene Identität, die der Person auf Grund der Einheit des Selbstbewußtseins zu eigen ist.

Für beide Aspekte der Identität ist grundlegend die Erfahrung der Uridentität im ersten Lebensjahr. Und wegen der weichenstellenden Funktion dieser Erfahrung sei ihre Theorie hier gerafft vorgestellt.

Wir wissen ziemlich sicher, daß sich ein Kind während der ersten Lebensmonate als in Eins mit der Mutter empfindet und wahrnimmt. Noch unterscheidet es nicht zwischen Innen – Außen, Ich – Du, Ich – Nicht-Ich. Die Mutter ist also auch Teil des eigenen Körpers (oder genauer: der eigenen Körpergefühle). Der hat nun keineswegs klare Grenzen und entsprechend unspezifisch werden seine Funktionen wahrgenommen. Diese psychosomatische nachgeburtliche Einheit zwischen Mutter und Kind wird als eine Art psychischer Symbiose oder als Dyade beschrieben. In solcher Dyade lernt das Kind durch den engen körperlichen und emotionalen Kontakt mit der Mutter die eigenen – von der Mutter unterschiedenen – Körperfunktionen und -bedürfnisse erkennen.

Diese Uridentität entsteht, indem das Kind ein Selbstbild aus den Reak-

tionen der Mutter und damit die Unterscheidung
- von Spiegel und Spiegelbild,
- Selbst und Nicht-Selbst
entwickelt.
Diese Uridentität ist so grundlegend und fundamental, daß sie durchaus
als Zeugung und Geburt der eigenständigen kindlichen Psyche verstanden werden kann. Die Vorgänge in diesen ersten Lebensmonaten prä-
gen das Kind psychisch unumstößlich, gründen seine Individualität und
seine psychischen Elementarvermögen wie die Fähigkeiten
- zu lieben und geliebt zu werden,
- sich, anderen Menschen und Situationen zu vertrauen.
Die Uridentität ist der Bezugsrahmen für alle sich im weiteren Verlauf
der Entwicklung einstellenden Identitätsgefühle, -wahrnehmungen,
-überzeugungen.
Zusammen mit dieser im Spiegelbild mütterlicher Aktionen und Reaktionen erkannten und entwickelten Uridentität bildet sich vermutlich
auch das Bewußtsein von der eigenen »Körper-Grenze« oder der »Kör-
per-Ich-Grenze« (G. Ammon) aus.
Dieses Körper-Ich ist ebenfalls erheblich für die Identitätsfindung des
Individuums. Es ist keineswegs gleichgültig, wie es sich aus der dyadi-
schen Symbose herausentwickelt. Anfangs erlebt nämlich das Kind seinen Körper durchaus so wie ihn die Mutter erlebt und wie sie dieses
Erleben bewußt oder – meist – unbewußt dem Kind gegenüber darstellt.
Ich habe nicht selten erfahren können, daß Kinder, deren Mütter sich in
ungewöhnlicher Weise um ihr von vermeindlichen Krankheiten befalle-
nes oder doch gefährdetes Kind kümmerten, erheblich zu schizoiden
oder paranoiden Verhaltensmustern neigten.
Wie kommt das? Mutter und Kind entwickeln zumeist sehr intensive
Formen kommunikativer Interaktionen, die man als »affektive Organsprache« (E. Jacobson) beschreiben kann. Diese affektive Organsprache
ist eine ganz und gar menschliche Sprache, die keineswegs mit Abschluß
der frühen Kindheit und der Beherrschung von Wortsprachen verlernt
(sondern allenfalls, zum Schaden des Betroffenen, unterdrückt) wird.
Nun ist es für die gesunde Entwicklung des Kindes von besonderer Bedeutung, daß die Mutter eine solche Sprache beherrscht (spricht und
versteht). Nur dann gelingt die für alles spätere kommunikative Verhalten des Menschen so wichtige weil sie grundlegende erste sprachliche
Kommunikation über die affektive Organsprache.
Versteht die Mutter diese Sprache nicht – oder aber reagiert sie nicht
adäquat darauf, dann sind weder sie noch das Kind in der Lage, ihre ge-

34

genseitigen Interessen (Bedürfnisse und Erwartungen) zu realisieren. Die Interessen des Kindes sind schon während der Phase der Identitätsbegründung im Finden der Uridentität sehr differenziert in psychische, physische, soziale. Kommt es zu erheblichen Mißverständnissen, fühlt sich das Kind frustriert, und es wird nach mehr oder weniger langem oft auch aggressiven Mühen, sich verständlich zu machen, resignieren. Die Folge sind Kommunikationsstörungen, ja – beim autistischen Kind – Kommunikationsabbruch. Doch schon die – leider üblichen – Kommunikationsstörungen sind schädigend genug. Was sind die Folgen?

● Das Kind erwirbt Kontaktängste, die es mitunter zeitlebens hindern werden, den großflächigen Hautkontakt mit anderen zu suchen. Es kommt zu oft überraschenden Reaktionen, wenn sich im Gruppentraining, die Teilnehmer – mit geschlossenen Augen einander ertastend – körperlich entdecken. Für nicht wenige ist diese Erfahrung, angstfrei und lustvoll den Körper des anderen im Tasten zu entdecken und von ihm entdeckt zu werden, ein prägendes Erlebnis. Auch werden die Interaktionen zwischen den Gruppenmitgliedern spontaner, kreativer und erheblich entlastet von offenen oder latenten Zwängen und Ängsten Kontaktangst ist oft Sprachangst, durchaus vergleichbar der Angst, in einem fremden Land eine längst vergessene oder nie recht erlernte Sprache sprechen zu müssen: Gemeint ist hier die affektive Organsprache.

● Das Kind bildet keine eigentliche Körper-Ich-Identität aus. Dann fehlt ihm zeitlebens eine entscheidende Grundlage und ein wichtiger Referenzrahmen aller weiterer Identitätsgründung (selbst der über Identifikationen). Die Identität wird in eigentümlich verrückter Weise dann oft an Realität vorbei begründet, wenn die erste, Realität vermittelnde Kommunikation gestört war. Wenn die somatische Identität nicht gefunden wurde (oder während der psychischen Geburtsphase wieder verloren ging), verfallen Kinder auch körperlich (R.A. Spitz). Dieser Verfallsprozeß ist streng irreversibel. Er endet meist tödlich, wenn es zum Kommunikationsabbruch kommt, daß heißt, wenn die »ursprüngliche Mutter« aus der Dyade ausscheidet und durch einen Ersatz kompensiert wird oder aber wenn die Mutter es gar verweigert, die Dyade überhaupt erst aufzubauen.

In der frühen psychischen Symbiose spiegelt also das Kind Einstellungen und Verhalten der Mutter in sich hinein und entwickelt über dieses Spiegeln, das ja auch das Wissen der Mutter um die Zweiheit widerspiegelt, ein Körper-Ich (»mein Körper ist nicht der der Mutter«), eine Ich-Grenze (»Ich bin nicht überall und es gibt auch ein Nicht-Ich«) und so eine Uridentität.

Die Ich-Grenze des Kindes soll zwei Eigenschaften haben: Sie soll möglichst kräftig und recht anpassungsfähig sein. (Denn nur so kann Individualität kräftig und doch anpassungsfähig ausgebildet werden). Das aber ist nur möglich, wenn die Interaktionen über die affektive Organsprache zwischen Mutter und Kind optimal ablaufen. Die Mutter muß also die präverbale Sprache des Kindes verstehen und in geeigneter Reaktion auch sprechen. Je erfahrungsfähiger die Mutter ist, je mehr sie sich dem Kind zuwendet, je mehr sie im Umgang mit Kindern gelernt hat, um so besser wird sie diese affektive Organsprache beherrschen. Einige Mütter tun sich da jedoch besonders schwer:

● Mütter aus Kleinfamilien (in der Großfamilie lernt »man« durch Zusehen und Beobachten, ja gelegentliches Mitsprechen die affektive Organsprache von anderen Müttern der Familie, die ein Baby aufziehen),

● Mütter mit Ängsten (solche Ängste können betreffen etwa das Angebot großflächigen Hautkontakts – weil unanständig – oder auch mögliche Erziehungsfehler; Ängste versperren den Zugang zu einer affektiven Organsprache, da sie die Spontaneität der Sprache töten und »erahnte Bedeutungen« in Zweifel ziehen lassen),

● Mütter mit Erstkindern (solche Mütter müssen zumeist erst die Bedeutung der affektiven Organsprache wieder ausgraben aus dem Schutt jahrzehntelanger Tabus, die es dem Erwachsenen verbieten, diese Art von Kommunikation zu realisieren; der Lernprozeß ist zumeist erst nach etwa einem Jahr abgeschlossen und kann dann allenfalls nachgeborenen Kindern zugute kommen).

Nicht weniger Kinder aus Kleinfamilien, besonders aber Erstkinder, sind nachweislich zeitlebens im kommunikativen Interagieren und damit in jedem sozialen Umgang behindert. Vor allem können ihnen Störung im Ausdrucksbereich zu schaffen machen.

Die Interaktionsmechanismen zwischen Kind und Mitwelt sind leider nur sehr beschränkt über angeborene Muster reguliert. So reagieren nahezu alle Menschen – unabhängig von ihrer sozio-kulturellen Herkunft – auf Kinder in ganz ähnlicher Weise:

● die Stimmlage wird höher,

● die Syntax wird rudimentär,

● die Mimik lächelt, der Gestus wird einhändig aufs Kind zugeführt – zumeist in die Richtung der Augen oder der Nase,

● der Oberkörper wird gebeugt, oder doch der Kopf seitlich geneigt.

Das alles hat den Zweck, Emotionen unmittelbarer und eindrucksvoller zeigen zu können. Es handelt sich um eine sehr archaische Form der Zuwendung. Aber alles das genügt nicht. Es hat das nur bedingt etwas mit einer affektiven Organsprache zu tun, die zudem – anfangs wenigstens – vom Kind an die Person gebunden wird – die es regelmäßig mit Futter und Zuwendung versorgt. Die anderen Menschen sprechen allesamt eine Fremdsprache – und um die zu lernen, benötigt das Kind einige Monate – denn noch ist es psychisch nicht ganz geboren.

Kommt es nun zu Kommunikationsstörungen, dann wird – wie gesagt – die Uridentität entweder schwach oder starr aufgebaut. Das hat folgende Konsequenzen für das weitere Leben (und zwar nicht eigentlich therapierbare):

● Ist die Ich-Grenze zu schwach ausgebildet, dann ist die Person allemal bedroht durch eine Überflutung durch innere oder äußere Nicht-Ich-Inhalte. Das aber bedeutet eine Desintegration des Identitätsgefühls. Solche Desintegration kann im Regelfall vom Betroffenen nicht wahrgenommen werden, da ihm kein Vergleichsmaßstab zur Verfügung steht, wie man sich fühlt, wenn es anders wäre. Er hält sich und sein Identitätsbewußtsein also für normal, ja für normativ. Zu Konflikten kommt es erst, wenn ein solcher Mensch in Interaktionssituationen scheitert, weil er ein von anderen Menschen deutlich verschiedenes Realitätsverständnis hat. Das führt im Regelfall zu einem Konfliktlösungsversuch durch Abspaltung. Der Betroffene spaltet den konfliktauslösenden oder -verursachenden Anteil vom Ich ab und verleugnet den entsprechenden Bereich der Realität. So entstehen weiße Flecken auf der Landkarte. In dieser Zone bleibt der Mensch nach Innen wie Außen erlebnis- ja erfahrungsunfähig. Diese Unfähigkeit kann sich erstrecken auf:

– Vertrauen,
– Zuwendung und Liebe,
– körperliche Nähe,
– Autonomie (überstarke Abhängigkeit von Personen, Gruppen, Ideologien …)

● Ist diese Grenze sehr schwach ausgebildet, dann kann es zu pathologischen Verwechslungen zwischen Innen- und Außen kommen (etwa im Wahn). Der Erkrankte hört Stimmen, fühlt sich berührt, führt Gedankenblockaden auf Fremde zurück, vermutet Strahlenquellen auf sich gerichtet, meint, andere könnten seine Gedanken lesen … Kurzum das Krankheitsbild der Wahnkrankheit wird umschreibbar.

● Ist die Grenze schwach ausgebildet, besteht die Tendenz zu einer Überanpassung an die Forderungen der äußeren Realität. Das kann mitunter zu sinnleerem mechanischen Funktionieren führen, das den Identitätsmangel überdeckt (etwa in Zwangskrankheiten erhebbar).

37

● Ist die Grenze unscharf ausgebildet, gelingt die Identitätsfindung nur über Identifikationen. Bei solchen kompensatorischen Identifikationen wird die Frage »Wer bin ich« (die Identitätsfrage) abgelöst durch die Frage »Was bin ich« (die Identifikationsfrage). Solche Menschen sind zufrieden, wenn sie jemanden finden, der ihnen glaubwürdig ein Etikett anheftet und sei es auch nur das »Neurotiker«. Als Neurotiker und in der Identifikation mit seiner Störung findet er eine Ersatz-Identität. Ich kenne nicht wenige Patienten, die sich erheblich beruhigten, als ihnen eine Gruppe – ganz gegen die Regeln der Psychotherapie – ein solches Etikett aufklebte, weil sie glaubten, jetzt endlich zu wissen wer sie seien, sich selbst verstehen konnten und von anderen verstanden wähnten. Selbstverständlich darf eine Therapie bei einer solchen Etikettierung nicht stehen bleiben.

Doch ist der Ersatz des Seins durch das Haben keineswegs auf das »Haben von Symptomen« beschränkt. Die Identität kann auch durch
– materiellen Besitz,
– religiöse Überzeugungen,
– Erfolg und Anerkennung,
– Vorurteilsstruktur
in unguter und pathogener Weise begründet werden, wenn ein Mensch dies alles nicht hat, sondern von ihm gehabt wird und sich selbst von diesem Gehabtwerden her interpretiert – von hierher seine Identität grundlegt.

Nun werden Sie sagen, das kommt doch nur ganz selten vor. Dieser Einwand ist nicht richtig. Ich vermute, daß mehr als 50% der erwachsenen Bundesbürger ihr Sein von irgendeiner Form des Habens, ihre Identität von irgendeiner Identifikation her begründen. Solche Menschen leben stets in latenten oder offenen Ängsten, insofern jedes Haben immer gefährdet ist. Und diese Gefährdung als Gefahr für die eigene Existenz erlebt wird.

Das Haben hat die Funktion, »Löcher im Ich« (G. Ammon) zu verstopfen, den dunklen Fleck zu übertünchen.

G. Ammon wies mit guten Gründen darauf hin, daß nahezu alle psychosomatischen Krankheiten diesem Wunsch nach Haben entspringen, dieser Sehnsucht, das Loch im Ich zu stopfen.

● Ist die Ich-Grenze zu starr ausgebildet, dann sind folgende Fehlverhaltensweisen grundgelegt:
– Das Destruktionspotential scheint erhöht, damit sind Fehlorientierungen und Fehlreaktionen im Bereich des aggressiven Verhaltens vorprogrammiert. Ich nehme an, daß die aus Starre resultierende mangeln-

de Anpassungsfähigkeit zu dauernden Frustationserfahrungen führt, die dann die erwähnten Fehlverhaltensweisen im Aggressiven zur Folge haben.

– Die Kreativität scheint weitgehend zurückgenommen oder aber ist nicht der Situation angepaßt. Auch hier dürfte die Fähigkeit, neue Situationen neu zu interpretieren erheblich beschränkt sein und zum Mangel an Kreativität führen. Kreativität ist bestimmt als das produktive Vermögen, gegen Regeln zu denken. Ein Mensch mit erstarrter Identität kann aber allenfalls eine einmal wirksame Form der Kreativität immer wieder reproduzieren, nicht aber Neues situationsgerecht hervorbringen.

Eine zu starre Ich-Grenze – verbunden mit dem entsprechenden Mangel der Identitätsfindung (als eine lebenslange Aufgabe verstanden) – kann sich in folgenden Merkmalen vorstellen:
– Starrsinn,
– Langweiligkeit,
– Wiederholungszwänge (auch etwa im Geschichtenerzählen . . .),
– Gewalttätigkeit,
– Hang zu kriminellen Handlungen.

Es ist aber auch der nicht seltene Fall der *partiellen* Identitätsfindung noch deutlicher darzustellen. Sie geschieht, wenn die Mutter die affektive Organsprache nur partiell beherrscht. Versteht eine Mutter etwa im Bereich der Nahrungsaufnahme ihr Kind und befriedigt die entsprechenden Bedürfnisse, nicht aber im Bereich des Bedürfnisses des Kindes nach großflächigem Hautkontakt, dann wird es ziemlich sicher im Bereich der Erotik zu einem Loch im Ich kommen. Der so geschädigte Mensch ist in seiner erotischen Wahrnehmungs- und Darstellungsfähigkeit, damit verbunden auch oft in seinem erotischen Selbstverständnis (seiner »erotischen Identität«) erheblich gestört. Der Bereich der Fremderotik wird mitunter ausgeklammert, abgespalten, angstbesetzt oder als eine Fortführung der Autoerotik (etwa in bestimmten Formen der Masturbation) interpretiert bzw. praktiziert.

Solche Löcher im Ich führen zu einer Verinnerlichung von vagabundierenden, aus dem psychischen Gesamt entlassenen (autonom gewordenen) kindlichen Reaktionen auf die frühe Umwelt. Denn in dieser konnten sie nicht kommunikativ integriert werden. Verweigert also die Umwelt die Integration von Bedürfnissen in die Identität, insofern sie sie aus der Kommunikation ausklammert, dann wird es einem solchen Menschen nicht möglich, sich in diesem Bereich konstruktiv-aggressiv und kreativ mit seiner Umwelt auseinanderzusetzen. Er behält einen blinden Fleck.

Besonders beschwerlich, wenn nicht ganz unmögich, wird die Entfaltung der Uridentität, wenn die Mutter dem Kind präverbal, oder später verbal und ausdrucksmäßig verschiedene Botschaften gleichzeitig sendet. Ein Kind muß solche widersprüchlichen Botschaften für prinzipiell unverständlich halten – und nicht nur das, sie bringen seine Kommunikationsfähigkeiten schon auf der Ebene der affektiven Organsprache recht gründlich durcheinander. Denn auf solche Botschaften gibt es keine adäquate Reaktion.

Wir wissen, daß solche Doppelbotschaften (Dopple-bind-relations) oder Beziehungsfallen besonders häufig sind in schizophrenen Familien (das sind Familien, in denen, wegen einer manifesten Schizophrenie eines Mitglieds, das Gesamtverhalten der Familie gegenüber dem Anspruch von Realität verrückt ist, um das kranke Mitglied integrieren zu können). Solche Doppelbotschaften mögen lauten:

● Ich möchte dich an mich drücken – aber das tut man nicht.

● Ich will in deiner Nähe sein – aber das verträgst du nicht.

● Ich unterstütze deine Kreativität und tadle sie.

● Ich will, daß du aggressiv bist und strafe dich dafür.

● Ich wünsche, daß du spontan bist und unterbinde das durch diesen Befehl.

● Ich hasse dich, weil du meinem Ideal nicht entsprichst, aber ich liebe dich, weil eine gute Mutter ihr Kind liebt ...

Da das Kind nicht über solches widersprüchliche Verhalten und Sagen der Mutter sprechen kann (etwa in Formen der Metakommunikation), entsteht eine Beziehungsfalle, aus der es kein Entkommen gibt. Wie auch immer das Kind reagiert, es widerspricht den Erwartungen der Mutter, welche Bedürfnisse es auch immer hat, sie werden nicht nur liebevoll, sondern zugleich mit einer negativen Emotion legiert, befriedigt. Selbst wenn im höheren Alter Metakommunikation möglich ist, wird sie oft nicht praktiziert, weil

● die Mutter jedem Beziehungsgespräch ausweicht oder

● in ihnen dominiert, um Recht zu behalten, oder

● sie gar nicht erst zuläßt (und entsprechende Versuche negativ sanktioniert).

An sich liegt es nahe, an dieser Stelle über Narzißmus und narzistische Störungen zu handeln. Da auf diesem Gebiet noch kein zureichender Konsens besteht und eine Darstellung divergierender Meinungen den Leser eher verwirren würden, sei der Interessierte auf die brauchbare Zusammenfassung zu diesem Thema bei L. Schlegel (Grundriß der Tiefenpsychologie III, München 1978 – UTB 752) verwiesen.

b) Gesellschaftlichkeit

»Gesellschaftlichkeit« bezeichnet jenes Merkmal von Person, das ein Ausgewiesensein des Menschen auf konkrete soziale Bezüge beinhaltet. Wir alle wissen aus unserer eigenen Erfahrung, wie sehr wir oft dem emotionalen Anspruch oder Angebot eines Menschen in Wut, Haß, Liebe. Zorn ... ausgeliefert sind. Nicht selten kommt es in solchen Begegnungen zur Ausbildung einer psychischen Dyade, in der beide Partner eine emotionale Einheit eingehen – ohne sich recht dagegen wehren zu können. Die dyadische Existenz unserer ersten Lebensmonate ist keineswegs aus dem Bereich unserer Möglichkeiten verschwunden. Doch mögen Szenen solcher ausgelieferter Sozialität selten sein.

Ganz allgemein gilt: Die Realisation von Gesellschaftlichkeit geschieht in der Begegnung mit anderen Menschen (oder auch Gruppen). Es scheint heute zureichend sicher bewiesen, daß ein Mensch ohne befriedigende Sozialkontakte früher oder später psychisch oder sozial erkrankt. Säuglinge ohne menschliche Zuwendung sterben gar. Offensichtlich ist also realisierte Gesellschaft eine konstiutive Bedingung für Humanisierung. Ein Mensch erscheint nur dann als Person, wenn er seine Gesellschaftlichkeit realisieren kann und realisiert.

Die Realisation von Gesellschaftlichkeit geschieht im Prozess der Vergesellschaftung (Sozialisation) und der Realisierung des in diesem Prozess Erworbenen (soziales Handeln).

»Sozialisierung« bezeichnet den Prozess, durch den ein Individuum in eine soziale Gruppe eingegliedert wird, indem es die in dieser Gruppe geltenden Normen und Riten, die nötigen Fähigkeiten und Fertigkeiten, sie praktisch zu machen, vor allem aber die wesentlichen Elemente der gemeinsamen symbolischen Sinnwelt (mit ihren Wertungen, Überzeugungen, Einstellungen ...) als »selbstverständlich« und somit als die eigenen übernimmt. Mit diesem Sozialisierungsprozess ist ebenfalls eine Institutionalisierung und Ritualisierung des Verhaltens verbunden. Öffentliche und private Status und Rollen werden akzeptiert und realisiert.

Solche Sozialisierung geschieht bis hin zur »Lebenswende«, einem Punkt, der durch *Desozialisierung,* einem Sich-Entlassen aus den Vorgaben von Instituion und Ritus einerseits und der lebendigen Kultur anderseits, zumindest aber eine Weigerung, neue Rollen zu lernen, Modifikationen an symbolischer Sinnwelt zu akzeptieren, markiert ist. Mit dieser Lebenswende beginnt das psychische und soziale Altern. Schon C.G. Jung verwies darauf, daß in der zweiten Lebenshälfte ein Prozess einsetzen kann, der zu einer Reduzierung der beherrschten Rollen (im Grenzfall hin bis auf eine) führen mag.

Soziales Handeln besagt jede Form der Realisation sozialer Kontakte im Sinne ihrer Verstärkung oder Bewahrung. Soziales Handeln kann also durchaus spontan sein und so die Grenzen der im Prozess der Sozialisation gelernten Muster sprengen. Spontane Realisation von Gesellschaftlichkeit scheint sogar für psychische und soziale Gesundheit zwingend notwendig zu sein. Eine Gesellschaft, die über Normen und Riten nahezu alles Verhalten in seinem konkreten Ablauf festlegt, ist pathogen. Die Bedeutung der Gesellschaftlichkeit für die Konstitutuion von Person wird aber auch deutlich am Phänomen der Sprache. Sprache ist nicht nur ein System von Begriffen und Zuordnungsregeln, das im Verlauf der Sozialisation gelernt wird, sondern vor allem die Bedingung der Möglichkeit von menschlichem Umgehen von Menschen miteinander. *Sprechakte und soziale Situationen* stehen in einem wechselseitigen Begründungsverhältnis. Sprechakte bestimmen die Eigenart der sozialen Situation und die soziale Situation bestimmt umgekehrt gleichursprünglich den Sprechakt. Störungen in diesem Beziehungsgefüge führen nicht nur zu einer Entartung der Sprechsituation, sondern auch der der konkreten Kommunikation. Eine häufig vorkommende Störungsquelle sind maskierte»Herrschaftsgespräche«, die als solche nicht durchschaut werden. Herrschaftsfreie Kommunikation ist das sprachliche Pendant zur spontanen Interaktion allgemein. Optimale Sozialisation wie auch optimales soziales Handeln scheint einen erheblichen Raum herrschaftsfreier Interaktionen vorauszusetzen. Über die Masken mit denen sich Herrschaft kaschiert, werde ich in einem der folgenden Kapitel ausführlicher handeln.

Gesellschaftlichkeit kann nun aber – ähnlich wie Individualität – aus dem dialektischen Beziehungsgefüge entlassen und absolut gesetzt werden. Solche Tendenzen sind etwa im Marxismus (wie in jedem zum Kollektivismus neigenden ideologischen System) deutlich. Marx bestimmt das Individuum als Ausdruck seiner jeweiligen Verhältnisse zu anderem (Welt, Gesellschaft, Arbeit). So stellt er fest:»Das Individuum ist das *gesellschaftliche Wesen*« (MEW E 1,538). Der Mensch, das ist die *Welt des Menschen,* Staat, Sozietät« (MEW 1,378).»Das menschliche Wesen … ist … das Ensemble der gesellschaftlichen Verhältnisse« (MEW 3,6). Sicherlich wird man dem Marxschen Ansatz als Protest gegen den Individualismus des Liberalismus sein relatives Recht zuerkennen. Doch in der Rücknahme der Person auf Gesellschaftlichkeit liegt eine ebenso entmenschlichende Tendenz wie in der auf Individualität. Zwar erkennt

Marx sehr richtig, daß Gesellschaft nicht aus Individuen besteht, sondern die Summe der Beziehungen und Verhältnisse ausdrückt, worin diese Individuen zueinander stehen (Grundrisse, 176), doch wird dieser Satz sehr falsch, wenn man – wie vermutlich Marx - Individuum mit Person indentifiziert, denn Gesellschaft besteht allemal aus Personen. Aber kollektivistische Tendenzen als Reaktion auf den Individualismus der vergangenen Jahrhunderte finden sich allemal. Es scheint die Tendenz zu wachsen, erhebliche Steuerungs- und Kontrollmechanismen (etwa die des sittlichen Gewissens) an Gruppen zu delegieren. Ich vermute, daß nur so über den Rahmen des entwicklungspsychologisch als »normal« zu Bezeichnenden hinaus, Jugendliche und Heranwachsende heute häufiger und intensiver die »Herrschaft der Gruppe« suchen, um der Mühsal unbeantworteter Fragen (etwa nach dem Lebenssinn), unbeherrschter Freiheit und der Leistungs- und Konsumanforderungen enthoben zu sein. Systemzwänge werden durch Zwänge, die überschaubare Gruppen ausüben, ersetzt (Bandenbildung, Jugendreligionen ...). Dieses Bemühen, anonyme Zwänge gegen überschaubare einzutauschen, ist dabei durchaus legitim. Problematisch ist jedoch die wachsende Unfähigkeit, sich in das bestehende System reintegrieren zu können. Flucht ist sicher eine mögliche Methode, Konflikte zu beheben – nicht aber immer die beste, weil sie zumeist nur eine konfliktträchtige Situation mit einer anderen austauscht.

Der Kollektivismus als Refugium vor den Strapazen des Individualismus scheint also eine Fehlreaktion zu sein. Es gilt, dem Individualismus nicht zu entfliehen, sondern ihn auf seine legitime Anspruchszone hin zu relativieren. Die Problematik von Individualität und Gesellschaftlichkeit wird heute von sehr verschiedenen Richtungen philosophischen Mühens bedacht. Hier mögen die Namen G. Simmel, K. Popper, Th. W. Adorno genannt sein.

Es gibt jedoch noch eine weitere abartige Form, Gesellschaftlichkeit zu praktizieren. Ich möchte sie – sit venia verbo - Inkultation nennen. Während im Prozess konkreter Vergesellschaftung die Normen eines gesellschaftlichen Systems übernommen werden, so bei der Inkultation (sehr wohl zu unterscheiden von »Inkulturation«, was die Sozialisation eines Menschen oder einer Gruppe in ein sozio-kulturelles System bezeichnet, indem dessen Normen als maßgebend und damit als die eigenen internalisiert werden). Im Prozess der Inkultation werden der bloße Kult, die Riten der Gesellschaft, in die hinein inkultiert wird, übernommen, ohne daß ihre Wertvorstellungen oder andere wesentliche Inhalte ihrer kollektiven symbolischen Sinnwelt internalisiert würden.

Ein klassisches Beispiel für eine solche Inkultation bilden manche christlichen Missionen, die den bloßen Kult (etwa in Südamerika) importierten und die Verpflichtung, am Kult teilzunehmen, stärker und beharrlicher einforderten als etwa die Beachtung des christlichen Liebesgebots. Diese Form der Ausbreitung des Christentums (ich will sie hier einmal »oberflächlich« nennen), dürfte auch die Christianisierung unserer Regionen bestimmt haben, denn bis zum heutigen Tage gibt es nicht wenige Menschen, die sich dem Kult stärker verpflichtet wissen als der zentralen Lebensorientierung (im Christentum das Gebot der universellen Liebe). Ich vermute sogar, daß die Hypertrophie der Sexualität in den Sündenkatalogen zustande kam, weil sexuelles Tun nach alter Kult-Tradition rituell unrein mache.

Um es kurz zu sagen: ich kenne eine ganze Reihe von Christen, die Kulthandlungen (Sakramente, Eucharistiefeier) für zentraler halten im Christentum als das Gebot der Feindesliebe oder etwa das Verbot, über andere zu richten. Solche Menschen haben das Christentum enkultiert aber nicht internalisiert. Ich vermute, daß die Kirchen mitunter nicht ganz unschuldig sind an dieser katastrophalen Entwicklung, die den Kult überbetont und das Halten der Jesus-Gebote für sekundär hält. Doch soll die ekklesiale Praxis hier nur paradigmatische Funktion haben. Denn solche Enkultationen kennen wir auch im politischen, betrieblichen ... Bereich. Ich weiß um nicht gerade wenige Bundesbürger und Bewohner der DDR, die zwar die erwarteten Riten (Formen des Grüßens, Wählen, Aktivität für Staat und Gesellschaft ...) mitmachen, aber die Grundwerte, die grundlegenden Aspekte der kollektiven symbolischen Sinnwelt nicht internalisieren.

Mit dem Wort »Inkultation« läutet zugleich ein Alarmsignal. Schon die Weimarer Republik ist an mangelnder Identifikation ihrer Bürger mit deren Sinnweltentwurf zugrunde gegangen (und nicht am Terrorismus von rechts oder links). Es ist nicht leicht einzusehen, warum der Bonner Republik nicht ähnliches geschehen sollte, wenn es ihr nicht gelingt, ihre Bürger zu motivieren, eine kollektive Sinnwelt zu internalisieren, die allein die Stabilität eines Systems garantiert. Doch vermute ich, daß viele »Großen« unserer Republik noch nicht einmal eine solche Sinnwelt kennen – ja, daß sie deren Fehlen kaum bemerken.

c) Weltlichkeit

»Weltlichkeit« bezeichnet ein Merkmal der Person, nach der sie nicht anders als in Welt Person sein kann. Diese Behauptung ist solange trivial, als nicht versucht wird, den Begriff »Welt« zu knacken. Wie so viele großen Begriffe ist er für uns Menschen etwas zu groß, als daß wir sagen könnten, was er uns bedeutet – wir können es eher fühlen. Andererseits kommen wir auch nicht ohne diesen Begriff aus, wenn wir versuchen, das zu Ende zu denken, was wir mit dem Wort »Mensch« bezeichnen. Das Verhältnis des konkreten Menschen zur konkreten Welt bleibt dabei stets ambivalent – ein Zeichen dafür, daß Menschen in Welt nie ganz zu Hause sind und sich nicht nur von ihrer Weltlichkeit her verstehen dürfen (wie sie ebenfalls nicht die Weltlichkeit als Konstitutives leugnen können).

Die Vielheit der Bilder von Welt (der »Weltbilder«) uns durchaus gleichzeitiger Menschen, bezeugt mittelbar die Unversöhntheit des Menschen mit dieser Welt. Sie *ist* nicht heimisch, sondern wird allenfalls als *privat eingerichtete* heimisch. Die Welt »an sich« ist uns zudem recht unbekannt, da unsere Sinne nicht eingerichtet sind, Welt »an sich« zu erkennen, sondern uns in Welt möglichst ungefährdet einzurichten.

So sind denn alle Versuche, Welt philosophisch (oder sonstwie) beherrschbar zu machen, gescheitert. Sie verkürzen begreifend (oder im vermeintlichen Begreifen) Welt auf ein recht unwirkliches Modell. Ideologien sind Kapitulationssymbole einer Menschheit, die sich weigerte, ihr Unvermögen im Umgang mit Welt einzugestehen – sich gar Welt zu bemächtigen versuchte. Auf der anderen Seite verlor das titanische Werk der Philosophie stets seine weltgestaltende und weltverändernde Potenz, wenn sie nicht – wie der Antaios der griechischen Sage – immer wieder neue Kraft aus der Berührung mit der Allmutter Erde schöpfte. Der Abgrund »Welt« kann nur scheinbar geschlossen werden, wenn man ihn zum einzigen Grund von Person macht. Allmutter ist sie allenfalls im mythischen Versuch, sich des Unheimlichen zu bemächtigen, indem man dem Unvertrauten einen vertrauten Namen gibt.

Und dennoch ist Welt bei und in allem Bedenken als Grund von Person erfahrbar. Eine unweltliche Person ist eine Unperson. Man kann aus Welt nicht hinausweisen, sondern immer nur in sie hinein, denn überall, wohin wir weisen, ist Welt als unaufgebbare Vorgabe. Deshalb gibt es auch kein Sprachspiel, in das »Welt« konfliktfrei einzufügen wäre. Das Wort »Welt« bezeichnet nicht den Begriff von einem Gegenstand, sondern einen »Inbegriff«, einen Begriff, den wir nicht denken, sondern in dem wir denken, begreifen, verstehen ...

Die Weltlichkeit des Menschen, die sich im In-Welt-Sein realisiert, bestimmt zugleich auch die Möglichkeiten und Grenzen menschlicher Freiheit, insofern sich Freiheit stets im Horizont von Welt praktisch macht.

Aufs Erste mag es scheinen, als ob die Kategorie »Freiheit« eher im Kontext von Individualität abzuhandeln sei. Das aber scheint mir falsch zu sein, denn Person *wird* erst frei in Welt, in Gesellschaft, in Geschichte, in ihrem Fragen über Grenzen hinaus. Person *ist* nicht frei, denn Freiheit ist kein Zustand von Person, sondern eine Möglichkeit ihres Handelns. Aus diesem Grund will ich auch Freiheit hier nicht abhandeln, sondern erst nach der Darstellung der Grenzhaftigkeit von Person.

Die einseitige Orientierung an Weltlichkeit – unter Vernachlässigung der anderen Persongründe – mag aufs Erste selten sein. Und dennoch ist sie aufs Zweite häufig. Die einseitige und undialektische Interpretation von Person (oder Menschsein) von ihrer Welthaftigkeit her, schafft ihr in und mit Welt ein Gefängnis, durchaus vergleichbar mit den Gefängnissen absolut gesetzter Individualität und Gesellschaftlichkeit. Und es ist nicht einfach, Gefangener zu sein. Schon allein deshalb nicht, weil sich Gefangene im Mühen um Freiheit an den Gittern wund reiben können. Doch wer sich reibt, hat noch nicht resigniert. Er erkennt zudem ein Jenseits seines Käfigs. Die Resignation, von der kleinen angefangen, der müden, bis hin zur großen, der tragischen, ist eine keineswegs seltene Folge des Eingesperrtseins in Welt. Fr. Nietzsche hat in der fünften Vorrede Zarathustras diesen Gefangenen ein Denkmal gesetzt:

> Es ist an der Zeit, daß der Mensch sich sein Ziel stecke.
> Es ist an der Zeit, daß der Mensch den Keim seiner höchsten Hoffnung pflanze.
> Wehe! Es kommt die Zeit, wo der Mensch nicht mehr den Pfeil seiner Sehnsucht über den Menschen hinaus wirft.
> Ich sage Euch: Man muß noch Chaos in sich haben, um einen tanzenden Stern gebären zu können.
> Wehe! Es kommt die Zeit, wo der Mensch keinen Stern mehr gebären wird.
> Wehe! Es kommt die Zeit des verächtlichsten Menschen, der sich selbst nicht mehr verachten kann.
> Seht! Ich zeige euch den letzten Menschen.
> Was ist Liebe? Was ist Schöpfung? Was ist Sehnsucht? Was ist Stern? – so fragt der letzte Mensch und blinzelt.
> Die Erde ist dann klein geworden, und auf ihr hüpft der letzte Mensch, der alles klein macht. Sein Geschlecht ist unaustilgbar wie der Erdfloh; der letzte Mensch lebt am längsten.
> Wir haben das Glück erfunden – sagen die letzten Menschen und blinzeln.

Der Mensch der ungeschichtlich (und damit hoffnungslos), der unsozial (und daher ohne Kenntnis von Liebe), der fraglos (und daher glücklich) in dieser Welt lebt, hat seine Menschlichkeit schon längst verloren. Die Spannungslosigkeit der reinen Weltlichkeit ähnelt dem Glück der Bewohner von A. Huxleys schöner neuer Welt.

Die Welt ist jetzt im Gleichgewicht. Die Menschen sind glücklich, sie kriegen, was sie begehren, und begehren nichts, was sie nicht kriegen können. Es geht ihnen gut, sie sind geborgen, immer gesund, haben keine Angst vor dem Tod. Leidenschaft und Alter sind diesen Glücklichen unbekannt. Der Wilde antwortete nicht sogleich ...
»Ich brauche keine Bequemlichkeit. Ich will Gott, ich will Poesie, ich will wirkliche Gefahren und Freiheit und Tugend. Ich will Sünde.«
»Kurzum«, sagte Mustafa Mannesmann, »Sie fordern das Recht auf Unglück.«
»Gut denn«, erwiderte der Wilde trotzig, »ich fordere das Recht auf Unglück.«
»Ganz zu schweigen von dem Recht auf Alter, Häßlichkeit und Impotenz, dem Recht auf Syphilis und Krebs, dem Recht auf Hunger und Läuse, dem Recht auf ständige Furcht vor dem Morgen, dem Recht auf unsägliche Schmerzen jeder Art?«
»Alle diese Rechte fordere ich«, stieß der Wilde endlich hervor.
Mustafa Mannesmann zuckte die Achseln und sagte: »Wohl bekomm's!«

Eine fraglos gewordene Welt scheint also immer Grund von Unmenschlichkeit zu sein. Menschsein bedeutet wohl kaum glücklich sein, sondern ein Leben in der Spannung von Glück und Unglück, Hoffnung und Verzweiflung, Liebe und Haß, Freude und Ärger ... Die Fraglosigkeit der Glücklichen macht sie kaum menschlicher. Und der Wilde fordert mit seinem Unglück sein Recht auf Menschlichkeit.

Nun mag man einwenden, daß das einpolige Festmachen eines Menschen in Welt, sein Absolutsetzen von Welthaftigkeit nicht schon mit dem Versuch einhergeht, die Welt nach seiner Vorstellung (und deren Grenzen) zur besten aller (ihm) denkbaren Welten zu pervertieren. Die Heilslehren so mancher Adepten des utopischen Sozialismus (einschließlich der Begründer des sogenannten wissenschaftlichen) scheinen ihre Vorstellung von Glück in der Universalisierung und der Annahme der Unüberholbarkeit ihrer Vorstellungskraft zum Ziel menschlicher Entwicklung machen zu wollen. Es ist nur schwer einzusehen, worin sich ihre Welt von der schönen, neuen A. Huxleys unterscheidet.

Utopien sind zugleich stets ihre eigenen Gegner. Utopisches Denken wird, wenn es sich nicht als Kritik an Gegenwart versteht, sondern ausgreift in konkrete Zukunft, immer den Stachel, das Gift der Antiutopie mit sich tragen. Zumindest immer dann, wenn Utopie Menschen einsperrt in diese Welt.

Nun ist die Welt, der wir in Realisierung unserer Weltlichkeit begegnen, nicht unstrukturiert. Die wichtigsten Strukturelemente lassen sich durch Worte wie »kosmische Welt« und »soziale Welt« beschreiben. Insgesamt besitzt »Welt« wenigstens drei Teilstrukturen. Die folgende Übersicht mag deutlich machen, wie sehr verschieden wir diese Teilwelten wahrnehmen und zu beherrschen versuchen.

Gegenstand:	Ich	Personen Bedeutungen	Sachen Ereignisse
Erfahrungsgrund:	Selbstbewußtsein	Interaktion	Sinne
Sprache:	uneigentlich	intentional	instrumental
Handlungssystem:	zentriert	kommunikativ	instrumental

Wie es dazu kommt, daß wir uns selbst, andere Personen, Sachen grundsätzlich anders erkennen, anders mit ihnen umgehen, anders mit und über sie sprechen, ist erkenntnistheoretisch noch weitgehend ungelöst. Psychologisch ist das Faktum der Dreiteilung jedoch sehr wohl auszumachen. Werden diese drei Welten nicht im Erkennen auseinandergehalten, wird man eine psychische und/oder soziale Störung oder Erkrankung vermuten. Wer mit Personen wie mit Sachen umgeht oder wer Sachen (oder andere nicht-personale Gegenstände) personalisiert, wird damit sein gebrochenes Verhältnis zur eigenen Weltlichkeit deutlich machen.

Der erste Erkenntnismodus, der mit den beiden anderen nicht verwechselt werden kann, konstituiert mit die konkrete Beziehung von Mensch zu Welt. Es ist das die Erkenntnis des eigenen Ich (mit seinen Grenzen). Das Ich wird durchaus als abgegrenzt von sozialer wie von kosmischer, von personaler wie von sachlicher Welt erfahren und erkannt. Die Erkenntnis, die das Ich als abgegrenzt gegen Außenwelt erkennen läßt, diese Erkenntnis ist grundsätzlich in ihren Inhalten unterschieden von aller anderen Erkenntnis von Welt. Wird die Innenwelt (die Eigenwelt) nicht nur formal sondern auch inhaltlich nicht zureichend anders erkannt, kann es zu erheblichen psychischen Störungen kommen.

Ähnlich wie die Gesellschaftlichkeit, ist auch die Weltlichkeit stets im Horizont der Sprache vermittelt und wird sprachlich repräsentiert. Im Spannungsfeld der eigenen mit der fremden Weltlichkeit vermittelt Sprache ähnlich wie sie zwischen der eigenen Individualität und der fremden Sozialität vermittelt. Dabei ist jedoch das »fremd« durchaus nicht als ungründig, fremdartig, feindlich, entgegen zu lesen. Das »Fremd« bedeutet vielmehr die Erfahrung des Auch-Anders, des Nicht-mit-sich-selbst-Identisch des Menschen.

Die Sprachvermittlung der Weltlichkeit ist die Voraussetzung sowohl ihrer Fremdheit wie ihrer nötigen Integration, ihrer konkreten Realisation wie ihrer immer möglichen Abstraktion. Ein Tier erfährt seine Weltlichkeit nicht sprachvermittelt. Es ist somit Teil von Welt – und nur das. Es sieht sich nicht in möglichem Entgegen, sondern eingebunden in Welt. Welt ist kein möglicher Gegenstand, obschon es Widerstand der Sachen erfährt, sondern Alles, das All.

Wir Menschen sprechen *über* Welt und machen sie uns so zuhanden, obschon sie immer nur in einzelnen ihrer Darstellungsweisen zuhanden ist. Das Wort »Welt« bezeichnet ja keinen Gegenstand, sondern eine regulative Idee alles möglichen Erkennens, ein letzter Horizont vor dem Sachen und Personen und Ich erst verständlich, weil begreifbar werden. Ohne den Inbegriff »Welt«, der wie ein Nest in sich eine Unzahl unfertiger und unvollständiger aber entwicklungsfähiger Begriffe (wie in einem »Weltbild«) bereithält, müßten wir Menschen unser Erkennen des Außen inkonsistent halten, könnten unseren Ort nicht bestimmen, wäre uns Fragen nach Sinn fremd.

»Welt« als Symbolbegriff (und nicht als Gegenstandsbegriff) ist eine Bedingung der Möglichkeit, das Reflexionssystem »symbolische Sinnwelt« zu errichten. Und dieses Wort sagt uns – oder sollte uns sagen, daß die Welt, in der wir leben, die Welt von Gesetzen und Zusammenhängen, die Welt voller Sinn und Einheit, daß diese Welt zuerst konstituiert wird durch unsere Sprache als dem Hort der Symbole, ja als Symbolsystem schlechthin. Unsere Welt ist also ganz und gar eine Sprachwelt. Und die Inhalte von Welt, über die wir nicht sprechen können, bleiben uns unbegreiflich und aller Sinnbegabung entzogen.

Sicher gibt es Versuche, die Weltlichkeit mit dem Instrument der Sprache zu überlisten und in eine Art Über- oder Unweltlichkeit zu emigrieren. Diese Versuche werden uns in einem folgenden Abschnitt beschäftigen, in der die Grenzhaftigkeit als transzendentales Existential des Menschen zur Sprache zu bringen ist.

Nun kann das Verhältnis des Menschen zu seiner Weltlichkeit wie auch zu deren Konkretisierung des Lebens in konkreter Welt auf mannigfaltige Weise gestört sein und so Anlaß geben zu Krisen und Konflikten bis hin zur Entpersonalisierung und zum Selbstverlust. Einige dieser Störungen seien zunächst einmal aufgelistet:

● Welt ist feindlich und fremd. Sie ist keine Heimat des Menschen, sondern eine Instanz ständiger Bedrohung.

● Weltlichkeit ist das entscheidende Merkmal des Menschen. Er ist Mensch nur insoweit er sich dieser Welt ganz ausliefert.

● Welt ist Ent-Gegenstand und Sprache handelt nur darüber (und konstituiert sie nicht etwa). Welt ist also letzte Eigentlichkeit.

● Die Spannung zwischen Welt und Individuum kann aufgehoben werden durch Kultur. Die Kultur macht Welt erst zur menschlichen Welt, zur Welt des Menschen.

● Welt ist eine Vorgabe für den Menschen, geschaffen um seinetwillen, damit er über sie herrsche und sie nütze.

Nun hat die Auffassung der *Feindlichkeit der Welt* eine Menge Erfahrung für sich. Weit über 90% ihrer Geschichte waren die Menschen damit befaßt, in einer feindlichen Umwelt biologisch zu überleben. Diese erste Überlebenssicherung wird vermutlich erst unproblematisch geworden sein als kompliziertere Geräte zur Jagd und später auch zur Bodenbestellung erfunden wurden. Doch auch heute noch ist das Gefühl der Hilflosigkeit gegenüber den Naturgewalten (Sturm, Blitz, Regen, Kälte, Vulkanismus, Hochfluten der Meere …) sicherlich den meisten Menschen noch nicht fremd – obschon wir versuchten, uns gegen die Ansprüche der Natur in eine Kulturwelt, eine menschliche Eigenwelt hinein zu flüchten. Und noch immer gibt es Menschen, die die Abhängigkeit etwa unserer Ernten vom Wetter als Beleidigung, die Unfähigkeit unserer Medizin, ein wirksames Schnupfenmittel zu finden, als Ohnmacht und die biologische Notwendigkeit zu sterben, als Sinnbedrohung empfinden. Das heißt: In zahlreichen Abhängigkeiten (Ernte, Krankheit, Naturkatastrophen, Tod) erfahren wir Menschen uns nicht als Herrn, sondern als Sklaven der Natur, ihren Launen, Unberechenbarkeiten, ihrer Willkür nahezu hilf- und rechtlos ausgeliefert. Und das ist gut so. Was wäre das für ein Grund von Menschsein, wenn er der Beliebigkeit des Menschen, seinem manipulativen Zugriff ausgeliefert wäre? Was würde es bedeuten, wenn der Mensch sich als Herr der Welt verstehen dürfte?

Nun gibt es sicher Menschen, die sich in magischen Praktiken, die sich manchmal unter dem Deckmantel des Religiösen konservieren, die immer auch unheimliche Welt unterwerfen wollen, sie zumindest in ein vertrautes Du wandeln möchten, indem sie hinter den Gewalten und Mächten der Welt Wesen ihresgleichen (Dämonen, Götter…) am Werk sehen. Es gibt eine religionsphilosophische Schule, der sich übrigens auch S. Freud anschloß, die der Ansicht ist, daß das Mühen um magische Naturbeherrschung Anfang menschlicher Religion gewesen sei. Die Personalisierung der Natur und ihrer Gewalten ließ sie ansprechbar, ließ sie beeinflußbar werden durch Gebet und Opfer.

Es ist eines der Rätsel der Menschheitsgeschichte, daß sich noch nicht wirksam herumgesprochen hat, daß Gebet und Opfer zu solchen Dämonen und Göttern wirkungslos sind. Offensichtlich tötet die Hoffnung auf die Wirkung manipulativer Versuche an der Gottheit jeden vernünftigen Zweifel. Wir müssen uns aber auch darüber klar werden, daß wir Menschen auf der Welt allein sind und daß es keinen Gott gibt, der uns unsere Weltlichkeit und Welteingebundenheit und Weltabhängigkeit nehmen würde. Das Alleinsein mit der Welt ermöglicht erst eine rechte – und nicht pathogene – Haltung zur Welt. Die Überzeugung von der Existenz einer Gottheit, mit deren Hilfe man sich Welt untertan machen könne, gehört in den Bereich infantiler oder pubertärer Omnipotenzträume. Der Wunsch über Gebet und Opfer an der göttlichen Allmacht beteiligt zu werden ist einer der magischen Grundüberzeugungen, die stets ein gestörtes, ja pathologisches Verhältnis zur Welt und zur eigenen Welthaftigkeit anzeigen.

S. Freud war der Ansicht, daß solche neurotische oder gar psychotische Weltorientierung nur deshalb nicht als anormal gilt, und nur insoweit den subjektiven Leidensdruck aufhebt, insofern und weil sie eingebettet ist in eine Kollektivpsychose.

Ich halte diese Überzeugung für nicht unproblematisch. Es ist schwer verständlich, warum eine solche Psychose, die Überzeugung von der Realität einer solchen Wahnwelt, in der manipulierbare Gottheiten die Weltgeschicke lenken, offensichtlich einen Selektionsvorteil für die so Gestörten brachte. Offenbar sind solche Religionen schon sehr früh entstanden – und alle Menschenpopulationen, die tatsächlich überlebten, scheinen solche magischen oder kultischen Techniken praktiziert zu haben.

Andererseits ist natürlich zu fragen, ob es nicht etwa gerade der magische Kern der kollektiven symbolischen Sinnwelt der Neandertaler war, der sie zu einer Fehlorientierung in Welt bewegte, die letztlich vor etwa 50000 Jahren zum Aussterben dieser Unterart der Spezies Homo sapiens führte.

In jedem Fall scheint festzustehen, daß alle symbolischen Sinnwelten bis zum heutigen Tag die Aufgabe haben, an sich unerklärliche und damit unbeherrschbare Abläufe in Welt sinnvoll zu machen. Damit werden sie zugleich erklärlich und – in Grenzen – zumindest intellektuell – wenn auch nicht technisch – beherrschbar. Ich vermute in allen symbolischen Sinnwelten (auch in etwa marxistischen oder liberalen) einen archaischen Kern, der versucht, das Verhältnis von Mensch und Welt durch magische Erklärungen zu deuten und damit dem Anspruch radikaler Sinnlosigkeit des In-Welt-Seins zu entgehen. Im Marxismus mag das der Glaube an ein über allem waltendes historisches Gesetz sein. Im Liberalismus der Glaube an so mancherlei prästabilierte Harmonien (Evolution führt zum Fortschritt, Streben nach individuellen Nutzen zum Gemeinnutzen …). Es ist also töricht, das magische Element aus dem Konzept symbolischer Sinnwelten bannen zu wollen. Im Prinzip sind Dämonen durchaus den historischen Gesetzen vergleichbare magische Symbole.

Nicht also magische Implikationen zur Weltbeherrschung machen Sinnwelten pathogen, sondern ihre Universalisierung. Wenn ein Mensch sich nicht mehr auch ausgeliefert weiß an Welt, wird er zu einer wahnhaften Weltinterpretation kommen – denn wir Menschen sind real zwar nicht an Welt, doch weitgehend an Natur ausgeliefert.

Die Entwicklung von Mythen und Kulturen sind also stets auch als Versuch zu werten, Welt heimisch zu machen, das Gefühl des *Ausgeliefertseins* zu überwinden. Und sie haben damit ein relatives Recht. Menschen, die sich völlig der Welt ausgeliefert wähnen und so ihr Leben in Welt einrichten, interpretieren ebenso ihr Verhältnis zu Welt falsch. In mancher Hinsicht sind wir Menschen in der Lage, die elementaren und radikalen Bezüge, die uns an und in Welt binden, zwar nicht außer Kraft zu setzen aber doch gleichsam zu regulieren. Gegenüber den Beziehungen, die zwischen Elementen von Welt bestehen und die wir unter dem Symbol von Naturgesetzen zu begreifen versuchen, sind wir keineswegs völlig ohnmächtig. Wir können über sie reflektieren. In diesem Reflektieren können wir sie zwar nicht außer Kraft setzen, aber doch mitunter nach unseren Plänen einsetzen. Denken Sie etwa an die »Gesetze« der Physik, in denen wir materielle Welt, insofern sie unserem manipulatorischen Zugriff offen ist, so beschreiben, wie wir sie wahrnehmen. Die Erkenntnis der Gesetze kann sie zwar nicht außer Kraft setzen, kann aber manche Naturdinge im Dienst des Menschen nützlich werden lassen.

Viele Marxisten sehen in dieser Fähigkeit, Natur zu beherrschen, das Wesen menschlicher Freiheit, die Gesetze nicht aufheben, aber verwenden kann.

Unser Selbstbewußtsein und die damit dialektisch verbundene Fähigkeit zur Reflexion nimmt uns Menschen also aus der Vordergründigkeit konkreter Welt hinaus. Wir emanzipieren uns damit zwar nicht von der

Grundhaftigkeit unserer Weltlichkeit, doch setzen wir damit unsere eigene Autonomie. Sie spielt zwar nicht auf der Ebene der Welt, sondern auf einer Metaebene, doch genügt die Fähigkeit, über Welt zu reflektieren, sich auf dem Metaniveau über ihre Zwänge und Nötigungen zu stellen, um die Sonderung und die Eigenart menschlicher Person in einem ihrer grundlegenden Aspekte zu verdeutlichen.

Der Mensch ist zwar ganz weltlich – aber nicht ganz und gar. Er ist weltliches Wesen und nur als solches Person. Aber die Gleichursprünglichkeit von Individualität, Sozialität, Historizität und Transzendentalität relativieren die Mundaneität zu einem, wenn auch wesentlich unaufgebbaren Aspekt menschlicher Persongründung.

Eine andere Fehlinterpretation von Welt liegt in der Annahme ihrer *Unsprachlichkeit.* Welt ist also keineswegs an sich eigentlich, sondern kommt nur als sprachliche – unter der Gestalt symbolischer Sinnwelten zu sich. Das soll nicht heißen, daß es nicht auch Gegenstände gäbe, die unabhängig von menschlicher Existenz oder Erkenntnis real wären. Doch ihre Pluralität wird nur durch die Symbolfähigkeit sprechender Menschen zu einer Einheit – eben zu Welt, die sich als symbolische Sinnwelt ausdeutet und darlegt. Sprache handelt also keineswegs nur über Welt, sondern konstituiert sie auch. Ja es gibt auch durchaus Beziehungen zwischen Sprache und »objektiven Weltdingen«. Unsere Sprache zieht den Horizont der begriffenen Welt aus. Dinge, die sich der Sprache entziehen, sind unbegrifflich und so unbegreiflich. Und das nicht nur, weil sie keinen Ort haben können in einer symbolischen Sinnwelt, sondern weil sie überhaupt keinen Ort haben im Horizont möglicher begreifender Erfahrung.

Selbstverständlich entzieht sich Welt auch sprachlicher Bemächtigung. Sie ist immer auch unbeantwortete Frage, doch das liegt, wie ich vermuten möchte, an dem Überwert von Sprache und Begreifen. Denn selbst für das, wozu unsere Sprache ausreicht, in den Bereich ihres Greifens, können wir nicht immer begreifend nachkommen. Wir wissen durchaus um auch sprachlich Vorhandenes, das uns nicht zuhanden ist. Das tatsächlich Gesprochene und Sprechbare verwendet stets die universelle Sprachkompetenz unter einschränkenden Bedingungen. Die Kompetenz der Sprache reicht weiter als die Performanz des Sprechenden. Und in diesem Dämmerlicht *möglicher* Sprachlichkeit geschieht durchaus auch Welt. Nur unaussprechlich ist sie nicht. Unaussprechlich ist nur das Unweltliche.

Es ist hier auch der Ort über die Bedeutung der *Kultur* für den Menschen und seine Persongründung zu handeln. Sie ist nicht selten beschrieben worden als Grund von Krisen und Konflikten. J. J. Rousseau war etwa der Meinung, daß die sittliche Ordnung durch kulturell vermittelte Bedürfnisse zerstört werde.

Dagegen steht eine kulturoptimistische Richtung, die der Ansicht ist, der Basiskonflikt Mensch – Natur werde durch Kultur überwunden.

Doch was meint das Wort »Kultur«?

»Kultur« bezeichnet das Ergebnis einer dem Menschen gegebenen Fertigkeit, in der Auseinandersetzung mit seiner Umwelt in Theorie und Praxis Neues hervorzubringen. Das können sein:

● Sprachen, Religionen, Ethiken,

● Recht, Staaten, Verfassungen,

● Handwerk, Technik, Kunst,

● Philosophie, Wissenschaft.

In abgrenzbaren Regionen haben Menschen zu verschiedenen Zeiten sehr verschiedene Kulturschöpfungen hervorgebracht – aber allen Menschen scheint die Tendenz zu solchen Schöpfungen so sehr zu eigen zu sein, daß wir beim Fehlen aller Kultur nicht gern von Menschen sprechen.

Gemeinhin fordert man, damit zu recht das Wort »Kultur« verwendet werde, noch zwei weitere Kriterien als erfüllt an:

● das Geschaffene muß sich am Maß der Vernünftigkeit, der ethischen oder ästhetischen Vertretbarkeit orientieren und beurteilen lassen,

● es darf nicht nur die materiell-technische Seite der Lebensgestaltung beschreiben.

Dieser Kulturbegriff unterlag verschiedenen Transformationen.

So wurde er etwa

● idealisiert (als die Summe der geistigen Errungenschaften der Menschheit oder einer Zeit oder eines Volkes),

● internalisiert [als »Summe derjenigen Entwicklungen des Geistes, welche spontan geschehen und keine universale oder Zwangsgeltung in Anspruch nehmen« (J. Burckhardt)],

● empiristisch bestimmt (als die Summe der als typisch feststellbaren Lebensformen einer Population).

Diese Transformationen und ihre Weiterungen führten dazu, daß der Begriff »Kultur« heute nur schwer gebräuchlich ist – seine Verwendung führt zumeist zu Mißverständnissen. Da das Wort »Kultur« oft auch – zumindest beim Bildungsbürgertum – emotional positiv besetzt ist, und wertend gebraucht wird, sowie dazu dient, Klassenschranken zu beschreiben, ist es in wissenschaftlicher Verwendung selten geworden. Heute ist es vertretbar, »Kultur« stets an konkrete Gesellschaft zu binden. Die in unserem Kontext brauchbarste Definition scheint B. Tylor (1832-1917) zu geben (1871): »Kultur ist jenes komplexe Ganze, das Kenntnisse, Glaubensvorstellungen, Künste, Sitte, Recht, Gewohnheiten und Dauerbetätigungen umfaßt, die der Mensch als Mitglied einer Gesellschaft erwirbt«. Damit aber ist Kultur nicht mehr eine Vermittlungsinstanz zwischen Person und Natur, sondern zwischen Individuum und Gesellschaft. Das aber bedeutet in unserem Kontext, daß Kultur als Technik, Kunst, Wissenschaft … verstanden, allenfalls den materiellen Aspekt der Kultur darstellen und nicht den formellen oder immateriellen.

Diese Unterscheidung zwischen »materieller Kultur« und »immaterieller« ist für F. Ogburn (1886-1959) und seine Theorie vom sozialen Wandel erheblich geworden. Er zeigte, daß sich die verschiedenen kulturellen Variablen, vor allem aber die der Bereiche der materiellen und immateriellen Kultur verschieden schnell wandeln. Vorstöße auf einem Gebiet, entsprechen Verspätungen (dem »cultural lag«) auf dem anderen. Heute eilt offensichtlich die materielle Kultur der immateriellen voraus, so daß etwa »technische Errungenschaften« nicht mehr ethisch beherrscht werden und so eine problematische Autonomie entwickeln, die Grund sozialen Wandels werden kann – ja ihn unter Umständen erzwingt.

R. Thurnwald (1868-1954) konnte zudem zeigen, daß jede kulturelle Gegenwart gleichzeitig Einstellungen aufweist, die zu sehr verschiedenen Zeiten mit dem Zustand der materiellen Kultur gleichzeitig waren. Wir werden in diesem Zusammenhang von Ungleichzeitigkeit sprechen. Cultural lag und Ungleichzeitigkeit sind durchaus ernstzunehmende Konfliktherde. Insofern zu ihrer Definition der Begriff »Kultur« notwendig ist, scheint er auch heute noch nicht ganz unbrauchbar zu sein, welche Verwirrung seine Verwendung auch immer stiften mag.

Doch noch ein anderes Wort ist heute gebräuchlich: das Wort vom »sozio-kulturellen System«. Es gibt einige Sozialphilosophen, die alle Makrogesellschaften als solche Systeme zu bestimmen versuchen. Damit wird also »Kultur« in ihren verschiedenen Ausdrucksformen im Entgegensatz zu »Wirtschaft« (die allenfalls als eine kulturelle Ausdrucksform akzeptiert wird) als wesentliches Merkmal eines sozialen Makrosystems konzipiert. Ich vermute, daß solche Versuche weniger ergiebig sein werden. Insofern »Kultur« hier einen erheblichen Sinn hat, wird es auf den Begriff »symbolische Sinnwelt« reduzierbar sein und durch ihn funktional abgelöst werden können.

Nun aber ist unsere Frage immer noch nicht beantwortet: Kann der

Mensch durch naturwandelnde oder -ergänzende Aktivitäten die Kluft zwischen Person und Welt überbrücken. Ich vermute, daß er das nicht kann. Im Gegenteil scheint manches dafür zu sprechen, daß diese Bemühungen zu einer Naturvernichtung führen, die das Verhältnis von Person und Welt durchaus problematisiert (Umweltverschmutzung, Rohstoffverknappung ...).

Doch auch die Frage Rousseaus (und schon mancher antiker Kulturpessimisten) bedarf einer kurzen Würdigung. Insofern der Mensch in seiner Fähigkeit, über Welt und ihre Erscheinungen zu reflektieren, Weltteile beherrschbar machen kann und sich so neben der Naturwelt und im Gegensatz zu ihr eine Menschenwelt (»Kulturwelt«) aufbaut, in der er sich heimischer einrichten kann als in der unheimlichen Naturwelt, muß er sich Normen geben, die keineswegs »seiner Natur« entsprechen. Die primitiven Steuerungsmechanismen des Menschen, die die Grundlagen des menschlichen Zusammens und Auseinanders mit Welt und Gesellschaft festlegen, waren durchaus zureichend für den Menschen der Steinzeit (mit einer sehr »primitiven Kultur«), ja verschafften ihm durchaus einen Selektionsvorteil. In den wenigen Jahrtausenden, in denen wir diese doch auch soziale Steinzeit überwanden, haben sich die in alten Hirnpartien gespeicherten und tradierten Informationen nicht geändert. Das aber heißt, daß die Kulturwelt uns eine durchaus feindliche Welt ist. Sie erfordert, um menschliches Beisammen menschlich zu machen, Normen ein, die keineswegs den uns angeborenen Informationen über die menschliche Weise menschlichen Beisammens entsprechen, sondern ihnen oft gar widersprechen. Das aber bedeutet, daß wir als Kulturwesen im Widerspruch stehen zu unserer Programmierung als Naturwesen. Da nun dieses Programm sehr aufdringlich und unabweisbar Handlungen einfordert und Bewertungen erzwingt, sind Kulturnormen nur durch Androhung erheblicher Strafen und nur durch unmenschliche Internalisierungsstrategien (über Angst, Scham, Schuld und Mindergefühle) durchzusetzen. Der Konflikt Es – Überich ist programmiert. Das »Realitätsprinzip« steht gegen das »Lustprinzip«, insofern das Realitätsprinzip nicht etwa die Anpassung an die Realität, wie sie dem vorgegebenen Programm entspricht, einfordert, sondern wie wir Menschen sie als »Kulturleistung« konstruiert haben. Der Gehorsam aber gegenüber dem ursprünglichen Programm, der Es-Gehorsam ist mit Lustgewinn positiv sanktioniert. Der erzwungene Verzicht auf solchen Lustgewinn, die Frustration also, ist eine wichtige, vielleicht gar eine hauptsächliche Quelle für destruktive Sozial- und/oder Individualkonflikte.

Bedeutet das, daß wir also, soweit als irgendmöglich, unsere »kulturellen Errungenschaften« rückgängig und »zur Natur zurückkehren« sollen? Das kann es leider nicht bedeuten. Wohl aber kann es – auch auf einer übervölkerten Erde, die sich nur über künstliche Mechanismen am Leben erhalten kann – bedeuten, daß wir versuchen sollten, Zwänge, die unserem natürlichen Programm widersprechen, so gering zu halten, wie eben möglich. Die Mechanismen der »Kulturwelt« sind dieser Forderung allerdings völlig entgegen. Wir produzieren alltäglich neue institutionalisierte oder ritualisierte Verhaltensmuster, die unserem natürlichen Programm einfachhin widersprechen und die nur durch innere und äußere Zwänge durchgesetzt werden können. Daß diese Situation hochgradig pathogen ist, wird niemand leugnen.

Endlich sei noch eine Fehlhaltung zur Welt erwähnt, die den Menschen als *Herrn der Welt* betrachtet. Dahinter steht sicherlich ein religiöses Motiv, das in der jüdisch-christlichen Tradition auf ein Gotteswort zurückgeführt wird: »Macht euch die Erde untertan« (Gen 1, 28). Der Koran spricht statt von Herrschaft von Stellvertretung. Ich denke, daß dieses Wort auch der ursprünglichen Bedeutung der jüdischen Tradition entspricht: Der Mensch sei Stellvertreter Gottes auf Erden und verwalte alles in dessen Namen.

Aber vor allem im Christentum wurde die »Herrschaft über die Erde« zum Symbol mit einem erheblichen Funktionswert. Im Bereich christlich bedingter symbolischer Sinnwelten ist dieser Herrschaftsanspruch oft in einer recht üblen Weise praktiziert worden. Menschen verstanden sich im Entgegensatz zur Natur, die dazu geschaffen worden sei, ihnen zu dienen, von ihnen beherrscht zu werden. Und so begann denn ein Jahrhunderte während Prozeß der Ausbeutung der Natur (denn Herrschaft und Ausbeutung waren durch eben diese langen Jahrhunderte sehr nahe verwandte Tätigkeiten). Die hemmungs- und bedenkenlose Ausbeutung der Natur, das verschwenderische Umgehen mit ihren Schätzen, ist auf der Welt nur von jenen Völkern besorgt worden, deren Sinnwelten weitgehend oder sogar vorherrschend christlich geprägt waren.

Es wäre nun sicher falsch, in diesem Mißverständnis vermeindlichen göttlichen Wollens nur Negatives zu sehen. Die Ausbeutung und Herrschaft über die Natur brachte eine ungeahnte Entwicklung der Produktivkräfte und damit auch von ökonomischer und durch sie vermittelt – politischer Macht. Diese wurde nicht nur zum Schlechten verwandt. Ohne die Entwicklung der Produktivkräfte, die zur Ausbildung der Marktwirtschaft (als einer der tragenden Säulen des Kapitalismus) führte, ohne die gewaltige industrielle Produktion, ohne die Entwicklung der chemischen Industrie etwa (mit ihrer Produktion von Dünge- und Heilmitteln) würde die Erde vermutlich kaum mehr als 4000000000 Menschen ernähren können (und müssen!).

Doch heute ist es an der Zeit, daß sich die Menschheit besinne. Die marktwirtschaftliche Ordnung wird aus sich heraus keine Kontrollmechanismen entwickeln, die Ausbeutung der Natur und ihre Verschmutzung zu beheben. Daraus folgt, daß man sie entweder abschaffen oder aber ihr übergeordnete Kontrollinstanzen zuordnen muß, die durchaus die marktwirtschaftlichen Prinzipien der Konkurrenz der Produzenten und des Wachstums (als der Grundlage, unter den Bedingungen gegenwärtiger sozialer Konstellationen erhebliche Profite zu erwirtschaften), ganz oder teilweise außer Kraft setzen können. Ich vermute, daß auch der zweite Fall einen sozialen Wandel im Sinne einer Systemüberwindung bedeutet.

Auf jeden Fall hat uns die hemmungslose Ausbeutung der Natur, die erst langsam ihre Lobby erhält, in eine Krise geführt, die nicht bloß mit dem Wort »Systemkrise« abgetan werden kann, denn sie umfaßt in keiner Weise bloß *ein* sozio-ökonomisches System, sondern weitausgreifend nahezu die gesamte Menschheit. Und nicht nur die der Gegenwart.

Man kann sich fragen, woher wir eigentlich die Legitimation nehmen, die verwertbaren fossilen Kohlenstoffverbindungen, die die Natur in vielen Millionen Jahren produzierte, in wenigen Jahren zur Energieverwendung zu verbrauchen. Nach uns die Sintflut?

Das Verhältnis von Person zur Welt ist also auf mannigfache Weise gestört. Diese Störungen sind zum Teil Folgen zum Teil aber auch Ursachen von Konflikten und Krisen in bisher nicht geahntem Ausmaß. Die Desintegration der Weltlichkeit aus dem dialektischen Verbund der übrigen transzendentalen Existentialien ist sicher einer der Gründe für solches gestörtes Weltverhältnis und Weltverhalten. Zugleich aber bedeutet es auch die Unfähigkeit zur eigentlichen Personwerdung.

d) Geschichtlichkeit

»Geschichte« bedeutet heute zumeist die Rekonstruktion oder Reproduktion vergangener Ereignisse (oder auch irgendein gewesenes Geschehen). Im Gegensatz dazu meint »Historie« die Weise, in der ein Mensch oder eine Gruppe von Menschen Welt in und durch Vergangenheit begreift. Wenn ich von »Geschichtlichkeit« spreche, dann ist damit beides gemeint:

● die Fähigkeit, Vergangenes zu rekonstruieren und zu reproduzieren und

● die Fähigkeit, aus Vergangenem zu interpretieren.

Vermutlich kann man beides nicht auseinanderreißen. Die Rekonstruktion von Daten ist immer nur schon vor dem Hintergrund möglicher Interpretation denkbar. Und das gilt auch für die realisierte Geschichtlichkeit des Menschen, für seine konkrete Geschichte.

Von solcher Geschichte hat jeder Mensch wenigstens zwei: seine individuelle und die Geschichte der Systeme, in die er hineingestellt ist (sozioökonomisches, sozio-kulturelles, politisches ... familiäres). Es wäre falsch seine Individualgeschichte als Teil einer Systemgeschichte zu beschreiben, wenn ein solches System gesellschaftlich und nicht psychisch definiert ist. Es wäre das falsch, weil dann Individualität und Sozialität in Eines, nämlich auf Sozialität zurückgenommen würde. Es wäre aber ebenso falsch, Geschichte als Individualgeschichte in Ausschließlichkeiten verstehen zu wollen, denn auch Systeme und ihre Strukturen haben ihre Geschichte und die menschliche Person ist immer auch ein Systemelement und so inkarniert sich auch in ihr partiell die Geschichte des Systems.

Wenn also solche Geschichtlichkeit eine der Wurzeln ist, in denen menschliche Person gründet, mag sich die Frage stellen, ob Geschichte denn eigentlich einen Sinn hat. Ich wage diese Frage nicht zu beantworten. Sicher aber ist, daß Sinn und Geschichte, mag es sich um System- oder Individualgeschichte handeln, eng aufeinander bezogen sind. Soll heißen: Der Begriff »Sinn« hat nur im Kontext von Geschichte eine erhebliche Bedeutung. Es ist durchaus fraglich, ob man vom Sinn einer Individualgeschichte sprechen kann und zugleich die Systemgeschichte als sinnlos qualifizieren.

Nun ist die Frage nach dem Sinn in der Geschichte eine der erheblichsten Fragen der Geschichtsphilosophie geworden. Ich will daher einige Positionen zur Sprache bringen:

● Karl Marx ist der Auffassung, daß die Geschichte des Menschen durchaus einen Sinn erhält, wenn es gelingt, das, was die Menschen zusammen mit der gesellschaftlichen Produktion ihres gesellschaftlichen Lebens hervorbringen (Religion, Familie, Staat, Recht, Moral, Wissenschaft, Kunst ...), nicht nach den Produktionsgesetzen der vorkommunistischen Ökonomie, nicht also nach den Gesetzen der abstrakten (vom konkreten Produzenten abgezogenen) Produktion und abstrakten (vom konkreten Verbraucher abgezogenen) Konsumtion – wie etwa in der kapitalistischen Ordnung – zu bestimmen. Wenn also nicht mehr etwa der eine Religion, Recht, Wissenschaft ... produziert, so als wären sie etwas an sich wert und der andere sie ebenso sachlich konsumiert. Wenn es gelingt, alles dieses wieder in einem gesellschaftlichen Prozeß herzustellen, in dem nicht die Warenform der abstrakten Produktion und Konsumtion herrscht, dann kann sich der Mensch sein allseitiges Wesen auf eine allseitige Art aneignen und somit zum »totalen Menschen« werden (MEGA I, 3, 118). Diese Form der abstrakten Produktion und Konsumtion ist die Form der Produktion des gesellschaftlichen Lebens unter dem Gesetz und den Regeln des Privateigentums. Dieses Privateigentum muß positiv aufgehoben (nicht etwa vernichtet) werden, es muß wieder in seine positive Funktion eingesetzt werden, menschliches Bedürfnis menschlich zu realisieren, und nicht seinerseits Herrschaftsfunktionen auszuüben beginnen, dann setzt der Kommunismus ein

als vollständige, bewußt und innerhalb des ganzen Reichtums der bisherigen Entwicklung gewordene Rückkehr des Menschen für sich als eines gesellschaftlichen, d.h. menschlichen Menschen. Dieser Kommunismus ist als vollendeter Naturalismus = Humanismus, als vollendeter Humanismus = Naturalismus, er ist die wahrhafte Auflösung des Widerstreits zwischen dem Menschen mit der Natur und dem Menschen, die wahre Auflösung des Streits zwischen Existenz und Wesen, ... zwischen Freiheit und Notwendigkeit, zwischen Individuum und Gattung. Er ist das aufgelöste Rätsel der Geschichte und weiß sich als dieses Lösung. (MEGA 1, 3, 114)

● Das Christentum ist der Auffassung, daß das Ziel der Menschheitsgeschichte das Aufkommen des Gottesreiches ist, an dem alle Menschen teilhaben, die auf dieses Reich hin leben, leiden, arbeiten, lieben, hoffen ... Die Marxsche Bestimmung des Reichs des vollkommenen Kommunismus ist durchaus eine profanierte Darstellung christlicher Zukunftsvorstellung. Das Christentum ist der Ansicht, daß dieses Gottesreich schon im Schoß des Bestehenden heranreift, so daß auch die Menschen dieser Zeit in seiner Gegenwart leben. Insofern Christen das Buch »Kohelet« als geoffenbart akzeptieren, werden sie jedoch die Erkennbarkeit eines Sinnes der Individualgeschichte leugnen. Sinn kann nicht gefunden werden. Unser Leben ist verborgen in Gott, der allein um seinen Sinn weiß. Wir können nur unserer Geschichte Sinn *geben,* sie besinnen.
● G. W. F. Hegel unternahm den schweren Versuch, Geschichte vernünftig zu machen und ihr Ziel nicht nur erhoffen, sondern auch erheben zu können. Die Geschichte erscheint ihm als eine Emanation des Geists der Welt, also als eine außerordentlich vernünftige Angelegenheit. So versuchte er auch das Schreckliche, Kriege, Agonien von Völ-

kern, Staaten und Kulturen, den individuellen wie den kollektiven Mord und alles, was Menschen Menschen antun, »vernünftig« zu machen. Offensichtlich gehört zu einem solchen Unterfangen schon ein reich ausgestattetes und nicht sonderlich an Einzelheiten interessiertes Abstraktionsvermögen.

● R. Bultmann verweist darauf, daß der Mensch, der die Welt durch das Instrumentar seiner Technik und seiner Vernunft beherrscht, sich nicht beleidigen lassen kann von der Annahme herrschender Unvernunft, herrschenden Unsinns. Und so versuchte er, wie schon zuvor der Natur, auch der Geschichte Sinn zu geben. Das soll nicht heißen, daß sie keinen habe. Aber der Sinn der Geschichte liegt außerhalb von Geschichte – wie ja der, der nach dem Sinn von Geschichte fragt, sich gleichsam neben oder über die Geschichte stellt. Ein solches Verlassen von Geschichte ist uns Menschen aber nicht möglich, denn wir sind in Geschichte eingebunden – wie in unsere Sprache. Und können das bindende Band nicht sprengen, die Grenzen der Geschichte nicht überschreiten. Bultmann ist konsequent der Ansicht, daß der Sinn der Geschichte nicht in irgendeiner Zukunft liegt, sondern in der Gegenwart: Indem der Mensch, die Verantwortung, in die er jetzt gestellt ist, erfaßt, erfaßt er den Sinn der Geschichte.

● A. J. Toynbee hält die politische und ökonomische Geschichte der letzten 5000 Jahre geradezu für ein Paradebeispiel für Sinnlosigkeit. Die Entwicklung der Menschen auf der Erde scheint auf einen Zustand hinauszulaufen, der menschliches Leben unmöglich macht. Das aber zeigt, daß Geschichte sinnlos ist. Der kollektive ökologische Selbstmord von Arten und Gattungen findet in dem der Menschen seinen konsequenten Fortgang. Und nur wer Konsequenz mit Sinn identifiziert, mag in Geschichte Sinn zu sehen. Das geschieht um so leichter dann, wenn man etwa von der Geschichte der Technik ausgeht und sie aus dem Gesamt der Menschheitsgeschichte herauslöst. Dann (aber auch nur dann) erscheint menschliche Geschichte sinnvoll – als Geschichte der Entfaltung von Technik hin zu immer komplexeren Strukturen. Und wenn man solche Komplexität als Sinngrund behauptet, kann man sogar unter Umständen der ökonomischen oder politischen Geschichte einigen Geschmack abgewinnen, denn auch sie scheint die Tendenz zu haben, immer komplexere Strukturen auszubilden – zumindest aber komplizlertere.

● K. Popper spricht sehr lakonisch jeder Geschichte Sinn ab. Und das tut er vor allem, weil die Menschen, die einen vorgegebenen Sinn in Geschichte entdeckt zu haben meinen, die fatale Tendenz entwickeln, andere mit ihrer Überzeugung zu tyrannisieren. Solche unerbetenen Glücksbringer – mögen es Christen oder Marxisten sein – schrecken in ihrem fatalen Bemühen, Gläubige zu produzieren, auch nicht vor Gewalt zurück. Glücksbringer brachten stets Unglück.

Das soll aber nicht heißen, daß Geschichte sinnlos sei. Nur wir geben ihr diesen Sinn, machen sie uns verständlich. Strukturieren sie und stellen Beziehungen zwischen einzelnen Ereignissen her, indem wir zwischen ihnen Sinn aufbauen. Die Geschichte wird aber immer da völlig unsinnig (= unvernünftig), wo Menschen unter dem Anspruch von Sinn (= Vernunft) gegen einander aktiv werden. Im Namen der Vernunft wurden schon Millionen Menschen gemordet und Milliarden unglücklich gemacht. Wir sollten die Ambivalenz des Vernünftigen erkennen und uns endlich von der Aufklärung befreien. Die Welt ist unvernünftig – oder aber von einer Vernunft beherrscht, die der unseren zuwider ist, der unseren unerkenntlich bleibt.

Ich vermute, daß wir uns damit abfinden sollten, daß Geschichte (individuelle wie jede andere) unvernünftig, zumindest aber vernunftlos ist. Wir Menschen sind nicht einmal in der Lage, Fragen im Vorfeld des Sinns zu beantworten als da sind:

● Was ist der Sinn von unvermeidbarem und unverschuldetem Leiden?

● Warum müssen Kinder leiden und elendig verrecken?

● Warum gibt es immer wieder Kriege, obschon sie jeder Vernunft widersprechen?

Die Menschen haben sich schon um diese Vorfeldfragen Beulen in die Hirne gedacht. Wir sollten uns endlich einmal eingestehen, daß wir auf diese Fragen keine Antwort haben – es sei denn die Antwort der Mythen. Diese wollen jene unheimliche Unvernünftigkeit, unter denen die Menschen aller Zeiten offenbar leiden, durch ein Ereignis zu Beginn der Menschheitsgeschichte verständlich machen (etwa eine Ursünde). Doch Mythen sind keine Geschichte. Sie sind nichts anderes als das Eingeständnis der Situation des Menschen vor Fragen, die seine Möglichkeit übersteigen. Mythen sind Versuche, das Unerklärliche deutbar zu machen, ohne es in seiner Unerklärtheit anzutasten. Und solches mythisches Denken hat allemal sein Gutes.

Wenn wir also nicht einmal in der Lage sind, die gestellten Fragen zu beantworten, dann können wir erst recht nicht die Frage beantworten, die *allem* Sinn geben soll – und das fordert doch *die* Sinnfrage.

Ich vermute, daß ein Mensch nur dann zur Ruhe kommt, wenn er akzeptiert, daß sein Leben keinen für ihn erkennbaren Sinn hat. Ehe er solches nicht zugibt, wird er Sinn suchen und nicht finden – und solche

Unternehmungen sind recht frustrierend.

Also läßt sich zunächst über die realisierte Geschichtlichkeit als einer der Gründe von Menschsein sagen, daß sich zumindest über diese Schiene dem Menschenleben kein Sinn zuspielt.

Doch noch ein anderes kommt über die Geschichtlichkeit ins Spiel: Die Fähigkeit des Menschen, Einheiten zu setzen, wo in Realität keine sind. Die Geschichte ist der Ort der Sinnbegabung, des Besinnens. Hier wird die produktive Einbildungskraft erheblich und aktiv. Das soll nicht etwa heißen, daß Menschen dazu neigen, zu spinnen. Es soll vielmehr sagen, daß sie Dinge produktiv und kreativ in Welt einbilden, die diese Welt erst zur Welt des Menschen machen. Wir können den Schnitt zwischen erkennbarem Subjekt und erkanntem Objekt nicht mehr eindeutig legen (wie die modernen Mechaniken demonstrieren), wir können auch nicht einen solchen Schnitt legen zwischen verstehendem Subjekt und verstandenem Objekt. Subjekt und Objekt des Verstehens bilden – mehr noch als Subjekt und Objekt des Erkennens – eine dialektische Einheit. Bedeutungen können nur sein als verstandene und erhalten ihren Inhalt nur im Ablauf des Verstehens.

Nähern wir uns aber mit dieser Einsicht der Geschichte (sowohl unserer privaten und individuellen wie der der Systeme), dann ist die Frage nach der Sinnbegabung nach dem Einbilden von Sinn in Welt und ihre Geschichte keineswegs so frustrierend, wie sie in vielen Sinn-Objektivisten aussehen mag. Man kann durchaus sagen, in unserem Besinnen erhält Welt ihre Bedeutung (und zwar durchaus real und an sich). Wenn aber keine Menschen Welt Bedeutung geben, wäre sie bedeutungslos. Und das meint doch wohl auch sinnlos.

Bedeutung und Sinn werden also zuerst und immer nur im Prozeß des Verstehens konstituiert. Sie sind etwas, das nicht für sich sein kann, abgelöst vom Verstehen. Und so wird denn erst im Verstehen Geschichte bedeutsam, erhält Sinn. Das aber, was sich an Geschichte dem Verstehen entzieht, bleibt nicht nur unverständlich und sinnlos. Es hat auch keinen Sinn (zumindest keinen, den wir erheben könnten). Es trägt keine Bedeutung.

Damit aber wird es noch nicht bedeutungslos. Zwar ist »Leid an sich« ohne jede Bedeutung, doch der Widersinn, der Unsinn gibt ihm eine Art von Gegenbedeutung. Und von hierher ist es keinesfalls aus dem Horizont von Sinn und Bedeutung entlassen. Aber damit ist noch nicht beantwortet die Frage, welchen Sinn es denn eigentlich habe. Sicherlich gibt es Scharlatane, die auch darauf Antworten zu geben wissen. Und diese Antworten sind zumeist einleuchtend – solange nicht der Mensch unsäglich leidet und schon wegen der Sagbarkeit solchen verhökerbaren Sinns von ihm nicht betroffen, oft ja geradezu angeekelt wird.

Nun kann dieser Grund des Menschen, den ich »Geschichtlichkeit« nenne, aus der er – menschlich – seine Kraft schöpft, seine Tragfähigkeit verlieren. Man kann ihn leugnen – man kann ihn aber auch absolut setzen. Und beides kann wieder auf die doppelte Weise geschehen: einmal im Bereich der Individualgeschichte und zum anderen in Bezug auf die Systemgeschichte.

Die Leugnung der eigenen Geschichtlichkeit oder doch die Verleugnung der eigenen Geschichte als einer der Gründe eigener Existenz kann sich sehr verschieden artikulieren. Keineswegs ist es immer ein Leugnen der Bedeutung des Vergangenen. Es gibt nicht wenige Ansätze im Denken, die den Ausgriff auf Zukunft nicht als personenbegründend sehen. Ohne jeden Anspruch auf Vollständigkeit seien hier einige Haltungen genannt, die ein solch gebrochenes Verhältnis zu Individualgeschichtlichkeit vermuten lassen können:

● »Der Augenblick allein ist wichtig.« Die Gegenwart ist immer erträglich. Und nur die Erinnerung oder die Erwartung machen sie mitunter unerträglich. Also sollte man weder aus der Erinnerung noch aus der Erwartung leben.

● Freiheit ist nur immer im Gegenwärtigen möglich. Erinnerungen und Erwartungen beschränken sie. Alles, aber was Freiheit unnötig beschränkt, ist unmenschlich.

● »Du darfst dein Leben heute nicht vergessen. Nur da lebst du wirklich. Menschen die dich aufs Morgen vertrösten, wollen dir dein Leben stehlen.«

● Freue dich des Heute – und vertraue so wenig wie möglich dem Morgen (»Carpe diem, quam minimo credula postero« – Horaz).

● »Sorgt Euch nicht um den morgigen Tag; denn der morgige Tag wird für sich selber sorgen. Es ist genug, daß jeder Tag seine Plage hat.« (Mt 6, 34)

● »Ich mag nicht mehr warten – was immer auch kommen mag, es interessiert mich nicht.«

● »Der Tod ist mir ein lieber Freund. Ich habe lange genug gelebt. Es war schön. Aber jetzt reichts.«

● »Kein Mensch darf von seiner Vergangenheit oder seinen Entwürfen ins Zukünftige her verstanden werden, sondern allein von dem her, der er heute ist.«

Sicherlich signalisieren einige dieser Positionen eine akute psychische Krise. Das gilt aber keineswegs für alle. Eine gewisse Sorglosigkeit

(»Freiheit von Sorgen«) im Umgang mit der eigenen Zukunft kann sicher all denen empfohlen werden, die ihr Leben unter jedem nur denkbaren Aspekt für das Zukünftig zu planen und zu sichern suchen. Diese Sorglosigkeit meint sicher etwa Jesus in dem angeführten Zitat. Dagegen ist ein Leben ganz ohne Hoffnung wohl immer pathologisches Symptom. Nicht wenige griechische Weise lobten das »Leben in den Tag« und verboten ihren Schülern das Hoffen. Seitdem die jüdische Eschatologie in meist christlicher Form – und von diesen beiden hergeleitet auch der marxistischen – das Denken vieler – nicht nur der jeweils Gläubigen – prägt, ist das planende, das aktive und nicht bloß abwartende Hoffen unter uns Europäern modern geworden. Und das ist sicher gut so. Die »Zeitlosigkeit«, wie sie uns etwa in einigen Indianersprachen überliefert ist, ist vermutlich nicht dienlich im Kampf ums Überleben gegen eine planende Zunft von Menschen.

Doch nicht nur vordergründig hat das hoffende Ergreifen von Zukunft, das in die Zukunft hinein Inhalte, Ziele setzt, auf die ein Mensch hingeht und hinwirkt, erhebliche Bedeutung für menschliches Selbstverständnis. Und dies ist keineswegs entmenschlichend: Existenz ist immer auch und wesentlich Noch-Nicht-Sein. Konkrete menschliche Existenz hält den Menschen also nicht in einer starren und alle Veränderung tötenden Identität, sondern führt ihn hinaus in Räume, in denen kein Wegweiser steht. Der Mensch auf der Suche nach sich selbst, seinem Ziel, der »homo viator« scheint mir – vielleicht durchaus in der europäischen Beschränkung meines Denkens und gefangen in der Syntax der indo-europäischen Sprachen – der Mensch schlechthin zu sein. Mensch-sein bedeutet immer auf dem Weg sein. Und menschlich scheint der Weg nur, wenn er hinführt zu Zielen. Selbstgesetzten sehr wohl – aber Ziele allemal. Alles andere Gehen wäre Schlafwandeln.

Wer aber auszieht, das Hoffen zu lernen, wird immer auch das Fürchten lernen müssen. Furcht ist stets der Begleiter der Hoffnung. Wer hofft, fürchtet auch immer, daß das Erhoffte nicht wirklich werde. Und wer fürchtet, der hofft, daß der Gegenstand seiner Furcht nicht eintrifft. Aus dieser Doppelgesichtigkeit der Hoffnung-Furcht-Einheit kam es sicher schon zum praktischen oder auch theoretischen Ablehnen allen Hoffens. Dann aber ist die Zukunft leer. Ich vermute, daß der Versuch, ein vor Zukunft leeres Leben zu leben, kaum angstfrei bleiben wird. Es werden sich die Erfahrungen, auch die bangen, der Vergangenheit in die Zukunft projizieren und hier als dunkle Schatten ihr Spiel treiben. Eine solche Hoffnungslosigkeit wird also kaum angstfrei sein können, es sei denn, sie gründet in Verzweiflung, in Resignation, in tiefer Depression gar. Mir sind Menschen begegnet, die absolut zukunfts- und hoffnungslos lebten, daß sie nicht einmal bereit waren, irgendeine Bewegung zu tun, die auf irgendein Ziel hin ist (etwa der Gang zum Tisch, zur Toilette ...). Wenn also Hoffnungslosigkeit stets Angst oder Depression bedeutet, kann sie kaum zur psychischen Standardausrüstung des Menschen gehören. Hoffnungslosigkeit scheint also entweder Symptom von Selbstaufgabe oder Folge von scheinbar sinnvoller Zukunftsbewältigung sein, wie sie für Menschen typisch ist, deren – oft unbewußte Grundstimmung – Angst heißt.

Vermutlich bedeutet also das Leben vor Zukunft ein Balancieren zwischen Hoffnung und energischem Engagement in Gegenwart. Wer Menschen das gegenwärtige Leid ertragen helfen möchte, indem er sie auf eine bessere Zukunft verweist, ist ganz sicher solange ein Scharlatan, als er nicht alles in seiner Kraft stehende unternimmt, um gegenwärtige Leiden zu mindern. Wenn Hoffnung in Tatenlosigkeit mündet, dann denunziert sie sich als eigentliche Hoffnungslosigkeit, die charakterisiert ist durch bloße Passivität des Abwartens oder den Glauben an ein blindes und unausweichliches Fatum.

Sicherlich ist die Desorientierung vor einer dunklen Zukunft, das Nichtmehr-weiter-Wissen, das Ziellossein, Zeichen einer Krise, die latente Konflikte verbirgt, oft gar das Symptom der krisenhaften Verweigerung gegenüber dem Leben selbst. Zumindest in unserem Kulturraum scheint also die Haltung eines Menschen zu seiner Zukunft (und zur Zukunft der Sozialgebilde in denen er lebt) ein mitunter durchaus brauchbares Diagnostikum zu sein, um eventuelle krisenhafte Störungen und damit eine gesteigerte Disposition für Konflikte auszumachen und in ihrer Art zu erkennen.

Nicht zufällig klassifiziert eine »naive« Persönlichkeitstheorie Menschen als Optimisten oder Pessimisten. Die Worte bezeichnen eine Grundhaltung gegenüber Zukunft – und ob Hoffnung überwiegt oder Furcht. »Pessimisten« scheinen Menschen zu sein, die sich alles auch nur erdenkliche Schreckliche oder Unangenehme oder Gefährliche für Zukunft bedenken und darauf warten, daß es eintrifft. Damit ist Pessimismus der ängstlichen Grundstimmung durchaus verwandt.

Auf der anderen Seite kann aber die Weigerung, sich seiner eigenen Vergangenheit zu stellen, sie als integralen Teil des eigenen Lebens zu sehen, das Bemühen, sie zu vergessen, sich ihrer zu entledigen, vor ihr fortzulaufen ... ein recht gebrochenes Verhältnis zur eigenen Geschichtlichkeit anzeigen. Jede menschliche Person ist immer auch ihre Vergangenheit. Und das gilt keineswegs nur für die erinnerte Vergangenheit. Auch unsere vergessene Vergangenheit will akzeptiert sein.

Nur wenige Menschen können sich aus den ersten fünf Lebensjahren an mehr als zehn Ereignisse erinnern. Und dennoch haben sie viele Millionen erlebt. Und das sehr viel intensiver (weil nur emotional zu verarbeiten) und sehr viel prägender (weil noch keine vorgegebenen Mechanismen zur Bewältigung vorhanden waren) als jene Ereignisse, deren wir uns leicht als der näheren Vergangenheit zugehörend erinnern. Diese frühkindlichen Erfahrungen, diese ziemlich fixierten Reaktionsmuster auf emotionale Ansprachen und Ansprüche, haben uns weitgehend zu dem gemacht, der wir sind. Sie legten weitgehend den Rahmen fest, in dem wir auch heute noch Welt, Menschen, uns selbst interpretieren. Sie bestimmen die Grundsätze und Grundeinstellungen in unseren Reaktionen auf die Anprache der Um- und Mitwelt – sie bestimmten also unsere Persönlichkeit in ihrer unverwechselbaren Eigenheit. Diese ungezählten Freuden, Kränkungen, Enttäuschungen, Zuwendungen... die wir in dieser Zeit erfuhren, sind uns vermutlich deshalb nicht mehr erinnerlich, weil sie nicht an Begriffssymbole geknüpft sind, sondern als nicht-verbale emotionsbesetzte Szenen (Bilder, Bildfolgen ...) gespeichert wurden, die einer symbolischen Repräsentanz über das Medium Sprache nicht leicht erschließbar sind. In Träumen erleben wir allenfalls symbolische Bildrepräsentanzen solche früher Erfahrungen. Oder wir können sie in der Hypnose reproduzieren oder uns langsam an der Kette freier Assoziationen zu ihnen hin bewegen. Doch solche Forschungsreisen ins »Unbewußte« sind nicht ganz einfach und mitunter recht langwierig. Interessant sind sie für einen psychisch Gesunden aber zumeist. Doch dieser eigentümliche Speicher nicht mehr erinnerter oder auch nicht mehr erinnerbarer Bilder, Bildfolgen, Vorstellungen ..., den wir »unbewußtes Gedächtnis« oder noch paradoxer »Gedächtnis des Vergessenen« oder üblicher »Unbewußtes« nennen, dieser Speicher erhält aber auch aus anderen Quellen Nahrung. Hier sind vor allem bestimmte Abwehrtechniken zu nennen, an deren erster Stelle die Verdrängung steht. Im Vorgang der Verdrängung wird der emotionale Anteil vom rationalen einer Vorstellung abgespalten und so die Vorstellung erträglich, weil unerheblich, gemacht. Zumindest das ursprüngliche Gefühl wird vergessen – oft aber auch der nun belanglose rational symbolisch darstellbare Inhalt. Sie tauchen ins Unbewußte.

Nun wäre es ziemlich leichtfertig, die Funktionen dieses Speichers unbewußter Erinnerungen zu unterschätzen. Die Lebenserfahrungen, die hier gesammelt sind, fordern – wie selbstverständlich – ihr Recht. Und gerade diese Selbstverständlichkeit macht sie mitunter ziemlich unauffällig. Die Psychologie spricht hier von »unbewußten Motivationen« (oder: unbewußten Motiven). Wir alle haben es schon erlebt, daß wir uns zu bestimmtem Tun, Denken, Sprechen … veranlaßt fanden, ohne daß dafür ein ursprünglich rationaler Grund oder ein Grund aus dem Bereich erinnerter Lebenserfahrungen anzugeben wäre (obschon wir im Nachhinein leicht und gerne solche nachschieben). Ich vermute, daß etwa 90% unsere in Handlung oder Unterlassung einmündenden Antriebe aus dem Bereich des Unbewußten gespeist werden.

Es wäre nun zweifelsfrei ziemlich töricht, bei diesem Sachverhalt, die Bedeutung der eigenen Vergangenheit für die gegenwärtige Orientierung in Welt und für die Selbstdefinition bestreiten zu wollen. Und dennoch gibt es solche Menschen, die so prefekte Verdrängungsstrategien entwickelten, daß sie zumindest alles Unangenehme aus ihrer Vergangenheit in die Unerheblichkeit oder auch völlige Vergessenheit verbannen – und dann eifrig leugnen: Sie hätten keine Leichen im Keller, sie wären nicht auch durch ihre Vergangenheit bestimmt in Charakter, Verhalten, Selbst- und Fremdverstehen. Mitunter sind solche Menschen einerseits recht aktiv – doch sind ihre aktiven Phasen von solchen tiefer Niedergeschlagenheit und Hoffnungslosigkeit durchsetzt. Sie können sich durchaus im Vorfeld einer zirkulären Störung oder doch depressiven Neurose aufhalten.

Es handelt sich hier wiederum um eine nicht gelungene Konfliktbewältigung, die den Grundstein zu einer oft viele Jahre währenden existentiellen Krise legen kann. Das Verdrängen der Vorstellungen, die nicht dem Idealbild einer Person von sich selbst entsprechen – oder gar ihr heftig widersprechen, der Konflikt also zwischen Realität und Ideal kann, wenn er über den Mechanismus der Abwehr der kränkenden Vorstellungen geführt wird, zu einer Verschiebung des Konflikts in den Bereich des nicht mehr Erinnerten führen. Aber die Tatsache, daß ein Konflikt nicht mehr erinnert wird, schafft ihn nicht schon aus der Welt. Wenn ich bei Unannehmlichkeiten den Kopf in den Sand stecke und so die Unannehmlichkeiten nicht mehr bemerke, dann mag mir vielleicht vorübergehend leichter sein ums Herz, doch ist die Unannehmlichkeit damit nicht behoben. Sie kann mich jetzt vielmehr sehr viel dramatischer belästigen, da ich sie nicht mehr sehe und keine adäquaten Strategien mehr entwickeln kann. Ich vermute, daß der Kopf im Sand immer eine Krisensituation beschreibt. Die irrige Vorstellung, daß das, was nicht wahrgenommen werde, auch nicht vorhanden sei, bestimmt vermutlich das Leben vieler Menschen. Sie ist ziemlich einfältig. Und meist schon Symptom einer Krise.

Nun kann man sicher auch das Leben aus der eigenen Vergangenheit überbetonen. Vor allem ältere oder alternde Menschen, suchen sich in der Vergangenheit eine Zufluchtsstätte vor der Unbill der Gegenwart. Das hat oft auch physiologische Gründe (etwa eine Arteriosklerosis cerebri). Doch nicht nur das. Das Leben aus der Erinnerung ist – wie das Leben aus der Konserve – meist weniger mühsam – wenn auch auf die Dauer ziemlich steril. Die Flucht in die Vergangenheit, um sich der Gegenwart zu verweigern, ist keineswegs selten. Ich vermute sogar, daß es viele Menschen gibt, die in irgendeinem Bereich ihrer Persönlichkeit aus der Vergangenheit leben.

Solche partielle Ungleichzeitigkeit ist zumeist ziemlich harmlos. Erst wenn sie den gesamten Bereich der Emotionalität und des Werturteilens bestrifft, sprechen wir von Psychopathie (im engeren Sinne). Aber Infantilismen – d.h. in der Erwachsenenwelt inadäquate Reaktionen auf Ansprüche der Mitwelt, die denen von Kindern ähneln - kennt vermutlich jedes Menschenleben. Einige davon seien hier aufgezeigt:

● Die Verwechslung von Gewißheit und Wahrheit (was ganz gewiß ist, ist auch wahr – ein Relikt aus der Märchenzeit).

● Die Zweiteilung der Menschen in Freunde und Feinde oder die Unfähigkeit, zwischen Gegnerschaft und Feindschaft zu unterscheiden (kindlicher Rigorismus).

● Der Glaube an einen lohnenden und strafenden Gott (als Fixierung der kindlichen Erfahrung, daß Autoritäten nicht nur gebieten und verbieten, sondern auch lohnen und strafen).

● Die Überzeugung, Glück und Unglück würden vor allem durch äußere Geschehnisse besorgt (kindliche Verschiebung der Verantwortung auf Fremdinstanzen).

● Die Neigung zu Generalisierungen (wenn ein Mensch einmal etwas tut, dann tut er es wahrscheinlich auch häufiger …).

Nun will ich nicht etwa sagen, daß die Auswirkungen solcher Infantilismen nicht dramatisch sein könnten. Das sind sie ziemlich oft. Gemeint ist vielmehr, daß solche kindischen Vorstellungs- und Verhaltensweisen, weil weit verbreitet, nicht als psychische Anomalien betrachtet und daher toleriert werden (was für psychopathische Störungen nicht gilt). Mit dieser Normalität partieller Ungleichzeitigkeiten ist jedoch nicht schon behauptet, daß sie nicht zu erheblichen sozialen oder psychischen Krisen führen können. Mitunter beschwören sie gar katastrophale Konflikte herauf – bis hin zu Weltkriegen. Das gilt vor allem, wenn sich solche Infantilismen mit einer Sinnwelt verbinden und in ihr eine positiv bewertete Rolle zu spielen beginnen. Der Faschismus ist ein solch kollektiv gwordener Infantilismus – oder der Infantilismus eines Kollektivs, der aber nur Bestand hat, wenn die meisten Mitglieder des Kollektivs sich selbst dem Erwachsenwerden verweigern.

Wir alle kennen das Wort vom »Kind im Manne«. Ich denke, daß das ein gutes Wort ist. Damit ist nicht nur gemeint, daß wir als Erwachsene durchaus die Chance haben müssen, uns wie Kinder spontan und unmittelbar verhalten zu dürfen, sondern auch, daß wir mitunter auch kindliche Verhaltensmuster so fixieren, daß sie nicht nur in bestimmten Situationen dargestellt werden, sondern gleichsam zwangshaft Situationen bestimmten Typs beherrschen. So etwas von einem Blechtrommler haben die meisten von uns in Situationen bestimmter Art an sich. Sie neigen dann zu Generalisierungen, zu vorurteilsbestimmten Verhaltensweisen, zu Feindaggressivität (obschon die Situation eigentlich nur Gegneraggressivität oder auch garkeine als angemessen fordert), zu Intoleranz (die meist in der Überzeugung gründet, daß eine Sache, deren man über jeden Zweifel gewiß ist, auch wahr sein müsse …).

Endlich ist unter der Aufzählung von Fehlverhaltensweisen vor dem Anspruch der personenbegründenden Geschichtlichkeit die Verweigerung der Anerkennung der gesellschaftlichen Geschichtlichkeit zu nennen. Wir alle sind nicht nur durch unsere Individualgeschichte (in ihren Dimensionen ins Vergangene und Zukünftige), sondern auch von der der Gesellschaften, in denen wir und mit denen wir leben, weitgehend bestimmt. Dazu gehören:

● die Geschichte der Ursprungsfamilie,
● die Geschichte des Volkes,
● die Geschichte einer symbolischen Sinnwelt (einer Religion, einer »Weltanschauung«),
● die Geschichte der Kultur und Technik,
● die Geschichte der Sprache.

Insofern wir diese Geschichten noch weit weniger als unsere eignen bestimmen können, sondern sie als Vorgegeben akzeptieren müssen, sind sie uns geschickt, unser Schicksal.

Aber die Verweigerung, sich diesem Geschick zu stellen, ist nicht selten. Verleugnungen sind an der Tagesordnung, obschon sie immer nur im Horizont des Verleugneten selbst möglich sind. Vor allem insofern die Individualgeschichte weitgehend begründet wird in den Schritten primärer Sozialisation, kristallisiert sich in ihr überindividuelles Geschick – und das unausweichlich. Und diesem Geschick kann kein Mensch entgehen. Er kann es nur verleugnen. Verleugnen kann ich meine Herkunft, meine soziale, religiöse, kulturelle, sprachliche Herkunft – aufge-

70

hoben, erst recht vernichtet, wird sie nie. Denn unsere Herkunft, einmal wie ein Brandmal eingesengt in unser Wesen, kann allenfalls noch vertäuscht werden, niemals aber ist sie ungeschehen zu machen. Das ist der eine Aspekt. Der andere läßt mich jedoch auch erfahren, daß ich dem Geschick nicht hilflos ausgeliefert bin. Person ist niemals nur Gesellschaftswesen. Sie ist sogar in der Lage, ihre Normen gegen die zu stellen, die ihr zwingend, ja zwanghaft tradiert und dann von ihr internalisiert wurden. Vielleicht ist der Mensch in solcher Revolte ein freier Mensch. Aber diese Freiheit hat ihre Grenzen. Die Versuche neuer Normierung sind durch die Möglichkeiten der Vorstellungskraft blockiert – will sagen: Zumeist können Normen nur neu gesetzt werden in der Auseinandersetzung mit alten und bleiben stets durch dieses Aus- und Gegeneinander bestimmt. Im Neuen bleibt das Alte in der Form seiner Ablehnung, seiner Negation erhalten. Und das Alte bleibt fordernd im Neuen aufgehoben. Spontaner Neuanfang – ohne die Bindung der Negation an das Alte, das Überkommene – ist selten.

Aber es ist möglich. Und das nicht nur in den schmalen Räumen und Zonen, die das Alte durch die Organisation und die Ansprüche seines Systems, seiner Strukturen und der es vollziehenden wie vollstreckenden Funktionen nach Innen und Außen, übrig läßt. Spontanität siedelt also nicht nur in den Lücken zwischen Institutionen und Ritualen. Aber solche Spontanität, die nicht nur in den schmaler werdenden Risiduen lizensierter Unmittelbarkeit und Unkontrolliertheit gedeiht, bedeutet wohl stets Konflikt.

So kann ich versuchen, mich abzulösen von der Geschichte meiner symbolischen Sinnwelt – und das bedeutet wohl stets auch Ablösung von solcher Sinnwelt selbst, die stets nur als geschickte und geschichtliche – zumeist gar nur als Schicksal – zur Verfügung steht. Und es ist durchaus denkbar, daß an die Stelle der alten nicht nur die partielle Negation dieser alten Sinnwelt tritt. Es ist durchaus möglich, sich in einer alternativen Selbstinterpretation von den drei Prinzipien zu lösen, die weitgehend unser Sozialverhalten im Horizont unseres Systems bestimmen (ja wohl selbst gar das System definieren): Egoismusprinzip, Leistungsprinzip (hier verstanden als Prinzip, nach dem es gesellschaftlich nahegelegt wird, sich selbst von seinen Leistungen für diese Gesellschaft her zu interpretieren) und Konkurrenzprinzip. Und es ist durchaus möglich, Alternativen zu entwickeln, die nicht eine Flucht bedeuten in einen anderen geschichtlich gewordenen Rahmen – eine Flucht also aus einer in eine andere Geschichte. Darin sehe ich die beiden möglichen Proteststationen:

● die Flucht in einen anderen geschichtlichen Horizont (etwa aus dem des Christentums in den des Hinduismus oder den des Marxismus) und
● den Versuch eines Neubeginns mit einer geschichtlich noch nicht geprobten und deshalb geschichtslosen Alternative (etwa aus dem etablierten kirchlichen Christentum in »Basisgemeinden« oder aus der Leistungsideologie in eine Hippiewelt).

Während die Flucht von der einen in eine fremde Geschichtlichkeit mitunter nahezu nahtlos und obschon selbst Konfliktfolge so doch nahezu konfliktfrei verlaufen kann, ist der zweite Weg selbst der Versuch, den Konflikt permanent zu machen, wenn er nicht in eine kleinbürgerliche Robinsonade oder eine Philemon und Baucis-Idylle verenden soll. Und solche Konflikte müssen auf die Dauer nicht unbedingt destruktiv ausgehen, wenn sie zumeist auch dadurch gelöst werden, daß sich ein so ausscherender Mensch wieder in den Schutz der Traditionen und Selbstverständlichkeiten seiner Vergangenheit begibt.

Es mag durchaus möglich sein, daß sich aus solchen Zellen sozialisierten und zur Sinnwelt und damit zu sich gekommenen und stabilisierten Protestes einmal eine revolutionäre Veränderung nach Sein und Bewußtsein ergibt, insofern sich von hierher die geltende symbolische Sinnwelt nicht nur befragt, sondern auch bedroht und endlich besiegt weiß. Doch sicher ist das nicht. Mir ist kein Fall aus der Geschichte geläufig, in denen Revolutionen so heranwuchsen. Mit einer Ausnahme. Und die scheint mir erheblich.

Es ist das die Unterwanderung des römischen Staates mit der ihn tragenden Sinnwelt durch die Christengemeinden, die in gut 200 Jahren, ausgestattet mit einer Dynamik, die rein historisch schwerlich zu begreifen ist, das römische Weltreich ideologisch aufhoben. Es ist nur dem staatsmännischen Geschick des Kaisers Konstantin zu danken, daß er – diesen Prozeß nicht nur richtig erkennend und analysierend, sondern auch in seiner Zwangsläufigkeit ausmachend – 313-323 das Christentum Schritt um Schritt praktisch zur Staatsreligion des Reiches machte, sich selbst zum »Bischof für die äußeren Angelegenheiten der Kirche« proklamierte und sich unmittelbar um die Einheit und Vereinheitlichung der neuen Sinnwelt mühte (Einberufung des Konzils von Nikaia – 325 –).

Daß er damit zugleich das Christentum korrumpierte, dürfte ihn weniger interessiert haben, als die Sicherung der politischen und ökonomischen Identität des Reichs. Daß er mit der Akzeptation einer neuen Sinnwelt auch den langsamen Prozeß des Zerfalls der politischen und ökonomischen Strukturen des Reichssystems einleitete, wird er kaum bemerkt haben. Denn das dauerte einige Jahrhunderte.

Im allgemeinen verlaufen Revolutionen anders. Diese Geschehnisse, die wohl stets als ein partieller Abbruch historischer Kontinuität und damit als kollektiver Ausbruch aus dem Gehege geschichtlich festgefügten Horizonts beschrieben werden können, diese Revolutionen sind zumeist nichts anderes als Negation der bestehenden Negationen in Sein und Bewußtsein. Die Kontinuität der Geschichte wird abgeschnitten und es beginnt eine scheinbar geschichtslose Zeit, bis sich wieder neue Normen an die Stelle der alten, eine neue Sinnwelt auf dem Platz der alten etablieren. Woher sie kamen, das ist wohl nicht generell auszumachen. Sicher aber ist, daß kaum eine Revolution bislang so verlaufen ist, daß sich an ihrem Ende die meist etwas weltfremden Normenvorstellungen der Revolutionäre selbst durchgesetzt hätten. Ich vermute, daß die neuen Normen vielmehr weitgehend – wenn auch keineswegs vollständig – durch die objektiven Vorgaben der Produktivkräfte (der Kräfte also mittels derer die Menschen ihr gesellschaftliches Leben produzieren) bestimmt sind. Und deren Entwicklung geschieht zum guten Teil unabhängig von Sinnwelten – oft unter deren Decke und von ihnen geschützt, nicht aber von ihnen bestimmt.

Und damit stehen wir wieder vor der Frage, ob es nicht doch objektive Leitlinien aller Geschichte gibt, die ihr zwar vermutlich keinen Sinn zuspielen, wohl aber ein Gerüst, das sie bloß mit ihrem Mörtel ausfüllt. Sind diese Produktivkräfte, die keineswegs nur die Produktion von wirtschaftlichen Gütern betreffen, nicht doch vor aller Detailgeschichte lagernde Leitlinien von Geschichte. Bestimmen sie nicht in ihrer Entwicklung die Vordergründigkeit aller historischen Abläufe, einschließlich deren revolutionäre Brüche? Sind Tradition und Traditionsabbruch bloß die historischen Entsprechungen von Kommunikation und Kommunikationsabbruch, so daß deren Regeln auch für sie gelten. Dann müßte es möglich sein, eine Theorie der sozialen, der großen politischen Krisen und Konflikte in Analogie zu der der intersubjektiven Konflikte zu entwickeln, die sich als Kommunikationsstörungen darstellen oder durch sie ausgelöst werden?

Tradition als Form der Kommunikation in der Vertikalen. Tradition als Gespräch mit der eigenen Geschichte und dem eigenen Geschick. Ich vermute, daß dieser Gedanke durchaus sein relatives Recht hat. Das aber bedeutet, daß wir alltäglich in unserem Konfliktverhalten gleichsam Revolutionen proben. Genauer: das wir miteinander ausmachen, welchen Regeln *heute* eine gelungene Revolution (in Entsprechung zu einer in kommunikativer Reflexion gründenden Neuorientierung im normativen Bereich, in Entsprechung also zum beherrschten und überwundenen Kommunikationsabbruch) zu gehorchen hätte. So faszinierend dieser Gedanke sein mag, er hat jedoch nur sein partielles Recht. Kommunikative Systeme unterscheiden sich nämlich wesentlich von sozio-ökonomischen (und wohl auch von sozio-kulturellen) und vertikale Kommunikation ist nicht dasselbe wie horizontale. Die Kommunikation mit der eigenen Geschichte hat zum Beispiel den Unterschied zu dem mit Menschen in Gleichzeitigkeit, daß sie absolut geschickt und unveränderbar ist. Veränderungen können nicht also über Kompromisse oder über Metakommunikation zustande kommen.

Doch auch der Unterschied von simplen kommunikativen Systemen (etwa einer Familie als Kommunikationsgemeinschaft) und den komplexen sozio-ökonomischen liegt schon alleine – ziemlich vordergründig – darin, daß letztere sehr viel stärker von nicht kommunikativen Interaktionsformen (Arbeit, Produktion, Distribution und Konsumtion von Waren...) bestimmt sind, als erstere. Dann aber sind die Bindungen an die Art und die Geschwindigkeit der Entwicklung der Produktivkräfte keineswegs identisch. Die Familie scheint variabler zu sein, sie kann Krisen durch neue Verhaltensweisen und veränderte Verkehrsformen sehr viel spontaner und sehr viel unproblematischer aufheben und damit Konfliktgründe neutralisieren als das ein sozio-ökonomisches System könnte.

Und deshalb – und aus noch anderen Gründen, von denen weiter unten zu berichten sein wird – halte ich es für falsch, eine Normentheorie von unten, also von überschaubaren Kommunikationsgemeinschaften her zu begründen, wie das manche Handlungstheorien oder auch Kommunikationstheorien wünschen oder gar versuchen. Nun werden Sie sich vermutlich schon seit einigen Minuten besorgt fragen, was das denn eigentlich mit Geschichtlichkeit zu tun hat. Ich denke jedoch, daß gerade das Problem des Traditionsabbruchs, wie er sich in revolutionären Abläufen vorstellt, sehr wohl etwas damit zu tun hat, wie sich der Mensch als geschichtliches Wesen begreift. Versucht er, konkrete Geschichte zu verleugnen, dann wird er solche Traditionsabbrüche möglichst negieren und Revolutionen vielleicht als Form beschleunigter Evolution innerhalb eines Traditionsrahmens, und zwar eines ungebrochenen, zu begreifen versuchen. Ich vermute, daß ein solcher Mensch, der Revolutionen diese Erklärung gibt, ein sehr viel anderes Verhältnis zur Geschichte, und damit auch zu sich selbst haben wird, als jener der Revolutionen als Traditionsabbrüche, wenigstens als partielle, versteht. Ich vermute, daß diese zweite Deutung geschichtlicher Prozesse der geschichtlichen Vorgabe gerechter wird. Die Theorie von der beschleunigten Evolution hat natürlich einen erheblichen Vorteil: Sie kann durch den Begriff einer letztlich ungebrochenen Evolution auch den Begriff des evolutionären Ziels und damit durch Hintertüren, eine Menge historischen Sinns einzuschleusen versuchen. Revolutionen sind aber allemal ohne Sinn – wie gesagt –, denn sie realisieren nicht die Normenentwürfe ihrer Väter. Ihre Sinnlosigkeit sagt aber nicht, daß sie ohne Bedeutung wären. Bedeutung haben Revolutionen allemal. Und das nicht nur im negativen Sinn.

Oft sind sie eruptive Anpassungen an die veränderten Situationen im Feld der Produktionskräfte. Mitunter sind sie auch Versuche, bei gleichbleibender Situation des objektiven Hintergrunds (der Produktivkräfte), das Bestehende durch etwas Humaneres abzulösen. Diese Einsicht ist ganz unproblematisch, wenn man keine eindeutige Beziehung und Abhänigigkeit zwischen Produktivkräften und Produktionsverhältnissen behauptet. Und das tu ich nicht. Also läßt ein Stand der Entwicklung der Produktivkräfte durchaus eine Mehrzahl von Produktionsverhältnissen zu, die zwar nicht miteinander wohl aber mit dem Stand der Entwicklung der Produktivkräfte verträglich sind.

Ob es solche Revolutionen gegeben hat? Nun, ich denke diese Frage ist ganz unbesorgt zu bejahen. Viel schwerer ist es Revolutionen zu nennen, die durch die veränderten Produktivkräfte erzwungen wurden.

Ich gehe also davon aus, daß konkretisierte Geschichtlichkeit den Menschen nicht einbettet in einen kontinuierlichen oder gar harmonischen Verlauf mit dem Untergrund eines auszumachenden objektiven Sinns. Er erfährt sich also in seiner Geschichtlichkeit immer auch als gebrochen und als gefährdet. Es ist somit auch keineswegs anzuraten eine Identitätsfindung ausschließlich über die konkretisierte Geschichtlichkeit zu versuchen. Das revolutionäre Potential konkreter geschichtlicher Situationen könnte sonst als permanente Bedrohung erfahren werden. Leider geschieht das gar nicht selten. Nicht wenige unserer Politiker und Staatsschutzbeamte scheinen zwar ein durchaus positives Verhältnis zu wenigstens einigen vergangenen Revolutionen zu haben (1789, 1848, 1918), doch verabscheuen sie alle denkbaren und möglichen zukünftigen Revolutionen wie die Pest. Solches Denken ist entweder naiv ungeschichtlich oder aber es realisiert sich in gebrochener Geschichtlichkeit. Meist ist es wohl das Erstere.

Gebrochen scheint mit Geschichtlichkeit, wenn sie Geschichte versteht als sinnvolle Vorbereitung des Heute und sinnvolles Entwerfen des Morgen, wenn sie also vom heute her Geschichtlichkeit interpretiert. Sicherlich ist die Position des »letzten Interpreten« die jedes Historikers.

Er hegt die heuristische Illusion, als wenn Geschichte mit ihm zu Ende gekommen wäre. Diese Position ermöglicht es ihm, Geschichte in Strukturen zu begreifen und so sinnvoll und scheinbar endgültig Geschehnisse zu einem Ganzen zusammenzufügen. Der Sinn kommt immer von achtern. So spielt er sich denn auch dem Historiker zu. Nun sind aber manche Menschen keine Historiker und sie übersehen, daß es sich bei dieser Position des letzten Interpreten um eine Abstraktion, eine bloß methodisch gerechtfertigte Distanzierung von Realität handelt. Tatsächlich sind wir eingebettet in Geschichte – und zwar in eine, deren Sinn uns nicht erkenntlich ist. Der Versuch die eigene Geschichtlichkeit auf das Heute zu reduzieren und anzunehmen, daß Zukunft nur eine Entfaltung, eine Weiterentwicklung des Heute bedeutet, scheint mir so unglaublich naiv, daß ich solche Realitätsablösung nicht gerne als den geistigen Normalzustand unserer Staatsschutzorgane bezeichnen möchte. Aber immerhin tun sie, als ob es ihrer wäre. Und das ist schon recht irritierend. Vor allem für junge Menschen, die sich noch nicht an die Naivität des unhistorischen Pragmatismus gewöhnen möchten. Ganz offensichtlich gefährdet sich ein Staat, der sich mit solcher trügerischen realitätsfremden Ideologie und Schutzpraxis versieht, selbst, denn er denuziert sich selbst als in Krise befindlich – und zwar in einer solchen, die es ihm nicht erlaubt, sinnvoll mit Konflikten umzugehen, was vielleicht bei einer anderen Art, eigene Geschichtlichkeit zu interpretieren, möglich wäre. Solche Krisen, die Konfliktlösungen verhindern, sind aber in aller Regel tödlich.

e) Grenzhaftigkeit

Wohin wir unser Leben richten, es stellt uns vor Grenzen. Die Erfahrung des Vor-Grenzen-Stehens scheint mir eine sehr elementare Erfahrung jedes reifen Menschen zu sein. Die erfahrenen Grenzen liegen ganz sicher nicht nur im Außen. Es sind auch unsere inneren Grenzen, die uns einbinden, bestimmen, orientieren. Insofern Grenzen als erfahrene oder doch als erfahrbare unsere konkrete Menschlichkeit – unser konkretes Personsein bestimmen, sind sie durchaus positiv zu werten. Ich vermute, daß niemand zu sich selbst – nicht zu dem Phantom, das er, wenn noch recht unfertig, sein möchte – gelangen kann, nicht er selbst werden kann, es sei denn in der Erkenntnis und Anerkenntnis nicht nur seiner abstrakten Grenzhaftigkeit, sondern auch seiner konkreten Grenzen. Grenzen sind also vor dem Anspruch menschlicher Personwerdung *positiv* zu werten, denn ohne sie bliebe sie ein Torso.

Die vermeindliche Grenzenlosigkeit des Menschen ist oft kaum mehr als eine Grenzlosigkeit, die sich im infantilen oder pubertären Allmachtswahn Bahn bricht.

Vielleicht ist deshalb die Adoleszenz eine so schwierige Reifephase, weil sie es ist, in der Grenzen akzeptiert werden müssen – und das wenn möglich – konstruktiv. Sicherlich gibt es Menschen, die Grenzen nicht wahrhaben wollen, sie einfach ignorieren, sie zu überschreiten können glauben. Solche Menschen leben in einer Dauerkrise. Sie verewiglichen ihre voradoleszente Unreife, die es ihnen möglich macht, im Anrennen an Grenzen sich Herz und Hirn zu verwunden – und das ein ganzes Leben lang. Und oft mit dem Gefühl ein Heros zu sein – und ein Mann (oder eine Frau), der der Welt etwas Bedeutsames zu sagen habe. Fr. Nietzsche war ein solcher Mann, der sich nicht mit Grenzen abfinden mochte. Er war ein Großer. Aber auch ein unglücklicher Mensch – unglücklich, weil ihm weniger glückte, als es seinem Anspruch nach nötig gewesen wäre.

Nun dieses vermeindlich sinnvolle Anrennen gegen Grenzen hat einige fatale Folgen, die allerdings eher bei psychisch labilen Menschen deutlich werden: Sie reproduzieren die Emotionen, die sich einstellen, wenn sie gegen die Grenzen, die Autorität ihnen setzte, also recht willkürliche, anrannten: Angst, Schuld, Scham, Mindergefühle.

Nun es sei schon hier bemerkt, daß es zwei Sorten von Grenzen gibt: die Grenzen, die den Menschen betreffen, insofern er Mensch ist und jene die ihn betreffen, insofern er unter bestimmten (etwa sozio-ökonomischen) Bedingungen Mensch ist. Ich gedenke in diesem Abschnitt vor allem über die erste Art zu handeln. Denn diese Grenzen liegen immer auch in uns, machen uns aus als Menschen. Die anderen sind willkürlich und sollten unserer Herrschaft unterstehen. Emanzipieren sie sich aber zu absoluten und unübersteigbaren Schranken, dann sollten wir den Mut haben, solche Pseudogrenzen zumindest auf ihre Berechtigung hin zu befragen – und, wenn angebracht, sollten wir sie einreißen. Es gibt kaum eine humanere und sozialere Tat als überflüssige durch Systeme diktierte Grenzen zu beseitigen, seien es die zwischen Klassen oder die zwischen europäischen Staaten oder die zwischen arm und reich ... Stets begegnen wir dem gleichen Prinzip: Systeme benötigen Grenzen um sich funktionstüchtig zu halten. Dabei fragen sie kaum danach, ob solche Grenzen auch den begrenzten, umgrenzten Menschen dienen. Diese Frage muß, da sie hirnlose Systeme nicht stellen können, stets von konkreten Menschen gestellt und – beantwortet werden. Dabei wird sich die Antwort allerdings nicht in schönen Worten erschöpfen, sondern sie erhält ihre Bedeutung und ihren Sinn allein aus der beantwortenden Aktion.

Hier geht es also um »existentielle Grenzen«, Grenzen des Menschen insofern er menschlich zu existieren sucht. Wie schon gesagt, kann man auch gegen solche Grenzen anrennen. Ein uraltes Beispiel für solches Anrennen ist jene spekulative Theologie, die im Jenseits von Welt einen Gott vorzufinden glaubt (also jenseits der Grenze), obschon sie bei einiger Redlichkeit leicht erkennen kann, daß der »Gott«, über den sie handelt, nichts anderes ist als ein Bild von Gott, das nirgends anders existiert als im Hirn von Menschen. Von dem man allenfalls hoffend glauben kann, daß sich in ihm Gott nicht allzu verzerrt widerspiegelt. Nur wissen kann man das nicht. Und deshalb ist solche spekulative Theologie (etwa auch mit ihren Gottesbeweisen) eher eine adoleszente Beschäftigung. Angemessen also einer Zeit, in der der Mensch, oft mit ungeeigneten Techniken, seine eigenen Grenzen, das sind immer auch die seiner Sprache, seines Begreifens, seines Verstehens auszumachen versucht. Dabei seien die zahlreichen wissenschaftstheoretischen Antinomien, in denen sich solche illegitimen Grenzüberschreitungsversuche verstricken, nicht einmal erwähnt, denn es geht hier nicht um wissenschaftliches Überschreiten.

Nun ist es Mode geworden, nachdem die Wissenschaft in die Würde einer neuen Religion eingetreten ist, deren Erkenntnisse mitunter in religiöser Inbrust verehrt werden – vor allem, von solchen Menschen, die diesen Wissenschaften fern stehen. Sollte es vielleicht den Wissenschaften gelingen, die Grenzen zu sprengen, nachdem es offenkundig der spekulativen Theologie 4000 Jahre lang nicht gelungen ist? Seriöse Wissenschaftler weisen diese Frage energisch zurück. Aber es gibt noch immer Grenzgänger zwischen Wissenschaft und spekulativer Theologie, die vermeinen, die Grenze zu überschreiten sei ihr Privileg. Diese Alchimisten des 20. Jahrhunderts haben bis ins Heute einigen Zulauf. Und das nicht nur von Pubertierenden oder Adoleszenten. Dabei dürfte es doch nicht schwer zu akzeptieren sein, daß eine wissenschaftliche und eine theologische Weltinterpretation nicht in Eins kommen können (wegen der wesentlichen und unüberschreitbaren Grenze von dessen Jenseits her Theologie inerpretiert), daß sie aber sehr wohl komplementäre Funktionen etwa bei der Begründung einer symbolischen Sinnwelt übernehmen können. Ich vermute, daß Wissen ohne Glauben sehr unbefriedigend ist – Glauben ohne Wissen aber in paranoide Formen der Weltbewältigung einmündet.

Die Erfahrungen von Grenze gehören zu den Grunderfahrungen des

Menschen – zu jenen Erfahrungen, in denen er seine Gründe oder doch einen seiner Gründe erfährt. Doch die Erfahrung der Grenze geschieht nicht einfach als Begegnung mit einer unübersteigbaren Mauer, sondern sie erscheint eher als ein Zaun, über dessen Latten man hinwegschauen kann, selbst wenn ein Übersteigen als unmöglich erscheint. »Grenze« bedeute also nicht nur: Bis hierher und nicht weiter, sondern zugleich auch ein Jenseits. Grenzen grenzen Diesseitiges von Jenseitigem – um einmal in der Vorstellung räumlicher Metaphern zu bleiben. Und jenes Jenseitige kann durch das Mittel der Sprache, wenn nicht erforscht, so doch gespiegelt werden. Es ist uns nicht völlig unbekannt – darin liegt Größe und Würde des Menschen – oft genug aber gibt es dem Diesseits erst Sinn, darin liegt die Schwäche des Menschen. Die Fähigkeit, im Verstehen und im Fühlen, im Bedenken und in Ahnen Grenzen überschreiten zu können, ist die Transzendentalität des Menschen. Er ist zwar ein ganz weltliches Wesen, aber dies nicht ganz und gar. Überall hat seine Welt Grenzen und er erkennt sie und überschreitet sie in mannigfacher Weise – wenn auch nicht als Person, sondern »bloß« in seinen Funktionen. Doch sind diese Funktionen so personbegründend, daß man durchaus den Menschen auch als transzendentes Wesen bezeichnen darf.

Nun diese Grenzhaftigkeit, dieses Immer-vor-Grenzen-Sein und sich dennoch nicht unbedingt und vollständig umgrenzen lassen, die Fähigkeit, im Fragen über Grenzen hinauszuweisen und sich ins Jenseits hineinzufragen, diese Fähigkeit konstituiert zusammen mit den anderen transzendentalen Existentialen Person. Ohne die Grenzhaftigkeit seiner Sozialität und seiner Weltlichkeit ist Mensch nicht Person, nicht in menschlicher Weise Mensch. Und alle diese Grenzen sind im Fragen und im Ahnen, im Erkennen wie im Fühlen überschreitbar.

Doch sollen zunächst einige solcher Grenzen dargestellt werden: Dabei will ich zugleich die Grenzen der übrigen Existentiale ausmachen. Diese haben grundsätzlich zwei Grenzen. Die eine ist gegeben mit ihrer dialektischen Abhängigkeit voneinander: Sie können persongründend nicht für sich sein. Zum anderen grenzen sie sich aber auch voneinander ab. Individualität ist nur zu bestimmen in ihrer Abgrenzung gegen Gesellschaftlichkeit, Geschichtlichkeit, Weltlichkeit ... Neben diesen Grenzen, die schon aus dem Begriff der Person unmittelbar zu folgen scheinen, stößt jedoch der Mensch ständig auf Grenzen, die durchaus von ähnlicher existentieller Bedeutung sein können, wenngleich sie in einer eher theoretischen anthropologischen Untersuchung meist eine zweitrangige Rolle spielen. Ohne ihnen allzu sehr Gewalt anzutun, seien

sie in die Nähe der primären Grenzhaftigkeit gestellt.
● Die Grenzen der Individualität
– Ansprüche der eigenen Gesellschaftlichkeit, der eigenen Geschichtlichkeit, der eigenen Weltlichkeit,
– Ansprüche aus der Endlichkeit und Vergänglichkeit des eigenen Lebens,
– Ansprüche aus dem gebrochenen Verhältnis zur Sinnhaftigkeit,
– Ansprüche aus der Unfähigkeit, ganz Selbst sein zu können,
– Ansprüche aus der eigenen – zum Teil fremdverschuldeten - Vergangenheit,
– Ansprüche aus den Vorgaben von Sprache, Werten, Sinnwelten …
– Ansprüche aus der Vorgabe einer bestimmten Zeit, einer bestimmten sozialen Herkunft, einer bestimmten Region,
– Ansprüche aus Engagement und aus Einsatz für andere,
– Ansprüche aus begrenzter Entwicklung von Intellekt, Wille und Emotion (ja aus korrumpierter Entwicklung dieser drei),
– Ansprüche von Institutionen, Strukturen und Systemen,
– Ansprüche aus materiellen und sozialen Beschränkungen …
● Die Grenzen der Sozialität:
– Ansprüche der eigenen Individualität, Geschichtlichkeit, Weltlichkeit,
– Ansprüche, soziale Bindungen einzugehen und durchzuhalten, obschon sie als lästig empfunden werden,
– Ansprüche, sich allein in bestimmten Sozialstrukturen sozial realisieren zu können,
 Ansprüche aus versagter Zuwendung, Freundschaft, Liebe …
– Ansprüche aus begrenzter und bedingter Zuwendung, Freundschaft, Liebe,
– Ansprüche durch den Verweis auf Erfolg und Anerkennung
– Ansprüche auf Hilfe, Solidarität, Gerechtigkeit,
– Ansprüche auf die Ermöglichung von Freiheit (Fehlen innerer und äußerer Zwänge),
– Ansprüche auf Gleichheit (niemand darf den anderen zum bloßen Mittel machen, niemand ihn – auch nur seinen Schaden nicht bedenkend - manipulieren),
– Anspruch auf angemessene Teilhabe am Produktions- und Konsumtionsprozess,
– Anspruch auf Mitbestimmung bei Entscheidungsprozessen in Sozialgebilden, denen man angehört…
● Die Grenzen der Welthaftigkeit
– Ansprüche aus eigener Individualität, Gesellschaftlichkeit, Geschichtlichkeit,

- Ansprüche aus der Bedrohung durch Welt,
- Ansprüche aus der Begrenzung der beherrschbaren Welt,
- Ansprüche aus der Kulturwelt (cultural lag und andere Ungleichzeitigkeit),
- Ansprüche aus der Vernichtung der Welt durch den Menschen,
- Ansprüche aus dem Fascinosum von Welt,
- Ansprüche der Grenzen von Sprache und symbolischer Sinnwelt (dem Teil von Welt, dem Sinn über Symbolisierung gegeben wird),
- Ansprüche aus der Annahme, daß Welt Sinn vorgibt,
- Ansprüche durch die Einzigkeit des Lebens in Welt (darin gibt es kein anderes für mich),
● Die Grenzen der Geschichtlichkeit
- Die Ansprüche aus der eigenen Individualität, Gesellschaftlichkeit und Weltlichkeit,
- Die Ansprüche der eigenen Vorgeschichte,
- Ansprüche der gesellschaftlichen Vorgeschichte,
- Ansprüche aus der eigenen Nachgeschichte (und dem eigenen Sterbenmüssen),
- Ansprüche aus der Nachgeschichte der Gesellschaften, in denen wir leben,
- Ansprüche der historischen Einzigkeit,
- Ansprüche eines historischen Sinns,
- Ansprüche durch geschichtliche Zufälligkeiten oder
- Ansprüche durch historische Gesetze (?).

Diese Tabelle von Ansprüchen stellt sicher nur einen Ausschnitt vor, den jeder Mensch leicht – auf Grund seiner individuellen Erfahrung – ergänzen oder doch modifizieren kann. Wie auch konkrete Gesellschaft und konkrete Welt und Geschichte, so stellen sich jedem von uns Grenzen konkret sehr verschieden dar. Und zwar so verschieden, daß aus der Verschiedenheit der Grenzerfahrungen kaum eine verbindliche und normierende Lehre vom Menschen entwickelt werden kann.

Zunächst will ich einige dieser grenzziehenden Ansprüche etwas ausführen. Hier ist die Auswahl getroffen nach Maßgabe der Erfahrungen des Autors im Umgang mit sich und anderen Menschen.

1. Die Endlichkeit und Vergänglichkeit des eigenen Lebens.

Diese Grenze ist die offensichtlichste und dennoch keineswegs die am sinnvollsten gemeisterte. Kaum ein Mensch begehrt hier über Zäune zu schauen in ein Land jenseits des eigenen Lebens in dieser Darstellung von Person. Daß es auch noch ein anderes geben kann, ist ein religiöses Problem, das an dieser Stelle nicht interessiert.

Wie kommt es, daß wir das Umgehen mit dem eigenen Sterben erst lernen müssen im Umgehen mit fremden Sterben? Nun – unser Selbstbewußtsein, das die psychische Identität sichert und ausmacht, ist streng präsentisch und hat keinen Ort für sein eigenes Ende. So nimmt es zumeist sogar seine Weiterexistenz über das Sterben hinaus an. In der Vorstellung des eigenen Sterbens steht Wissen gegen Bewußtsein. Und dieser radikale Konflikt scheint unausweichlich zu sein und kaum auflösbar.

Die Grenze, die durch die Aussage gezogen wird:»Ich werde einmal mit absoluter Sicherheit sterben« und mein Leben ist ein Leben auf diesen Tod hin, ja ich sterbe so langsam vor mich hin, bis ich in einer gewaltigen oder auch stillen Eruption des Widerlebens mein Leben beende. Diese Grenze, die sich keineswegs erst in einiger Ferne vor uns herzieht, sondern die uns alltäglich begleitet, ist die meistgefürchtete. Oft wird sie sogar verdrängt.

Das meint, daß wir den rationalen Betrag der Vorstellung des eigenen Sterbens unerheblich machen, indem wir sie entemotionalisieren. Und das ist ziemlich schlecht. Wie schlecht und wie wenig erfolgreich dieses Verfahren ist, mag das Verhalten bei konkreter Todesbegegnung zeigen. Viele versuchen ihr auszuweichen, versuchen das Sterben in Schlacht- und Krankenhäuser zu bannen und tabuisieren gar das Sprechen vom Tod. Sollte es aber einmal unbedingt nötig werden, der Sache nach darüber zu handeln, dann

● wurde ein Mensch von uns gerufen (von wem?),
● ging er in die ewige Heimat (bzw. die ewigen Jagdgründe) (wo ist sie?),
● nahm ihn Gott zu sich (in dieser Funktion akzeptieren sogar Atheisten mitunter »Gott«) (wer ist das?),
● sprach Gott das große Amen (wer sprach hier?),
● hat er uns auf immer verlassen (wer tat hier etwas?),
● fand er seine ewige Ruhe (was ist das?) …

nur gestorben ist er nicht – und das gerade ist er.

Die Erfahrung der zeitlichen Endlichkeit wird von den meisten verdrängt – damit begeben sie sich nicht selten der Chance, die eigene Grenzhaftigkeit zu einem konstruktiven Persönlichkeitsaspekt zu machen und sich selbst weiter zu vollenden.

Sicherlich gibt es eine Fülle von Fehlhaltungen dem eigenen Sterben gegenüber:

- man kann es verdrängen,
- man kann es für unerheblich halten,
- man kann es mit Angst besetzen und fürchtend erwarten,
- man kann sich in es verlieben,
- man kann es heroisieren ...

Alles das wird der Bedeutung des Lebensendes nicht gerecht. Es ist neben der Geburt (die ja auch eine Grenze des Lebens darstellt, in ihr wird es welthaft, wie es im Tod seine Welthaftigkeit und seine Geschichtlichkeit verliert) das erheblichste Ereignis des Lebens. Menschliche Person wird in beiden gewandelt und vor neue Ansprüche gestellt. Welthaftigkeit und Geschichtlichkeit beginnen oder enden – im besten Fall vollenden sie sich und werden aufgehoben, weil zur Personkonstitution nicht mehr erheblich. Im gelungenen Tod gelingt die Emanzipation von Welt und Geschichte (vielleicht auch von Gesellschaft), sicher aber auch von allen uns bekannten Weisen der Darstellung reiner Individualität. Der Tod ist die große Chance, die Pluralität der Gründe menschlichen Personseins in einem, in seinem Urgrund erkennbar und erfahrbar zu machen.

Damit ist die Bedeutung des Todes für ein Konstrukt »Mensch« schon ausgewiesen. Und von dieser Bedeutung her kann auch – in verschiedenen Fazetten gebrochen - der reale Mensch seinem eigenen Tod Sinn geben. Wird dem Tod kein Sinn gegeben, dann ist auch das Leben sinnlos, denn alles Leben geht ein in den Tod. Und ein Sinn, der eingeht in Unsinn oder Widersinn ist eben kein Sinn, sondern allenfalls ein Illusion von Sinn.

Mit solchen Illusionen läßt sich wohl recht und schlecht leben. Sie haben jedoch einige erhebliche Nachteile:
- Sie führen zur Realitätsablösung bis hin zum paranoiden Realitätsverlust.
- Sie führen zu Desorientierungen und zu Frustrationserfahrungen in der Begegnung mit realer Welt, die sich dem Anspruch illusionären Sinns standhaft verweigert.
- Sie sind niemals so überzeugend, als daß nicht doch der Zweifel an ihrer Legitimität mitunter aufkäme (jedenfalls solange noch kein quasistabiler psychotischer Zustand erreicht ist).

Wird der eigene Tod verdrängt, so wandelt sich die objektlos gewordene Emotion zumeist in Angst oder in Niedergeschlagenheit – Emotionen also, die ebenfalls objektlos sind und sich allenfalls maskieren und so Objektbezüge vortäuschen.

Wird der Tod für unerheblich gehalten und für ein fernes, nahezu unwirkliches Ereignis, dann besteht die Gefahr erheblicher Fehlorientierungen. Ich denke, daß nur das in einem Menschenleben wichtig ist, was auch im Angesicht des eigenen Todes noch das Adjektiv »wichtig« verdient. Das fehlende Wissen um den eigenen Tod mag zwar heroische Leistungen militanter Adoleszenten hervorbringen (vgl. die »Schlacht von Langemarck« am 10.11.14), aber es ist gänzlich ungeeignet eine sinnvolle und realitätsgerechte Lebensorientierung zu sichern.

Man kann aber auch den eigenen Tod mit Angst besetzen. Das hat unter anderem folgende Konsequenzen:

● Es wird unmöglich, mit dem eigenen Tod etwas Sinnvolles anfangen zu können, ihn irgendwie sinnvoll interpretieren zu können.

● Die Ängste dehnen sich auf alles aus, was den Gedanken an Tod auch nur unbewußt auslösen könnte: Etwa auf jede Form der Trennung von liebgewordenen Menschen, materiellen Gegenständen, Vorstellungen, Vorurteilen, Gedanken, Wertungen ... Damit aber wird zunehmend mehr ein Lebensablauf von Angst beherrscht.

● Ein irrealer und unvernünftiger Lebenshunger führt zu lebensgefährdenden und oft unwürdigen Reaktionen. Es sind mir Fälle bekannt, daß Menschen, die sich dem Tod nahe glaubten, von einer eigenartigen Lebensgier befallen wurden, die sich zumeist in hemmungslosem Sex oder im »Möglichst-noch-viel-sehen-Wollen« erschöpfte – als ob Sex oder Vielsehen menschliches Leben schon menschlicher machten.

Endlich kann man sich auch in den eigenen Tod verlieben. Das kann soweit gehen, daß die Möglichkeit, jederzeit sein eigenes Leben enden zu können, die wesentliche Quelle der Lebenskraft eines Menschen wird. Auch sind religiöse Motive des Verliebtseins in den eigenen Tod keineswegs selten. Ich kenne Menschen, die ihren eigenen Tod fast wie eine Person lieben, weil er sie zu Gott führe. Nun, wir wissen, daß solche Haltungen oder Einstellungen nicht psychisch gesund sind und meist andere pathologische Symptome abdecken oder verbergen.

Das Mittelalter versuchte in der Personalisierung des Todes (Sensenmann, Gevatter Tod ...), dem Tod das Unheimliche zu nehmen. Es sind uns zahlreiche Sagen über Wetten mit dem Tod, über Verhandlungen mit ihm ... bekannt, die diese Personalisierung verdeutlichen. Aber solche Personalisierung ist nichts anderes als ein Versuch, sich die Grenze »Tod« dennoch zuhanden zu machen und sie nicht als unausweichliche Vorgabe zu akzeptieren. Das magische Anliegen solcher Personalisierung kann durchaus zu einer ersten Hilfe werden, Angst vor dem Tod zu mindern und erste Schritte hin auf eine emotional und rational befriedigende Lösung des Todesproblems zu gehen. Doch sind solche magi-

schen Personifizierungen, weil realitätsentfremdend, auch nicht ungefährlich.

Nun ist unser Leben nicht nur endlich sondern auch vergänglich. Das
heißt, wir sind nicht nur dem Tod ausgeliefert, sondern leben und sterben zugleich. »Sterben« bedeutet hier nicht ein Ereignis, sondern eben
diesen Lebensprozess, insofern er auf Tod hin ist. Eine Antiphon aus
dem 11. Jahrhundert besingt diesen Tatbestand so: »Mitten im Leben
sind wir vom Tod umfangen« (Media vita in morte sumus). Und Paulus,
dem das Christentum weitgehend die Anfänge und Grundlagen seiner
Theologie verdankt, schreibt: »Mit der Taufe sind wir hineingestorben
in Christus...« (R 6,4). In christlichem Verständnis ist das gelungene Leben ein Sterben auf die Einheit mit dem Urgrund alles Menschlichen
hin.

Die Vergänglichkeit unseres Lebens aber merken oder ahnen wir durchaus alltäglich:

● wir werden älter,

● Fähigkeiten lassen nach oder erlöschen,

● Körperbesitz wird weniger lustvoll erlebt,

● die Möglichkeiten, unseren Lebensweg selbst zu bestimmen, nehmen ab (die Umstände und frühere irreversible Entscheidungen bestimmen ihn für uns und lassen uns mitunter gehen, wohin wir nicht
wollen),

● die Suche nach Neuem wandelt sich in Furcht vor Unerwartetem,

● Sicherheit geht vor Wagnis ...

Alles Symptome unserer Vergänglichkeit. Wir werden vergehen, wie die
Blumen am Wege vergehen: Sie keimen, Blätter werden sichtbar, sie
treiben Blüten, verwelken, vermehren sich und sterben langsam ab. Von
ihnen bleibt kaum mehr als ihre Nachkommenschaft. Ja so werden auch
wir vergehen.

Darüberhinaus reicht alleine Hoffnung, die die Grenze des Lebens
übergreift und im Jenseits des Todes Leben siedelt, das durchaus unseres bleibt. Man sollte nicht Sicherheit und Hoffnung mengen und die
Gewißheit nicht durch Hoffnung relativieren, sondern allenfalls durch
sie ergänzen, d.h. ganz machen. Daß wir vergehen wie das Gras auf dem
Feld ist Wahrheit - doch vielleicht nicht die ganze. Hoffnung ergänzt diese Wahrheit.

Aber solche Hoffnung ist keineswegs vonnöten, um Vergänglichkeit
und ihrer Vollendung Sinn zu geben. Die Akzeptation des Todes als des
totalen Lebensendes kann durchaus zu einer Orientierung helfen, die
menschliches Leben menschlich macht. Ich habe Menschen glücklich

sterben gesehen, die im Tod das totale Ende ihres Lebens sahen. Ihnen gelang es, auf dieses Ende in seiner Totalität hin durchaus sinnvoll zu leben. Und in dieses Leben das Sterben als völliges Auslöschen zu integrieren. Es ist ein Märchen, daß nur die Menschen glücklich sterben, die auf ein Leben jenseits der Grenze des Todes hoffen. Mir sind Menschen bekannt, die aus Angst vor dem Danach sich ihre letzten Stunden in Unmenschlichkeit gestalteten. Ich vermute, daß die Menschlichkeit des Sterbens nicht davon abhängt, ob man im Jenseits irgendwelche Inhalte siedelt oder nicht, sondern ob man es gelernt hat, sinnvoll mit Grenzen umzugehen, Grenzen als unüberschreitbar zu akzeptieren. Und Grenzen nicht als sinnlos begrenzend zu empfinden, sondern als Chance, in der gegebenen Abgrenzung gegen allen Anspruch der Konfusion, den Ungrenzigkeit mit sich hat, Ziele und Werte, Ordnung und Orientierung zu setzen und zu finden. Das Versprechen, den Tod sinnvoll machen zu können, wie es manche Religionsgemeinschaften häufig wiederholen, scheint mir oft Bauernfängerei zu sein – oder Schindludertreiben mit den basalen Ängsten des Menschen vor den vernichtenden Ansprüchen des Nichts. Der Tod ist nur dann sinnvoll – und wohl auch immer dann –, wenn er im Sterben eingeübt wurde, wenn die positive Bedeutung des Abschiednehmens, des Gehens auch seiner selbst willen (und nicht um eines hintergründigen Zieles willen) erkannt und geübt wurde.

Das unbewältigte Verhältnis des Menschen zu seinem eigenen Tod und zu seinem eigenen Sterben (= seiner eigenen Vergänglichkeit) ist einer der erheblichsten Gründe für psychische Krisen und Konflikte. Die Angst vor Tod und Sterben können ein Leben so überwuchern, daß das Leben selbst angstbesetzt ist. Wir sprechen dann von Lebensangst. Sie führt zu einer Rücknahme aller möglichen Lebensäußerungen auf ein Minimum, eine pessimistische Grundstimmung, zu sozialen Ablösungen – kurzum: zu einer Art beschleunigtem Sterben. In der Lebensangst wird die Absurdität jeder Angst, ihre Paradoxie deutlich.

2. Die Unbeantwortbarkeit der Sinnfrage

Der häufige und oft auch engagierte Versuch, die Frage nach dem Sinn des eigenen Lebens zu beantworten, stößt bald auf Grenzen. Denn wie schon im vorherigen Abschnitt gesagt, ist die Sinnfrage nicht in einer Weise beantwortbar, in der wir Menschen ansonsten gewohnt sind Fragen zu beantworten oder beantwortet zu erhalten. Sie hat, wenigstens in ihrer sekundären Form (»Was für einen Sinn hat den mein Leben?«) keine verbalisierbare Antwort.

Ich kenne viele Menschen, die sich an dieser Grenze ihrer individuellen Existenz Kopf und Herz wund rieben oder stießen – aber keiner davon ist der Antwort – als irgendeiner kommunikabel zu machenden Wortfolge – durch all sein Mühen auch nur einen Schritt näher gekommen. Die Tatsache der Existenz unbeantwortbarer Fragen verweist den Menschen recht deutlich auf seine Grenzen. Und handelt es sich dabei um eine solch existentielle Frage wie die nach dem Sinn des eigenen Lebens, dann ist die Grenzerfahrung ebenso existentiell.

Wenn man ziemlich naiv und ungeübt ist im Umgang mit Grenzen, dann kann man auf den Einfall kommen, zu vermuten, die Unbeantwortbarkeit der Sinnfrage verweise auf einen übermenschlichen Sinngeber, auf etwas real Trenszendentes hinter der Grenze der Unbeantwortbarkeit. Sicher bedeutet Grenze auch immer ein Dahinter. Ob das Dahinter allerdings gerade so geartet ist, daß es unsere unbeantworteten Fragen beantwortet, ist mehr als zweifelhaft. Es könnte ja immerhin auch sein, daß wir diese Frage stellen, weil wir uns in einer psychologisch durchaus erklärlichen Krisensituation befinden. Dann ist das jenseits dieser Grenze der Unbeantwortbarkeit Liegende keineswegs ein real transzendent Seiendes (etwa Gott oder etwas Ähnliches), sondern die reale Transzendenz unserer Krise. Endet sie, haben wir den Zaun überschritten und unsere Frage ist beantwortbar geworden. Zwar nicht wie wir es vielleicht einmal erhofften. Aber sie verschwunden. Und eines der Kriterien für die Beantwortung einer Frage ist ihr Verschwinden als Frage. Sie geht vielmehr in dialektischer Einheit mit ihrer Antwort in konkrete Lebenspraxis ein.

Und über diese kann man der Antwort auf die Sinnfrage mittelbar durchaus auf die Spur kommen. Wenn ich davon ausgehe, daß die Sinnantwort zu einer radikalen Lebensorientierung führt, dann werde ich die Elemente dieser Orientierung ausfindig machen können, wenn ich die Wertordnung eines Menschen aus seinen Problemlösungspraktiken erschließe (sehr wohl gemeint ist hier die praktische Wertordnung und nicht irgendeine theoretische oder ideale).

Die Sinnfrage entsteht zumeist aus einer Störung in der ursprünglichen Theorie-Praxis-Einheit. Solange diese Einheit störungslos (konfliktfrei) »funktioniert«, wird die Sinnfrage meist nicht gestellt oder aus bloßer Neugier, in rein akademischem Interesse. Ist die Störung behoben, verschwindet die Frage. Eine solche Störung kann nun sehr verschieden behoben werden.

Die »wissenschaftliche Methode«, eine Theorie zu machen und über einen theoretischen Satz (die Sinnantwort) das Problem zu beheben, ist nur eine – und wie wir wissen, vergebliche Methode. Störungen in der ursprünglichen Theorie-Praxis-Einheit können auch durch eine rein pragmatische etwa am Versuchs-Irrtum-Schema praktisch reflexionslos, sicher aber theoriefrei besorgten Veränderung der Praxis behoben werden, so daß es zu einer frag- weil problemlosen neuen Theorie-Praxis-Einheit kommt. Ich bin der Meinung, daß so im Regelfall Probleme gelöst werden. Die Sinnfrage ist dann nur ein Nebenprodukt, ein vergeblicher Versuch, Probleme auf einer zweiten, ungeeigneten Schiene zu lösen.

Nicht zufällig taucht die Problematik um die Sinnfrage zusammen mit einer allgemeinen Bevorzugung von Problemlösungsversuchen über theoretische Modelle, Erklärungen ... auf. Doch ist es müßig, darüber viel zu spekulieren. Denn konkreten Menschen mit Sinnproblemen helfen alle diese Verweise nicht. Sie werden nicht einsehen, daß ihre Fragen

● Ausfluß und Folge einer persönlichen Krise sind (sondern sehr viel mehr vermuten, daß die unbeantwortete Frage die Krise verursacht),

● Ergebnis einer sekularen Überschätzung von Erklärungen (Theorien) sind (und einer Unterschätzung der Bedeutung der Praxis im Problemlösungsversuch),

● unbeantwortbar sind, da wesentliche Momente, die die Antwort berücksichtigen muß, unbewußter Art sind,

● unbeantwortbar sind, weil die Probleme zumeist emotionaler Art sind oder aber in einer Desintegration von Emotion und Ratio gründen, die zumeist nur durch emotionale Strategien aufgelöst werden kann (nicht aber durch die rationale einer Antwortfindung),

● unbeantwortbar sind, weil unsere Sprache nur in der Lage ist, Modelle adäquat zu beschreiben, nicht aber Individuen und ihre Probleme einschließlich deren Lösungen.

Immerhin wird der Therapeut versuchen, den ein oder anderen Gesichtspunkt einzubringen. Sinnkrisen, die ohne weitere Symptome einhergehen, wird man am ehesten lösen können, indem man wartet und warten hilft – und Orientierungshilfen für den gestörten Theorie-Praxis-Bereich anbietet.

Da die weitaus meisten Störungen, die existentiell Sinnfragen provozieren, emotional sehr stark besetzt sind, sind sie rational auch dem Therapeuten nur beschränkt zugänglich: Sexualität, Unerfahrenheit im Umgang mit Mißerfolg oder Kritik, Kontaktängste ... spielen hier eine erhebliche Rolle. Ist einmal die Störung in der ursprünglichen Theorie-Praxis-Einheit ausgemacht, dann kann die Therapie die existentielle Bedrohung auch durch die Sinnfrage zumeist sehr schnell beheben (wenn sie nicht schon Ausdruck einer neurotischen Fixierung ist).

Wie also sieht denn die Grenze aus, auf die die Sinnfrage verweist? Es ist die Grenze zwischen der ursprünglichen Theorie-Praxis-Einheit und ihrer sprachlichen Bewältigung. Die Überwertigkeit dieser Einheit gegenüber jeder sprachlich adäquaten Darstellung (und das gilt auch für Problem- und Störungsfälle) ist eine recht wichtige Einsicht für den Umgang mit Menschen. Zumeist kann sich Sprache nur ungefähr an Problemzentren herantasten. Und da sie nur Modelle beschreiben kann, nur begrifflich Festes begreifen kann, ist ihr die immer dynamische Theorie-Praxis-Einheit wesentlich entzogen.

Die Sinnfrage verweist also auf die Grenze zwischen Sprache und Leben. Und diese Grenze ist durchaus überschreitbar, doch nur dann, wenn ich aus dem Horizont der Sprache heraustrete und unsprachliche, ja sprachlose Erkenntnis zulasse. Die Sprachlosigkeit der Sprachtranszendenz ist sicher eine wichtige Erfahrung, die ein Mensch machen soll. Er wird dann weniger der Täuschung aufsitzen, daß die wesentlichen Strukturen dieser Welt rational oder auch nur begreifbar organisiert seien.

3. Die Unfähigkeit, mit sich Selbst identisch sein zu können

Vermutlich ist das Mühen, zu wissen, wer man eigentlich sei, so alt wie die Menschen. Unser Selbstbewußtsein macht uns zwar unsere Existenz bewußt und legt den Grundstein damit zu jeder Reflexion, doch sagt es uns noch nichts über das Wer. Wir wissen zwar von uns – damit aber noch nichts oder doch nur sehr wenig über uns.

Ein zweiter Versuch, die Fragen nach dem Wer zu verdunkeln, wurde uns gleichsam in die Wiege gelegt. Im Verlauf ihrer Bemühungen, uns zu Mitgliedern menschlicher Gesellschaft zu kultivieren, vermittelten uns unsere Eltern zugleich auch ein Ideal-Bild von einem Menschen, das wir dann etwas später internalisierten und es uns als Ich-Ideal zueigen machten. Das wäre nun ein recht unproblematischer Prozeß, wenn wir nicht, vermutlich auch wegen mangelnder Techniken, uns selbst so zu erkennen, wie wir sind, uns weitgehend mit diesem Ideal identifiziert hätten.

Nun muß man schon ziemlich neurotisch oder ziemlich größenwahnsinnig sein, um diese Identität von Ideal und Realität längere Zeit ungefährdet durchhalten zu können. Das Leben scheint nicht selten ein einziges Bemühen zu sein, uns den Star der Selbstblindheit zu stechen und uns damit so etwas wie Selbsterkenntnis zu ermöglichen. Die Taktiken, die es dabei verwendet, sind keineswegs immer schmerzlos, Mißerfolge gehören ebenso dazu wie scheinbar ungerechte verletzende Kritik anderer. Immerhin geht es im Verlauf eines langwährenden Versicherungsprozesses den meisten Menschen durchaus auf, daß sie nicht der sind, für den sie sich (genormt an den Vorstellungen und Inhalten des Ich-Ideals) halten.

Damit wäre die erste Stufe des Leidens, das aus der Unfähigkeit kommt, mit sich selbst identisch zu sein, erreicht und vielleicht schon überschritten. Die Erkenntnis der Unfähigkeit, mit seinem Ich-Ideal, das man lange mit dem realen Selbst verwechselte, identisch sein zu können, ist zwar für nicht wenige Menschen kritisch (d.h. Krisenursache oder Krisenfolge) doch – bei ansonst zureichender psychischer Stabilität – außerordentlich nützlich. Hier wird eine Grenze erkannt – und zwar eine Grenze, die nicht erreichbar und deshalb auch nicht übersteigbar ist: die der Realisierung des Ich-Ideals.

Nehmen wir nun einmal an, ein solchermaßen über sich selbst aufgeklärter Mensch, würde den zweiten Schritt wagen. Er würde versuchen, sich selbst zu erkennen, wie er tatsächlich ist, um über sein Ideal und seine Realität ein neues Konzept des Selbst zu stülpen, das beide akzeptiert und in ihren realen Funktionen anerkennt. Nehmen wir also einmal an, ein Mensch begänne die Selbstverständlichkeiten, die bislang sein Selbstverständnis trübten, für unselbstverständlich zu halten. Dann würde er unter anderem in Frage stellen:

● Den normierenden Charakter des Ich-Ideals. (Er würde also erkennen, daß es sich hier nicht um ein menschlisches Ideal, sondern ein Idealbild einer bestimmten Gesellschaft einer bestimmten Zeit unter bestimmten sozio-ökonomischen Bedingungen handeln würde.)

● Den normierenden Charakter des konventionellen Gewissens. (Das ist das Gewissen, das das ideale Ich hat, um sein Verhalten zu regulieren. Es ist ebenso wie das Ich-Ideal von allen möglichen gesellschaftlichen Vorgaben völlig unethischer Weise determiniert und dient dazu, sich relativ konfliktfrei in einer Gesellschaft zu bewegen, die diese Normen selbsttätig und zum eigenen Nutzen reproduziert, solange diese Gesellschaft nicht durch Krisen geschüttelt oder gar durch eine andere abgelöst wird.)

● Die prinzipielle Abstellbarkeit von »Fehlern«. (Er würde erkennen, daß er, ganz gegen den Anspruch seines Ich-Ideals, etwa durch die Beschränktheiten seiner Erziehung, Fehlverhaltensmuster in seine Persönlichkeitsstruktur integrierte, die keineswegs aus ihr mit dem Instrumentar eigener Technik herauspräpariert werden können.)

● Die meisten Motivationstechniken, die so zwischen uns Menschen üblich sind, insofern sie auf der Bestätigung und Verstärkung von Idealen aufruhen und deshalb der Selbsterkenntnis erheblich im Wege sind. (Ja, daß sie oft gänzlich inhuman sind, insofern sie einem Menschen vorgeben, er könne sich selbst verwirklichen, dabei jedoch nur seinem Ideal entsprechen – das aber besteht real nirgendwo anders als in seinem Kopf; seine Realität zu behaupten, hieße Wahnsinn praktizieren.)
● Das die anderen Menschen ihn im Wesentlichen so sehen, wie er sich selbst sieht. (Denn die meisten Menschen orientieren ihr Urteil an der Realität einer Person und nicht an deren Ideal – immerhin kann es ja ein Trost sein, daß bei aller Selbsterkenntnis man nur einen Menschen erkennt, an den sich die anderen schon längst gewöhnt haben: Es steht also nur noch die Gewöhnung an sich selbst aus.)
Würde er also dies alles eifrig und erfolgreich in Frage stellen und entsprechende Konsequenzen ziehen, kann es sein, daß es ihm nach langen Jahren des Mühens gelingt, sich so zu sehen wie er ist, d. h. die drei Zonen: bloßes Ideal, nicht vom Ideal gedeckte Realität und vom Ideal gedeckte Realität in ihrer Tatsächlichkeit zu begreifen. Er könnte beginnen, an sich zu arbeiten – und sich selbst zu verwirklichen.
Bei dieser recht mühseligen Arbeit, an deren Ende übrigens, wie das delphische Orakel zu recht versicherte, Weisheit steht, wird es dann unserer geplagten Kreatur aufgehen, daß auch dieses Bemühen um Selbsterkenntnis an einer unüberwindlichen Grenze halt machen muß, wenn nicht gar scheitert. Und diese Grenze ist wiederum mit der Unfähigkeit des Menschen gegeben, Wesentliches an sich und anderen zu begreifen. Dazu gehört vor allem der Bereich der Emotionalität mit seinen Valenzen hin zu Wille und Verstand, dazu gehört aber auch der Bereich des Unbewußten, der dennoch recht aktiv in Motivationsabläufe eingreift und weitgehend Emotionen wie Wertvorstellungen, Interessen wie alle Arten von menschlichen Interaktionen steuert. Er bleibt sich immer auch ein fremdes, ein überraschend fremdes Wesen, das für alle möglichen Arationalitäten gut ist.
Nun wird man aber nur dann mit sich selbst identisch sein können, wenn man sich zuvor begreift, versteht. Das aber ist aus den genannten Gründen, aber auch wegen der Eigenart unserer Sprache, nur fixe Modelle zutreffend begreifen zu können, nicht möglich. So wird er denn das »Identisch mit sich selbst« nicht von rationaler Einsicht her definierbar bestimmen, sondern ganz einfach aus Handlungen und Handlungskonsequenzen. Zeigt ihm die Praxis seines Lebens, daß die Treue zum (partiell zutreffend) erkanntem Selbst nicht zu Frustrationen, nicht zu de-

struktiven Konflikten führt, zeigt sich vielmehr, daß ebenfalls Proteste des Unbewußten ausbleiben (etwa in Gestalt psychosomatischer Störungen oder neurotischer Symptome oder gehäufter Fehlleistungen...), dann wird er *annehmen,* er sei mit sich selbst identisch, ohne das beweisen zu können.

Die Unfähigkeit, mit sich selbst identisch sein zu können, verweist also auf ein Vielzahl von Grenzen, die nur zum Teil überschreitbar oder auch nur überblickbar sind. Es sind das die Grenzen:
● zwischen bewußten und unbewußten Motivationsgründen,
● zwischen Selbsterkenntnis und normierender Kraft des Überich (als Ich-Ideal oder konventionelles Gewissen sich artikulierend)
● zwischen der Sprache und dem lebenden, sich stets wandelnden Selbst,
● zwischen den gesellschaftlichen Vorgaben und den humanen Bedürfnissen (etwa nach Selbstverwirklichung, die auf Selbsterkenntnis aufruht).

Die Erkenntnis dieser Grenzen ist aber allemal wesentlich für eine sinnvolle Persongründung. Ein Übersehen oder ein vermeindliches Überschreiten unüberschreitbarer Grenzen können für die Persongründung von erheblichem Schaden sein – Schäden, die oft kaum mehr reversibel sind und hochpathogene Situationen heraufbeschwören sind ganz besonders immer dann deutlich erhebbar, wenn solche Fehlstrategien gewählt werden.

4. Grenzen, die die eigene Vergangenheit zieht.

Solche Grenzen, die uns unsere eigene Vergangenheit zieht, können selbst- wie fremdbegründet sein. Selbstbegründet sind sie etwa,
● wenn wir irreversible Entscheidungen für unseren Lebensweg getroffen haben,
● wenn wir Mechanismen der Konfliktbewältigung verwenden, die neurotisch ausgehen,
● wenn wir keine Strategien lernten, uns in Krisen und Konflikten sinnvoll zu verhalten ...
Fremdbegründet sind besonders all die vielen Erfahrungen unserer ersten fünf Lebensjahre, in denen wir im Wesentlichen ohne rationale Kontrolle und ohne Möglichkeit der Kritik die Anforderungen, Versäumnisse, Fehler unserer Erzieher über uns haben ergehen lassen müssen. Und das Schwerwiegendste daran ist, daß das in diesen Jahren erlernte Verhaltensrepertoire nicht so erlernt wurde, daß man es wieder

verlernen könnte – es hat uns geprägt, bestimmt die Grundstrukturen unserer Persönlichkeit mit, macht, daß wir Herr A oder Frau B sind und als solche in ihrem Verhalten unverwechselbar mit irgendeinem anderen Menschen. Gehen wir zunächst einmal den Grenzbereich der selbstbegründeten Grenzen ab. Hierher gehören:

● praktisch unkorrigierbare Entscheidungen unseres Lebens (Berufswahl, Partnerwahl, Entscheidung für eine politische Partei, eine Kirche oder Weltanschauung …),

● unsere Bildung und Ausbildung, die uns im Augenblick zur Verfügung stehen,

● unsere Bemühungen oder Nichtbemühungen, Strategien zu erlernen, Konflikte mit anderen Menschen sinnvoll zu beheben,

● die Entwicklung sozialer Fähigkeiten (wie Solidarität, Alterozentriertheit, Hilfsbereitschaft, Zärtlichkeit, Fürsorge …).

Sie werden sicherlich – und ganz zu Recht – einwenden, daß alle diese unsere Möglichkeiten bestimmenden Grenzen keineswegs an erster Stelle von uns selbst gezogen wurden. Das wage ich auch garnicht zu behaupten. Ich vermute jedoch hier zumindest in dem Umfang eine »Eigenverantwortung« als die Möglichkeit bestand oder bestanden haben könnte, die Gewichte der eigenen Interessen, insoweit Alternativen angeboten wurden, so oder anders zu lagern. Ich gebe jedoch zu, daß den meisten Menschen bei all diesen grenzziehenden Tätigkeiten nicht mehrere Alternativen zur Verfügung standen, sondern daß sie tatsächlich auf Grund innerer oder äußerer Determination sich für eine grenzziehende Handlung entschieden oder – wenn sie durch Fremdhandlung geschah – sich nicht dagegen wehrten.

Man kann aufzeigen, daß die weitaus meisten Bundesbürger, insofern sie sich zu einer christlichen Konfession bekennen, dies etwa nicht tun, weil ihnen mehrere Alternativen zur Verfügung standen, sondern weil sie in eine der Kirchen hineinsozialisiert wurden und wesentliche Anteile der durch sie definierten Sinnwelt internalisierten und auf diese Weise Mitglieder einer bestimmten Konfession wurden. Etwas komplexeren, wenn auch im Grund gleichen Mechanismen dürften Entscheidungen für eine Partei gehorchen. Die weitaus meisten Menschen entscheiden sich nicht für eine Partei auf Grund von Vernunftgründen, sondern auf Grund von Vorurteilen. Diese Vorurteile sind zum Teil durchaus archaisch und in der Kindheit begründet. Nun machen es uns unsere Parteien aber auch nicht sonderlich leicht, uns rational begründet für die eine oder die andere zu entscheiden. Welche Politik eine Partei machen wird, wenn sie einmal etwas zu sagen hat, das kann kein Mensch begründet vorauswissen. Das ist der Nachteil von nicht-ideologisch gebundenen »Volksparteien«. So werden denn auch die meisten Bundesbürger genau die Partei wählen, von der sie auf Grund von Vorurteilen vermuten, daß sie ihre Interessen bevorzugt wahrnehmen würde.

Ebenso wäre es töricht anzunehmen, unsere Begabungen und geistigen, moralischen oder künstlerischen Interessen seien auf Grund freier Setzung zustande gekommen. Als Primaner gab ich eifrig Nachhilfeunterricht in Mathematik. Eine für mich sehr erstaunliche Erkenntnis war es damals, daß viele schlechte Matheschüler oder -schülerinnen einmal von ihren Eltern gesagt bekommen hatten, das mit der Mathe sei nicht so arg, sie selbst hätten auch nicht... Mit anderen Worten, ich erlebte damals den Einfluß einer negativen Motivation durch Eltern. In einem Fall verweigerte ein Junge deshalb ein Interesse an Mathe, weil sein Vater, den er aus Leibeskräften verachtete, Ingenieur (und nach dem Weltbild dieses Jungen also ein guter Mathematiker) war. Jedenfalls ist es mir weniger durch Demonstration mathematischer Operationen als durch gezielte Neumotivierung gelungen, daß die meisten meiner Schüler leicht bessere Noten in Mathe erhielten.

Seit dieser Zeit weiß ich, daß »Begabungen« weitgehend durch die soziale Mitwelt gemacht werden (etwa durch gezielte Anregungen, frühe Belohnungen und andere geeignete Verstärker), obschon mir der Stammbaum der Familie Bach mit ihren musikalischen Genies durchaus bekannt ist.

Dennoch gibt es sicherlich Bereiche, in denen eigentliche Alternativen zur Verfügung stehen, von denen keine durch bewußte oder unbewußte Vor- oder Nachteile ausgezeichnet ist. Die Verhaltenspsychologie beschreibt eine solche Situation zwar als Attraktion-Attraktions-Konflikt, doch ist sie der Ort möglicher Wahlfreiheit! Diese ist zwar nicht die eigentliche und typisch menschliche Form der Freiheit, doch sie ist immerhin so geartet, daß man das Wort »Freiheit« verwenden kann, ohne mit der Tradition oder der modernen Anthropologie in einen Dauerklinsch zu geraten. Die Lösung eines solchen Konflikts kann ebenso schlechterdings irreversibel sein (wie etwa die Zeugung eines Kindes, das Eingehen einer Ehe, das Setzen eines bestimmten Rechtsakts...). Sie kann aber auch nur den Umständen nach nicht korrigierbar sein. Wenn ich 50 Jahre als Maschinenschlosser tätig war, ist meine Chance, einen vollen gleichwertigen Beruf oder gar einen grundsätzlich anderen, etwa den eines Rechtsanwalts, zu ergreifen, zwar theoretisch gut – kaum aber praktisch.

Von besonderem Interesse aber wird für uns unsere Vergangenheit und die in ihr gezogenen Grenzen, wenn unsere Mitwelt, sei es aus eigener Initiative, sei es als Agent von Systemen und Strukturen, an uns bildend tätig wurde und uns so zu dem machte, was wir sind – und zwar irreversibel. Selbst die Psychoanalyse stellt nur einen durchaus öfters mißlingenden Versuch dar, solche Produktionen unserer Mitwelt zu neutralisieren.

Wie an anderer Stelle ausgeführt, sind wir in unseren ersten fünf Lebensjahren für bestimmte Verhaltensweisen unserer Mitwelt höchst sensibel. Hierher gehören etwa die Muster: Vertrauen, Autonomie, Initiative. Ob es bei diesen, für die Bestimmung der Eigenart eines Menschen mit seiner kosmischen und sozialen Umwelt umzugehen, außerordentlich wichtigen Eigenschaften, zu optimaler oder weniger optimaler, zu dieser oder jener Ausbildung kommt, hängt nahezu vollständig vom Verhalten unserer Mitmenschen, vor allem unserer Eltern und unserer Geschwister, ab. Es wäre nun ein wunderbares Ereignis, wenn diese Personen, völlig ungeschult wie sie sind und auch kaum charakterlich ihrer Aufgabe gewachsen, nicht bedeutende Fehler machen. Diese Fehler objektivieren sich bei uns als Charakterfehler, als Persönlichkeitsdefekte, die es uns nicht ermöglichen, optimal auf soziale oder kosmische Abläufe in unserer Umwelt zu reagieren. Und diesen Mangel schleppen wir zeitlebens mit uns herum.

Es sei denn, er ist sozial so störend, daß er sich als kriminell oder krankhaft darstellt. Dann mag es sein – wenn wir außerordentliches Glück haben – daß es uns eine Therapie ermöglicht, diesen Fehler zu beheben. Die Therapie ist deshalb so aufwendig, weil sie die Ereignisse der ersten Lebensjahre, die zu der Fehlprägung führten, rekonstruiert, erkennt und durch neue Erfahrungen mit tiefgreifender emotionaler Bedeutung ersetzt, so daß ein neues in äquivalenter Funktion das alte problematische Verhaltensmuster ersetzt.

Ganz offensichtlich aber stehen wir hier wieder vor objektiven Grenzen unserer Möglichkeiten. Ist es uns gelungen, Charakterfehler säuberlich von schlechten Angewohnheiten späterer Jahre zu trennen, dann müssen wir lernen, die Grenze, die uns unsere Charakterfehler ziehen, als gegeben anzuerkennen. Wir können sie nicht – ohne langwährende fremde Hilfe – beheben. Es ist also töricht anzunehmen, wir könnten »so gut sein wie wir wollen«, wenn wir damit ein ethisches »gut« oder auch nur ein intellektuelles meinen. Wir können eben nicht alles, was wir wollen. Oft können wir nicht einmal einen lächerlichen Fehler abstellen, selbst wenn wir uns noch so mühen.

Manche Menschen ähneln da einer meiner Bekannten, die heroinsüchtig ist. Sie behauptet immer, sie könne das Schießen bleiben lassen, wenn sie nur wolle. Aber im Augenblick wolle sie nicht. Ganz die gleiche Realitätsverkennung begegnen wir in dem Menschen, der der eigentümlichen Meinung ist, er könne prinzipiell alle seine Mängel beheben. Das Nicht-Anerkennen dieser Grenze hat mehrere Nachteile:

● es fördert infantile Allmachtsvorstellungen,

● es verleitet zur Intoleranz, weil es unterstellt, die Fehler anderer seien nur auf deren mangelndes Mühen zurückzuführen,

● es unterstellt eine Universalgeltung von Wahlfreiheit, die illusorisch ist,

● es leitet psychische Mühen zum Beheben von Fehlern in falsche Kanäle.

Die Nicht-Anerkennung der durch eigene Entscheidungen besorgten Grenzen ist ebenfalls durchaus problematisch. Die Mittlebenskrise ist nicht selten durch die Erfahrung solcher Grenzen bestimmt. Sie zu erkennen und zu akzeptieren wurde niemals gelernt, bis jenseits eines point of no return tatsächlich eine Neuorientierung etwa im Beruf oder im Zusammenleben mit einem Partner praktisch unmöglich geworden ist.

Es ist durchaus wünschenswert, daß ein Mensch gelegentlich seine Fähigkeit probt, bisherige Selbstverständlichkeiten außer Kraft zu setzen, doch werden es mit zunehmendem Alter immer weniger. Erst wenn die Zahl gleich Null geworden ist, ist ein Mensch wirklich alt. Er lebt dann sein Leben nur noch zu Ende. Er kapitulierte vor Grenzen, die durchaus übersteigbar waren. Wie denn eine der größten Einsichten eines Menschen darin liegt, die unüberwindlichen Grenzen in Bescheidenheit zu akzeptieren, die überwindlichen aber gelegentlich wenigstens zu überwinden. Und das nicht nur in Gedanken.

5. Die Grenze, welche die eigene Sinnwelt zieht.

Wie schon verschiedentlich erwähnt, bestimmt unsere Sinnwelt den Umfang der Dinge, die wir besinnen können, mit denen wir etwas Sinnvolles anfangen können, die für uns Bedeutung haben und Gewicht. Sinnwelten werden nun in ihren wesentlichen Anteilen während der primären Sozialisation vermittelt. In der Auswahl von Dingen, Ereignissen, Personen, Konflikten, sozial relevanten Emotionen ..., die dem Kind benannt und mit anderen in Zusammenhang gebracht werden, entstehen die Grundmuster der Sinnwelt. Mit dem Vorgang des Benennens, erst recht aber des Beziehens ist zumeist eine Wertung verbunden, sei es in der Skala: gut – schlecht, oder erfolgreich – erfolglos. Die Wertung wird zumindest durch das Begleitverhalten der Eltern (etwa durch Zustimmung, Belohnung, Anerkennung …) gegeben – nicht selten aber auch verbalisiert. Ganz allgemein gilt: Gut ist, was belohnt und schlecht, was bestraft wird. Und diese Zuordnungen von gut und schlecht bleiben auch dann noch erhalten, wenn der Sanktionszusammenhang längst unbewußt geworden ist. So besitzt ein Kind etwa mit dem Beginn der Schulreife eine ziemlich geschlossene Welt mit Inhalten, Wertungen, Begriffen …, denen allen eines gemeinsam ist: Sie haben Sinn oder aber vermitteln ihn. Selbstverständlich kann diese primäre symbolische Sinnwelt noch korrigiert oder erweitert werden. Nur grundsätzlich geändert wird sie selten. Und wenn das geschieht, dann meist am Ende eines oft langwährenden krisenhaften Prozesses.

Die individuelle Sinnwelt des Kindes ist nun eingebettet in die Sinnwelt seiner Beziehungspersonen. In einer Mikrogesellschaft haben Dinge, Worte, Werte nahezu die gleiche Bedeutung, erfahren Ereignisse, Handlungen, Interaktionen nahezu die gleiche Bewertung. Bedeutungen und Bewertungen, die die wichtigsten handlungsrelevanten Momente bzw. Konsequenzen von Sinnwelt darstellen, werden einer ersten Bewährungsprobe unterzogen, wenn das Kind in anderen Sozialwelten (Kinderspielgruppe, Kindergarten, Schule …) seine Bedeutungen und Wertungen wie selbstverständlich gültig verwendet. Es kommt dann regelmäßig zu Konflikten auf Grund anderer Wertungen und/oder Bedeutungen. Während Bedeutungskonflikte zumeist wie von selbst, etwa durch Bedeutungsdehnung oder Bedeutungswandel verschwinden, bieten Bewertungskonflikte erheblichen Krisenstoff. Nicht selten lernt das Kind neben den Bewertungen seines Elternhauses konträre oder gar widersprechende Wertungen aus anderen Sozialgebilden. Die daraus entstehende Wertunsicherheit wird zwar zumeist im Verlauf der folgenden Jahre (zumeist zugunsten der ursprünglichen Wertungen) gelöst (manchmal werden Wertungen auch wie Bedeutungen einfach gedehnt oder gewandelt). Aber sicher ist das nicht. Mir begegneten relativ viele Menschen, bei denen solche Wertungsdiskrepanzen bis an die Schwelle des Erwachsenenalters ungelöst blieben und zu psychischen und sozialen Konflikten führten.

Das Dilemma erscheint in der Tat nahezu ausweglos. Wie auch immer ein solcher Mensch handelt, ist es falsch. Vor dem Anspruch irgendeiner Werteskala, der er sich verpflichtet weiß, handelt er schlecht. Und das ist nicht selten mit entsprechenden Schuldgefühlen verbunden. Die Moral hat dafür den Namen »perplexes Gewissen«. In diesen Situationen darf ein Mensch einer Werteordnung folgen, die er vor dem Spruch der Vernunft verantworten kann – sei es der ursprünglichen oder eine andere. Nun zieht also Sinnwelt Grenzen. Insofern in sie nicht nur die stets individualisierten Erfahrungen der primären Sozialisation eingehen, sondern über Lernmechanismen verbaler und nicht-verbaler Art auch Eigenerfahrungen, ist die personale Sinnwelt stets individuell definiert und von jeder anderen verschieden. Sicherlich darf man die Wechselwirkung Erfahrung-Sinnwelt nicht zu sehr zugunsten der späteren Erfahrungen bestimmen. Doch gehen Erfahrungen immer auch modifizierend in Sinnwelt ein, verstärken Vorhandenes, relativieren wieder Anderes, lassen Drittes unerheblich erscheinen. So kommt es durch qualitativ anders erlebte Erfahrungen während der Pubertät oder der Mittlebenskrise durchaus zu erheblichen Veränderungen in der Organisation der Sinnwelt – vor allem auch im Bereich der Wertungen, doch sind diese meist schon als möglich in der ursprünglichen Sinnwelt angelegt.

Vielleicht hier noch ein Wort zur »Erfahrung«: Ich vermute, daß jede Erfahrung stets individualisiert ist, das heißt, daß nicht zwei Menschen ein und dasselbe Ereignis identisch erfahren, sondern immer nur gebrochen vor dem Horizont der schon gemachten Erfahrungen und ihrer Interpretation wie Bedeutungs- und Wertungsbegabung durch die individuelle Sinnwelt. Das ist insofern wichtig, als das Wort von der »objektiven Bedeutung eines Ereignisses« durchaus problematisch ist – und zwar das so sehr, daß ich vermute, es handelte sich um einen Leerterm. Das Wort bezeichnet etwas, das es nicht gibt.

Die Grenze eines Menschen zum anderen hin ist also u.a. bestimmt durch verschiedene Sinnwelten. Dennoch aber ist es möglich, daß eine weitgehende Identität von Sinnbegabungen, Bedeutungen und Wertungen zwischen Menschen herrscht. Diese Identität, die vielleicht anfangs eher zufällig über ähnliche Sozialisationsinhalte und -muster zustande kam, wird erheblich verstärkt und stabilisiert, wenn solche Menschen sich zu sozialen Einheiten (Gruppen, Kirchen, Organisationen, Staatsvölkern ...) zusammenschließen. Es entsteht dann eine neue Sinnwelt aus dem gemeinsamen Durchschnitt. Diese neue Sinnwelt ist aber keineswegs durch den gemeinsamen Durchschnitt individueller Sinnwelten definierbar, denn sie entwickelt Eigendynamiken in Bezug auf Sinnbegabungen, Bedeutungen und Bewertungen, die – insofern sie nicht den ursprünglichen widersprechen – meist problemlos von den Mitgliedern akzeptiert und internalisiert werden. So kommt es zu Sinnwelten höherer Ordnung mit einem relativen Eigenleben, ja es kommt zu ganzen Hierarchien von miteinander wechselwirkenden Sinnwelten. Innerhalb dieser Hierarchie können einander Sinnwelten gegenüberstehen, die in einem nicht von der übergeordneten Sinnwelt geregelten Bereich erheblich verschiedene Interpretationen einfordern. Das kann zu Spannungen und Konflikten führen, die nicht selten konstruktiv sind und die hierarchisch übergeordnete Sinnwelt nicht gefährden. Doch hier stellt sich ein Problem. Es gibt so etwas wie eine jeder individuellen vorgegebene Sinnwelt, die wie durch Poren in alle anderen eindringt – bis hin in die der primär sozialisierenden Gemeinschaft. Es ist das die Sinnwelt des sozio-ökonomischen Systems. Dieses System definiert, gleichsam obligatorisch, bestimmte Sinnhaftigkeiten, legt Bedeutungen und Wertungen fest. Dazu benutzt es als Instrument seiner Durchsetzung Strukturen (wie etwa Staat und Kirchen). Ich vermute also, daß es prinzipiell denkbar ist, daß ein sozio-ökonomisches System auf Grund bestimmter Entwicklungen im Bereich der Produktivkräfte nahezu unabhängig von der Basis privater Institutionen (Familien, Betriebe, Vereine…) neue Bedeutungen und Wertungen festlegt und über seine Strukturen durchsetzt. So wird offensichtlich das mit dem Symbol »Leistung« Bezeichnete in einer neuen Bedeutung und einer neuen Wertung seit etwa 20 Jahren »eingeschleust«. Ganz ähnliche Entwicklungen vermute ich für den Bereich der Worte »Energie«, »Wettbewerb«, »sozial«, »demokratisch«, »arbeitslos« … »Kapitalismus« … Offensichtlich internalisieren durch den bald gleichgeschalteten Gebrauch in den Massenmedien die mit der Erziehung befaßten Personen die neuen Bedeutungen und Wertungen schnell und bringen sie in Sozialisationsprozesse ein.

Fragen wir uns also nach den Grenzen von Sinnwelten. Sinnwelten grenzen sowohl Personen als auch soziale Gebilde voneinander ab. Gemeinsame Durchschnitte erlauben sowohl den Dialog innerhalb einer Kommunikationsgemeinschaft mit Menschen unterschiedlicher Sinnwelten, im Horizont einer gemeinsamen universalen. Sie erlauben aber auch die Bildung von Sinnwelt-Hierarchien, über die soziale Gebilde sich erst ihre Identität verschaffen. Dabei sind solche »sekundäre Sinnwelten« keineswegs nur passives Reservoir, sondern wirken aktiv und gestaltend auf niedere Sinnwelten zurück. Ob sie selbst Sinn, Bedeutungen und Wertungen frei setzen können, scheint nur für Makrosysteme sicher ausmachbar. Vermutlich gibt es jedoch auch Mikrogebilde, meist subkultureller Art, die eigenständig sinngebend, Bedeutungen und Wertungen fixierend und durchsetzend tätig werden. Von dieser zentralen Bedeutung der Sinnwelt für soziale Gebilde her mag es deutlich werden, daß soziale Krisen oft auch Krisen der entsprechenden sozialen Sinnwelten sind – und daß sich Krisen durchaus ausdehnen können in andere – zunächst nicht affizierte – Bereiche, denn die Bedeutungs- und Wertungsfestlegungen sind innerhalb bestimmter Grenzen durchaus durchlässig. Das kann soweit gehen, daß eine genuine Krise des sozioökonomischen Systems sich in politischen, kirchlichen, familiären Krisen widerspiegelt.

Sinnwelten haben also nicht die Aufgabe, Grenzen zu ziehen, sondern auch Grenzen zu überwinden. Nur in der Begegnung zweier oder mehrerer in wesentlichen Punkten nicht-verträglichen Sinnwelten kommt es zu Kommunikationsstörungen, ja zum Kommunikationsabbruch. Solcher Abbruch macht nicht nur eine Krise manifest, sondern erzwingt zumeist eine Lösung. Und die kann unter Umständen auf allen Ebenen gewalttätig sein.

6. Die Grenzen, die soziale Herkunft und andere äußere Zufälligkeiten (historischer oder geographischer Art) ziehen.

Die Ideologie einer Leistungsgesellschaft pflegt im allgemeinen Grenzen, die die soziale Herkunft zieht, zu verleugnen oder doch zu relativieren. Jeder sei seines Glückes Schmied, heißt es da und: »Kannst du was, so bist du was«. Das Bild des Generaldirektors, der seine Karriere als Tellerwäscher oder Zeitungsjunge begann, bestimmt nicht nur die industrielle Pionierzeit der USA. Nun ist gerade die Behauptung, sie sichere Schichtdurchlässigkeit im sozialen Aufstieg, eine der (ideologischen) Argumente der Vertreter der Leistungsgesellschaft.

Schauen wir uns einmal die spezifischen Unterschiede der Sozialisation innerhalb von Familien verschiedener Schichten an und beachten wir die Konsequenzen, die der Sozialisationstyp für das weitere soziale Fortkommen bietet. Idealtypisch unterscheide ich hier Unterschicht (=die Schicht der vorwiegend körperlich Arbeitenden) und Mittelschicht (=die Schicht der Lohnabhängigen, die nicht der Unterschicht zugehören). Dann ergeben sich u.a. folgende Unterschiede (nach H.-G. Rolff):

● Die Mütter der MS (=Mittelschicht) sind gegenüber den spontanen Bedürfnisäußerungen und Wünschen ihrer Kinder nachgiebiger als die Mütter der US (=Unterschicht). Das gilt auch für das Sprechverhalten, für Reinlichkeit, Abhängigkeit, Sexualität, Bewegungsfreiheit – allgemein also auch für Autonomie und Initiative.

● Die Eltern der MS stellen höhere Erwartungen, sie verlangen früher Sorge um sich selbst, Verantwortung und gute Schulleistungen.

● Die Eltern der US züchtigen häufiger körperlich, während die Eltern der MS versuchen, das Fehlverhalten dem Kind einsichtig zu machen. Sie bestrafen zumeist die innere Absicht eher als die Tat selbst (etwa durch Liebesentzug, Zeigen von Enttäuschung ...) und erreichen damit eine sichere Internalisierung von Normen. Eltern der US berücksichtigen zumeist die Motive nicht, sondern bestrafen die Handlungsfolgen. Damit gewöhnen sie ihr Kind eher an eine externe disziplinarische Kontrolle.

● Mütter der MS verlangen von ihren Kindern früher Selbständigkeit und Selbstkontrolle – das führt zu hoher Leistungsmotivation.

● Mütter der MS versuchen dem Kind Selbstvertrauen zu vermitteln, ebenfalls ein Faktor der zu erhöhter Leistung motiviert. Die Methode, erst einmal – vor allem die Jungen – zu etwas zu ermutigen und erst dann, wenn es gelungen ist, wenn eine Leistung erbracht wurde, einschränkend tätig zu werden, ist in der MS verbreitet, während die Mütter der US schon Restriktionen vor den Handlungsversuch setzen. Damit werden Initiative und Autonomie, sowie Selbstvertrauen sehr unterschiedlich entwickelt.

● Mütter der MS belohnen »Leistungen« emotional (küssen, umarmen ...), während Mütter der US sie kaum bemerken. Die Eltern der MS begleiten die Aktivitäten ihrer Kinder häufiger mit »interessierter Wärme«, das führt zu Reaktionen wie: allgemeine Zufriedenheit, Glücklichsein, Wechsel von Ängstlichkeit und Entspannung, Lachen und Freuen ... Die Eltern aus der US begleiten dagegen die Aktivitäten ihrer Kinder zumeist mit »sorgendem Desinteresse«.

● Die MS Mütter engagieren sich stärker bei der Aufgabenlösung als die US Mütter, und die MS Väter treten weniger autoritär auf als die US Väter. Zwischen mütterlichem Engagement und geringerem väterlichen autoritärem Auftreten einerseits und der Leistungsmotivation andererseits besteht aber eine statistisch signifikante Korrelation.

● Die Kinder der US sind weniger davon überzeugt, aus eigener Kraft sozial vorankommen zu können (passivistisch), sie sind weniger bereit zu planen und auf Konsum zu verzichten, wenn das für die Zukunft nützlich sein könnte (gegenwartsorientiert), sie halten die möglichst lange Bindung an die Herkunftsfamilie für einen hohen Wert (familiaristisch). Die Kinder der MS sind dagegen aktivistischer, zukunftsorientierter und individualistischer.

Offensichtlich vermittelt also die schichtenspezifische Sozialisation Wertorientierungen, die durchaus für das spätere Sozialverhalten erheblich sind und weitgehend den sozialen Aufstieg mitbestimmen.

● Die Kinder der US unterscheiden sich zumeist deutlich von denen der MS auch im Sprachverhalten. Die Sprache der US Kinder ist zumeist semantisch und syntaktisch ärmer. Die semantische Armut (also der Mangel in der Verwendung von Symbolen und Bedeutungen) dürfte auf geringere intellektuelle Anregungen und Anforderungen zurückgehen. Die syntaktische Armut hängt eng zusammen mit der Art der Sozialisation (ob vorwiegend familiaristisch auf ein Wir hin, oder ob vorwiegend individualistisch auf ein Du hin), wie die Soziolinguistik in ihrer Erforschung von Sprachcodes zeigen konnte.

Aus diesen wenigen Notizen geht wohl eindeutig hervor, daß das Wort von der Chancengleichheit leeres Gerede ist und sich allenfalls auf Menschen gleicher oder ähnlicher sozialer Herkunft bezieht. In unserem Bildungs- und Leistungssystem sind Kinder der US ganz erheblich benachteiligt – und das durchaus bis zum heutigen Tag. Sie erlangen statistisch signifikant sehr viel seltener einen Hochschulabschluß, wennschon die Bildungspolitik der letzten Jahre den Zugang zu den weiterführenden Schulen wesentlich (durch Abbau psychologischer und lerntechnischer sowie begabungsmäßiger Barrieren) erleichterte.

Es ist vermutlich offensichtlich, daß ein Kind, das seine körperliche Entwicklung an Schaukel, Fahrrad ... üben kann, ein höheres Vertrauen in die Leistungsfähigkeit des eigenen Körpers entwickelt, daß ein Kind, das eine Reitschule, eine Ballettschule, eine Musikschule ... besuchen kann, ein Kind dem Reisen in fremde Länder möglich sind, seinen Horizont dehnt, seinen Geschmack entwickelt, seine Intelligenz schult. Alles dies ist aber zum Teil abhängig vom Familieneinkommen und Familieninteresse.

Doch neben diesen sozio-ökonomischen Faktoren (wie der Schichtzugehörigkeit) gibt es auch eine Reihe anderer: etwa die geographische und historische Stelle der Sozialisation. M. Mead zeigte, daß die Erziehung zur Sexualität, zur Gesellschaft, zur Arbeit ... außerordentlich kulturspezifisch ist. Ich will Ihnen das am Beispiel der Bewohner von Manus (Hauptinsel der Admiralitätsinseln) erläutern. Mead schreibt:

> Das Kind ist Herr der Welt: undiszipliniert und ungezügelt, ohne Ehrerbietung gegen die Eltern, lebt es in Freiheit, die nur durch wenige Sittenregeln beengt ist. Es fordert nur und gibt nichts. Den demütig dienenden Eltern gegenüber fühlt es sich als Besitzer. Es hält sie in kindischer Abhängigkeit – und kümmert sich sonst kaum um sie.

Nach allen Regeln unserer europäischen Psychologie müßten die Kinder auf Manus Psychopathen oder doch lebensuntüchtige Neurotiker werden und ein Sozialgebilde aus solchen Menschen würde sehr bald zusammenbrechen. Im Gegensatz zu dieser Vermutung *unserer* Individual- und Sozialpsychologie funktioniert das soziale System nun aber recht gut, obschon die klassische Rollenverteilung unseres Kulturkreises zwischen Kindern und Eltern auf den Kopf gestellt wird.

Das mag uns eine weitere Grenze deutlich machen: Wir sind in allen unseren psychologischen und soziologischen Überlegungen auf ein kulturspezifisches Apriori festgelegt, das wir nicht überschreiten *können*, wenn wir für Menschen dieses Kulturkreises Soziologie, Psychologie, Politologie, Pädagogik machen wollen.

Sicher sind die Unterschiede zwischen Europäern und Bewohnern von Manus sehr auffällig, auch dürfte für die Art der Sozialisation durchaus auch erheblich sein (und dabei bleiben wir in unserem Kulturkreis):

● ob es sich um eine Sozialisation in eine Überfluß- oder Mangelgesellschaft handelt,

● ob es eine Gesellschaft ist, die von der Konkurrenz der Anbieter oder von der Konkurrenz der Nachfrager bestimmt ist,

● ob es eine Agrar- oder Industriegesellschaft ist,

● ob die Wirtschaft überwiegend auf manueller oder intellektueller Arbeit aufruht ...

Die Grenzen, die mit der primären Sozialisation gezogen werden, scheinen durchaus nicht sonderlich transparent oder gar durchlässig zu sein. Schon mancher ist vergebens gegen diese Grenzen angerannt, mag er nun Sozialreformer, Revolutionär oder ganz einfach Angehöriger der US gewesen sein. Klassenunterschiede sind keineswegs durch eine Einkommensnivellierung zu beheben, wie manche naive Sozialisten meinen. Sie setzen voraus eine Gleichheit der Edukation, setzen Eltern voraus,die in gleicher Weise mit ihren Erwartungen und Disziplinierungsvorstellungen umgehen und Leistungs- und Wertorientierungen gleicher Art vermitteln. Das aber wird kaum durch Reformen erreichbar sein, sondern allenfalls, wenn es gelänge, die menschlichen Verkehrsformen so zu ändern, daß ihre Spielregeln von *allen* internalisierbar wären. Das wiederum scheint mir unter den Bedingungen, die uns unser sozioökonomisches System anbietet, nicht möglich zu sein. Es ist nämlich durch Herrschafts- und Eigentumsverhältnisse, durch egoistische und legalistische Interaktionen definiert, die nur dann ihren Bestand haben können, wenn es Klassendifferenzen gibt (etwa Besitzende und Nichtbesitzende, Herrschende und Beherrschte – immer bezogen auf Produktionsmittel).

Soziale Grenzen sind also im Horizont einer Systemvorgabe nur beschränkt zu überschreiten.

Daß so etwas während einer bestimmten Zeit möglich ist, zeigt das Beispiel der USA. Ehe sich hier die Grundmuster der zwischenmenschlichen Verhaltensweisen zu einem neuen sozio-ökonomischen System organisierten (das übrigens weitgehend an den Idealen des britischen um 1800 orientiert war), gab es in den Staaten durchaus so etwas wie eine »klassenlose Gesellschaft«. Das aber ist heute nicht mehr der Fall: Der »American way of life« ist Traum, ist Sage geworden. Es gibt strenge Hierarchien:

● Mexikaner – Puertoricaner – Neger – Weißer romanischer Herkunft – Weißer germanischer Herkunft.

● Heide – Jude – Katholik – Freikirchler – Angehöriger einer reformierten Kirche.

● Wanderarbeiter – Arbeiter – gewerkschaftlich organisierter Arbeiter – Angestellter – Freiberufler – Unternehmer.

Die hierarchischen Grenzen sind sehr viel weniger durchlässig als die europäischen. Wer im falschen Stadtviertel mit der falschen Religion ausgestattet geboren wurde, wer zudem noch eine problematische Hautfarbe hat, mag können was immer er wolle, er wird kaum sein Ghetto verlassen können.

Dieser kurze Auszug aus unserem Katalog tatsächlicher menschlicher Grenzen mag aufweisen, wie sehr wir Menschen Wesen der Grenze sind. Unsere Grenzhaftigkeit ist sicher ein Merkmal menschlicher Person – und zwar konkrete Person bestimmendes Merkmal.

Ich will hier nicht auf die Versuche eingehen, die Grenzen zu sprengen. Sie sind von sehr verschiedenen Seiten aus unternommen worden. Zumeist war der Erfolg das Ausziehen neuer Grenzen.

Exkurs: Freiheit

Doch dieses Kapitel über Grenzen verlangt danach, daß wir ein paar Worte verlieren über menschliche Freiheit. Denn Grenzen sind immer auch Grenzen von Freiheit.

»Freiheit« kann also offensichtlich nicht bedeuten Grenzenlosigkeit, denn Freiheit läßt sich nur innerhalb von Grenzen verwirklichen.

»Freiheit« kann auch nicht bedeuten das Gefühl von Freiheit, denn dieses stellt sich ein, wenn wir Grenzen, die durchaus da sein können, ignorieren, nicht erfahren oder wahrnehmen. Das Gefühl von Freiheit geht zumeist zusammen mit der Illusion von Freiheit. Und diese Illusion zu produzieren, ist eines der Zauberkunststückchen aller, die Systemmacht stabilisieren wollen oder – als selbst Systembeherrschte – stabilisieren müssen.

»Freiheit« kann also nicht bedeuten das Fehlen innerer oder äußerer Zwänge, wie sie etwa von Grenzen oder von aktuellen Ansprüchen unserer Endlichkeit in Welt, Gesellschaft, Geschichte ausgehen, denn solche Zwänge und Ansprüche machen zum guten Teil den Grund unserer Personwerdung aus.

Was also bedeutet »Freiheit«?

Im *Marxismus* entwickelt sich das Konzept von Freiheit aus der Frage, wie personale Autonomie durch soziale Emanzipation auch der Ausgebeuteten zu erlangen sei. Im Kapitalismus herrsche Unfreiheit, weil die Gesamtbewegung von Produktion und Austausch eine Eigendynamik jenseits aller menschlichen rationalen Zwecksetzungen, ja oft auch gegen diese annimmt (Marktwirtschaft).

»Freiheit« ist dann zu bestimmen als eine bewußte, selbstbestimmte, gesellschaftlich organisierte Kontrolle der Menschen über ihre materiellen Existenzbedingungen und die Beseitigung der selbstständigen Macht dieser Existenzbedingungen über den Menschen. Damit verbunden ist die Freisetzung der Menschen aus Tätigkeiten, die durch die Erfordernisse der materiellen Reproduktion bestimmt sind.

Im *Liberalismus* entwickelte sich ein Freiheitsverständnis, das in den religiös mitbedingten Bürgerkriegen des 16. und 17. Jahrhunderts entstand. Hier ging es um ständische und persönliche Freiheitsrechte. Ziel der Freiheit war die Überwindung der frühbürgerlichen Gesellschaftsordnung. Von daher wird deutlich, daß Freiheit vor allem als ökonomische, politische, religiöse Freiheit verstanden wird. Diese Freiheiten artikulieren sich in Grundrechten. Offensichtlich betont der liberale Freiheitsbegriff stark das Fehlen äußerer Zwänge.

Die *Philosophie* versteht Freiheit zumeist als ein Vermögen des Menschen, Zustände unabhängig von Fremdbestimmung herstellen zu können. Freiheit ist also Freiheit des Willens.

Eine Schule begreift den Willen als praxisvorgängigen Zustand, der durch Kommunikation oder auch isoliertes Denken hervorgebracht wird. Vernunft ist somit in Realität übertragbar und also auch prinzipiell praktisch. Frei ist der Mensch, der über sein Handeln und die von ihm verfolgten Zwecke auf Grund praxisvorgängigen Beratens oder Denkens verfügt. Diese Verfügung ist nicht willkürlich, insofern die Wahl nach einem Prinzip erfolgt, das seinerseits aus der Vernunft hervorgebracht wird oder doch als mit der Vernunft gegeben rekonstruiert werden kann. Dieser Position nahe stehen, I. Kant, J. G. Fichte, G. W. F. Hegel. Eine *andere Schule* ist der Ansicht, daß der (freie) Wille ein traditions- und reflexionsenthobenes Vermögen sei, auf Grund dessen ein Mensch sich unmittelbar und spontan entschließen könne. Diese Position findet sich in der Spätscholastik, sie wird aber auch von Existenzphilosophen sowie einigen positivistischen Schulen vertreten.

Die *Soziologie* bestimmt Freiheit, insofern sie überhaupt darüber handelt, als autonome Entscheidungsfähigkeit eines Individuums unter den strukturellen Bedingungen von Gesellschaften und Gruppen, die es ihm erlaubt, sich innerhalb der so vorgegebenen Grenzen weitgehend zu entfalten. Das Freiheitsbedürfnis ist ein wichtiges menschliches Persönlichkeitsmerkmal, das zwar gesellschaftlich bedingt, doch relativ unabhängig von kultureller Konformität ist (J. P. Guilford). Eine Gesellschaft oder eine Gruppe sind »frei«, wenn die institutionalisiert eingerichteten Freiheitsräume (Grundrecht einerseits, geringe normative Zwänge andererseits) groß sind. Dabei vermag aber durchaus auch die zur gesellschaftlichen Norm gewordene Verhaltenstoleranz in Zwang umzuschlagen und Freiheit zu gefährden (H. Marcuse).

Insofern das Wort zu den getretensten und ideologisch und demagogisch mißbrauchtesten Worten überhaupt gehört, ist schon eine gründlichere Auseinandersetzung angebracht.

Ich denke man hat zu unterscheiden:
● psychologische Freiheit (das Fehlen von bewußten und unbewußten inneren und äußeren Zwängen),
● politische (ökonomische, soziale …) Freiheit (das Fehlen äußerer Zwänge und das Sichern von Freiheitsräumen),
● philosophische Freiheit (als die Fähigkeit, Ziele und Mittel zur Erreichung dieser Ziele autonom – nicht also durch fremde Instanzen bestimmt – zu setzen und zu realisieren),
● anthropologische Freiheit (die Fähigkeit, das aktive Vermögen, sich selbst zu verwirklichen).

Wenn ich im Folgenden von Freiheit handele – und das wird verschiedentlich geschehen, ist zunächst die Freiheit im anthropologischen Sinn gemeint. Die Beschäftigung mit dem Thema Freiheit ist gerade in einer Abhandlung über Krisen und Konflikte unvermeidbar, weil viele dieser Krisen und Konflikte ihren Grund haben im Versuch, Freiheit zu realisieren, oder aber in der bewußten oder unbewußten Protestation gegen Zwänge gründen. Revolutionen wie Neurosen stehen allemal unter dem (oft mißglückten) Anspruch von Freiheit.

Ich will hier nicht beweisen, daß der Mensch frei sei, denn menschliche

106

Freiheit wird nur auf dem von den Philosophen vertretenen Niveau geleugnet. Die »philosophische Freiheit« ist zwar nicht unerheblich, doch steht sie keineswegs im Mittelpunkt unseres Interesses. Die Behauptung eines Determinismus, wie sie seit der Antike immer wiederholt wurde, ist also kein Anriff gegen Freiheit in dem von mir gemeinten Sinn. Es kann durchaus sein, daß wir Menschen nicht in der Lage sind, Zustände frei von jeder Fremdbestimmung zu produzieren. Es mag also durchaus sein, daß wir uns nur selbst verwirklichen können und *wollen* im Rahmen des uns gesellschaftlich oder psychisch Vorgegebenen. Das tut nichts zur Sache. Nun gibt es philosophische Schlauberger, die behaupten, das täte sehr wohl etwas zur Sache. Schon allein der kritische Umgang mit dem Wort »Freiheit« sei nur möglich, wenn wir frei seien. Und wir könnten überhaupt nur unser Wollen lenken, wenn Freiheit schon vorausgesetzt sei. Dieses Spielchen kann man beliebig lange spielen. Über jedes Reflexionssystem kann man ein weiteres stülpen. Jede Lösung kann man erneut »hinterfragen«. Nur hat alles dies einen ganz erheblichen Mangel: Es ist bloße Spielerei. Und Freiheit wird man in solchem Spiel weder entdecken noch begründen. Eine Fliege an der Wand kann auch – aufgescheucht – in sehr verschiedenen Richtungen starten – und deshalb wird niemand ihr Willensfreiheit zusprechen. Wollen wir den Rahmen des Spielens verlassen, müssen wir uns an der ursprünglichen Theorie-Praxis-Einheit orientieren. Wir müssen uns fragen, tauchen hier Probleme auf, die sich nur lösen lassen, wenn wir eine Theorie entwerfen, in der das Wort Freiheit (als theoretischer, also als erklärender Begriff) vorkommt. Ich denke, daß es durchaus Probleme gibt, die es nötig, zumindest nützlich erscheinen lassen, den Begriff der (anthropologischen) Freiheit einzuführen. Ich will damit sagen: Ich behaupt gar nicht, daß »Freiheit« eine Eigenschaft – gar eine erfahrbare oder beobachtbare – von Menschen sei (erfahren und beobachtet werden nur Freiheitsgefühle, Freiheitswollungen, Freiheitsbedürfnisse, die sich gegen Zwänge richten und die durchaus den Menschen gemeinsam zu sein scheinen mit manchen höheren Tieren). »Freiheit« ist also ein Erklärungsbegriff. Ich führe ihn ein, um bestimmte Schwierigkeiten in der ursprünglichen Theorie-Praxis-Einheit zu erklären und zu beheben. Das aber bedeutet, daß »Freiheit« ein funktionaler Begriff zweiter Ordnung ist. Er verweist auf eine Funktion, die durch eine Theorie (im eigentlichen Sinne) eingefordert oder ausgelöst oder ermöglicht wird. Funktionale Begriffe erster Ordnung sind Begriffe über Abläufe in der ursprünglichen Theorie-Praxis-Einheit.

Gesellschaft

Vorgängig zu jeder soziologischen, sozialwissenschaftlichen, ökonomischen, psychologischen, pädagogischen Theorie von Gesellschaft liegt eine philosophische, die über kollektive symbolische Sinnwelten vermittelt wird. Das Problem »Gesellschaft« zu fassen, scheint aufs erste ganz ähnlich schwierig zu sein wie der Versuch, Person zu begreifen. Eine implizite weitgehend vorverbale oder doch vorreflexe Theorie (als Anteil der ursprünglichen Theorie-Praxis-Einheit) muß ausdrücklich gemacht werden. Tatsächlich aber ist das Umgehen mit dem Wort »Gesellschaft« noch problematischer, denn das Verständnis von Gesellschaft ist immer schon gesellschaftlich vermittelt. Eine Theorie *über* Gesellschaft ist *zugleich* auch eine Theorie der Gesellschaft. Die Grenzen des gesellschaftlich Vorgegebenen sind nicht zu verlassen.

Das hat sicher auch darin seinen Grund, daß Sprache stets im Kontext von Sozialisation in eine konkrete Gesellschaft hinein geschieht. Im Bereich der Theorie aber gilt das klassische Wort L. Wittgensteins: »Die Grenzen meiner Sprache bedeuten die Grenzen meiner Welt.« (Tr. 5.6) In dieser Welt ist das erkennende Subjekt kein Teil von Welt, sondern eine ihrer Grenzen (Tr. 5.632). Sicher haben Menschen immer wieder versucht, diese Grenze von Sprache zu sprengen, doch »die Ergebnisse der Philosophie sind die Entdeckung irgendeines schlichten Unsinns und Beulen, die sich der Verstand beim Anrennen an die Grenze der Sprache geholt hat« (PhU 119). Andererseits ist aber auch die Philosophie »ein Kampf gegen die Verhexung unseres Verstandes durch die Mittel der Sprache« (PhU 109).

Sprache als stets gesellschaftlich Vermitteltes steht nun vor dem Problem, nicht nur ihre eigenen Grenzen zu erkennen (das mag möglich sein), sondern sie gar zu sprengen, wenn sie *über* Sprache und Gesellschaft handelt. Dieses »Über« wird sicher illegitim, wenn nicht zugleich das »In« bewußt bleibt. In das Jenseits der Sprache können wir uns nur hineinfühlen, hineinahnen; hier ist der Raum des intuitiven Erkennens. »Es gibt allerdings Unaussprechliches. Dies *zeigt* sich, es ist das Mystische.« (Tr. 6.522)

Doch nicht nur ist die Abhängigkeit der Sprache vom sozialen System zu bemerken, sondern in gewisser Hinsicht konstituiert umgekehrt auch Sprache soziales System, so daß zwischen beiden eine gleichursprüngliche Wechselbeziehung zu bestehen scheint – eine Beziehung wechselseitiger Konstitution. Doch darüber noch einiges auf den folgenden Seiten.

Des weiteren muß berücksichtigt werden, daß Sprechakte und soziale Redesituation sich ebenso wechselseitig bestimmen. Die Wechselbeziehung zwischen Sprache und Gesellschaft findet ihre Analogie in der Mikrostruktureinheit von Sprechen und (sozialer) Situation.

Ich gehe im Folgenden davon aus, daß »Gesellschaft« ähnlich wie »Person« nur im Horizont von Sprache eine sinnvolle Bedeutung hat. Zwischen Gesellschaft und Sprache bestehen also meines Erachtens erhebliche Beziehungen wechselseitiger Konstitution.

Wenn von »Gesellschaft« die Rede sein soll, dann nicht in dem etwas unpräzisen Sinn von »menschlicher Gesellschaft« schlechthin. Von dieser Gesellschaft scheint K. Marx zu handeln, wenn er schreibt:

> Es ist vor allem zu vermeiden, die »Gesellschaft« als Abstraktion dem Individuum gegenüber zu fixieren. Das Individuum ist das gesellschaftliche Wesen. Seine Lebensäußerung – erscheine sie auch nicht in der unmittelbaren Form einer gemeinschaftlichen, mit andern zugleich vollbrachten Lebensäußerung – ist daher eine Äußerung und Bestätigung des gesellschaftlichen Lebens. Das individuelle und das Gattungsleben des Menschen sind nicht verschieden, so sehr auch die Daseinsweise des individuellen Lebens eine mehr besondere oder mehr allgemeine Weise des Gattungslebens ist, oder, je mehr das Gattungsleben ein mehr besonderes oder allgemeines individuelles Leben ist. (MEGA 1, 3, 117)

Ich habe diesen Text in aller Ausführlichkeit zitiert, da er uns auf ein doppeltes Dilemma aufmerksam machen kann:

● Individualität und Sozialität als personenkonstituierende Prinzipien sind nicht zu verwechseln mit konkreter Gesellschaft und konkreter Person.

● Die Frage nach dem Primat von Gesellschaft und Person ist in ganz ähnlicher Weise für Marx sinnlos, wie wir sie dargestellt haben als sinnlos für Individualität und Gesellschaftlichkeit. Marx ist der Auffassung, daß auch Person und Gesellschaft dialektisch sich wechselseitig begründen und so konstitutiv aufeinander bezogen sind.

Diese Lösung will ich mir mit einigen Einschränkungen und Modifikationen zu eigen machen.

Das hat unter anderem die Konsequenz, daß eine Theorie *konkreter* Gesellschaft, die als menschliche stets in Veränderung und somit nur dialektisch zu begreifen ist, einen doppelten theoretischen Strang ausziehen muß, um sich so im Entgegensatz zu artikulieren. Sie muß einmal ausgehen von Person, um über sie zur Gesellschaft zu kommen (etwa als Handlungstheorie von Gesellschaft). Sie muß andererseits ausgehen von Gesellschaft als Vorgabe, als eines Systems, aus dem heraus sich Personsein konkretisiert (etwa als Systemtheorie von Gesellschaft).

Nun besteht zwischen Handlungstheoretikern und Systemtheoretikern seit gut einem Jahrzehnt ein erbitterter und mitunter recht unsachlich ausgetragener Kampf um die bessere Theorie. Ich halte diesen Kampf für sinnlos, da ich der Auffassung bin, daß nur eine dialektische Theorie von Gesellschaft, in der sich Handlungstheorie und Systemtheorie wechselseitig relativieren und aufheben, dem Sachverhalt konkreter menschlicher Gesellschaft nahe kommt.

Sicherlich kann man Gesellschaft beschreiben als Interaktionsgemeinschaft oder auch als System. Aber diese Beschreibungen gelten jede für sich, einer durchaus anderen Sache und können deshalb ruhig partiell einander widersprechen. In beiden Fällen wird nicht über konkrete Gesellschaft gehandelt, sondern über eine »wissenschaftliche Tatsache« über ein Abstraktum also, das nirgendwo anders real existiert als im Kopf von Menschen. Und solche Abstrakta können durchaus formal andere Aspekte des gleichen Sachverhalts beschreiben, der als konkret nicht anders als in solch einander widersprechenden Versuchen auszumachen ist.

Dieses Dilemma bringt noch eine andere Schwierigkeit mit sich. Wir können nicht »Gesellschaft« definieren, da beide Theorien einen anderen Gesellschaftsbegriff zugrundelegen. Möglich ist allenfalls eine Beschreibung dessen, was das Wort begreifen soll. Einige Merkmale von Gesellschaft sind:

● Sie entwickelt sich über bestimmte soziokulturelle Lernprozesse,
● sie entsteht immer im Rahmen tradierter kultureller Überzeugungen, Wertvorstellungen, Sinnelemente und Bedeutungen,
● es gehen in sie ein die Weisen, wie Menschen ihr Zusammenleben organisieren, und die Mittel, die sie dazu verwenden,
● es kommt in ihr zu festgelegten Interaktionsmustern (Institutionalisierungen und/oder Ritualisierungen).

Die handlungstheoretischen Ansätze definieren entsprechend »Gesellschaft« von den geregelten Interaktionen her. So z.B. R. Dahrendorf: »Gesellschaft heißt, daß menschliches Verhalten nicht den Gesetzen der Zufallswahrscheinlichkeit folgt, sondern durch Normen geregelt erscheint«. Marxistische Philosophen neigen eher zu einer Systemdefinition etwa folgenden Typs: »Gesellschaft ist ein bestimmtes konkret-historisches System gesetzmäßig miteinander verbundener gesellschaftlicher Verhältnisse, die die Menschen in ihrem Lebensprozeß eingehen und deren grundlegender Bestandteil das ökonomische System ist.« Aber auch viele nicht-marxistische Soziologen bestimmten Gesellschaft als System, etwa als ein »System voneinander abhängiger, sich funktional ergänzender Elemente (Individuen, Gruppen, Strukturen, Organisationen ...), die die Spannung zwischen Individualität und Gesellschaftlichkeit teilweise aufheben, indem sie Muster und Standards sozialer Bezüge festlegen (etwa durch Status, Rollen ...) und so die Interaktion der Elemente miteinander und untereinander institutionell oder rituell regeln.«

Ich möchte hier keine ausgefeilte Gesellschaftstheorie darstellen, sondern nur soviel ausführen, wie für das Verständnis und eine brauchbare Analyse von Konflikten in Gesellschaft (und auch Individualkonflikte sind immer Konflikte *in* und oft auch *durch* Gesellschaft) nötig ist.

Eine Handlungstheorie geht zumeist aus von menschlichen Personen als ihrem Subjekt. Sie zeigt auf – wie ich es im vorigen Kapitel versucht habe – daß Subjektivität letztlich nur als Intersubjektivität möglich ist. Diese Intersubjektivität realisiert sich in konkreter Interaktion. Es entsteht eine Interaktionsgemeinschaft. Interaktionen sind durch Kommunikation vermittelte soziale Beziehungen zwischen Personen und die daraus abgeleiteten wechselseitigen Beeinflussungen auf den Ebenen von Einstellungen, Erwartungen, Handlungen, Bedeutungen, Wertungen ... Alle Interaktionen werden vom »Alltagswissen« geleitet, das man mit dem Interaktionspartner teilt – das ist das »Wissen« über die selbstverständlich gültigen Bedeutungen und Wertungen, die zum Alltag der ursprünglichen Theorie-Praxis-Einheit gehören, und bei deren ungestörtem Funktionieren nicht in Frage gestellt werden (können), da gar nicht als Bedeutungen oder Wertungen reflex bewußt.

Die Interaktionen und Interaktionsbezüge produzieren erst soziale Wirklichkeit (also etwa Gruppen, Gesellschaften ...), insofern sie Sinn zwischen den Interaktionspartnern transportieren. Als solche Sinn transferierende und damit sozial begründende Interaktionen bilden sich Interaktionsgemeinschaften und, insofern Sinn zumeist in Sprache spielt oder der Sprache bedarf, um eindeutig zu werden oder zu sich zu kommen, Kommunikationsgemeinschaften. Innerhalb einer solchen Kommunikationsgemeinschaft bilden sich über angeborene psychosoziale Muster Strukturen aus (etwa Rangfolgen, Autoritätsmuster), die durch implizite Normen gesichert werden.

In jeder Kommunikationsgemeinschaft kommt es jedoch früher oder später zu Konflikten. Diese Konflikte werden entweder gelöst, oder die Gemeinschaft zerbricht. Werden sie gelöst, dann zumeist durch faktische Änderung des kommunikativen Verhaltens und damit einer faktischen Änderung der noch immer impliziten Normen. Es sind jedoch Konflikte denkbar, die nur zu lösen sind durch Metakommunikation. Das heißt: die Kommunikationsgemeinschaft tritt in einen rational verantworteten Diskurs ein, der die Störungen analysiert und durch reflektierte Normenfindung zu beheben versucht. Auf dieser Reflexionsstufe kann die Gemeinschaft durchaus schöpferisch tätig werden und ihre Aktivitäten weit über die ursprünglichen Weisen der Interaktion ausdehnen.

So kommt es denn allmählich zur Ausbildung von Gesellschaft, die nach wie vor zu bestimmen ist als

● gegründet im Handeln von Subjekten

● im und durch reflexives Gleichgewicht (d.h. Störungen werden durch Metakommunikation in Kommunikationsgemeinschaften behoben).

Offensichtlich liegt das Problem dieser Theorie, wie man denn von einer Kommunikationsgemeinschaft zur Gesellschaft komme – und ob jemals eine Gesellschaft auf diese Weise entstanden sei. So hat sich denn auch die Diskussion der letzten Jahre zugespitzt auf die Frage nach der Art dieser gesellschaftskonstituierenden idealen Kommunikationsgemeinschaft. Es gibt eine Fülle von Antworten:

● Manche betrachten sie bloß als »ideale Kommunikationsgemeinschaft« von heuristischem Wert für die Erstellung einer brauchbaren Gesellschaftstheorie.

● Andere versuchen für sie bestimmte Werthaltungen auszumachen, um sie auch als anzustrebendes Ziel konkreten Kommunikationsgeschehens vorzustellen. So dürfe es etwa in dieser Gemeinschaft keine andere Autorität geben als die des besseren Arguments (J. Habermas) und es dürfe im Konstitutionsprozeß von Gesellschaft keine apriorische Festlegung bestehen über den zukünftigen Stand, die zukünftige Rolle einzelner Mitglieder.

● Wieder andere sehen in ihr eine apriorische *Form* jeder menschlichen Interaktion überhaupt. Wenn ich nach der Bedingung von Möglichkeit von Gesellschaft frage, dann taucht als transzendentallogische Entität eine ideale Kommunikationsgemeinschaft auf. Diese hat erkenntnistheoretischen Wert. Sie ist offenbar eine Vorgabe im Menschen, die jeder konkreten Interaktion vorausliegt, in sie aber durch Erwartungen und Bedürfnisse eingeht.

Auch in diesen Streit will ich mich nicht einmischen. Die Frage nach der realen Existenz,»idealer«, real Gesellschaft begründender Kommunikationsgemeinschaft, die zu den von den Handlungstheoretikern geforderten Leistungen fähig wäre, scheint mit ähnlich problematisch zu sein, wie die Frage nach der realen Existenz eines idealen frühen Kommunismus in manchen sozialistischen Utopien. Sie ist vermutlich mit guten Gründen zurückzuweisen bzw. zu verneinen. Eine solche Gesellschaft wird es nie gegeben haben.

Andererseits ist gelegentlich diese ideale Kommunikationsgemeinschaft als Entwurf für die Konstitution einer zukünftigen»idealen« Gesellschaft bemüht worden. Gleichsam als Kernstück einer neuen Heilslehre, die an die Stelle der von einer kommunistischen Gesellschaft oder eines Gottesreiches die realisierte ideale Kommunikationsgemeinschaft setzt. Auch diesen Entwurf halte ich für problematisch. Es sei denn, er übernimmt die gute Aufgabe jeder Utopie, der Gegenwart einen Spiegel vorzuhalten, in dem sie ihre eigenen Mängel erkennt. Ohne sich aber in den Bereich der Prophezeiungen zu wagen.

Systemtheorien weisen solche Ansätze als »utopische Idylle« zurück. Sie behaupten zumeist, daß eine Gesellschaftstheorie nur zu erstellen sei, wenn man ausgeht nicht vom Handeln einzelner Subjekte, sondern von der konkreten Existenz handelnder Gesellschaften, die als diese selbst der Gegenstand jeder vernünftigen Gesellschaftstheorie sind. Und als solches handelndes Subjekt ist – wie auch Person als handelndes Subjekt – Gesellschaft durchaus zutreffend als System zu beschreiben. Zwar mag dem Begriff»System« etwas sehr technisch Rationales anhängen. Es mag auch sein, daß er in allzu großer Analogie zum kybernetischen Systembegriff mißverstanden wird. So kann er gebraucht werden – muß aber nicht. Als Begründer einer brauchbaren Systemontologie gilt ein Philosoph des 15. Jahrhunderts: Nikolaus von Kues, der aber ist wohl völlig unverdächtig, einer sozialen Technokratie das Wort geredet zu haben.

Das griechische Wort»sýstema« bezeichnet etwas zu einem Ganzen Zusammengesetztes. Später kam denn die Vorstellung hinzu, daß unter den zusammengesetzten Teilen eine Ordnung herrschen müsse, damit man von»sýstema« sprechen könne. Systembetrachtungen kennen wir für den biologischen und physikalischen Bereich schon seit Aristoteles. Später wurde diese Systemspekulation ergänzt durch die über Ordnungssysteme (z.B. das System Linnés der Tiere oder das Mendelejewsche der chemischen Elemente). Seither kann man zwischen realen und idealen Systemen unterscheiden. Heute versteht man zumeist unter »System« eine nicht-leere Klasse von Elementen, die durch bestimmte Relationen miteinander verbunden sind (S. C. Kleene). Ganz offensichtlich gibt es also kaum etwas auf unserer Erde, kaum auch einen menschlichen gedanklichen Entwurf, den man nicht als System beschreiben könnte. Schon ein Satz oder eine Familie oder eine Zelle, oder eine Maschine ... sind solche Systeme. Ganz offensichtlich aber auch Gesellschaften.

Mit »System« bezeichne ich ein einheitlich organisiertes Gebilde, das aus mehreren Elementen zusammengesetzt ist und
● erst durch den Zusammenhalt dieser Elemente entsteht und
● Gesetzmäßigkeiten und Eigenschaften zeigt, die den Elementen für sich nicht zukommen.

In einem System sind nun aber die Systemteile in einer beschreibbaren und auszumachenden Weise aufeinander zugeordnet. Solche Zuordnungsmuster nenne ich »Struktur« eines Systems, denn sie strukturieren das System auf seine spezifische Weise. Diese Kopplungsmuster (in realen Systemen) sind nicht identisch mit Kopplungsnetzen. Kopplungsnetze können auch Elemente enthalten, die mit keinem anderen Element des Netzes verbunden sind, während jedes Strukturelement mit mindestens einem anderen Element dieser Struktur gekoppelt sein muß. Systemteile sind in der Regel also als Kopplungsnetze zu beschreiben. Es ist in einem gesellschaftlichen System durchaus möglich, daß einzelne Personen einem Systemteil zugehören, ohne mit andern real gekoppelt zu sein. Sie bleiben im Strukturnetz in ihrer vollen Eigenart unabhängig von Systemansprüchen begreifbar.

Systemelemente und -teile interagieren nun miteinander und als Elemente oder Teile oder auch als Agenten des Systems nach außen. Solche Handlungen von Elementen oder Teilen eines Systems, insofern sie Handlungen aus dem System heraus sind, sei es, daß sie ins Innen des Systems zielen oder ins Außen, nenne ich »Funktionen« der Systemteile oder –elemente. Ich will hier wiederum nicht auf den Streit zu sprechen kommen, wie denn Binnenaktionen des Systems das System definieren können. Ihre Existenz ist unbestritten. Und hier öffnet sich denn auch eine Möglichkeit, bestimmte Anliegen der Handlungstheorie in eine Systemtheorie einzubringen, ohne allzu große Umwege über komplizierte Vermittlungsinstanzen gehen zu müssen. Da Interaktionen von Systemelementen ebenfalls zur Bestimmung des Systems zugelassen werden, bringen sie ihre Bedeutung auch für die Konstitution des Systems ein. Zumindest für die logische und ontologische, wenn vielleicht auch nicht für die reale.

Wenn Gesellschaft als ein System bestimmt wird, das die Spannung zwischen Individualität und der Gesellschaftlichkeit von Elementen (Personen) aufhebt durch die Ausbildungen standardisierter Rollen, dann müssen gerade diese Binnenaktivitäten stärker noch als alle Außenaktivitäten des Systems als systemkonstituierende, wenigstens doch als systemdefinierende verstanden werden. Und so möchte ich »soziales System« verstehen. Um dieses Ziel, das in der Definition angesprochen wurde, zu erreichen, muß innerhalb des sozialen Systems eine gemeinsame Wertordnung geschaffen werden. Dieses geschieht zwar nicht durch Reflexion über Interaktionen (vor allem über mißlungene) wie eine reine Handlungstheorie anzunehmen scheint, sondern ist immer schon vorgegeben durch die objektiven Daten, die Mensch mit Natur verbinden. Diese sind sehr viel ursprünglicher und setzen menschlicher Willkür absolute Grenzen, wenn sie nicht in die Unwirklichkeit von Wahnwelten ausweichen möchten. Die Interaktion des Menschen mit der Natur (wie auch die des Menschen mit dem Menschen) geschieht vor allem durch Arbeit. Somit sind die Weisen des Menschen mit Natur umzugehen, also etwa zu arbeiten, ebenfalls wesentlich gesellschaftliches System begründend, vor allem, wenn es sich um ein sozio-ökonomisches handelt.

Makrosysteme sind also schon immer vorbestimmt durch die Enwicklung der Mittel mit denen die Menschen in der Interaktion mit Natur ihr Leben fristen – durch die Entwicklung der Produktivkräfte. Über diesen Zusammenhang wird noch zu handeln sein. Hier sei nur festgehalten, daß alle Theorien, die ausschließlich von der Interaktion des Menschen mit dem Menschen ausgehen, die grundlegendere, weil erst die materiellen Voraussetzungen für individuelles und gesellschaftliches Leben überhaupt schaffenden Interaktionen des Menschen mit der Natur vernachlässigen oder gar unberücksichtigt lassen. Sie sind abstrakt utopisch und liefern unbrauchbare Modelle von Gesellschaft, wenn dieses Modell etwas Erhebliches aussagen soll über die Entstehung von Gesellschaft (also ihre historische und nicht nur ihre logische Konstitution).

Ich denke also, daß man jede Gesellschaft als ein strukturiertes System mit bestimmten Binnen- und Außenfunktionen definieren kann. Im folgenden verstehe ich unter »System« das sozio-ökonomische System der BR Deutschland, wenn nichts anderes gesagt wird. Selbstverständlich kann man von politischen, ökonomischen, sozio-kulturellen, ekklesialen … Systemen sprechen – um nur einige von eher Institutionen begründender Bedeutung zu nennen. Doch ich vermute, daß *heute* in der BR

Deutschland alle diese Systeme weitgehend Dienst- oder Funktions-
charakter haben in Hinordnung auf das Sozio-Ökonomische. Zwar
erschöpfen sie sich nicht in solcher Dienst- und/oder Strukturfunktion,
doch stehen sie in einem prinzipiellen Zuordnungsverhältnis zum Sozio-Ökonomischen. Wenn wir heute (oder doch die meisten von uns) von
»unserer Gesellschaft« sprechen, dann ist damit meist das sozio-ökonomische System gemeint.

In Bezug auf dieses universelle System sind die anderen *auch* als Systemelemente oder Strukturen dieses Systems beschreibbar – und nur
insofern sie dies sind, interessieren sie in unserem Kontext. Da ein System – also auch unser sozio-ökonomisches – in aller Regel über seine
Strukturen (nach Innen wie Außen) funktional wird und seine Funktionen – im Feedback – das System als dieses in seiner Individualität bestimmen, da ferner die Strukturen ein System aber auch zuerst stabilisieren, ist eine Strukturanalyse zum Verstehen eines Systems von ausge-
zeichneter Bedeutung. Auch die Fragen um den »sozialen Wandel« lassen sich kaum beantworten, ohne eine gründliche Strukturanalyse, gehen doch solche Systemwandlungen von Strukturwandlungen aus (die
ihrerseits sich durch Funktionswandlungen bemerkbar machen – oder
auch ausgelöst werden).

Ein sozio-ökonomischs System hat nun folgendes Grundmuster dialektisch aufeinander bezogener Strukturelemente:

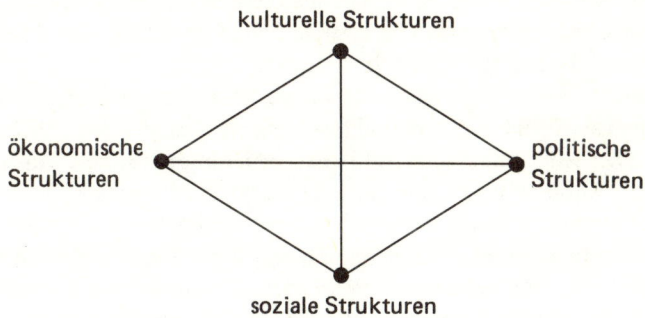

kulturelle Strukturen

ökonomische Strukturen

politische Strukturen

soziale Strukturen

Zu den kulturellen Strukturen zählen:
● Symbolische Sinnwelten,
● Bedeutungen und Werte,
● Glaubensüberzeugungen,
● ekklesiale Strukturen (Kirchen ...).

Zu den ökonomischen Strukturen gehören:
- Ökonomische Eigentums- und Herrschaftsverhältnisse,
- Entwicklung der Produktionsmittel,
- Mechanismen der Produktion, Distribution und Konsumtion,
- Ökonomische Orientierungsprinzipien (Konkurrenz-, Leistungs-, Konsumprinzip …).

Zu den politischen Strukturen zählen:
- Rechtsordnung,
- Staatsverfassung und Staatsorgane,
- Politische Machtverhältnisse,
- außen- und innenpolitische Situation,
- Verhältnis von Regierung und Opposition,
- Verhältnis von Interessengruppen zum Staat,
- Internalisierung von staatstragenden Orientierungen durch den Bürger.

Zu den sozialen Strukturen rechne ich:
- Soziale Schichtungen,
- Soziale Ruhe oder latenter oder offener Klassenkampf,
- Soziale Garantien an den Bürger oder an Institute,
- Verteilung des Sozialprodukts …

Es gilt hier sehr zu beachten, daß alle diese Systemmerkmale keineswegs unabhängig voneinander bestehen, sondern aufeinander wechselwirken und einander bedingen.

Vielleicht wird sich der eine oder andere Leser daran stören, daß hier Kirchen als Strukturen dargestellt werden, obschon der Strukturbegriff in meiner Aufzählung stark auf Funktionen hin dynamisiert wurde. In diesem Kontext meint aber »Kirche« prinzipiell nichts anderes als gleichsam »geronnenes Moralsystem«, mit der Funktion, eben die moralischen Inhalte, die in ihr geronnen und so verfestigt und verdichtet sind, zu vertreten und – soweit als möglich – durchzusetzen. Ganz zweifelsfrei erschöpft sich hierin nicht Kirche, denn sie ist ein eigenes soziales System, dessen Funktionen keineswegs vollständig zu beschreiben sind durch ihre Aufgabe, innerhalb eines sozio-ökonomischen Systems Strukturaufgaben zu übernehmen.

Ganz Entsprechendes gilt auch für den Staat. In unserem Kontext wird er interessant als gefrorene Rechtsordnung – und somit als Struktur des sozio-ökonomischen Systems.

Diese Betrachtung ist zweifelsfrei einseitig. Doch für eine vielseitige fehlt uns der Raum. Zudem geht es hier nicht um eine Theorie sozialer Systeme schlechthin, sondern um eine solche Theorie in Hinordnung auf soziale oder psychische Krisen und Konflikte. Da scheint aber oft mittelbar oder unmittelbar das sozio-ökonomische System intensiver beteiligt und erheblich zu sein als andere Makrosysteme.

Doch Makrosysteme sind keineswegs die einzigen. Es gibt zahlreiche »private Gesellschaften«, die ebenfalls Systemstrukturen sichern können und Systemfunktionen ausüben. Hierzu zählt man leicht: Familien, Betriebe, Verbände ...

Jedes System besitzt als sichernden Überbau eine kollektive symbolische Sinnwelt. Jede Familie, jeder Verband, jede kirchliche Gemeinschaft hat eine eigene kollektive symbolische Sinnwelt. Das heißt: die verständlichen und damit sinnvollen Abläufe in Gesellschaft oder aber auch im Außen von Gesellschaft werden eigens definiert und durch wechselnde und meist auch implizite wertende Symbole dargestellt und kommunikabel gemacht. *Jede* Gesellschaft ist also eine eigene Kommunikationsgemeinschaft, die durch das Band einer je eigenen symbolischen Sinnwelt zusammengehalten wird und durch sie durchaus definierbar ist (von innen und außen). Wir werden also im Folgenden »symbolischen Sinnwelten« sehr verschiedener Art begegnen: nicht nur denen des Systems, sondern auch denen von Systemelementen.

Es gibt durchaus Mikrosysteme ohne strukturelle Bedeutung für das sozio-ökonomische Makrosystem. Hier sind so manche Vereine trauter Idylle zu nennen, die mitunter gar so etwas wie eine Systemflucht begünstigen können oder das Leben in einem unmenschlich gewordenen Makrosystem erträglicher machen. Gesangsvereine, Sportklubs, Freundschaftsgruppen mancherlei Art bilden eine bunte Palette ...

Diese Mikrosysteme können allenfalls für das sozio-ökonomische Makrosystem insoweit erheblich werden als sie

● vom Systemdruck entlasten,

● symbolische Sinnwelten ausbilden, die mit den kollektiven des Makrosystems nichts gemein haben (so etwa im »Wandervogel«).

Nicht selten ging in der Geschichte der Systeme eine Revolution von Menschen aus, die sich zunächst in solchen peripher erscheinenden Gruppen organisierten und sowohl über die Methode der Negation der Nagation (als der negativen Kritik) als auch über die des Aufbaus einer neuen und mit der bestehenden nicht verträglichen symbolischen Sinnwelt das bestehende System erfolgreich infrage stellten. Diese revolutionären Zellen – mögen sie sich auch durchaus nicht als solche verstehen –

haben vor allem die Funktion, Entwürfe über eine alternative Sinnwelt zur herrschenden kollektivierbar zu machen. Je mehr sich solche Gruppierungen aus dem Bereich der strukturellen Abläufe des Systems emanzipieren, bilden sie im Organismus des Bestehenden den Keim eines möglichen anderen Systems aus. Zuzugeben ist hier allerdings, daß von vielen tausend theoretisch möglichen autonom gewordenen und prinzipiell generalisierbaren und kollektivierbaren Sinnwelten nur sehr wenige wirklich real eine bestehende Ordnung auch nur ernsthaft infrage stellten. Doch ist auch zu bedenken, daß für die Ausbildung von demokratischem Verständnis in Deutschland mit den revolutionären Folgen von 1918 durchaus Verbände erheblich waren, die sich in ihrer Entstehung als Wandergruppen etikettierten – und es auch waren. Solche freischwebenden Verbände oder Vereinigungen, die keine systemerhaltenden oder auch strukturell kontrollierten Funktionen wahrnehmen, die somit als eigentliches Mikrosystem verstanden und beschrieben werden müssen, solche Gruppierungen also entraten leicht der Kontrolle und werden deshalb auch mit äußerstem Mißtrauen von den Systemorganen – etwa den Repräsentanten von Strukturen – beobachtet. So gibt es zur Zeit etwa im katholischen Raum den Versuch, alle Vereinigungen von Katholiken der Aufsicht der katholischen Hierarchie zu unterstellen. Das geschieht zumeist über die Methode von Finanzhilfen. Das heißt ganz einfach: Konformität einer Gruppierung wird erkauft, selbst wenn das nicht-konforme Mitglied dabei die Gruppe verlassen muß.

Doch immer wieder werden solche freischwebenden Gruppen neu entstehen. Sie genießen politische Narrenfreiheit und können sehr viel unbefangener Neues bedenken und neue Verhaltensmuster und Verkehrsformen ausbilden als strukturell gesicherte Systemteile.

Die strukturelle Sicherung von Systemteilen geschieht zumeist durch Gesetz oder kollektive Überzeugung. Parlament, Rechtsprechung, Verwaltung, Parteien, Gewerkschaften ... Familien, sind durch Recht (Gesetze oder Richterrecht) als Institutionen festgemacht. Kirchen und ähnliche Organisationen durch kollektive Überzeugungen – wenigstens grundlegend.

Da die gesellschaftlichen Strukturen (ökonomische Verfassung, Recht, Moral, Gebräuche und Sitten in Betrieben, Organisationen, Familien ...) weitgehend bestimmen, welche Möglichkeiten nach Inhalt und Umfang das Individuum hat, seine Umwelt sinnvoll zu erfassen, etwas mit ihr anfangen zu können und in ihr zu handeln, stellen sie sich als Inkarnationen der Gesellschaftlichkeit, verstanden als Grund von Per-

son schlechthin, dar. Je mehr Personsein in einem solchen System von Gesellschaften nach Inhalt und Umfang inhaltlich und formal sinnvoll ist, umso »komplexer« müssen Gesellschaften sein. Das Wort »komplex« übernehme ich hier von N. Luhmann. Es ist ganz unproblematisch gemeint und hat nur recht analogen Bezug zu dem umgangssprachlichen Wort gleicher Lautung. Der Grad der Komplexität einer Gesellschaft (als System) ist bestimmbar durch etwa folgende Merkmale. Komplexer ist eine Gesellschaft, wenn:
● Konkrete durch abstrakte Regeln ersetzt werden, denn jetzt bieten sich für die Systemteile prinzipiell mehr Alternativen an.
● Zwischen Person und Rolle schärfer getrennt wird. Die höhere Abstraktion der komplexeren Gesellschaft erlaubt es Status und Rollen dynamischer zu definieren und damit auch dem Individuum, leichter eine Pluralität von Rollen adäquat darzustellen. Die Stabilität einer komplexeren Gesellschaft ist mehr durch Personen als durch Rollen gewährleistet und gesichert.
● In Teilsystemen oder Systemteilen autonom Systemfunktionen verwaltet werden. Die Teilsysteme können mit hoher Beliebigkeit Institutionen und Riten festlegen.
Das hat für unser Makrosystem etwa folgende Konsequenzen:
– die philia (Liebe, Solidarität) wird passioniert und weitgehend privatisiert,
– das Recht wird weitgehend der positiven Setzung der Struktur »Staat« überlassen,
– das Ausmachen dessen, was gesellschaftlich verbindlich »wahr« ist, wurde vom Systemteil Wissenschaft übernommen.
Damit sind philia, Recht, Wahrheit ... weitgehend aus der Kontrolle des Makrosystems entlassen. Das aber *kann* zu einer Gefährdung dieses Systems führen, da von diesen Momenten erhebliche Wirkungen auf die inhaltliche Bestimmung der symbolischen Sinnwelt ausgehen, die sich – gleichsam unversehens unkontrolliert – Schritt für Schritt gegen das bestehende Makrosystem und seine Interessen ausrichten kann.
Damit sind wir einem erheblichen Trend auf der Spur, der in sich die Möglichkeit von Krisen und Konflikten birgt. Jede Gesellschaft scheint die Tendenz einzuschließen, komplexer zu werden. Das aber heißt: sie impliziert die Bedingung der Möglichkeit ihres eignen Untergangs (und nicht nur des Wandels von Normen und Werten in eher beiläufigen Berichtigen). Überflüssig zu sagen, daß wir hier nicht von Gesellschaft als solcher sprechen, sondern von konkreter Gesellschaft (als immer nur dieser).

Die Bedingung der Möglichkeit von lebendiger Gesellschaft, die Fähigkeit nämlich zum Wandel, ist zugleich auch die Bedingung der Möglichkeit der Ablösung einer Makrogesellschaft durch eine andere, ist Bedingung von Revolution, ja, hat – wie mir scheinen möchte –, Revolution zur früheren oder späteren Konsequenz. Weil der Wandel konkret geschieht, läßt er sich jedoch erst dann zureichend zuverlässig ausmachen, wenn wir eine befriedigende Theorie von Gesellschaft haben und beherrschen.

Auch das Problem des Normenwandels ist nur lösbar vor einer Theorie der Normenbildung. Gesellschaftliche Normen sind aber ihrerseits so sehr mit dem Institut »Gesellschaft« verbunden, daß auch eine Theorie des Normenwandels – als eines Ausdrucks des gesellschaftlichen Wandels – eine Gesellschaftstheorie voraussetzt.

Spätestens an dieser Stelle, an der es nicht um bloße Theorie, sondern um eine *praktikable* Theorie gesellschaftlichen Wandels und des Wandels von Normen (ihrem Inhalt nach) geht, wird deutlich, daß es bei den Theorien über die »Natur« von Gesellschaft nicht bloß um akademisches Streiten geht. Denn die Probleme des gesellschaftlichen Wandels und des Normenwandels betreffen uns alle sehr unmittelbar und sind für eine Theorie optimaler Strategien in Krisen- und Konfliktsituationen, die durch solchen Wandel hervorgerufen werden oder auch umgekehrt, solchen Wandel in Gang setzen, von ganz erheblicher Bedeutung. Meines Erachtens greift eine Gesellschaftskonzeption, die Gesellschaft von dem Modell Interaktionsgemeinschaft her erklärt ebenso einseitig zu kurz wie eine solche, die ausgeht vom Modell System. Beide Konzeptionen müssen sich vielmehr in ihrer Gegenläufigkeit ergänzen und partiell aufheben, wenn man konkreter Gesellschaft gerecht werden will. Wandel aber ist eine konkrete Eigenschaft einer konkreten Sache (hier: von Gesellschaft oder von Normen …)

Nun ist es einer der Vorzüge einer Handlungstheorie, daß sie leicht mit den Fragen des Wandels (im Modell) fertig wird. Eine Kommunikationsgemeinschaft ist grundsätzlich in der Lage, Kommunikationsstörungen – wodurch sie auch immer ausgelöst wurden – zu beheben, indem sie in einen Prozeß der Metakommunikation eintritt und hier ihre der konkreten Kommunikation zugrunde liegenden expliziten und impliziten Normen bedenkt und geeignet abändert. Sollte das immer noch nichts fruchten, bleibt ihr die Möglichkeit, ein Mitglied der Gemeinschaft oder auch mehrere zu exkommunizieren, d. h. aus der Kommunikationsgemeinschaft auszuschließen (etwa durch Ausweisung oder durch Einsperren in Irren- oder Strafanstalten). So kann denn Gesellschaft relativ schnell und gezielt effizient auf Störungen antworten und sich störungsgerecht wandeln.

Das Handlungsmodell hat jedoch einen erheblichen Schönheitsfehler. Es kann nicht gezeigt werden, daß in gesellschaftlichen Makrogebilden Wandel von Normen oder auch der gesellschaftlichen Verfaßtheit allgemein durch solche idyllischen Versuche zustande gekommen sind oder zustande kommen könnten. Die Handlungstheorie mag einen beschränkten Geltungsbereich haben, wenn sie Wandlungen in den Bereichen erklärt, die nicht durch institutionalisierte Vorgaben einer Großgesellschaft präformiert sind (etwa in freien Freundeszusammenschlüssen). Darüber hinaus wird sie aber sehr unpraktisch. Nicht einmal eine Familie kann nach diesen Mechanismen wirkungsvoll und in erheblichem Umfang ihre Normen wandeln – dies ist allenfalls möglich im Freiheitsraum, den ihnen die soziale Umwelt zugesteht. Und der ist nicht gerade erheblich.

Doch auch Systemmodelle haben ihre Nachteile. Vor allem, wenn sie durch ihre Außenaktivitäten definiert werden, ist es schwer einzusehen, wie es zu einem eigentlichen Systemwandel kommen kann. Gefragt sind immer nur Adaptationsleistungen an die soziale Umwelt. Die sind aber zumeist möglich, ohne daß die Binnennormen und die wesentlichen Strukturmerkmale eines Systems geändert werden. Gesteht man der Systemtheorie der Gesellschaft jedoch zu, daß sich Gesellschaft auch durch ihre Binnenaktivitäten bestimmen kann, sieht die Sache schon etwas hoffnungsvoller aus. Jetzt ist es durchaus möglich, daß Systemelemente durch ihre Binnenaktivität (gleich welcher Art) das Selbstverständnis von Gesellschaft – und damit Gesellschaft selbst und deren tatsächliche Normen ändern. Doch auch hier ist voreiliger Jubel verfrüht. Denn – wie schon gesagt – kann Gesellschaft nicht nur bestimmt werden durch ihre sozialen Interaktionen, die sie nach Innen und Außen unterhält, denn sie ist nicht nur eingebunden in soziale Realität, sondern zuerst einmal in die Realität des Umgangs des Menschen mit der Natur (oder wie Marx sagen würde: des »Stoffwechsels des Menschen mit der Natur«). Ich nehme an:

● daß Gesellschaft sich nur im Rahmen des von diesem Stoffwechsel grundsätzlich Erlaubten organisieren und wandeln kann,

● das Gesellschaft Wandlungen aufgezwungen werden können (nicht müssen). Wenn sich die Interaktionsweisen der Menschen mit der Natur, etwa durch wesentlich veränderte Situationen im Bereich der Produktivkräfte, ändern, werden sich auch in aller Regel die Gesellschaften und ihre Normensysteme wandeln.

Ich bin der Auffassung, daß K. Marx nicht ganz Unrecht hat, wenn er schreibt:

In der gesellschaftlichen Produktion ihres Lebens gehen die Menschen bestimmte, notwenige, von ihrem Willen unabhängige Verhältnisse, Produktionsverhältnisse, ein, die einer bestimmten Entwicklungsstufe ihrer materiellen Produktivkräfte entsprechen. (MEW 13,8)

Die Menschen scheinen also keineswegs ihr gesellschaftliches Leben so zu produzieren, wie es eine Handlungstheorie vermutet. Ebenfalls greifen die meisten Systemtheorien zu kurz, insofern sie nicht zureichend *erklären,* warum gerade diese und nicht irgendeine andere Gesellschaftsform das gesellschaftliche Leben bestimmt. Erst recht genügen sie nicht unserem Anspruch, wenn sie sich darauf beschränken zu beschreiben, was allen Gesellschaften gemeinsam ist, welche Prozesse in ihnen ablaufen, welche Strukturen sie ausbilden. Sehr wohl: das ist alles sehr interessant. Nur interessiert es hier nicht. Hier interessiert alles, was zu Krisen und Konflikten führen kann. Und das präzise ist nicht Gesellschaft als Modell oder Konstrukt, als abstrakte Verallgemeinerung, als universalisiertes Extrakt aus realen Gesellschaften, sondern es ist reale Gesellschaft selbst.

Die Menschen scheinen also ihr gesellschaftliches Leben (in der Organisation von Strukturen) so zu produzieren, daß sie in ihrer Auseinandersetzung mit der Natur (die durchaus auch als Interaktion oder als Stoffwechsel beschrieben werden mag) optimal abschneiden. Diese elementare Auseinandersetzung bestimmt weitgehend (wenn auch nicht zwingend) die Konkretisation des menschlichen Bedürfnisses nach Gesellschaftlichkeit. Menschen müssen zwar in Gesellschaften leben. In welchen sie aber optimal leben, werden sie weitgehend ausmachen nach der Versuchs-Irrtum-Methode. Und sie werden die wählen, die ihnen ein optimales Einrichten in dieser Welt gestattet. Und diese Welt ist an erster Stelle eine kosmische (und nicht eine soziale). Wie der Einzelmensch nur überleben kann, wenn er sich den materiellen Bedingungen seiner Umwelt anpaßt und so mit Welt interagiert, kann auch Gesellschaft nur angepaßt an die konkrete kosmische Situation bestehen. Die aber ist weitgehend bestimmt durch die konkrete Interaktion, die Menschen mit Natur eingehen oder doch eingehen können, wenn sie etwas produzieren. Das gilt keineswegs nur für Gesellschaften im Zustand der Organisation von Jägern und Sammlern oder Ackerbauern. Auch unsere moderne Technik ist mit allen ihren Instrumenten nichts anderes als eine konkrete Weise sich der Natur produktiv zu bemächtigen – mit ihr und ihren »Geschenken« und Möglichkeiten umzugehen.

Der Horizont also, in dem alle Produktion des gesellschaftlichen Lebens und aller Strukturen stattfindet, ist der der Produktion der »Lebensmittel« – der Mittel, die der Mensch zum Leben benötigt. Und die stellt eben nur die Natur bereit – zumindest als letzte Instanz.

Die Bewältigung von Natur kann sehr verschieden aussehen. Ob ich Ackerbau treibe oder Mikroprozessoren baue und verwende, ist im Prinzip gleichgültig. Es werden in jedem Fall die Möglichkeiten der Natur verwendet, aktiviert, genutzt. Nicht gleichgültig ist jedoch die Produktion des gesellschaftlichen Lebens. Wenn Menschen in einer agrarischen Weise mit Natur umgehen, versuchen sie optimal Gesellschaftlichkeit zu realisieren, so daß die Strukturen dem Stand der Entwicklung der Produktivkräfte gerecht werden. Wenn sie Mikroprozessoren komplizierte maschinelle Abläufe steuern lassen, die Naturprodukte verarbeiten, wird sich das sehr wohl auf die Weise durchschlagen, wie sie optimal miteinander umgehen, um den Stoffwechsel mit der Natur zu optimalisieren.

Welche Kräfte stehen nun dem Menschen bei der Produktion seines gesellschaftlichen Lebens als objektive Vorgabe zur Verfügung?

● Das sind zunächst einmal Rohstoffe,

● dann die materiellen Weisen sie zu bearbeiten (Werkzeuge, Maschinen …),

● doch auch die Führungszwänge und das Führungswissen, die notwendig sind, um das Bearbeitungsinstrumentar zu bedienen,

● nicht zuletzt die Wissenschaften, die das Bearbeitungsinstrumentar entwickeln (Naturwissenschaften, technische Wissenschaften),

● endlich die konkreten Bedürfnisse und Erwartungen von Menschen,

● schließlich die Transport- und Verteilungstechniken, die Menschen beherrschen …

Sie alle bestimmen den Rahmen, legen die Möglichkeiten fest, innerhalb derer die Menschen konkrete Gesellschaften organisieren, produzieren können.

Dabei ist nicht auszuschließen, daß sich Menschen in diesem Unterfangen irren. So ist es möglich, daß sie die konkrete Entwicklung der Produktivkräfte falsch einschätzen und Systeme organisieren, die diesen nicht optimal entsprechen (etwa das sozio-ökonomische System der UdSSR von 1918–1950). Es ist auch möglich, daß sich unter der Decke einer gesellschaftlichen Organisation eine erhebliche Änderung der Produktivkräfte vollzieht, ohne daß diese Gesellschaft sich und ihre Strukturen zureichend schnell anpaßt. In beiden Fällen (im Fall der utopischen wie der überlebten Gesellschaft) kommt es zu erheblichen Spannungen und Krisen, die keineswegs nur ökonomischer Art, sondern zumeist grundlegend gesellschaftlicher Art sind, und die den Bestand des Systems gefährden.

Was mich an dem oben abgedruckten Marxzitat erheblich stört, ist also keineswegs der Hinweis auf die materiellen Vorgaben jeder gesellschaftlichen Organisation, die sich im Entwicklungszustand der Produktivkräfte repräsentieren, sondern das ist die *eindeutige* Abbildung von Produktivkräften auf die Produktionsverhältnisse (die Eigentums- und Herrschaftsverhältnisse), die weitgehend die ökonomische Strukturierung des sozio-ökonomischen Systems bestimmen und es so stabilisieren. Ich vermute, daß Marx hier irrt. Für mich ist es durchaus denkbar,

● daß etwa der späte Inkastaat bei gleichbleibender Entwicklung der Produktivkräfte neben dem tatsächlich realisierten zentralistisch-bürokratischem System auch etwa eine genossenschaftliche Produktions- und Verteilungsgesellschaft hätte aufbauen können,

● daß etwa in den Industriestaaten, trotz sehr ähnlichem Stand der Entwicklung der Produktivkräfte sehr verschiedene gesellschaftliche Organisationen zustande kommen (etwa in der UdSSR und den USA).

Es liegt durchaus auf der Linie meiner Argumentation, wenn man darauf verweist, daß die ökonomischen Strukturen (und mittelbar auch die politischen) der ersten und der zweiten Welt sich aufeinander zu bewegen. Doch wäre es wohl falsch, diesen technischen Annäherungsprozeß aus dem *Zwang,* der von der Entwicklung der Produktivkräfte ausgeht, zu deuten. Sicherlich liegen hier gewisse Nötigungen vor, doch ebenso gehen in die Gesellschaftskonstitution mit ein

● ideologische Vorgaben (etwa über eine symbolische Sinnwelt vermittelt),

● die eigene Geschichte,

● die Verfaßtheit der sozio-ökonomischen Nachbarsysteme.

Doch alle diese Struktur-Faktoren hemmen die Entwicklung der Produktionsmittel nur, wenn sie überhand nehmen und primär die Konstitution des gesellschaftlichen Systems bestimmen. So bin ich denn der Ansicht, daß man ein Konzept der gesellschaftlichen Wandlung und des Normenwandels nicht sinnvoll (d.h. tatsächliche Praxis erklärend *und* verändernd) entwerfen kann, ohne eine zureichende Theorie der *immerwährenden* Produktion des gesellschaftlichen Lebens. Diese aber geschieht stets im engen Kontext zum Entwicklungsstand der Produktivkräfte.

Es wäre sehr falsch zu vermuten, daß Gesellschaft *einmal* produziert würde, ihre Produktion ist ein immerwährender Prozeß, bei dem konkrete Individuen einerseits mit der Natur andererseits strukturvermittelt miteinander interagieren und dabei Gesellschaft immer neu produzieren. Die Strukturen treten dabei als Agenten des bestehenden Systems und seiner sich in Herrschaft und Eigentum artikulierenden Interessen auf.

Doch spielen sie nur einen Part in dem gewaltigen Orchester der permanenten Produktion von Gesellschaft. Den anderen spielen die konkreten Menschen, die mit konkreter Natur interagieren und dabei bestimmte Bedürfnisse, Erwartungen, Fertigkeiten und Fähigkeiten entwickeln und alles dies in Strukturelemente einbringen.

Offenbar erklärt diese Zweifaktorentheorie der Gesellschaft schon allerhand Dynamik zahlreicher Krisen und Konflikte. Ich vermute, daß sich nicht wenige Konflikte auf den Entgegensatz dieser beiden Gesellschaft in ihrer Praxis stets neu produzierenden Instanzen zurückführen lassen. Doch wie gestaltet sich das klassische Verhältnis der Produktivkräfte zu den Produktionsmitteln? Ich definiere: *Produktionsmittel* sind die Mittel mit denen die Menschen ihr gesellschaftliches Leben nach Vorgabe der Entwicklung der Produktivkräfte produzieren. Die Produktivkräfte sind vorgegeben und logisch jedem System und seiner Konstitution vorgängig. Das soll nicht heißen, daß eine bestimmte Verfassung eines Systems nicht die Entwicklung der Produktivkräfte fördern oder hindern kann. Ich halte die Produktivkräfte für den systemkonstituierenden Horizont, innerhalb dessen sich das System mit seinen Strukturen und Funktionen herauskristallisiert. Doch geschieht das – wie gesagt – kaum deterministisch, sondern unter dem Einfluß menschlicher Konventionen, bei deren Ausbildung gewisse freie Paramater zur Verfügung stehen. Diese werden dargestellt und realisiert durch die dialektische Trias: Handeln, Sprechen, Reflektieren, – also durch die Interaktionen, die Menschen nach Inhalt und Form miteinander eingehen und die sie, über ihre Fähigkeit zur Reflexion, wenigstens teilweise beherrschen.

Ein konkretes System ist immer definiert und definierbar durch die *Produktionsverhältnisse,* die Verhältnisse also, die Menschen in der konkreten Produktion ihres gesellschaftlichen Lebens eingehen. Hier sind vor allem die Eigentums- und Herrschaftsverhältnisse erheblich.

Die Marxsche Beschränkung in seiner Theorie der Entwicklung der Produktionsmittel auf das ökonomische Handeln (auf Arbeitsmittel also) scheint mir bedenklich zu sein. Ich vermute vielmehr, daß die Menschen auch andere Mittel zur Produktion ihres gesellschaftlichen Lebens verwenden. Dazu gehören

- Handeln (ökonomisches, soziales, urpolitisches)
- Kommunikation und
- Reflexion.

Diese drei bilden jedoch eine Einheit:
- Sprache ohne Handeln bleibt abstrakt und leer,
- Handeln ohne Sprache bleibt vieldeutig und unklar,
- Sprache und Handeln ohne Reflexion bleiben unvermittelt und in ihre Grenzen gebunden.

Das soll nicht heißen, daß ein Mensch in der Lage wäre, in der Reflexion die Grenzen seiner Sprache zu verlassen, im »Hinterfragen« reale Transzendenz zu erreichen, denn er hinterfragt immer nur seine Sprache niemals aber seine Realität. Und selbst das Befragen von Sprache kann Sprache allenfalls verdeutlichen, niemals aber ihren Horizont sprengen.

Und dennoch hat eben dieses Reflektieren auf Sprache und Handeln ein wichtiges für sich: Im Reflektieren darüber, was in Sprache und Handeln (in allen Formen der vermittelten oder unvermittelten Interaktion also) geschieht, kann ein Mensch sich abstrakt über deren Abläufe stellen und ihre Regeln und Gesetze zwar nicht außer Kraft setzen, doch nach seiner Vorstellung einsetzen. Ähnlich wie die Technik die Gesetze der Physik nicht außer Kraft setzt, sondern durchaus in ihnen spielt und sich nicht über sie erhebt, sie also nirgendwo transzendiert, so kann die Reflexion – durchaus in Spache bleibend – Interaktionen leiten und sinnvoll einsetzen helfen.

Die Produktion des gesellschaftlichen Lebens und die damit verbundenen Konstitution des gesellschaftlichen Lebens und die damit verbundene Konstitution eines makrogesellschaftlichen Systems, fordert nun zwingend die Ausbildung von gesellschaftlichen Strukturen ein, weil nur diese die Einheit und ein sinnvolles Funktionieren des Systems sichern. Bei der Ausbildung von Strukturen aber hat alles das Bedeutung, was die Handlungstheorien für die Konstitution von Gesellschaft anzuführen pflegen (Sprache, Reflexion, Interaktionen anderer Art …). Ich will damit sagen, daß ein System seine Strukturen unter einem doppelten Anspruch ausbildet:
- Sie haben die Funktion, das System zu stabilisieren und funktionsfähig zu halten nach innen und außen.
- Sie haben die Funktion, die Mikrostrukturen, die vor der Konstitution des Makrosystems schon vorhanden und wirksam waren, sowie deren Begründungsmechanismen mit einzubringen.

Ich will versuchen, das Gemeinte zu skizzieren:
Der große Kreis stellt das sozio-ökonomische System dar. Er ist umge-

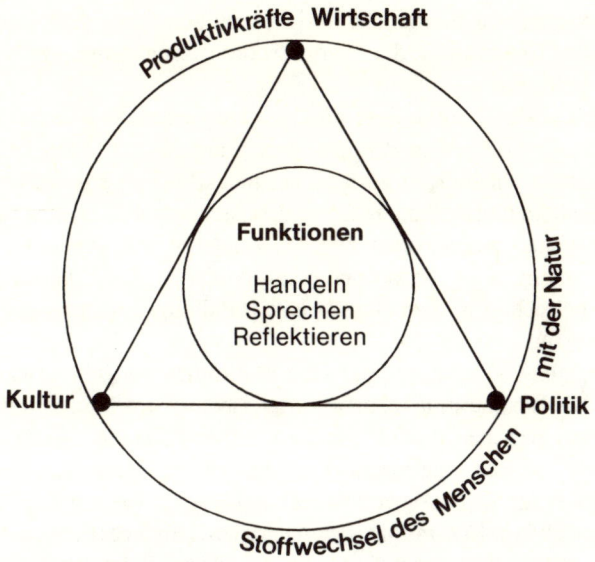

ben von den Produktivkräften, die seine Gestalt weitgehend bestimmen. Zu den Produktivkräften gehören aber – und das vor allem – auch Menschen mit ihren Bedürfnissen, Erwartungen, mit ihren theoretischen (Wissenschaft) und praktischen Vermögen und Vorstellungen. Diese modifizieren die Grenze und damit das abgrenzende Bewußtsein innerhalb der sozio-ökonomischen Struktur. Deren Grenzbewußtsein ist aber keineswegs für seine Konstitution unerheblich. Es bestimmt sowohl die Mechanismen der Identifikation und damit das dem System immanente Selbstverständnis, als auch die Art der Außenaktivitäten des Systems. Die objektiven Grenzen des Systems werden also weitgehend bestimmt von der subjektiven Überzeugung der Systemteile über diese objektiven Grenzen. Nun sind diese Überzeugungen teilweise wiederum von den Notwendigkeiten des Systems und der sich nur über Systembildung optimal entfaltenden Produktivkräfte bestimmt. Zum guten, ja besseren Teil kommen hier menschliche Bedürfnisse und Erwartungen ins Spiel, die teilweise völlig oder weitgehend unabhängig sind von der Art der Konstitution eines bestimmten sozio-ökonomischen Systems: physiologische, psychologische, soziale Grundbedürfnisse und Erwartungen, die dem Menschen als Person und nicht als Systemelement eigen sind (Hunger, Durst, Sex, Sicherheit, Anerkennung …).
Somit also ist die Systemgrenze in einem weitgehend dialektischen Zu-

sammenspiel von Elementen des Grenzaußen (etwa dem objektiven Stand der Entwicklung der Produktivkräfte) und denen des Systeminnen bestimmt.

Die Grenze des Systems aber wird sich, insofern sie von Binnenkräften ausgeht, formulieren in drei dialektisch aufeinander bezogenen und voneinander abhängigen Formen der menschlichen Interaktion: Sprache, Handeln und Reflexion. Diese drei sind deshalb dialektisch aufeinanderbezogen, weil sie ohne die jeweils anderen nicht sinnhaft interpretierbar wären, ja als menschlich nicht einmal existieren könnten. Von Innen betrachtet ist also Gesellschaft Handlungs-, Sprach- und Reflexions*system*.

Die Formen und Inhalte dieser Trias bestimmen weitgehend alle Strukturen. Die Bestimmung relativiert zugleich auch den Marxschen Determinismus zwischen Produktivkräften und Produktionsverhältnissen.

Zwei wesentliche (»gefrorene«) Strukturen, die Menschen ausbilden sind Staat (zur Sicherung von Recht) und Kirchen (bzw. deren Entsprechungen etwa in Kommunistischen Parteien) (zur Sicherung der Moral). Sie orientieren sich wie alle Strukturen im Horizont des von den Produktivkräften Vorgegebenen an der dialektischen Trias: Handeln – Sprechen – Reflektieren, und integrieren so vor dem Anspruch des Makrosystems relativ neutrale Mikrosysteme (Familienverfassungen, Schüler-Lehrer-Verhältnisse, Art der Ausübung freier Berufe …) oder systemunabhängige menschliche Bedürfnisse.

Ich will nun diese drei: Handeln, Sprechen, Reflektieren etwas ausführlicher darstellen, da sie alle Strukturen des Systems, innerhalb der objektiv vorgegebenen Grenzen, bestimmen und damit über die Wechselkonstitution Funktionen – System auch das System weitgehend definieren und zu seiner Identität bringen.

Vor allem aber geschieht der Wandel *des* Systems, sieht man einmal von Wandlungen ab, die von außen erzwungen wurden (etwa im Deutschland der Nachkriegsjahre), über den Wandel von Strukturen – also als Wandel *im* System.

Sicherlich ist es ein Hauptproblem der Theorie des sozialen Wandels auszumachen, welche Wandlungen welcher Strukturen nötig sind, um von einem verwandelten oder gar anderem System zu sprechen. Ich will diese Frage hier nicht ausführen. Sicherlich aber geht *jedem* nicht von außen erzwungenem Systemwandel ein erheblicher Strukturwandel in verschiedenen Strukturhorizonten voraus. Besonders erheblich scheint mir hier ein Wandel der symbolischen Sinnwelt zu sein, in dem sich verschiedene Wandlungstypen verschiedener Strukturen kristallisieren.

Die klassische Ablösung eines Systems durch ein anderes (in der sozialen Revolution), ist weitgehend bestimmt durch den Zerfall von Macht- und Autoritätsstrukturen. Diese aber gründen nicht selten in einem Wandel der Inhalte der Sinnwelt (oder schlagen sich in ihr nieder). Die Dissynchronisierung, die nahezu notwendig im Bereich der Strukturen herrscht und die ein systemisches Ungleichgewicht erzeugt, kommt in aller Regel in den Merkmalen einer zerfallenen Sinnwelt und einer neu auftauchenden zu sich. Ist aber einmal das systemische Ungleichgewicht so erheblich geworden, daß es zu einer Desintegration der Strukturen kommt, gewinnen also die akzelerierenden Faktoren Überhand über die retardierenden, dann zerfällt zumeist auch eine herrschende Sinnwelt, weil die Sinnbegabung nicht mehr in der Lage ist, ihre Hauptfunktion wahrzunehmen: sinnbegabte Einheit zu stiften.

Konkrete Sinnwelten aber sind weitgehend konstituiert durch unsere Trias: Handeln – Sprechen – Reflektieren. Zumindest sind diese drei nötig, um Sinnweltvorgaben zu internalisieren und wirksam zu machen. Es steht also zu vermuten, daß sich soziale Krisen (d. h. Krisen des sozialen Systems) als Störungen im Bereich dieser Triade verdeutlichen oder von ihnen ausgelöst werden.

a) Das Handeln

Gemeint ist nicht jede Form der menschlichen Interaktion, denn dann wären Sprechhandeln oder Reflexionhandeln hier schon begrifflich miteingeschlossen. Gemeint ist vielmehr das einfache – gleichsam an sich sprachlose – Miteinanderumgehen, wie es etwa im Herrschen oder Besitzen oder im Produzieren oder Aneignen von Gütern geschieht. Obwohl alle diese Prozesse auch reflektorische oder sprachliche Elemente haben, sind sie abstrakt und an sich genommen sprachlos.

Ich beginne mit der Darstellung des *Herrschens*. Herrschen kann auf mannigfaltige Weise geschehen. Ich werde darauf noch zurückkommen. Insofern Herrschaft aber an Strukturen gebunden ist oder im Vollzug von Strukturen geschieht – und das interessiert hier vor allem – kann man es weitgehend auf folgende, durch Status definierbare Muster zurückführen:

| Herr | Lehrer | Richter | ⟷ | Vater | Helfer |
| Knecht | Schüler | Beurteilter | | Kind | Hilfloser |

Herrschaft kann sich also sehr verschieden darstellen, allemal aber ist solche sich im Rollenverhalten darstellende Herrschaft Funktion von

Strukturen, sei es privaten, sei es öffentlichen. Ich will hier nur auf eine Herrschaftsform eingehen, in der die Struktur selbst – also nicht vermittelt über von ihr definierte Rollen – tätig wird. Es ist das die Herrschaft die der Herr über den Knecht ausübt.

Karl Marx sah die »Ursünde« der Menschheit geschehen, als zwei Hände mehr als einen Mund ernähren konnten und ein Mensch somit erfolgreich zwei Hände auch für seinen Mund arbeiten *ließ*. Damit war die Spaltung der Menschen in Arbeiter und Rentiers, in Knechte und Herren besiegelt. Er erkannte auch, daß in der Phase des Kapitalismus nicht eigentlich der Individualkapitalist der Herr ist, sondern der Gesamtkapitalist einer Volkswirtschaft bzw. des kapitalistischen sozio-ökonomischen Systems. Arbeit als sozio-ökonomisches Handeln hat in einem solchen System notwendig zur Folge, daß der Arbeiter sich nicht nur im Entgegensatz (dem klassenkämpferischen etwa) zum Rentier (dem Kapitalisten) weiß, sondern daß er auch zunehmend seiner Arbeit (als Tätigkeit und in dessen Produkt), der Natur, der menschlichen Gesellschaft und endlich sich selbst fremd wird:

> In der Bestimmung, daß der Arbeiter zum Produkt seiner Arbeit als einem fremden Gegenstand sich verhält, liegen alle diese Konsequenzen. Denn es ist nach dieser Voraussetzung klar: Je mehr der Arbeiter sich ausarbeitet, um so mächtiger wird die fremde, gegenständliche Welt, die er sich gegenüber schafft, umso ärmer wird er selbst, seine innere Welt, um so weniger gehört sich und in der Arbeit außer sich. Zu Hause ist er, wenn er nicht arbeitet, und wenn er arbeitet, ist er nicht zu Hause. Seine Arbeit ist daher nicht freiwillig, sondern Zwangsarbeit. (MEGA 1, 3, 83 u. 85f)

Die Systemgrenzen begründende und zwischen System und Struktur vermittelnde und dadurch Struktur schaffende Tätigkeit des Menschen ist also durchaus bestimmbar durch das Verhältnis Herrschaft (von der so begründeten Struktur bzw. des Systems) – Knechtschaft.

Die alte Sklaverei ist abgeschafft. Der Sklavenhalter ist nicht mehr ein Einzelner, sondern ein anonymes System mit seinen strukturbegründenden Selbsterhaltungszwängen. Das Herrschafts-Knechtschaftskapitel im Geschichtsbuch der Menschheit ist um seine abstrakte, anonyme Version erweitert worden.

Man kann natürlich darüber streiten, ob die Arbeit als typische und repräsentative Form des Handelns in einem sozio-ökonomischen System vermenschlicht werden kann, ohne das System radikal zu ändern. Ich denke, dieser Streit ist jedoch relativ leicht zu schlichten. Wenn die Vermittlung – wie sie etwa durch entfremdete Arbeit zwischen kapitalistischem System und seinen ökonomischen Strukturen geschieht, gestört ist, dann wird das System früher oder später »wie von selbst« zusammenbrechen. Es kann nur bestehen, wenn es ihm gelingt, ihm adäquate Strukturen (öffentliche und private) hervorzubringen, bzw. bestehende auf seine Regeln hin neu zu orientieren. So ist es also keineswegs auszuschließen, daß eine massenhafte Veränderung in den Bereichen individueller Verkehrsformen wie sie in der Relativierung von Herrschafts-Knechtschaftsverhältnissen gegeben ist, ein System labilisiert wird. Es gehört also schon ein gehöriges Stück Naivität dazu, wenn jemand annimmt, die Gewerkschaften in der BR Deutschland wirkten systemerhaltend oder gar systemstabilisierend. Was sie tun: Sie verhindern durch die Art ihrer Aktivität, daß die in der Entfremdung der Arbeit liegende Krise, daß der in dem anonym gewordenen Herrn-Knechts-Verhältnis liegende Konfliktstoff eine eruptive Entladung besorgt. Man kann aber durchaus in diesem Zusammenhang von »struktureller Revolution« sprechen, das ist eine Revolution, die das System ändert, indem sie durch strukturelle Veränderung die Beziehung zwischen System und Struktur bzw. das System selbst labilisiert und modifiziert. Dadurch wird dann inhaltlich wie auch formal zunächst eine Struktur (etwa die Recht- und Moralverhältnisse) geändert. Die stille »strukturelle Revolution« kann durchaus Revolution genannt werden, denn sie beruht auf einem kollektiven erfolgreichen Bemühen um eine qualitative Veränderung des gesellschaftlichen Seins (bzw. des gesellschaftlichen Systems).

Eine andere Form des Handelns, die ich für außerordentlich konfliktträchtig halte, ist deshalb hier zu behandeln. Es geht darum, daß sich Menschen, wo auch immer, nach Art von *Geschäftspartnern* gegenübertreten.

Solche menschliche Interaktion geschieht warenvermittelt. Ich nehme, weil ich vorher gegeben habe ... über diese Verzwecklichung zwischenmenschlicher Interaktion wird in einem folgenden Kapitel noch ausführlicher zu handeln sein. Hier sei nur der Umfang dieser merkantilen Verzwecklichung abgetastet,

Ich vermute, daß solche übermäßige Verzwecklichung zum guten Teil darin gründet, daß man prinzipiell die Arbeit nahezu jedes Menschen als Ware kaufen kann. Das geschieht dann, wenn die Arbeit oder ihr Produkt im Prinzip mit Gewinn veräußerbar sind. Das aber gilt nun für fast alle Produzenten (Arbeiter wie Disponenten, Angestellte und Dienstleistungen Anbietende ...). Eine Ausnahme machen da manche freie Berufe. Ich kann zwar die Arbeit eines Arztes kaufen, nicht aber als Ware, da ihr Produkt prinzipiell unveräußerlich ist.

Ein anderer Grund für die Verzwecklichung ist das Überhandnehmen des Warenkonsums. Man kann an sich durchaus das Produkt fremder Arbeit für sich verwenden, ohne daß es Warenform angenommen hat und so von seinem Produzenten abgelöst wurde. So nehme ich etwa die Dienstleistungen meines Arztes nicht als Ware in Anspruch. Die Beziehung zwischen Produzenten (einer Dienstleitung) und Konsumenten ist noch persönlich. Geschieht sie aber warenvermittelt, nimmt sie selbst Warenform an und wird anonym, unpersönlich, einzig den Regeln des Nutzens, der Zwecke, des Marktes unterstellt.

Diese Verzwecklichung unseres Miteinanderumgehens hat nun recht miserable Folgen, insofern es unsere eigene und die fremde Integration der Sozialität in die Person gefährdet. Sie wirkt in doppelter Weise entmenschlichend: Entmenschlicht wird der, der nimmt und der der gibt. Sie scheint ein Attribut der Hölle selbst ...

In unserem Kontext bedeutet das nicht nur, daß wir einer hoch konfliktträchtigen Situation auf der Spur sind, sondern zudem auch, daß die Verbindung zwischen System und Struktur über anonyme Mechanismen abläuft, die nach den Kriterien ihrer Warenhaftigkeit gewertet werden. Das sei an einem Beispiel erläutert. Unser sozio-ökonomisches System ist nur stabil zu halten, wenn es im Produktions- und Konsumtionsbereich zu ständigem Wachstum kommt. Nach Lage der Dinge setzt aber produktives und konsumtives Wachstum (letzteres wird oft übersehen) weitgehend ein Wachstum in der Energieproduktion voraus, denn Rationalisierung im Bereich der Energieverwertung ist nur beschränkt möglich. Das Wachstum der Energieproduktion ist aber durch die erhebliche Verteuerung auf Grund geringeren oder unsichereren Angebotes von Energieträgern erheblich erschwert. Also fordert das System durch seine Organe die Schaffung neuer, nicht-gefährdeter Energiequellen.

Nach Lage der Dinge ist das langfristig nur die Atomenergie. Nun sehen sich Gesetzgeber aber auch Legislative oder Exekutive in einer schwierigen Situation. Nicht wenige Menschen rebellieren gegen diese von den Repräsentanten des Systems geforderten Atomreaktoren. Nun ist der Staat als Strukturelement des sozio-ökonomischen Systems in einer günstigeren Lage als das System selbst, wenn sich, wie in der BR Deutschland eine Alternative anbietet: die Kohle, vertreten durch eine mächtige Lobby. Wäre das nicht der Fall, ist es außerordentlich unwahrscheinlich, daß politische Instanzen eine ökonomische Labilisierung in Kauf nehmen würden. Diese gefährdet nämlich den Bestand der politischen Struktur (Staat als Rechtsinstanz) radikaler, als wenn er sich in einer bestimmten Darstellungsform unbeliebt machen würde. Das bedeutet im Regelfall nur den Verlust des politischen Mandats und die Ablösung der Herrschenden durch andere Agenten des Systems. Dennoch bin ich mir nahezu sicher, daß die »ökonomischen Zwänge«, das sind Strukturzwänge, dazu führen, daß in absehbarer Zeit auch in der BR Deutschland zahlreiche neue Atomreaktoren entstehen, und zudem – wegen der größeren Sicherheit und Unabhängigkeit der Energieversorgung – schnelle Brüter gebaut werden. Ich kann mir auch nicht vorstellen, daß die Kirchen dagegen Sturm laufen. Denn sie, die eigentlich in Sachen Menschlichkeit das Sagen hätten, sind weitgehend (wenn auch keineswegs vollständig) Strukturelemente geworden und sichern System.

Ich wage dabei gar nicht zu entscheiden, ob der Eintritt ins »Plutoniumzeitalter« unmenschlich wäre. Nur bin ich der Ansicht, die Kirchen sollten zu solchen Fragen nicht schweigen, wie sie etwa – so die katholische – bis zum heutigen Tage allgemein zu Umweltfragen schweigen. Obschon das Umweltproblem auch ein ethisches ist und also in die Sage-Kompetenz der Kirchen fällt, scheinen die Zwänge, die sie zu einer systemerhaltenden und –stabilisierenden Struktur machen, so erheblich zu sein, daß sie nichts sagen, was dem sozio-ökonomischen System erheblich abträglich sein könnte.

Der Zyklus: Produktion und Konsumtion von Waren, der weitgehend nicht nur das System definiert, sondern auch die Bezüge System-Strukturen bestimmt, läßt politischen und ethischen Entscheiden kaum eine Chance.

Das System *erzwingt* technisch optimale Lösungen. Technische Optimalität aber wird an dem Maß des Systemnutzens gemessen. Der Versuch J. Carters, diesen Prozeß außer Kraft zu setzen und einmal etwas Moral und Politik in seinen Entscheidungen zu realisieren, hat allgemeines Kopfschütteln verursacht. Beide: Moral wie Politik setzen voraus, daß dem Entscheidenden wenigstens zwei Entscheidungsmöglichkeiten zur Verfügung stehen. Dabei wird meist nur eine system-optimal sein. Ich möchte den Politiker des Westens sehen, der sich häufig gegen die System-Optimalität entscheidet, sei es aus politischen oder moralischen Gründen, weil er etwa der Meinung ist, Ethik sei dem Systeminteresse übergeordnet. Er wird vermutlich erstaunt sein, wie wenig die demokratischen Organe, in denen sich – wegen der Vielzahl der Mitglieder – ethische und politische Motive oft fortmitteln, dafür Verständnis haben. Sicherlich gibt es auch heute noch begrenzte Freiräume politischen und öffentlich-moralischen Entscheidens, an deren Beherrschung die Organe des sozio-ökonomischen Systems nicht interessiert sind, weil sie weder mittelbar noch unmittelbar den ökonomischen Bereich tangieren oder wenn sie das tun, noch keine Lobby gefunden haben. Doch diese präterökonomischen Räume scheinen zu schrumpfen. Der Bereich des kommerziellen Umgehens miteinander scheint zu wachsen.

Daß dieses nicht den Bedürfnissen des Menschen als Menschen entspricht, der halt eben nicht nur und keineswegs primär Homo oekonomicus ist, besorgt eine kritische Situation, die durchaus zu erheblichen Konflikten führen kann.

Die Identifizierung der Menschen mit einer ihrer ökonomischen Teilfunktionen (Produzent und Konsument) durch den Staat und seine Aktivitäten, ist ein Dienst, den er, über meist unbewußte Zwänge, dem sozio-ökonomischen System leistet. In dessen Menschenbild ist der Mensch an erster Stelle ein ökonomisches Wesen, dessen Beziehungen zu anderen ebenso weitgehend ökonomisch oder ökonomisch beschreibbar sind. Offensichtlich werden die politischen Organe ihrem Auftrag und ihrer Strukturfunktion nur gerecht, wenn sie sich dasselbe Menschenbild zu eigen machen. Die Frage ist nur, wie lange sich konkrete Menschen so betrachten und behandeln lassen. Dabei gebe ich gerne zu, daß die Identifikation vieler Menschen mit dem Homo oeconomicus schon so weit fortgeschritten ist, daß sie einschlägige Staatsaktivitäten wie selbstverständlich hinnehmen. Aber diese eigentümliche Selbstdefinition ist keineswegs unproblematisch. Sie führt die betroffene Person zumeist in erhebliche psychische und/oder soziale Konflikte.

b) Das Sprechen

Die zweite Instanz, die sowohl die Grenzen des Systems nach außen definiert als auch Strukturbildung und –funktion ermöglicht, die Vermittlung zwischen System und Strukturen (privaten wie öffentlichen) herstellt und damit mittelbar System konstituiert, ist die Sprache. Sprechen ist nun eine sehr typische menschliche Form der Interaktion. Ähnlich wie Handeln führt es durchaus zur Bildung von Assoziationen. Gemeinsames Handeln macht sicher auch System aus, doch in vielleicht noch deutlicherer Weise das miteinander Sprechen. Das Zusammen kennen auch Tiere. Das Mit scheint typisch menschlich zu sein.

Das Sprechen ist Bedingung der Bildung von Kommunikationsgemeinschaften. Diese wiederum sind notwendig, um etwa im Bereich symbolischer Sinnwelten einen Konsens zu erzielen, und so zu einer kollektiven symbolischen Sinnwelt zu kommen, die allein systemerhaltend wirkt.

Nicht jede Kommunikationsgemeinschaft begründet Strukturen oder übernimmt Transferfunktionen zwischen System und Strukturen. Doch sind Transfergemeinschaften häufiger als es aufs erste scheinen mag. In welchen Kontexten muß nun Sprache auf System bezogen werden? Ich will hier – ohne Vollständigkeitsanspruch – nur einige nennen:

● Sprache kann sich in ihrer Semantik unmittelbar als Instrument zur Stabilisierung des Systems erweisen.

● Sprache ist das Vehikel auf dem Recht und Moral (als wichtige Ausdrucksformen öffentlicher Strukturen) dargestellt, vermittelt, gesichert, durchgesetzt ... werden.

● Durch und in Sprache kommt ein System zuerst zu seinem Bewußtsein (etwa in Gestalt einer symbolischen Sinnwelt).

● Sprache ermöglicht die Bildung von Assoziationen, die auf Kommunikation aufruhen. Diese Assoziationen (= Kommunikationsgemeinschaften) vermitteln den Transport von im Systemsinn normierten symbolischen Sinnwelten aus dem öffentlichen in den private Raum.

● Strukturen sind als Ausdruck oder Folge bestimmter Formen von Kommunikation interpretierbar. Als solche bleiben sie einerseits relativ stabil (eine Sprachgemeinschaft hat stets auch konservierenden Charakter) und definieren andererseits ihr Selbstverständnis und ihre Funktion nach Inhalt und Umfang (Sprache des Rechts, Sprache der Moral).

● Die Sozialisation von Personen geschieht übers und im Medium Sprache. Mit und durch Spracherwerb werden bestimmte Vorurteile, Wertungen, emotionale Besetzungen ... als selbstverständlich (mit der Selbstverständlichkeit der Semantik einer Sprache) übernommen.

● Die Reflexion über Sinn und Unsinn von System und Strukturen ist nur immer im Horizont einer Sprache möglich. Damit ist auch die Kritik an System und Strukturen recht oft sehr beschränkt.

● Das Verlassen von Kommunikationsgemeinschaften ist oft pathogen und zumeist mit hohen Unlustgefühlen besetzt und wird daher tunlichst vermieden. Das Abstreifen von Sprachzwängen aber bedeutet im Regelfall auch die Entlassung aus einer Kommunikationsgemeinschaft.

Aus all diesem mag folgen, daß »Gesellschaft« auf außerordentlich komplizierten und schwer durchschaubaren Mechanismen aufbaut, und sich über Spracherwerb, Sprachverwendung, Kommunikationsgemeinschaften ... sichert. Die Abhängigkeit von konkreter und über und in Strukturen funktionierender Gesellschaft (als System verstanden) von Sprache ist offensichtlich. Eine sprachlos gewordene Gesellschaft wird strukturlos und sicherlich enden. Andererseits darf uns aber die Intensität solcher Abhängigkeit nicht verleiten, im Sprachhandeln alleine das gesellschaftsbegründende Moment zu sehen. Das wird es erst in dialektischer Einheit mit an sich sprachlosen Interaktionen und Reflexionsprozessen, die Identifikationen des Systems und mit dem System ermöglichen. Aus unserem Katalog der systemerheblichen Funktionen von Sprache will ich nun einige etwas ausführen.

Die Methode der *Sprachregelung* als Herrschaftsinstrument ist keineswegs eine Erfindung G. Orwells in »1984«. Die Bedeutungen der weitaus meisten »großen Worte«, die in einer Gesellschaft gehandelt werden, sind über Sprachregelungen fixiert. Was man mit »Demokratie«, mit »Freiheit«, mit »Glück«, mit »Leistung«, mit »Sozialismus«, mit »Gerechtigkeit« ... bezeichnet, ist weitgehend von gesellschaftlicher Sprachregelung abhängig. Dabei wird die Methode verwandt, daß man tunlichst allen strengen Definitionen aus dem Weg geht und die Bedeutung an konkrete Situationen bindet. Das ist zumeist erfolgreich. Im Verlauf eines Seminars für deutsche Topmanager fragte ich einmal nach dem Verständnis von Freiheit. Nach einigem Überlegen brachte einer der Herren eine Bedeutungsbeschreibung zu Stande. Und die hieß so: »Freiheit ist das, was wir haben – Unfreiheit herrscht im Osten«. Genau diesen Mechanismus des Denkens versuchen Systeme ihren Systemelementen über Sprachregelungen beizubringen.

Ich vermute, daß die Bedeutungsbeschreibung des genannten Seminarteilnehmers keineswegs ein Einzelfall, sondern durchaus repräsentativ ist. Nicht repräsentativ ist allenfalls die Bereitschaft, solche Vorstellungen einfachhin vor einem kritischen Publikum zu äußern. So zu *denken*, dürfte fast üblich sein.

Über Sprachregelungen und so festgemachte pseudosemantische Bedeutungen ist es denn auch möglich, bestimmte Worte mit eindeutigen Emotionen zu legieren – und das im Sinne der Systemerhaltung und der Kollektivierung oder Kollektivierbarkeit der Systemelemente (Personen, Gruppen). Über Sprachregelungen läßt sich ein hohes Maß an Gleichschaltung im Denken erreichen. Wenn bestimmte Worte positiv besetzt werden« (Marktwirtschaft, Wettbewerb, Leistung, Konsum ...) und andere negativ (Anarchie, Sozialismus, Verweigerung, Ungehorsam, Revolution ...) dann hat das durchaus zur Folge, daß die damit besetzten Inhalte, obschon sie der Sache nach dem die Worte Gebrauchenden nahezu unbekannt sind (wie sich an der Unfähigkeit, eine zutreffenden Definition zu geben zeigt), entsprechend besetzt werden. Ja man kann durchaus wesentlichen Eigenschaften des herrschenden sozioökonomischen Systems auf die Spur kommen, wenn man einmal die Worte sammelt, die allgemein von den Systemelementen (Strukturen,

Personen ...) positiv oder negativ besetzt sind. Die semantische Bedeutung dieser Worte ist dann jedoch nicht lexikalisch zu erheben, sondern aus den offiziellen oder offiziösen Texten von führenden Systemelementen (etwa von Funktionären von Verbänden, Parteien, Kirchen ...).

Dabei wird sich zwar herausstellen, daß diese Worte nahezu stets semantisch leer sind (also in Leerformeln vorkommen), doch aber auf eine bestimmte Emotion verweisen, die erzeugt werden soll und zwar in einem bestimmten Handlungs-, Sprach- oder Reflexionskontext. So kann das semantisch oft leere Wort »Freiheit« etwa verwendet werden im Kontext:

● freie Marktwirtschaft,
● freie Meinungsäußerung,
● freie Berufswahl,
● Meinungs- und Pressefreiheit,
● für die Freiheit Opfer bringen,
● »nur der Freiheit gehört unser Leben«,
● Freiheit hat ihre Grenze an der Freiheit anderer,
● verantwortungsbewußte Freiheit ...

Sieht man einmal davon ab, daß in den meisten Kontexten ein Negatives bezeichnet ist (das Fehlen äußerer Zwänge), dann wird deutlich, daß das Wort semantisch stets andere Bedeutungen hat, die situationsabhängig und zumeist nur aus Kenntnis konkreter Situationen zu erheben sind. In keinem Fall wird aber Freiheit verstanden als Negation von Negation (Fehlen und Zwang), sondern durchaus als Position – und das geschieht allemal über emotionale Ansprache, die keineswegs semantisch gerechtfertigt ist.

Ich möchte mit Fr. A. von Hayek, dem großen neoliberalen Nationalökonomen annehmen, daß das Wort »frei« (als »Freiheit« in seiner adjektivischen Verwendung) ein Wieselwort* ist.

Die Sprachgebung über die Einführung solcher Wieselworte ist sicher hier auch anzuführen. Früher war »vaterländisch« ein solches Wort, heute ist es »sozial«. »Soziale Marktwirtschaft« ist keine Marktwirtschaft, »sozialer Rechtsstaat« kein Rechtsstaat, obschon die Hüllen von Marktwirtschaft und Rechtsstaat erhalten bleiben. Nun ganz ähnlich scheint es mit dem Wort »frei« zu sein. Die Bedeutung der Sprache für die Konstitution und Tradition einer *symbolischen Sinnwelt* ist unbestrit-

---

* Das engl. »weasel-word« ist eine durchaus kreative Sprachschöpfung. Wieselworte sind Worte, die dem folgenden seinen ursprünglichen Sinn nehmen, es entleeren – ähnlich wie ein Wiesel ein Ei entleert, von dem nur noch die scheinbar unverletzte Schale bleibt. Hayek verweist darauf, daß das Wort »sozial« ein solches Wieselwort geworden sei.

ten, da diese Sinnwelt »symbolisch« heißt, als ihre Gegenstände zum guten Teil »Symbole« (also etwa Worte) sind. Daß eine kollektive oder doch gemeinsame symbolische Sinnwelt ein konstitutives Merkmal von Gesellschaft als System ist, wird kaum bestritten. Sicherlich gibt es Gesellschaften, deren einziger Zweck es ist, einen größtmöglichen materiellen Nutzen für ihre Elemente (Aktiengesellschaften, Kartelle ...) zu erreichen, doch sind diese von unserer Darstellung weniger betroffen. Uns geht es hier um Gesellschaften, die primär dadurch entstehen, daß Menschen miteinander ihre Gesellschaftlichkeit zu realisieren suchen. Wenn man den Begriff »primäre Gesellschaft« nicht zu eng faßt, sondern darunter eine Assoziation von Menschen versteht, die in gemeinsamer und wechselseitiger Interaktion ihre Gesellschaftlichkeit (als wesentlichen Persongrund) realisieren (wollen), dann verstehe ich in diesem Kapitel »Gesellschaft« als primäre. Es soll jedoch nicht geleugnet werden, daß auch die Zugehörigkeit zu sekundären Gesellschaften, insofern sie im Horizont primärer entstehen, durchaus nicht selten eine gemeinsame symbolische Sinnwelt voraussetzt oder produziert. Ich kenne Menschen, die – bislang durchaus systemkritisch – nun aber im Besitz einiger Investmentzertifikate, sich langsam die Inhalte der für das System charakteristischen symbolischen Sinnwelt zu eigen machen. Das geht mitunter durchaus soweit, daß auch die Sprache an die Systemkonventionen angepaßt wird.

Symbolische Sinnwelten spielen nun immer in Sprache – schon weil sie als Hypertheorien auf die Verwendung theoretischer und oft auch hochspekulativer Begriffe verwiesen sind, denen kein Erfahrungsdatum entspricht. Sinnwelten sind Erklärungswelten, nicht Erfahrungswelten. In ihnen wird Erfahrung erfahrbar und als erklärte, gedeutete, über Begriffe begriffene eingebracht. Insofern es prinzipiell möglich ist, über ganz diegleichen Erfahrungen sehr verschiedene Erklärungen zu stülpen, sind also auch die Erklärungssysteme symbolischer Sinnwelten zum guten Teil willkürlich und austauschbar. Diese Austauschbarkeit wird jedoch begrenzt oder gar verboten durch Systemzwänge oder durch systemgebundene von Strukturen gezogene Grenzen.

Zwischen Sprache (vor allem über Wortbedeutungen und über Festlegungen, welche Themen zulässig, ertragreich, sinnvoll ... sind) und Sinnwelt einerseits und zwischen Sinnwelt und System (bzw. dessen Strukturen) andererseits bestehen nun sehr enge Beziehungen. Daß die Sinnwelt keineswegs nur durch System und Systemfunktionen definiert ist, sondern daß auch gegenläufige Prozesse aufweisbar sind, sei unbestritten. Das hat aber zur Folge, daß Systeme solche gegenläufigen Prozesse möglichst über ihre strukturellen Organe und Funktionen (etwa Recht und Moral) zu kontrollieren versuchen. Zum anderen hängt die Systemstabilität weitgehend von der Identität der symbolischen Sinnwelt ab.

Diese Identität, die durchaus auch die Identität des Systems mit sich selbst sichert, ist aber nur gewährleistet, wenn sich die Inhalte der kollektiven Sinnwelt möglichst unverändert tradieren lassen – etwa auf die kommende Generation oder auf Einwanderer oder auf die Bevölkerung »unterworfener« Gebiete. Dabei ist heute vor allem die Weitergabe von Sinnweltinhalten auf die junge Generation gefährdet. Viele junge Menschen sehen nicht ein,

● warum die Marktwirtschaft grundsätzlich der Planwirtschaft überlegen sein muß,

● warum der Wert eines Menschen am Maßstab seiner Leistung oder/und seines Konsums gemessen werden soll,

● warum Wirtschaftswachstum um nahezu jeden Preis wichtig ist,

● warum zwar die meisten vergangenen Revolutionen gut, jede denkbare zukünftige aber schlecht sein soll,

● warum Arbeitslosigkeit ein geringerer Unwert ist als geringerer Profit,

● warum die etablierten Kirchen Recht und die »neuen Religionen« Unrecht haben, wo doch jedermann weiß, daß die Praktiken der neuen auch in den alten ihren Platz hatten oder haben,

● warum der Mächtigere auch meist im Recht sein sollte,

● warum die überkommene Form des Zusammens von Mann und Frau in der konstitutionellen Ehe besser sein soll als frei gestaltetes Zusammenleben,

● warum man mehr Geld verdienen sollte als zum Leben nötig,

● warum sich Staat und Kirche um nahezu alles kümmern müssen,

● warum Menschen Feinde sein müssen, wenn sie in konkurrierenden Systemen leben,

● warum es Kriege geben muß und warum Menschen dazu ausgebildet werden müssen, Kriege zu machen,

● warum Reiche angesehener sind als Arme,

● warum Frauen und Männer nicht gleichberechtigt miteinander die Funktionen ihres Beisammens aushandeln können (und stattdessen Rollenzwängen unterliegen),

● warum Schwarze, Italiener, Homosexuelle, Strafentlassene, Türken, Prostituierte ... Menschen minderer Qualität sein sollen, gleichsam Menschen zweiter Garnitur, die nur beschränkten Schutz und nur begrenzte Achtung genießen,

- warum es süßer ist, für das Vaterland zu sterben, als anderswie,
- warum es überhaupt Makrogesellschaften geben muß, die nur strukturvermittelt (und damit über strukturelle Gewalt) zu regulieren sind,
- warum sich die BR Deutschland demokratisch nennt, obschon die Bevölkerung keinen unmittelbaren Einfluß auf konkrete Politik hat – jedenfalls sehr viel weniger als die Vertreter der Lobbies,
- warum Staat und Kirche sich zum Selbstwert hochstilisieren, obschon doch jedermann weiß, daß sie gegenüber Menschen und Gesellschaft nur Dienstfunktionen haben,
- warum ein Teil der Menschheit buchstäblich im Überfluß erstickt, während ein anderer Teil am Mangel zugrunde geht,
- warum manche Politiker der BR Deutschland totalitäre faschistische Systeme unterstützen oder loben, es sei denn, ihnen liegt der Faschismus näher als der Marxismus oder eine andere Ideologie ...

Dieser Katalog ist nahezu beliebig zu erweitern. Doch alle diese Fragen sind eigentlich unerlaubt, oder doch durch die kollektive Sinnwelt nicht eingefordert und spielen also jenseits deren Grenzen. Das kann natürlich zur Folge haben, daß Menschen versuchen, diese Fragen zu beantworten – und daß die Antworten nicht aus dem Material der Angebote der vorgegebenen Sinnwelt stammen, ja nicht einmal mit deren normierenden Ansprüchen verträglich sind. Das wiederum kann, wenn es über dem Bemühen, Antworten zu finden, zu Kommunikationsgemeinschaften von einigem Ausmaß kommt, dazu führen, daß sich eine alternative Sinnwelt ausbildet, die Antworten auf diese Fragen weiß, die sinnvoller zu sein scheinen als die Strategien des Verschweigens oder der klischeehaften Reaktionen, wie wir sie von Vertretern der alten Sinnwelt kennen.

Es ist nicht zu bestreiten, daß einige dieser Fragen, die heute von jungen Menschen gestellt werden, problematische Probleme ansprechen, Probleme also, für die die bestehende Sinnwelt kein Erklärungsmuster bereitstellt. Zumindest keines, das das Problem befriedigend lösen würde. Die Einheit der symbolischen Sinnwelt erscheint also heute außerordentlich gefährdet, wenn es den so Fragenden gelingt, sich im Mühen um alternative Problemlösungen zu assoziieren. Also wird das bestehende System alle solche Assoziationen zu verhindern suchen, ja es wird alle Kommunikationsgemeinschaften zunehmend skeptischer beäugen, die sich organisiert mit den aufgeworfenen Fragen beschäftigen.

Eines jedoch scheint unbestritten: Das Wetterleuchten einer Systemkrise durch das Angebot alternativer Sinnwelten kann nur dann übersehen werden, wenn man entweder geistig blind ist oder fasziniert auf den eigenen ideologischen Besitzstand starrt.

Auch die *Sozialisation* im Sinne der Systemstabilisierung ist heute nicht immer gesichert. Es gibt Eltern und Erzieher, denen es wichtiger ist, menschliche Menschen zu bilden als angepaßte, denen es wichtig ist, jungen Menschen die Zwänge deutlich zu machen, die nicht selten unter dem Etikett »Freiheit« schmackhaft gemacht werden. Was gut ist und was böse, was rechtens ist und was unrechtens, wird heute keineswegs mehr so eindeutig vermittelt wie noch vor etwa 20 Jahren. Inzwischen sind die jungen Leute der unruhigen endsechziger Jahre zu Erziehern geworden. Und was ihren Vorgängern noch selbstverständlich erschien, erscheint ihnen fraglich, zumindest fragwürdig. Diese Form der gestörten Weitergabe von Einstellungen zu Recht und Moral hat schwerwiegende Folgen für die Identifikation mit dem sozio-ökonomischen System.

Als Hochschullehrer, der 1965 mit seiner Lehrtätigkeit begann, vermute ich, einen kleinen Ausschnitt der Bewußtseinsänderungen registrieren zu können. Ich bin mir bewußt, daß ich mich in den 15 Jahren meiner Lehrtätigkeit selbst verändert habe – und damit auch ein anderes Bemessungssystem besitze als damals. Dennoch scheint mir folgendes ziemlich sicher zu sein:

Die Studenten der endenden Sechziger suchten existentiell und engagiert nach Identifikation mit dem sozio-ökonomischen System. Das vorgefundene System erschien aber so unmenschlich und so verhärtet, daß solche Identifikation nicht konkretisierbar erschien. Daraus zogen sie den Schluß, das System müsse verändert werden. Und das durch Aktion. Dabei hatten sie teilweise Erfolge: Nämlich im Bereich privater Strukturen und der Duldung neuer privater Strukturmechanismen durch die öffentlichen Systemelemente. Etwa in der studentischen Mitbestimmung im universitären Raum oder in der Ausbildung außerparlamentarischer Gruppen (Bürgerinitiativen ...). Das System jedoch konnten sie nicht ändern. Ein Teil gab sich mit dem Erreichten zufrieden. Ein anderer ging in die innere Emigration.

Heute hat sich die Situation dramatisch verändert. Die weitaus meisten jungen Menschen interessieren sich garnicht mehr engagiert für das System oder seine Strukturen. Sie leben ihr Leben *neben* ihnen her. Die Frage nach der Identifikation mit dem System oder seinen Strukturen erscheint unerheblich und sekundär, solange diese sich nicht durch konkrete Herrschaftsansprüche einmischen. Die Entpolitisierung oder auch Privatisierung des eigenen Lebens hat erschreckende Ausmaße angenommen. Dabei handelt es sich keineswegs mehr um eine Emigration nach innen, keine eigentliche Verweigerung, denn beide setzten Kampf und enttäuschtes Interesse voraus. Zu beidem aber scheinen Wille und Fähigkeit geschwunden. Es ist das vielmehr ein Danebenherleben. In diesem Danebenher werden dann allerdings die Fragen gestellt, die ich versucht habe zu katalogisieren. Und diese Fragen werden nicht selten engagiert gestellt und ebenso engagiert beantwortet. Das politische Interesse wurde also gegen ein humanes vertauscht.

Solcher Wechsel des Interesses hat nun durchaus tiefgreifende Folgen. Zum einen schwindet die Bereitschaft, über parteipolitisches Engagement wirksam in politische Prozesse einzugreifen, zum anderen aber bilden sich positiv neue Wertordnungen aus, die unpolitisch, einfach praktisch, realisiert werden. Nicht mehr die Negation der Negation ist strategisches Mittel oder Ziel, sondern ganz einfach die Ausbildung neuer Position neben der alten. Dabei wird die alte nicht selten durchaus toleriert, wie etwa ein Kind eine kindische Großmutter toleriert – vielleicht sogar liebt – ohne auch nur das geringste Bedürfnis zu empfinden, sich mit ihr zu identifizieren.

Das, was sich da an neuen Orientierungen, Verkehrsformen, Kommunikationsgemeinschaften … ausbildet, entzieht sich durch den Wechsel des Interesses zunächst aller politischen oder kirchlichen, aller rechtlichen oder moralischen Einflußnahme. Es ist weitgehend unkontrollierbar, weil es sich nicht *gegen* die bestehende Ordnung artikuliert, sondern neben ihr herlebt. Dennoch ist es außerordentlich unwahrscheinlich, daß dieses Neben nicht früher oder später doch zu einer alternativen symbolischen und weitgehend akzeptierten Sinnwelt führt, die die gestellten Fragen zwar nicht politisch (im überkommenen Sinn des Wortes – also als durch Recht und Moral zu regeln) beantwortet, sehr wohl aber menschlich – durch die Praxis. Veränderte Praxis – vor allem radikal geänderte Praxis – produziert aber zwingend über die damit unmittelbar gegebene veränderte ursprüngliche Theorie-Praxis-Einheit (deren theoretischer Teil sich als sehr undifferenziertes Menschenbild schon heute erheben läßt) neue Theorien und letztlich eine neue Hypertheorie, ein symbolisches Weltbild also. Es wäre töricht, anzunehmen, daß damit die überkommene Rechts- und Moralordnung noch vereinbar wäre. Damit werden mit Sicherheit auch Strukturinhalte ausgetauscht, selbst wenn die Strukturhülsen ziemlich unverletzt blieben.

Solch schleichenden Austausch kann man als »stille Revolution« bezeichnen. Denn um Revolution handelt es sich allemal. Ich bin mir keineswegs sicher, daß das, was am Ende solchen revolutionären Prozesses steht, schlechter ist als das Gegenwärtige.

Dennoch kann auch keineswegs ausgeschlossen werden, daß es gelegentlich zu *offenen* Krisen kommt. Dann nämlich, wenn die etablierten Strukturen sich bei öffentlicher Androhung und gar öffentlichem Vollzug von Strafen gegen Versuche wenden, von ihnen als politisch zu lösend definierte Probleme (wie die in dem Fragekatalog auftauchenden), praktisch-menschlich zu lösen.

Eine andere Konfliktmöglichkeit tut sich auf, wenn politische oder moralische Entscheidungen der Strukturen dazu führen, daß der repressive Druck gegen menschliche Lösungen steigt oder die Problematik der Probleme noch wesentlich gesteigert wird.

Ich vermute, daß ein Paradigmenwechsel, und der Austausch einer symbolischen Sinnwelt durch eine andere bedeutet den radikalsten aller denkbaren Paradigmenwechsel, vor allem deshalb gefährlich ist, weil es in der Phase des Wechsels zu regelmäßigem Kommunikationsabbruch kommt. In unserem Fall steht der Kommunikationsabbruch keineswegs als auffälliges und katastrophales Ereignis ins Haus, sondern schleichend über partielle Kommunikationsverweigerung. Diese Kommunikationsverweigerung ist keineswegs einseitig. Denn die Vertreter eines neuen Paradigmas versuchen durchaus, gelegentlich kommunikative Brücken zu schlagen, doch die werden – zumeist weil es zu Mißverständnissen über Inhalte, Formen und Intentionen kommt – von den Vertretern des alten nicht begangen. Die Kommunikationsverweigerung der Vertreter des heraufkommenden neuen Paradigmas ist also keineswegs als Protest zu verstehen, sondern als Reaktion auf die erwiesene Tatsache, nicht verstanden zu werden.

Sprache, die verbinden sollte, wird somit langsam zum Instrument, durch das sich inkommunikable Lebenswelten definieren. Damit aber ist die Sozialisation (=soziale Integration in die bestehende herrschende Ordnung) an zumindest einigen Stellen erheblich begrenzt. Diese Grenzen sind durch die Grenzen der Kommunikation relativ exakt zu bestimmen.

Endlich bestimmt Sprache weitgehend, was sinnvoll oder sinnhaft ist und was nicht. Die Feststellung und Begründung von *Sinn* geschieht stets im Rahmen der Möglichkeit des Begreifens, der Begriffe, von Sprache also. Die Fragen nach dem Sinn werden aber heute häufiger gestellt. Eine Beobachtung mag das zeigen. Während noch im 18. und 19. Jahrhundert philosophische Anthropologien durchaus auskamen ohne die Fragen (oder das Fragen) nach Sinn zu behandeln, ist das heute nahezu undenkbar. Das Fragen nach dem Sinn von etwas ist heute zu einer Angelegenheit geworden, ohne die Menschsein unverständlich zu sein scheint. Dabei müssen wir uns darüber klar sein, daß solche Sinnfragen dann auftauchen, wenn die herrschende symbolische Sinnwelt keine zureichenden oder als zureichend empfundene Antworten anbietet. Sinnfragen sind also stets Krisenfragen.

Sinn auszumachen, ist im Wesentlichen ein Sprachproblem. Nun bieten System und systemfunktionale Strukturen durchaus Sinnantworten an. Und das oft oder zumeist mit jener Selbstverständlichkeit, mit der sie ihre eigene Existenz als gerechtfertigt annehmen. So entsteht denn eine erhebliche Sorge um die Verwaltung der Sinnfrage, sind doch keineswegs alle denkbaren Antworten system- oder strukturkonform. Es gilt als eine der erheblichsten Aufgaben der ekklesialen Strukturen hier systementsprechende (oder doch zumindest nicht systemwidersprechende) Antworten anzubieten. Das aber bringt diese Strukturen in nicht unerhebliche Verlegenheit. Sie bieten zwar ständig Sinnantworten an – können aber das Angebot nicht einlösen. Denn eine Antwort auf die Frage nach dem Sinn des Lebens – von woher nahezu alle anderen Sinnfragen beantwortbar erscheinen – ist bislang noch niemals von irgendwem gegeben worden. Denn die Sinnantwort ist, wenn überhaupt, dann nicht verbal kommunikabel zu geben. An ihr stößt Sprache an ihre Grenzen.

Und dennoch unterhalten Systeme sich nicht selten den Luxus von Kirchen oder entsprechenden Instituten (etwa K-Parteien), weil es sich noch nicht herumgesprochen hat, daß diese nicht einlösbare Wechsel ausstellen. Meistens wird die systemfördernde und -erhaltende Funktion der Kirchen ... von Politikern oder Wirtschaftlern sehr viel höher bewertet als von kirchlichen Insidern.

Die Sinnfrage wird immer dann besonders hart artikuliert, wenn die Umwelt Sinn vermissen läßt oder gar unsinnig zu sein scheint. Solche Unsinnigkeiten sind Situationen gleichzustellen, deren Sinn nicht erkennbar ist.

Die makroökonomischen Abläufe einer marktwirtschaftlichen Ordnung sind nicht rational gesteuert und also sinnfrei. Sie beziehen ihren Sinn allenfalls aus ihrem »Funktionieren«. Aber auch Sinnloses kann funktionieren. Die Emanzipation vom Sinn gleicht der Selbständigkeit des Besens im »Zauberlehrling«. Er funktioniert und das bis zu einem bestimmten Zeitpunkt auch »sinnvoll«. Da er aber von keiner Rationalität gesteuert wird, erweist sich langfristig sein Wirken als ausgesprochen sinnlos.

Auf der anderen Seite sind heute Entscheidungen zu fällen auf Grund komplexer Informationen und außerordentlich verzahnter Folgeüberlegungen, so daß der Normalbürger die Rationalität der Entscheidung nicht versteht - sie erscheint ihm sinnfrei, ja oft sinnleer oder unsinnig. Ähnliches gilt durchaus auch für all die Bereiche, auf die moderne Wissenschaft unmittelbaren Einfluß hat. Der Nichtfachmann kann hier ebenfalls nicht erkennen, wie der Sinn, die praktische Rationalität einer Situation aussehen mag. Solange er der Wissenschaft und ihren Priestern noch einen unkritischen Tribut zollt, »glaubt« er - ohne zu wissen - an die Sinnhaftigkeit solcher Situationen. Ist aber einmal der Wissenschaftsglaube erloschen - und das ist bei zunehmend mehr Menschen durchaus der Fall - dann erscheinen solche Situationen ebenfalls als durchaus sinnlos.

Das Leben in einer unverständlichen oder gar sinnlosen Welt wirft den Menschen auf die Frage nach dem Sinn eigener Existenz zurück. Er will wenigstens in sich selbst einer Insel von Sinn im Meer des Unsinns begegnen, will sicher sein, nicht bloß als Rädchen in einer letztlich sinnlosen Maschinerie zu funktionieren. Und da die Sprache an dieser Stelle ihren Dienst verweigert, kann er allenfalls versuchen, »Sinn zu fühlen«. Das ist ein durchaus zulässiger, wenn auch keineswegs vernünftiger Weg, Sinn zu finden. Vermutlich aber der einzige. Solche Sinnfühlungen, Sinnanmutungen, solche Verlagerung des Sinnangebots in die Arationalität der Emotion wird von Jugendsekten und allen möglichen (politischen) Schwärmern durchaus praktiziert - und das mit einigem Erfolg.

In unserem Zusammenhang erscheint wichtig die Erkenntnis, daß an einer zentralen Stelle: der der Vernünftigkeit, der Sinnhaftigkeit, die Vermittlung etablierter Strukturen versagt, da sie nicht sprachlich geschehen kann, und die emotionalen Kanäle zum Menschen offensichtlich nicht beherrscht werden (und auch nicht beherrscht werden sollten). Damit erfährt die Person System und Strukturen wegen ihrer grundsätzlichen Sprachlosigkeit vor den Problemen des Sinns selbst als unsinnig, vielleicht gar als widersinnig. Bestenfalls wird sie jetzt die Sinnfrage privatisieren und ausschließlich artikulieren als die Frage nach dem Sinn eigenen Lebens. Das aber geht nur solange gut, als Strukturen deutlich und glaubhaft machen können, daß diese Frage kommunikabel-rational beantwortbar sei. Das aber ist sie offenbar nicht. Das aber heißt, es geht nicht beliebig lange gut.

Wird der Privatisierungsversuch der Sinnfrage einmal deutlich als demagogisch oder als grundsätzlich ergebnislos erkannt, wird die Sinnfrage in aller Heftigkeit dem System gestellt werden. Der Hinweis, es funktioniere gut und schaffe Reichtum, ist dann wenig hilfreich. Kommt es doch darauf an zu zeigen, daß auch *qualitative* Nutzensüberlegungen zu einer positiven Gesamtbilanz führen. Die Planung aber von qualitativem Nutzen, von qualitativer Optiminierung, von Nutzen und Optimierung von Qualitäten (und nicht nur von Quantitäten wie Wachstum, Reichtum, Sozialprodukt …) scheint aber nicht über die undurchschaubaren Mechanismen des Marktes möglich zu sein. Hier wird sehr genau geplant werden müssen. Das aber bedeutet, daß in wesentlichen Bereichen die Rationalität in Politik und Wirtschaft sich nicht erschöpfen kann, technisch optimal vor dem Anspruch der Gegenwart und des Augenblicks Probleme zu lösen, sondern daß rational begründet, Ziele gesetzt werden und ebenso rational angestrebt werden – wobei durchaus unter Umständen technisch die zweit- oder drittbeste Lösung gewählt werden muß. So kann denn Wirtschaft und Politik wieder zur Sprache kommen, so kann sie wieder Sinn deutlich machen. So kann denn die Strukturkonstitution durch Sprache (als Teilfaktor) in einem größeren Gesamt wieder möglich werden.

Aber ist denn das noch unser System? Ist das noch das sozio-ökonomische Gebilde, daß unsere BR Deutschland beherrscht und ihr Gesicht nach innen und außen bestimmt? Ich denke nicht. Ich vermute, daß unser sozio-ökonomisches System das zentrale Dogma von der Evolution als Grund und Methode des Systemwandels lebt. Dieser liberale Evolutionismus aber beruht auf dem merkwürdigen und inzwischen wohl zureichend falsifizierten Dogma, daß es in sozialen Systemen zugehe wie in der Natur. Wenn die Natur ihre Gegenwartsprobleme ökologisch optimal löse, dann komme es auf Ganze zu einer Aufwärtsentwicklung. So auch das Makrosystem Ökonomie. Wenn es seine Probleme wirtschaftlich-technisch optimal löse oder durch politische Instanzen lösen lasse, dann komme es schon wie von selbst zu einer Aufwärtsentwicklung. Die Irrationalität des biologischen Mechanismus: Überproduktion – Mutation – Selektion führe zu einer höheren Rationalität des Ganzen. So auch in der Ökonomie. Nun ist diese Analogie als falsch erkannt. Damit auch ein Dogma des Systems. Mit der Aufgabe eines Dogmas im Erkenntnisbereich endet nicht schon seine faktische Wirksamkeit. Es sind aus der Geschichte der Wissenschaften Fälle bekannt, in denen eine Theorie – einmal als Paradigma weltbildkonstituierend geworden – durchaus als unbrauchbar und auf falschen Voraussetzungen beruhend erkannt wurde. Das aber bedeutet noch lange nicht ihre Aufgabe. Wir wissen heute, daß die Newtonsche Erklärung des freien Falls kurios ist und eher eine Beleidigung des denkenden Menschen (das war sie übrigens immer schon). Darüber hinaus wissen wir auch, daß sie falsch ist. Das sagt aber nicht, daß sie in der Praxis aufgegeben worden wäre. Sie führt halt in weiten Bereichen zu brauchbaren Resultaten. So auch der ökonomische Evolutionismus.

Ich denke, daß wir uns Ziele setzen müssen. Ziele, die menschliche Qualitäten betreffen. Solange wir uns nicht fragen, ob ein neues Gesetz, eine neue Verordnung, eine neue Verwaltungsweise, ein neues Urteil, ein erneutes moralisches Fordern nicht mehr an Menschlichkeit besorge, solange wir also nur Gegenwartsprobleme lösen wollen und können, werden wir zwar systemkonform agieren, aber das Ziel unseres Weges wird uns unbekannt bleiben. Das mag – wie gesagt – solange ziemlich ungefährlich sein, als daran nur die Existenz einer Staatsverfassung, einer wirtschaftlichen Ordnung, eines Moralsystems hängt. Seitdem aber die Existenz der Menschheit daran hängt, hat die Systemdiskussion eine neue Qualität erhalten. Und mit ihr auch die Frage nach der Veränderung von Strukturen und Verkehrsformen – und damit letztlich des Systems selbst. Akzeptieren wir also prinzipiell, daß sich Makrogesellschaften Ziele setzen, die ein Mehr an Humanität begründen. Dann wird zumeist die berühmte Fangfrage gestellt, wer denn entscheide, was denn nun humaner sei als etwas anderes. Nun diese Frage ist entschieden und entscheidbar – und zwar unabhängig von weltanschaulichen Vorgaben: Humaner ist erstens, was den Bestand der Menschen so sichert, daß sie biologisch und psychologisch gesund überleben können.

Humaner ist zweitens, was macht, daß destruktive Individual- und Sozialkonflikte nach Intensität und Menge minimalisiert werden. Diese beiden Forderungen und Bestimmungen sind nicht mit blasiertem Lächeln zu killen, obschon ich nahezu sicher bin, daß der eine oder andere Leser dieses Buches es versuchen möchte.

Wenn wir also schon wissen, was denn »humaner« bedeutet, können wir auch auf Zukunft hin projizieren. Ich vermute, daß in diesem Satz das »Können« ersetzt werden soll durch ein »Müssen« – aber das steht hier nicht zur Diskussion. Sicher ist jedenfalls, daß es uns möglich – und zwar sinnvoll möglich ist, gesellschaftlichen Wandel zu orientieren und damit selbst sinnvoll, weil rational zu machen. Daß damit ein systemtragendes Moment fortfällt, sollte uns nicht weiter kümmern, wenn zureichend sicher ist, daß der Bestand des Systems – auch über seine Selbsterhaltungsmechanismen – durchaus den Bestand von Menschheit gefährden *kann*. Der Grund ist seine Arationalität und damit seine Unkontrollierbarkeit.

Die entscheidende strategische Frage lautet: Wird es möglich sein, beliebig lange Problemlösungen, die das System über seine Strukturen zuläßt, so zu gestalten, daß nicht-optimale (im Sinne augenblicklicher technischer Möglichkeit und Einsicht) Problemlösungsstrategien zugelassen werden, die jedoch dem gesetzten Ziel näher führen? Werden Resultanten zwischen den beiden Komponenten: technisch-optimale Problemlösung und Zielannäherung toleriert und möglich sein? Die Vertreter einer revolutionären Strategie verneinen dies. Sie sind der Auffassung, daß in Systemkrisen das System selbst technisch-optimale Lösungen erzwingt. Und nur solange auf sie verzichtet, als sie gleichsam auf einer unkritischen und problemfreien Spielwiese ausgetragen werden.

Die Vertreter einer transformatorischen Lösung »glauben«, daß eine Transformation des Systems durch Reformen nach Art der Resultate, des Zielkompromisses also, auch langfristig durchzuhalten ist. Auf Grund von Einsicht scheint diese Frage nicht entscheidbar – sondern allenfalls auf Grund von Vermutungen, Hoffnungen, Interessen. Während die revolutionäre Strategie also davon ausgeht, daß Sinnfreiheit und besinnendes Bemühen so unvereinbar miteinander sind, daß Kommunikation zwischen den beiden (und das ist nicht nur Kommunikation zwischen Menschen, sondern zwischen verschiedenen Motivationszonen in ein und demselben Menschen) unmöglich oder doch unwirksam ist, vermuten die Transformisten, daß gesellschaftlicher Wandel durchaus möglich ist, wenn und solange Kommunikation aufrecht erhalten werden kann – und somit die Vermittlung von Sinn und Rationalität zwischen System und Systemteilen und -elementen (Personen und Strukturen) möglich ist. Ist solche Kommunikation, nicht nur als geduldete, sondern als konstitutives Moment für Gesellschaft auch von Makrosystemen akzeptiert (das zeigt sich darin, daß es sie praktiziert), dann kann es möglich sein, daß sozialer Wandel transformatorisch vor sich geht.

Aber da stellt sich schon wieder eine wichtige Frage. Ist denn eine solche Kommunikation überhaupt möglich, wenn der eine der Partner sich in dem Begriff »Markt« verdichtet, also frei ist von jeder Einsicht, jedem Sinn, jeder Vernunft? Solcher Markt kann sich doch nur zur Sprache bringen, indem er funktioniert, nicht aber indem er über sich selbst reflektiert. Er hat kein Selbstbewußtsein – das haben allenfalls seine Agenten.

Stellen wir also die Frage anders: Ist eine Kommunikationsgemeinschaft möglich zwischen den Agenten des Systems und anderen Systemteilen oder aber sind Systemagenten, insofern Systemagenten, sobald sie zu sprechen, zu denken, zu argumentieren beginnen, halt keine Systemagenten mehr, sondern nur noch Personen, die am Funktionieren des

Systems aus gleich welchen Gründen (meist privaten) interessiert sind? Gilt das etwas zynische Wort, daß sich alle Sachprobleme auf Personenprobleme reduzieren lassen?

Bejaht man diese Frage, dann ist natürlich das System aus seiner unpersönlichen Anonymität genommen. Es hat zwar damit keine Vernunft und keinen Sinn bekommen, doch es kann seine Interessen darstellen und verteidigen – oder auch mehr oder weniger wirksam infrage stellen lassen. Aus Systemagenten sind Nutznießer des Systems geworden. Und mit denen kann man allemal zumindest sprechen. Ob es möglich ist, sie zu überzeugen, ist eine andere Frage. Und eine Kommunikationsgemeinschaft liegt eigentlich nur dann vor, wenn alle Mitglieder bereit sind, auch Argumente gegen ihre Interessen gelten zu lassen – und aus solchen Argumenten Handlungskonsequenzen zu ziehen.

Nun wissen wir alle, wie sehr Erkenntnis, Einsicht, Handeln gar, interessengeleitet sind. Und wie schwer es ist, Interessen des Gemeinwesens gegen Interessen des Individuums durchzusetzen oder auch nur als erheblich einsichtig zu machen. Die marktwirtschaftliche, letztlich auf dem Egoismusprinzip aufruhende Gesellschaftsordnung hat jedenfalls nahezu alles getan, um solche Hürden allgemein unüberwindbar zu machen.

Vielleicht sind es nur jene Menschen, die (noch) nicht systemintegriert sind, die noch nicht, um überleben zu können, vom Bazillus Egoismus angesteckt sind, die zu solchen Abwägungen sinnvoll und effizient in der Lage sind? Ich wage diese Frage nicht zu beantworten. Denn von dieser Antwort hängt, wenn nicht die biologische, so doch die humane Existenz von Menschheit ab.

Wie Sie sehen, rede ich nicht der revolutionären Aktion das Wort. Und das aus einem einfachen Grund: Ich fürchte, daß revolultionäre Aktion zu Reaktionen führt, die durchaus kriegerischer Art sind. Und Kriege in unserem Zeitalter sind halt nicht die merkwürdig anheimelnden Bürgerkriege etwa des 18. Jahrhunderts (wie die Unabhängigkeitskriege der USA oder die Wirren der Französischen Revolution). Die menschenmordende Idylle jener Jahre scheint nicht reproduzierbar.

c) Das Reflektieren

»Reflexion« ist ein Element aus der dialektischen Trias, die die Grenzen einer Gesellschaft nach außen und ihre Strukturen nach innen bestimmt. Etwas vereinfachend kann man sie also als Begründungselement von Gesellschaft verstehen. »Reflexion« bezeichnet das Nach-Denken über Bedingungen, Möglichkeit und Grenzen menschlichen Denkens, Wollens, Handelns. Nach-Denken meint jedoch keineswegs nur ein Denken ins zeitliche Nachhinein, sondern das »Nach« meint vielmehr den Primat von Denken, Wollen und Handeln. Diese können aber auch projektiv vorgestellt sein. Nachdenken ist also durchaus auch möglich über noch nicht real Geschehenes, soweit es nur im Denken zuhanden ist.

Das Reflektieren folgt auf die ursprüngliche Theorie-Praxis-Einheit, mag sie gegenwärtig realisiert oder als zukünftig geplant dargestellt sein. Was aber ist die »ursprüngliche Theorie-Praxis-Einheit«? Wenn Menschen handeln, mit Natur, mit anderen umgehen, wenn sie arbeiten, miteinander sprechen, wenn sie spielen oder kämpfen, wenn sie leiden oder sich empören ... dann hat dies alles nicht nur eine Außenseite, nicht also nur die Seite des sinnlich bemerkbaren Ablaufs. Mit solchem Ablauf ist stets verbunden ein Bedenken, ein Verstehen, ein Erklären, ein Meinen, ein Beabsichtigen ... also eine Innenseite. Innen und außen sind in konkreten menschlichen Vollzügen (insoweit menschlich) so eng miteinander verwoben, daß das agierende Subjekt beide als Einheit wahrnimmt. Diese ursprüngliche Einheit von Außen und Innen, von Praxis und Theorie, nenne ich ursprüngliche Theorie-Praxis-Einheit. In ihr geschieht noch keine Reflexion – aber sie ist der Gegenstand von Reflexion. Solche Reflexion kann genötigt werden, wenn in der ursprünglichen Theorie-Praxis-Einheit Störelemente auftauchen, die entweder die Einheit selbst problematisieren oder aber Handeln aus dieser Einheit unwirksam sein lassen oder doch nicht zur gewünschten Wirksamkeit führen.

Solche Reflexion kann aber auch »frei« sein. Etwa dann, wenn Menschen aus theoretischem Interesse, aus einer Art Neugier sich um Verstehen und Erklären dessen bemühen, was in ihrem Tun geschieht. Diese Neugier muß keineswegs verspielt oder akademisch sein – oft hat sie eine sehr praktische Seite. Es kommt ihr nämlich darauf an, die Beziehungen zwischen ursprünglicher Theorie und ursprünglicher Praxis auszumachen, die Regeln festzustellen, die Tun effizient machen oder scheitern lassen – ohne konkreten Anlaß, es sei denn den der Möglichkeit des Scheiterns. Wir Menschen sind also durchaus in der Lage, gleichsam prophylaktische Untersuchungen anzustellen über Gründe möglichen Mißerfolgs, über Quellen möglichen Scheiterns, möglicher Probleme, Krisen und Konflikte.

Sei Reflexion nun gebunden oder frei, sie bedenkt stets konkrete oder doch konkret mögliche Theorie-Praxis-Situationen. Dieses Bedenken kann zwei Aspekte haben: den des Verstehens und/oder den des Erklärens. »Verstehen« meint hier ein geistiges Erfassen der Zusammenhänge und Abhängigkeiten. Etwa den von Theorie und Praxis, von der Abbildung und wechselseitigen Produktion beider und dem Handlungserfolg ... In besonderen Fällen meint »Verstehen« dann auch das Verstehen von Handlungen (Sprech-, Ausdrucks-, Tathandlungen) anderer Menschen oder gar der Motivationen anderer Menschen. Dieses *Bedeutungsverstehen* oder *Motivationsverstehen* (Motive sind gemeinte Bedeutungen des handelnden Subjekts) kann jedoch als Spezialfall des *Bezugsverstehens* gedeutet werden, das uns hier vor allem interessiert. Versuche ich Bedeutungen zu verstehen (etwa die Bedeutung eines Wortes, eines Satzes), dann setzt das ein Verstehen der Beziehung zwischen der »objektiven Bedeutung« (das ist die Bedeutung die von den meisten Menschen gleichen Interesses und gleicher Erwartung erhoben wird) und der subjektiven (das ist die Bedeutung, die das Wort, der Satz für mich im Augenblick des Verstehens hat) voraus. Liegen keine besonderen hermeneutischen Schwierigkeiten vor, fällt das Bedeutungsverstehen weitgehend mit dem Relationsverstehen zusammen. Ähnliches gilt auch für das (wissenschaftlich sehr problematische) Motivationsverstehen. Nur ist jetzt die zu verstehende Relation zweigliedrig: gemeinte Bedeutung – objektive Bedeutung – verstandene Bedeutung.

Reflexion hat also als *Verstehensreflexion* die Aufgabe, Zusammenhänge verständlich zu machen. Solches Verstehen ist die analytische Grundlage jeder weiteren Reflexion. Unverstandenes kann nicht beherrscht, nicht bedacht, nur sehr unzulänglich und mit ungewissem Ausgang geändert werden. Verstehen ist also der erste Schritt reflektorischer Prozesse. Es kann kaum übertrieben werden, kaum sorgfältig genug geschehen – es sei denn man vergäße darüber den Bezug zur ursprünglichen Theorie-Praxis-Einheit. Denn auch Verstehen ist nicht bloßer verspielter Selbstzweck sondern ist orientiert auf die ursprüngliche Einheit von Theorie und Praxis, aus der jedes menschliche Handeln ... entspringt, dessen Realisation es ist.

Ist aber einmal ein Sachverhalt in seinen mitunter recht komplizierten Zusammenhängen verstanden, beginnt die Phase der *Erklärung*. Sie kann nur dann erfolgreich sein, wenn im Verstehen die Bezüge und Zusammenhänge richtig ausgemacht wurden. Wird etwa hier ein dialektischer wechselseitiger gleichursprünglicher Begründungszusammenhang falsch als Ursache-Wirkungs-Folge interpretiert, wird mit an Sicherheit grenzender Wahrscheinlichkeit die Erklärung des betreffenden Sachverhalts mangelhaft ausfallen. Werden wesentliche Aspekte übersehen, werden Bezüge unter- oder überbewertet, kommt es sehr wahrscheinlich zu Fehldeutungen. Nun sind Verstehen und Erklären nicht zeitlich voneinander zu trennen. Im konkreten Ablauf geht beides zumeist ineinander über. Es besteht ein wechselseitiges Bestimmungs- und Korrekturverhältnis, von dem ich vermute, daß bei allem Verschiedensein von Erklären und Verstehen beide dialektisch – d. h. einander begründend – von einander abhängen.

Die Erklärung (oder wie es in der Wissenschaftssprache heißt: die Theorie) spielt nun in einer anderen Sprache als der der Erfahrungen. Diese werden nicht mehr beschrieben, ihre Zusammenhänge werden nicht mehr bloß ausgemacht, sondern Erfahrungen und Erfahrungszusammenhänge werden gedeutet, erklärt. Die Erklärung selbst wird dabei nicht wieder auf Erfahrungsgründe zurückgeführt (das wäre dann letztlich nichts anderes als das Ausmachen von Abhängigkeiten, Beziehungen), sondern auf Gründe, die der menschliche Verstand schafft. Es geht also um das Ausmachen der Bedingung der Möglichkeit von etwas oder um das Zusammensehen von Ereignissen, die in der Erfahrungssphäre nichts miteinander zu tun haben. So kann ich etwa mit K.-O. Apel die Kommunikationsgemeinschaft als Bedingung der Möglichkeit von Kommunikation überhaupt erkennen. Um zu verdeutlichen, daß es sich dabei nicht um eine erfahrbare Kommunikationsgemeinschaft handelt, sondern um einen Erklärungsbegriff, spricht man in der Wissenschaft von *transzendentaler* Kommunikationsgemeinschaft. Das Wort »transzendental« hat also keinerlei mystische Bedeutung, sondern bezeichnet als Adjektiv, daß das folgende Substantiv ein Erklärungsbegriff ist, der auf die Weise der Frage nach der Bedingung der Möglichkeit von etwas erhoben wurde.

Der zweite Theorientyp verfährt anders. Er will Erfahrungen, die nichts Erfahrbares miteinander zu tun haben, miteinander in Beziehung setzen. Hierher gehört etwa die Newtonsche Gravitationstheorie, die so verschiedene erfahrbare Vorgänge wie den freien Fall und die Planetenbewegung unter ein Dach brachte.

Beide Erklärungstypen, der transzendentale und der theoretische, sind oft miteinander verbunden, wenn das zu Erklärende Erfahrungsdatum *menschlicher* Handlungen … ist.

Nun sind Erklärungen immer in Gefahr, sich von der ursprünglichen Theorie-Praxis-Einheit abzulösen und ein Eigenleben zu beginnen. Das kann vor allem dann geschehen, wenn die Problemlösungsfunktion der Erklärung nicht mehr wahrgenommen oder erfahren wird. Nicht wenige Hypertheorien haben sich so von allen konkreten Bezügen gelöst und ein (ideologisches) Eigenleben begonnen. Der Realitätsverlust der Theorie (d.h. ihre Unfähigkeit, auf konkrete Theorie-Praxis-Einheit so zurückzuwirken, wie es die Probleme dieser Einheit verlangen), kann verschiedene Gründe haben. Einige seien hier erwähnt:

● Die Theorie wird zum Paradigma (d.h. sie wird weltanschaulich relevant).

● Die Theorie löst Probleme, die sie sich selbst schafft und wird so als unentbehrlich empfunden.

● Die Theorie behandelt Probleme, die in der ursprünglichen Theorie-Praxis-Einheit nicht mehr vorhanden sind, sei es daß sie gelöst wurden oder gar nicht – wie vielleicht einmal vermutet – auftauchten.

● Die Theorie wird von Wissenschaftlern beherrscht, die in der Beherrschung ihre Existenzgrundlage finden.

● Die Theorie scheint evident zu sein, d.h. sie vermittelt Gewißheiten, Sicherheiten, Plausibilitäten, die sich bekanntlich nicht oder nur beschränkt der Kritik durch Realität stellen.

Um ein Beispiel einer solchen leicht problematisch werdenden Theorie darzustellen, wähle ich die spekulative Theologie (hier als Disziplin mit Wissenschaftsanspruch verstanden – als Reflexionssystem also, das wie jedes andere die Aufgabe hat, Theorien zu erstellen). Ausgang jeder »gesunden« Theorie sind Probleme in der ursprünglichen Theorie-Praxis-Einheit. Das wären in unserem Fall etwa Schwierigkeiten im Glauben oder zwischen Glauben und religiösem Tun. Theologie müßte nun versuchen, zunächst diese Schwierigkeiten zu verstehen, sie dann zu erklären, um von dem Erklärungssystem her Lösungsvorschläge anbieten zu können. In der Praxis aber verfährt die spekulative Theologie anders. Sie macht Erklärungssystem über die materiellen Quellen von Religiosität, nicht um Probleme konkreter Religiosität lösen zu helfen, sondern um ein ideologisches Gebäude zu errichten, das nicht selten den Abstraktionsgrad symbolischer Sinnwelten erreicht. Die materiellen Quellen christlicher Religiosität sind etwa: die Heilige Schrift, die Tradition des Glaubens (in der sie sich die Heiligen Schriften selbst auslegen), das Lehramt der Kirche (das dafür verantwortlich ist, daß solche Selbstauslegung nicht der Willkür anheimfällt). Diese materiellen Quellen gehen durchaus legitim in die Bildung konkreter Religiosität ein. Sie haben also einen eigenen und zwar primären Bezug zur ursprünglichen Theorie-Praxis-Einheit.

Macht man sie aber zum Gegenstand eines Reflexionssystems, dann geschieht Wissenschaft nahezu um ihrer selbst willen. Die Rückwirkung auf die ursprüngliche Theorie-Praxis-Einheit und ihre Probleme ist denkbar gering und eher zufällig. In dieser Lage aber ist die spekulative Theologie heute. Das bedeutet aber, daß sie oft als unverständlich, überflüssig, störend, ja antireligiös empfunden wird. Und das alles ist sie auch zum guten Teil. Wer sich heute einmal die üblichen Sonntagspredigten in vielerlei Kirchen (Ausnahmen gibt es) anhört, wird die völlige Weltfremdheit der Theologie und ihrer Sprache erleben. Diese Weltfremdheit hat aber gerade ihren Grund darin, daß sie nicht Probleme konkreter Religiosität löst, sondern Lösungen für Probleme anbietet, die niemand hat – oder die Probleme für die sie Lösungen anbietet, so lange artikuliert, bis sie künstlich entstehen.

Die Realitätsablösung solcher Theologie ist beachtlich – und auch für das Christentum, wie es in den Kirchen aufgehoben ist, nicht ganz ungefährlich. Denn nicht wenige Menschen schließen von der Realitätsabgelöstheit der Theologie auf die Realitätsfremdheit des Christentums und seiner Kirchen. Das tun sie zwar zu Unrecht, aber durchaus verständlich, denn es scheint, daß die Kirche und das Christentum in unguter Weise unter die Theologen gefallen seien. Welche Konsequenzen das hat, ist leicht zu ermessen. So werden (selbst von den Kirchen) Angriffe gegen die Theologie als Angriffe gegen sie selbst oder gegen den Glauben fehlinterpretiert – Angriffe, die doch gerade des Glaubens und der Kirche willen erfolgen.

Nun werden Sie sich sicher fragen, was denn diese Attacke gegen manche zeitgenössische Theologie mit Krisen und Konflikten zu tun hat. Nun der Bezug ist ein doppelter:

● die religiöse Krise ist ein Aspekt der umfassenden sozialen und
● die Kirche, als öffentliche Struktur mit der Verwaltung, Verkündung und Durchsetzung von Moral betraut, ist ein erhebliches Element unseres Systems.

Ich will nun an dieser Stelle auf diese beiden Punkte nicht näher eingehen. Hier interessiert vor allem der Bezug zwischen Reflexion und Gesellschaft. Nachdem die Funktionen von Reflexion verdeutlicht worden sind, können wir versuchen, die Bezüge zwischen beiden auszumachen. Welche Bedeutung hat nun Reflexion für die Begründung von Gesellschaft? Geht man von sozialen Mikrostrukturen aus, wird man die Bedeutung der Reflexion meist überschätzen. Es gibt Sozialphilosophen, die der Ansicht sind, daß etwa Kleingruppen oder Familien sich weitgehend ihren gesellschaftlichen Charakter über das Medium Reflexion selbst vermitteln, indem sie erst in und durch Reflexion zu sich selber kommen und sich ihrer als soziales Subjekt bewußt werden.

Aber man kann mit guten Gründen bestreiten, daß das »Selbstbewußtsein« einer sozialen Einheit – etwa einer Familie – diese zuerst begründet. Ist es nicht vielmehr der institutionelle Rahmen in Verbindung mit natürlichen Bedürfnissen die zur Konstitution von Familien führen?

Und ist es nicht ein gemeinsames Interesse, ein gemeinsames Bedürfnis also und/oder eine gemeinsame Erwartung, die zur Bildung von Gruppen führen?

Und dennoch spielt Reflexion in der Konstitution von sozialen Gebilden eine nicht unwichtige Rolle. Sie verbindet nämlich in optimaler Weise Sprechen und Handeln und minimalisiert Mißverständnisse beim einen wie beim anderen sowie in der Verbindung beider. Das ist ganz offensichtlich bei schlichten Formen der sozialen Reflexion, wie sie etwa in jeder Metakommunikation statthaben.

Eine ausgezeichnete Rolle spielt die Reflexion jedoch bei der Begründung *gesellschaftlicher Identität*. Damit kann ein Doppeltes gemeint sein:

● die Identifizierung von Personen, Gruppen, Systemteilen... mit konkreter Gesellschaft und

● das Selbstbewußtsein (das Wissen um den Selbstwert, den Selbstand und das Beisichsein) von Gesellschaft.

Die Identifikation mit Gesellschaft geschieht über recht verschiedene Geleise. Hierher gehören:

● Die Internalisierung gesellschaftlicher Normen.

● Die Übernahme der kulturellen Strukturen der Gesellschaft, vor allem der Inhalte der sozialen symbolischen Sinnwelt.

● Die aktive Kooperation im Kontext anderer Strukturen (etwa der politischen oder ökonomischen) nach den Standards der Gesellschaft.

● Die Befriedigung eigener Bedürfnisse nach Maßgabe der von der Gesellschaft angebotenen Möglichkeiten.

● Der Vollzug von gesellschaftlichen Funktionen ins Innen (etwa als Beamter) oder ins Außen (etwa als Richter oder Diplomat oder Soldat).

Alles dies führt zumeist zu Verstärkungen der Identifikation mit einem konkreten gesellschaftlichen System. Sicherlich geschehen die meisten dieser Handlungen oder Einstellungen immer in konkreter Interaktion mit anderen Mitgliedern der Gesellschaft. Versucht ein Mitglied seine Internalisierung als Einzelgänger, wird sie wahrscheinlich ohne Gegenliebe – d. h. ohne jede Verstärkung bleiben. Das aber bedeutet, daß sie zumeist mißlingt. Die Mitmenschen sind also als Agenten und als Repräsentanten des Systems notwendige soziale und psychische Instanzen, weil sie die Identifikation ratifizieren und akzeptieren müssen. Ohne solches Akzept läuft nichts – außer einer eher platonischen Liebe zu einer Gesellschaft, die sich dann aber nicht funktional darstellt, sondern eher »ontologisch«.

Über die Identifikation mit konkreter Gesellschaft kommt es zum Auffinden der persönlichen Identität eines Menschen – sie wird über die Identifikation mit konkreter Gesellschaft mitveranlaßt.

Ganz offensichtlich aber geschehen die Interaktionen, die allein erst Identifikation mit Gesellschaft ermöglichen, auf sehr verschiedenen Ebenen. Handeln, Sprechen (Kommunikation) und Reflexion sind sicherlich die Wichtigsten. Ich vermute, daß ohne jede Reflexion die Identifizierungsstrategien unkritisch verlaufen und damit immer gefährdet bleiben.

Das Verhältnis zu Gesellschaft wird stets bestimmt sein durch die kreative Spannung von Nähe und Distanz zugleich. Diese aber läßt sich optimal nur erhalten in dauernden reflektorischen Prozessen. Zwar gibt es »angeborene« Regulatoren für Nähe und Distanz, doch die gehen ausschließlich auf konkrete Interaktionspartner – also allenfalls auf Agenten oder Repräsentanten des Systems – niemals aber auf dieses selbst.

Reflexion aber wird vor allem im Konfliktfall erheblich. Ich vermute, daß ein Konflikt einer Person mit einer Gesellschaft (vor allem einer Makrogesellschaft), nur reflektorisch zu lösen ist. Während sich bei Konflikten mit Mikrogesellschaften unter Umständen die reflektorische Methode der Metakommunikation als Lösungsinstrument anbietet, scheint im Konfliktfall mit Makrosystemen eher die »private« Reflexion weiterzuführen. Die großen Auseinandersetzungen mit Großgesellschaften wie Staaten, Kirchen, ökonomischen Strukturen, sind durchaus gezeugt worden und zum ersten Wort gekommen in stillen Stuben und nicht zuerst auf dem Markt.

Wenn schon die Reflexion für die Identifikation mit Gesellschaft erheblich werden kann, so auch für die Konstitution der gesellschaftlichen Identität. Ich vermute nicht, daß Gesellschaften so etwas wie ein kollektives Bewußtsein haben, daß sie also nicht kollektive Subjekte mit eigenem Bewußtsein (und gar eigenem Unbewußten) sind. Wohl aber sind Gesellschaften Subjekte sui generis, die ihre Mitglieder dazu bringen, Verhaltensmuster zu zeigen, zu denen sie sonst unfähig wären, Inhalte zu akzeptieren, die ihnen sonst fern lägen oder gar blödsinnig erschienen. Das heißt, die Zugehörigkeit zu einer Gesellschaft verändert das Denken, das Handeln, das Glauben … von Personen – und das nahezu zwangsläufig über angeborene psychosoziale Mechanismen. In diesem

Sinne hat also Gesellschaft sehr wohl eine eigene und eigentliche Subjektivität. Was aber konstituiert sie? Wie kommen Gesellschaften zu ihrer Identität als Subjekt?

Vermutlich bilden sie – um philosophisch zu argumentieren – so etwas wie eine eigene formierende und informierende Ursache (causa formalis) aus, die – ähnlich wie die Psyche als informierende Instanz Person mitverursacht – Gesellschaft zu einem ontologischen Subjekt macht. Gerade die Möglichkeit, Gesellschaften systemtheoretisch zu beschreiben, läßt ihren ontologischen Eigenstand vermuten – sie beziehen also ihr Sein nicht nur aus dem Willen ihrer Mitglieder, sich kollektiv – gesellschaftlich zu verhalten. Denn dieser Wille kann vorübergehend fehlen oder sehr reduziert sein, ohne daß Gesellschaft zugrunde ginge.

Von besonderer Bedeutung aber für die Identität von Gesellschaften mit sich selbst scheint die Konstanz der Strukturen zu sein. Hier seien vor allem zwei genannt:

● die symbolische Sinnwelt und
● die Identität und Verbindlichkeit der Normen.

Über die gesellschaftsbildende Funktion der einheitlichen symbolischen Sinnwelt habe ich schon oben gehandelt. Hier einige Worte zu Normen.

Ich unterscheide zwischen materialer Norm und formaler. Die materiale Norm ist der Gegenstand, die Materie der Norm, die formale ihr Verpflichtungscharakter. Normen können unter bestimmten Umständen, über die noch zu handeln sein wird, ihren Verpflichtungscharakter verlieren. Es bleiben dann noch rein materiale Normen, Normenhülsen gleichsam, übrig. Ich will hier zunächst über den materialen Charakter von Normen handeln und fragen, wie solche Normen (material) zustande kommen.

Zum zweiten sind zu unterscheiden Ist-Normen von Soll-Normen. Ist-Normen sind zumeist unproblematische empirisch feststellbare Regelmäßigkeiten im sozialen Verhalten. Erst bei tatsächlichen oder möglichen Verstößen kommt es zu negativen Sanktionen. Diese sind immer ein Charakteristikum für Soll-Normen. Eine Differenz zwischen Ist- und Soll-Normen wird also im Konfliktfall erkennbar, wenn sich Gesellschaftsmitglieder nicht an Normen (und Normierungen) halten.

Andererseits gibt es auch Soll-Normen, die nicht vom konkreten Handeln und Verhalten in seinem »normalen« Ist abgedeckt werden. Solche Soll-Normen haben die Aufgabe, projektiv das Verhalten von Menschen neu zu orientieren. Viele Gesetzesnormen sind solche projektiven Soll-Normen. Wird eine solche projektive Soll-Norm, deren Existenz typisch ist für soziale Makrostrukturen, nicht beachtet, kann es durchaus zu sozialen Krisen kommen, wenn Gesellschaft versucht, ihre Achtung zu erzwingen. Projektive Normen sind nicht schon apriori von allen Gesellschaftsmitgliedern akzeptiert oder gar internalisiert (das gilt allenfalls für die Berechtigung des Systems, positiv normierend tätig zu werden). Soll-Normen entsprechen am weitestgehenden Ist-Normen, wenn

● sie internalisiert wurden und damit wie selbstverständlich und unbestritten gelten (das bedeutet keineswegs, daß sie auch immer beachtet werden müssen). Eine Diskrepanz zwischen Akzeptation einer Norm und der Unmöglichkeit oder Unfähigkeit, sie zu beachten, ist der Grund manchen destruktiven Individual- oder Sozialkonflikts.),

● die Mitglieder einer Gesellschaft sich weitgehend mit dieser Gesellschaft identifizieren [Das geschieht etwa, wenn sie die Lebensäußerungen (Funktionen) der Gesellschaft als ihre betrachten oder sie doch emotional positiv besetzen. Das geschieht aber vor allem, wenn die Zugehörigkeit zu einer Gesellschaft Bestandteil der Identitätsgründung eines Menschen geworden ist.],

● die Sanktionen bei normenwidrigem Verhalten erheblich sind [Diese Sanktionen können explizite Strafen (im Sinne von Strafen, die die rechtsprechenden Organe der Gesellschaft verhängen), aber auch implizite Sanktionen sein. Diese sind entweder sozial (Verachtung, Ausschluß aus sozialen Interaktionen ...) oder psychisch (Schuld-, Scham-, Angst-, Mindergefühle ...).],

● die Beachtung der Normen allgemein anerkannte Handlungsziele zu verwirklichen hilft (wenn eine Person sich von seiner Mitgliedschaft in einer Gesellschaft erheblichen Nutzen verspricht, wird sie oft sehr sorgfältig ihre Normen zu beachten suchen).

Nun gibt es sehr verschiedene Normen, die nahezu alle Abläufe von Strukturaktivitäten innerhalb von Gesellschaften mittelbar oder unmittelbar regulieren:

● Bedeutungen von Zeichen (vor allem von Worten). Ohne deren Normierung wären Kommunikation und Interaktionen, die in Kommunikation gründen, im Horizont von Gesellschaft nicht möglich. Doch wird Gesellschaft auch projektiv normierend tätig, indem sie bestimmte Symbole (wie »BRD« für die Bundesrepublik) verbietet oder andere (wie »Freiheit« – »Gleichheit« – »Sozialismus« ...) eigenständig definiert.

● Zielsetzungen (etwa: Verfassungsgrundsätze) oder Aufforderungen, auf ein Ziel hinzuwirken (etwa: Wiedervereinigung, Vollbeschäftigung, nationaler Wohlstand, außenpolitische Sicherheit ...). Solche Zielsetzungen sind vermutlich konstitutiv für jede Gesellschaft, da sich in ihnen der Gesellschaftszweck artikuliert. Es ist offensichtlich, daß Gesellschaften diesen normativ fixieren.

● Rechtliche Institutionen (Versprechen oder Verträge).

● Gesetze. (Gesetzesnormen gelten nicht selten als der Inbegriff normierender oder normenschützender Aktivität von Gesellschaften. Sie sollten jedoch nicht überbetont werden. Gesetze erhalten ihre wesentliche Bedeutung durch die Modifizierung oder Fixierung von Strukturen und Strukturfunktionen – nicht so sehr durch ihren unmittelbaren Anspruch an den Bürger. Dieser wird zumeist nur mittelbar betroffen. Das System reguliert vielmehr über Gesetze seine Innen- und Außen-Funktionen und Aktivitäten.)

Nun kommen alle diese Normen – sieht man einmal von manchen Versprechen, Verträgen, Gesetzen ab, zumeist nicht durch Reflexion zustande. Diese hat allenfalls ihre Aufgaben in der Vermittlung von Norm und Funktion bzw. in der konkreten Anwendung von Normen.

Doch selbst hier ist sie meist nicht ungebunden. Sie stellt sich vielmehr in den Dienst konkreter Interaktionen (vor allem kommunikativer Art) und sorgt für deren reibungslosen und konfliktfreien Verlauf. Das Funktionieren reflektorischer Techniken ist also immer dann, wenn Normen nicht mehr wie selbstverständlich praktisch werden, von erheblicher gesellschaftlicher Bedeutung. Reflexion ist *das* Instrument der Konfliktprophylaxe und Konflikttherapie schlechthin. Normenkrisen sind stets Interaktionskrisen. Im harmloseren Fall sind primäre Interaktionen – wie Handeln, Kommunikation – betroffen, im problematischen Fall die reflektierende Interaktion. Die Unfähigkeit über Normenentleerungen oder Normenentwicklungen zu reflektieren, läßt ein soziales Gebilde erstarren, macht es unbeweglich und gefährdet so seine Existenz.

Die Reflexion hat im Horizont der Normen unter Umständen folgende positive Funktionen:

● Gesellschaftsanalyse als Grundlage der Entwicklung neuer Modelle des gesellschaftlichen Miteinanders zu leisten und Strategien zu entwickeln, wie man aus dem bestehenden Zustand in den neuen gelangen kann.

● Störungen im Bereich von Handlungseinheiten und/oder Kommunikationsgemeinschaften zu erkennen und – etwa durch Neuorganisation verbunden mit einer gewissen Umstimmung im Normenbereich – zu beheben.

● Labilisierungen (oder andere Krisensymptome) in ihrer funktionalen Bedeutung zu erkennen, einzukreisen und – unter Umständen – durch geeignete und gezielte Strategien zu beheben.

● Legitimationssysteme (meist über Symbolfiguren vermittelt) zu entwickeln. Sie sollen den Systemteilen deutlich machen, daß die bestehenden Strukturen entweder aus der Natur des Menschen (Naturrechtsideologie), aus göttlichem Wollen oder göttlicher Setzung (theologischer Ideologie) oder aus der Erzielung größten gemeinsamen und individuellen Nutzens (pragmatischer Ideologie) ... hervorgehen. Es ist heute kaum bestritten, daß solche Legitimationsversuche in Krisenzeiten besonders intensiv gepflegt werden und Wissenschaften (Soziologie, Politologie, Nationalökonomie, Philosophie, ja Theologie) in den Dienst dieser – mitunter üblen – Sache gestellt werden.

● Konkurrierende Sinnwelten rational zu analysieren und damit unerheblich zu machen. Mit der Technik der rationalen Analyse kann man jede Sinnwelt ideologisieren und den meist unerheblichen rationalen Kern als dümmlich denunzieren. Das gilt aber durchaus auch für die herrschende Sinnwelt. Sie muß also zugleich der rationalen Analyse entzogen werden. Das setzt voraus, daß die Auseinandersetzung der beiden Sinnwelten nicht auf einer rational-dialogischen Ebene erfolgt, sondern etwa über die Beherrschung der Massenmedien.

Kommt es zu einem Versagen von reflektorischen Fähigkeiten oder Möglichkeiten, sind Normenkrisen kaum vermeidlich. Normenkrisen sind immer dann gegeben, wenn ein Normenhorizont labilisiert ist, oder Normen nicht mehr beachtet werden. Das kann alle Normentypen betreffen. Beispiele solcher Krisen mögen sein:

● Die Rollen Vorgesetzter-Untergebener, Lehrer-Schüler, Mann-Frau, Vater-Sohn ... (um nur einige weitgehend standardisierende Rollen zu nennen) werden nicht mehr wie zuvor definiert. Ein Versuch, die alten Darstellungsweisen zu erzwingen, führt zu erheblichen Beziehungskrisen zwischen beiden Partnern.

● Moralische Institutionen wie institutionalisierte Ehe, »Dienst fürs Vaterland«, Autorität der Kirchen ... werden problematisiert, und oft genug wird Gehorsam ungestraft verweigert.

● Rechtsnormen werden möglichst umgangen. Sie werden als Belastung und Belästigung (nicht mehr als notwendige Regelungen menschlicher Beziehungen im öffentlichen Bereich) empfunden. Es kommt zu Symptomen der »Staatsverdrossenheit«.

● Gemeinsame Inhalte kollektiver Sinnwelten werden immer geringer. Der Konsens, worin Lebenssinn, Lebensqualität, letzte menschliche Werte denn eigentlich bestehen, geht weitgehend verloren. Sinnwelten (wie Christentum, Liberalismus, Sozialismus ...) werden zu leeren Hül-

162

sen, die alle möglichen politischen, ökonomischen, militärischen Interessen verbergen. Der »nationale Konsens« (der oft zitierte »Konsens der Demokraten« in unserer Republik) wird nicht mehr durch eine einheitliche symbolische Sinnwelt, sondern allenfalls durch Furcht vor einem gemeinsamen Gegner (mag dieser eine Situation, eine Personengruppe oder eine andere Nation sein) oder durch das Durchsetzen gemeinsamer ökonomischer, politischer ... Interessen gesichert.

Ich vermute, daß in nahezu allen OECD-Ländern (mit Ausnahme der Schweiz) die Labilisierung alle vier Stufen erreicht hat. Steht also nicht etwa die »nationale Sicherheit« (die nicht mehr als Sinnweltelement, sondern als Moment politischer, ökonomischer ... Interessen definiert wird) auf dem Spiel, wird es kaum zu erheblichen systemstabilisierenden Reaktionen kommen.

Offensichtlich manifestieren sich alle diese Krisen als Interaktionskrisen, die sich weitgehend der reflektorischen Korrektur oder Behebung entziehen.

Doch damit stehen wir vor einem Thema, das schon an anderer Stelle kurz berührt wurde (vgl. Seite 99), dem Thema des sozialen Wandels. Da sozialer Wandel Ausdruck und Ursache zahlreicher Krisen und Konflikte sein kann, will ich etwas ausführlicher darüber im folgenden Exkurs handeln.

Die Konflikte des sozialen Wandels sind ganz offensichtlich zunächst einmal soziale – wenn etwa die Ungleichzeitigkeit der Entwicklung von Systemstrukturen die »Kommunikation« zwischen den Strukturen (genauer: zwischen deren Agenten und Repräsentanten) gefährdet oder – wenn keine reflektierende Interaktion zustande kommt – gar abbrechen läßt.

Doch es gibt auch eine Menge von psychischen Konflikten, die durch sozialen Wandel ausgelöst werden. Einige Beispiele mögen das erläutern:

● Ist eine bestimmte Gesellschaft über Identifikation zu einem identitätsbegründenden Faktor einer Person geworden, dann wird sie im sozialen Wandel dieser Gesellschaft unter Umständen desorientiert, wurzellos und sich eventuell durch Verweigerung oder Protest gegen den Wandel oder die gewandelte Gesellschaft stellen.

● Die Wandlung von Normen kann zur erheblichen Verhaltenverunsicherung führen, wenn die Anpassung an die neuen nicht gelingt.

● Die vertrauten Interaktionsmuster und Konfliktbewältigungsstrategien greifen nur noch beschränkt. Das kann zu Frustrationserfahrungen führen.

Neben solchen konservativen Krisen gibt es ganz analoge »progressive«.

Diese entstehen, wenn sich Gesellschaft in bestimmten Bereichen oder als Ganze einem bestimmten Wandel verweigert.

Offensichtlich ist also die Beherrschung einer zureichenden Theorie des sozialen Wandels für eine zureichende Konfliktprophylaxe und-therapie nicht nur nützlich, sondern auch notwendig.

Exkurs: Sozialer Wandel

Gesellschaften sind nur in den seltensten Fällen Gleichgewichts-Systeme – und dann ist das Gleichgewicht eher labil denn stabil. Gesellschaften als »lebende Gebilde« sind stets in Veränderung. Eine optimistische – meist dem Geist des Liberalismus verpflichtete – Zeit sprach einmal (und spricht in so manchen Residuen liberaler Idylle) von »sozialem Fortschritt«. Das tut man heute – außer in demagogischer Absicht oder durch eine naive Geschichtsphilosophie verleitet – nicht mehr. Die geschichtsphilosophische Theorie des unilinearen Wandels »nach oben« (etwa des historischen Materialismus) kann nicht mehr vertreten werden, seit bewiesen ist, daß sich gesellschaftliche Systeme nicht wie biologische entwickeln.

Die Biologie löst ihre Probleme, indem sie komplexere Strukturen ausbildet – und diese kann man – wenn man bilologisch-komplexer mit einiger Berechtigung mit »höher« identifiziert – als höhere Lebensformen bezeichnen, und so die biologische Entwicklung etwa auf den Menschen hin als Fortschritt benennen. Dabei können wir davon ausgehen, daß die Natur ihre Probleme nicht weitschauend löst. Ihr liegt also kaum ein langfristiger Plan zugrunde, der das Entwicklungsziel vorgibt. So sei es auch – meinte der Liberalismus – bei Gesellschaften. Lösen sie nur ihre Probleme kurzfristig (also im Bereich des im Problemkontext unmittelbar Überschaubaren) optimal, dann kann es nur zum Fortschritt, zu einer Aufwärtsentwicklung kommen.

Wir wissen heute, daß solcher Optimismus nicht nur falsch, sondern auch gefährlich ist, verstellt er doch den Blick auf die realen Gefahren, die menschliche Gesellschaft, ja Menschheit überhaupt bedrohen – bis hin zur Selbstvernichtung der Menschen.

W.F. Ogburn (1886-1959) führte deshalb den neutralen Begriff »social change« (sozialer Wandel) ein, der sich um so gründlicher durchsetzte, als trotz allen Suchens kein soziales Fortschrittkriterium ausgemacht werden konnte.

Ich will hier nun keineswegs eine Übersicht über die zahlreichen Theorien von den Ursachen und dem Verlauf sozialen Wandels geben, sondern vor dem Horizont meiner Gesellschaftstheorie einiges zu diesem Thema entwickeln. Zunächst einmal soll eine Skizze die bislang ausgemachten gesellschaftlichen Grundbegriffe einander zuordnen:

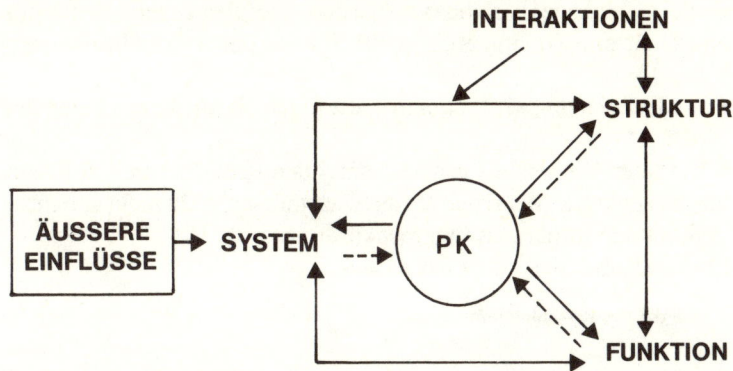

Dazu nun einige Erklärungen:
Die Entwicklung der Produktivkräfte (PK) bestimmt weitgehend und unmittelbar den Horizont, den Rahmen, innerhalb dessen sich ein System mit seinen Strukturen und Funktionen definieren kann. Umgekehrt wirken in begrenztem Umfang System, Struktur und Funktion auf die Entwicklung der PK zurück und besorgen im Idealfall deren Entfaltung.
Auf das System können äußere Einflüsse einwirken, die das System modifizieren, ja selbst vernichten können (Kulturschocks, Kriege, von außen induzierte Revolutionen …).
Die menschlichen Interaktionen (Handeln, Sprechen, Reflektieren) wirken sowohl auf die Begründung von Strukturen mit ein als auch vermitteln sie zwischen System und Struktur. Sie machen die Struktur zuerst funktionsfähig und effizient. Dabei können die Menschen als Agenten oder als Repräsentanten des Systems tätig werden, müssen es aber nicht, so daß hier eine zweite mögliche dem System äußerliche Beeinflussungsquelle vorhanden ist, von der sozialer Wandel aus in Gang kommen kann.
Zwischen System, Struktur und Funktion bestehen wechselseitige Konstitutionsverhältnisse.
Dieses Schema mag zugleich die Möglichkeiten sozialen Wandels verdeutlichen. Wir unterscheiden geeignet zwischen

● strukturellem Wandel und
● Beziehungswandel.
Zu strukturellem Wandel kann es kommen, wenn
● die Strukturen sich ungleichmäßig entwickeln und so nicht mehr zueinander stimmen. [Das führt zu einer Änderung der Strukturen (um sie wieder aufeinander beziehbar zu machen) oder aber zu ihrer Ineffizienz und damit zum Zusammenbruch des Systems durch einen Beziehungskollaps).]
● Die Entwicklung der Produktivkräfte durch die Strukturen behindert wird.
● Die Interaktionen, die ja auch immer den Bedürfnissen und Erwartungen konkreter Menschen entsprechen müssen, nicht mehr vereinbar sind mit den Strukturen (Normenkrise).
Etwas schematisiert, sieht das so aus:

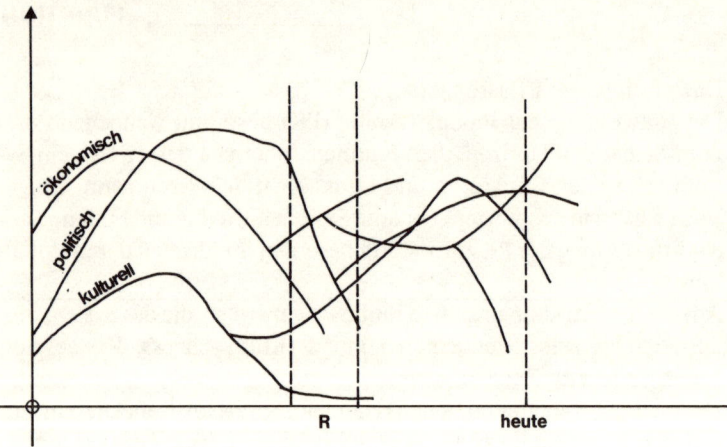

Die Skizze will folgendes demonstrieren:
1. Die einzelnen Strukturelemente entwickeln sich vor dem Anspruch optimaler Systemkonformität recht ungleichmäßig. Es kann dabei zu Aufspaltungen kommen. Diese betreffen
● eine Pluralität von nicht verträglichen Normen und
● eine verschiedenartige Entwicklung der einzelnen Strukturen innerhalb der Strukturgruppen.
Einige dieser Abzweigungen sterben vorzeitig aus. Darunter kann auch durchaus die ursprüngliche Füllung einer Struktur sein (das ist dann eine relativ harmlose Form des sozialen Wandels).

166

2. In bestimmten Phasen kommt es zu strukturellen Revolutionen (R). Die Strukturen tragen nicht mehr das System und machen es funktionsunfähig. In diesen Fällen werden meist bislang schon vorhandene Nebenstrukturen aufgegriffen und zu systemtragenden Strukturen entwickelt. Dabei ist die Definition eines Anfangs und Endes einer solchen Revolution nicht immer leicht.

Wir haben also folgende Formen des strukturellen Wandels:

● die strukturelle Revolution,

● die wechselnde Bedeutung einzelner Strukturen oder Strukturelemente in ihrer Beziehung auf die Systemfunktionen,

● das Entleeren bestimmter Strukturen bei Bewahren ihrer Hülsen und das Ersetzen durch neue Inhalte.

Daneben aber gibt es sozialen Wandel durch Änderungen, Störungen oder Kollabieren von Beziehungen. Hier kommen im Prinzip alle in unserem Schema ausgezogenen Linien (als Symbole für Bezüge) als Konfliktorte in Betracht. Eine Revolution auf Grund eines Beziehungskollaps ist zumeist durchaus auffällig, wenn es zum Kollaps des Systems kommt.

2. Teil

Krisen und Konflikte

Im zweiten Teil dieses Buches will ich eine an praktischen Beispielen erläuterte Einführung geben in die Theorie von Krisen und Konflikten. Manchem Leser wird dieser Teil vielleicht etwas sehr theoretisch vorkommen. Es gilt aber zu bedenken, daß kein einziger Konflikt und kaum eine Krise der andern soweit ähnelt, daß sich einmal bewährte Konfliktlösungsstrategien unbesehen auf andere Fälle übertragen ließen. Und ganz Entsprechendes gilt auch für Krisen. Allgemeingültige Patentrezepte gibt es nicht. So bleibt dem Menschen in der Krise und im Konflikt nur die Möglichkeit, über die Beherrschung gut bestätigter Theorien zu einer zureichend sauberen Analyse seines Zustandes und seiner Situation zu gelangen, um dann entsprechende Strategien einsetzen zu können, sich aus dieser Situation zu lösen.

In einem ersten Abschnitt werde ich versuchen, etwas über Krisen allgemein und über die wichtigsten Krisentypen auszumachen. Die folgenden Abschnitte dieses Teils sind vorwiegend dem Thema »Konflikt« gewidmet, da die weitaus meisten Krisen als unangenehm empfunden werden, insofern sich in ihnen Konflikte darstellen. Zum anderen gibt es sehr viel gründlichere Untersuchungen über Konflikte als über Krisen. Das schlägt sich auch in diesem Teil nieder. Der dritte Abschnitt handelt bevorzugt über psychische, der vierte über soziale Krisen. Im letzten Abschnitt dieses Teils werde ich einen Entwurf einer konsistenten umfassenden Krisentheorie vorlegen, die meines Erachtens für die Lösung vieler Konflikte hilfreich sein kann.

Krisen

Das Wort stammt vom Griechischen »krisis« und bedeutet primär: Scheidung oder Streit, dann auch jene Entscheidung, die den Streit beendet oder auch Beurteilung. Im Gegensatz zur Medizin, die mit »Krise« Plötzlichkeit und Kürze in einem Krankheitsverlauf bezeichnet, versteht die Psychotherapie »Krise« oft als Bezeichnung einer langdauernden Phase.

Ich nenne eine »psychische Krise« ein Ereignis oder einen Prozeß, der den kontinuierlichen Lebensablauf eines Menschen unterbricht, um eine Wende in der Richtung des Lebenswegs und zugleich eine Wandlung der Persönlichkeit einzuleiten. Krisen sind also an sich durchaus wertneutral. Nicht jede Krise ist eine »Abirrung vom Lebensweg« (C. Kulenkampff).

In nahezu allen Fällen stellt sich eine Krise als psychische Störung dar. Diese müssen aber nicht pathogen sein. Es gibt durchaus notwendige Wenden im Lebensablauf, notwendige Korrekturen und Neueinstellungen des »project de vie« (»normative Krisen«). Erst wenn die Krise sich über diese Funktion hinaus ausdehnt oder sie nicht zustande bringt, wird sie von einer normativen zur pathologischen oder pathogenen.

Nicht selten kommt es im Krisenablauf nicht nur zum Übergang von einer Ordnung zu einer anderen, sondern zur Aufgabe der Kontinuität und/oder der Identität des Subjekt selbst (V. von Weizsäcker). Solche Krisen können (wenn auch wohl seltener) durchaus unpathologisch verlaufen und auch ohne Hilfe durch einen Therapeuten oder Psychiater zu einem neuen, und zwar nicht nur stabilen sondern auch »normalen« Persönlichkeitsbild führen. Nicht selten mögen schwere Mittlebenskrisen oder Pubertätskrisen von dieser Art sein.

Vermutlich laufen Krisen in drei Stadien ab (C. und H. Selbach):

● In der vorkritischen Phase geht bei hoher Spannung das psychische Gleichgewicht verloren. Der Betroffene ist unsicher über die einzuschlagenden Strategien. Schließlich werden immer mehr »psychische Energien« auf die Lösungsproblematik gerichtet.

● In der kritischen Phase gerät das psychische System zunächst in die

Gefahr einer extremen Belastung, die eine Entscheidung erzwingt (spontan oder durch äußeren Anstoß). Die Wirkungsrichtung kippt um (mit meist überkompensatorischem Ergebnis). Mit der langsamen Rückkehr zu einer neuen Norm beginnt

● die nachkritische Phase.

Man kann nachweisen, daß zwischen der vorkritischen Instabilität eines Systems (eines psychischen wie sozialen) die Konfliktanfälligkeit erheblich wächst, Krisen sind also allgemein zu definieren

● durch die Störung des Gleichgewichts (des sozialen, politischen, ökonomischen ...) und

● durch die Beschränkung der Handlungsfreiheit zumindest im Höhepunkt der Krise. Die krisenlösende Entscheidung erzwingt meist Festpunkte, die vorgegeben sind und nicht mehr geändert werden können. Die dramatische Literatur hat das Wesentliche der Krise gut eingefangen: Es ist das Moment der Entscheidung, der Augenblick auf dem Gipfelpunkt des dramatischen Konflikts, in den sich der »Held« durch eine Setzung seiner Handlungsfreiheit begibt und damit den Umschwung der Handlung einleitet. Der schicksalhafte Umschlagpunkt, in dem der »Held« nicht mehr agiert, sondern hilflos fremden Zwängen ausgeliefert ist (»Peripatie«), läßt ihn offensichtlich in die Katastrophe treiben. Diese Katastrophe ist nun aber keineswegs *nur* vernichtend. Vernichtet wird nur der Ausgangspunkt. Ein neuer wird gefunden. Die katastrophale Krise bedeutet nicht Untergang von Person und Gesellschaft als solcher, sondern stets der als dieser (so organisierten und verfaßten). In nicht wenigen psychoanalytischen Theorien spielt die Krise, selbst die katastrophale eine durchaus positive, kathartische Rolle. Der Patient wird mit der Tatsache konfrontiert, daß er sein Leben, sein Selbstverständnis, sein Verständnis anderer auf einer Lebenslüge aufbaute. Diese Lebenslüge muß zusammenbrechen, wenn ein Mensch gesunden soll.

Und von hierher mag ein weiterer Aspekt in unsere Krisentheorie eingebracht werden, der der *Lebenslüge*. »Lebenslüge« bezeichnet einen bewußt, vielleicht gar zwanghaft aufrechterhaltenen Trug über das eigene Selbst an sich und in seinen Bezügen zur Umwelt. Der Mensch, der mit einer Lebenslüge lebt, wird mitunter anfangs solchen Trug erkennen, wird erfahren, daß er nicht der ist, der er sich und anderen zu sein vorgibt. Er wird noch darum wissen, daß er heuchelt, daß er einen Menschen vorspielt, den es – außer in seinen Wunschträumen – gar nicht gibt. Doch solche Masken haben die fatale Tendenz auf die Selbstinterpretation so zurückzuwirken, daß sie jede Fremd- oder Eigenkritik relativieren. Am Ende glaubt, gegen alle Kritik, ein Mensch so zu sein, wie es seinem Ideal, seinem Wunsch von sich selbst entspricht.

In meiner Praxis bin ich den kuriosesten Lebenslügen begegnet. Und den absurdesten Strategien, sie nicht zu gefährden. Ich lernte Menschen kennen, die

● sich für Christen hielten, obschon ihr Herz voll war von Verachtung und gar Haß,

● die sich für wahrhaftig hielten, obschon sie logen, wenn es schien, daß eine Entdeckung nicht möglich sei,

● die sich für Philanthropen hielten, obschon sie Menschen für sich und ihren Nutzen bis an die Grenzen der Versachlichung arbeiten ließen,

● die sich für intelligent hielten und deshalb die Leistungen anderer klein machten,

● die sich für fromm hielten, und dennoch mehr über Gott als zu Gott sprachen, oder mehr über Menschen als zu Menschen,

● die sich für erfolgreich hielten, obschon sie nur Anerkennung erhielten,

● die sich für moralisch besser hielten, obschon sie den Menschen ihrer Umwelt das Leben mehr zur Hölle machten, als mancher Verbrecher, auf den sie herabschauten,

● die sich für frei hielten, und dennoch bei jeder Schwierigkeit zu Zigarette oder Alkohol griffen,

● die sich für gerecht hielten, und dennoch Unrecht taten, wenn es nur nicht vom Gesetzgeber so deklariert wurde,

● die sich für verschwiegen hielten, und dennoch Gerüchte erfanden oder verbreiteten ...

Neben solchen, eher privaten Lebenslügen gibt es auch die öffentlichen:

● ich kenne Vertreter politischer Systeme, die die bestehende verfassungsmäßige Ordnung (etwa die FDGO) für ein Maximum der Freiheit hielten, obschon im Namen der Verfassung ständig Freiheit relativiert und außer Kraft gesetzt wurde,

● ich kenne Vertreter des ökonomischen Systems, die der Auffassung sind, daß die Zwänge, die in unserer Zeit auf den Arbeiter ausgeübt werden, weit geringer seien als die des 19. Jahrhunderts,

● ich kenne Politiker, die der Ansicht sind, daß sie der Parteiraison ihr Gewissen zu opfern hätten, und sich dennoch für Demokraten halten (bzw. deren Gewissen rein zufällig stets mit dem der Parteilinie übereinstimmt),

● ich kenne Vertreter von Kirchen, die der Auffassung sind, daß die augenblickliche ökonomische Situation in der BR Deutschland durchaus mit Christentum verträglich ist, und die deshalb das sozio-ökonomische System stützen,

● ich kenne Vertreter dieser Gruppe, die der Auffassung sind, die strukturell erforderte Moral sei identisch mit religiöser ...

Nun läßt sich die Liste von individuellen oder kollektiven Lebenslügen nahezu beliebig verlängern, weil kaum ein Mensch in schlichter Wahrheit lebt. Wir alle interpretieren uns und unsere soziale Umwelt nach Regeln, die man uns in früher Kindheit zu diesem Zweck beibrachte. Und da das Verletzen solcher Regeln Gefühle wie Schuld, Scham, Minderwertigkeit, Angst ... auslöst, wir diese Gefühle aber schon als Konfliktsignale negativ interpretieren, denen wir möglichst aus dem Wege gehen möchten, ziehen wir es oft vor, dem offensichtlichen Konflikt auszuweichen und damit die Zeitbombe der Lebenslüge zu konservieren.

Nun sind Lebenslügen so etwas wie der Abbruch des inneren Dialogs. Dialogpartner sind in solchem Dialog die innerpsychischen Instanzen eines Menschen: Es, Ich, Überich etwa. Die Lebenslüge bedeutet zumeist einen Abbruch des kritischen Dialogs mit den Inhalten und Forderungen des Überich (Ich-Ideal und konventionelles Gewissen).

Der Abbruch aber dieses inneren Dialogs signalisiert schon Krise. Zwar mag solcher Abbruch die Offensichtlichkeit der Krise um Wochen, ja um Jahre verzögern – aber sie kommt unausweichlich, denn Lebenslügen sind durchaus ebenso bedrohlich wie andere Lügen, mit denen eine Person versucht, eine andere zu ihrem (scheinbaren) Nutzen zu täuschen. Sie können »raus kommen«. Und das macht allemal die Krise manifest.

Krisen gibt es nun sehr verschiedener Art:

● die psychische Krise (normal etwa in der Pubertät oder in der Lebensmitte),

● die soziale Krise des Individuums (etwa erfahren in der Einsamkeit oder der Ablehnung durch Gruppen, denen man zugehören möchte),

● die soziale Krise der Gesellschaft [etwa erfahrbar in der Unangemessenheit von Produktionsmitteln (Rohstoffe, Energie, Maschinen, menschliche Bedürfnisse ...) und den Produktionsverhältnissen (etwa Herrschaft und Eigentum im Produktionsbereich oder den Verhältnissen unter denen Produktion geschieht].

● die politische Krise (etwa im Infragestellen einer symbolischen Sinnwelt und damit der Bewußtseinsbasis von Staat und Kirche, von Recht und Moral),

● die ökonomische Krise (etwa im plötzlichen Abbruch der Konjunktur auf hoher Stufe, verbunden mit wirtschaftlicher Kontraktion und Zusammenbrüchen von Unternehmen),

Ich habe nun nicht vor, alle diese Krisen hier ausführlich darzustellen. Dennoch seien sie in einigen Grundzügen charakterisiert.

174

a) Psychische Krisen

Typisch für psychische Krisen ist ein Infragestellen bislang nahezu fraglos akzeptierter Normen und Werte. In solchen Desorientierungsphasen treten Sinnfragen in den Vordergrund:

● Hat mein Leben einen Sinn?

● Ist es möglich, diesen Sinn zu erkennen?

Diese Fragen führen – wie schon gesagt – nicht zu erhebbaren und kommunikativen Antworten. Unter der Oberflächenschicht des Bewußten, die solche Fragen als Ausdruck einer totalen oder doch partiellen Desorientierung produziert, laufen sehr viel grundlegendere Prozesse ab, die sich keineswegs rational verständlich in Fragen artikulieren lassen. Sinnfragen sind also wohl stets als Symptome einer Desorientierung zu interpretieren. Ich weiß nicht, *wer ich bin!*

Sicherlich ist eine Reduktion psychischer Krisen auf Desorientierungskrisen nicht unproblematisch und verkürzt das Krisenproblem nicht unerheblich. Dennoch aber will ich an diesem Krisentyp paradigmatisch vorstellen, was eine psychische Krise ist.

Wenn wir nach den auslösenden Faktoren fragen, wird deutlich, daß solche Krisen selten singulär, autonom, endogen bestimmbar sind. Zumeist sind sie mitbestimmt durch Veränderung des Sozialverhaltens der Umgebung oder auch das Unvermögen, auf gewohnte Weise mit der eigenen sozialen Welt umgehen zu können.

Eine häufig beschriebene Krise ist die der *Pubertät.* Sie ist durch folgende Erfahrungen beschreibbar:

● Mit der kritischen Distanz zu den Eltern wird deren Normen und Wertsystem infrage gestellt, ohne daß ein anderes zur Verfügung stände.

● Die fest umschriebene kindliche Rolle trägt nicht mehr, wird auch von der sozialen Umwelt nicht akzeptiert, während andererseits der Zugang zur Welt der Erwachsenen verschlossen bleibt (Aufgabenstellungen sind oft unklar umrissen, Erwartungen sind nicht deutlich formuliert).

● Anerkennung und Sicherheit werden von außen gestellt. So kann es zu Assoziationen von Menschen kommen, die in ähnlicher Weise verunsichert, sich gegenseitig Schutz geben.

● Verantwortung über das, was zu tun ist (Normen, Werte), werden an Kollektive Gleichaltriger delegiert, die als Gruppe (Bande, Bund) kollektive Verhaltensmuster mit normativen Inhalten ausbilden. Die Zuweisung eines *bestimmten* (= genau definierten Status) in einer solchen Gruppe schenkt die Verhaltenssicherheit zurück.

● Neue soziale Bedürfnisse tauchen auf und können anfangs nicht einwandfrei indentifiziert werden. Gelingt es, sie zu benennen (Bedürfnis nach erotischer Akzeptation, nach Gleichberechtigung, nach Selbstbestimmung …), stehen jedoch noch keine Strategien zur Verfügung, diese Bedürfnisse zu befriedigen.

● Sexualität tritt in den Mittelpunkt des Interesses. Insofern eine Gesellschaft (über ihre moralischen Orientierungen) deren Aktualisierung verbietet (Masturbation, vorehelicher Verkehr, homosexuelle Betätigungen) wird die Sexualität eine Beschäftigung im Untergrund. Die Aggressionen oder auch Depressionen, die eine so repressiv agierende Gesellschaft auslöst, führen dazu, daß Gesellschaft, insoweit vorgefunden und insofern repressiv, abgelehnt wird. Sie wird als Instanz empfunden, die Angst-, Schuld, Scham- Mindergefühle vermittelt. Beruft sich solche Gesellschaft über ihre privaten oder öffentlichen Strukturen (Familie, Kirche) gar noch auf göttliches Gebot und droht »ewige Strafen« an, ist aller Grund gelegt, daß der Ausweg aus der Krise nur ins Pathologische erfolgen kann.

● Religiosität wird zumeist nur dann akzeptiert, wenn sie nicht dazu dient, Repressionen zu sanktionieren, oder wenn sie von der der Erwachsenenwelt deutlich unterschieden wird (vielleicht gar heftig befehdet wird), wie etwa zur Zeit die »Jugendreligionen«. Insofern Religiosität von privaten und öffentlichen Strukturen mißbraucht wird, um systemkonformes Verhalten zu erzwingen oder doch nahezulegen, wird Religion mit den Strukturen abgelehnt.

Garnicht selten treten jedoch bei Pubertenten Identifikationen mit *idealen* Strukturen (etwa von Kirche und Familie) auf – zugleich mit der lebhaften Ablehnung der *konkreten*.

Offensichtlich ist die Pubertätskrise für die Bildung einer autonomen Persönlichkeit notwendig. Sie zu brechen oder zu verharmlosen, scheint unverantwortlich zu sein. Zudem wird sie umso heftiger sein, je stärker die Eltern (oder andere Strukturagenten) repressives Instrumentar einsetzen. Die Pubertätskrise ist – wie heute zureichend gesichert zu sein scheint – nicht primär physiologisch, sondern gesellschaftlich bedingt. Stellt die gesellschaftliche Mitwelt zureichende Freiräume zur Verfügung, in denen sich Vertrauen, Autonomie und Initiative auf einem Niveau versuchen können, das den Bedürfnissen der jetzt erlangten psychischen Reife entspricht, dürften Pubertätskrisen kaum dramatisch verlaufen und vor allem nicht in destruktive Konflikte münden.

Man mag die menschliche Qualität einer Gesellschaft daran ermitteln, wie sie mit den Menschen umgeht, die in ihrer Mitte eine Krise austragen. Ist ihr in ihren Vertretern die Vorstellung, daß hier weitgehend der eigenen Kontrolle entzogene Prozesse ablaufen, die das konkrete Individuum nicht nur im augenblicklichen Handeln, sondern auch im später erreichten Zustand unberechenbar machen, so (oder zu) unheimlich, daß sie mit der Strategie ihrer repressiven Maßnahmen die Berechenbarkeit soweit als irgendmöglich erhalten will – selbst um den Preis der Ausbildung kranker Menschen – dann ist sie sicher nicht sehr menschlich. Sie bedarf dann ganz dringend eines Wandels.

Ist die Pubertätskrise durchgestanden, dann sind die drei in den ersten fünf Lebensjahren erworbenen Basiseigenschaften weiter entwickelt worden und sind in weiteren Bereichen aktualisierbar:

Vertrauen (etwa auf die eigene Leistung, auf die eigene Fähigkeit, auf Gesellschaft in Strukturen und Funktionen Einfluß zu nehmen, mit aus Herrschaft hergeleiteten Schwierigkeiten fertig werden zu können …),

Autonomie (etwa die wachsende Unabhängigkeit von Fremdanerkennung, die reduzierte Abhängigkeit von Konventionen, die steigende Fähigkeit zur realitätsangepaßten Kritik …),

Initiative (etwa auch die, etwas anders zu machen, als andere; die Fähigkeit, nicht abzuwarten, sondern das eigene Leben zu planen und nicht planen zu lassen, das Vermögen als erster in der Erwachsenenwelt initiativ zu werden …)

sind verstärkt und mit ihrer Aktualisation sind deutlich weniger Schuld-, Scham-, Angst- und Mindergefühle verbunden, wenn er gegen die Spielregeln verstößt, die einzuhalten der junge Mensch während seiner Kindheit gezwungen war. Gelingt die Pubertät, ist an ihrem Ende ein Werte- und Normensystem etabliert, das

● eine sinnvolle Kooperation mit bestehenden Systemelementen (vor allem auch mit Strukturen) ermöglicht und

● eine Herrschaft von System und Struktur soweit als möglich relativiert und aus solcher Herrschaft sich ergebende Forderungen nur als verpflichtend akzeptiert, insoweit sie dem eigenen Lebensentwurf nicht widersprechen.

Am Ende der Pubertätskrise sollte also ein gesellschaftlich lebensfähiger, psychisch gesunder Mensch stehen, der in optimaler Berücksichtigung der eigenpsychischen und sozialen Instanzen seinen »Lebensentwurf« gefunden hat und bereit ist, ihn auch gegen Widerstände (die sich allerdings nicht zu regelmäßigen destruktiven Konflikten auswachsen dürfen) zu leben. Ein solcher Mensch ist nur noch beschränkt durch das infantile Edukationsinstrumentar (Schuld, Scham, Angst, Mindergefühle) von außen zu lenken.

Mißlingt der pubertäre Reifungsprozeß, dann kann es durchaus zu katastrophalen Entwicklungen kommen. Dazu gehören

- Fixierung kindlicher Wertehaltungen (Psychopathie),
- Unfähigkeit der kritischen Reintegration in bestehende Gesellschaft (entweder also Überanpassung oder Verweigerung aller Anpassung),
- Fixierung auf Fremdsteuerung (Gruppenkult, unreife Religiosität, Autoritätsgläubigkeit …),
- Unterentwickeltes Vertrauen, reduzierte Autonomie und Initiative,
- Wachbleiben der Sinnfrage als existentieller Frage,
- Tabuisierung der Sexualität oft mit autistischer Fixierung,
- Unfähigkeit, Autorität zu akzeptieren oder auszuüben,
- Tendenz zu Bilanzsuiziden (wegen der Unbeantwortbarkeit der Sinnfrage) …

Solche Entwicklungskatastrophen, sind vermutlich stets durch die gesellschaftliche Umwelt mitverschuldet. An ihrem Ende steht ein psychisch und/oder sozial kranker bzw. verkrüppelter Mensch. Weil die beschriebenen Krankheiten zum großen Teil eher dazu führen, daß sich der Kranke oder Verstümmelte unproblematisch in unser gesellschaftliches System einfügt, ist kaum jemand daran interessiert, die pubertäre Krise nicht katastrophal enden zu lassen. Wenn man einmal von einigen wenigen philanthropischen Störenfrieden absieht.

Eine neurotische oder gar psychotische Umwelt produziert mit Vorliebe Neurotiker und Psychotiker, deren Störung nur deshalb nicht auffällt, weil sie »normal« ist, d.h. von wenigstens 40% der Menschen, unter denen unser so Verkrüppelter lebt, als »normal« bezeichnet wird. Das Fehlen eines Kropfes wird unter Menschen, die in ihrer Mehrheit einen haben, als erheblicher Mangel empfunden. Glücklich, wer da einen Kropf hat. Töricht aber auch der, der die menschliche Gesundheit vom Kropfhaben her bestimmen würde.

Insofern solch sozial und/oder psychisch Kranke in einer kranken Welt leben, erspart diese ihnen wenigstens teilweise die *Erfahrung* der Krankheit und damit einen erheblichen Leidensdruck. Die Kollektivneurose ersetzt die individuelle.

Diese Gedanken sind nun keineswegs abstrakt gemeint, sondern möchten konkrete kritische Gesellschaftsbeschreibung sein. Wenn ich schätzen sollte, wieviel junge Menschen heute die Pubertätskrise positiv und nicht katastrophal durchleben, vermute ich den Prozentsatz deutlich unter 30%. Das ist nur psychologisch tolerabel, wenn die Gesellschaft krank ist. Soziologisch tolerabel aber ist das nie.

Ein *zweites* Mal gibt es eine entwicklungsabhängige »normale« psychische Krise in der Lebensmitte. Sie ist bei Frauen als »Krise der Wechseljahre« bekannt, doch auch bei Männern keineswegs selten. Auch diese Krise ist bestimmt durch eine Neuorientierung im Werte- und Normenbereich, nachdem das Bestehende als unzureichend, lebensfeindlich, selbstentwirklichend ... problematisiert wurde. Die Mittlebenskrise führt oft wieder zu der allemal problematischen Sinnfrage:

● Hatte das, was ich bislang tat, eigentlich einen Sinn?
● Soll das alles gewesen sein?
● Hat es sich gelohnt, dafür zu leben?
● Bist du dabei, das eine Leben, das du hast, zu verspielen?

Die Mittlebenskrise tritt ein, wenn mehr oder weniger deutlich bewußt, der point of no return ins Blickfeld gerät. Jener Punkt also, jenseits dessen keine erheblichen und grundsätzlicheren Neuorientierungen mehr möglich sind. Der »Punkt ohne Umkehr« erlaubt nur noch das Weitergehen in der einmal eingeschlagenen Richtung. Kurskorrekturen werden kaum mehr möglich. Man kann das eine Leben nur noch zuende leben. Sicherlich liegt dieser point of no return, sehr viel weiter vor uns, als die meisten meinen. Doch schon seine vermeindliche Nähe löst die Desorientierung in der Lebensmitte aus. In Analogie zur pubertären Krise kommt es zu einer oder mehreren der folgenden Erscheinungen:

● Mit der kritischen Distanz zu den bisherigen Bezugspersonen in Familie und Beruf werden deren Werte und Normen fragwürdig.

● Die recht deutlich und klar umschriebenen Rollen in Familie und Beruf tragen nicht mehr. (Kinder verlassen das Haus, weiteres berufliches Fortkommen ist problematisch.)

● Fremdanerkennung und äußerer Erfolg werden schal und sind unzureichend, wenn es um eine befriedigende Selbstdefinition geht. Vor allem wird die Identitätsbegründung über Identifikationen (etwa mit Leistung, Anerkennung, Erfolg, Lebensstandard ...) als unzureichend erfahren.

● Die Verantwortung, für das, was zu tun oder zu lassen ist, wird als zu sehr fremddelegiert erlebt. Der nachpubertäre Besitzstand an Freiheit scheint durch Institutionen und Riten gefährdet. Die soziale Bindung an Gleichinteressierte oder Gleichgesonnene (Kollegen, Freunde, Ehepartner ...) täuschen nicht darüber hinweg, daß es Probleme gibt, mit denen man nur allein fertig werden kann.

● Die Sexualität, lange Jahre etwas Selbstverständliches und zur ritualisierten Gewohnheit degradiert, wird in ihren Problemen aber auch in ihren Möglichkeiten neu entdeckt.

● Die Religiosität wird erneut problematisiert, insofern sie oft als reiner Kult empfunden wird, der sich als äußerlich, schal, überflüssig, ritualisiert, Geschäftemacherei … vorstellt.

Gelingt eine positive Bewältigung der Mittlebenskrise, wird

● Entweder ein neues Werte- und Normensystem aufgebaut. Das aber ist zumeist nur möglich, wenn die soziale Umgebung (Beruf, Familie) gewechselt werden. In der alten wird man über Gruppenzwänge, Rollenerwartungen … doch immer nur in das Korsett des »alten Menschen« gedrängt. Und verweigert man das alte Rollenspiel, kommt es zu unerquicklichen und destruktiven Konflikten.

● Oder aber man akzeptiert erneut und verantwortet die Grundmuster der bislang übernommenen Werte- und Normenordnung. Das wird zur neuen Einstellung »zum Leben«, aber auch zur sozialen Umwelt (wie Familie und Beruf) führen, ohne daß ein drastischer Tapetenwechsel nötig wird.

Ob der erste oder der zweite Weg gewählt werden, hängt vom Selbstvertrauen, aber auch von Initiative und Autonomie auf der einen Seite, von dem prinzipiellen Zufriedenseinkönnen mit dem bisherigen Leben auf der anderen Seite ab. Der psychisch und sozial gesunde Mensch, den bislang Beruf und Familie im Wesentlichen enttäuschten, wird einen Ausbruchsversuch wagen. Das kann durchaus bis hin zum Versuch gehen, eine »neue Existenz« nicht nur zu begründen, sondern auch anzunehmen.

Ich vermute aber, daß die Mittlebenskrise noch häufiger negativ, gar katastrophal ausgeht als die pubertäre. Solch negativer Ausgang wird deutlich an folgenden Haltungen:

● Der Betroffene resigniert. Seine Grundhaltung gegenüber Leben, Beruf, Familie ist im Wesentlichen gekennzeichnet durch reduzierte Initiative und Autonomie. Nicht selten scheint über dem Leben so etwas wie eine »herbe Melancholie« zu liegen. Dieser Mensch weiß, daß er verloren hat. Er spielte um den höchsten Einsatz, sein Leben, und er lebt es nicht mehr, sondern fristet es bis zu seinem Tode.

● Der Betroffene rebelliert. Er verweigert jede sinnvolle Interaktion, fühlt sich ständig bedroht, oder beleidigt, oder ungerecht behandelt … Kurzum er zieht sich in einen Schmollwinkel zurück, von wo er das Leben mißtrauisch beobachtet. Dieser Mensch gibt nicht auf. Er zieht sich in die Destruktion zurück. Und das ist um nichts besser.

● Der Betroffene versucht seine Krise zu verleugnen. Er weigert sich anzuerkennen, daß er altert. In Kleidung, Sport, Sex … versucht er sich und anderen zu beweisen, daß er noch jung ist. »Jünger als so mancher 30-jährige.« Man kann zwar vor jenem point of no return die Augen schließen – aber näher kommt er allemal. Dieser Mensch verweigert die

Anerkennung der Vorzüge des Alterns: Weisheit, Toleranz, Friedfertig-
keit, die aus der Fähigkeit erwachen, etwas Sinnvolles mit dem eigenen
Sterben anfangen zu können, und von hierher relativiert sich denn auch
so ziemlich alles, was die »Jugend« so schrecklich ernst nimmt: Erfolg,
Besitz, Konsum, Rechtbehalten ...

Das Problem dieser katastrophalen Krisenbewältigung ist die Angst.
Die Angst vor dem Altwerden, vor der Einsamkeit, vor dem Mißerfolg,
vor dem Ausscheiden, vor dem Tod. Vor allem diese Angst überlagert –
meist unbewußt – solches Leben. Und die anderen Ängste (Trennungsängste zumeist) sind nichts anderes als Masken der Todesangst.

● Der Betroffene versucht, aus der Krise zu fliehen. Deshalb baut er sich
ein der Realität fremdes Wolkenkuckucksheim auf, in das er flüchtet.
Vehikel der Flucht können sein Alkohol oder wieder autistisch gewordene Sexualität. Mit der Realitätsflucht werden langsam (manchmal auch
abrupt) soziale Bindungen abgebrochen. Das Interesse an der Umwelt
geht zurück oder pervertiert zur bloßen Neugier. Solche Flüchtlinge finden mitunter erst Ruhe, wenn sie sich in einer Wahnwelt eingerichtet
haben. Diese kann durchaus Heimat und relativ vertrauter Hort sein.
Bergend allemal. Aber um den Preis einer schizoiden Psychose.
Schizoidien können den Flüchtling schon ganz zu Beginn der Mittlebenskrise einbinden. Sie können aber auch schleichend die letzten
Lebensjahrzehnte durch alle möglichen Wahnformen (Verfolgungs-
wahn, Größenwahn, Beziehungswahn) verdunkeln.

Stelle ich mir hier wiederum die Frage, wieviel Prozent der mir bekannten Menschen eine positive Bewältigung der Mittlebenskrise gelang,
vermute ich, daß es wiederum kaum mehr als 30% sein mögen. In meinem – allerdings jetzt sehr schmal gewordenen – Erfahrungsbereich
haben Menschen, die die pubertäre Krise gut meisterten, auch optimale
Chancen die Mittlebenskrise zu bewältigen.

Ist das aber gelungen, erhält die klassische Trias: Vertrauen, Autonomie
und Initiative wieder einen neuen Stellenwert. Alle drei werden neu
interpretiert und neu inhaltlich gefüllt. Gelingt eine solche Neuinterpre-
tation und Füllung wieder in kritischer Nähe zur eigenpsychischen und
sozialen Realität, kann der dritte Lebensteil der erfreulichste und gelun-
genste werden.

b) Die gesellschaftlichen Krisen

Über gesellschaftliche Krisen habe ich schon verschiedentlich gehandelt. Ich will hier einen Typ gesellschaftlicher Krisen etwas ausführen, der in einiger Analogie zu psychischen Krisen verständlich werden kann. Es geht dabei um Sinnweltkrisen. Eine bestehende kollektive Sinnwelt wird infrage gestellt. Das kann Krisensymptom oder -ursache sein – sicherlich gibt es nur wenige gesellschaftliche Krisen, bei denen Änderungen der symbolischen Sinnwelt nicht bemerkbar sind. So erscheint diese Beschränkung als nicht allzu willkürlich.

Solche Krisen entstehen, wenn symbolische Sinnwelten, die mit ihren Normen und Werten bislang unbefragt und unreflektiert akzeptiert wurden, infrage gestellt werden. Oder aber, wenn die Übermittlung solcher Sinnwelten an nachkommende Generationen mißlingt.

Auslöser solcher Krisen können sein:

● Das Auftauchen einer alternativen Sinnwelt, verbunden mit materiellem oder geistigem Erfolg. (So taucht mit dem Export europäischer Technik auch die europäische Sinnwelt im Horizont der Entwicklungsländer auf.)

● Das Aufkommen neuer Produktionsweisen (etwa durch neue Produktionsmittel). So kann eine mittelalterliche Sinnwelt sich in einer technisierten Welt nicht behaupten.

● Soziale Revolutionen (etwa die, die zur Unabhängigkeit der USA führte), konstituieren in ihrem Verlauf oft eine neue symbolische Sinnwelt.

● Neue religiöse Strömungen können die alten religiösen Inhalte, als erhebliche Teile einer bestehenden Sinnwelt, infragestellen.

● Starke Fluktuation und Völkerwanderungen können durchaus Sinnwelten ändern. (So wird vermutlich die der Türkei 1990 anders sein als die des Landes um 1970 – allein durch die Rückwanderer aus Mitteleuropa.)

● Auch kann durch Problematisierung der überkommenen Erziehungsmuster (im Verlauf des Wandels wissenschaftlich-pädagogischer Erkenntnis) die Übertragung der alten Sinnwelt auf die junge Generation gefährdet werden.

Das bestehende System, wird nun mit nahezu allen Mitteln versuchen, die »herrschende« Sinnwelt zu konservieren. Als Strategien bieten sich an:

– das Verbot, fremde Ideen zu importieren (Zensur …),

– das Verbot, fremde Ideen zu verbreiten (Denuntiation der Verbreitenden als subversive Elemente, als Kommunisten, als Systemveränderer,

als Dumm- oder Wirrköpfe, als Faschisten, als Politkriminelle, als Anarchisten, als von Fremdinteressen Gekaufte, als Verführte, als Außenseiter ...),
- die Bestrafung Andersdenkender (durch Isolation, durch Lächerlich-
machen, durch Berufsverbote, durch Strafprozesse, durch Verleumdun-
gen, durch Benachteiligungen, durch Versagen von Schutz ...)
- die Bekämpfung Andersdenkender (bis hin zur Tötung von Staatswe-
gen etwa als kaschierter Selbstmord oder unter Vorgabe von Notwehr),
- der Bürgerkrieg.

Es ist selten vorgekommen, daß das Bestehende gegenüber dem Neuen
noch einmal hat Recht behalten können, wenn dieses einmal zur Idee
der Vielen geworden ist.

Erfolgreicher kann ein gesellschaftliches System schon sein, wenn es um
die Sicherung der Weitergabe der kollektiven Sinnwelt geht. Einige Beispiele dafür bietet die staatliche preußische Volksschulpolitik nach 1848.
Ein kleiner Auszug aus einer Rede, die der Preußenkönig 1849 anläßlich
einer Tagung der Leiter preußischer Lehrerseminare hielt, mag das belegen:

> All das Elend, das im verflossenen Jahre über Preußen hereingebrochen ist,
> ist Ihre, einzig Ihre Schuld, die Schuld der Afterbildung, der irreligiösen
> Massenweisheit ... Zunächst müssen die Seminarien sämtlich aus den
> großen Städten in kleine Orte verlegt werden, um den unheilvollen Einflüs-
> sen des Zeitgeistes entzogen zu werden. Sodann muß ich das ganze Treiben
> dieser Anstalten unter Aufsicht bekommen. Nicht den Pöbel fürchte ich,
> aber die unheiligen Lehren einer modernen frivolen Weltweisheit vergiften
> und untergraben mir meine Bürokratie, auf die bisher ich stolz zu sein glau-
> ben konnte.

1854 erschienen Richtlinien für die Lehrerbildung, die Stiehlschen Regulative, die fast 30 Jahre gültig blieben. Darin heißt es u. a.:

> Was die Erziehung im allgemeinen betrifft, so wird für den künftigen Ele-
> mentarlehrer eine Zusammenstellung und Erläuterung der in der heiligen
> Schrift enthaltenen, bisher gehörigen Grundsätze ausreichen. Die Lehre von
> der Sünde ... von dem Gesetz, der göttlichen Erlösung, der Heiligung ist ei-
> ne Pädagogik, welche zu ihrer Anwendung für den Elementarlehrer nur eini-
> ger Hilfssätze aus der Anthropologie und Psychologie bedarf.

Immerhin ist es mit solchen Strategien möglich gewesen, daß das deut-
sche Volk erst 1918 fähig wurde – unter dem Eindruck eines verlorenen
Krieges – Ansätze einer neuen öffentlichen Pädagogik zu entwickeln.
Da aber 1918 eine bloß politische, nicht aber eine soziale Revolution
Deutschland veränderte (Strukturen wurden ausgetauscht, das sozio-
ökonomische System blieb erhalten), nimmt es nicht wunder, daß die

alten Inhalte (die alte symbolische Sinnwelt) in wesentlichen Merkmalen erhalten blieben. Auch 1933 und 1945 geschahen eher politische als soziale Revolutionen – die Sozialordnung und die tragenden Verkehrsformen und damit auch die Grundzüge der Pädagogik blieben erhalten. Die Erziehung zur Demokratie (nicht nur zu einem pseudodemokratischen Gehabe) ist in Deutschland in keinem seiner Teile ernsthaft genug in Angriff genommen worden. Der Mangel an Toleranz, die hysterischen Reaktionen auf vermeintliche Gefährdungen, die wachsende Staatsverdrossenheit, erhebliche Tabuisierungen ... mögen das belegen.

Die Vertreter der alten Sinnwelt haben Recht behalten. Wie lange noch? Zumindest verwehren sie lebhaft, daß neue Sinnwelten über den Mechanismus des schulischen Lernens vermittelt werden. Damit ist jedoch keineswegs gesagt, daß sich nicht »unter der Hand« neue Einstellungen des Menschen zum Menschen vor dem Hintergrund einer neuen Sinnwelt ausbilden.

Ich denke, die soziale Krise, d.h. die Krise unseres sozio-ökonomischen Systems hängt in der Luft. Wie wird sie enden? Werden wir die damit gegebene Chance einer humaneren Gestalt des Miteinander-Umgehens nutzen? Ich fürchte, daß wir sie leicht vertun. Keineswegs steht am Ende jeder sozialen Revolution automatisch mehr Menschlichkeit. Von solchen Automatismen träumen nur Anarchisten oder Marxisten (einmal abgesehen von unbedeutenderen tagträumenden Grüppchen).

c) Politische Krisen

Daß wir uns in der BR Deutschland mitten in einer erheblichen politischen Krise befinden, ist kaum zu leugnen. Einige Krisensymptome wurden schon erwähnt, andere seien hier nachgetragen (vgl. dazu E. Fromm):

● Ähnlich wie die ökonomische Werbung uns veranlaßt, Waren zu kaufen, die wir weder benötigen noch uns wünschen, veranlaßt uns die politische Werbung nicht selten politische Vertreter zu wählen, die wir weder brauchen noch und wünschten, wenn wir im Vollbesitz unserer kritischen Vernunft wären.

● Die Bürokratie gewinnt Überhand. Menschen werden wie Sachen behandelt und quantitative Aspekte herrschen vor qualitativen.

● Persönlichkeitsbildende Überzeugungen sind nur möglich, wenn Menschen

- adäquat informiert werden und
- davon überzeugt sein dürfen, daß ihre Entscheidung erheblich ist.
Beide Bedingungen sind heute im Bereich der großen Politik nicht gegeben. Die von Bürgern geäußerten politischen Meinungen haben oft kaum mehr Gewicht als der Applaus bei einer Sportveranstaltung. Diese politische Krise ist ein ziemlich getreues Abbild der Systemkrise, in der wir stecken. Unter dem Mantel des Grundgesetzes verändert sich gefährlich das politische Bewußtsein.

Doch auch ein anderes Strukturelement unseres sozio-ökonomischen Systems befindet sich in einer Krise: die Kirchen. Sie werden in dem Umfang ernsthaft infrage gestellt als das System unselbstverständlich wird. Ihre»Macht« nimmt schneller ab als die des Systems, da sie nicht durch eine mächtige Legislative, Exekutive, besonders aber jurisdiktive Instanz geschützt wird. Der Schutz des Rechtes und der es produzierenden, sichernden und verwaltenden Instanzen ist besser gesichert in einer Welt, da bloße Macht und soziale Technik das Zusammenleben der Menschen effektiver reguliert als jede Moral. Der moralische Kredit der Kirchen beruht auf einer universellen Akzeptation jener symbolischen Sinnwelt, die sie vertreten. Aber mit einer kollektiven symbolischen Sinnwelt ist es heute nicht weit her. Und auf die Dauer kann Macht auch diesen Mangel nicht kompensieren.

Wenn hier von»Kirchen« gesprochen wird, dann ist damit nicht gemeint»Christentum«, nicht einmal»ekklesial organisiertes Christentum«, sondern konkrete Kirchen unter konkreten sozio-ökonomischen Bedingungen als konkrete Strukturen eines Systems. Ich erwarte mir vom Christentum noch eine Menge Hilfe für Gesellschaft. Es begleitete humanisierend die Menschen aus der Sklavenhaltergesellschaft in die der Feudalherrn, aus dem Feudalismus hinein in den Kapitalismus. Ich sehe nicht ein, warum es nicht die gleiche Aufgabe auch in Zukunft übernehmen sollte. Daß es dabei zu einem Neubedenken der Moral und der Art und Weise kommen wird, sie zu verkünden und ihre Beachtung durchzusetzen – das scheint mir offensichtlich zu sein.

d) Ökonomische Krisen

Viele ökonomische sind gesellschaftliche Krisen, vor allem, wenn – wie heute durchaus verbreitet –»eine gesunde Wirtschaft nur um den Preis kranker Menschen möglich ist« (E. Fromm). Ich habe nicht vor, ausführlich in diesem Buch über rein ökonomische

Krisen zu handeln. Sie sind zwar nicht selten der Auslöser und Motor politischer Krisen oder gar sozialer, doch vermute ich, daß wir über ihre Regeln so gut wie nichts wissen.

Offensichtlich besteht zwischen Politik und Ökonomie ein Abhängigkeitsverhältnis, das *in unserer Zeit* definiert werden kann durch den Primat der Ökonomie. Das heißt die stabilere und zur Zeit krisenunanfälligere Politik stützt die krisenanfälligere Ökonomie. Daß das nicht so sein muß, sehen wir am Beispiel des römischen Reichs. Hier eilte die Rechtsschöpfung weit den wirtschaftlichen Notwendigkeiten voraus. Ja es gibt Beispiele, wo selbst religiöse Innovationen Bewegungen im sozialen, ökonomischen und politischen Raum einleiteten, denen nur zögernd gefolgt wurde (etwa das Entstehen des Monotheismus). In jedem Fall ist das Marxsche Basis-Überbau Schema zu einfach, nachdem die ökonomische Basis *stets* den Überbau (Politik, Religion, Ethik, Philosophie…) bestimmt und zu ihrer Legitimation verwendet.

Heute aber ist es zum zentralen *politischen* Anliegen geworden, ökonomische Krisen möglichst zu verhindern – und das vor allem, weil eine Labilisierung der Wirtschaft den Bestand des Politischen gefährden würde. Es gibt dabei nur zwei Tabus: Das private Eigentum an fremder Arbeitskraft und an Produktionsmitteln und die Marktwirtschaft. Die Politik darf alles, solange sie nur diese beiden heiligen Kühe unserer Ökonomie nicht schlachtet oder auch nur verschreckt.

Dennoch gelingt es der Politik nur in sehr bescheidenem Umfang, ökonomische Krisen auszuschließen oder zu mildern. Einer der wichtigsten Gründe dafür ist, daß es keine überzeugende oder nur halbwegs gut bestätigte Theorie marktwirtschaftlicher Abläufe gibt, die zureichend wäre, Krisen zu diagnostizieren und rechtzeitig zu therapieren. Alles, was wir da haben, sind »General theories«, die das »general« in durchaus irreführender Absicht mit sich führen. Denn alle Theorien von der Marxens bis zu der der modernsten Monetaristen oder Keynesianer sind (unzulässige) Verallgemeinerungen einer Analyse eines bestimmten ökonomischen Zustands, dessen Entstehen, Probleme und Enden sie mehr oder weniger befriedigend erklären. Aber die Berechtigung irgendeiner Generalisierung hat bislang noch keine demonstriert.

Die Theorie ökonomischer Krisen stellt sich mitunter in Gestalt der Lehre von Konjunkturzyklen dar. Seit J. A. Schumpeter unterscheidet man höchstspekulativ folgende Typen von Konjunkturzyklen:

● Kondratieffwellen mit einer Zyklendauer von 50 bis 60 Jahren. Der erste Kondratieff überdeckt die Zeit der industriellen Revolution. Träger der Entwicklung waren vor allem die Baumwollindustrie, der Kohlebergbau, die Eisen- und Stahlindustrie und das Verkehrswesen (Dampf-schiffe, Bau von Kanälen).

In diesem ersten Kondratieff erkennen wir zwei Phasen: Die Auf-schwungsphase (1787–1825), in der Maschinen manufakturmäßig herge-stellt werden. Bei steigenden Profiten und steigendem Wirtschaftswachs-tum kommt es zu einer Kapitalverdichtung. Die Abschwungsphase (1826–1842), in der sich die Expansion des Weltmarkts deutlich verlang-samt. Große Kapitalmengen müssen in Produktionsmitteln (Fabriken, Maschinen ...) festgelegt werden. Das Wirtschaftswachstum sinkt.

Die zweite Kondratieffwelle (der Bourgeois-Kondratieff) ist gekenn-zeichnet durch Entwicklungen auf folgenden Gebieten: Eisenbahn, Spinnerei, Weberei, Bergbau, Eisengewinnung, Telegraphie, Entwick-lung von Großstädten und von Großbanken.

In der Aufschwungsphase (1843–1873) werden Maschinen maschinell hergestellt und damit billiger. Das zirkulierende Kapital steigt. Der Weltmarkt dehnt sich durch koloniale Erwerbungen gewaltig aus. Die Industrialisierung wächst.

In der Abstiegsphase (1874–1894) werfen die maschinell gefertigten Ma-schinen keine Zusatzprofite mehr gegenüber handgefertigten ab. Die Reallöhne steigen. Wachsende Kapitalausfuhr und sinkende Rohstoff-preise verhindern weitere Kapitalzusammenballungen. Der Weltmarkt wächst nur noch langsam.

Die dritte Kondratieffwelle (der Neomerkantilist-Kondratieff) ist ge-kennzeichnet durch Entwicklung in folgenden Gebieten: Elektrizitäts-wirtschaft, Eisenindustrie, Verkehrswesen (Autos und Flugzeuge), Che-mie (Kunststoffe, Kunstdünger, Treibstoffe) und Maschinenbau.

In der Aufschwungsphase (1897–1913) steigt die Arbeitsproduktivität durch das Aufkommen von Elektro- und Verbrennungsmotoren. Das Kapital ballt sich weiter und verstärkt zusammen (verstärkte Oligopoli-sierung). Die Rohstoffpreise wachsen nur langsam. Profitabele Kapital-anlage in den Kolonien wird möglich. Allgemein steigen die Profite.

In der Abschwungsphase (1914–1939) wird der Welthandel durch die Kriegsereignisse zerrüttet. Es wird schwierig, freies Kapital rentabel anzulegen. Inflationen besorgen eine allgemeine wirtschaftliche Labili-tät.

Die vierte Kondratieffwelle ist gekennzeichnet durch das Aufkommen von elektronischen Steuerungsanlagen, der Verwendung von Atom-kraft, gewaltigen Rüstungsausgaben, schneller Entkolonialisierung, Unruhe in den Ländern der »dritten Welt«, Prestigeindustrie (Raum-fahrt), Massenkonsum in den Industrieländern.

In der Aufschwungsphase (1940–1966) gelingt es durch planwirtschaftliche Maßnahmen und durch inflationär finanzierte Rüstungsanstrengungen, Profite und Kapitalanhäufung erheblich zu vermehren. Wegen der enormen Rohstoffbedürfnisse steigt der Welthandel.
In der Abschwungsphase (1966–?) kommt es zur ernsthaften Rohstoffverknappung. Die Rohstoffländer beginnen Preiskartelle zu bilden. Arbeitskämpfe mindern die ökonomische Stabilität und das Vertrauen der Kapitalanleger. Der Welthandel expandiert nur noch langsam. Die durch Mikroprozessoren möglichen Einsparungen bei der Verwendung menschlicher Arbeitskraft führen zu »strukturellen Krisen«, verbunden mit einer weiteren Kapitalballung und tendentiell wachsenden Arbeitslosenzahlen.

● Juglarwellen mit einer Periodendauer von 7 bis 10 Jahren. Diese Wellen wurden erstmalig von Cl. Juglar (1862) beschrieben und spielen in der Theorie Marxens eine erhebliche Rolle. Die Juglarwellen sind bestimmt durch den Mechanismus:

– freies Kapital besorgt auf bestimmten Gebieten über Überinvestition Überproduktion.

– Überproduktion ist nur absetzbar durch Vermehrung der Massenkaufkraft. Diese ist nur zu erreichen durch Deflation bzw. Vergrößerung der Lohnanteile am produzierten Ertrag.

– Nachdem das Überangebot aufgenommen wurde, beginnt auf höherem Niveau ein neuer Zyklus. Der Nachfrageüberhang fördert die Investitionsneigung. Dadurch entstehen wiederum Überproduktion und Überangebot ...

Die Marxsche Theorie der Juglarwellen geht davon aus, daß letztlich die Konsumsphäre allein Richtung und Ziel sowie Menge der Produktion bestimmt (daß also vor allem die Investitionssphäre nur sekundär Konjunkturwellen beeinflußt). Sie kannte noch nicht die zentrale Bedeutung der Nonsense-Produktion (etwa der Produktion von schnell veralterndem Kriegsmaterial, das nie zum Einsatz kommt und erhebliche Profite ermöglicht und zudem eine Stabilisierung der Gesamtökonomie).

● Kitschinwellen mit einer Dauer von 3,5 Jahren wurden erstmals von A. W. M. Kitschin (1923) beschrieben. Sie sind vor allem interessant für Vermutungen über die Entwicklung von Kapitalkosten (Zinssätzen ...). Durch die Versuche einer antizyklischen Wirtschaftspolitik seit 1933 entarteten zumindest die großen Zyklen. Trotz der Steuerung der ökonomischen Abläufe durch die Politik (in den USA übrigens schon seit etwa 1875), kommt es immer wieder zu konjunkturellen Krisen. Einer der Gründe wird sein, daß wir die Ursachen ökonomischer Zyklen nur unzureichend theoretisch beherrschen. Da Konjunkturkrisen in enger Anhängigkeit zu anderen ökonomischen Krisen zu verstehen sind (Krisen durch Arbeitslosigkeit, Inflation, Reglementierungen auf dem Weltmarkt, Rohstoffverknappung …), ist der Versuch, eine befriedigende Konjunkturtheorie zu entwickeln, heute durchaus nicht unmodern. Die antiken Konjunkturtheorien hielten Absatzstockungen nicht für möglich:

- J. B. Say und D. Ricardo, weil mit der Produktion von Waren auch die Mittel entstehen, sie zu erwerben.
- J. Ch. L. de Sismondi, weil die Arbeiterschaft ein unerschöpfliches Reservoir potentiellen Konsums darstellt (Unterkonsumtionstheorie).
- Th. R. Maltus, weil die Reichen zu viel sparen (Überspartheorie).

Erst K. Marx entwickelte eine Zyklentheorie, die der der Juglarwellen entspricht.

Weitere Theorien seien hier nur erwähnt, um die ganze Ohnmacht der Nationalökonomie vor dem Anspruch einer Konjunkturtheorie zu zeigen:

- W. St. Jecon führt die Konjunkturschwankungen auf Ernteschwankungen zurück, die sich in der Produktionstätigkeit niederschlagen (Agrartheorie).
- R. G. Hawtrey behauptet, die Veränderungen des Geld- und Kreditvolumens verursachten Konjunkturschwankungen (monetäre Theorie).
- A. C. Pigou ist der Ansicht, daß optimistische oder pessimistische Erwartungen die Schwankungen auslösen (psychologische Theorie).
- J. A. Schumpeter nimmt an, daß die Zyklen durch äußere Einflüsse (Kriege, Revolutionen, institutionelle Veränderungen), durch nicht zyklische Elemente des Wachstums (Verbrauch von Energie und Rohstoffen steigt) und durch technische Erfindungen verursacht werden.
- J. M. Keynes behauptet, Schwankungen der effektiven Nachfrage verursachten Zyklen.
- W. A. Jöhr unterscheidet zwischen strukturellen und externen Faktoren. Zu den externen zählen Nachfrage und Angebotsbedingungen, technische Veränderungen, Umwelteinflüsse. Zu den strukturellen zählen: Kreditschöpfung, Lohn-lag, Sparen, Erwartungen. Zudem werden Wirtschaftssubjekte durch Überzeugungen und Handeln anderer angesteckt (sozialpsychologische Infektion) durch Zuvorkommen, Nachahmen, Demonstrieren …

Der politische Einfluß auf die Zyklen ist allemal problematisch. Zunächst einmal besteht zwischen dem Erkennen eines ökonomischen Zustandes und der politischen Reaktion (inside lag), sowie zwischen dem Einsatz politischer Mittel und deren ökonomischer Auswirkung (outside lag) eine solche erhebliche Spanne, daß Interventionen zumeist zu spät kommen, jedenfalls nicht exakt gezielt eingesetzt werden können.

Die beiden folgenden Kapitel werden über Konflikte handeln. Doch zuvor ist auszumachen, was Krisen und Konflikte verbindet.

● Offensichtlich sind Krisensituationen als Zeiten erfahrbar, in denen die Konfliktchance erheblich ansteigt und die Wahrscheinlichkeit zunimmt, daß Konflikte destruktiv dargestellt werden oder doch destruktiv enden.

● Auf der anderen Seite sind Konflikte nicht nur Krisensymptome. Sie können auch Krisen auslösen. Ich vermute, daß jeder nicht aufgelöste Konflikt Krisenpotential anhäuft oder gar in eine manifeste Krise einmündet.

● Ebenfalls scheint offensichtlich, daß eine bestimmte Form von Krise sich dem Konflikt mitteilt, der im Feld dieser Krise entsteht und ausgetragen wird. Die Krise bestimmt also weitgehend die Konfliktsymptome, den Konfliktverlauf und die Strategien einer eventuellen Konfliktbewältigung. Diese können somit sehr verschieden sein, obschon vordergründig die Konfliktauslöser nahezu identisch sind, je nachdem wie die basale Krise gelagert ist und sich darstellt.

● Krisen enden vermutlich selten »von selbst«. Ihre Aufarbeitung geschieht in Konflikten, in denen sie sie formulieren, in denen sie ihr präzises Thema erhalten.

Daraus geht ganz offensichtlich hervor, daß eine recht gute und möglichst umfassende Theorie des Konflikts beherrscht werden muß, wenn eine zureichende Theorie optimalen Verhaltens in Krisen zur Verfügung stehen soll. So ist etwa Krisenmanagement ohne beherrschte Konfliktlösungsstrategien kaum sinnvoll realisierbar. Konfliktlösungsstrategien können sich aber nicht bloß orientieren an vergangener Erfahrung oder an »gesundem Menschenverstand«, denn dafür sind die Konflikten zugrunde liegenden psychischen und sozialen Abläufe zu komplex.

Man kann die Geschichte der Politik vermutlich seit ihren Anfängen nahezu fehlerlos beschreiben als die Geschichte mißlungenen Krisenmanagements. Und man kann aufzeigen, daß solches Mißmanagement auch begründet liegt im Unwissen über die Eigenschaften und Regeln von Konflikten. Das gilt keineswegs nur für die große, die staatliche Politik, sondern oft genug auch für die Wirtschaftspolitik oder das Verhalten von Ehepartnern oder Geschäftspartnern zueinander. In verschiedenen Analysen von sehr verschiedenartigen Krisen könnte die Geschichte der

Krisen beschrieben werden als die Geschichte falsch interpretierter Konfliktgründe und (unter anderem auch deshalb) falsch angesetzter Konfliktlösungstechniken.

Allgemeine Überlegungen zum Thema »Konflikt«

Das Wort »Konflikt« wird allgemein hergeleitet vom lateinischen »confligere« (= zusammenstoßen, streiten, kämpfen). J.F. Herbart (1776–1841) verwandte den Begriff in einer doppelten Bedeutung, den er seitdem mit sich hat: Einmal bezeichnet er psychische »Hemmungen« (»psychischer Konflikt«), zum anderen die mit Gruppenbildungen notwendig verbundene Entgegensetzung von Kräften (»sozialer Konflikt«). Sicherlich bedarf diese Unterscheidung heute noch mancher Präzisierung – doch im Prinzip ist die Differenzierung zwischen sozialem und psychischem Konflikt allgemein akzeptiert.

Um eine sinnvolle Theorie des Konflikts entwerfen zu können, werden einige Unterschiede notwendig.

Konflikttypen

a) Zunächst sind zu unterscheiden intrapersonale, interpersonale und soziale Konflikte. »*Intrapersonal*« nenne ich einen Konflikt, dessen Gründe in einander widersprechenden Anforderungen verschiedener Motivationszonen innerhalb einer oder mehrerer psychischer Strukturelemente liegen. Ein intrapersonaler Konflikt wäre etwa gegeben,

● wenn die »Triebstruktur« etwas fordert, was das (konventionelle) Gewissen verbietet (etwa eine sexuelle Handlung) oder

● wenn das (konventionelle) Gewissen zugleich eine Handlung fordert und sie verbietet. Etwa: »Du mußt hilfsbereit sein« und »Du darfst nie lügen«, wenn Hilfsbereitschaft Lügen einfordert.

Solche intrapersonalen Konflikte sind die typischen psychischen Konflikte Herbarts. Sie sind in der Regel durchaus sozial vermittelt, insofern die hemmende Instanz als konventionelles Gewissen, das unter der Gestalt von »Man-Geboten« (»Das tut man« – »Das tut man nicht«) uns allen bekannt und nahezu allgegenwärtig ist. Es kann die eine Bedürfnisbefriedigung anzielende Intention aber auch sehr viel »primitiver« gehemmt werden:

● Ich habe Hunger und Durst – kann aber nur eins von beiden beheben. So kann mich der Durst hindern, meinen Hunger zu stillen.
● Ich habe Durst, weiß aber nicht, ob das Wasser zureichend keimfrei ist. So kann mich die Angst, mich zu infizieren, daran hindern, zu trinken.

»Situationskonflikte« nenne ich Konflikte, die durch eine prinzipiell exakt bestimmbare Außenweltsituation in einer Person ausgelöst werden. Situationskonflikte beschreiben etwa folgende Beispiele:
● Ein fremdes Auto überschlägt sich. Ich komme vorbei und möchte gerne helfen, weiß aber nicht wie.
● Ein anderer Mensch tadelt mich. Ich bin gekränkt.
● Ich werde aufgefordert, eine bestimmte Leistung zu erbringen. Ich weiß aber nicht, ob und wie ich das kann.

Solchen Konflikten ist gemeinsam, daß sie zwar psychisch sind, aber fremdausgelöst. Die auslösende Instanz kann ein Mensch, eine Struktur, eine Naturkatastrophe, ein Unglück ... sein. Diese Konflikte sind nicht selten von Gefühlen der Ohnmacht oder der Hilflosigkeit begleitet. Unbeeinflußbare und unbeherrschbare Situationen fordern Handlungen (oder Unterlassungen) ein, von denen ich nicht weiß, wie und ob ich sie erbringen kann oder soll. Situationskonflikte sind also auch psychische Konflikte. Eine unbeherrschbare Situation hemmt oder lähmt meinen Handlungswillen.

Im Zwischenfeld zwischen psychischen und sozialen Konflikten siedeln die *interpersonalen,* die zwischen Personen spielen. Im Regelfall haben solche Konflikte eine psychische und eine soziale Komponente. Diese Doppelung macht ihre Auflösung mitunter schwierig. Im interpersonalen Konflikt ist der Konfliktpartner prinzipiell beeinflußbar. Er repräsentiert also keine unbeherrschbare Situation.

Ein solcher interpersonaler Konflikt liegt etwa vor im ganz gewöhnlichen Streit zwischen zwei Personen. Beide Partner sind psychisch affiziert, zudem aber ist auch ihre Interaktion durch den Konflikt bestimmt. Zumeist wird man in solchen Situationen versuchen, zunächst die Interaktionsproblematik zu beheben, in der Hoffnung, daß dann auch die psychischen Konfliktsymptome (wie Ärger, Haß, Zorn ...) schwinden.

Soziale Konflikte sind nun Konflikte, in denen psychische Symptome oder auch psychische Konfliktkomponenten allenfalls zufällig, nicht aber notwendig das Konfliktgeschehen bestimmen. Insofern jedoch auch soziale Konflikte zwischen Menschen ausgetragen werden, Menschen also auch die im Konflikt miteinander liegenden Gruppen, Strukturen, Systeme ... repräsentieren, ist deren psychische Situation und die

Art und der Umfang, wie sie den sozialen Konflikt internalisiert als psychischen annehmen, erfahren, auflösen ... von ganz erheblicher Bedeutung. Bei sozialen Konflikten ist wenigstens eine Konfliktpartei eine Gruppe oder eine Gesellschaft (auch Völker oder Nationen firmieren hier als Gesellschaften). Ist keine der Konfliktparteien eine Person, ist dennoch ein sozialer Konflikt in aller Regel mit psychischen verwoben, weil eben niemals eigentlich Gruppen, Gesellschaften, Völker sich gegenüberstehen, sondern Menschen die diese repräsentieren, oder die sich mit ihnen und ihren Zielen, Normen, Vorstellungen, Bedürfnissen ... identifizieren. Somit kommt es wohl stets zu psychischen Konflikten, die die sozialen abbilden.

Das scheint mir ganz deutlich zu werden, wenn es darum geht, solche Konflikte beizulegen. Hier werden in aller Regel einzelne Menschen aktiv, Menschen mit ihren individuellen Konflikten, die durch die soziale Situation ausgelöst werden. Der Sozialkonflikt reduziert sich dann mitunter auf einen interpersonalen oder auch einen Situationskonflikt. Wegen der zentralen Bedeutung der psychischen Konflikte auch für die einwandfreie Interpretation und Bewältigung sozialer Konflikte werde ich im folgenden Abschnitt eine ausführliche Darstellung der Theorie psychischer Konflikte geben.

Ähnlich wie bei psychischen Konflikten kann man bei sozialen zwischen intersystemischen und intrasystemischen unterscheiden. *Intrasystemisch* ist ein sozialer Konflikt, wenn einzelne Teilstrukturen einer Gruppe, einer Gesellschaft, eines Volkes ... den Konfliktgrund bereitstellen, so daß ein Konflikt innerhalb der Gruppe, der Gesellschaft ... kurzum des Systems ausgetragen wird. Dabei wird es keineswegs selten geschehen, daß Veränderungen im Umfeld des Systems einen Systemteil veranlassen, den Konflikt darzustellen. So können etwa veränderte Verhältnisse der Umwelt durchaus eine Krise herbeiführen, die sich in Konflikten artikuliert. Ein paar Beispiele:

● Eine Betriebskrise kann einen Mitarbeiter in eine Situation bringen, die ihn häusliche Konflikte darstellen läßt, die sonst nicht deutlich geworden wären.

● Eine Nation kann ökonomische Konflikte zwischen verschiedenen Interessengruppen erfahren, wenn sich etwa die politische Situation in den ihr Rohstoffe liefernden Ländern erheblich ändert.

Revolutionen sind solche intrasystemische Konflikte, die soweit gehen, daß das System zerbricht und durch eine anderes ersetzt wird. Intrasystemische Konflikte können also durchaus zur Selbstvernichtung des

Systems führen. Doch die Regel ist das nicht.

So sind etwa Konflikte zwischen Tarifpartnern unter einem Aspekt intrasystemisch (sie finden innerhalb desselben sozio-ökonomischen Systems zwischen Systemelementen statt), unter einem anderen aber intersystemisch (insofern etwa die Unternehmerverbände und die Gewerkschaften als Gesellschaften und damit als verschiedene Systeme beschreibbar sind). Ich will nicht versuchen, die Streitfrage zu lösen, ob es eigentliche ausschließlich intrasystemische Konflikte gibt. Ich vermute aber, daß die Beschreibung eines Konflikts als intrasystemisches Ereignis oft sehr hilfreich sein kann, weil er den Konflikt in einen größeren Zusammenhang stellt und Einflüsse auf beide Konfliktparteien deutlich macht, die durch die Zugehörigkeit zu einem System zu erkennen sind.

Die Tendenz, alle sozialen Konflikte de facto als intersystemisch zu beschreiben, ist sicherlich nicht für eine optimale Konflikttheorie sozialer Konflikte – und damit auch nicht für die Entwicklung optimaler Lösungsstrategien – günstig.

b) Eine zweite wichtige Unterscheidung von Konflikttypen scheint mir mit der Differenzierung zwischen konstruktivem und destruktivem Konflikt gegeben zu sein. *Konstruktiv* nenne ich einen Konflikt, der einen bestehenden Übelstand beseitigt oder doch mindert. Konstruktive Konflikte führen in aller Regel zu einer besseren Anpassung an die Realität. Konstruktiv sind etwa folgende Konflikte:

● Eine mangelnde Anpassung der Person an ihre soziale Umwelt (oder ihre eigen-psychischen Vorgaben) führt zu einem Konflikt. Sie behebt den Konflikt, indem sie die Anpassung verbessert.

● Längere Zeit unbefriedigender Kommunikationsablauf führt zu einem offenen Konflikt. Dieser wird durch metakommunikative Interaktion beigelegt, so daß befriedigendere kommunikative Abläufe möglich werden.

● Ein Zustand sozialer Unterdrückung oder Ausbeutung führt zu einer Revolution, nach deren Ende Unterdrückung und Ausbeutung nicht mehr stattfinden.

Destruktiv dagegen sind Konflikte, die etwa folgende Ergebnisse haben:

● Eine mangelnde Anpassung der Person führt zu Konflikten. Sie verdrängt diese Konflikte. Das kann zu einer neurotischen Störung führen, insofern die Konflikte noch vorhanden sind, aber – weil unbewußt gemacht – nicht mehr sinnvoll und erfolgreich aufgelöst werden können.

● Eine Folge unbefriedigender Kommunikationsabläufe führt zum Konflikt. Der Konflikt entartet zu einem Streit, an dessen Ende ein Abbruch der Kommunikation steht.

● Ein Zustand sozialer Unterdrückung führt zu einer Revolution. Diese behebt einige Formen der alten Unterdrückung, ersetzt sie aber durch neue.

Destruktiv sind also alle Konflikte, bei denen es den beteiligten Menschen nicht gelingt, die Konfliktursache zu beheben. Oftmals wird so ein Konflikt zu einer recht dauerhaften Krise eskalieren. Destruktive Konflikte führen also in der Regel zu Desorientierungen oder Realitätsablösungen.

Ich halte diese Unterscheidung zwischen destruktiven und konstruktiven Konflikten schon deshalb für sehr wichtig, weil es in soziologischen und psychologischen Theorien immer wieder Entwürfe einer konfliktfreien Gesellschaft oder Psyche gibt, die es anzustreben gelte. Solche Theorien verkennen, daß (konstruktive) Konflikte die Funktion haben, psychische, personale, soziale Situationen zu bessern, vielleicht gar zu heilen. Der frühe Marxismus war eine solche Theorie, insofern er von einer klassenlosen und konfliktfreien Gesellschaft träumte. Auch manche Richtungen der Psychoanalyse oder anderer psychologischer therapeutischer Theorien setzten es sich zum Ziel, ein konfliktfreies, optimal angepaßtes Individuum heranzutherapieren. Heute ist man da sehr viel vernünftiger: Die meisten (guten) Therapeuten verhelfen ihren Patienten nicht zur Konfliktfreiheit, sondern zur Konfliktfähigkeit, zum Vermögen also, Konflikte konstruktiv durchzustehen.

Damit verbunden ist auch eine Rehabilitierung menschlicher Aggressivität. Da Konflikte ohne aggressive Haltungen oder Handlungen schwer vorstellbar sind, sind auch vermutlich alle konstruktiven Konflikte getragen von Aggressivität. Es kommt jedoch darauf an, wie sie sich artikuliert.

Vor vielen Jahren schlug ich vor, deutlicher zwischen Feind- und Gegneraggressivität zu unterscheiden. Diese Unterscheidung ist inzwischen zum Allgemeingut geworden. Gegner wollen einander nicht schaden, obschon sie miteinander spielen. Und das nicht selten so, daß nur einer gewinnen kann. Fußball, Schach, Diskussion oder Ehe wären unmöglich, ohne solches gegnerisches Gegenüber (wenigstens in partiellen Bereichen oder für eine bestimmte Zeit). Gegner hassen sich nicht, sie beneiden sich nicht, sie zürnen nicht einander. In der Sprache der klassischen Psychoanalyse handelt es sich hier um eine Aggressivität, die durch erhebliche libidinöse Energie gelenkt wird.

c) Eine dritte Unterscheidung differenziert zwischen
● offenen und latenten und

● bewußten und unbewußten Konflikten.

Nahezu aller Konflikte Gründe sind teilweise unbewußt. Die meisten Konflikte gründen in Bereichen, die nicht selten gar bewußtseinsunfähig sind. Das gilt für psychische wie soziale. Psychische Konflikte etwa zwischen bewußten und unbewußten Ansprüchen sind keineswegs selten. Ihre Symptome mögen sein:

● Hyperaktivität oder Passivität,
● Ängste und Depressionen verschiedener Art,
● Besessenwerden von materiellem, geistigem, sozialem Besitz,
● Vegetative Störungen ...

Solche Konflikte, die ausschließlich in ihren Symptomen erfahrbar sind, ohne das der Betroffene die tatsächlichen Konfliktgründe kennen würde, nenne ich *unbewußt*. Das schließt nicht aus, daß solche unbewußten Konflikte im Nachhinein rational begründet werden. Ein Mensch, der unter Schlaflosigkeit leidet, weil er unaufgearbeitete Todesvorstellungen und deshalb oft unbewußte Todesängste hat, wird seine Schlaflosigkeit auf Überarbeitung, auf ruhestörenden Lärm, auf berufliche Sorgen, auf die Unfähigkeit, abschalten zu können ... zurückführen. Meist werden solche Rationalisierungen erst erkennbar, wenn die nachgeschobene Begründung hinfällig wird und die Störung dennoch anhält.

Doch auch soziale Konflikte können unbewußt sein. Wenn der Konfliktgrund etwa in kollektiven Selbstverständlichkeiten (etwa Vorurteilen, unbestrittenen Inhalten der kollektiven Sinnwelt ...) begründet ist, die der eine Partner nicht bezweifeln *kann,* der andere Partner aber nicht akzeptiert, wird es zu durchaus erheblichen unbewußten Konflikten kommen – d..h. zu Konflikten, deren Symptome zwar deutlich werden, die aber in ihren Gründen unbekannt bleiben.

Solche unbewußten Konflikte sind nicht ungefährlich. Da der Konfliktgrund unbekannt ist, geschehen Lösungsversuche zumeist nur im Symptombereich. Mitunter gelingt es gar auch, ein Symptom verschwinden zu lassen – doch bald stellt sich ein neues ein. Die Unkenntnis über die Konfliktgründe führt nicht selten zu einer von beiden Konfliktinstanzen keineswegs intendierten Eskalationen. Die Konfliktlösungsstrategie ist in jedem Fall unzureichend.

Neurosen und Psychosen sind typische Beispiele solcher mißlungener Konfliktlösungsstrategien – mißlungen zumeist, weil der Konfliktgrund unbekannt war. Doch auch im Vorfeld des psychisch oder sozial Kranken sind unbewußte Konflikte häufig. Ihre Gründe sind etwa:

● Abgewehrte Vorstellungen (Symptome: Ängste, Depressionen),
● Vergeblichkeitserfahrungen (Symptome: Aggressivität, Depressionen),

● Realitätsablösungen durch Vorurteile, inadäquate symbolische Sinnwelt … (Symptome: Angst, Verweigerung …).

Offensichtlich gehören in diesen Bereich die zahlreichen verborgenen
Grundkonflikte, Konflikte, die gleichsam zur Grundausstattung einer
Persönlichkeit gehören und die vorgängig zu aller konkreten Erfahrung
seine Haltung zu Welt, Gesellschaft, Menschen, seine Adaptationsmög-
lichkeiten und -fähigkeiten bestimmen und beschränken. Ich vermute,
daß kein Mensch frei ist von solchen unbewußten Konflikten. Sicherlich
lassen sich viele Charakterfehler – Fehler also die unbehebbar zur
Grundausstattung dieses Menschen dazugehören – auf solche unbewußten Konflikte zurückzuführen.

Davon zu unterscheiden sind *latente* Konflikte. Ein Konflikt ist latent,
wenn die Konflikt*symptome* nicht erkannt oder nicht zutreffend interpretiert werden. Latent sind etwa folgende Konflikte:

● Ein Interaktionspartner bedroht (aus welchen Gründen auch immer)
die Interaktionssituation, ohne daß sein Handeln als bedrohend erkannt
würde.

● Innerhalb eines Betriebes funktioniert der vertikale oder horizontale
Informationsfluß nicht zureichend (etwa weil viele Mitarbeiter sich de-
motiviert fühlen).

● Ein Vorgesetzter wehrt Informationen ab, die ihm unwillkommen
sind.

● Ein Ehepaar reduziert die Kommunikation auf Appelle und Informa-
tionsgabe (während Selbstdarstellung und Kontaktgespräche unterdrückt werden).

Unbewußte und latente Konflikte machen öfters das Wesen einer Krise
aus. In beiden Fällen besteht ein interaktiver Ausnahmezustand zwischen den Konfliktpartnern.

Bewußte Konflikte sind zumeist durch fünf Aspekte beschreibbar, deren
Bedeutung und Intensität allerdings von Konflikt zu Konflikt sehr
schwanken kann:

● Es sind prinzipiell mehrere Verhaltensweisen möglich.

● Von diesen können nicht alle realisiert werden, weil sie zeitlich oder
bedürfnistechnisch oder sozial … unvereinbar sind. Die Unvereinbarkeit kann also nicht nur in der Natur der Sache liegen (wie bei zeitlicher
Unvereinbarkeit), sondern auch in Forderungen sozialer oder/und psychischer Instanzen.

● Es tritt eine affektive Beunruhigung ein. Mit ihr geht ein gestörtes
Verhältnis zur Zukunft Hand in Hand. Diese affektive Beunruhigung
wird meist durch Gefühle der Unsicherheit, der Angst, der Minderwer-

tigkeit ... erfahrbar. Das Verhältnis zur Zukunft ist gestört, weil bestimmte zukünftige Inhalte realitätswidrig gewertet und inadäquat emotional besetzt werden. Konflikte absorbieren ungehörig viel an Ausgriff in Zukunft. Im Grenzfall kommt es zu einem depressiven Resignieren im »Zukunftsabbruch« – so daß das eigene Leben ohne jedes Zukünftig erfahren wird.

● Es kommt zu einem kognitiven Orientierungsverlust. Interessen werden verengt. Erwartungen werden durch die mit dem Konflikt zusammenhängenden geprägt. Der Konflikt absorbiert so viele psychische Kräfte, daß das gesamte kognitive Feld nicht mehr gleichmäßig ausgeleuchtet wird, sondern nur noch ein Punkt überscharf angestrahlt wird: Der Bereich des Konflikts. Dabei kann es durchaus zu Erscheinungen kommen, wie sie als Realitätsverlust der Paranoia bekannt sind. Im Grenzfall absorbiert der Konflikt alles Interesse und allen psychischen Antrieb. Der betroffene Mensch kennt jetzt nicht mehr das psychische und soziale Umfeld des Konflikts und reagiert mit großer Wahrscheinlichkeit falsch auf Ansprachen aus diesen Feldern – indem er sie etwa als unerheblich abtut oder aber in den Konfliktkomplex mithineinzieht.

● Es entsteht ein Entscheidungs- und Lösungsdruck. Die Person fühlt sich genötigt, sich zu entscheiden, um die Konfliktsituation aufzulösen. Zum einen geht dieser Druck aus von innerpsychischen Instanzen, die auf eine schnelle Beendigung des mit dem Konflikt verbundenen Leidens drängen; zum anderen kann dieser Druck auch von außen kommen, insofern längeres Warten den Konflikt noch verschärft oder gar unlösbar zu machen droht.

Das hier für Personen Ausgeführte gilt ganz analog auch für Gruppen oder Gesellschaften.

Erscheint einer dieser Konfliktaspekte erheblich überbetont, kann es dazu kommen, daß eine völlig inadäquate Konfliktlösung versucht wird, die zu einer Eskalation führt, d.h. zu einem Konflikt, dessen Lösung noch schwieriger ist, als die des Ursprungskonfliktes. Es liegt in der Eigenart einer konstruktiven Konfliktlösung, daß solche Eskalation vermieden wird und Beunruhigung und Orientierungsverlust schwinden. Destruktive Konfliktlösungen jedoch vertiefen nicht selten Beunruhigung und Orientierungsverlust.

d) Endlich soll noch eine Konfliktdifferenzierung vorgestellt werden, die die Konflikte durch zwei Komponenten: Annäherung und Vermeidung, die Tendenz also, sich dem Ziel zu nähern und die Tendenz, das Ziel zu meiden, zu klassifizieren sucht (Miller 1944).

Folgendes Schema mag das erläutern:

	Annäherung	Vermeiden
Annäherung	Gleichzeitig treten zwei Reize auf, deren gleichzeitige Erfüllung nicht möglich ist, obschon jeder für sich Handlung einfordert. Aber nur einem kann entsprochen werden.	
Vermeiden	Gleichzeitig treten zwei Reize auf, von denen der eine anzieht, der andere abstößt, die Realisierung des einen aber die des anderen notwendig mit sich bringt.	Gleichzeitig treten zwei Reize auf, die beide zum Meiden einladen, doch die Entfernung von einem, bedeutet die Annäherung an den anderen.

Besonders problematisch sind die Annäherungs-Vermeidungskonflikte. Sie können zu gerichteter Aktion führen, etwa einem Kampf – Flucht – Verhalten (fight-flight-pattern). Im Fall ungerichteter, zielloser Aktion dürfte stets Angst als Emotion überwiegen und zu inadäquaten Lösungsversuchen führen.

Diese Konflikttheorie nennt nun einige Regeln:

● Annäherungs- und Vermeidungstendenzen sind um so stärker, je näher das Ziel ist.

● Der Vermeidungsgradient wächst schneller als der Annäherungsgradient.

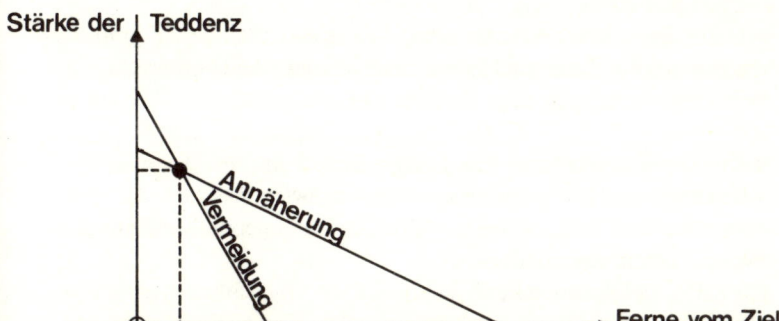

● Beide sind abhängig von der Triebstärke und der Häufigkeit der vorangegangenen Erfolgserlebnisse.

201

● Der stärkere Gradient setzt sich durch.

Diese Konflikt(einteilungs)theorie hat einige Mängel: Sie setzt voraus
● sprachlose und interaktionsunfähige Konfliktsubjekte,
● verborgene Rationalität im Konfliktgeschehen,
● triviale Konfliktgründe.

Nun hat man versucht, diese Theorie aufzubessern. Es entstanden verschiedene Konsistenztheorien:

● Konflikte entstehen aus gestörter Balance, auf die hin jedes Individuum strebt als optimalem psychischen und sozialen Zustand (F. Heider – 1958 –).

● Konflikte entstehen bei gestörter Kongruenz, wenn also etwa zwischen Einstellung und Verhaltensweise eine Inkongruenz besteht. Jetzt bemüht sich das Individuum um eine Wiederherstellung der kognitiven Stimmigkeit, um Kongruenz zwischen Einstellung und Verhalten. (Osgood und Tannenbaum – 1955 –)

● Konflikte entstehen bei einer Dissonanz zwischen zwei kognitiven Elementen, etwa der Einstellung:»Du sollst nicht lügen« und dem Wissen:»Du hast gelogen«. Das Subjekt versucht jetzt die Dissonanz zu beheben entweder durch Änderung der Einstellung oder durch Änderung der Kenntnisstruktur (»Was heißt denn eigentlich»lügen«?) (L. A. Festinger – 1957 –)

Doch auch diese Verbesserungen einer eher behavioristischen Konflikttheorie führten nicht unbedingt zu zufriedenstellenden Ergebnissen. Vor allem ist eingewandt worden:

● Es wird vorausgesetzt, daß das Individuum motiviert sei, Dissonanzen zu beheben, gestörte Balance oder Kongruenz wiederherzustellen. Das aber ist keineswegs stets vorauszusetzen.

● Das Subjekt kann Widersprüche, Ambiguitäten längere Zeit tolerieren und sich durchaus wohl dabei fühlen. Es kann der Harmonie und der Sicherheit überdrüssig sein. Es kann»law and order« gründlich verachten ...

● Die Theorie erklärt nicht die positive Bedeutung von Dissonanzen ... (Spannungen, Ungewißheiten, Ungleichgewichtigkeiten) für jeden Menschen und sieht in ihnen – fälschlich – nötigende Konfliktgründe (wobei sie nur potentielle sind).

Ich werde im folgenden Kapitel die positiven Möglichkeiten einer behavioristischen Konflikttheorie kurz darstellen. Eines scheint aber sicher zu sein: Einen Anspruch, alle oder auch nur alle simplen Konflikte zu beschreiben und zu erklären, kann sie nicht legitim erheben. Zuzugeben ist, daß sie am wenigsten von allen Theorien spekulativ ist und am weitgehendsten im Bereich tierischen Verhaltens als brauchbar ausgewiesen wurde.

Menschliches Verhalten ist aber nur sehr analog durch tierisches zu erklären, da weitere Verhaltensdeterminanten (Einsicht, Selbstbewußtsein, Sprache ...) mit in jeden Konflikt eingehen können, und somit die für den Bereich bestimmter animalischer Konflikte gewonnenen Einsichten entweder als wenig brauchbar oder doch nur als Arbeitshypothesen in eine Theorie menschlichen Verhaltens einbringen können.

Reaktionen in Konflikten

In Konfliktsituationen reagieren Personen wie auch soziale Gebilde meist sehr viel anders auf Außen- oder Binnenerfahrungen als in konfliktfreien Zeiten. Konflikte lassen sich also auch durchaus an Reaktionsmustern ausmachen, wennschon daraus zumeist auch nicht die genaue Art des Konflikts erhoben werden kann.

In Konfliktsituationen kann man grundsätzlich drei Verhaltensmuster unterscheiden, die aber in einem Konflikt durchaus hintereinander (mitunter gar als miteinander streitende Bestrebungen) gezeigt werden können. Ist ein Konfliktsubjekt (Person oder soziales Gebilde) nicht nur von einem Antriebsmuster zum Zweck der Konfliktvermeidung oder doch der Konfliktminderung besetzt, entsteht ein sekundärer Konflikt, der charakterisiert ist durch die Pluralität möglicher Strategien. Die Grundstrategien sind:

● Flucht
● Angriff
● Aktivitätsvermeidung (Bewegungslosigkeit, Sich-tot-Stellen).

Es kann aber durchaus sein, daß ein Konfliktsubjekt sich *zugleich* vor dem Anspruch von Flucht und Angriff befindet. Die folgende Tafel berücksichtigt solche Sekundärkonflikte nicht.

Offensichtlich ermöglicht nur eine grundsätzliche Angriffsstrategie eine optimale Konfliktlösung. Doch ist nicht schon jede Angriffslösung optimal. Werden etwa personenzentrierte Angriffe anstelle von angebrachteren themenzentrierten eingesetzt, oder destruktiv aggressive statt konstruktiver, so kann es durchaus statt zur erwünschten Lösung zu einer Eskalation des Konflikts kommen.

Ich gehe davon aus, daß jede nicht intendierte Eskalation eine Panne im Versuch einer optimalen Konfliktlösungsstrategie darstellt.

Von »Eskalation« spricht man, wenn das Wechselspiel zwischen den

	Flucht	Angriff	Aktivitätsvermeidung
somatisch	Ausweichen — lokal — thematisch Entfernen — gerichtet (Furcht) — ungerichtet (Angst)	Kämpfen Entgegentreten — destruktiv — konstruktiv	Sich-tot-stellen Aufmerksamkeit vermeiden Banges Abwarten, was geschieht
emotional	Abwehr (etwa Verdrängen) Angst, Schuld, Scham, Minder- gefühle	Aggressivität — personen- orientiert oder sach- orientiert — konstruktiv o. destruktiv Verarbeiten: — sich der Emotion stellen — sich dem Gegenstand der Emotion nähern — Desensibilisie- rung (durch Ent- spannung) (durch häufige Repräsenta- tion des Aus- lösers) . . .	Fixierungen (emotionale und pseudorationale) Depression Emotion von Ohnmacht, Wut, Zorn, Haß,
rational	Bau einer Eigen- welt Realitätsablösung	Problem erkennen und akzeptieren Beheben durch Zustimmung oder Ablehnung	Blockade Vorurteile zirkulär kreisen- de Gedanken Repräsentationen des Kon- fliktobjekts (mit oft sich verstärkenden emotiona- len Reaktionen). Überflutung durch Angstgefühle ohne Aus- weichmöglichkeiten.

Konfliktpartnern Aktionen und Reaktionen auf einem jeweils steigenden Konfliktniveau darstellt. Sie »klettern« eine Treppe hinauf« [Scala
(lat.) = Treppe]. Die Eskalation ist also ein typisches Anzeichen einer
mißlungenen Konfliktabwehr durch Angriff. Gründe für solche Eskalation können sein:

204

● Beide Konfliktpartner (oder doch dem dominierenden) werden von autonomen (= nicht rational zu steuernde) emotionalen Abläufen beherrscht. Es kann *jede* Aktivität eines Partners – vor allem aber jede Angriffsaktivität – dazu führen, daß sich der andere in Wut, Haß (= Wunsch, dem Partner durch Worte oder Taten zu schaden, ihn zu kränken, zu beleidigen …) hineinsteigert und daß diese Emotion Schritt um Schritt auf jeweils höherem Niveau angesiedelt wird – bis es schließlich zu einer inadäquaten Konfliktlösung (etwa durch Gewaltanwendung, Gerichtsprozesse …) kommt.

● Einer der Konfliktpartner wendet inadäquate Konfliktlösungsstrategien an. Das führt dazu, daß eine sinnvolle Konfliktlösung zunehmend schwieriger wird. Solche Lösungsblindheit (oft begleitet von autonomen Emotionen) ist umso wahrscheinlicher, je stärker der Konflikt ein Konfliktsubjekt in Anspruch nimmt. Scheint aber ein Konflikt»ausweglos zu sein«, wird einer der Partner den Konflikt eskalierend auf ein höheres Niveau bringen – nicht um ihn lösbar zu machen, sondern um den unerträglichen Konfliktzustand wenigstens durch eine inadäquate Lösung zu beheben.

In Einzelfällen kann aber auch solche Eskalation gezielt eingesetzt werden, um auf höherem Konfliktniveau einen Konflikt adäquat zu beheben (solche Strategien sind etwa bei Tarifauseinandersetzungen oder Arbeitskämpfen, aber auch bei gerichtlich ausgetragenen Fehden durchaus nicht selten).

● Besonders häufig eskalieren Konflikte, wenn beide Partner sich voreinander ängstigen oder sich voneinander bedroht fühlen. Beide nehmen an, daß der andere nicht an einer sinnvollen Konfliktlösung interessiert ist, sondern den Konflikt angezettelt habe oder ihn doch von einer bestimmten Phase an verwende, um dem anderen zu schaden. Die Abwehr zielt dann auf die Abwehr der Schadensmöglichkeit oder der Schadensfähigkeit (notfalls durch Flucht). Solche Fehlinterpretation der Konfliktintention des anderen Partners wird diese ihm inadäquat erscheinenden Reaktionen zumeist so gründlich falsch interpretieren, daß sich seine Negativemotionalität immer weiter aufstaut, bis es zu einer gewaltsamen und zumeist destruktiven Konfliktlösung kommt.

Ich vermute in diesen drei Situationen:

● Übermanntwerden von Emotionen
● Erkenntnis der Ausweglosigkeit und
● Mißverständnis der Partnerintention im Konfliktverhalten
die wichtigsten Dispositionen für eskalierende Konflikte. In den beiden letzten Situationen sind erhebliche Frustrationserfahrungen mit den

Konfliktlösungsversuchen verbunden, die ihrerseits die aggressive Stimmung zusätzlich aufheizen können. Im ersten Fall handelt es sich um den uns alle bekannten Effekt des Aufschaukelns von Emotionen, die zunehmend auch in ihren realen Darstellungen (in Wort und/oder Tat) unbeherrschbarer werden.

Um eskalierende Abläufe zu verhindern, ist es durchaus notwendig, über eine brauchbare Konflikttheorie, die die Konfliktgründe zureichend erklärt, zu verfügen. Auf der anderen Seite mag deutlich werden, daß allen Konflikten – auch den sozialen – psychische Prozesse der am Konflikt Beteiligten zugrunde liegen, zumindest, wenn die Gefahr einer ungeplanten Eskalation besteht.

Konfliktfaktoren

Theoretisch wird man unterscheiden:
● disponierende und auslösende Faktoren,
● psychische und soziale Faktoren,
die ihrerseits wieder bewußt oder unbewußt sein können. Daraus ergibt sich eine Vierteilung, der ich folgen werde.

Psychische zum Konflikt disponierende Faktoren.

Eine zureichend vollständige Liste solcher Faktoren ist optimal nur zu erstellen vor dem Hintergrund einer Theorie psychischer oder psychisch mitbedingter Konflikte. Diese wird im folgenden Abschnitt vorgestellt werden. Hier seien eher exemplarisch einige dieser Konfliktfaktoren genannt.

● Jede Form von Realitätsablösung disponiert zu besonders schwerwiegenden Konflikten. Da es Konflikte mit Realität oder doch mit Agenten der Realität (etwa psychisch Gesunden) sind, sind sie meist destruktiv und für das Konfliktsubjekt kaum zu »gewinnen«. Zumeist verliert es in der konkreten Auseinandersetzung mit dem Konfliktobjekt noch mehr an Realitätsnähe – es flüchtet also weiter in seine Eigenwelt hinein.

Zu solchen Konflikten sind keineswegs nur Paranoiker oder paranoide Persönlichkeiten destiniert, sondern alle Menschen, die nicht in der Lage sind, semantische und psychologische Daten zu unterscheiden. Solche mangelnde Unterscheidungsfähigkeit zwischen semantischen Zeichen und psychischen Symbolen wird vor allem deutlich in der Unfähigkeit, zwischen einer (absolut) sicheren Aussage und einer wahren zu unterscheiden. *Sicher* ist eine Aussage, wenn das Subjekt daran nicht ernsthaft zweifeln kann (also eine psychische Befindlichkeit im Zusammenhang mit einer Aussage). *Wahr* ist eine Aussage, wenn sie als Zeichen den von ihr bezeichneten (ausgesagten) Sachverhalt einwandfrei widergibt. (Wahrheit ist also eine semantische Eigenschaft eines Satzes.) Solche Verwechslungen auf Grund fehlender Unterscheidungsfähigkeit wird besonders problematisch im Bereich symbolischer Sinnwelten, wenn Symbole mit realen Gegenständen, die sie symbolisieren sollen, verwechselt werden. So mag etwa ein spekulativer Theologe der Ansicht sein, »Gott« als Gegenstand seines Redens und Denkens bezeichne etwas anderes als das Bild, das er sich von etwas gemacht hat, von dem er glaubt, es sei u.a. der Schöpfer der Welt. Eine solche Verwechslung zwischen Bildern und Abgebildetem ist vor allem dann zu erwarten, wenn die Bild-Gegenstands-Relation selbst nicht möglicher Gegenstand der Erkenntnis ist, weil diese inhaltlich prinzipiell das Bild nicht »hinterfragen« kann. Alles Hinterfragen öffnet ja nicht den Blick auf etwas unabhängig von unseren Erkenntnisvermögen Seiendem, sondern erschließt die Formen und Grundsätze unseres Erkennens, Verstehens, Urteilens … In der Sprache der Philosophie heißt das: Alles Fragen nach der Bedingung der Möglichkeit von etwas führt zu transzendental-logischen und nicht zu ontologischen Entitäten.

Nicht zufällig sind solche Realitätsablösungen häufig in Bereichen spekulierender Wissenschaften, die vermeinen sich so realen Gegenständen oder Sachverhalten nähern zu können. Zwar gibt es gewaltige philosophische Systeme, die weitgehend spekulativ errichtet wurden – und entsprechend auch von Plausibilität auf Wahrheit schlossen –, doch sind sie alle in der harten Konfrontation mit der Praxis (d.h. immer auch der Realität) gescheitert. Hierher gehören nicht nur manche Varianten christlicher Theologie, sondern auch etwa die Systeme Hegels oder Marxens.

Wenn sich ein Mensch aber einmal darauf eingelassen hat, das, was ihm plausibel oder gar sicher zu sein scheint, auch für wahr zu halten, ist die Größe der Realitätsablösung mehr oder weniger dem Zufall oder aber seinem konkreten Engagement in der Praxis, die allzu arge spekulative Verirrungen korrigiert, überlassen. Vermutlich tendiert alles reine Denken zum »Spinnen«. Und das Wort »Spinner« bezeichnet etwas verniedlichend ebensolche Realitätsentfremdungen, die nicht selten zu Konflikten führen.

Das meint, daß – solange sie noch zu bewußten Konflikten führen – nicht alles verloren ist. Denn theoretisch ist jeder Konflikt mit der Realität ein Anruf, seine eigenen Selbstverständlichkeiten (oft gar erhebliche Teilen einer Sinnwelt) infrage zu stellen. Aber wer hört schon auf solche Rufe. Zumeist erfolgt die Pseudoerledigung des Konflikts durch Abwehr, d.h. durch weitere Realitätsablösung.

Das kann durchaus dazu führen, daß solche Menschen zu wahnhaften Reaktionen neigen, vor allem in den Bereichen, die von der Realitätsablösung besonders betroffen sind.

Hier erinnere ich mich des Falls eines Kollegen, der von den Selbstverständlichkeiten seines philosophischen Systems so überzeugt war, daß er Kollegen, die ihm nicht darin folgten, als persönliche Feinde verstand und entsprechend angriff. Doch nicht immer muß sich solch ein simpler Wahn (Paranoia simplex) zu schizoiden Verfolgungszuständen auswachsen. Interessant ist übrigens auch, daß der erwähnte Kollege keineswegs eine kommunikative Problemlösung anzielte. Ein solches Ausweichen vor kommunikativen Problemlösungsversuchen oder die Annahme, sie seien von vornhinein vergebens, sind ein typisches Merkmal solcher realitätsabgelöster Versuche, Konflikte zu lösen. Die Inadäquatheit der Lösung verweist, wie üblich, auf eine psychische Störung.

● Jede Form mangelnder Selbstannahme disponiert zu Konflikten, weil ein solcher Mensch sich nahezu ausschließlich von seinem unkorrigierten Eigenbild her interpretiert, das ihm in der Kindheit anerzogen wurde (Überich – Ichideal). Die Konfliktdisposition liegt in der erhöhten Verwundbarkeit. Schon relativ geringfügige kritische Ausstände oder Mißerfolge werden als verletzend erfahren. Die Reaktion ist dementsprechend entweder aggressiv oder depressiv. Ein Mensch, der sich selbst nicht in seiner Realität, seiner sozialen wie psychischen, erkannt und angenommen hat, auch mit seinen Fehlern, Schwächen, Mängeln, Grenzen, ein solcher Mensch wird alles, was er tut und alles, was man ihm sagt, an seinem Idealbild von sich selbst messen. Da dieses Ideal aber nirgendwo anders existiert außer in seiner Vorstellung, wird es sehr selten und eher dann zufällig mit der Ich-Realität übereinstimmen. Das aber bedeutet, daß Ereignisse (innerpsychische oder soziale) nach Maßgabe des Ideals interpretiert werden und nicht nach der der Realität. Dieses wiederum hat zur Folge, da die Handlungsanforderung aus dem Bereich des Realen kam, daß eine inadäquate Reaktion die Regel sein wird.

Die Realität aber wehrt sich auf die Dauer gegen inadäquate Reaktionen. Es kommt zu Versagenserfahrungen (Frustrationen), die dann nach den Mustern Aggressivität oder Depressivität beantwortet werden.

Beide aber – Flucht oder Totstellen – sind im Regelfall keine sinnvollen Weisen einen Konflikt zu bewältigen.

Hier ist mir der Fall eines Kollegen bekannt, der sich weit über das von der realen Begabung gegebene Maß hinaus für spekulativ begabt hält. Selbstverständlich gerät dieses Ideal in permanenten Konflikt mit der Realität. Dieser Kollege flüchtete in die Aggressivität und zwar in deren Variante der Selbstverteidigung (d.h. der Verteidigung des Ideals) durch Unwahrhaftigkeit (= Realitätsablösung). Er behauptet Pflichten, die er nicht hat, Erfolge, die offensichtlich nicht real sind ... Auf der anderen Seite demonstriert sich seine Aggressivität durch harte und inadäquate Angriffe gegen Fremdmeinungen, die soweit gehen, Andersmeinende geradezu »fertig machen« zu wollen. Das Tragische an der Situation ist, daß der erwähnte Kollege eine gute empirische Basis und Begabung besaß, die er aber nicht weiterentwickelte, da in seiner Werteordnung spekulative Wissenschaften vor empirischen rangierten.

Sicherlich werden Sie in ihrer beruflichen und privaten Umgebung auch solchen Menschen begegnet sein. Sie sind geradezu alltäglich.

Für die soziale Umgebung solcher gestörter Menschen ist es nun außerordentlich wichtig, die Konfliktgründe zu kennen, denn sonst werden die Konfliktdispositionen zu ernst genommen und es kann zu einer ausgesprochenen Tyrannei durch die Drohung mit einem offenen Konflikt kommen.

● Eine weitere zu Konflikten (und zwar zu destruktiven) hoch disponierende psychische Eigenart kommt aus ungesteuerten oder ihrer Natur nach unbekannten autonomen Emotionen. »Autonom« ist eine Emotion, wenn sie de facto im emotionalen Ablauf nicht zu steuern ist. Gesteuert werden können bestenfalls Handlungen und Worte, die aus diesen Emotionen hervorgehen. Nun gibt es jedoch Menschen, bei denen die eine oder andere autonome Emotion auch nicht in ihrer Darstellung kontrolliert werden kann. Das gilt vor allem für Emotionen wie:
– Zorn (»Jähzorn«), Wut (»Zerstörungswut«), Haß, Ärger, Neid, Eifersucht ...
– Angst, Niedergeschlagenheit, Sorge, Schuld, Scham ...
Viele Menschen sind unter dem Anspruch solcher Emotionen für rationale Argumente (anderer) oder rationale (eigene) Einsichten völlig unzugänglich. Oft gar verstärkt der rationale Widerstand von Innen oder Außen noch die Ausdruckskraft der Emotion, und es kommt zu Worten und Handlungen, die der Kontrolle des Betroffenen (oder sollte man besser sagen: des Überwältigten) entzogen sind. Vor allem bei Emotionen des zweiten Typs, die lang anhalten, kann es zu völlig unsinnigen,

den Auslöser der Emotion nicht betreffenden Reaktionen kommen. Hierher gehören etwa Wiederholungszwänge aber auch Selbsttötungshandlungen. In jedem Fall kommt es zu erheblichen Konflikten mit schlechter Verlaufsprognose d.h., sie haben die Tendenz zur Destruktion und/oder Eskalation mit sich.

Konfliktträchtig ist auch das Unverständnis im Umgang mit autonomen Emotionen. Wenn ich nicht ihren Grund (Prägungen vor allem der frühen Kindheit) und nicht ihre Unbeeinflußbarkeit kenne, werde ich
– bei mir selbst die Emotionen ernster nehmen als es gut wäre und so den Konflikt unnötig dramatisieren –sowohl die Konflikthandlungen als auch die konkliktauslösende Situation,
– bei anderen Konflikthandlungen (Worte, Taten) falsch interpretieren und nicht bemerken, daß hier ein im Umgang mit autonomen Emotionen ungeschulter Mensch sich darstellt wie unter einem Zwang (ohne erhebliche moralische Zurechenbarkeit).

● Vor allem auch Ängste disponieren hochgradig zu psychischen Konflikten. Insofern der Angst kein genau definiertes Objekt zugehört, besetzt der Sich-Ängstigende alle möglichen Situationen (gegenwärtige oder zukünftige) mit seiner Pseudofurcht und reagiert deshalb in diesen Situationen nicht optimal (=der Realität angepaßt). Ähnlich wie Frustrationen kann Angst dazu führen, daß keineswegs situationsangepaßt
– entweder mit Angriff
– oder mit Flucht bzw. Sich-Tot-Stellen
reagiert wird. Da diese Reaktionen die Angstgründe nicht beseitigt, ist sie unangemessen und daher wohl stets krankhaft.

Mir sind Menschen bekannt, die aus lauter Angst,
– nicht in der Lage sind, einen sinnvollen Gedanken zu fassen,
– möglichst allen Menschen aus dem Weg gehen,
– die Trennung auch von geringfügigem materiellen Besitz als persönliche Bedrohung empfinden,
– auf ein In-Frage-Stellen eines ihrer Vorurteile ausfallend und aggressiv reagieren,
– Todesanzeigen in Zeitungen möglichst »nicht sehen«,
– sich nicht für einen bestimmten Beruf oder Lebenspartner entscheiden können.

Die Liste solcher Angstreaktionen, denen ein unbewußter Konflikt zugrunde liegt, und die einen sekundären Konflikt leicht heraufbeschwören können, läßt sich nahezu beliebig verlängern. Vermutlich ist es schwer, heute angstfrei zu leben.

Die sekundären Konflikte, die durch Angstdisposition zustande kommen, haben den erheblichen Nachteil, daß sie praktisch – ähnlich wie die aus Realitätsablösung hervorgehenden – keine adäquaten Lösungsstrategien anzuwenden erlauben. Denn die optimale Lösung ist selbst angstbesetzt und der Betroffene zieht sie meist nicht einmal ernsthaft ins Kalkül. Wenn ein Mensch, der – sich ängstigend – möglichst allen Menschen aus dem Wege geht, plötzlich doch sozial gefordert wird, gerät er in eine Konfliktsituation. Diese Situation kann er nur sinnvoll auflösen,wenn er sich der Anforderung stellt. Das setzt aber eine Aktivität hin auf Menschen voraus, die aber ist angstbesetzt. So wird er sich denn in aller Regel nicht der Forderung stellen, sondern vor ihr fliehen oder sich tot stellen, in der Hoffnung, sie gehe schon von selbst vorüber. Ganz Ähnliches wie das für Ängste Gesagte gilt auch für emotionale Grundstimmungen von Schuld, Scham, Mindergefühlen.

Die bisher genannten Dispositioren für psychische Konflikte sind in aller Regel Ausdruck einer offenen oder latenten meist aber unbewußten Persönlichkeitskrise. Ganz allgemein läßt sich sagen, daß Krisen gleich welcher Art, die Chance, in einen destruktiven psychischen Konflikt verwickelt zu werden, erheblich steigern.

● Auch Vorurteile, Intoleranz, mangelnder Humor ... sind solche zu Konflikten disponierende Eigenschaften. Da dies evident zu sein scheint, erspare ich mir eine Ausführung.

Psychische konfliktauslösende Faktoren

Konfliktauslösende Faktoren sind nicht zu verwechseln mit bloßen Dispositionen, denn die Disposition allein macht noch keinen Konflikt, sondern erleichtert ihn, senkt die Schwelle, die es erlaubt, Situationen konfliktfrei zu erleben. Auslöser psychischer Konflikte werden indes ihrerseits nur wirksam, wenn sie auf eine gewisse Disposition treffen. Eine Grunddisposition zu Konfliktverhalten ist aber jedem Menschen mitgegeben. Solche Auslöser sind etwa:

● Frustrationen, die sich immer einstellen, wenn einmal eine Person bestrebt ist, bestimmte Handlungen zu unternehmen, diese Handlungen aber durch die Umstände verhindert werden oder nicht den gewünschten Erfolg haben. Mit Frustrationserfahrungen gehen meist Hand in Hand Gefühle der Enttäuschung, da ein erwarteter oder geplanter Handlungserfolg ausbleibt oder gar die Handlung selbst unmöglich gemacht wird, vorausgesetzt die Handlung diente der Befriedigung eines Bedürfnisses.

Frustriert ist etwa ein Mensch, der aufs Sprechen gestimmt ist, den der

Partner aber nicht zu Wort kommen läßt. Frustriert ist auch ein Mensch, dessen Zuwendungshandlungen nicht erwidert werden.

Vermutlich ist die Menge der uns alltäglich begegnenden Frustrationen so erheblich, daß wir psychisch gesund nur überleben können, wenn wir es lernten, *freiwillig* auf Bedürfnisbefriedigung zu verzichten (wenigstens gelegentlich).

Ein frustrierter Mensch, der nicht verzichten gelernt hat, reagiert auf solche Versagenserlebnisse
- entweder aggressiv (Angriff)
- oder depressiv (Flucht, Tot-stellen).

Offensichtlich lösen also Frustrationen erhebliche psychische oder soziale Konflikte aus. Ich vermute, daß ein Großteil konkreter Konflikte auf solche Frustrationen zurückzuführen ist. Das bedeutet umgekehrt, daß es gelingen kann eine relativ konfliktfreie Atmosphäre zu schaffen, wenn Frustrationserfahrungen ausbleiben. Doch ist diese Regel nicht allgemein gültig, denn bei längeren konfliktfreien Intervallen zeigen die meisten Menschen ein ausgesprochenes Appetenzverhalten, das sie geradezu Konflikte zu provozieren und recht fahrlässig vom Zaume zu brechen nötigt. Hier wird dann der eine Auslöser, der entzogen wird, durch einen anderen, den man selbst schaffen kann, etwa durch Sticheleien, Kränkungen ... kompensiert.

Es scheint also so zu sein, daß wir Menschen ein bestimmtes Maß von Konflikten benötigen, um mit uns und anderen Menschen leben zu können. Ich habe nicht selten erfahren können, daß Menschen, denen eine Konfliktquelle versiegte, sich sehr bald erfolgreich nach einer neuen umschauten. Und das waren keineswegs alles Neurotiker. Hier realisieren Konflikte eine ihrer wesentlichen Funktionen: die Anpassung an die Realität.

● Auslöser sind aber auch alle Situationen, in denen die erwähnten Dispositionen unmittelbar angesprochen und aktualisiert werden:
- Kränkungen des Selbstwertgefühls durch Beleidigungen oder Mißerfolge (oder durch etwas, was als solche erlebt wird).
- Auslöser autonomer Emotionen wie etwa Ungerechtigkeit, »Sünden«, Mißerfolg, Kritik, Verletzung von Bedürfnissen (nach Ruhe, nach Alleinsein, nach Anerkennung, nach Selbstverwirklichung ...) oder deren inadäquate Befriedigung.

Nicht alle Auslöser werden sogleich als solche erkannt. Mitunter kommt der Konflikt erst nach einiger Zeit zum Ausdruck. Dann liegt die Vermutung nahe, daß eine unbewußte Disposition angesprochen wird. Mir sind Fälle bekannt, in denen ein Mensch auf beleidigende Worte zunächst völlig gleichgültig reagierte, nach einiger Zeit jedoch dem Ansturm autonomer Emotionen ausgesetzt war.

Ich vermute, daß in diesen Fällen ein starkes anderes Interesse die Aufmerksamkeit des objektiv Beleidigten von der Beleidigung wegzog. Sobald dieses Interesse fortfiel kam es zu entsprechenden emotionalen Reaktionen. Starke Interessen, die nichts mit dem angesprochenen Konfliktfeld zu tun haben, scheinen den Ausbruch des Konflikts mitunter gar verhindern zu können.

Dispositionen zu sozialen Konflikten

Angesprochen sind hier Innen- oder Außenkonflikte einer sozialen Einheit (etwa einer Gruppe oder einer Gesellschaft). Einige solcher Dispositionen sind:

● Die soziale Einheit befindet sich in einer offenen oder latenten Krise, die allgemein die Konfliktanfälligkeit verstärken kann.

● Die Menschen innerhalb der sozialen Einheit sind verunsichert in der Handhabung der Mittel und Bedingungen, die ihnen bei der Produktion ihres gesellschaftlichen Lebens zur Verfügung stehen.

● die symbolische Sinnwelt und die konkreten Herrschaftsverhältnisse einer sozialen Einheit stimmen nicht mehr zusammen.

● Die konkreten Verkehrsformen entsprechen nicht den Bedürfnissen der sozialen Einheit.

● Einige Elemente der sozialen Einheit verlassen die Einheit oder verstoßen offen gegen Normen, ohne daß sie durch Sanktionen zu systemkonformem Verhalten gebracht werden können.

● In der Umgebung der sozialen Einheit tauchen alternative Einheiten auf, die erfolgreicher und verheißungsvoller sind.

● Die Führungsordnung (Hierarchie) der sozialen Einheit kann sich nicht mehr durchsetzen oder aber kann sich nicht mehr legitimieren, obschon Legitimation angefordert ist.

● Eine soziale Einheit ist erstarrt und paßt sich nicht mehr dynamisch den veränderten Innen- und Außengegebenheiten an.

Sicherlich kann man alle diese Punkte zusammenfassen unter dem erstgenannten. Soziale Konflikte sind meist in sozialen Krisen dispositiv begründet.

Zu erwähnen ist, daß alles das, was an Dispositionen zu psychischer Krise genannt wurde, auch sozial – wenn ein Kollektiv ergreifend – erhebliches Konfliktpotential bereitstellt:

● Eine soziale Einheit, mit realitätsfremden kollektiven Vorstellungen, wird zu wahnhaften Fehlinterpretationen kommen (vgl. etwa den Rassenwahn des deutschen Faschismus).

● Ein von der Realität abweichendes Gruppen–Ideal wird ebenfalls zu Konflikten disponieren (etwa die mittelalterliche Überzeugung der katholischen Kirche, daß nur Katholiken »in den Himmel kämen«).

● Ein sich ängstigendes, sich schämendes, von Schuldgefühlen gepeinigtes Kollektiv wird ebenfalls wie ein entsprechend gestörtes Individuum recht inadäquat reagieren.

Soziale Konflikte auslösende Faktoren

Hier gilt im Prinzip das für Auslöser im Bereich der Individualkonflikte Gesagte. Kollektive Frustrationen (etwa des deutschen Volkes nach 1918) oder Ängste (etwa die der US–Amerikaner vor Kommunisten während des »Kalten Krieges«) führen zumeist ebenso zu sozialen Konflikten wie Auslöser kollektiver autonomer Emotionen (vgl. etwa die Kriegs-Begeisterung von 1914).

Es darf jedoch nicht übersehen werden, daß Dispositionen und Auslöser sozialer Konflikte immer auch spezifische Dispositionen und Auslöser individueller Konflikte sein können – und es oft auch sind. Das Konfliktschicksal einer sozialen Einheit verbindet sich zumeist eng mit dem seiner Elemente. Ist etwa das Kollektiv enttäuscht, dann zumeist auch der Einzelne. Kommt es nicht zu adäquaten und den Einzelnen befriedigenden kollektiven Konfliktaktionen oder -reaktionen, wird sich der enttäuschte Einzelne disponiert sehen für Konflikte mit der sozialen Einheit (etwa Ablösungstendenzen, Lockerung der Normenintegration …) oder mit anderen Menschen der gleichen Einheit. Diese Tatsache kann der sozialen Einheit Handlungen diktieren. Es gehört seit jeher zu den Aufgaben der Führung in einer sozialen Gruppe, die intraspezifischen destruktiven Antriebe auf Fremdobjekte abzuleiten. Es werden Sündenböcke produziert und Feindbilder aufgebaut.

Diese Methode der Konfliktprophylaxe oder der leichteren Kollektivierung von Emotionen im Konfliktfall ist bedenklich, da sie der Kontrolle der Führenden entgleiten kann. Zwar einte der Nationalsozialismus die Hälfte des deutschen Volkes über den Mechanismus des Aufbaus eines kollektiven Feindes, doch der so erreichte soziale Gleichgewichtszustand war keineswegs stabil. Ganz ähnliches gilt für die katholische Kirche die labil geeint wurde im kollektiven Ketzerhaß über lange Jahrhunderte – doch dieses Werkzeug wurde stumpf – und besorgte, daß immer neue Gruppen sich als Ketzer aus der Einheit entließen.

214

Endlich sollen noch einige disponierende Konfliktfaktoren erwähnt werden, die von sozialen Einheiten ausgehen und einzelne Personen betreffen. Hier sind etwa zu nennen:

● Starke Sanktionen, die ein eng definiertes Normal-Verhalten sichern. Viele unserer Handlungen und Haltungen sind institutionalisiert oder ritualisiert. Verstöße gegen Handlungs- und Haltungsinstitute und -riten werden gemeinhin negativ sanktioniert. Je stärker nun unser Verhalten durch Riten und Institutionen geregelt ist, um so geringer wird der Freiraum, in dem sich unsere Bedürfnisse, unsere Emotionen, unsere Kreativität ... darstellen können. Das führt zur psychischen Verkümmerung – gar oft genug zur psychischen Verödung. Ein solch psychisch-verödeter Mensch wird sich sein Leben relativ konfliktfrei einrichten können. Er wird wegen seiner starken Anpassung einerseits und seiner hohen Konfliktschwelle andererseits sogar von vielen Gruppen und Gesellschaften positiv gewertet. Er kann mittlere oder höhere Führungspositionen einnehmen und zufriedenstellend ausfüllen, solange Spontanität und Kreativität, menschliche Wärme und Zuwendungsfähigkeit nicht gefragt sind.

Ist aber dieses Verhalten erzwungen worden durch den Druck starker Strafandrohung, oder aber weigert sich ein Mensch solchen Repressionen von Gruppen und Gesellschaften nachzukommen, dann ist die Wahrscheinlichkeit verschiedenartiger Konflikte hoch. Es können das Individualkonflikte wie Sozialkonflikte sein. Die Konflikte können bis zur Ablehnung auch der repressiven Struktur übergeordneter Systeme gehen. So wird ein Mensch, der sich etwa durch die Rechtsstruktur unseres Staates in seiner Spontanität etwa über das Maß des ihm Erträglichen beschränkt erfährt, nicht nur die politische Struktur der BR Deutschland ablehnen, sondern oft genug auch das von ihr mitgetragene sozio-ökonomische System. Zu ganz der gleichen Verweigerung kann ein Mensch gebracht werden, der innerhalb seines Betriebes einer ihm unmenschlich erscheinenden Repression ausgesetzt ist.

Ich vermute, daß die relativ lange politische Ruhezeit bei wachsender relativer Überbevölkerung (d. h. es nimmt zwar die Gesamtmenge der Bürger in der BR Deutschland nicht zu, doch dehnen sich mit steigendem Wohlstand die Bedürfnisse nach Raumbesitz bzw. Revierbesitz) bei uns dazu führt, daß die Menge der Institutionalisierungen (etwa durch Gesetze, Verordnungen ...) so erheblich zunimmt, daß sie irgendwann einmal an die Grenze stößt. Die ist erreicht, wenn
– entweder niemand mehr den Gesetzes- und Verordnungswust praktisch beherrscht und es so zu einer De-facto-Normalisierung kommt, oder

- der in seinen Freiheitsräumen durch Reglementierungen beschränkte Bürger entweder an Revolution denkt oder aber an Krieg - und beides nur, um den stets wachsenden Ballast von repressiven Gesetzen und Verordnungen los zu werden. Die Omnipräsens des Staates kann dazu führen, daß die Internalisierung, die ein »guter Staatsbürger« leistet, wieder erbrochen wird. Die Menge der Bürger, die vor den steigenden Ansprüchen von Staat und Wirtschaft in die innere Emigration gehen, ist keineswegs klein. Aber sie wählten eine schlechte Konfliktlösungsstrategie: die Flucht. Wieder andere gehen auf Tauchstation und interessieren sich nicht mehr dafür, was »die da oben« tun, beschließen, anordnen ... Sie lösen den Konflikt durch Tot-Stellen.

Auch das ist keine auf die Dauer befriedigende Lösung. Denn solche politischen Leichen haben die Tendenz, von allen möglichen Demagogen zu neuem Leben erweckt zu werden. Und das bedeutet Rückfall in Barbarei, in kollektive Unmündigkeit - wie wir sie etwa 1933 erlebten.

Der preußische Staat gilt als Paradigma für ein politisches System, in dem starke Sanktionen eng definiertes Normalverhalten bestimmten und durchsetzten. Es kam zu einer außerordentlich starken Indentifikation mit diesem System, doch um folgenden Preis:

- das nationale Selbstwertgefühl wurde übertrieben stark entwickelt,
- Andersdenkende wurden zu Outsidern, ja oft zu Outcasts,
- Gesetz und Ordnung wurden zum Selbstzweck,
- Militär und Polizei wurden zu politischen Organen eines unpolitischen Staatsvolkes.

Versteht man jenes politische System als faschistisch, das den Eigenbestand zum höchsten Wert und zum primären Ziel politischen Bemühens macht, dann war Preußen von 1730 bis 1945 faschistisch.

● Reduzierte Autonomie und Initiative verhindern die Selbstverwirklichung.

Damit soll nicht gesagt sein, daß Autonomie und Initiative schon unbedingt zur Selbstverwirklichung führen - aber sie sind notwendige Voraussetzungen jeder menschlichen Verwirklichung.

Der Gegensatz zu Autonomie ist Heteronomie. Der autonome Mensch hat den Mut, »sich seines eigenen Verstandes zu bedienen.« Er ist in der Lage, verantwortet kritisch zu denken und zu handeln. Er akzeptiert nicht schon etwas, weil es immer schon so war oder nur weil irgendeine Autorität es behauptet oder will. Er ist bereit und fähig, sich in weiten Bereichen selbständig und selbstverantwortlich seine Wertmuster und

Wertorientierungen zu geben und ensprechend zu handeln. Der heteronome Mensch dagegen besitzt folgende Eigenschaften:
– Er ist leicht von außen zu steuern – ein guter und gefälliger Untergebener (Untertan),
– Er übernimmt leicht die Wertvorstellungen seiner Umgebung, ohne sie kritisch zu prüfen oder eine Rechtfertigung anzufordern.
– Er übernimmt ebenso unkritisch wesentliche Gehalte einer kollektiven symbolischen Sinnwelt. Ist er als Katholik geboren, wird er als solcher sterben - wäre er zufällig als Marxist auf die Welt gekommen, bliebe er ebenso treu bis ans Lebensende Marxist.
– Pflicht, Scham, Schuld bleiben für ihn zeitlebens interne Sanktionsinstanzen. Er tut vor allem seine Pflicht gegen seine Mitmenschen, seine Religion, sein Volk, seine Familie, seinen Gott ... Wenn er sich schuldig fühlt, versucht er, durch Sühne oder Wiedergutmachung das Gefühl der Schuld aufzuheben. Schämt er sich, dann ist ihm das ein sicherer Indikator, daß er etwas Ungehöriges getan hat. Und er nimmt sich vor, solches solle nicht noch einmal geschehen.
Kurzum er ist ein Mensch ohne irgendwelche besondere Eigenschaften. Wenn man einmal von einem Schönheitsfehler absieht, der in sein Charaktermuster eingewoben ist: Unser Mann ohne Eigenschaften ist ein Faschist von Geburt und er wird es bleiben, wenn es ihm die Zeitumstände erlauben.
Nun kann man sehr wohl der Ansicht sein, ein Faschist sei ein ehrenwerter Mann, solange mitunter, bis er in eine Krisensituation gerät. Dann beherrscht er kaum Techniken eigenständiger Konfliktlösung. Er wird versuchen – kollektiviert wie er ist – seine Konflikte im Kollektiv zu lösen – selbst um den Preis, daß er sie zu Kollektivkonflikten hochstilisiert. Wir wissen etwa von A. Hitler, daß er diese Weise wählte, seine Konflikte zu beheben.
Nun wäre *ein* Hitler eine ziemlich belanglose Sache gewesen, hätten im Deutschland Weimars nicht einige Millionen solcher am Faschismus erkrankten Charaktere bereit gestanden. Sie litten alle an der selben Krankheit: Das sich Einfügen in eine Ordnung heteronomer Menschen besorgte einen überwältigenden Stau von Frustrationen, der sich kaum anders als aggressiv entladen konnte.
Ich kenne zwei Mörder, auf die das oben gezeichnete Bild eines heteronomen Menschen voll zutrifft. Da Menschen offensichtlich von Natur auf Autonomie angelegt zu sein scheinen (von hierher erhält »Freiheit« Sinn und Bedeutung) ist die brave Selbstkasteiung einer heteronomen Persönlichkeit eine Art lebenslanger Kastration in Scheibchen. Ich kann

schon verstehen, daß da die Psyche rebelliert. Und das – da unserem armen Faschisten keine Strategien der Abwehr solcher Zwänge zur Verfügung stehen – mitunter recht explosiv.

Nachdem beide, die Mörder meine ich, in ihren Haftanstalten waren, führten sie das Leben weiter, das sie schon zuvor gelebt hatten: Sie waren von mustergültigen Gefangenen eines Systems zu mustergültigen eines anderen geworden. Sehr befriedigend ist das alles nicht. Aber unsere Gesellschaft schätzt nun einmal Heteronomie mehr als Autonomie. Und da sie das oft auch schon den Kleinsten in ihrer Mitte über ihre Agenten, die Eltern, deutlich zu machen versteht, darf es uns nicht wundern, daß Faschisten und Mörder keineswegs die Ausnahme sind.

Wir wissen, daß Kinder im Alter von zwei bis drei Jahren besonders sensibilisiert sind für alles, was Autonomie betrifft. Lernen sie sie in diesen Jahren nicht, in dem sie

– entweder in allen Versuchen autonomer Aktion gestraft werden oder
– nicht die Grenzen fremder autonomer Ansprüche respektieren lernen,

dann ist – vor allem wenn die Kombination beider Fehlerziehungsweisen zusammentrifft, eine gute Disposition geschaffen, daß unser Kind, einmal groß geworden, entweder ein Faschist oder ein Krimineller oder beides wird. Sozial krank ist es aber in jedem Fall.

Gründet die lebenslange Krise der gebrochenen Autonomie in den ersten Lebensjahren, wird man den durch sie definierten Zustand als neurotisch beschreiben. Es handelt sich dabei um psychische Störungen, die sehr wohl nicht nur den Betroffenen, sondern auch seine Umgebung labilisieren, krisenanfällig machen und damit auch die Konfliktdisposition erheblich steigern. Dabei gilt für den Neurotiker im allgemeinen, daß er nicht (mehr) in der Lage ist, sinnvolle Konfliktlösungsstrategien einzusetzen. Die Strategien, die er einsetzt, lassen den Konflikt destruktiv ausgeben und vergrößern so oft auch die ihm zugrunde liegende Krise. Nicht selten neigen Konflikte, an denen ursächlich eine neurotische Persönlichkeit beteiligt ist, zur Eskalation.

Die zweite Weise, Neurotiker zu produzieren, nimmt die Gesellschaft, zumeist wiederum durch ihre Agenten, die Eltern, vertreten, wahr, wenn es darum geht, einen Menschen zur rechten Weise des Umgangs mit Initiative zu bilden. Gemeint ist hier nicht irgendwelche Initiative, sondern vor allem die, die aus noch im wesentlichen ungebrochener Autonomie hervorgeht. »Initiativwerden« meint also eigenverantwortet und spontan aktiv werden.

Typische Form gut dargestellter Initiative ist die Kreativität (= das Vermögen produktiv gegen Regeln zu denken, zu planen, zu handeln). Nun wird diese Form der Initiative nicht wenigen Kindern gründlich ausgetrieben. Sie haben nur initiativ zu werden, wenn es die Gruppe will oder wenn es für Gesellschaft nützlich zu sein scheint. Viele Eltern ersuchen schon die frühe Initiative ihrer Kinder zu reglementieren, in der weisen Vorhersicht, daß das später im Leben ja auch so sei. Sie ziehen so angepaßte Neurotiker heran. Ich vermute, daß sie das nicht einmal wollen. Aber sollen sollen sie es.

Ein solch neurotisch geschädigter Mensch, wird zeitlebens kein rechtes Verhältnis zur sinnvollen Konfliktauflösung über den Anriff haben. Entweder wird er den Anriff als Vernichtungsangriff vortragen oder aber Strategien des Sich-tot-Stellens wählen oder der Flucht. Wie schon gesagt, haben alle diese Strategien den Nachteil, daß sie den Konfliktgrund in den meisten Fällen nicht beheben und somit auch nicht den Konflikt. Nun kann ein Mensch in der glücklichen Lage sein, daß ihm alles dies in der Kindheit nicht geschah. Daß seine Eltern sich weigerten, einen »brauchbaren Typ« zu produzieren und statt dessen lieber ein menschliches und glückliches Kind haben wollten. Das kommt schon einmal vor. Nicht gerade oft.

Nun tritt also unser menschlicher und glücklicher Mensch ins Berufsleben ein. Wir nehmen einmal an, daß es auf Grund irgendwelcher Umstände nicht zu einem freien oder Büroberuf reichte. Dann wird er Arbeiter. Für einen autonomen und initiativen Menschen gibt es kaum ein traurigeres Geschick als Arbeiter in einem Großunternehmen zu werden. In diesem Beruf kann zwar der im Initiativ- und/oder Autonomiebereich Gestörte seine Individualneurose an das Kollektiv delegieren. Wenn es nicht zu erheblichen Individualkonflikten kommt, die vom Kollektiv nicht mitgetragen werden oder gar gegen das Kollektiv gerichtet sind, bleibt er zeitlebens symptomfrei. Wenn man einmal davon absieht, daß er eine erstklassige Disposition mit sich hat, demagogisch verführt zu werden. Ein Gesunder aber hat in unserer Arbeitswelt oft aber nur eine oder mehrere dieser Chancen: 1. Er kann sich sekundär eine entsprechende Neurose zulegen und leidet dann nach einigen schmerzhaften Monaten oder Jahren des Übergangs nicht mehr unter der Tatsache, daß man von ihm nur erwartet, daß er die ihm zugewiesene Arbeit möglichst in der erwartenden Weise erfüllt. 2. Es ist ihm gelungen, seine Spontanität und seine Autonomie vor dem Werkstor abzugeben. Er kann versuchen, seine Bedürfnisse nach Spontanität und Kreativität politisch zu artikulieren. Das führt erfahrungsgemäß zu erheblichen Konflikten.

Ich gehe hier einmal davon aus, daß unser Arbeiter nicht total am System erkrankte und resignierend aufgab. Er wird sich solange nicht bei seiner Arbeit zu Hause fühlen, ehe er nicht auch dispositive Anteile dieser Arbeit mitverwaltet. Wie Sie wissen, ist es ein Ziel mancher Gewerkschaften und politischer Bemühungen, langfristig dieses Ziel zu erreichen. Ich halte das für wichtig. Sucht der »Arbeitsmarkt« keine sterilisierten Psychen, werden sie früher oder später auch nicht mehr mit dem Instrumentar der Edukation produziert.

Ich denke, daß sich manche Unternehmer nicht darüber im Klaren sind, daß für eine Humanisierung nicht nur der Arbeitswelt, sondern unserer Gesellschaft (als sozio-ökonomisches System verstanden) das ihrer Praxis zugrunde liegendes Menschenbild von entscheidender Bedeutung ist. Denn die Erziehung erzieht für den Markt. Zumindest solange als auch für den Arbeitsmarkt das kapitalistische Prinzip gilt, daß die Konkurrenz der Anbieter von Arbeitsplätzen allemal der Konkurrenz der Nachfrager vorzuziehen ist. Sollten sie über eine Veränderung der betrieblichen Verkehrformen dazu kommen, daß Menschen so miteinander umgehen (auch und gerade im Betrieb), daß nicht primär die technische Effizienz im Vordergrund steht, sondern auch die Entfaltung des Arbeiters am Arbeitsplatz (und dazu gehört vor allem die Entfaltung von Autonomie und Initiative), dann mag es sein, daß sich dieses System aus der Krise, in die es geraten ist, evolutiv und aus eigenen Kräften befreit. Uns allen könnte so ein revolutionärer Konflikt erspart bleiben, der ja immer die böse Chance mit sich hat – heute mehr denn je – destruktiv auszugehen oder von eben den problematischen Figuren unterwandert zu werden, die eine Revolution los werden will, von Agenten der Ausbeutung nämlich.

● Soziale Überforderung ist ein erheblicher Konfliktfaktor.
»Soziale Überforderung« meint: Die privaten oder gar individuellen Räume des Menschen sind stark zusammengeschmolzen. Um psychisch gesund zu bleiben, ist es für uns Menschen notwendig, daß wir Räume haben, in denen wir vor jeder Form sozialer Beanspruchung sicher sein können. Menschen sind Wesen, die nur menschlich sind und bleiben können, wenn sie sich vorübergehend aus allen sozialen Bindungen zurücknehmen können, indem sie keine realisieren. Das aber ist nur leicht möglich, wenn ein Mensch mit sich allein ist. Die Übersiedlung eines Reviers löst bei manchen Tieren eine Krise aus, die die Existenz der Population bedroht, wenn nicht durch – Beschränkung des Nachwuchses, (kleine Würfe, reduzierte Sexualität),
– Massenauswanderung,

- intraspezifische Selektion (agressives Verhalten zielt auf die physische Vernichtung des Artgenossen)

eine Lockerung der Populationsdichte einritt. Wir Menschen scheinen hier nur eine Strategie zu beherrschen: Die der innerartlichen Selektion - etwa in Kriegen.

Wir müssen durchaus damit rechnen, daß angeborene Anlagen oder doch wenigstens Dispositionen uns im Fall der Übersiedlung eines Reviers dazu bringen, gegen unsere Mitmenschen destruktive Aggressivität freizusetzen, um wieder eine erträgliche Revierdichte herzustellen. Gegen solche Mechanismen kann man einige Zeit über erworbene Hemmer oder gar einsichtiges und ethisch verantwortetes Verhalten einigen Widerstand leisten. Ob das auf die Dauer möglich ist, wird bezweifelt. Also bleibt uns, - wenn wir den Krieg oder andere Weisen der Selbstvernichtung der Menschen einmal außer Acht lassen, nur eine Beschränkung der Geburtenzahlen. Für eine solche Beschränkung aber fehlt uns jede angeborene Disposition oder gar Anlage. Unsere Sexualität scheint völlig unabhängig von der Bevölkerungsdichte ansprechbar und effektiv zu sein. Es steht sogar zu vermuten, daß die sexuelle Aktivität bei negativ empfundenem Streß eher zunimmt (also auch bei sozialem durch Überbevölkerung). Die Realisation von Sexualität läßt kompensatorisch die erlittenen Frustrationserfahrungen erträglich erscheinen - ohne zusätzlich Aggressivität anzuheizen.

Die soziale Überforderung durch Überbevölkerung betrifft aber keineswegs nur große Populationen etwa auf nationaler Ebene, sondern geschieht ebenfalls in Wohn- und Arbeitsräumen. Auch hier führt zu dichte Besetzung zu sozialem Streß, der im Regelfall eine zu destruktiven Konflikten disponierende permanente Krisensituation heraufbeschwört. Hier entwickeln Menschen zumindest im Wohnbereich bestimmte Schutzmechanismen. Sie nehmen vom Nachbarn möglichst wenig Kenntnis, versuchen ihn zu ignorieren. Die Anonymität der modernen Wohnsilos ist oft beklagt worden. Nicht selten wird dabei übersehen, daß es diese Anonymität ist, die Wohnbunker überhaupt erst psychisch erträglich macht. Zumindest für psychisch robuste Menschen. Sensible Personen (etwa Neurotiker bestimmter Ausprägung oder sehr introvertierte Menschen) benötigen ein reales großes Revier, um psychisch einigermaßen gesund leben zu können. Sie in solche Wohnfabriken einzubauen, mit Menschen links und rechts, vorne und hinten, oben und unten, ist nackte Barbarei, Psychoterror übelster Art. Denn diese Menschen leiden unter der Bewohnungsdichte und sind nur begrenzt fähig, ihre Aggressivität nach außen zu realisieren, »fressen« alles in sich hinein. Das kann zu Perioden tiefer Depression führen bis hin zur Selbsttötung.

Zu dichte Besetzung von Büros kann ebenfalls sozialen Streß verursachen. Angestellte werden dann
- entweder weniger leisten
- oder durch Konversation die Enge erträglicher machen.

Beides ist oft nicht wünschenswert. Daher ist zu überlegen, ob Großraumbüros optimal sind, wenn die Sichtdistanzen weniger als 4 Meter messen. Durch Sichtblenden und geeignete Anordnung von Schreibtischen kann man hier einiges erreichen. Doch sollte nicht vergessen werden, daß wir Menschen wahrscheinlich für die Anwesenheit von Artgenossen eine Wahrnehmungsmöglichkeit besitzen, die durch die übliche Sinneswahrnehmung nicht voll erklärt werden kann. Vermutlich ist es Ihnen auch schon einmal so ergangen: Sie betreten einen ihnen bislang unbekannten dunklen Raum und nehmen deutlich wahr, daß sich hier ein anderer Mensch aufhält, ohne daß sie ihn (bewußt) sehen, hören, riechen ... Bei unseren Versuchen, das Distanzverhalten von Menschen zu prüfen, stellten wir immer wieder fest, daß nicht wenige mit verbundenen Augen und verstopften Ohren selbst bei starken Außengeräuschen einen anderen Menschen wahrnahmen, wenn die Entfernung vier Meter unterschritt (mit subjektiven Schwankungen). Nicht wenige konnten sogar die Richtung, in der sich der andere befand, angeben.

Wir müssen davon ausgehen, daß wir Menschen ein Individualrevier mit uns herumtragen. Und daß jedes dauernde Eindringen oder ein Verweilen von mißliebigen Personen in diesem Revier zu erheblichem sozialen Streß führt, der oft ein Klima offener Aggressivität produziert.

Die soziale Überforderung kann aber auch eine übermäßige zeitliche Inanspruchnahme sein. Wir Menschen bedürfen, um psychisch gesund zu bleiben, einer Zeitgliederung, die es uns erlaubt, uns bei Bedürfnis und regelmäßig aus sozialen Anforderungen zurückzuziehen. Wir sind zeitlich nur begrenzt beanspruchbar. Die Phasen des Zurückziehens sind nach Häufigkeit und Dauer von Mensch zu Mensch sehr verschieden und können auch wechseln nach der Art der räumlichen Belastung. Ist sie sehr gering, wird die Phase zeitlicher Entlastung seltener und kürzer sein können.

Mir sind Betriebe bekannt, in denen die Mitarbeiter allenfalls auf der Toilette sicher sein können, nicht beruflich angesprochen zu werden – nur hier also ein Refugium vor sozialer Inanspruchnahme finden.

● Die Entmenschlichung der sozialen Welt ist ein erheblicher Konfliktfaktor.

»Entmenschlichung« meint hier keineswegs die offene Barbarei oder Ausbeutung. Das Wort meint vielmehr, daß Menschen beginnen miteinander umzugehen wie mit Sachen. Das korrumpiert die eigene und fremde Menschlichkeit. Die Versachlichung der Bezüge und Bindungen zwischen Menschen wird uns sicher von unserer sozialen Umwelt aufgeprägt oder doch nahegelegt. Eine Umwelt, die geprägt ist von »technischer Rationalität«, einer Ausdrucksform menschlicher Rationalität, die darauf abzielt, möglichst schnell und zweckmäßig Probleme mit Mitteln der Technik (der naturwissenschaftlichen aber auch der Psychotechnik, der Soziotechnik, der ökonomischen Technik …) zu lösen, wird versuchen den zu lösenden Sachverhalt möglichst emotionsfrei und sachbezogen (= problemorientiert) anzugehen, um – wenn eben möglich – die Lösung nach Regeln vornehmen zu können. Dieses Eindringen technisch rationalen Denkens in die zwischenmenschlichen Beziehungen bringt eine Überwertigkeit der Information und eine Unterwertigkeit von Momenten der Selbstdarstellung der Kontaktvergewisserung im konkreten Kommunikationsgeschehen. Sie werden damit entmenschlicht.

Was wird bei solchen Interaktionsmustern übersehen?

– Wir Menschen nehmen Menschen nicht wahr wie Sachen. Vermutlich besitzen wir eine apriorische Erkenntnisform (»Du-Form«), die erzwingt, daß wir Mitmenschen nicht wie Sachen erfahren können. Diese jeder konkreten Erkenntnis vorausliegende Form (»Du-Form«) bringt es mit sich, daß etwa das Verstehen von Naturabläufen (z.B. in Naturgesetzen formulierbar) und das Verstehen von Bedeutungen (d.h. von Sprech-, Ausdrucks-, Tathandlungen von Menschen) nicht vergleichbar sind. Es laufen erkenntnispsychologisch andere Prozesse ab.

– Wir Menschen übertragen notwendig wechselseitig Emotionen durch unseren Ausdruck. Das geschieht weitgehend unbewußt. Dennoch ist kaum eine Interaktion über mehr als einige Sekunden möglich, ohne daß sich irgendwelche Emotionen einstellen, die den anderen betreffen oder von ihm in uns induziert werden. Die Übertragung von Emotionen in einer menschlichen Begegnung kann nur scheinbar verlernt werden, wenn es sich ein Mensch unter dem Anspruch bestimmter Normen zum Wert macht, Menschen wie Sachen (= sachlich, objektiv, gerecht … und was der Rationalisierungen sonst noch sind) zu begegnen.

Das Problem der sachorientierten technisch rational gesteuerten Begegnung liegt im Aufbau von zwei krisenhaften Spannungsfeldern gegründet, die nicht leicht destruktive Konflikte vermeiden lassen:

– Ein technisch rational im Gespräch angegangener und vielleicht gar

verwalteter Mensch kommt nicht dazu, seine Bedürfnisse nach Kontaktvergewisserung, Selbstdarstellung und versteckten Appellen zu befriedigen. Er wird also frustriert sein. Die üblichen Folgen der Frustration
sind aber Aggressivität oder Niedergeschlagenheit.

Zum anderen wird es nicht zu einem optimalen Geben und Nehmen
von Information kommen, da eine Unsicherheit oder gar eine Störung
auf der kontaktiven Ebene mit Sicherheit zu Störungen im Informatorischen führt.

– Auch der so technisch optimal mit anderen Umgehende wird seine soziale Sensibilität verlernen müssen, um den emotionalen Appellen und
der eigenen emotionalen Inanspruchnahme ausweichen zu können.
Sinkt aber soziale Sensibilität, bedeutet das meist psychische Verarmung und Verödung. Ich kenne Vorgesetzte, die nicht einmal in der
Lage sind, deutlich und eindeutig dargestellte Emotionen ihrer Mitarbeiter zu erkennen. Ich vermute, daß solche Formen verloren gegange-
ner oder (auch das kommt gelegentlich vor) nie gelernter sozialer Sensibilität für Führungsaufgaben ungeeignet macht. Wer nicht in der Lage
ist, Bedürfnisse, Stimmungen, Erwartungen … seiner Mitmenschen
richtig zu erkennen und sie aus ihren Ursachen zu interpretieren, ist entweder ein neurotischer Egozentriker geworden oder aber zum Gefangenen des Zeitgeistes, der optimale Technik anfordert und oft genug auch
nur sie lehrt. Daß wir nicht mehr wie Menschen miteinander umgehen,
sondern oft genug wie mit personifizierten Status oder wie mit Informa-
tionsgebern und -nehmern, das bestimmt weitgehend unsere Verkehrsformen und unseren Verkehrston. Die gesellschaftlichen Verkehrsformen bestimmen aber weitgehend die Weise, wie Menschen ihr gesellschaftliches Leben produzieren – und sind diese barbarisch und unmenschlich, darf man kaum erwarten, daß das so begründete sozio-ökonomische System ein schmeichelhaftes Attribut verdient. Mit anderen
Worten: Das oben für die Versachlichung der Zweierbeziehung Gesagte
gilt in ganz entsprechender Weise auch für alle Interaktionen innerhalb
eines sozialen Systems. Ich vermute, daß es immer Menschen gibt,
die eine entmenschlichende Weise miteinander umzugehen zurecht
einem System anlasten und damit seine ethischen Grundlagen infrage
stellen – und ebenfalls die seiner es legitimierenden symbolischen Sinnwelt. Die Versachlichung unserer sozialen Welt ist zugleich ein Symptom
einer krank gewordenen Gesellschaft und ein Infektionsherd, an dem
sich Gesellschaft immer wieder neu infiziert. Das aber bedeutet, daß
eine solche Gesellschaft in den Strudel eskalierender Unmenschlichkeit geraten ist.

● Ein weiterer Konfliktfaktor, den Gesellschaft begründen kann, und der zum Konfliktverhalten von Individuen führt, ist Herrschaft ausgeübt über Angst, Schuld, Scham und Mindergefühle. Wir alle erfuhren in unserer mehr oder weniger mißglückten Sozialisation, daß die negative Sanktion über solche Gefühle, die von unseren Erziehern an bestimmte Situationen gebunden wurden, außerordentlich erfolgreich war. Das heißt, daß wir tunlichst alles vermeiden, was solche Emotionen in uns wachrufen könnte.

Nun aber hat Gesellschaft keineswegs seit unserem kalendarischen Erwachsenwerden dieses Instrumentar, das sich so außerordentlich gut bewährte, beiseite gelegt. Auch in der konkreten ökonomischen, politischen, privaten, sozialen Welt, werden wir veranlaßt, aus Angst, Schuld, Scham, Mindergefühlen (bzw. durch die Hoffnung, sie zu vermeiden), Handlungen zu tun oder zu unterlassen, die zu tun oder zu unterlassen uns sonst niemals in den Sinn gekommen wäre. Die Ansprache archaischer Erziehungsmuster kann auch bei einem Erwachsenen durchaus erfolgreich sein. Die weitaus meisten von uns, hüten sich etwas zu tun, dessen sie sich schämen müßten, oder etwas zu tun, das ihren materiellen, sozialen oder geistigen Besitzstand gefährden würde, oder etwas zu tun, das sie als unterlegen erweisen könnte ... Alles das kann Handlungsfolge sein – muß es aber nicht. In beiden Fällen aber steht der schönste Konflikt ins Haus. Befolgt ein Mensch die Handlungsanweisungen von Gesellschaft, die diese mit dem Versprechen verbindet: »Wenn du das so tust, wie und wann wir es wollen, dann kannst du sicher sein, dich nicht ängstigen oder schämen zu müssen, dann wird auch dein Selbstwertgefühl nicht infrage gestellt oder deine Scham angesprochen«. Dieser Mensch – heteronom wie er ist – wird dadurch, daß er stets das tun muß, was andere (Einzelne oder auch Agenten von Strukturen oder Systemen) ihm vorschreiben, auf die Dauer ziemlich frustriert sein. Und das hat dann die üblichen Folgen. Kaum ein Mensch ist so total verzogen worden, daß nicht doch noch bestimmte Reste von Autonomie und Selbstachtung in ihm schlummern (gemeint ist die Selbstachtung, die von innen kommt, und nicht durch die äußere Bestätigung erst induziert wird). Diese aber werden permanent verletzt. Das schafft zweifelsfrei eine Krisensituation.

Weigert sich aber ein Mensch (gelegentlich) diese Handlungsanweisungen nachzukommen, wird die soziale Umwelt entsprechend reagieren (und das solange) bis er die Gefühle hat, die er zu haben hat: Angst, Schuld, Scham oder Mindergefühle. Diese Gefühle zu haben ist aber nicht sehr erfreulich. Vor allem junge Menschen, die noch nicht über die in ihnen ablaufenden psychischen Prozesse und die Tyrannis, die Gesellschaft über diese autonomen Prozesse ausüben kann, informiert sind, können in des Teufels Küche kommen. Denn hier wird genau das zusammengebraut, was sie empfinden: Angst-, Schuld-, Scham-, Mindergefühle. Ich vermute, daß ein Mensch, der noch unerfahren ist, im Umgang mit der eigenen Psyche, annimmt, er habe diese Gefühle zurecht und sie entsprechend ernst nimmt. Er hat kaum gute Chancen, über längere Zeit psychisch gesund zu bleiben. Die psychischen Störungen können sehr verschiedene Darstellungsweisen haben: Aggressivität nach Innen und Außen, Flucht in eine Welt, die nicht mehr mit solchen Techniken manipuliert, Rückzug in eine Neurose, die die Umwelt zu besonderen Formen der Aufmerksamkeit und Rücksichtnahme zwingt... Das ist zweifelsfrei nicht eine bloße Krisensituation, sondern auch die Quelle nahezu dauerhaft gemachter destruktiver Konflikte.

Besonders beliebt ist das Spiel mit der Angst. Wovor fürchtet sich denn alles der »normale« (d.h. psychisch ziemlich angeschlagene) durchschnittliche Bundesbürger? Er ängstigt sich um

- seine Gesundheit und sein Leben,
- sein Einkommen, seinen Besitz, seinen Arbeitsplatz,
- seine Anerkennung und seinen Erfolg,
- vor Kommunisten und Gewaltanarchisten,
- vor Russen und verglühenden Weltraumlaboratorien,
- vor Ausländern und Revolutionen, vor Unerwartetem überhaupt.

Die Liste ist beliebig zu verlängern. Politische Appelle wie »Nur keine Experimente« oder »Freiheit statt Sozialismus« sind Appelle an die Angst – und sie hatten immerhin einigen Erfolg. In jedem Fall kann der der Zuwendung des Herrn Bundesbürgers sicher sein, der mit der größten Glaubwürdigkeit verspricht, ihn frei zu halten von Situationen, in oder vor denen er Angst haben oder Schuld oder Scham empfinden müßte, oder sich für minderwertig halten könnte. Zumeist ist es nicht einmal nötig, solche Versprechen glaubwürdig zu geben. Es genügt, sie überhaupt zu geben. Denn auch die Versprechungen der übelsten Lügner werden bekanntlich geglaubt, wenn sie den eigenen Erwartungen, Hoffnungen und Sehnsüchten zureichend entsprechen.

Nun sollte man aber nicht etwa meinen, daß Versprechungen schon Konflikte beheben. Sie können sie allenfalls verlagern oder ihre Darstellung verzögern. Denn solche negativen Emotionen haben es an sich, immer weitere Bereiche zu betreffen. Und es kann dazu kommen, daß ein Mensch, der keinen Gegenstand der Angst vorgestellt bekommt, sich seine Ängste selbst benennt.

Das soll heißen, daß Menschen, die sich einmal daran gewöhnt haben, daß sie über den Mechanismus der Angstvermeidung geführt werden, geradezu süchtig werden nach Angst. Und wenn ihre Ängste nicht mehr fremd artikuliert werden, sich solange unwohl fühlen, bis sich neue Ängste mit neuem Gesicht finden lassen. Besonders gefragt sind dann kollektive Ängste. Wir wissen, daß nur weniges so eng zusammenschließt, wie gemeinsame Angst vor einem gemeinsamen Gegner. Das ist schon bei Wolfsrudeln so.

Es scheint mir nun recht fahrlässig zu sein, einen gesellschaftlichen Zustand, in dem Menschen vor allem über Angst oder Angstvermeidung motiviert werden, auch nur in irgendeiner Weise für erträglich zu halten. Diese Motivationsmechanismen funktionieren nur solange, als Menschen psychisch infantil gehalten werden können. Gelingt das, wird man einen solchen Zustand als pathologisch oder doch als pathogen bezeichnen. Die Krisenfreiheit ist die eines tyrannisch beherrschten Kindergartens. Gelingt das aber nicht, emanzipieren sich Menschen von ihrer Angst und sehen in der Verheißung eines angstfreien Lebens keinen absoluten Wert, dann sind kollektive oder auch individuelle Versuche, ein über Ängste repressiv wirkendes System zu erledigen, nicht gerade unwahrscheinlich. Im günstigsten Fall für das System, werden sich die so erwachsen gewordenen Bürger in innerer Emigration dem System verweigern – im ungünstigsten machen sie Revolution.

Angst und Konflikt gehören zusammen, wie auch immer man mit Ängsten umgeht. Hier sehe ich nur eine Ausnahme. Erziehen wir doch einmal Menschen angstfrei. Sicherlich werden sie sich ängstigen. Aber sehr viele menschliche Bindungen werden angstfrei gestaltet werden können. Und angstfreie Kommunikation ist sehr wohl ein Merkmal nicht nur eines psychisch gesunden Menschen, sondern auch einer sozial gesunden Gesellschaft.

● Endlich ist hier eine Gruppe von Konfliktfaktoren zu nennen, die weitgehend unser sozio-ökonomisches System definieren: Konkurrenzprinzip, Leistungsprinzip und Egoismusprinzip. Über letzteres ist schon an anderer Stelle ausführlicher gehandelt worden. Ich will es hier aussparen. Doch über die beiden anderen ist noch zu sprechen. Von Prinzip ist deshalb die Rede, weil sein Fortfallen die Aufgabe einer tragenden – und nicht nur stützenden – Säule unseres sozio-ökonomischen Systems bedeuten würde.

Ich beginne mit dem *Leistungsprinzip*. Gemeinhin wird es definiert als Belohnungsprinzip:
– Die innerbetriebliche Belohnung geschieht leistungsgerecht.

– Die Belohnung innerhalb des Betriebes geschieht ausschließlich nach Maßgabe der erbrachten Leistungen.

Dieses »Leistungsprinzip« ist selbstverständlich bei uns in der Bundesrepublik nicht verwirklichst. Belohnung geschieht in unseren Betrieben auf Grund einer »Mischkalkulation«, bei der Leistung keine Rolle spielt. Statt dessen werden berücksichtigt:

– der (zwischenbetriebliche) Marktpreis der Arbeit und
– der (innerbetriebliche) Nutzwert der Arbeit.

Leistung, die einen geringen Marktwert oder einen geringen Nutzwert hat, wird gering belohnt – und mag sie noch so groß sein.

Auf Grund einer babylonisch zu nennenden Sprachverirrung haben die meisten unserer Politiker und Unternehmer die Sprache Saint-Simons und K. Marxens übernommen, der gegen das kapitalistische Marktwertprinzip, nach dem vor allem nach Maßgabe des Nutzwertes der Arbeit belohnt werde, polemisierte:

– das sei erstens menschenunwürdig, weil menschliche Arbeitskraft nicht nach dem materiellen Nutzen, die sie erbringt, bewertet – also nicht als Marktgröße zu einer käuflichen Ware degradiert werden dürfe, dürfe,

– das sei ferner ungerecht, da ja der weniger Leistende mehr Belohnung erhalte als der mehr Leistende, wenn nur die Nachfrage nach seiner Leistung größer oder der Nutzen, der dem Unternehmen aus seiner Leistung erwachse, erheblicher sei.

Dagegen wollte Marx das oben zitierte Leistungsprinzip für den Sozialismus eingeführt wissen.

Nun hat es sich bei uns eingebürgert, das nirgendwo realisierte Leistungsprinzip als Ideal zu behaupten. Gegen unser Markt-Nutz-Wert-Prinzip sind immerhin einige Bedenken anzumelden, die im Wesentlichen schon die der Sozialutopiker des 19. Jahrhunderts waren. – Das Prinzip vermittelt das Gefühl von Unrecht, da es gerechter zu sein scheint, den Einsatz und den Verbrauch psychischer und physischer Kräfte zu belohnen als den Betriebsnutzen.

Dieses Unrechtgefühl, das entsteht, weil bestimmte Arbeit stärker nachgefragt ist als andere und entsprechend höher belohnt wird, scheint nicht ganz unbegründet zu sein, denn ihrer Würde nach ist alle menschliche Arbeit gleich.

– Die unterschiedliche Belohnung, je nachdem auf dem Arbeitsmarkt für eine Arbeit eine Konkurrenz der Anbieter oder der Nachfrager besteht, schafft erhebliche Ungerechtigkeiten, insofern der Markt manche Arbeit nicht abnimmt – und so Arbeitslosigkeit entsteht. Dieses Übel scheint nur zu beheben zu sein, wenn die Arbeitsverteilung oder Arbeitszuteilung nicht über den Mechanismus der Konkurrenz unter den Anbietern oder den Nachfragern zustande kommt.

– Aus der Tatsache, daß Arbeit ähnlich anderer Ware gekauft und verkauft werden kann und sich ihr Preis nach Angebot und Nachfrage richtet, läßt sich ein versachlichtes und entpersönlichtes Verhältnis zur Arbeit und damit zum arbeitenden Menschen ablesen, das charakteristisch ist für ein sozio-ökonomisches System, das alle menschlichen Relationen auf Sachbezüge zurücknimmt und so den Menschen selbst verdinglicht und ihn – wie im Prinzip in einer Sklavenhaltergesellschaft – zur Ware macht, über dessen Arbeitskraft der Käufer nach ziemlichem Belieben verfügen kann.

– Das Leistungsprinzip ist sehr einseitig, weil es menschliche Qualitäten (wie Betriebstreue, Identifikation mit den Betriebszielen, Fähigkeit, den Betriebsfrieden zu sichern, Produktion von über der Norm liegender Qualität, geringere Ausfälle ...) nicht honoriert, obschon sie für den Betriebsnutzen von größerer Bedeutung sein können, als erbrachte quantitativ messbare produktive Leistung.

– Streng angewandt, wenden sich Leistungsprinzip wie Marktprinzip gegen die Unterscheidung Basislohn – Leistungslohn (= der Lohn, der bei überdurchschnittlicher Leistung zum Basislohn hinzukommt). Das aber bedeutet, daß bei einer beschränkten Leistungsfähigkeit (etwa wegen einer körperlichen oder geistigen Behinderung) der Lohn unter dem Existenzminimum liegen kann. Das scheint unmenschlich zu sein.

– Das Leistungsprinzip scheint betriebliche oder Betriebe erfassende überbetriebliche Krisen oder Konflikte an den sozial Schwächsten, den Arbeiter weiterzugeben. Ehe sich das Kapital ernsthaft gefährdet, gefährdet es zuvor (logisch und oft auch zeitlich) Arbeitsplätze. Das erscheint ungerecht und einer Diktatur des Kapitals gleichzukommen. Ich möchte nun nicht behaupten, daß in allen unseren Unternehmen das Marktwert- oder das Leistungsprinzip in der hier dargestellten Weise praktiziert wird. Doch wäre das Marktwertprinzip durchaus systemgerecht. Es gibt durchaus (private) Systemstrukturen, die sich in einiger Annäherung so verhalten. Eine Problematik ist diese: Eine sicherlich oft angebrachte Betriebskritik wird zur Systemkritik, private Ungerechtigkeit zur öffentlichen und allgemeinen hochgejubelt. Und das ist sicherlich ein potentieller Auslöser so mancher sozialen Krise bis hin zur Systemkrise.

Und diese oft polemisch geführte Diskussion, die keineswegs den Zweck hat, bestehende konkrete Ungerechtigkeiten zu beheben, sondern den Grund solcher Ungerechtigkeiten im Unrecht und der Unrechtmäßigkeit des sozio-ökonomischen Systems aufheben will, ist duchaus nicht nur reine Demagogie. Im ökonomischen Konkurrenzdruck bleibt in der Tat dem einzelnen Unternehmen und seiner Führung nur ein begrenzter Spielraum, die Ungerechtigkeiten und Unmenschlichkeiten eines realisierten Belohnungsprinzips aufzuheben.

Sollte es abgelöst werden etwa zugunsten
- eines sozialistischen Leistungsprinzips oder
- eines kommunistischen Bedürfnisbefriedungsprinzips,
dann hätte das zur Folge, daß sich die Betriebseffizienz minderte und zudem sich die bestqualifizierten Leitungskräfte anderswo umsehen würden.

Ein zweites systemtragendes Prinzip ist das *Konkurrenzprinzip*. Das Konkurrenzprinzip geht in einer marktwirtschaftlichen Ordnung davon aus, daß eine leichte Überproduktion besteht, die für eine Konkurrenz unter den Anbietern sorgt. Fällt eine solche Anbieterkonkurrenz fort, entfällt auch eine marktwirtschaftliche Ordnung. Eine Konkurrenz der Nachfragenden bedeutet immer Gefährdung der marktwirtschaftlichen Ordnung. Sie führt
- zu einer inflationären Entwicklung,
- zu einer staatlichen Planung mit dem Ziel, die Konkurrenz der Anbieter wieder herzustellen (Antikartell-Gesetze ...),
- zu einer staatlichen Verteilung des Angebots, wenn die inflationäre Entwicklung ökonomische oder/und politische Strukturen labilisiert,
- zu einer Planung der Produktion.
Es kann relativ leicht aufgewiesen werden, daß unbeherrschte Inflation stets der erste Schritt ist hin auf eine planwirtschaftliche Ordnung. Wenn sie nicht schon eingeführt wurde, um den Quotienten zwischen Konsumgütern/Investitionsgütern/Rüstungsgütern zu fixieren zu Gunsten der Rüstungsgüter (vgl. etwa die staatswirtschaftlichen Ordnungen faschistischer oder marxistischer Genese). Das Konkurrenzprinzip ist zweifelsfrei ein wesentliches Prinzip jeder marktwirtschaftlichen Ordnung. Doch welche Folgen hat es?
- Es verführt zu Versuchen, Monopole oder doch Oligopole zu bilden, um so Konkurrenz auszuschalten und partiell den Markt (und damit die Preise) zu beherrschen.
- Es führt dazu, daß große Unternehmen über kalkulatorische Übertragungen und dem damit möglichen zeitweiligen Verzicht auf Gewinne in einem Produktbereich, kleinere Unternehmen lebensuntauglich werden lassen, bis sie dem Konkurrenzdruck erliegen.

230

- Es führt dazu, daß das Konkurrenzdenken von der Warenseite auf die Personenseite ausgedehnt wird. Aus der zwischenbetrieblichen Konkurrenz wird eine zwischenmenschliche. Diese aber führt nicht selten zu erheblichen Konflikten, die sich in Emotionen wie Neid, Haß, Angst, Wut ... niederschlagen können.

Es sei nicht geleugnet, daß eine Ordnung, die auf dem Prinzip der Konkurrenz der Anbieter beruht, viele Vorteile hat:
- Schnelle Realisation von Innovationen,
- Promptes Schließen von Marktlücken,
- Optimale Mengenverteilung an die Konsumenten,
- Relative Preisstabilität solange Angebotsdruck und eigentliche Konkurrenz herrschen. Doch schon den Klassikern der Volkswirtschaftslehre des 19. Jahrhunderts, war zureichend deutlich, daß im Kapitalismus die Preise oft keineswegs marktwirtschaftlich (über Angebot und Nachfrage) ermittelt werden, sondern vor allem über die Produktionskosten, die von etwa gleich starken Marktpartnern nahezu synchron und damit faktisch Konkurrenz aufhebend auf die Preise abgewälzt werden.

Somit erscheint es notwendig, die Gefahren, die im Konkurrenzprinzip lauern, zu beheben, ohne das Prinzip selbst außer Kraft zu setzen. Wie das aber geschehen könnte, ist mir nicht einsichtig.

Das Konkurrenzprinzip ist so eng eingebettet in eine marktwirtschaftliche Ordnung, zumindest solange sie als idealer Typos behandelt wird, daß jede Kritik an einem auch das andere betrifft. Sicherlich wird also einiges Bedenken, das im Verlauf der Systemkritik ausgetragen wird, auch hier legitim zur Sprache kommen können. Jetzt sei nur festgestellt, daß Marktwirtschaft aus der Natur der Sache stets Krisenwirtschaft ist, ja gerade ihre Erfolge daraus bezieht, daß die Bemühungen der Menschen ständig darauf abzielen, bestehende oder drohende Krisen zu meiden. Die Krisenhaftigkeit dieser Ordnung ist nahezu logisches Resultat ihres labilen Gleichgewichts. Es ist das ein Gleichgewichtszustand, der entsteht, wenn das Angebot stets *etwas* größer ist als die Nachfrage. Ist es viel größer, kommt es zur offenen Deflationskrise, ist es nicht größer zu Inflationskrise. Marktwirtschaft geht also immer den schmalen Weg zwischen Deflation und Inflation. Zumindest idealtypisch betrachtet. Und das bedeutet permanente Krise. Die Annahme, daß sie aus eigenen Kräften, ohne jede politische Hilfe, um diesen Gleichgewichtszustand mit geringen Ausschlägen pendeln könnte, wurde spätestens 1929 falsifiziert.

● Schließlich wirkt konkrete Gesellschaft disponierend hin auf Konflikte, insofern sie Eigentums- und Herrschaftsverhältnisse verschleiert.

Über die Verschleierung von Eigentumsverhältnissen durch Verschachtelungen, Internationalisierungen, Bildung von Publikumsgesellschaften…, will ich hier nicht handeln, obschon auch diese zu Konflikten führen können, da der Partner des Menschen nicht mehr ein Mensch ist, sondern zumeist ein Gremium, das im Namen einer gesichtslosen Größe spricht, entscheidet, urteilt …

Hier sei gehandelt von der Anonymität der Herrschaft. Es gab vermutlich einmal eine idyllische Zeit, in der Menschen wußten und erfuhren, von wem denn Herrschaft ausgeübt wird. Herrschaft hatte stets ein menschliches Gesicht – und mochte es noch so grausam und unbarmherzig sein. Die Emotionen der Zuwendung, aber auch der Abwendung (Haß, Zorn, Wut…) hatten eine Adresse – einen anderen Menschen mit Gefühlen, mit Wünschen und Hoffnungen. Unsere Weise, mit eigenen und fremden Emotionen umzugehen, ist programmiert für den Fall eines *menschlichen* Gegenüber.

Aber seit einigen Jahrhunderten beginnt Macht anonym zu werden und das bedeutet, daß unser Programm weitgehend versagt. Vor der Gewalt, die von einem System über seine Strukturen ausgeht, gibt es nur zwei mögliche Reaktionen: Resignation oder Revolte.

Unangenehm sind die anonym gewordenen Machthaber mit den Namen »Markt«, »System«, »Struktur«, weil sie keine Emotionen zeigen, wennschon sie sich weitgehend unvorhersehbar benehmen. Sie sind in ihrer Machtwillkür an die Stelle der alten Götter getreten. Und es gibt Menschen, die zumindest »Markt« mit nahezu religiöser Inbrunst verehren. Er hat in der Tat manches an sich, was R. Otto dem Heiligen zuschrieb: tremendum et fascinosum (er macht erschrecken und fasziniert zugleich).

Es ist heute modern geworden, von »struktureller Gewalt« zu sprechen. Gemeint ist damit jene Gewalt, die völlig unabhängig vom Willen konkreter Menschen auf uns ausgeübt wird durch andere Menschen, die handeln als Agenten eines Systems. Als solche repräsentieren sie die Strukturen, die zwischen System und seinen Funktionen nach Innen und Außen vermitteln.

Strukturelle Gewalt ist immer da anzutreffen, wo Herrschaft nicht nur institutionalisiert wurde, sondern auch über Institutionen ausgeübt wird. Die Institution selbst wird Träger von Herrschaft, die wegen ihrer Anonymität und ihrer »Produziertheit« als Gewalt erfahren wird. Gewalt stellt sich oft dar in Analogie zur Produktion von Waren und ist zu ihrer Realisierung angewiesen auf Werkzeuge (H. Arendt). Sie wird gemacht.

In der Anonymität der Warenfunktion interessiert es sie nicht, wen sie betrifft oder erreicht. Ihr Zweck und ihr Ziel sind auch nicht einmal der Nutzen des Gesamten, sondern der eines Systems, das über Strukturen gewalttätig wird (etwa über seine Staatsorgane oder seine Werteordnung).

Eine besondere Art struktureller Gewalt begegnet uns in der gewalttätigen Zuweisung von Rollen oder Funktionen in Gruppen oder Gesellschaften, insofern diese Rollen einander komplementär sind. Komplementäre Rollen sind alle Herrschaftsrollen, aber auch viele andere öffentliche wie private (Patient-Arzt; Freund-Freund ...). diese Rollen werden oft gleichsam aufgezwungen durch die Verhaltenserwartungen der schon eine Rolle Spielenden, sei es, daß sie sie spielen auf Grund gesellschaftlicher Zuweisung, sei es, daß sie sie erst erfolgreich privat zu spielen versuchen.

Mit der Übernahme von Rollen durch einen Part ist ja auch immer eine Handlungs- und Verhaltenserwartung gerichtet an den anderen. Man erwartet vom Lehrer nicht nur, daß er eine bestimmte Rolle spielt, sondern auch von anderen Menschen, daß sie ihm als Lehrer begegnen – und somit eine bestimmte Rolle darstellen.

Verstößt ein Mensch aktiv oder passiv gegen Rollenerwartungen wird das negativ sanktioniert, insofern sich die Rollenerwartungen in Rollen normieren. Ein aktiver Verstoß gegen eine Rollenerwartung liegt vor, wenn ein Mensch sich nicht *seiner* Rolle gemäß verhält, ein *passiver* liegt vor, wenn er nicht auf die Rollendarstellung des anderen adäquat reagiert, wenn er also nicht das gesellschaftlich bereitgestellte Rollenverhalten bereitwillig übernimmt. Versuchen Sie doch einmal einem Streifenpolizisten eine andere Rolle als die des bußfertigen Sünders vorzuspielen. Sie werden erstaunt sein, was Ihre Weigerung Sie unter Umständen kostet.

Nun sollte man solche Beispiele nicht verallgemeinern, aber es scheint offensichtlich zu sein, daß solche Rollenfixierungen – aktive wie passive – durchaus Quellen reichlich sprudelnder Konflikte sein können.

Ein anderes Mal stellt sich strukturelle Gewalt vor in Gestalt einer für die Angehörigen einer Struktur gemeinsamen kollektiven Sinnwelt. Der Verstoß gegen kollektive Glaubensüberzeugungen wird allemal schwer geahndet. Es scheint so, daß der Betroffene nicht nur ein Dogma, sondern ein ganzes Institut (System) infrage stellen würde. Er nagt damit an den Grundfesten des Systems und wird entweder diszipliniert oder exkommuniziert – wenn es ihm nicht gelingt, das System von innen zu revolutionieren. Soviel über Konfliktfaktoren.

Abschließend sollen noch einige Anmerkungen versucht werden zum Thema:

Abwehr von Konflikten

Mit Konflikten kann man auf sehr verschiedene Weise fertig zu werden versuchen. Ich habe schon weiter oben über die üblichen Mechanismen: Flucht – Angriff – Totstellen gesprochen. Es gibt aber auch eine andere mögliche Unterscheidung je nach der Art der Abwehr.

Die schlechteste, gewöhnlichste und schlichteste Abwehr treibt alle den Konflikt begleitenden unangenehme Vorstellungen ins Unbewußte, den Orkus des Vergessens, macht sie so erträglich und oft genug auch ganz harmlos. Der Konflikt wird nahezu unlösbar.

Optimal dagegen ist eine Konfliktbewältigung, die die rechte Beteiligung des Ich am Konflikt erkennt und ihn entweder bewußt annimmt oder ablehnt (etwa als unbegründet). Eine solche Konfliktlösung setzt aber voraus, daß der Konflikt nach Ursache und emotionaler Situation aller Beteiligten richtig erkannt wird. Das wiederum setzt eine Kunst voraus, die den wenigsten von uns mit in die Wiege gegeben wurde: Die Kunst, die richtigen Schnitte zu legen.

Ich will das an einem Beispiel verdeutlichen. Jemand greift Sie verbal hart an. Dann kommt es darauf an, schnell und sicher zu entscheiden, *warum* er es tut.

Gründe können sein:

```
will helfen    will nicht helfen
                    |_____
              will spielen                    meint es ernst
          _____/_____                          |
    spielt Scherzspiel  spielt Siegspiel   stellt einen destruktiven Konflikt dar
      ___/\___         ___/\___                ___/\___
will vernichten    will besiegen       individual K.   sozial K.
                                                    ___/\___
                                              genuin    Stellvertreter
```

Ich will diese verschiedenen Konflikttypen (nach Gründen bestimmt) an je einem Beispiel erläutern:

● Der Angreifer will helfen und beherrscht keine zureichenden Strategien, Ihnen zu sagen, wie Sie etwas anders machen können, warum Sie ihm auf die Nerven fallen, welches Ihrer Verhaltensmuster allgemein stört ...

234

● Der Angreifer will mit Ihnen ein Scherzspiel spielen. Er will necken, hänseln, sie aufziehen. Sind sie gereizt, ermüdet, gestreßt, erkennen Sie die Intention nicht und reagieren unangemessen.

● Der Angreifer will Sie im Spiel vernichten. Er greift Sie in aller Öffentlichkeit hart an, um Sie »fertig zu machen«, zum Schweigen zu bringen …, ohne daß er persönlich irgendetwas gegen Sie hat. Sie sind vielleicht nur ein »Klassenfeind«, den es (moralisch oder sozial) zu töten gilt. Und das kann mit Routine geschehen und dem inneren Unbeteiligtsein, das ein Soldat empfindet, der gerade mit seinem MG schießt.

● Der Angreifer spielt mit Ihnen ein Siegspiel, um Sie zu besiegen. Hier gibt es zahlreiche Strategien, auf die wir in anderem Kontext noch zu sprechen kommen. Etwa: Sie kommen abends erschöpft nach Hause und ihre geliebte Gemahlin fragt Sie: »Liebling, warum bist Du heute wieder so spät?« – Gegen diese »Spiele der Erwachsenen« gibt es nur sehr beschränkte Verteidigungsmöglichkeiten. Ihr Ziel ist, im Partner Angst, Scham, Schuld oder Mindergefühle zu produzieren, um sie entsprechend ausnützen zu können.

● Der Angreifer stellt einen destruktiven Konflikt vor. Es kann das ein Individualkonflikt sein, der dazu führt, daß die Aggressivität im Angreifer überhand nimmt, und er diese Aggressivität am nächstbesten Opfer ausläßt.

● Der Konflikt kann aber auch ein destruktiver Sozialkonflikt sein. Dann ist sehr wohl zu unterscheiden, gegen wen sich *eigentlich* und *primär* die destruktive Energie richtet. Es kann durchaus sein, daß Sie nur Stellvertreterfunktionen übernehmen und nur deshalb zum Konfliktpartner auserkoren werden, weil sich der Angreifer von Ihnen ein Konfliktresultat verspricht, das ihn nicht ängstigt. Der eigentliche Konfliktpartner könnte also etwa die Ehefrau des Angreifers sein oder sein Vorgesetzter, da er sich aber nicht traut, mit diesen den Konflikt auszutragen, wählt er Sie als Konfliktpartner.

● Es kann aber auch sehr wohl sein, daß Sie der genuine Konfliktpartner sind. Dann müssen Sie unterscheiden, ob es sich um den Ausbruch eines lang schwelenden latenten Konflikts handelt, oder aber ob eine hohe aggressive Beanspruchung den Angreifenden schon wegen einer Bagatelle die Palme hinauf klettern läßt. Im ersten Fall bedarf der Konflikt eines sorgfältigen Bemühens um Lösung. Mitunter wird es angebracht sein, den Konflikt ein wenig später auszutragen, wenn sich beide Parteien emotional wieder etwas gefangen haben und den rationalen Konfliktkern bedenken können. Oder doch wenigstens versuchen können, den Konfliktkern rational zu machen.

● Haben Sie alle diese Entscheidungen richtig getroffen (die Schnitte richtig gelegt), dann müssen sie entscheiden, ob sie den Konflikt destruktiv oder konstruktiv (in Bezug auf die Existenz oder Stärke der sozialen Bindung) austragen wollen. Eine destruktive Austragungsmethode ist im Regelfall nur dann angebracht, wenn sie mit ihrem Konfliktpartner nicht weiter zusammen leben wollen oder müssen.

Zur Identifikation von Konflikten gehört oft auch großes Geschick, objektiv die Schuldfrage auszumachen. Auch hier sind wieder einige Schnitte zu legen. Das richtig zu machen, ist keineswegs angeboren, sondern muß in aller Regel mühsam erlernt werde.

Diesmal handelt es sich um die Schuldanalyse in einem Fehlverhalten. Dann sind möglichst realitätsgerecht folgende zwei Schnitte zu legen:

fremdverschuldeter Anteil	selbstverschuldeter Anteil	
	vermeidbar	unvermeidbar

Angenommen, Sie sind unter Zeitnot aus einer Parklücke ausgefahren und haben einen fremden Wagen angekratzt. Statt wenigstens ihre Visitenkarte zu hinterlassen, sind Sie aber gleich weitergefahren.

Hin und wieder erinnern Sie sich dieses Sachverhalts. Sie sollen lernen, ihn nicht zu verdrängen, sondern zu verarbeiten. Das geschieht durch eine Analyse:

● Fremdverschuldeter Anteil: Objektiver Zeitdruck, Fremdwagen war eng aufgeparkt.

● Selbstverschuldeter Anteil: Zeit, die Visitenkarte unter ein Wischerblatt zu stecken, wäre durchaus vorhanden gewesen.

● vermeidbar: Ich muß in Zukunft beim Ausparken mehr achtgeben (also Unachtsamkeit).

● unvermeidbar: Ich neige dazu, mich zu drücken, wenn es unauffällig möglich ist (also Verantwortungsscheu).

Haben Sie einmal ein gutes Dutzend solcher Vorstellungen analysiert, werden Sie sicherer werden im realitätsgerechten Legen von Schnitten.

Sie werden auch erkennen, daß Sie unvermeidbare Fehler (sog. Charakterfehler oder Charakterschwächen) haben, die Sie mit eigenen Mitteln nicht abstellen können. Diese Fehler machen auf sich aufmerksam, indem sie immer wieder auftauchen.

Haben Sie gelernt, die hier angeführten beiden Schnitte zutreffend zu legen, dann sind Sie schon sehr viel konfliktfähiger als 90% ihrer Mitmenschen. Sind Sie dazu noch psychisch gesund, werden Sie nach einigem Training auch ihren Mitmenschen im Konfliktbewältigen überlegen sein. Und das ist schon eine ganze Menge.

236

Konflikttheorien

Der vorgehende Abschnitt versuchte u.a. zu zeigen, wie wichtig es ist, Konfliktgründe sicher und realitätsgerecht zu erkennen. Nun ist das nicht immer so einfach, wie in den beiden vorgelegten Fällen. Sehr oft setzt eine richtige Konfliktdiagnose, der allein eine effiziente Therapie folgen kann, ein gründlicheres Wissen um Konfliktgründe voraus, als es bislang vorgestellt werden konnte. Ich werde Ihnen daher im folgenden Kapitel einige Konflikttheorien vorstellen, die Sie nicht als einander ausschließend, sondern als komplementär verstehen mögen. Gemeint ist, daß *eine* Konflikttheorie nach dem Stand unseres psychologischen Wissens nicht ausreicht, alle Konflikte zu klären. Die verschiedenen Theorien haben also alle eine starke Seite: Jede von ihnen ist in der Lage, bestimmte Typen von Konflikten – nach unserem Wissenstand – optimal zu deuten.

Schon die vorwissenschaftliche *Psychologie* verstand als Konflikt das Zusammentreffen unvereinbarer Bewußtseinsinhalte oder auch divergenter Strebungen. So berichtet Aristoteles (384-322) von einem Hungernden, der zwischen zwei attraktiven Speisen nicht wählen kann und zwischen ihnen wie gelähmt verhungert (De coelo II, 13). Aus diesem Hungernden wurde dann bei Averroes (1126-1198) ein Kamel, das zwischen zwei gleich attraktiven Dattelhaufen verhungert. Und weil die europäischen Christen mit Datteln und Kamelen damals wenig anfangen konnten, machten sie daraus einen Esel zwischen zwei Heuhaufen. Und weil seine Zeitgenossen zudem Johannes Buridan (+ um 1358) gar nicht leiden mochten, gaben sie diesem Esel einen Namen: Esel des Buridan. Und als solcher geistert er nun bis zum heutigen Tage durch die Psychologie (vor allem der Behavioristen).

K. Lewin verdankt die zeitgenössische Psychologie die Unterscheidung von drei Konflikttypen (vgl. auch Seite 201):

● Ein Appetenz-Appetenz-Konflikt (das ist der Konflikt des Esels des Buridan) entsteht, wenn auf eine Person zwei etwa gleich starke Aufforderungen wirken, so daß beide nicht gleichzeitig realisiert werden können.

● Ein Aversion-Aversionskonflikt entsteht, wenn eine Person zwischen zwei negativen Ansprüchen steht, ohne die Möglichkeit, beiden auszuweichen.

● Ein Appetenz-Aversionskonflikt liegt vor, wenn ein Handlungsziel positive und negative Besetzungen vergleichbarer Stärke hat *oder* wenn vor dem angestrebten Ziel eine Barriere liegt, die nicht umgangen werden kann.

N.E. Miller erweiterte diese Listung um einen weiteren Typ:

● Ein doppelter Appetenz-Aversionskonflikt liegt dann vor, wenn zwei ambivalente Ziele zur Wahl stehen (also beide etwa gleichrangige positive und negative Besetzungen haben).

Miller konstruierte einen Appetenz- und Aversionsgradienten und konnte so

● die Konfliktstärke messen und

● Verhalten in Konfliktsituationen voraussagen.

Der Nachteil dieser Konfliktklassifikation ist, daß sie keineswegs alle Konfliktsituationen beschreiben kann. Um das existentiell zu erfahren, schlage ich Ihnen vor: Wählen Sie einmal einige, Sie auch heute noch beschäftigende Konflikte Ihrer Vergangenheit aus, und versuchen Sie, sie nach vorliegendem Schema zu klassifizieren oder gar zu analysieren. Wenn Sie den Konflikten und sich selbst nicht allzu sehr Gewalt antun, werden Sie bemerken, daß diese Konflikttheorie nur beschränkt anwendbar ist.

Ich werde deshalb einige weitere Konflikttheorien skizzieren:

a) Eine kommunikationstheoretische Konflikttheorie

Mit E.E. Jones und H.B. Gerard unterscheiden wir zunächst vier Kommunikationstypen:

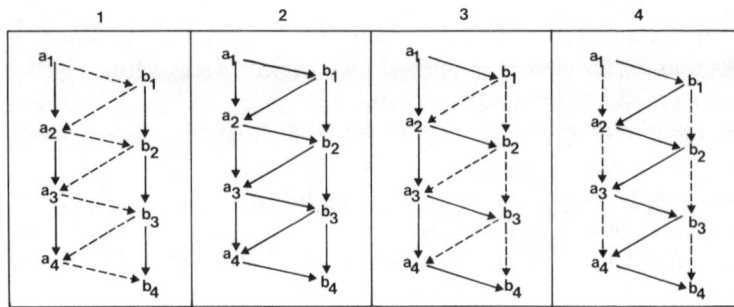

Die durchgezogenen Pfeile bedeute dabei die determinierenden Bestimmungen im kommunikativen Prozess, die gestrichelten die Nebenbeziehungen. Hauptbeziehungen liegen vor, wenn es sich um ein tatsächliches Eingehen, ein sinnvolles Fortführen ... handelt. Nebenbeziehungen liegen vor, wenn der vorhergehende Beitrag eher assoziativer Auslöser, Gelegenheit ... einer kommunikativen Reaktion darstellt. Die Serien a_n und b_n stellen die Beiträge zweier Kommunikationspartner (Individuen, Gruppen, Organisationen ...) dar. Der Fall (1) beschreibt eine *Pseudokommunikation,* bei der jeder Partner sein eigenes Spielchen spielt und kaum auf den anderen eingeht. Der Fall (2) beschreibt eine *wechselseitige Kommunikation.* Hier geschieht in symmetrischer Interaktion optimale Kommunikation. Beide Partner richten ihr Verhalten sowohl auf die eigenen Bedürfnisse und Intentionen als auch auf das tatsächliche oder zu erwartende Verhalten des anderen aus. Der Fall (3) beschreibt eine *asymmetrische Kommunikation,* bei der einer der Partner sein Verhalten primär an seinen eigenen Interessen (Erwartungen und Bedürfnissen) orientiert, während der andere sich primär auf den anderen einstellt und ausrichtet. Der Fall (4) beschreibt eine *reaktive Kommunikation,* in der das Verhalten beider Partner ohne eigene Interessen, Intentionen ... vonstatten geht. Es wird vielmehr auf die Beiträge des anderen reagiert.

Nun ist diese Skizze recht einleuchtend, doch löst sie nicht damit schon alle Kommunikationsprobleme. In der konkreten Anwendung ist nämlich das Erkennen der eigenen und fremden Interessen und Intentionen gar nicht so einfach. Hier spielen Interpretationen (selektive und projektive) mit ein, das eigene Selbstbild, das Fremdbild, das Bild, das der andere sich vermutlich von mir macht. Kommunikatives Verhalten läßt sich also keineswegs als Stimulus-Response-Ablauf nach behavioristischen Regeln beschreiben.

Ferner wäre es unrichtig, das Kommunikationsgeschehen ausschließlich auf das gesprochene Wort zu beschränken. Der Ausdruck und das soziale und raum-zeitliche Umfeld spielen eine erhebliche Rolle. Das mag folgende Skizze verdeutlichen:

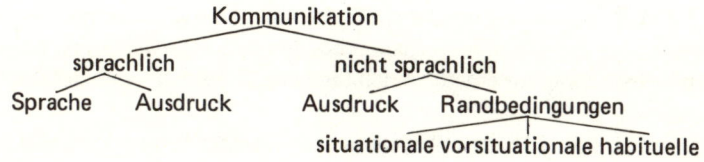

»Sprache« meint hier das, was gesagt wird. »Sprachlicher Ausdruck« meint die Modulation der Stimme, Akzentuierungen, Pausen ..., also das sprachliche akustische Wie des Gesprochenen. »Nicht-sprachlicher Ausdruck« meint das somatische Wie des Sprechens (Gestik, Mimik, Körperhaltung ...). Randbedingungen sind alle jene Bedingungen, die ebenfalls in den kommunikativen Ablauf eingehen, obschon sie »nicht zur Sprache kommen«. Sie betreffen stets beide Partner. Zu den habituellen Randbedingungen zählen grundsätzlich Orientierungen etwa im Wertbereich, Charaktermerkmale, Sinnwelt, Bildung ... In die vorsituationalen Randbedingungen gehen ein: Ereignisse, Interessen, Erfahrungen ..., die der konkreten Kommunikation vorausliegen (Tagesform, Ärger, Hochstimmung ...). Die situationalen Randbedingungen endlich beziehen sich reaktiv auf den Sprecher wie auf das Gesprochene (Interessen, Motive, Stimmungen, Besetzungen ...).

Sie sehen, daß also Kommunikation ein sehr komplexer Vorgang ist. Die Kommunikationstheorie der Konflikte nimmt nun an, daß Kommunikationsstörungen Konfliktursache sind. Die wichtigsten Konfliktursachen sind demnach:

● Semantische Mißverständnisse (das Was des Gesagten bleibt unklar).

● Verwechslung kommunikativer Ebenen und Intentionen (Information, Selbstdarstellung, Appell, Kontaktvergewisserung).

● Abweichende emotionale Besetzung von Worten, vor allem bei denen, die als emotionale Auslöser dienen und wesentliche emotionale Bedeutung tragen.

● Nichtbeachtung der non-verbalen Kommunikationsmomente.

● Widersprüche zwischen verbaler und non-verbaler Kommunikation.

● Versuche, Kommunikation zu verweigern (etwa durch widersprüchliche, ungereimte, unvollständige Aussagen oder durch Konkretisierung von Metaphern ...).

● Amorpher Kommunikationsstil, der gekennzeichnet ist durch die Unfähigkeit, ein Problem deutlich zu formulieren, und statt dessen »herum redet«.

● Fragmentarischer Kommunikationsstil, der schnell zu einer Dichotomisierung von Meinungen führt – und meist zu sehr affektgeladenen Positionen, die im schlimmsten Fall nicht ausgedrückt werden.

● Reaktive Sichtweise, bei der ein Partner sein Verhalten *nur* als Reaktion auf das ihn störende Verhalten des anderen begreifen *kann,* ohne den Selbstbeitrag zur entstehenden Situation zu kennen oder zu akzeptieren.

● Symmetrische Eskalationen, wenn beide Partner sich im Verlauf der

Interaktion wechselseitig in divergierende Positionen hineinsteigern. Sie verlieren dann meist die Fähigkeit, einzulenken und die eigene Meinung zu relativieren.

● Starre Komplementarität, wenn einer der Partner von vornherein eine dominante Position (Lehrer, Vorgesetzter, Richter, Vater, Helfer, Arzt …) einnimmt und durch das Ausdruckinstrumentar mitteilt, daß er diese Position nicht aufzugeben oder infragezustellen bereit ist.

Ich werde in einem eigenen Kapitel zu zeigen versuchen, daß der reine kommunikationstheoretische Ansatz als Theorie der Konfliktentstehung unzureichend ist – daß sich aber wohl stets Konflikte als Kommunikationsstörungen darstellen lassen. Sie *können* Folgen von Kommunikationsstörungen sein. Andererseits ist jedoch auch denkbar, daß der Konflikt andere Wurzeln hat und sich nur als Kommunikationsstörung symptomatisch vorstellt. In jedem Fall muß, wenn man Konflikte erkennen und beheben lernen will, das Wissen um Kommunikationsstörungen so breit sein als möglich und die Fähigkeit, sie zu erkennen, so trainiert wie möglich.

Da ich zu einigen Kommunikationsstörungen in einem folgenden Abschnitt verschiedenes ausführen werde, seien sie an dieser Stelle nicht behandelt. Hier etwas ausgeführt werden sollen jene, die nicht noch einmal ausdrücklich aufgegriffen werden.

Vor allem die mangelnde Schulung im Erkennen und Einsatz non-verbaler kommunikativer Elemente kann zu erheblichen Störungen führen. Dazu gehört auch der klassische Anfängerfehler, alle Ausdrucksaspekte und Randbedingungen (die miteinander in wechselseitigem Konstitutionsverhältnis stehen können) situational zu interpretieren, selbst die vorsituationalen Gründe oder gar die Gewohnheiten in Ausdruck und Darstellung des Partners (sei es eine einzelne Person oder eine Gruppe, eine Organisation …). Manche Menschen haben etwa die schlechte Angewohnheit, anderen beim Händedruck nur flüchtig ins Auge zu blicken. Wer daraus stets einen Beziehungskonflikt herleitet, der ist noch ziemlich ungeschult in der Ausdruckskunde.

Es gibt allerdings noch Ärgeres: Die völlige Unfähigkeit, den somatischen oder verbalen Ausdruck des Partners auch nur wahrzunehmen. Ich kenne Menschen, die etwa die somatischen Signale der Sprechbereitschaft bei anderen einfach nicht erkennen und also auch nicht adäquat reagieren können. Daß hier Konfliktpotential gehäuft wird, ist offensichtlich, denn kein Mensch bleibt längere Zeit in erhöhter Sprechbereitschaft, ohne sich sprachlich realisieren zu können. Zu solchen Signalen der Sprechbereitschaft gehören etwa:

- Abbruch des Blickkontaktes während des Zuhörens,
- unruhige Bewegungen mit Händen, Beinen, Rumpf,
- Öffnen des Mundes,
- Vorbeugen des Oberkörpers ...

Wieder andere beherrschen nicht einmal die Grundregeln des kommunikativen Ausdrucksgeschehens, nach denen eine tatsächliche oder symbolische Distanzierung vom Partner stets an eine Konfliktsituation denken lassen sollte. Das Sichentfernen *kann* stets einen Ausbruchsversuch aus einer bestimmten Situation bedeuten, die etwa durch eine negative Besetzung des Themas oder des Partners hervorgerufen wurde. Nun sind Ausdrucksverhalten und Ausdruckserkennen nur wirksam zu trainieren, wenn audiovisuelle Hilfsmittel zur Hand sind. Ein gedruckter Text ist stets zu wenig. So kann ich mich nur darauf beschränken, Sie zu motivieren, einen Kurs oder ein Seminar zu belegen, das solche Fertigkeiten vermittelt. Noch einmal: Nicht wenige Konflikte kommen zustande, weil das Ausdrucksverhalten nicht richtig erkannt oder nicht richtig interpretiert wird.

Kommunikation zu verweigern, wird häufiger versucht als gemeinhin angenommen wird. Solche Weigerung beruht oft auf einem Mißverständnis über die kommunikative Intention des Partners. Ist ein Partner etwa an Selbstdarstellung interessiert und biete ich ihm Information, kann es zur Verweigerung kommen, indem er beginnt zu blödeln oder auf andere Weise aus dem Thema, das ihn im Augenblick nicht interessiert, auszubrechen.

Amorpher Kommunikationsstil herrscht nicht selten in Familien (oder auch in Gruppen) in denen die Beziehungen habituell gestört sind. Das kann etwa eine »schizophrene Familie« sein. Eltern schizophrener Kinder zumindest neigen zu diesem Kommunikatonsstil (G.O. Morris und L.C. Wynne). Die Beziehungsunsicherheit oder gar die Beziehungsstörung vermeidet klare Aussagen, um die Beziehung nicht noch mehr zu belasten. Das kann zu Konflikten führen - obschon es als Konfliktvermeidungsstrategie gedacht ist. Zumindest wird auf diese Weise die Störung oder die Unsicherheit zementiert.

Amorphe Kommunikation findet sich nicht selten bei Vorgesetzten, die auf diese Weise versuchen, ihre Rolle zu relativieren. Auch das dürfte ein Versuch mit einem untauglichen Instrument sein. Zureichende Verhaltenssicherheit setzt voraus, daß der Mitarbeiter weiß, woran er mit seinem Vorgesetzten ist. Werden aber seine Kontaktvergewisserungsversuche amorph, d.h. unklar und uneindeutig beantwortet, so bedeutet das mit ziemlicher Sicherheit: Konflikt.

Fragmentarischer Kommunikationsstil ist gegeben, wenn keiner der Partner seine Intention vollständig darstellen kann, weil der andere seine Darstellung, die manchmal durchaus über mehrere Sequenzen hinweggeht, abbricht oder ihm gar ins Wort fällt. Diese Methode, den anderen nur zur fragmentarischen Darstellung seiner Intention kommen zu lassen, weil man selbst durch diese Darstellung emotional negativ aufgeheizt wird, ist der sicherste Garant für eine Kommunikationsstörung, die zumeist im Kommunikationsabbruch, ja in einer offenen Kampfansage endet. Oft ist eine solche fragmentarische Kommunikation in bislang nicht gelösten Beziehungskonflikten gegründet, sie ist also eher ein Symptom für eine Störung, als ihr Grund.

Es gibt Autoren, die der Meinung sind, daß solche durch Fragmentierung zustande gekommenen Kämpfe durchaus konstruktiv enden und zu einer allgemeinen Bereinigung des zugrundeliegenden Beziehungskonflikts beitragen können, da sie ihn sichtbar und in seiner Tragweite erfahrbar machen. Ich bin mir da nicht so gewiß. Es *kann* – wenn *beide* Partner 1. zureichend über die Mechanismen des Ablaufens autonomer Emotionen informiert sind und 2. die Techniken der Metakommunikation beherrschen – ein solcher Effekt zustande kommen. Aber sicher ist das selbst dann noch nicht.

Ich weiß aus mancher Erfahrung, daß so nicht selten lebenslange Feindschaften und nahezu unauflösbare Konflikte begründet werden. Deshalb schlage ich vor, den Mechanismus der Eskalation, der bei solchem Kommunikationsgeschehen abläuft, möglichst objektiv bei sich und anderen zu beobachten – um ihn später auch emotional beherrschen zu können.

Wichtigste Einsicht: Fragmentarische Kommunikation setzt voraus, daß *beide* Partner das Spiel eskalierender negativer Emotionen mitmachen. Ich gebe zu, daß es anstrengend und manchmal auch unmöglich ist, aus dem Teufelskreis sich eskalierender Emotionen auszubrechen. Denn Emotionen stecken an. Dennoch gibt es kommunikative Katastrophen, die durchaus vermeidbar gewesen wären, wenn einer der Partner zu Beginn der Eskalation den hier ablaufenden Prozeß erkannt, emotional beherrscht und gestoppt hätte.

Es bedeutet keine Konfliktlösung, wenn einer der Partner emotional »an sich hält« – und seinen Emotionen den Ausgang verweigert. Nicht die Verweigerung der Demonstration von Emotionen sollte trainiert werden, sondern die Beherrschung emotionaler Eskalation und autonomer emotionaler Abläufe. Das Unterdrücken von Emotionen führt meistens dazu, daß der offene Konflikt nur aufgeschoben wird, um später, durch zusätzliches Material angereichert, um so heftiger entbrennen zu können. Die zwischenmenschlichen Beziehungen werden so nur noch zusätzlich belastet. Ein»gereizter Ton« im»normalen Umgang« stellt stets ein Alarmzeichen solcher Belastung dar, die leicht zu eskalierenden sich von aller rationalen Kontrolle entbindenden Konflikten führen kann. Auch die *reaktive Sichtweise,* die stets das eigene Fehlverhalten als durch das des anderen ausgelöst betrachtet, dem anderen stets die Schuld gibt für mißlungene Kommunikation, kann zu erheblichen Konflikten führen, die deshalb schwer zu beheben sind, da die Methode der metakommunikativen Reflexion weitgehend durch das selbstgerechte Verhalten eines Partners unmöglich oder nutzlos gemacht wird.

Es ist davon auszugehen, daß eine Kommunikationsstörung *stets* von beiden Partnern unterhalten werden muß. Die einzige hier erhebliche Ausnahme ist eine habituelle psychische Störung (Neurose, Psychose) des Partners.

In solchen Fällen kann tatsächlich der Grund für eine unaufhebbare Kommunikationsstörung bei *einem* Partner liegen. Diese sollte dann aber nicht Konfliktgrund sein. Es ist sinnlos, eine grundsätzlich und notwendig mißlingende Kommunikation zum Konfliktgrund hochzustilisieren. In den letzten Jahren versuchen einige Therapeuten den Patienten in seiner gestörten oder zerstörten Sprache zu verstehen, indem sie diese Sprache zu lernen versuchen, um so den Erkrankten aus seiner kommunikativen Isolierung zu lösen. In einem zweiten Schritt versuchen sie, ihn in die Sprache der»normalen Welt« wieder einzuführen, in dem sie sie in einem emotional entlasteten Feld sprechen lehren. Es kommt dabei mitunter zu überraschenden therapeutischen Erfolgen. (vgl. H. S. Sullivan)

Eine Schwierigkeit kann allerdings darin liegen, daß entweder einer der Partner dem anderen recht selbstherrlich einfach eine psychische Störung unterstellt und damit erst die kommunikative Situation unheilbar belastet, oder aber daß die psychische Störung nicht erkannt wird. In der Praxis kommen beide Fehler etwa gleich häufig vor. Der erste ist jedoch geradezu diabolisch und kann sehr viel schwerer behoben werden als der zweite. Denn der zweite gründet nicht in (meist unabstellbarer) Arroganz, sondern in (meist behebbarem) Nichtwissen.

b) Eine kognitionstheoretische Konflikttheorie

Früher sprach man von»sozialer Wahrnehmung« – die Wahrnehmung

244

des Verhaltens des Interaktionspartners, die Vermutungen über seine momentanen, nicht geäußerten Bedürfnisse und Erwartungen sowie die Vorwegnahme zukünftigen Verhaltens bestimmen die Erkenntnis der eigenen Absichten, Bedürfnisse sowie das eigene Selbstbild mit. Offenbar handelt es sich bei einem solchen Vorgang nicht nur um »Wahrnehmung«, es gehen in ihn auch Denken, Reizaufnahme und –verarbeitung untrennbar mit ein.

Heute spricht man deshalb meist von *sozialer Kognition*. Das soll zum Ausdruck bringen, daß die immer schon selektierende Wahrnehmung und die gedanklich strukturierte Verarbeitung *einen* Erkenntnisakt bilden.»Kognition« bezeichnet also eine Einheit von Erkennen und Wahrnehmen.

Wir wissen nun sehr sicher, daß zwischen der Kognition

● des eigenen Selbst,
● von Personen und
● von Gegenständen

erhebliche Unterschiede bestehen (K. Likasczyk). Personen werden als Aktzentren, als wenigstens möglicher Gegenstand eines interaktiven Bezuges erkannt.

Die kognitionstheoretische Forschung stellt einige Fragen und versucht sie zu beantworten:

● Woher wissen wir eigentlich, welche Motive und Interessen andere haben und warum vermuten wir, die Motive und Interessen des anderen genau zu kennen?

● Wie konstituiert sich unser Selbstbild und welche Rolle spielt dabei die vermutete Einschätzung unserer Selbst durch den Partner?

Der einfachste Fall einer kognitiven Theorie, die uns unsere Interaktionspartner (ja alle Mitmenschen, selbst oft nahezu unbekannte) in ihren Eigenschaften wahrnehmen und interpretieren läßt ist eine *implizite Persönlichkeitstheorie*. Das Wort bezeichnet eine Theorie, die wir uns gemacht haben über das Zusammentreffen bestimmter Eigenschaften, von denen uns nur ein Teil bekannt ist. Implizit ist diese Theorie, insofern sie zumeist nicht bewußt ist und bewußt verwendet wird, sondern auf selbstverständlich akzeptierten Vorurteilen aufbaut. Zudem hat sie keinen öffentlich anerkannten oder wissenschaftlichen Wert, sondern ist ein unkritisch gebildetes Sammelsurium von Erfahrungen, Vermutungen, Wertbrücken, Vorurteilen, Kenntnissen aus psychologischer Trivialliteratur ... So können etwa aneinander gebunden werden:

● Ehrgeiz – Mangelnde Kameradschaft
● Jude – schlitzohrig

● Akademikerin – emanzipiert – wenig Interesse an Sex – nicht häuslich.

Sie können durchaus, ohne sich selbst erheblich zu schaden, einmal versuchen, solche Zuteilungen, solche Eigenschaftsbindungen auszumachen, von deren Zutreffen Sie überzeugt sind. Die Kenntnis der eigenen impliziten Persönlichkeitstheorie ist vermutlich eine notwendige Bedingung, wenn man sein Konfliktverhalten (in der Konfliktprophylaxe wie in der Konfliktstrategie) wesentlich verbessern will.

Ein wichtiger Sonderfall impliziter Persönlichkeitstheorien ist die *Attributionstheorie* (H. H. Kelley): Auf Grund einer solchen Zuteilungstheorie schreiben wir bestimmten Ereignissen in unserer sozialen Umwelt bestimmte Ursachen zu, ohne eine Bedingungsanalyse angesetzt zu haben. Wir *erleben* die Handlungen des anderen in bestimmter Weise als von uns selbst und durch äußere Umstände verursacht. Ganz entsprechend setzen wir Schnitte zwischen den verschiedenen Ursachen eigenen Verhaltens – und das ohne eine rechtfertigende Analyse, sondern ganz einfach, weil hier Elemente unserer impliziten Persönlichkeitstheorie erheblich werden.

Man kann zeigen, daß solche Attributierungsstrategien im Verlauf der Sozialisation gelernt werden. Meistens übernehmen die Kinder die Attributionstheorien der Eltern, wenn sie häufiger und deutlich erlebbar gezeigt wurden. So gibt es Menschen, die nahezu alle Ursachen von Mißerfolgen bei sich selbst suchen – wieder andere suchen sie nahezu ausschließlich bei anderen. Und selbst wenn ein Mensch zu einem sinnvollen Quotienten zwischen eigen- und fremdverschuldeten Anteilen kommt, ist damit noch nicht gesagt, daß dieser Schnitt auch real gerechtfertigt wäre. Die Fähigkeit zu real orientierter Attribution von Ursachen oder Voraussetzungen ist eine Eigenschaft, die nur nach langem Training erworben werden kann.

Ganz offensichtlich bergen solche impliziten Persönlichkeitstheorien mit ihren Zusprechungen erhebliches Konfliktmaterial in sich. Es gilt zumindest diese Mechanismen als Konfliktgrund zu kennen. Später wird man sie dann – nach langem kritischen Training – vielleicht gar beheben können.

Hierher gehört aber auch die *Sich-selbst-erfüllende-Prophezeiung*. R. K. Merton hat diese »selffullfilling prophecies« zu beschreiben versucht. Es liegt eine ursprünglich falsche Prognose vor, die jedoch Verhalten bestimmt und somit hervorruft, so daß die ursprünglich falsche Prognose eintrifft. Falsch können bei einer solchen Prognose sein:

● die zugrunde gelegte generalisierte Aussage (das »Gesetz«),

246

● die Randbedingung oder
● die Schlußfolgerung selbst.

Diese fatalen Prognosen haben verschiedentlich literarischen Niederschlag gefunden. Max Frisch zeigte in seinem »Andorra« (1961), wie die judenhassenden Mitbürger einen jungen Mann, den sie als Outcast, als »anders« empfanden, allein durch ihre Erwartungen dahin brachten, ein Verhalten zeigen, das sie mit »jüdisch« verbanden. Und Franz Kafka schreibt in seinem »Brief an den Vater«:

> Wenn ich etwas zu tun anfing, was Dir nicht gefiel, und du drohtest mir mit dem Mißerfolg, so war die Ehrfurcht vor Deiner Meinung so groß, daß damit der Mißerfolg, wenn auch vielleicht erst für eine spätere Zeit, unaufhaltsam war. Ich verlor das Vertrauen zu eigenem Tun. Ich war unbeständig, zweifelhaft. Je älter ich wurde, um so größer war das Material, das Du mir zum Beweis meiner Wertlosigkeit entgegen halten konntest: allmählich bekamst Du in gewisser Hinsicht wirklich recht.

In Wissenschaftstheorie und Nationalökonomie gilt dieses Prinzip von der sich selbst erfüllenden Prophezeiung als wenigstens ebensogut bestätigt wie in der Psychologie. W. I. Thomas stellte fest:

> Situationen, die Menschen als real bestimmen, sind real in ihren Konsequenzen, und das gilt in gleicher Weise für das Reich der Ideen. Solange Menschen leben, wird das, von dem sie glauben es sei so, real in seinen Konsequenzen sein.

R. K. Merton meint dazu an:

> Wäre die Kenntnis des Thomasschen Theorems und seine Implikationen weiter verbreitet, so würden die Menschen besser verstehen, wie unsere Gesellschaft funktioniert. Obwohl es weniger bestechend und präzise ist als das Newtonsche Theorem, ist es doch nicht von geringerer Erheblichkeit, indem es auf viele, wenn nicht überhaupt die meisten Prozesse anwendbar ist. Das Theorem hält uns deutlich vor Augen, daß die Menschen ihr Verhalten nicht nur nach den objektiven Gegebenheiten einer Situation ausrichten, sondern auch, und mitunter vorwiegend, nach der Bedeutung, die diese Situation für sie hat. Haben sie der Situation erst einmal eine bestimmte Bedeutung beigemessen, dann werden sowohl ihr folgendes Verhalten als auch einige der Konsequenzen dieses Verhaltens durch die zugeschriebene Bedeutung bestimmt.

Ganz offensichtlich liegt in diesen Prognosen (oder »Prophezeiungen«) ein erhebliches psychisches und/oder gesellschaftliches Konfliktpotential bereit. Vor allem die neuere Soziologie hat in sehr ausgedehnten Feldstudien nachweisen können, wie sehr sich Menschen durch Rollen- oder auch nicht rollenspezifische Verhaltenserwartungen einer Gruppe beeinflussen lassen. Dieser Einfluß kann durchaus als Gruppenterror beschrieben werden. Und der ist verglichen mit den verschiedenen anderen Terrortypen, unter denen wir vielleicht leiden müssen, sicher nicht der unerheblichste. Wohl dem, der bei starker Ich-Steuerung in *verschiedenen* Gruppen leben kann, die von ihm differenzierte Verhaltensmuster erwarten. Doch auch hier kann es zu Konflikten kommen, wenn die Erwartungen einander ausschließen. Wir alle kennen die konfliktträchtige Situation, die dadurch entsteht, daß ein inferiorer Beamter zu Hause den großen Mann spielen will (und muß). Er kann seine Selbstdefinition nur aufrechterhalten, wenn er die nicht in sein Eigenbild passende inferioren Verhaltensmuster als uneigentlich im Familienkreis beweist.

Ein dritter möglicher Konfliktrahmen wird von der Kognitionstheorie in der Praxis der *Etikettierungen* behandelt. Es gibt eine Reihe von Kognitionstheoretikern (T.J. Scheff, H.S. Becker…), die der Ansicht sind, daß sozial abweichendes Verhalten weitgehend durch Etikettierung erklärt werden kann (»Störenfried«, »Verwahrloster«, »Neurotiker«, »Verbrecher«…), während die klassischen psychologischen Theorien eine Störung durch zumeist endogene Faktoren deuten. Etikettierungen sind zu verstehen als Kontrastprogramm zu gesellschaftlich akzeptierten (und das heißt im allgemeinen systemstabilisierenden) Rollen, Verhaltensweisen, Eigenschaften.

T.J. Scheff beschrieb, wie die Karriere eines etikettierten Menschen verlaufen kann: Gesellschaftskritisches Verhalten kann einem Jugendlichen als Idealismus, Schwärmerei angerechnet werden. Kommt es später jedoch nicht zu der Einstellung: »Man muß Kompromisse schließen und sich mit der Wirklichkeit versöhnen«, reagieren die Vertreter der sozialen Kontrolle (Lehrer, Eltern, Vorgesetzte, Therapeuten…) im Interesse der Stabilität des Sozialsystems beim nun jungen Erwachsenen nicht mehr tolerant. Er wird als Außenseiter, Kontaktgestörter, Schizoider etikettiert.

Das führt in vielen Fällen dazu, daß der Betreffende sein Selbstbild neu interpretieren muß, wenn es ihm nicht gelingt, die mit der Etikettierung verbundene Stigmatisierung zu verarbeiten. Die Folge ist in jedem Fall eine »abweichende Karriere«. Entweder wird er sich dem allgemeinen Urteil anpassen und sich selbst als »psychisch krank« definieren und so seine soziale Identität in der Ausgangsgesellschaft zurückgewinnen, oder aber er wird die Etikettierung verarbeiten und sein Leben gezielt gegen die bestehenden Ordnungsstrukturen einrichten. Beide Strategien lösen den Konflikt nicht eigentlich, sondern verlagern ihn nur. Es ist durchaus möglich, die Karriere von vielen Geisteskranken und

Delinquenten auf Grund der Etikettierungstheorie zu erkären (St. Quensel).

Der vierte – und vielleicht erheblichste – Konfliktrahmen, den die Kognitionstheorie vorstellt, ist der der *reziproken interpersonellen Wahrnehmung*. Sie geht aus von der Frage, wie man die Inhalte seines Selbstbildes wahrnimmt und sichert. Diese Frage kennt eine triviale Antwort: Ich messe bestimmte Fähigkeiten (Klavierspielen, Tennisspielen, Intelligenz, Wortschatz ...) nach objektiven Kriterien an Hand standardisierter Tests. Aber das ist nur bei ziemlich wenigen Eigenschaften technisch möglich. Wie will man »Hilfsbereitschaft«, »Solidarität«, »Freundlichkeit«, »Zuneigung« ... messen? Da wird dann sehr bald deutlich, daß ein Selbstbild sich auch aus Elementen zusammensetzt (und zusammensetzen muß, wenn es einen realen Bezug behalten will und nicht bloße Projektion des Ich-Ideals werden möchte), die wir aus dem Verhalten anderer erschließen. Nun geht aber nicht nur das Bild von mir selbst (ego) und das des Partners (alter) in das in spezifischen Interaktionssituationen erhebliche Erfahrungsbild vom Selbst ein, sondern auch noch »mein Bild von dem Bild, daß sich der andere vermutlich von mir macht«. R.D. Laing spricht hier von Meta-Perspektive, die, wenn sie akzeptiert wird, zur Meta-Identität führt. Da die Meta-Perspektiven oft rasch – zumindest aber von Partner zu Partner – wechseln, kann man sich die Meta-Identität nicht nur sehr fazettenreich vorstellen, sondern auch als häufigeren Wandlungen unterlegen. Die Meta-Identität wird nun aber in den Stoff der Selbstidentität so eingewoben, daß beide nur noch analytisch, nicht mehr praktisch voneinander zu trennen sind. R.D. Laing gründet seine Theorie auf zwei Axiomen:

● Verhalten ist eine Funktion von Erfahrung und
● Erfahrung und Verhalten stehen stets in einer Beziehung zu einem anderen Menschen (oder Gruppe) oder einer anderen Sache

In etwas poetisch-philosophischer Weise hat M. Buber (1957) den gemeinten Sachverhalt beschrieben.

> Die Grundlage menschlichen Beisammenlebens ist eine zweifache und doch eine einzige – der Wunsch jedes Menschen, von den anderen als das bestätigt zu werden, was er ist, oder sogar als das, was er werden kann; und die angeborene Fähigkeit des Menschen, seine Mitmenschen in dieser Weise zu bestätigen.

Ganz offensichtlich kann eine Störung in diesem Bereich sehr viel tiefgreifendere und katastrophaler verlaufende Konflikte auslösen als eine Störung im Bereich der Information.

c) Eine symbolisch-interaktionistische Konflikttheorie

Die bislang vorgestellten Konflikttheorien scheinen einen wichtigen Aspekt zu vernachlässigen, den der *Triebimpulse.* Unser dritter Ansatz definiert »Triebimpulse« nicht als Verhaltensursachen, sondern als Bestimmungsmomente eines oft komplexen Verhaltens, in die neben Einstellungen und Haltungen (habitullen Vorgaben also), planendes, sinnvoll-orientierendes Intendieren eingeht, und so den Verlauf der Interaktionen zwischen zwei Subjekten (Personen, Gruppen ...) bestimmt. »Symbolischer Interaktionismus« bezeichnet symbolisch vermittelte Interaktionen (bzw. eine Theorie darüber) (H. Blumer). Der symbolische Interaktionsprozeß kann entweder so ablaufen

● daß sich Interaktionen in einem von den beteiligten Handelnden geteilten System von Symbolen und Bedeutungen vollziehen ... Dies wird daran deutlich, daß den Begriffen »Erwartung« und »Disposition« gleichermaßen die Vorstellung zugrunde liegt, daß eine feste Verbindung besteht zwischen der Situation eines Handelnden und seinem Handeln in dieser Situation«. Oder sie kann so ablaufen,

● daß die soziale Interaktion nicht mehr als Vorgang der Ausführung oder Antizipation einer bestimmten Rolle zu verstehen ist, sondern als ein ständiger Prozeß der Antizipation und der Interpretation der Bedeutung von wahrgenommenen Handlungen und der sich anschließenden Bestimmung von Bedürfnissen und Erwartungen. (Th.P. Wilson).

Im ersten Fall spricht man geeignet von einem normativen, im zweiten von einem interpretativen Paradigma. Darin unterscheidet sie sich von den Interaktionstheorien, die durch T. Parsons und seiner Schule aufgestellt wurden. Diese setzten ein normatives Paradigma voraus.

Die symbolisch interaktionistische Konflikttheorie nennt als Gründe oder Ursachen von Konflikten (die zumeist auf Identitätsstörungen zurückgeführt werden):

● Verhinderung von Empathie oder »role-taking«,
● Verhinderung von Rollendistanz,
● Verhinderung von Ambiguitätstoleranz,
● Verhinderung von balancierender Ich-Identität.

Um diese Verhinderungen deutlich zu machen, werde ich zunächst einige Grundzüge der Theorie vorzustellen versuchen *.

---

*Eine gründlichere Darstellung finden Sie bei: J. Habermas, Thesen zur Theorie der Sozialisation, Frankfurt 1968. L. Krappmann, Soziologische Dimensionen der Identität, Stuttgart 1971.

Im Verlauf von Rollenspielen müssen sich die Rollenpartner in die gegenseitigen Erwartungen einfühlen. Diesen Vorgang bezeichnet man als »taking-the-role-of-the-other« (G.H. Mead) oder einfacher als »role-taking« (W. Coutu). Soll eine solche rollendefinierte Interaktion konfliktfrei verlaufen, müssen beide Partner über zureichende Sensitivität verfügen, um die gegenseitigen Verhaltenserwartungen erkennen zu können.

Dieses »role-taking« bezeichnet eher den Erkenntnisvorgang in der sozialen Wahrnehmung, das Wort »Empathie«, die mehr affektiv-motivationale Komponente. Empathie ermöglicht vor allem ein richtiges Erkennen von außer- oder nebensprachlichen Mitteilungen. Empathie ist kein Vermögen, sondern sie findet statt. Sie geschieht in der ständigen Oszillation von Nähe und Distanz, von Intuition und Denken, von Identitäsaufgabe und –widerfindung. Besonders gepflegt wird sie in der psychoanalytischen Praxis.

Im Gegensatz zu den Theorien Parsons ist also role-taking und Empathie nicht als Vermögen zu beschreiben, sondern als Vorgang, indem die beiden Partner ständig antizipierte Erwartungen und tatsächliches Verhalten miteinander vergleichen und zugleich berücksichtigen, daß das Partnerverhalten nicht nur eine Funktion meiner Erwartungen ist, sondern auch eine Reaktion auf meine antizipierten Erwartungen und auf mein Verhalten.

Nach Parsons läuft Interaktion optimal ab, wenn Rollen und Rollenerwartungen exakt aufeinander abgestimmt sind. Das dürfte falsch sein. Optimal wird Interaktion nur sein, wenn Rollennormen nicht streng definiert sind, sondern der subjektiven Interpretation durch den Rollenträger reichlich Raum lassen (L. Krappmann). Was für Parsons Unklarheiten, das sind für Krappmann Interpretationen als notwendige Bedingungen des Rollenverhaltens.

Nach Parsons kommt es im Rollenlernen vor allem auf die normenkonforme Integration des Kindes in das gesellschaftliche System an. Gelingt eine solche Rollenübernahme, ist die daraus entstehende Bedürfnisbefriedigung ein Garant für konformes Verhalten. Der Triebüberschuß, das Es, spielt dann keine störende Rolle mehr. Es gibt keine Bedürfnisse, die sich nicht in das über Rollenverhalten internalisierte Wertemuster des System einfügen lassen – vorausgesetzt, die Sozialisation ist störungsfrei verlaufen. Nun war diese Theorie Parsons schon falsifiziert, ehe sie aufgestellt wurde. Wir wissen schon seit den Schriften des frühen S. Freud zureichend sicher, daß der Triebüberschuß des Es nur um den Preis einer psychischen Störung auf die von Parsons dargestellte Weise neutralisiert werden kann. Ein interaktionistisches Rollenmodell geht denn also auch durchaus zutreffend davon aus, »daß die individuellen Bedürfnispositionen den institutionalisierten Wertvorstellungen nicht voll entsprechen« (L. Krappmann) – und diese Formulierung klingt eher verharmlosend.

So ist denn eine interaktionistische Theorie der Ansicht, daß ein System nicht dann am stabilsten ist, wenn seine Mitglieder (Personen, Gruppen …) die Rollen- und Wertorientierungsnormen vollständig internalisierten und deshalb gleichsam automatisch erfüllen, sondern das jenes System allein stabil ist, das im Bereich von Normen und Wertorientierungen genügend Raum läßt, in freier Gestaltung von Interaktionen eigene Bedürfnisse zu befriedigen.

Wir kennen heute Techniken, eine nahezu vollständige Integration von Bedürfnissen in die Normen der jeweiligen Institution zu erreichen (Psychiatrische Heilanstalten, Strafanstalten, Erziehungsheime, Klöster, Schulen, Betriebe …). Doch solche »totalen Institutionen« führen unbestritten zu einer psychischen und/oder sozialen Verkrüppelung. Vor allem wird aber Konfliktfähigkeit niemals erlernt oder entwickelt. Es gibt nur konflikthafte Eruptionen oder psychische Verinnerlichungen von Konflikten (Neurosen, Psychosen).

Auch die Definition von Identität wird in einem interaktionistischen Ansatz durchaus neu zu bedenken und gegebenenfalls zu modifizieren sein (vgl. Seite 33).

Wir müssen geeignet unterscheiden zwischen:

● Sozialer Identität [bezogen auf die Erwartungen anderer, die oft an bestimmte strukturelle Merkmale (Rollenvorstellungen) anknüpfen] und

● personaler Identität (bezogen auf Erwartungen, die von einer nur einem bestimmten Individuum zukommenden Merkmalskombination ausgehen) und oft an Identitätsaufhängern – wie Namen, besondere Kennzeichen – anknüpfen.

Im Spannungsfeld beider Identitätsanforderungen:

● zu sein, wie alle anderen und zugleich

● zu sein wie kein anderer

kommt es darauf an, beide miteinander auszubalancieren. Diese »Identitätsbalance« ist nicht als Zustand, sondern als Prozeß zu verstehen. Unter anderem muß die Person versuchen, die eigenen Triebimpulse und die gesellschaftlichen Erwartungen oder allgemeiner: die eigenen und die fremden Interessen miteinander ins Gleichgewicht zu bringen. Das ist die psychologische Seite dessen, was ich sozialphilosophisch die Gleichursprünglichkeit von Individualität und Sozialität genannt habe.

252

Wie verhält sich solche Balance nun in konkreter Interaktion, wenn sie glücken soll:
● A muß auf die Interessen von B aufmerken und dabei die Darstellung der eigenen Identität (bzw. seiner Interessen) zurückstellen.
● Nun muß A ab einer bestimmten Stelle zu erkennen geben, daß er mit den von B angetragenen Interessen nicht ganz übereinstimmt. Er muß seine eigenen Interessen verdeutlichen und sie interpretierend ins Gespräch bringen. Gelingt das nicht, gewinnt die soziale Identität Überhand.
● B steht in der gleichen Situation. Erst wenn die wechselseitige Einfühlung (role taking) reziprok ist, erst also, wenn die Identitäts-Balance beider Partner zureichend gewahrt ist, geschieht Kommunikation optimal.
Vor dem Hintergrund dieser Theorie sollen nun einige Störungen vorgestellt werden. Hierher gehört zunächst die *Verhinderung von Empathie und role-taking*. Nur selten werden autonome Individuen ihre Identität in wechselseitiger Interaktion miteinander aushandeln. Sehr viel häufiger wird sie durch Macht- und Abhängigkeitsverhältnisse erheblich gestört, so daß es kaum zu wechselseitigem Hinhören auf die angetragenen Interessen des anderen kommt. Daß die Machtverteilung oft nicht mehr offen dichotomisch ist, sondern eher versteckt (Privilegien aus Besitz, Leistung, Anerkennung ...), ändert nichts daran: Menschen interagieren nur sehr selten tatsächlich gleichberechtigt miteinander. Für den geringer Eingestuften bedeutet das,
● er kann zwar den Versuch machen, role-taking anzubieten,
● doch er wird zugleich befürchten, seine Identität – wenn überhaupt – nur sehr verkürzt darstellen zu können
● und somit die Erwartungen des anderen nur insoweit verstehen (oder zulassen), als die eigene Identitätsdarstellung nicht gefährdet wird.
Nicht selten wird eigentliches role-taking auch durch frühkindliche Erfahrungen nahezu unmöglich gemacht. Projiziert etwa eine Mutter regelmäßig ihre eigenen Bedürfnisse auf das Kind und ermöglicht ihm so nur eine beschränkte Erfahrung eigener unterschiedener Bedürfnisse und damit keine Identitätsfindung, wird das Kind, einmal erwachsen, über diese Bedürfnisunsicherheit stets Angst haben, die eigene Identität könne im Anspruch fremder Bedürfnisse gefährdet sein. Es bilden sich soziale Ängste aus.
Ein solcher Mensch ist zumeist übersensibilisiert gegenüber Fremdbedürfnissen (»schizoide Einfühlung« nach H. Stierlin). Das ermöglicht ihm, den Erwartungen des Partners zuvorzukommen und geeignete Abwehr- oder Rückzugsstrategien zu entwickeln, um so der Gefährdung

der eigenen Identität zu entgehen. Solche Übersensibilität ist keineswegs mit Empathie zu verwechseln.

Eine zweite Identitätsstörung entspringt der *Verhinderung von Rollendistanz.* Das Verhältnis eines Menschen zu einer bestimmten Rolle (etwa »Vorgesetztenrolle«) kann sehr verschieden eng sein. Es reicht vom »Aufgehen in der Rolle« bis hin zur totalen Fremdheit. Zwischen diesen beiden Polen kann die Nähe zur Rolle als Rollendistanz (R.L. Coser) beschrieben werden. Rollendistanziertes Verhalten kann sich etwa darstellen als (H.P. Dreitzel):

● Ausweichen auf eine andere Realitätsebene (z.B. in die Phantasie),
● Zurücknehmen des Engagements oder gar als Abschalten,
● Distanzierung durch Ironie (oder auch Humor),
● Distanzierung durch Ansprechen verschiedener Bezugspersonen,
● Wechsel in eine andere Rolle,
● Überbetontes Rollenverhalten ...

Es wäre nun falsch anzunehmen, daß ein Mensch sich gleichsam völlig rollenfrei darstellen könnte, um sich etwa auf seinen »inneren Kern« zurückzuziehen. Auch die personale Identität (erst recht die soziale) wird auch immer mitkonstituiert von Erwartungen, Zuschreibungen, Interessen... anderer. Rollendistanz meint also nicht die Fähigkeit, sich aus allen Rollen zurückziehen zu können, sondern vielmehr das Vermögen, sich zunächst von den im role-taking übernommenen Erwartungen zu distanzieren und die für den erfolgreichen Fortgang der Interaktion nötige Darstellung (und Feststellung) der persönlichen Identität vornehmen zu können. Rollendistanz liegt auch dann vor, wenn es einem Menschen möglich ist, sich gegenüber überkommenen und scheinbar selbstverständlich geltenden Normen bedenkend distanziert verhalten zu können.

Solche Rollendistanz wird erschwert oder gar unmöglich, wenn etwa
● Eltern auf strikte Normenerfüllung drängen, ohne sie zu begründen und so dem Kind die Chance nehmen, sich kritisch mit den Normen auseinanderzusetzen,
● Eltern den Eindruck vermitteln, sie seien unfehlbar oder – meist religiös kaschiert – ihr Wille sei der »Wille Gottes« (oder es sei der »Wille Gottes«, daß das Kind unkritisch gehorche),
● Eltern den Eindruck vermitteln, es gäbe objektive unbestreitbare Normenkataloge, die nicht durch subjektive Werturteile infrage gestellt werden dürfen.

Wenn so eine mangelnde Fähigkeit zur Distanzierung von Rollen einmal zustande gekommen ist, dann wird auch später der Erwachsene seine Identität nur unzureichend in Interaktionen realisieren können. Es kann dabei zu folgenden Erscheinungen kommen:

● Hang zum Perfektionismus (eigenes Versagen oder Fehlverhalten wird nur mühsam verziehen),

● Erwartungen anderer werden abgelehnt, zurückgewiesen, als unberechtigt oder normenwidrig klassifiziert,

● Erwartungen werden unkritisch übernommen (dem folgt manchmal ein ohnmächtiges Wehren gegen solche aufgezwungenen Erwartungen anderer).

Alle drei Symptome sind keineswegs selten. Sie scheinen gar die Regel zu sein (W. Mertens). Das mag zeigen, wie sehr heute Erziehung, die über die Vermittlung scheinbar absolut gültiger Normen verläuft, die Rollendistanzierung erheblich erschwert.

Eine dritte Form der Identitätsstörung mag als *Verhinderung von Ambiguitätstoleranz* darstellbar sein. Damit ist die Unfähigkeit bezeichnet, Ambiguität durchzuhalten. Das mag sich u.a. so darstellen:

● Eine Person nimmt die Differenz zwischen dem eigenen Identitätsverständnis (bzw. den eigenen Bedürfnissen) und dem Fremdverständnis (wie andere sie sehen) nicht zur Kenntnis. Sie wehrt die eigenen Bedürfnisse ab und verzichtet somit auf die Darstellung der persönlichen Identität.

● Eine Person deutet Normen, die ihren Interessen widersprechen so um, daß sie nicht mehr widersprechen oder gar mit ihren Interessen in Einklang stehen.

● Eine Person deutet Normen, die ihren Interessen widersprechen, so Beziehungen ab, in denen mögliche Ambiguitäten auftauchen könnten.

Wie kommt es nun zu solchen Verhinderungen? Der interaktionistische Ansatz nennt u.a. folgende Gründe:

● Enge Ehepartnerkoalitionen lassen dem Kind keinen Raum mehr, die ambivalenten Erwartungen von Vater und Mutter zu interpretieren. Eine Auseinandersetzung mit konkurrierenden Erwartungen findet nicht statt – und einige der erwähnten Schutzstrategien werden schon früh erlernt, um dem Ambivalenz-Konflikt auszuweichen.

● Ein Elternteil fehlt oder ein Elternteil ist sehr schwach und so kommt es erst gar nicht zu ambivalenten Erwartungen – es können somit auch keine Strategien erlernt werden, Ambivalenzkonflikte zu lösen.

In solchen Familien fehlt also die Konfrontation. Es herrscht ein Klima der Pseudo-Gegenseitigkeit (L.C. Wynne), in dem widersprüchliche Interessen, Ansprüche, Erwartungen ... nicht ausgedrückt werden. Solche Pseudo-Gegenseitigkeit weist folgende Merkmale auf:

● Die Rollenaufteilung in der Familie ist starr, obschon die äußeren und familienspezifischen wechselnden Situationen Modifikationen nahelegen.

● Die Rollenstruktur wird oft ideologisch überhöht (als von »Gott gegeben«, als von »allen anständigen Menschen« gehandhabt ...).

● Andeutungen von Abweichungen von diesem festen Muster führen zu heftigen Reaktionen und werden zumeist sehr schnell wieder zurückgenommen.

● Spontaneität, Kreativität, Humor ... fehlen (besonders in der Weise der gegenseitigen Zuwendung).

Der Gegensatz von Pseudo-Gemeinschaft ist die Pseudo-Feindschaft. Jetzt ist der dauernde Streit Merkmal der Beziehung. Gefühle von Zuwendung, Abhängigkeit, Zärtlichkeit ... werden abgewehrt. Monotone Anklagen und Widerklagen beherrschen die Szene, ohne daß es zu einer offenen eruptiven Konfrontation kommt. Auch in dieser Situation ist es dem Kind kaum möglich, sinnvoll Ambiguitätskonflikte lösen zu lernen, Widersprüche in ihrer realen Bedeutung zu erkennen und so eine Differenzierung in Richtung auf die eigene Identitätsfindung zu leisten.

Eine dritte Möglichkeit, die Ausbildung von Ambiguitätstoleranzen zu erschweren, ist die Mystifizierung. K. Marx bezeichnete systembesorgte Täuschungen als »Mystifikationen« (etwa den Warencharakter von Arbeitsprodukten, die Überzeugung des Arbeiters, es ginge ihm gut ...). Mystifikationen haben die Funktion, Bestehendes zu erhalten, seien es Vorstellungen, Strukturen, Normen, Systeme ... Auch in Familien kommt es zu solchen Mystifikationen, wenn etwa Bedürfnisse, die den Status quo infrage stellen könnten, die den als absolut gesetzten Vorurteilen, Normen, Wertvorstellungen ... nicht entsprechen, einfach ignoriert oder verschleiert oder als harmlos etikettiert werden. Ein Kind, das unter solchen Verhältnissen heranwächst, wird noch dankbar dafür sein, daß es sich in einen »sicheren Rahmen« eingezwängt weiß. Zumindest wird man solche Dankbarkeit erwarten. Offensichtlich ermöglicht eine solche Atmosphäre der »eingeredeten Harmonie« auch keine Identitätfindung, insofern Konflikte nicht dargestellt werden.

Viertens kann es zu Identitätsstörungen kommen, wenn eine *balancierte Ich-Identität* verhindert wird. Die Balance zwischen sozialer und persönlicher Identität ist keineswegs die Regel. Immer wenn Herrschaft in Interaktion eingeht, wenn die Gewichte ungleichmäßig zwischen den Interaktionspartnern verteilt sind, ist die erfolgreiche »psychische Absetzungs und Versöhnungsarbeit« (H. Stierlin) gefährdet. Balancierte Ich-Identität setzt voraus, daß alle kommunikativen Abläufe durchaus vertauschbar sind, das heißt u. a., daß die gleichen Weisen der Information, des Appelierens, der Selbstdarstellung, der Kontaktvergewisserung von beiden Partnern gewählt werden können, ohne daß dadurch Kommunikationsstörungen verursacht würden. Die Ausbildung einer balancierten Ich-Identität setzt also eine Sozialbalance voraus. Vor allem Unterlegenheits-Überlegenheits-Muster in den Interaktionen stören diese Balance. Solche Muster zu zeigen und dieses Zeigen zu fördern ist aber in unserer – in Bezug auf Edukation außerordentlich primitiven Gesellschaft – ein wichtiges Erziehungsinstrument. Ehrgeiz durch Leistungsvergleich, Konkurrenz auf allen Ebenen möglicher Wertung (intellektueller, ethischer, sportlicher, körperlicher, ..) sind durchaus eher die Regel. Die eigene Identität scheint gefährdet, wenn ein anderer »besser« ist. Der Zwang, sich als erfolgreich, als leistungsstark, als vielversprechend, als Gewinnertyp, als stark und gesund ... darstellen zu müssen, verhindert eine eigentliche balancierte Ich-Identität, insofern die soziale Identität überwuchert und ihre Bedeutung hypertrophiert wird.

Eine der wesentlichen Einsichten des interaktionistischen Ansatzes wird die sein: Nur wer von Kind an gewohnt ist, sinnvoll mit Konflikten konfrontiert zu werden, nur wer lernt die »Gleichheit der Menschen im Konflikt«, wird im späteren Leben in der Lage sein, konstruktiv mit Konflikten umzugehen. Gerade die positive Bedeutung der Konflikte für die Identitätsfindung ist eine wichtige Einsicht dieses konflikttheoretischen Ansatzes. Weniger geeignet zu sein scheint mir die weitgehende Identifikation der Identität eines Menschen mit seinen Bedürfnissen. Ich vermute, daß dies eine recht einseitige Sicht ist – ähnlich einseitig wie die Identitätsbegründung durch oder über Identifikationen.

d) Der psychoanalytische Ansatz

Das Konfliktkonzept der frühen Psychoanalyse hat heute eher historische Bedeutung. Ich will es daher hier nicht vorstellen. Dagegen möchte ich die Grundzüge eines modernen analytischen Konfliktmodells entwickeln. Dazu zunächst wieder einige Begriffserklärungen.

(a) »Es« bedeutet den Bereich autonomer (=rationaler Kontrolle weitgehend entzogener) Antriebe, Bedürfnisse, Emotionen. Autonome

Emotionen »laufen« also ab, ohne daß Einsicht oder Wille wesentliches an diesem Ablauf ändern könnten. Viele, vor allem starke autonome Emotionen werden in früher Kindheit (im Vorschulalter) an konkrete Erfahrungen gebunden. Wird die Person im späteren Alter mit ähnlichen Erfahrungen konfrontiert, laufen nahezu automatisch diese Emotionen ab. Die Bindung Erfahrung-Emotion ist vor allem deshalb besonders eng, weil sie sehr früh geknüpft wurde, und sie ist besonders intensiv, weil das Kind keine andere Möglichkeit hat, anders als emotional auf Umwelteindrücke, vor allem aber auf Erfahrungen im Umgang mit seiner sozialen Umwelt zu reagieren. Nun lernt ein Kind meist solche emotionale Reaktionen auf Erfahrungen zu zeigen und sie prägungsartig an sie zu binden, wenn die Reaktion zu einer optimalen Bedürfnisbefriedigung führt. So mögen etwa folgende Zuordnungen geschehen:

Erfahrung	emotionale Reaktion	Erfahrung	emotionale Reaktion
Unrecht	Wut Zorn Haß Niedergeschlagenheit	Zuwendung	Zuwendung Liebe Freude Angst

Solche Bindungen bleiben – wie gesagt – zumeist zeitlebens erhalten. Sie laufen autonom (unkontrolliert) ab.

Damit ist ein *erster* Konflikttyp schon erhebbar: Erkennt der Betroffene nicht die Art und die Ursache des »in ihm« Ablaufenden, erkennt er nicht, daß nicht eigentlich er handelt, sondern, daß mit ihm etwas geschieht, erkennt er nicht, daß sich hier das Kind realisiert, das er einmal war, dann wird er mit Sicherheit falsch reagieren. Er wird Erwachsenenreaktionen einsetzen und damit kaum reperable Schäden in sozialen Beziehungen hervorrufen.

Andererseits wird das »Opfer« solcher Reaktionen aus autonomen Emotionen, wenn es nicht weiß, warum ihm solches geschieht, ebenfalls falsch reagieren, indem es Handlungen, Worte, Bedürfnisdarstellungen … des von autonomen Emotionen Beherrschten als Ausdruck einer verantworteten und gesteuerten Persönlichkeit ansieht.

Mir sind Fälle bekannt, in denen Menschen jahrelang miteinander verfeindet waren, weil sie solche infantilen Relikte, die in uns allen vorhanden sind, als Ausdruck einer erwachsenen Persönlichkeit mißverstanden haben.

Der psychoanalytische Ansatz nimmt an, daß solche autonomen Antriebe, Bedürfnisse, Emotionen … ihren »drive«, ihre »Energie« (das Wort ist nicht physikalisch zu verstehen, sondern im Sinne der ursprünglichen Bedeutung von »enérgeia«) *aus* der Psyche beziehen. Und hier sind zwei Energietypen zu unterscheiden: Libido und Destrudo. »Libido« bezeichnet die Energie, den drive, den Antrieb, sich selbst zu verwirklichen. »Destrudo« die Energie ... sich selbst psychisch, sozial, physisch ... zu entwirklichen (etwa zu schaden). Die Realisierung beider Energien (also die Energieabfuhr) wird durchaus lustvoll erfahren, da sie ein Bedürfnis befriedigt. Die Existenz der Destrudo, die im extremen Grenzfall zum Bedürfnis führen kann, sich selbst sozial oder physisch (Selbstmord) zu vernichten, ist lange umstritten gewesen. Ihre Existenz aber ist durch triviale Erfahrungen zu belegen:

● Ich sage etwas, das mir sozial schadet (und weiß durchaus irgendwie darum). Hinterher schelte ich mich einen Esel, so etwas Dummes getan zu haben.

● Ich fahre mit meinem Auto 170 km/h, obschon ich es eigentlich gar nicht eilig habe und durchaus (zumindest halb bewußt) weiß, daß ich so mein Vegetativum unnötig belaste und mich und andere gefährde.

● Ich rauche oder trinke, obschon mir durchaus bewußt ist, daß beides der Gesundheit im Regelfall schadet.

● Ich schlucke Tranquilizers, obwohl ich weiß, daß damit meine Techniken, mit Konflikten sinnvoll fertig zu werden, geschwächt werden oder gar ganz ausfallen.

Die Liste ist nahezu beliebig zu verlängern. Dabei zählt sie nur Fälle auf, in denen Destrudo ziemlich rein und unvermischt vorkommt. Im Regelfall ist sie jedoch eng legiert mit Libido. Und in dieser Legierung geht sie nahezu in alle Handlungsmotive ein.

Damit begegnen wir einem *zweiten* Konflikttyp im analytischen Modell: dem der entmischten Destrudo. Solche Entmischungen – wie sie in ihren Folgen an einigen Fällen aufgeführt wurden – sind zumeist schon Konfliktfolgen, die ihrerseits neue Konflikte begründen können. Der zugrunde liegende Konflikt, der in entmischter Destrudo deutlich wird, ist im Regelfall nicht bewußt. Diese nicht-bewußten (= unbewußten = nicht erinnerbaren) Konfliktquellen oder gar Konflikte haben zwei klassische Entstehungsfelder:

● Das der frühen Kindheit, in der nahezu ausschließlich emotionale Reaktionen auf Eindrücke der Umwelt möglich sind (und begriffsfreie Bilder leichter vergessen werden als solche die *auch* begrifflich – rational symbolisch repräsentiert und damit wiederholt werden können).

● Das der abgewehrten Vorstellungen.

Abgewehrt werden vor allem Vorstellungen, die das Eigenbild (das Ich-

Ideal) beleidigen oder infrage stellen könnten. Eine häufige Form der Abwehr ist die Verdrängung. Diese durch Verdrängung abgespaltenen Emotionen wandeln sich nun zumeist in

● Aggressivität,
● Depressivität oder
● Angst. (Der späte Freud ist der Ansicht, daß Angst bloß Abwehrgrund, nicht aber Abwehrfolge sei.)

Eine dieser zwei oder drei Typen ist nun zumeist der Konfliktgrund, der zur Entmischung von Libido und Destrudo und damit zu einem Überhang des Destruktiven in Interaktionen führt.

Aber auch frühkindliche Erfahrungen können Konflikte begründen. So werden etwa Vertrauen, Autonomie, Initiative in der frühen Kindheit gelernt oder nicht gelernt, so oder anders erlernt. Mangelhaft ausgebildetes Vertrauen, oder Mängel im Bereich von Initiative oder Autonomie werden durchaus lebenslang durchtragende Konfliktgründe sein.

Da die Theorie der unbewußten Konfliktgründe und unbewußten Konflikte eine Domäne der analytischen Theorie ist, sei sie hier wenigstens in Andeutungen entwickelt.*

Frühkindliche Entwicklungsphasen

Nach der analytischen Theorie werden vor allem in den ersten fünf Lebensjahren Eigenschaften erworben, die so sehr die typische Weise eines Menschen mit seiner Umwelt umzugehen, bestimmen, daß sie als weitgehend unveränderlicher Teil seiner Persönlichkeit verstanden werden müssen. Diese Eigenschaften haben einen hohen Grad von Selbstverständlichkeit mit sich. Da sie in einer Phase erworben wurden, in denen weitgehend nur emotionale Reaktionen auf Umwelt möglich waren, sind sie begrifflich nur beschränkt repräsentierbar. Sie stellen sich allenfalls als Bilder oder Szenen (etwa in Träumen oder auch Erinnerungen) vor. Wegen dieser erschwerten Repräsentierbarkeit sind sie nahezu alle nicht mehr erinnerbar (= unbewußt), bestimmen aber dennoch weitgehend die Reaktionen des Menschen auf seine Umwelt (und damit Haltungen, Erwartungen, Bedürfnisse ...).

Mit ziemlicher Wahrscheinlichkeit darf man annehmen, daß bestimmten Altersstufen besondere Sensibilität für bestimmte Erfahrungen zu-

---

* Ich habe diese Sachverhalte ausführlicher dargestellt in: »Führen durch das Wort«, München 1978, 118–141.

geordnet werden können. Ein solches Zuordnungschema könnte etwa
so aussehen:

Alter	Erfahrungsbereich	Prägungen
3. – 11. Monat	Vertrauen	Geborgenheitsgefühle Grundeinstellung (etwa: Optimismus) Haltung zum Habenwolllen
2. – 3. Jahr	Autonomie	Haltung zu Ordnung und Pflicht Haltung zum Geben oder Behalten Haltung zur Selbständigkeit Haltung zum Verhältnis von personaler und sozialer Identität Haltung zur Reinlichkeit.
4. – 5. Jahr	Initiative	Verhältnis zur Leistung Verhältnis zum eigenen Körper Verhältnis zu Lob und Anerkennung Stärke und Dauer von Antrieben

Der Vertrauensbereich (Vertrauen zu sich selbst, zu anderen, zu Situationen) wird optimal entwickelt, wenn das Kind in diesem Alter *eine* Bezugsperson hat, mit der es (anfangs) in einer psychischen Einheit lebt. Im Laufe des ersten Jahres findet die psychische Geburt statt. Und es ist erheblich wie die Umwelt aussieht, in die das Kind psychisch geboren wird (hier haben Vater, aber auch die eventuell vorhandenen Geschwister eine wichtige Aufgabe und Funktion).

Autonomie- und Initiativbereich werden optimal entwickelt, wenn das Kind so frei wie möglich Autonomie und Initiative in ihren verschiedenen Darstellungsformen proben kann – begrenzt an den legitimen Ansprüchen auf Autonomie und Initiative der sozialen Mitwelt (Eltern, Geschwister ...) und durch die zu legitimierende Sorge um seine physische Gesundheit. Erheblich scheint mir zu sein, daß das Kind in diesem Alter schon lernt, freiwillig auf die Befriedigung eigener Bedürfnisse um anderer willen zu verzichten. Ich vermute, daß die Fähigkeit zum Verzichten in unserer Gesellschaftsordnung unter unseren sozio-kulturellen und sozio-ökonomischen Bedingungen eine notwendige Voraussetzung ist, um psychisch gesund zu überleben.

Wie gesagt, speisen die Erfahrungen der ersten fünf Lebensjahre das Reservoir des Unbewußten – ein Unbewußtes, das in seiner Selbstverständlichkeit Persönlichkeit definiert und die Grundhaltungen des Menschen in Gesellschaft und zu einzelnen Personen weitgehend festlegt. Hier kann es dann zu einem *dritten* Typ von Konflikten kommen. Die

Erfahrungen des Erinnerten widersprechen den Haltungen (also den gleichsam eingefrorenen Erfahrungen) des Nicht-Erinnerten. Diese Konflikte sind, weil eine Komponente im Motivationskomplex unbewußt ist, selbst unbewußt. Sie sind zumeist begleitet von den erwähnten Emotionen, die für solche Konflikte charakteristisch sind (Angst, Aggressivität, Niedergeschlagenheit), wobei der Betroffene keinen Grund für seine emotionale Stimmung angeben kann (oder doch zumindest nicht einen zutreffenden, sondern allenfalls einen rational nachgeschobenen). Dieser Konflikttyp ist somit weitgehend dem Verständnis und damit dem lösenden Zugriff des Betroffenen entzogen. Löst sich der Konflikt nicht »von selbst« auf, indem etwa ein Entscheid nicht mehr getroffen werden muß, den man für »vernünftig« hält, gegen den sich im Übrigen aber alles »in einem sträubt«, dann kann die Situation durchaus pathogen werden. Neurotische Symptome sind nicht selten ein Versuch, diesen unverstandenen Konflikt zu beheben (mit untauglichen Mitteln – das macht das Wesen der Neurose aus).

Die zweite Quelle, aus der sich die Inhalte des »Unbewußten« speisen, ist die der abgewehrten Vorstellungen.

Abwehr

Abgewehrt werden Vorstellungen mit denen zusammen ein Mensch nicht glaubt leben zu können, weil sie etwa seine Selbstachtung, seinen Selbstwert, seine Identität gefährden, verletzen, infrage stellen. Über den bekanntesten Abwehrmechanismus (Verdrängung) habe ich schon gesprochen. Hier seien einige weitere erwähnt:

● Realitätsverleugnung (= Weigerung etwas wahrzunehmen oder anzuerkennen, was Unlustgefühle – wie Scham, Schuld, Angst, Minderwertgefühle – auslösen könnte). Hierher gehören alle Formen des Nicht-Wahr-Haben-Wollens (etwa der Motive anderer).

● Verschiebung (= Ersetzen eines psychischen Inhalts durch einen anderen). Verschiebung liegt etwa vor, wenn eine Vorstellung durch eine andere ersetzt wird. So kann etwa die Vorstellung von eigener Schuld verschoben werden, indem ich sie einem anderen anhänge.

● Verallgemeinerung (= Schlüsse von Einzelerfahrungen auf Gruppen). Alle Etikettierungen und nahezu alle Vorurteile beruhen auf solchen Verallgemeinerungen. Sie erlauben es, das, was nicht ins Schema paßt, einfach zu ignorieren oder – bestenfalls – als Ausnahme von der Regel – zu verniedlichen und zu entproblematisieren.

● Projektion (= Nach-Außenverlegen eines inneren Konflikts). So projiziert etwa ein Mensch, der zur Unwahrhaftigkeit neigt, die Eigenschaft »Unwahrhaftigkeit«, in andere. Auch manche Träume können als Projektionen gedeutet werden.

● Regression (= Rückkehr zu einer früheren Stufe der eigenen Entwicklung). So zeigen die meisten Menschen unter starken psychischen Belastungen Verhaltensweisen der Pubertät oder Kindheit (etwa im sexuellen oder aggressiven Bereich). Sie versuchen, sich damit aus der Selbstverantwortung »zu stehlen«.

● Selbstbestrafung (= Sühnende Strafe soll die Vorstellung entlasten). Nicht wenige Menschen suchen durch verschiedenste Formen der Selbstbestrafung ein Fehlverhalten zu sühnen. Manche neurotischen Symptome sind als solche Selbstbestrafung interpretierbar.

● Sublimation (= Triebziele werden durch andere, sozial anerkannte, ersetzt). So kann etwa Sexualität »ersetzt« werden durch Einsatz für andere oder durch kreative Leistungen. Sublimation dürfte die einzige nicht notwendig pathogene Form der Abwehr sein. Sie gelingt vermutlich nur, wenn freiwilliges Verzichtenkönnen möglich ist und eine starke soziale Orientierung Realitätsablösungen vermeiden hilft. Anderenfalls kommt es leicht zu Entsublimierung.

Alle Formen der Abwehr haben das Ziel, Vorstellungen von Handlungen, Motiven, Wünschen, Hoffnungen ... erträglich zu machen, sie damit unerheblich und vergeßbar werden zu lassen. Sie gehen inhaltlich ins »Unbewußte« ein. Problematisch sind die meisten Formen der Abwehr, weil sie schlechte und sozial wie psychisch unbefriedigende Arten der Konfliktlösung sind (es handelt sich stets um Flucht!). Problematisch ist die abgewehrte Emotion, weil sie entthematisiert wird und sich an alle möglichen Themen, die ursprünglich gar nichts mit dieser Emotion oder dieser emotionalen Besetzung zu tun haben, anhängt. Die entthematisierte Emotion sucht sich ein neues Thema. Und das kann recht störend sein, weil diese Besetzung nicht der Realität der Situation gerecht wird und somit zu unrichtigen Reaktionen in und auf die Situation führt. Das hat zwei üble Folgen:

● vagabundierende Emotionen (Angst, Niedergeschlagenheit, Aggressivität) werden unbeherrschbar und

● die Fehlreaktionen führen zu Frustration und die wiederum – meist verstärkend zu Angst, Niedergeschlagenheit und/oder Aggressivität.

Offensichtlich begegnen wir hier einem *vierten* Typ von Konflikten, die die analytische Theorie beschreibt. Abwehr ist stets (mit Ausnahme der gelungenen Sublimation) eine »falsche Antwort« auf eine Konfliktsituation, die bestenfalls den Ursprungskonflikt behebt, aber stets um den

Preis eines anderen, neuen. Und dieser andere hat zumeist den Nachteil sehr viel weniger bewußt zu sein als der so mühsam beseitigte. Unbewußt aber bedeutet zugleich auch weitgehend unbeherrschbar und – mit den gängigen und erlernbaren Methoden – nicht auflösbar. Die Situation wird pathogen, wenn und insoweit es zur Ersatzbefriedigung über das verdrängte Unbewußte kommt – und dazu sind die meisten Verdrängungen allemal gut.

Neurotische Erkrankungen (Phobien, Zwänge, Konversionen, bestimmte Formen von Depressionen, selbstverliebte Egozentrik...) sind sehr oft deutbar als solche mißlungenen Versuche einer Lösung eines unbewußt gemachten Konflikts oder als Ergebnisse solcher Lösungsversuche. Der neurotisierende Grund ist der Erkenntnis des Erkrankten weitgehend entzogen – und ist nur in einer mühsamen Therapie aufzuhellen, die immer dann nötig wird, wenn nicht nur neurotische Symptome behoben werden, sondern auch neurotisierende Gründe ausgeräumt werden sollen.

Das Überich.

Das Wort bezeichnet eine zweite psychische Instanz. Im Verlauf primärer Sozialisation vor allem aber der Einpassung in einen konkreten Familienverband, der durchaus als Strukturelement des sozio-ökonomischen Systems – wenn auch nicht erschöpfend – beschrieben werden kann, erlernt das Kind eine Reihe von Verhaltensmustern. Darunter sind vor allem diejenigen erwähnenswert, die die »Antriebe« des Es im Zaum – d.h. in den von den Sozialisationsvorstellungen der Eltern gewünschten oder als wünschenswert ausgemachten Grenzen – halten. Durch Lob und Tadel, durch Liebeszuwendung und Liebesentzug, durch Beachtung und Mißachtung (und wie immer die Sanktionen in einer Familie aussehen mögen) erfährt das Kind, welche Verhaltensweisen sozial erwünscht sind und welche nicht. Da sich nun ein »normales« Kind um Lob, Liebeszuwendung, Beachtung ... müht, wird es diejenigen Verhaltensweisen bevorzugen, die ihm solche einbringen. Ja es wird sogar bereit sein, seine autonome Emotionalität zu kontrollieren und auf die Bahnen zu lenken, die Zuwendung am wenigsten gefährden. Und Strafen wie Liebesentzug, Mißachtung ... werden für ein Kind durchaus als gefährliche Möglichkeiten erfahrbar – es fürchtet sich vor ihnen zumeist mehr als vor den Gefährnissen, die aus der materiellen Umwelt kommen können.

Die vermutlich wirkungsvollsten Disziplinierungsmaßnahmen aber werden nicht durch solche leicht durchschaubaren Sanktionen (wie Liebesentzug oder Tadel) gestützt – sie sprechen an und verstärken bestimmte Emotionen, die in einer gewissen elementaren und unspezifischen, unthematisierten Form offensichtlich ein Kind schon auf diese Welt mitbringt: Angst (vor Liebesentzug, vor Mißachtung, vor mangelnder Anerkennung ...), Schuld (bei Versagen gegenüber den eigenen Vorsätzen ...), Scham (Sorge lächerlich gemacht zu werden ...), Mindergefühle (bei Ohnmacht vor der »Stärke« der Erwachsenen ...). Diese vier Emotionen werden im Verlauf der »Erziehung« gezielt thematisiert und an bestimmte Handlungen, Haltungen, Vorstellungen, Reden, Interaktionsweisen ... gebunden, selbst wenn diese ursprünglich emotionsfrei oder mit ganz anderen Emotionen besetzt waren. Und damit begegnen wir einem *fünften* Typ von Konflikten.

Er ist beschreibbar durch zwei miteinander widerstreitende oder sich gar ausschließende Emotionen. Eine davon ist »ursprünglich« und realitätsgerecht, die andere ist durch erzieherische Beeinflussung an die gleiche Handlung gebunden und ist vorstellungsgerecht (bezogen auf die Wunschvorstellungen der Eltern). So kann es sein, daß ein Kind gerne Fremde anspricht (Freude über soziale Aktivität), aber von seinen Eltern lernt, die gleiche Situation aus Angst zu meiden. Steht es nun vor der Wahl, einen Fremden anzusprechen, kommt es zu einem Freude-Angst-Konflikt. Oder ein Kind empfindet Lust (als positives Körpergefühl verstanden) beim Spiel mit seinem Genital. Die Eltern lehren es, dieses Spiel mit Scham zu verbinden. Kommt es nun zu solchem Spiel, entsteht ein Lust-Scham-Konflikt. Die Liste solcher Konflikte ist beliebig verlängerbar. Und nicht selten steht am Anfang einer neurotischen Persönlichkeitsentwicklung ein solcher Konflikt zwischen zwei starken Emotionen.

Im Verlauf der späten Kindheit werden nun Gebote und Verbote der Eltern »internalisiert«. Das Kind ist sich nicht mehr bewußt, daß sie ursprünglich »von außen« kamen und kommen, sondern nimmt sie gleichsam als Befehle (Gebote oder Verbote) einer inneren Stimme wahr. Diese Stimme »sagt« ihm nun, was MAN tut (oder nicht tut), was gut ist und was böse. Gut ist, was belohnt, böse, was bestraft wird. Eine Mystifikation dieser inneren Stimme ist nicht selten. Sie begegnet uns auch bei großen Menschen. So vermutete Sokrates in der inneren Stimme, die ihm gelegentlich Verbote auferlegte, das Wirken des Göttlichen. Eine miserable religiöse Erziehung verwendet bis zum Heute die gleiche Sprache. Die innere Stimme, wird zur Stimme des sittlichen Gewissens hochstilisiert und diese gar als »Stimme Gottes« behauptet. Richtig wäre es vielmehr, vom »konventionellen Gewissen« zu sprechen. Nun ist diese »göttliche Stimme« eine recht unheimliche Instanz, da sie nicht nur gebietet oder verbietet, sondern zudem auch das gesamte Sanktionsrepertoire der Eltern – verstärkt – mit sich hat. Das gilt vor allem für die Sanktionen über die Negativemotionen (Schuld, Scham, Angst, Mindergefühle). Der Überich-Ungehorsam wird zum Ungehorsam gegen göttlichen Willen behauptet. Und der Ungehorsam gegen den göttlichen Willen wird mit »göttlichen Strafen« belegt, die sich im Wesentlichen darin von denen der Eltern unterscheiden, daß sie

● noch undurchschaubarer,

● noch unvermeidbarer,

● noch langandauernder (bis hin zur »ewigen Verdammnis«)

sind. Da zudem das Kind (und der spätere Erwachsene) noch verpflichtet ist, Gott zu lieben aus ganzem Herzen und allen Kräften, wird hier eine gigantische und in ihrer Unmenschlichkeit durch nichts mehr zu überbietende Beziehungsfalle aufgebaut. Angst und Liebe zugleich werden gefordert (»Ehrfurcht«) Strafe und Liebe zugleich werden versprochen und zugesprochen. Ich vermute, daß ein Mensch – einmal in diese Falle geraten – nur zwei Chancen hat:

● Er kann sich in die Falle verlieben oder sich mit ihr abfinden – und das geht wohl immer neurotisch aus.

● Er kann sich aus der Falle befreien (und das geht wohl immer scheinbar zunächst atheistisch aus.)

Und damit begegnen wir einem *sechsten* Typ von Konflikten, den religiösen. Zumeist beziehen sie sich auf vermutetes moralisches Versagen (das durch Überich-Imperative erklärt wird) und der damit verbundenen Angst vor Strafe (oder dem »Gefühl« vor Gott schuldig, minderwertig ... zu sein). Nun gibt es verschiedene Strategien aus dieser Situation auszubrechen, die allemal – pseudotheistisch gelöst – pathogen sind:

● Der »Sünder« kann versuchen, über den psychologischen Mechanismus der Selbstbestrafung seine Schuld zu »sühnen«.

● Der »Sünder« kann sich damit abfinden, »verworfen« zu sein.

● Der »Sünder« kann versuchen, seine »Schuld« zu verdrängen (oder andere Abwehrmechanismen einzusetzen).

Nun bieten die meisten Religionen ein Entsühnungsritual an, das die Befreiung von Schuld ohne persönliche Sühne oder persönliche Bestrafung ermöglicht. Wird dieses Entsühnungsritual voll akzeptiert (d.h. ist es voll in den psychischen Mechanismus des Überich in seinen befehlenden und strafenden Funktionen integriert), kann der »Sünder-Konflikt« ohne besondere psychische Belastungen ausgestanden werden.

Zu fragen ist aber, ob hier mitunter bloß eine Art von kollektivem Wahn und die individuelle Partizipation daran die Neurose verhindern. Die einfachste – und zudem der Jesusbotschaft voll entsprechende – Vermeidungsstrategie solcher Konflikte besteht darin, daß man dem Kind von Anfang an beibringt:

● Gott lohnt und straft nicht, sondern er liebt dich unbedingt (d. h. ohne jede Bedingung, unabhängig von dem was, wie, wer du bist und was und wie du handelst).

● Die innere Stimme hat nichts mit Sittlichkeit zu tun, sondern ist nichts anderes als die Stimme deiner Eltern, die in dir weiterlebt, die dir rät (und nicht befiehlt).

● Die Normen, die Menschen gemacht haben, um miteinander sinnvoll umgehen zu können, sind nicht »göttliche Gebote«, sondern allenfalls Konsequenzen aus der allen Menschen gemeinsamen »Natur« (d. h. ihren Fähigkeiten, Bedürfnissen, Erwartungen …). Solche Konsequenzen artikulieren sich etwa in den mosaischen Geboten oder auch in den Forderungen Jesu.

Wenn einmal Eltern – vielleicht unter der Anleitung der Kirchen – ihre Kinder so religiös erziehen werden, wird Religiosität wieder zu einer positiven Größe in konstruktiven Sinnwelten werden (was man heute nicht immer sagen kann). Sehr viele Menschen, die mir in meiner seelsorglichen oder therapeutischen Praxis begegnen, sind krank geworden an der Vorstellung eines die Befehle des konventionellen Gewissens negativ sanktionierenden Gottes. Daß es einen solchen Gott nicht gibt, daß der Glaube an ihn, Glaube an einen Ungott, durchaus also eine wahre Form des Atheismus sein kann, das bedarf zumeist einer längeren psychischen Umstimmung, die mitunter mit dem Verschwinden von neurotischen Symptomen Hand in Hand geht.

Nun soll das aber keineswegs heißen, daß das gebietende oder verbietende Überich (das MAN) schlechterdings vom Übel sei. Im Gegenteil. Ohne eine starke und orientierte Überich-Regulation kann ein Mensch mit anderen kaum frei von destruktiven Konflikten leben. Im Umgang miteinander benötigen wir Spielregeln, die nicht erst frei ausgehandelt werden, sondern die als gemeinsame Vorgabe vorausgesetzt werden können. Die Stärke und die Inhalte des Überich bestimmen weitgehend mein spontanes und unmittelbares Verhältnis zu anderen (zu Personen, zu Gruppen, zu Institutionen …). Und diese Spontaneität sollte keineswegs durch Reflexion gebrochen werden – aber sie darf auch nicht in Zwang ausarten.

Sie wird aber zwanghaft, wenn sich ein Mensch nicht ohne Schuld,

Scham, Angst oder Mindergefühle auch in einzelnen Situationen *gegen* seine innere Stimme entscheiden kann. Wenn es unmöglich wird, die Normierungen und Wertskalen der Eltern, die sich als Überich zementierten, infrage zu stellen, zu kritisieren, zu ersetzen. Normenwandel darf auch vor Überich-Imperativen keinen Halt machen.

Nun wäre es ebenfalls fatal, das Überich einfachhin als Feind des Es zu behandeln, wie es manche frühen Freudschüler und die meisten Freudgegner als von Freud gelehrt behaupten. Kultur und Gesellschaft sind keineswegs notwendig »triebfeindlich«. Und die Hauptfunktion des Überich besteht nicht in der Unterdrückung der Triebe (etwa der Sexualität oder der Aggressivität). Falsch wäre es also, einen Widerspruch aufzuspannen zwischen Vernunft (als Überich-Inhalte darstellende Instanz, die sie nicht ist) und Gefühl (als Ausdruck des Es, was es sein kann, aber nicht sein muß).

Unser Problem ist vielmehr eher eine Schwäche oder Fehlorientierung des Überich. Und daraus entsteht ein *sechster* Typ von Konflikten. Einer der Gründe für solche Konflikte mag darin liegen, daß die Normenvermittlung durch die Eltern gebrochen erscheint und damit das Überich geschwächt wird. Ein anderer Grund mag sich in der Pluralität der tatsächlichen Erzieher finden lassen. Neben die Eltern treten immer stärker die Massenmedien.

Hier kann es durchaus zu einander widersprechenden Anforderungen kommen, die mitunter gar in ihrer Widersprüchlichkeit internalisiert werden.

J. Habermas schreibt zu diesem Thema:

> Zudem verschwindet der Vater, soweit er sich beruflich produziert und sein Können demonstriert, auch aus dem Gesichtskreis der Familie. Statt dessen wächst die Bedeutung anderer Mittelspersonen. Über das Schulsystem [und dazu gehören auch die Kindergärten, die die Mängel der Bildung in einer Kleinfamilie kompensieren können oder sollen] und die Massenmedien wirkt die Gesellschaft immer häufiger über den Kopf des Vaters hinweg unmittelbar. An dieser Form der unvermittelten Sozialisierung der einzelnen durch außerfamiliäre Instanzen zeigt sich die Kehrseite des Abbaus väterlicher Autorität. Einst hatte sie ja die Normen und Sanktionen der Gesellschaft nicht nur umgesetzt, sondern in der Familie als einem privatem Bereich auch gebrochen. Die erschütterte Autorität innerhalb der Familie setzt deshalb nicht nur Möglichkeiten der Emanzipation frei; zugleich räumt sie auch einer ungebrochenen Sozialisierung der Kinder im Interesse der öffentlichen Macht das Feld erst ein.

Es wäre falsch, die Familie als bloßen Agenten des sozio-ökonomischen Systems zu sehen und ihr edukatorisches Bemühen *ausschließlich* auf die Einbildung in dieses System zu interpretieren. Sie war und ist das auch. Aber sie schuf auch Räume *individueller* Normierungen und damit nicht nur die Bedingung für die Möglichkeit konstruktiver Konflikte in der Begegnung mit den Sozialisationsfolgen anderer privater Zonen. Die Gleichschaltung und die Entprivatisierung der Erziehung, die geschieht, wenn Eltern ihre Funktionen an Kindergärtnerinnen oder Massenmedien delegieren, hat durchaus einen systemstabilisierenden Effekt.

Oder besser: Könnte es haben. Da die so vermittelten Inhalte jedoch zumeist nicht sonderlich intensiv internalisiert werden, ist doch die positive Sanktion für das Befolgen der so vermittelten »Werte« gering (es erfolgt eben nicht die Zuwendung oder das Lob durch die geliebte Mutter oder den geachteten Vater), kommt es oft durch die Pluralität zu einer allgemeinen Schwächung der Überich-Imperative.

Solche Schwächung kann sehr verschiedene – durchaus konfliktträchtige – Folgen haben:

● Kriminalität,

● Unsicherheit oder mangelnde Technik beim Eingehen und Durchhalten sozialer Beziehungen oder Bindungen,

● destruktive Protesthaltungen,

● psychopathische Symptome (Unreife im Bereich der emotionalen Entwicklung und der von tragfähigen Werturteilen.)

Neben solchen Überich-Schwächen bilden jedoch auch übermäßige Überich-Regulationen (Überich-Tyrannei) keineswegs nur latente Konfliktherde. Ist eine Instanz des Überich (Mutter, Gott ... Partei) so erheblich, daß keine Emanzipation von deren strafender bzw. lohnender Funktion erfolgt, dann bleibt das Überich stets auch eine lohnende oder strafende Instanz, in der die ursprünglich sanktionierende Stelle weiterlebt. Die legitime Funktion des Überich aber beschränkt sich aufs Befehlen (Gebieten und Verbieten) und dies so, daß es infrage gestellt werden darf. Illegitim und pathogen wird aber das Überich, wenn es auch die sanktionierenden Funktionen übernimmt. Wie schon erwähnt, ist das besonders häufig,, wenn »Gott« als befehlende + sanktionierende Instanz (meist zum Ziel der Verstärkung elterlicher Autorität oder der von Institutionen wie Kirche oder Staat) eingeführt und internalisiert wurde. Doch »Gott« ist keineswegs die einzige gesellschaftliche Agentur, von dessen sanktionierender Funktion eine Emanzipation erfolgen muß, wenn ein Mensch psychisch gesund d.h. unter anderem auch mit einem Minimum an selbstverschuldeten destruktiven Konflikten durchs Leben gehen will.

Hier ist vor allem die Agentur »Mutter« zu nennen. Nicht wenige Personen meiner Erfahrungswelt sind überdurchschnittlich stark an ihre Mutter gebunden (nicht selten verbunden mit einer Fixierung auf die ödipale Situation). Ich schätze etwa folgende Prozentzahlen:

● im Bereich der oberen Führungskräfte in der Wirtschaft – 40%
● im Bereich der Theologiestudenten, die zu einem zölibatären Leben bereit sind – 70%.

In diesen Fällen führt die Mutterbindung dazu, daß spezifische infantile Ängste vor dem Zuwendungsverlust der behütenden weiblichen Bezugsperson überstark sind. In nicht wenigen Fällen ist bei beiden Personengruppen auch ein irgendwie gestörtes Verhältnis zur Sexualität (etwa in Form adoleszenter Sexualscheu bis hin zu Symptomen eines stupor sexualis) erhebbar. Vermutlich erfolgt auch die volle sexuelle Reifung bis hin zur entwickelten Heterosexualität oft entweder ziemlich spät oder garnicht. Daß sich hier reichliches Konfliktmaterial ansammeln kann, ist offensichtlich.

Überstarke Elternabhängigkeit – als überstarkes Überich internalisierbar – kann aber auch dazu führen, daß Emotionalität und der Werturteilsbildung nicht autonom entwickelt werden. Mangelnde Autonomie in diesen Bereichen erschwert erheblich die sinnvolle Interaktion der Familienmitglieder, so daß es zu nahezu permanenten offenen oder latenten Konflikten kommt, die die Existenz der Familie als einer sozialen Einheit erheblich gefährden (es bleibt oft nur noch eine juridische oder Versorgungseinheit).

Neben der Funktion »konventionelles Gewissen« hat das Überich eine zweite erhebliche Aufgabe. Es stellt ein (oder das) Ich-Ideal bereit. »Ich-Ideal« bezeichnet jenes Bündel von Merkmalen, die ein »guter Mensch« besitzen muß. Diese Merkmale werden ganz ähnlich vermittelt wie die Forderungen des konventionellen Gewissens. Werden sie gezeigt, wird solches belohnt – ihr Fehlen wird bestraft. Die Techniken bleiben sich ganz gleich:

● Liebesentzug, Tadel, Mißbilligung und/oder
● Induktion der Emotionen Angst, Schuld, Scham, Mindergefühle.

So kann etwa die Eigenschaft »Wahrhaftigkeit« als Merkmal des Ich-Ideals produziert werden, indem jede vermutete oder tatsächliche Unwahrhaftigkeit durch Liebesentzug bestraft und mit dem Gefühl der sittlichen Minderwertigkeit gekoppelt wird.

Da nun das Überich keineswegs die Instanz ist, die das Sein des Menschen bestimmt, sondern allenfalls sein – von gesellschaftlichen Konstellationen und Vorgaben abhängiges – Sollen, kann es zu Diskrepanzen kommen zwischen Ich-Realität (dem Istich) und dem Ich-Ideal (dem

270

Sollich). Sicherlich gibt es zwischen Istich und Sollich mehr oder weniger erhebliche Überlappungen (die Merkmalsmengen haben also zumeist einen beachtlichen Durchschnitt). Dennoch aber gibt es stets Merkmalsmengen, die durch einander widersprechende Merkmale (Eigenschaften, Wünsche, Strebungen, Vorstellungen ...) beschreibbar sind. Es kann also etwa durchaus sein, daß ein Mensch in dessen Ich-Ideal »Wahrhaftigkeit« eine erhebliche Rolle spielt, tatsächlich unwahrhaftig ist. Solche Widersprüche zwischen Ideal und Realität gibt es in jedem Menschen. Es kommt nun darauf an, wie ein Mensch gelernt hat, damit umzugehen.

Ist er zum Perfektionismus erzogen worden und ist die Instanz Überich außergewöhnlich stark oder ist in ihm eine Position, die nicht kritisiert oder infrage gestellt werden darf, dann werden sich mit jedem »Versagen« gegenüber dem Ideal entweder

● Emotionen wie Schuld, Scham, Angst, Minderwertgefühle oder/und
● Abwehrmechanismen (Verdrängung, Selbstbestrafung, Projektion ...) einstellen. In beiden Fällen ist die Situation konfliktträchtig. Wenn es nicht gelingt, daß ein Mensch sich frei von negativen Emotionen jenseits aller Abwehr selbst erkennt und sich auf Grund und infolge solcher Erkenntnis selbst akzeptiert, dann hat das u.a. folgende fatale Konsequenzen:

● Selbstverwirklichung wird unmöglich. Sie setzt Selbsterkenntnis und Selbstannahme *zwingend* voraus. Selbstverwirklichung wird meist als Verwirklichung des Ich-Ideals mißverstanden und als solche gesucht. Da aber das Ideal nirgends real existiert oder auch nur existieren kann, wird versucht, ein Phantom zu verwirklichen. Und das ist ein hoffnungsloser Versuch.

Nicht wenige Menschen empfinden ihr Leben als leer und unerfüllt, als vergebens gelebt gar, weil sie stets versuchten, ein abstraktes Ideal zu verwirklichen, vor dessen Anspruch jedes Menschenleben unerheblich oder gar als gescheitert beurteilt wird.

● Toleranz, das ist die Annahme oder doch Akzeptation des anderen oder der anderen auch mit ihren Schwächen, ist letztlich nur möglich nach erfolgreicher Selbstannahme. Ich habe noch keinen Menschen kennengelernt, der zu eigentlicher Annahme eines anderen Menschen fähig gewesen wäre, ohne daß er sich zuvor selbst angenommen hätte – und das meint nicht die Annahme des Ideals, sondern eben der Ich-Realität. Nicht wenige Menschen suchen im anderen ihr eigenes Ideal. Und werden mit Sicherheit enttäuscht. Nicht wenige Ehen etwa scheitern innerlich (und mitunter auch äußerlich) daran, daß beide Partner ein (und zumeist ihr) Ideal heirateten oder doch den Partner auf dieses Ideal hin zu bilden suchten.

● Verwundbarkeit durch Kritik und/oder Mißerfolg ist dann besonders gegeben, wenn Kritik und/oder Mißerfolg das Ich-Ideal beleidigen *und* eine Selbstakzeptation auch in den vom Ideal abweichenden Eigenschaftsbereichen nicht erfolgte. Verwundete Menschen aber sind besonders anfällig für destruktive Konflikte. Ihre Wunde absorbiert so viel psychische Energie, daß kaum mehr einmal beherrschte Konfliktlösungsstrategien eingesetzt werden können. Es kommt zu erheblich heftigeren Abläufen im Bereich autonomer Emotionen und nicht selten zum Rückzug aus Sozialbindungen.

Allen Fällen liegt mangelnde Selbsterkenntnis zugrunde. Dieser Mangel kann sehr verschiedene Ursachen haben. Eine der verbreitetsten ist aber ein tyrannisches Überich, das keine Relativierungen, keine Kränkungen, keine Kritik ... ungestraft zuläßt. Sicherlich kann die Verweigerung der Selbsterkenntnis auch harmlose Ursachen haben. So werden etwa erwähnt:

● Ich komme auch so gut mit mir zurecht, warum sollte ich viel über mich nachdenken.

● Was mir meine Eltern beigebracht haben, ist schon richtig. Da weiß ich, an was ich mich zu halten habe. Das zu kritisieren, macht mich doch nur unsicher.

● Ich finde, daß Menschen sich möglichst wenig mit sich selbst beschäftigen sollten. Das macht bloß krank.

● Ich habe Erfolg, komme mit anderen Menschen gut zurecht und fühle mich zufrieden, warum sollte ich wissen wollen, wer ich bin.

Solche Reaktionen oder Antworten sind oft berechtigt. Ich vermute, man sollte es dabei bewenden lassen – vorausgesetzt ein solcher Mensch zeigt keine weiteren Symptome.

Es ist durchaus möglich, daß ein Mensch sich selbst sehr wohl erkannt und recht angenommen hat. Und dies ohne einen ausdrücklichen Reflexionsprozeß. Es ist aber auch möglich, daß ein starkes Überich gebietet und verbietet, ohne zu strafen. In beiden Fällen könnte eine forcierte Aktion in Richtung »Selbsterkenntnis« eher überflüssig verunsichern und – bei entsprechender Disposition – durchaus schaden, wenn sie nicht fachkundig begleitet wird.

Im tyrannischen Überich – mag es sich als strafende Instanz oder als überwältigendes Ideal vorstellen – begegneten wir einem *siebenten* Typ von Konflikten im Rahmen einer analytischen Konfikttheorie.

Bislang haben wir erfahren, daß konkrete Menschen von zwei verschiedenen Anspruchsarten gefordert werden. Zum einen sind es die Ansprüche der psychischen Eigenwelt (Es, Überich), zum anderen die der sozialen Mitwelt. Oft versuchen diese drei Instanzen mit sehr verschiedenen gar widersprüchlichen Forderungen das Verhalten eines Menschen zu leiten. Und nicht nur das des Menschen.

Denn diese Instanzen leiten auch das Verhalten gesellig lebender Tiere, seien sie nun miteinander in Herden oder Rudeln organisiert oder seien sie als Haustiere dem Menschen verbunden. In Situationen, in denen verschiedene gar einander widersprechende Ansprüche an das tierische Verhalten gestellt werden, scheinen angeborene Mechanismen (etwa Übersprungshandlungen) es dem Tier zu ermöglichen, seine Konflikte zu beheben. Hindert man ein Tier nachhaltig daran, etwa über scheinbar sinnlose körperliche Aktivität seinen Konflikt darzustellen und »abzureagieren«, kann auch es psychisch erkranken.

Beim Menschen ist der Mechanismus der »instinktiven« Konfliktabwehr oder der Konfliktbewältigung erheblich gestört. Es gibt kaum gesellschaftlich akzeptierte Weisen der Konfliktdarstellung und -bewältigung durch Übersprungshandlungen. Ganz abgesehen davon, daß sie zumeist auch nicht den gewünschten nachhaltigen Erfolg haben. Solche »Übersprungshandlungen« des Menschen sind etwa

- Fluchen bzw. die Verwendung von Kraftausdrücken,
- starke körperliche Motorik (Hin-und Herlaufen, Auf-den-Tisch-Schlagen ...),
- Schreien, Brüllen, »Wutanfälle«,
- Rachephantasien, Todeswünsche ...

Somit bleibt dem Menschen also nur der Weg offen, eine dritte psychische Instanz (neben Es und Überich) einzurichten und zu entwickeln: das »Ich«. Es hat die Funktion, die Ansprüche der verschiedenen Instanzen zu werten und zu koordinieren.

S. Freud nahm an, daß das Ich durch ständige Anpassungsforderungen des Individuums an die Mitwelt entstehe, wennschon bestimmte Grundlagen späterer Eigenheiten »angeboren« sein dürften. Viele Psychoanalytiker vertreten heute jedoch die Theorie eines autonomen (nicht aus dem Es) hervorgegangenen Ich. Autonom sind vor allem jene Ich-Funktionen, die sich nicht im Konflikt mit Es, Überich und Umwelt entwickeln, sondern die ihre eigene, davon abgehobene spezifische Entwicklung durchlaufen. Hierher gehört vor allem der Aspekt theoretischer (d.h. erklärender, deutender) Art im Umgehen mit Welt. Während der im Prozeß der Konfliktbewältigungen entstehende Ich-Aspekt (das »funktionale Ich«) im Wesentlichen eingebunden ist in eine ursprüngliche Theorie-Praxis-Einheit, leitete der autonome Ich-Aspekt Konfliktbewältigung über den Mechanismus rationaler Erklärung, sinnvoller Deutung. Der autonome Ich-Aspekt geht in die Konstitution der individuellen symbolischen Sinnwelt wesentlich mit ein, bestimmt sie gar nach Inhalt, Reife, Durchsetzungsvermögen weitgehend. Etwas verkürzend mag man vom praktischen und theoretischen Ich-Aspekt reden. Es ist jedoch wichtig, daß die Einheit des Ich in einer metapsychologischen Theorie gewahrt bleibt. Es wäre also falsch, die aus der Praxis der Konfliktbewältigung und der zum Zweck der Konfliktbewältigung entwickelten Deutungen und Erklärungen des »autonomen Ichs« oder autonomes und funktionales Ich auseinanderzureißen. Sie bilden eine integrierte Steuerungs- und Kontrolleinheit, die sich allerdings – und darin liegt ihre Bedeutung – beim psychisch gesunden Menschen weiterentwickelt, indem sie es ihm ermöglicht, auch bislang ungewohnte Konflikttypen zu bewältigen oder zureichendere Konfliktlösungsstrategien zu entwickeln. Das gesunde Ich ist also recht flexibel und kann auch in ungewohnten Situationen (vor allem bei wechselnder sozialer Umwelt) seine koordinierende und damit konfliktlösende oder auch konfliktvermeidende kreative Funktionen ausüben.

Offensichtlich können nun folgende Störungen der Ichfindung und Ichbildung zu destruktiven Konflikten führen (das sind solche Konflikte, die vom Ich nicht mehr bewältigt werden können):

● Ich-Schwäche (das Ich ist zu schwach ausgebildet, um seine wertende und koordinierende Funktion ausfüllen zu können),

● Fehlorientierung [das Ich orientiert innerpsychische oder soziale Ansprüche an einer Wertskala, die eine sinnvolle Koordination nicht zuläßt und somit zu Fehlreaktionen vor dem realen Anspruch wenigstens einer der drei Instanzen (Es, Überich, Mitwelt) führt],

● Ich-Fixierung (das Ich ist auf eine bestimmte Wertskala so fixiert, daß es ungewohnten Konflikten nicht zureichend gerecht werden bzw. die erprobten Konfliktlösungsstrategien nicht mehr entsprechend dem Wandel der Mitwelt modifizieren kann).

Ehe ich auf die aus diesen Störungen resultierenden Konflikte zu sprechen komme, gilt es ein Mißverständnis auszuräumen. »Ich« als psychische Instanz in der analytischen Theorie ist nicht zu verwechseln mit dem Ich-Gefühl, das die Erfahrung der eigenen Identität in wechselnden Umweltsituationen sichert. Das Ich kann sich seiner nicht bewußt werden, sondern nur die Person sich ihres Ich. Es ist also nicht der psychologische (oder philosophische) Grund des Bewußtseins oder Selbstbewußtseins. Ich verstehe also »Ich« auch nicht im Sinne C. G. Jungs als bewußte Organisation unter dem Selbst, das seinerseits Bewußtes und Unbewußtes in Einheit verbindet und sich durch diese Einheit definiert. Nahezu jeder Autor, der sich nicht nur referierend mit Fragen der »Tiefenpsychologie« beschäftigt, hat ein anderes Konzept des Begriffes »Ich«. Das ist in keiner Weise beklagenswert. Die Tatsache, daß sich ein Begriff einer allgemein akzeptierten Definition entzieht, verweist jedoch darauf, daß die konkrete psychoanalytische Praxis noch nicht zu einer leitenden (und damit beengenden) Theorie gefunden hat.

Doch nun zu einigen Konflikttypen, die sich aus der Störung der Ich-Konstitution oder Ich-Funktion ergeben.

Der *achte* Konflikttyp der analytischen Theorie hat seinen Grund in einer Ich-Schwäche. Eine konkrete Person wird vor unvereinbare Forderungen oder Ansprüche gestellt, ohne eine zureichende Wertordnung zur Verfügung zu haben, Bedeutung und Rangfolge der Ansprüche sinnvoll auszumachen. Wenn hier von »Wertordnung« gesprochen wird, dann ist damit nicht irgendein ethischer Wertbezug gemeint. »Wert« kommt hier von werten, bewerten und meint eine Festlegung der *konkreten* Bedeutung vor dem Hintergrund der Vorgaben der Realität (von Es, Überich, Mitwelt). Werterkenntnis meint also Erkenntnis der Bedeutung von etwas durch Vergleich auf Grund von vorhergemachten Erfahrungen, die als »gut« oder »schlecht« qualifiziert werden. Dieses »Gut« oder »Schlecht« hat also – noch einmal sei es betont – nichts Ursprüngliches mit ethischen Kategorien zu tun. Es bezieht sich vielmehr auf eine zufriedenstellende oder mißlungene Konfliktlösung, wobei das »Zufriedenstellend« und das »Mißlungen« wiederum eine Wertung voraussetzen. »Zufriedenstellend« sei eine Konfliktlösung dann genannt, wenn

● der Konflikt behoben wird und

● negative Emotionen oder negative soziale Sanktionen zumindest beherrschbar bleiben und nicht zur Destruktion der Identität der Person oder der grundsätzlichen Sozialität führen.

Mißlungene Konfliktlösungen haben stets Destruktion oder doch das erhebbare Gefühl von Frustration mit sich. Wobei Destruktion sich auf die Identität und grundsätzliche Sozialität bezieht. Oder noch allgemeiner: Es kommt zu einer Störung im Gleichgewicht der fünf Gründe von Personsein (Individualität, Sozialität, Historizität, Mundaneität und Transzendentalität) durch den Konfliktlösungsversuch, wobei in unserem konkreten Fall besonders auffällig und erheblich die Störungen im Bereich der beiden erstgenannten Gründe sind.

Das schwache Ich kann auf seine Möglichkeiten überschreitende Konfliktsituationen sehr verschieden reagieren. Zumeist sind die Reaktionen Varianten der Konfliktreaktionen Flucht und Totstellen. Konkret kommt es etwa zu folgenden Verhaltensweisen:

● Ausweichen aus sozialen Beziehungen und Situationen, die konflikträchtig sein könnten,

● Vermeiden jeder Aktivität, die in Konflikte einmünden könnte,

● Anlehnen an Fremdmeinungen und -überzeugungen,

● Orientierungslosigkeit beim Angebot unterschiedlicher Meinungen.

Solche Verhaltensweisen können unbewußt gezeigt werden. So zögern etwa manche Studenten ihr Examen hinaus mit scheinbar rationalen Gründen, von deren Stichhaltigkeit sie selbst durchaus überzeugt sind, nur um der Konfliktsituation »Examen« auszuweichen. Dabei ist nicht das Examen an sich schon als Konflikt definierbar, wohl aber die damit gegebene Möglichkeit zu versagen, durchzufallen, zu enttäuschen ... Wieder andere gehen auf die Barrikaden und protestieren, weil verschiedene Dozenten in manchen Punkten verschiedener Ansicht sind. Sie wünschen Orientierung als Stützskelett ihrer schwachen Ich-Orientiertheit, nicht aber ein plurales Angebot, das es ihnen erlaubt, sich in einem Spannungsfeld selbst zu orientieren.

Besonders verbreitet zu sein scheint als Symptom der Ich-Schwäche, die Anlehnung an Gruppenüberzeugungen und die Delegation von Ich-Funktionen an Gruppen. Hier sind es vor allem auch, neben anderen Artikulationen der Subkultur, die Jugendreligionen, die gezielt auf die durch Ich-Schwäche verursachte überstarke Bedürftigkeit nach Orientierung und orientierenden Antworten eingehen und mit Patentantworten und Gruppengeborgenheit die Ich-Schwäche erträglich machen.

Es wäre nun falsch, solche Bestrebungen pubertierender oder – mehr noch – junger Menschen im Reifestadium der Adoleszenz, negativ zu werten oder gar als neurotisch zu etikettieren. Sie sind »normal«. Das meint, daß unsere gesellschaftliche Umwelt Orientierungen und damit eine Ich-Stärke anfordert, die noch garnicht entwickelt werden konnten. So übernehmen Gruppierungen von Jugendlichen mit einfachen Antworten und leicht zu erwerbender Zuwendung durchaus legitime Ich-Funktionen. Hier haben Rockerbanden und Studentenverbindungen, Klassencliquen und Jugendbünde ihr relatives Recht.

Problematisch jedoch wird solche Bindung, wenn die Institution selbst nicht dazu angelegt ist, das Ich-Defizit zu beheben, sondern eher, es zu verewiglichen und den Jugendlichen in eine Art Dauerabhängigkeit (etwa über religiöse Motivation) zu bringen sucht. Eine solche Gruppe, die sich so unentbehrlich macht, aus der ein junger Mensch nicht sanktionslos wieder herauswachsen kann, ist in der Tat gefährlich, weil sie entwicklungsbedingte Ich-Schwäche zu einem Dauerzustand macht. Damit aber wird es dem heranreifenden Menschen kaum mehr möglich sein, in »freier Wildbahn« mit den auf ihn zukommenden Konflikten zu leben. Er benötigt die Gruppe als seine Heimat, als Rückzugsgebiet, als Fluchtareal vor den Mißbilden der gesellschaftlichen Ansprüche in der Welt der Erwachsenen. Solche durch Gruppenzugehörigkeit fixierte Unreife ist jedoch keineswegs nur auf »Jugendreligionen« beschränkt. Ich begegnete ihr bei jungen SED-Mitgliedern ebenso wie bei Angehörigen katholischer Orden (um nur zwei Beispiele zu nennen).

Das angebotene Refugium, muß sich aber, um seinen Funktionen gerecht zu werden, in seinen sozialen Ansprüchen, in der Eindeutigkeit und Verbindlichkeit seiner Sinnwelt sehr wohl vom »profanen Pluralismus« unserer demokratischen und liberalen Gesellschaft unterscheiden. Die Unvereinbarkeit des Lebens in der einen Ordnung mit dem in der anderen ist – wie leicht zu bemerken – immer dann erheblich konfliktträchtig, wenn es dem betroffenen Individuum nicht gelingt, seine »eigentliche« Welt ins Getto der Gruppe zu verlegen.

Ein *Neunter* Konflikttyp wird von der analytischen Theorie als durch Desorientierung verursacht oder bedingt beschrieben. Sicher besorgt schon eine nicht durch Delegation an ein Kollektiv kompensierte Ich-Schwäche immer schon Desorientierung. Aber diese ist hier nicht gemeint. Gemeint ist die Desorientierung eines an sich zureichend starken Ichs, das sich nicht an den realen Vorgaben der eigenen Psyche und der sozialen Mitwelt orientiert. Es baut oft über den autonomen Aspekt des Ich gesteuert – also etwa durch ideologische Verfremdungen – Wertorientierungen auf, die zu einer falschen Bewertung innerpsychischer und sozialer Situationen führen. Daraus folgt denn auch eine falsche Gesamtinterpretation und daraus eine Reaktion, die nicht problemgerecht, nicht optimal realitätsorientiert ist.

Hier enthüllen sich zwei Konfliktherde:
● Problemlösungen mißlingen und dadurch kommt es zu
● Frustrationen mit den Folgeemotionen: Aggressivität, Angst, Niedergeschlagenheit.

Wie kommen aber solche Desorientierungen zustande? In meinem Erfahrungsbereich zumeist durch dogmatische (d.h. unbezweifelbare) und ojektivistische (d.h. nicht an der objektiven Subjektivität eines

Menschen orientierte) »Sinnantworten«. Die Werteskala des Überich wird zwar durchaus kritisch geprüft – doch das Ergebnis der Prüfung ist durch den sozialen Druck einer kollektiven symbolischen Sinnwelt schon vorgegeben. Enspricht der Überich-Inhalt der kollektiven Sinnwelt, wird er übernommen in den Ich-Bereich, entspricht er nicht, wird er modifiziert oder auch aufgegeben. Kritik geschieht zwar und damit auch Ich-Bildung, aber sie geschieht nach vorgegebenem Schema und in vorgegebenem Rahmen und mit vorgegebenem Ergebnis. Autoritäre Kollektive können solche dogmatischen und objektivistischen Werteanordnungen als Basis der gesuchten Sinnantwort vorlegen:

● So beantwortet *man* als Christ die Frage nach dem Lebenssinn etwa mit den Worten: »Du bist auf Erden, um Gott zu ehren und zu dienen und dadurch in den Himmel zu kommen«.

● So beantwortet *man* etwa als überzeugter Marxist dieselbe Frage mit den Worten: »Der Sinn meines Lebens ist identisch mit dem Sinn von Menschheit: die Produktion des Reichs der Freiheit von Entfremdungen«.

Es soll hier keineswegs bestritten werden, daß beide Antworten sehr ehrenwert sind. Sie sollen auch nicht als an sich falsch qualifiziert werden. Nur werden sie problematisch, wenn sie der maßgebliche Werthorizont des Ichs werden.

Das Problem liegt in Folgendem: Da das Ich die Aufgabe hat, die Ansprüche aus Es, Überich und Mitwelt zu werten und zu koordinieren, diese Ansprüche aber bei jedem Menschen (schon allein wegen der ziemlichen Verschiedenheit des Es und des Überich) sehr verschieden sein können, wird es auch sehr verschiedene Wertskalen aufspannen müssen. Wird diese Pluralität durch eine kollektive und als verpflichtend behauptete Übernorm beschränkt, dann kann das zu erheblicher Desorientierung führen. Das heißt, daß Ich spannt einen Interpretationsrahmen auf, der etwas interpretiert, das *so* nicht vorhanden ist, nämlich ein typisiertes Modell von Es und Überich.

Es sei keineswegs bestritten, daß die angegebene christliche und marxistische Wertorientierung hilfreich sein kann für die Ausbildung eines orientierten Ich – nur darf sie die Orientierung selbst nicht so beeinflussen, daß sie die durch die mit der Orientierung implizit erfolgende Interpretation und Wertung das stets individuelle Es und Überich verfälscht.

Ist es aber einmal zu einer solchen Fehlorientierung des Ich gekommen, dann ist die Folge eine Art von Verrücktheit – die Geschehnisse, auf die ein Mensch reagieren soll, scheinen gegenüber der Realität verrückt, die

Reaktionen sind eigentümlich unangemessen und zumeist auch nicht sonderlich erfolgreich. Das bedeutet: Oft wird das angestrebte Ziel durch die Reaktion nicht erreicht. Eine grundsätzliche und immer wiederkehrende Fehlinterpretation von Situationen mit der nachfolgenden Fehlreaktion auf diese Situationen wird öfters vom Betroffenen mit eigenartigen Begründungen gedeutet:

- Ich habe halt immer Pech.
- Die anderen verhindern meinen Erfolg.
- Da ist der Teufel am Werk.
- Ich leide zwar viel. Aber Leiden ist Gott wohlgefällig.

Besonders gefährlich erscheinen mir religiös verbrämte Rationalisierungen. Sie werden mitunter gar aus dem sozialen Umfeld angeboten – als Trost. Ganz offensichtlich spielt hier eine tiefreichende Konfliktszene, da die Desorientierung vom Betroffenen selbst nicht erkannt, sondern allenfalls (mit Hilfe eines Therapeuten) aus den Vergeblichkeitserfahrungen erschlossen werden kann. Ich vermute, daß erhebliche Desorientierungen, die sich durch häufig wiederkehrende und intensive unerklärliche Vergeblichkeitserfahrungen deutlich machen, stets nur mit fremder Hilfe – daß heißt im Regelfall mit der eines Therapeuten – behoben werden können.

Nun bedarf sicher nicht jede Desorientierung einer Therapie. Sind jedoch die Frustrationserfahrungen so häufig und so erheblich, daß sich Aggressivität oder Niedergeschlagenheit als *Grund*stimmung festmachen, dann wird eine Therapie angezeigt sein. Der zugrundeliegende Konflikt ist der denkbar fundamentalste: Er entstand aus Realitätsablösung. Das Ich ist nicht an Realität orientiert, sondern an realitätsfremden oder realer Erfahrung prinzipiell vorgängigen Wertskalen. Das aber besorgt eine von der Realität abgelöste Interpretation von Situationen und eine ebensolche Reaktion in und auf Situationen. Mir sind Fälle bekannt, in denen die Realitätsvorstellung durch eine desorientierte Ich-Bildung und eine desorientierende Ich-Funktion zu durchaus paranoid anmutenden Reaktionsmustern führte.

Ein *zehnter* Konflikttyp, für den die psychoanalytische Theorie eine Deutung geben kann, erfaßt jene Konflikte, die aus mangelnder Flexibilität der Werteordnung entstehen. Sie können von der analytischen Theorie auf Ich-Fixierungen zurückgeführt werden. Selbstverständlich kann etwa auch eine durch Überich-Funktionen kompensierte Ich-Schwäche solche starren und seltsam inflexiblen Reaktionen erklären. Doch ist dann die Genese der Störung anders. Im letzten Fall besteht die Starre meist »von Kindheit an«, während im Fall der Ich-Fixierung sich diese Starre oft schleichend entwickelt. Ab einem bestimmten Zeitpunkt werden die Wertungen des Ich nicht mehr an die veränderten Gegebenheiten, etwa des eigenen Es oder der sozialen Umwelt angepaßt. Das Ich verliert seine Kreativität. Das bedeutet, daß ein Wertmaßstab zur Verfügung steht, der etwas ihm nicht Ensprechendes werten, bewerten soll. Hier kommt es zu einigen typischen Konfliktsymptomen:

● Verweigerung,

● permanenter Protest und ständiges Beschwören der »guten alten Zeit«,

● Resignation.

Untypisch, deswegen jedoch keineswegs selten, sind dagegen Reaktionen wie wir sie aus dem Bereich der Ich-Schwäche und der Desorientierung kennen. Tatsächlich ist die psychische Situation des so gestörten Ich auch als sekundäre Desorientierung oder auch als sekundäre Ich-Schwäche beschreibbar.

Wie kommt es aber zu solcher Fixierung von Wertskalen, zu solcher Ich-Starre. Sicherlich kann hier ein Symptom für eine tieferliegende psychische Erkrankung deutlich werden. Auch kennen wir solche Fixierungen aus dem Bereich der klassischen Psychopathie (im engeren Sinn des Wortes), wenn vorpubertäre Wertordnungen fixiert werden. Doch sind solche Erkrankungen hier nicht gemeint.

Eine Ich-Starre konnte ich vor allem bei Menschen beobachten, die

● durch lange Jahre in recht konstanter sozialer Umwelt lebten und somit sich nicht nur mit deren Wertordnung identifizierten, sondern auch nur die hier praktizierten und erforderlichen Konfliktlösungsstrategien beherrschten (vgl. etwa den »Altersstarrsinn«),

● in einer bestimmten sozialen Konstellation sozial erfolgreich waren, Anerkennung erhielten und ihren Lebenssinn weitgehend auf diese Konstellation hin fixierten (etwa als Soldat oder Mutter),

● ihre optimale Ich-Orientierung relativ spät oder nur mit fremder Hilfe (etwa im Verlauf einer Therapie) erreichten.

Dieser Konflikt ist stets definierbar als Unverträglichkeit von Orientierungen (Grundüberzeugungen, Wertordnungen …) der Vergangenheit mit den Ansprüchen des Gegenwärtigen. Einige Symptome, die diesen Konflikttyp, den man »Gute-alte-Zeit-Konflikt« nennen mag, begleiten können, seien hier etwas ausgeführt.

Da ist zunächst die *Verweigerung*. Der sich verweigernde Mensch, versucht den Ansprüchen der Gegenwart zu entgehen. Dazu ist es zumeist nötig, sich aus von der Gegenwart nahegelegten sozialen Bindungen zu lösen (oder sie erst garnicht einzugehen oder zu suchen). Die sozialen

Aktivitäten eines solchen Menschen scheinen oft reduziert auf Menschen hin, die in ähnlicher Lage sind (Veteranenvereine, Traditionsgruppen). Nicht selten kommt es aber auch zu nahezu vollständigem Kommunikationsabbruch und die Interaktionen werden auf reine Zweckmäßigkeitshandlungen reduziert.

Verweigerung ist also eine Art innerer Emigration. Meist stehen Mißtrauen, Enttäuschung und Einsamkeit als einzige Weggenossen zur Seite. Und sie sind oft schlechte Ratgeber und nicht geeignet, wieder in die Welt der Gegenwart zurückzuführen. Am Anfang werden diese Emotionen noch gezeigt. Diese Phase mag als Hilferuf des langsam Vereinsamenden verstanden werden. Da zumeist niemand in der sozialen Umgebung adäquat auf diesen Hilferuf reagieren kann, bleibt er ungehört oder doch unbeantwortet und der Prozess der Verweigerung nimmt seinen Lauf.

Gemeint ist ürigens nicht an dieser Stelle die *aktive Verweigerung,* die aus dem Protest gegen ein sozio-ökonomisches System hervorgehen kann. Solche Verweigerung entspringt zumeist *auch* aus revolutionärem Willen, obschon auch hier nicht selten Elemente von (vorzeitiger) Ich-Starre bemerkbar sein können. Das Wesentliche der aktiven Verweigerung ist ihr sozialer Bezug. Sie ist nicht restaurativ, sonder projektiv, sie möchte nicht die Uhr zurückstellen, sondern findet die Gegenwart vor dem Anspruch eines utopischen Entwurfs so miserabel, daß man sich ihr entzieht oder doch zu entziehen sucht. Formen solcher aktiver Verweigerung können sein:

● außer- oder antiparlamentarische Opposition (Apo),
● »Alternatives Leben«,
● Jugendreligionen ...

Die aktive Verweigerung entwirft Alternativen und sucht sie zu leben, die passive Verweigerung aus Ich-Starre aber versucht ein Leben aus der Erinnerung.

Ein anderes Symptom ist der *permanente Protest.* Ein ich-starrer Mensch mag versuchen, nicht durch Rückzug, sondern durch destruktive Kritik im permanenten Protest – im Widerstand also – seine Bedeutung für ein miserabel gewordenes Gegenwärtig sich und anderen deutlich zu machen. Charakteristisch für das Symptom »permanenter Protest« ist die grundsätzliche kritische Ablehnung alles dessen, was mit dem neuen Zustand assoziiert wird. Dabei ist es ziemlich belanglos, ob der Gegenstand des Protestes schon zur »guten alten Zeit« bestand oder nicht – Hauptsache, er wird an das Gegenwärtige gebunden.

Der permanente Protest – seinerseits schon Konfliktsymptom – führt zu weiteren Konflikten und zeigt damit seine oft pathologische Struktur. Wie die Verweigerung zu destruktiven Individualkonflikten zu führen pflegt, so der permanente Protest zu destruktiven Sozialkonflikten. Die Ebene eines tragenden, positiv erfahrbaren Konsenses wird nicht begangen, nicht gefunden. Damit ist dem Kommunikationsabbruch oder doch der weitgehenden Kommunikationsbeschränkung grünes Licht gegeben.

Sicher können Außenstehende in demagogischer Absicht, solchen permanenten Protest zu kanalisieren und für sich zu nutzen versuchen. Das wird vor allem dann möglich, wenn er nicht aus dem Anspruch einer besseren Vergangenheit, sondern einer besseren Zukunft geführt wird. Ich vermute, daß der Zusammenbruch der Weimarer Republik auch einen seiner Gründe findet in einer weitgehenden Verweigerung des Bürgertums oder auch der Haltung des permanenten Protestes revolutionärer Gruppen (»Kommunisten«, »nationale Sozialisten« …).

Ein drittes Symptom von Ich-Starre kann endlich ein *resignierendes Zurückziehen* sein. Im Gegensatz zum sich verweigernden Menschen zieht sich der Resignierende nicht aus Sozialbindungen zurück, sondern vermeidet nur, sozial aktiv zu werden. Er läßt Sozialität an sich geschehen. Im kommunikativen Bereich hält er sich aus allen positiven Gesprächen entweder heraus oder macht pessimistische Einwände. Das: »Es hat doch alles keinen Zweck« ist zur (pessimistischen) Grundhaltung geworden. Sicherlich kann eine solche pessimistisch-resignative Grundhaltung sehr verschiedene Ursachen haben, doch sollte man, vor allem wenn sie in der zweiten Lebenshälfte neu erfahren wird, auch an Ich-Starre denken.

Wegen der grundsätzlichen Passivität eines Resignierten ist mir – im Gegensatz zu den vorgenannten Symptomen – hier keine aktive Variante bekannt. Wohl aber gibt es eine Fülle von Spielarten der Resignation, da nicht selten Resignierte in ihrem Zustand verliebt sind und nach außen hin mit ihm kokettieren.

Instanzenkonflikte

Während die bislang dargestellten Konflikttypen zumeist in einer Fehlorientierung einer der drei psychischen Instanzen (Es, Überich, Ich) begründet liegen, sind Instanzenkonflikte solche zwischen zwei verschiedenen psychischen Instanzen. Die psychoanalytische Theorie hat besonders diesen Konflikten einige Aufmerksamkeit geschenkt. Die Konflikte, die zwischen den Ansprüchen der (meist sozialen) Realität und einer psychischen Instanz entstehen, sind schon im Vorhergehenden aufgewiesen worden. Ich möchte hier ein Schema solcher Instanzenkonflikte vorstellen und im Folgenden *kurz* ausführen.

	Es	Überich	Ich
Es	K. zwischen verschiedenen Eskomponenten [sich widersprechende Triebimpulse]	Je nach Ich-Vermittlung psychotische oder neurotische Lösungen	Triebangst, psychotisches Verhalten, zwangsneurotische Symptome
Überich	Abwehr	K. zwischen verschiedenen Überich-Komponenten [Loyalitätskonflikte]	Schuldgefühle, Aufforderung, ein Ideal zu erreichen.
Ich	Rationalisierung, Verdrängung	Erfahrung der Bedingtheit von Wertordnungen.	K. zwischen verschiedenen Ich-Komponenten [Rollenkonflikte]

Da es hier nicht auf die Darstellung krankhafter Konflikte bzw. Konfliktlösungsversuche ankommt, will ich mich auf die Ausführung einiger weniger – noch nicht im Vorhergehenden behandelter – Konflikttypen beschränken. Es sind das:

☐ Ich-Es-Konflikte,
☐ Überich-Überich-Konflikte,
☐ Ich-Überich-Konflikte,
☐ Ich – Ich-Konflikte.

Das erste Wort bezeichnet die angegriffene Instanz (senkrechte Spalte). Das zweite die angreifende Instanz (horizontale Reihe).

Ich-Es-Konflikte. Sie führen nicht selten zu ganz ähnlichen Lösungen wie Überich-Es-Konflikte. Es kommt zu Abwehraktionen – besonders verbreitet ist auch hier die der Verdrängung. Das durch Es-Forderungen beleidigte Ich wehrt die Beleidigung ab. Beleidigbar ist jedoch vermutlich nur ein schwaches – oder häufiger noch - ein desorientiertes Ich, dem es nicht gelungen ist, alle Es-Anteile seiner Kritik und Kontrolle zu unterstellen. Eine solche Desorientierung mag vorliegen, wenn das Ich bestimmte sexuelle Wünsche (etwa solche, die gesellschaftlich als pervers etikettiert sind) oder auch sexuelle Wünsche überhaupt (als unkeusch etwa) als beleidigend, nicht eigentlich zur Person gehörend, sondern allenfalls zu deren »niederen Triebnatur«, zurückweist.

283

Als weiterer Form klassischer Abwehr steht dem Ich auch die Technik der *Rationalisierung* zur Verfügung. In der Rationalisierung wird der Vorstellung, vor allem aber der Handlung, obschon sie primär vom Es ausgelöst und bestimmt war, im Nachhinein eine rationale, dem Ich entsprechende Deutung gegeben. Rationalisierung ist also eine Abwehrtechnik, die nur dem Ich zur Verfügung zu stehen scheint. Im Rationalisieren wird unvernüftiges Handeln im Nachhinein als vernüftig erklärt. Meistens geschieht solches Vernünftigmachen von Unvernünftigem nahezu mechanisch und der Rationalisierende ist sich seiner »Unwahrhaftigkeit« nicht oder nur andeutungsweise bewußt. Erklärungen, Erläuterungen, Entschuldigungen ... sind nicht selten solche Rationalisierungen. Wichtig aber ist, daß hier nicht primär andere getäuscht werden sollen, sondern die »Würde der rational handelnden Person« sichergestellt werden muß.

Es gibt nur wenige Menschen, die ihr Ich so optimal orientierten, daß sie akzeptieren, weit mehr als 90% ihrer Entscheidungen und Handlungen seien in wesentlichen Anteilen nicht als rational motiviert erklärbar, sondern aus unbewußten Erfahrungen, Triebwünschen, Aspekten des konventionellen Sollens ..., die eine vor-, ja oft auch a-rationale Rolle spielen. So sehr ist ihnen das Rationalisieren zur zweiten Natur geworden. Ich vermute, daß diese Form des Selbstbetrugs zumeist relativ harmlos abläuft. Sie wird erst dann problematisch, wenn der Widerspruch offensichtlich wird und andere ihn bemerken. Ein solcher Mensch kann sich mit seinen Erklärungen von offensichtlicher Realität ablösen und so lächerlich machen – und das ist immer ein möglicher Konfliktgrund.

Sehr viel übler sind die Konflikte, bei denen das Ich das Es unterdrückt. Sicher gründen solche Konflikte ebenfalls in einer Fehlorientierung. Jetzt werden bestimmte Anteile des Es nicht anerkannt und in die Uneigentlichkeit abgespalten. Abgespalten als uneigentlich können werden:

● der gesamte emotionale Bereich (Emotionen werden dann nur noch als Störgrößen empfunden),

● Die Sexualität (Sexualität ist etwas Niedriges, das nicht eigentlich zum Menschen dazu gehört),

● bestimmte Bereiche der Ich-Realität (wenn sie dem Ich-Ideal heftig widersprechen),

● das private (oder auch das berufliche) Leben ...

Günstigenfalls kommt es zu Triebängsten (etwa Angst vor realisierter Sexualität). Nicht selten sind auch alexithymische Störungen, bei denen der Patient nicht mehr über seine Gefühle sprechen kann und sich zugleich einer Welt zuwendet, die emotionsfrei sein sollte – und von der er vermutet, sie sei die reale. Doch auch Zwangsneurosen oder gar Psychosen (vor allem Wahnkrankheiten) können die Folge sein.

Überich-Überich-Konflikte. Solche Konflikte zwischen zwei Komponenten derselben psychischen Instanz sind besonders dann erheblich, wenn eine der Komponenten zur archaischen Grundausstattung des Menschen gehört (also vor allem im ersten Lebensjahr erworben wurde). So kann Vertrauen nicht »erlernt« worden sein und zugleich angefordert werden; so kann die emotionale Kontaktsprache verkümmert sein und dennoch gewünscht werden. Vor allem Konflikte im primären Überich-Speicher (d.h. den Überich-Inhalten, die in den ersten fünf Lebensjahren vor der Internalisierung erworben wurden) können durchaus pathogen sein. Diese sind nicht selten. Zwei Beispiele:

● Vater und Mutter erziehen auf verschiedene Wertordnungen hin oder haben abweichende Vorstellungen über das, was belohnt bzw. bestraft werden soll (d.h. sie legen andere Inhalte des konventionellen Gewissens und/oder des Ich-Ideals der Erziehung zugrunde).

● Ein Elternteil gibt widersprüchliche oder paradoxe Signale (stellt »Beziehungsfallen«), indem es etwa
– lächelnd tadelt (Widerspruch zwischen Bedeutung und Ausdruck)
– Ablehnung und Zuwendung gleichzeitig ausdrückt
– unerfüllbare Befehle gibt (»Tue das freiwillig!« – »Sei spontaner!«...)
Die hier jedoch vor allem angesprochenen Überich-Überich-Konflikte sind harmloserer Art. Hier ist vor allem der Fall gemeint, daß eine Anforderung aus dem sekundären Überich-Speicher (dessen Inhalte nach der Internalisierung des primären erlernt wurden) dem des primären widerspricht. So mag ein fünfjähriges Mädchen gelernt haben: »Mit unbekannten Männern spricht man nicht«. Nachdem es nun 20 geworden ist, vermittelt ihm die soziale Umgebung den Befehl: »Mit unbekannten Männern darf man sprechen!«. Zumeist wird der Konflikt nach einigen zögernden Ansätzen und einiger anfänglicher Angst zugunsten der Inhalte des sekundären Speichers gelöst (oft unter der Regie des Ich).

Zu diesen Konflikten gehören auch einige klassische Loyalitätskonflikte wie etwa diese:

● Soll ich meine Mutter gegen meine Frau verteidigen?
● Darf ich die mir überkommene Religiosität aufgeben?
● Darf ich das, was meine Lehrer (Eltern, Pfarrer, Professoren ...) sagen, für falsch halten?
Solche Loyalitätskonflikte sind – beim psychisch gesunden Menschen –

normalerweise über Interventionen des Ich unproblematisch lösbar. Damit soll nicht gesagt werden, daß es nicht zu erheblichen psychischen Belastungen oder zu einigen sozialen Spannungen kommen kann. Doch die sind prinzipiell überwindbar und nicht pathogen, sondern eher konstruktiv zu interpretieren, weil sich in solchen Konflikten bzw. ihren Auflösungen Ich-Funktionen stärken und Ich-Orientierungen prüfen lassen. Gehen solche Loyalitätskonflikte destruktiv aus (kommt es also etwa zu Begleitemotionen wie Schuld, Angst, Haß), und hält die destruktive Stimmung längere Zeit an oder wird sie gar verewiglicht (bleiben Konflikte in ihrer Tiefenstruktur also ungelöst), dann ist zu prüfen, ob hier nicht eine Ich-Störung vorliegt (Desorientierung, Ich-Schwäche, Ich-Starre), die therapiert werden sollte.

Ich-Überich-Konflikte führen zumeist zu einer Wertordnungskrise. Das Überich (etwa vertreten durch das konventionelle Gewissen) greift die Ich-Orientierung als unmoralisch, ethisch bedenklich … an. Diesen Angriffen liegt oft eine ganz ähnliche Strategie zugrunde wie sie die Eltern verwandten, um Sozialisation gelingen zu lassen. Das verursacht gegenüber ich-verantworteten Entscheidungen Angst-, Schuld-, Scham-, Mindergefühle. Es kommt nun darauf an, wie stark das Ich ausgebildet ist, um mit solchen Emotionen konstruktiv fertig zu werden. Gelingt es dem Überich, das sich emanzipierende Ich zu bestrafen, und leidet das Ich unter solcher Strafe (etwa unter Schuldgefühlen), dann ist eine durchaus pathogene Situation gegeben. Nun stellen sich solche »disziplinierenden Emotionen« stets bei Überich-Ungehorsam ein. Einige Beispiele mögen das erläutern:

● Das Ich fordert eine bestimmte politische Entscheidung (Wahl …) ein, die das Überich verbietet.

● Das Ich erlaubt soziale Bindungen einzugehen (etwa erotische oder ökonomische), die das Überich verbietet.

● Das Ich rät Kommunikationsformen zu wählen (etwa: Metakommunikation, offenen Mitteilung von Gefühlen), die das Überich untersagt.

In allen diesen Situationen stellen sich anfängliche Unsicherheiten ein, die Angst, Schuld, Scham … kaschieren, oder aber eines dieser Gefühle wird durchaus bemerkbar. Entscheidend ist nun, wie die betroffene Person mit solchen Gefühlen umgeht. Ignoriert sie sie, orientiert sie ihr praktisches Entscheiden nicht an dem Wert der darin liegt, nicht von ihnen behelligt zu werden, erkennt sie ihren Ursprung (die Wünsche und Vorstellung der erziehenden Eltern) und relativiert sie entsprechend, dann wird die Konfliktsituation konstruktiv aufgelöst werden: Es kommt zu einer Ich-Stärkung oder einer realistischeren Ich-Orientierung. Weicht die Person jedoch vor allem Streit mit dem angreifenden Überich zurück und überläßt ihm das Feld oder aber werden die sanktionierenden Emotionen als Dauerbefindlichkeit etabliert, dann kann es zu einer sekundären Ich-Schwäche oder einer recht pathogenen Situation kommen.

Ein Ich, das sich nicht gegen alle drei Instanzen, die es kontrollieren und koordinieren, deren Ansprüche es werten soll, durchsetzen kann, schwächt sich selbst, macht sich unerheblich – und damit werden alle jene Konflikte möglich, die im defekten Ich begründet sind.

Werden aber Schuld, Scham, Angst, Mindergefühl zu einem Dauerzustand, dann leidet das Ich unter der Tyrannei des Überich – der schon erwähnte pathogene Zustand ist hergestellt.

Der umgekehrte Konflikt, bei dem das Ich ein zu starkes Überich angreift, scheint jedoch meist konstruktiv zu verlaufen. Hier wird gegen überkommene Wertvorstellungen protestiert. Solange das durch ein zureichend starkes, gut orientiertes Ich geschieht, wird ein solcher Konflikt zur Erkenntnis führen, daß die weitaus meisten Wertungen nicht in der Natur der Sache, sondern in der der Gesellschaft liegen und in der Weise, wie diese Gesellschaft mit Sachen umgeht und sie wertend interpretiert. Eine solche Einsicht aber ist allemal der psychischen Gesundheit förderlich. Sie erscheint als Grundlage jeder erheblichen Emanzipation – jeder Autonomie, die nicht nur den Schein der von ihr behaupteten Sache mit sich hat.

Als letzten Instanzenkonflikt will ich den *Ich-Ich-Konflikt* erwähnen. Verschiedene Ich-Komponenten scheinen jetzt miteinander unvereinbar zu sein. Zu diesen Ich-Ich-Konflikten gehören vor allem Rollenkonflikte, wenn es sich dabei nicht um überich-regulierte Rollen handelt, sondern um Rollen, in denen sich Ich darstellt und realisiert.

An dieser Stelle will ich zunächst etwas über »Rolle« sagen. Soziale Normen betreffen Menschen stets in sozialen Situationen: als Vater, Richter, Kind, Angeklagter, Lehrer, Freund ... Hier bestimmen sie sich durch Erwartungen, die nicht ungestraft enttäuscht werden können. Menschen nehmen also am sozialen Leben in bestimmten Positionen (Status) teil, wenn sie miteinander Beziehungen eingehen. Diese Beziehungen sind durch Rollenerwartungen normiert. Den Komplex, der an eine Position gebunden ist, nennt man soziale Rolle.

Bei den Erwartungen unterscheiden wir:

● Muß-Erwartungen (sie sind durch Recht oder allgemein anerkannte Sitte geregelt),

● Soll-Erwartungen (sie sind durch private Strukturen festgelegt),

● Kann-Erwartungen (sie sind zwar an die Rolle gewöhnlich gebunden, ohne daß diese Bindung jedoch durch Strukturen gesichert wäre).

Rollen haben aufgrund dieser Dreiteilung eine sehr unterschiedliche Binnenstruktur. Die Soziologie versucht, die gegenseitige Beeinflussung solcher Erwartungen mit verschiedenartigem und verschieden intensivem Sanktionsrisiko zu untersuchen.

Die Frage nach dem Wandel sozialer Rollen (bzw. der ihnen zugehörenden Erwartungen) ist eng mit dem Thema des sozialen Wandels überhaupt verbunden. So scheint etwa die klare Trennung von Familien-und Berufsrollen eng mit dem Entstehen unseres jetzigen sozio-ökonomischen Systems, das aus der industriellen Revolution hervorging, zusammenzuhängen (N. Smelser).

Eines der wichtigsten (soziologisch noch weitgehend ungelösten) Probleme der Rollentheorie rankt sich um Rollenkonflikte. Hier sind zu unterscheiden:

● Intra-Konflikte (wenn eine Rolle widersprechende Erwartungen enthält) und

● Inter-Konflikte (wenn die an einen Menschen zur gleichen Zeit gerichteten Erwartungen zwei im Augenblick nicht miteinander verträglichen Rollen zugehören).

Solche Rollenkonflikte können durchaus konstruktiv sein, wenn sie ichreguliert

● zur Orientierung und Stärkung des Ich führen und

● die Art der sozialen Bindungen abklären helfen.

Nun hat man aber zwischen vorgeschriebenen Rollen und freien Rollen einerseits und definierten und gestalteten Rollen andererseits zu unterscheiden.

● Eine Rolle ist vorgeschrieben, wenn sie einem Menschen aufgegeben ist durch Erwartungen, denen er nicht ausweichen kann (Mann, Vater, Lehrer …).

● Eine Rolle ist frei, wenn sich ein Mensch alternativ entscheiden kann, in einer bestimmten Situation eine bestimmte Rolle zu spielen oder nicht (Freund – Liebhaber, Kamerad – Kollege, Freund – Partner …).

● Eine Rolle ist definiert, wenn sie durch private oder öffentliche Institutionen beschrieben und festgemacht wurde.

● Eine Rolle ist gestaltet, wenn Menschen in spontaner Interaktion miteinander bestimmte Riten des Umgangs ausmachen, die für diese Bindung spezifisch und charakteristisch sind.

Die durch das Ich bestimmten (und nicht nur kontrollierten) Rollen sind zumeist gestaltende Rollen. Man sollte sie nicht für unerheblich halten, da die weitaus meisten auch definierten Rollen, wenn sie konkretisiert werden, Gestaltungszonen offen lassen und somit oft Mischformen sind. Das gilt vor allem für »private« Rollen (Freund, Kamerad, Liebhaber, Feind …), doch auch für institutionalisierte (wie Lehrer, Richter, Vorgesetzter, Pfarrer …). Im Mittelfeld zwischen privaten und institutionalisierten stehen die quasi öffentlichen Rollen (etwa: Vater, Bürger …). Auch sie sind nicht soweit durch genormte Erwartungen reglementiert, daß nicht dem Ich erhebliche Gestaltungsmöglichkeiten offen blieben.

Nun können in eben diesen Gesaltungsräumen des Ich Festlegungen (Ritualisierungen) erfolgen, die – wie ihr Fehlen – konfliktträchtig sein können. Hier sind zu erwähnen:

● Riten schränken die vom Ich erwünschte Spontanietät ein,
● spontane Reaktionen des Ich kollidieren mit Riten.
● Das Ich wünscht Ritualisierungen und verweigert sie zugleich.

Ich-Ich-Konflikte liegen aber auch vor, wenn das Ich bestimmte – ursprünglich vom Überich regulierte – Rollenmuster nach kritischer Prüfung im wesentlichen übernimmt. Dann können Intra- wie Inter-Konflikte zu Ich-Ich-Konflikten werden.

Mit der Darstellung von Instanzkonflikten will ich die Darstellung des psychoanalytischen Beitrags zu einer Konflikttheorie beenden. Ich habe insgesamt 14 Konflikttypen vorgestellt und – in Andeutungen – beschrieben. Dabei sind pathologische Konflikte oder Konfliktlösungsstrategien nicht behandelt worden, da dies nicht in der Zielsetzung unseres Buches liegt.

Sicherlich ist die psychoanalytische Theorie hochspekulativ. Doch ich vermute, daß die erwähnten konkreten Konfliktsymptome durch keine andere Theorie ebenso konsistent und prinzipiell einfach beschrieben werden können. Auch sind die aus der analytischen Theorie hergeleiteten Hinweise in der Praxis der Konfliktbehebung oft durchaus erfolgreich. Es scheint sich also um eine durchaus »gute« Theorie zu handeln.

e) Der transaktionsanalytische Ansatz

Als letzten Ansatz zu einer einheitlichen Konflikttheorie will ich den der *Transaktionsanalyse* vorlegen, die ebenfalls über eine in weiten Bereichen durchaus erfolgreiche Theorie verfügt. Dieser transaktionsanalytische Ansatz hat den Vorteil, daß er recht brauchbar zwischen individuellen und sozialen Konflikten vermittelt. Da ich zudem der noch zu begründenden Ansicht bin, daß sich Konflikte (und Krisen) durch verändertes (zumeist gestörtes) Interaktionsverhalten beschreiben und zum Teil auch erklären lassen, kommt diesem Ansatz auch für meine eigene Theorie und Praxis einige Bedeutung zu, wenngleich ich die von der Transaktionsanalyse verwendeten Begriffe zumeist zu vermeiden suche und die von der Psychoanalyse gegebenen vorziehe. Dabei gebe ich gerne zu, daß die Transaktionsanalyse gegenüber der Psychoanalyse weniger spekulativ ist. Das hat jedoch einen zum Teil trivialen Grund: Eine Theorie, die im Wesentlichen über Nicht-mehr-Erinnertes und seine Wirkungen handelt, wird einen komplizierteren Apparat benötigen als eine Theorie, die weitgehend auf solche Betrachtungen und Überlegungen verzichtet. Da ich jedoch vermute, daß ein guter Teil menschlicher Konflikte nur zureichend durch Impulse aus unbewußten psychischen Schichten erklärt werden kann, werden sich beide analytische Theorien komplementär ergänzen.

Wie schon von den anderen konflikttheoretischen Ansätzen gilt auch für den transaktionsanalytischen: Er erlaubt eine gute Deutung *bestimmter* (keineswegs aber aller) Konflikttypen und ist daher auch in seiner Praktikabilität auf höchstens diese beschränkt. Bei zutreffender Indikation kann eine transaktionsanalytische Therapie oft sehr viel kürzer und unter Umständen auch effizienter sein als psychoanalytische. Eine einwandfreie Diagnose ist auch im Bereich der Konflikte oft die halbe Arbeit.

Die Theorie der Transaktionsanalyse stellt sich geeignet in drei Schritten vor:

● als Strukturanalyse beschreibt sie ihre Vorstellungen von der psychischen Struktur des Menschen,

● als Interaktionsanalyse beschreibt sie die Entstehung »normaler Konflikte« und stellt Techniken bereit, sie zu beheben,

● als Analyse der Lebensrolle (Skriptanalyse) beschreibt sie die Entstehung pathologischer (oder doch hoch pathogener) Konflikte und entwirft Techniken, sie zu beheben.

Ich will in meiner Darstellung diesen drei Schritten folgen.

a) Strukturanalyse

Hier sind vor allem einige Begriffe zu erklären (bzw. zu definieren), die, da sie umgangssprachlich anders verwendet werden, möglichst »gespeichert« werden sollten, wenn Sie sich für Transaktionsanalyse interessieren.»Ich« bedeutet hier die konkrete Darstellung des Menschen, insofern sie von Ich-Zuständen definiert wird. Das Ich befindet sich also in *einem* bestimmbaren Zustand (während die Psychoanalyse annimmt, daß ein Mensch von verschiedenen Anspruchsbereichen gleichzeitig bestimmt wird). Ein Ich-Zustand ist als kohärentes System von Gefühlen beschreibbar, die auf ein gegebenes Subjekt bezogen sind.»Operational kann man von einem Set kohärenter Verhaltensmuster sprechen, pragmatisch von einem System von Gefühlen, die ein zugehöriges Set von Verhaltensmustern auslösen.« (E. Berne) Diese Ich-Zustände werden im Laufe der Individualentwicklung durch die aufgenommenen Informationen ausgebildet. Die Informationsaufnahme und -verarbeitung erfolgt auf drei Niveaus:

● einem vegetativen – sensu-motorischen (behavioralen),
● einem emotionalen und
● einem kognitiven.

Mit zunehmender Information bilden sich immer komplexere Strukturen aus, die sich zu Funktionseinheiten zusammenschließen. Diese steigende Komplexität ermöglicht ihrerseits wiederum die Wahrnehmung und Verarbeitung noch komplizierterer Strukturen ...

Vor allem sind folgende Ich-Zustände zu unterscheiden: Eltern-Ich (P), Erwachsenen-Ich (A) und Kind-Ich (I). [Ich wähle mit Absicht als abkürzende Symbole die Anfangsbuchstaben entsprechender lateinischer Worte: *P*arentes (Eltern), *A*dultus (Erwachsener) und *I*nfans (Kind), da sie international kommunikable Symbolisierungen ermöglichen.]

Das *Eltern-Ich* beginnt seine Entwicklung mit den ersten Erfahrungen emotionaler Zuwendung (zumeist durch die Mutter). Es hängt für den Inhalt des Eltern-Ich sehr viel davon ab, welche Informationen, welche Fremdeindrücke in ihm gespeichert werden. Solange das Kind die Einwirkungen im Sinne von Lust-Unlust-Erlebnissen erfährt (also bis gegen Ende des 2. Lebensjahres) bildet sich die archaische Grundstruktur des Eltern-Ich (das archaische Eltern-Ich – aP –) aus. Danach beginnt die Organisation des Eltern-Ich im engeren Sinne. Gegen Ende des zweiten Lebensjahres beginnt das Kind Einflüsse der Außenwelt als von den Eltern kommend bewußt zu erleben. Die Struktur der von den Eltern vermittelten Informationen, vor allem über ihre Wert- und Handlungssysteme, sind so kompliziert geworden, daß es nötig wird, ein neues weiteres Reservoir für die Speicherung solcher Botschaften auszubauen. Ein Teil der Informationen aus aP können in den neuen Speicher (P) übernommen werden. Es bleibt aber ein archaischer Rest, der für die Aufnahme in P entweder nicht komplex genug (also zu primitiv) oder mit dem erweiterten Programm nicht vereinbar ist. Die Bildung von P ist etwa mit der Schulreife (im 6. oder 7. Lebensjahr) abgeschlossen. Durch das Vorbild und die Handlungen der Eltern (Imitationslernen, Reaktionslernen, Verhaltensformung durch Belohnung oder Bestrafung ...) erfährt das Kind während der Bildungsphase von P neue Gefühlsbereiche und erlernt sie: Schuld, Scham, Sorge, Vorsicht, Mitleid ... gehören hierher. Zumeist sind dies Emotionen, die eng mit Werten aus dem sozio-kulturellen Hintergrund der Gesellschaft, in die das Kind hineingeboren wurde, verbunden sind. In P werden also

● die Werte und Vorstellungen der Eltern,
● die Normen der jeweiligen Gesellschaft und ihrer Strukturen,
● aber auch »Zauber-Botschaften« und Konfusionen aus dem Kind-Ich der Eltern (das sind für das Kind mit dem Erwachsenenverhalten der Eltern unvereinbare Muster ihres nicht integrierten Kindverhaltens)

gespeichert. Zudem übernimmt das Kind in P die emotionalen Stile seiner Umgebung, wie sie sich etwa in den Umgangsformen und Kommunikationsmustern seiner Umgebung widerspiegeln. Hier sind sowohl die Interaktionen zwischen den Eltern (Streit, liebende Zuwendung, Desinteresse, egoistisch bestimmte Verhaltensweisen) aber auch zwischen den Eltern (bzw. einem Elternteil) und dem Kind erheblich. Während also in aP vorwiegend situationsabhängige Botschaften, Vorschriften, Anweisungen ... internalisiert werden, werden in P ganze Handlungs- und Interaktionsprogramme gespeichert. Jetzt werden die Grundlagen für die Entwicklung von Gesamtkonzepten längerer Interaktionen angeeignet.

P hat zwei Aspekte:
● das *kritische* Eltern-Ich (Pk) und
● das *stützende* Eltern-Ich (Pa).

Pk stellt sich in etwa folgenden Formulierungen vor:
● Wenn du das noch einmal tust, dann ...
● Du sollst ... Du mußt ... Du darfst ...

Hierzu zählen alle Drohungen mit ausdrücklichen Strafen (etwa Liebesentzug) oder auch unausdrücklichen (wie Scham): »Wenn du das tust, hat dich deine Mutter nicht mehr lieb!« – »Wenn du das tust, dann ist deine Mutter sehr traurig!« mögen als Paradigmen dieser beiden Bestrafungsankündigungen dienen.

Zum zweiten gehören zum Bereich des Pk alle Wertungen, Verpflichtungen, Gebote, Fragen nach Begründungen. Doch ist in diesem Bereich einige Vorsicht geboten. Man wird im konkreten Fall stets fragen müssen, werden hier Normen aus dem Bereich gesellschaftlicher Vermittlung vorgestellt? Ist dies der Fall, dann ist das Pk angesprochen oder aktiv.

Pa stellt sich etwa in folgenden Formeln vor:
● Du wirst die Sache schon schaffen.
● Du tust mir leid. Ich möchte dir helfen.
● Du darfst nicht traurig sein. Es ist doch nicht so schlimm.

Pa will helfen, unterstützen, Mut machen, Leid mindern ...

Das *Kind-Ich* hat ebenfalls eine archaische Basis (aI), aI regelt die grundlegenden Bedürfnisse des Kindes. Seine Inhalte gehören zu der biologischen Grundausstattung des Organismus. Doch schon bald erfährt das Kind Basis-Gefühle wie Lust und Unlust, Hunger und Durst, Freude und Schmerz, Angst und Geborgenheit, Zorn und Beruhigung ... Es lernt diese »Erregungszustände« in gewissem Umfang zu regulieren. Dabei macht es Erfahrungen mit seiner Umwelt. Es lernt die optimalsten Weisen praktizieren, die Umwelt auf sich aufmerksam zu machen und dazu zu bringen, die mit den Basis-Gefühlen verbundenen Bedürfnisse zu realisieren. Im gewissen Umfang dürfte es auch lernen, im Umgang mit sich selbst Bedürfnisse zu regulieren. In und mit diesem Bemühen wird I gebildet.

In I hineingenommen werden auch die archaischen Formen von P und A. In I sind also als autochtone Subsysteme enthalten: aI, aP und aA. Die in diesen Subsystemen von I gespeicherten Informationen sind wenig komplex (weil sehr früh eingegeben). I ermöglicht weiterhin:
● die organismischen Gefühle wahrzunehmen, zu differenzieren und zu regulieren,
● die Fähigkeit, bestimmte soziale Grundgefühle zu entwickeln sowie deren Intensität zu erfahren (Vertrauen – Mißtrauen; Sicherheit – Gefährdung).

Dabei kommt den präverbalen Mitteilungen der Mutter besondere Bedeutung zu.

In unserem Kulturkreis und den von ihm erwünschten und positiv sanktionierten Verhaltensmustern kommt der Vater erst gegen Ende des ersten Lebensjahr aktiv ins Spiel.

I hat drei Aspekte:
● das natürliche Kind-Ich (In), das den Menschen spontan und unbefangen an die Dinge herangehen läßt, ohne auf die Konsequenzen seines Verhaltens zu achten,
● das angepaßte Kind-Ich (Ia), das den Menschen gehorsam und folgsam sein läßt,

● das rebellische Kind-Ich (Ir), das den Menschen sich vorgegebenen Normen widersetzen läßt, daß ihn Widerstand gegen Anpassung leisten läßt, das ihn trotzen läßt.

In ist der Bereich der autonomen Emotionen. Sie können zu Intimität, Spaß, Spontaneität führen. Auch auch Schläfrigkeit (als Unlustäußerung) und Egoismus sind im In zugrundegelegt. Da Verhaltensstörungen oft besonders in diesem Bereich deutlich werden, ist dann an eine Fehlprogrammierung im In zu denken.

Ia wie Ir sind Reaktionen auf tatsächliche oder vorgestellte emotionale Botschaften anderer Menschen.

Das *Erwachsenen-Ich* beginnt seine Entwicklung etwa ab dem 8. Lebensmonat. Seine weitere Entfaltung ist weitgehend an die Entwicklung der kognitiven Funktionen und Fähigkeiten gebunden. Zunächst erkennt und speichert das Kind Erfahrungen aus dem Bereich der Eigen- und Fremdbewegungen. Später lernt es Abläufe und Inhalte seiner Um- und Mitwelt bewußt wahrzunehmen und zu überprüfen. Wenn im Alter von etwa 12 Jahren (mit Einsetzen der Pubertät) alle kognitiven Funktionen voll ausgebildet sind (J. Piaget), ist das A voll entwickelt. Die unbewußten Erkenntnisse (= Erkenntnisse, die noch nicht auf bewußter Wahrnehmung beruhen) machen die archaische Struktur von A (aA) aus.

A ist die Instanz, die beurteilen und einordnen kann und zwar auf Grund sachlicher Gesichtspunkte und überprüfter emotionaler Entscheidungen. Erheblich – und von P abgrenzend – ist A der Aspekt der Realitätsorientierung wie er sich in Sachorientierung und Überprüfung vorstellt. A begründet die rationale Autonomie eines Menschen. In der frühen Theorie der Transaktionsanalyse war A ein Computer,»der Entscheidungen fällt und Wahrscheinlichkeiten auf der Grundlage von Fakten berechnet und nicht auf der Basis von Gefühlen und unverifizierten Meinungen« (M. James). Die moderne Theorie und Praxis macht jedoch auch die Bedeutung von A für den emotionalen Bereich deutlich. A übernimmt in diesem Zusammenhang u.a. folgende Funktionen:

● Die Integration von Emotionen. Dabei können etwa Trübungen durch I- und A-Anteile behoben oder doch neutralisiert werden. Es wird auch möglich, bestimmte Emotionen eindeutig zu erfahren und zu beschreiben und sie so I oder P zuordbar zu machen.

● Werte, Interessen, Einstellungen, die mit sehr verschiedenen Gefühlen verbunden sein können, werden harmonisiert und konsistent zusammengeordnet. Ab dem 6. Lebensjahr beginnt das Kind seine eigenen Wertmaßstäbe auszubilden, dazu sind integrative Fähigkeiten nötig.

● Die ethische Zuordnung, als die pragmatischen im alltäglichen Leben geschehende Verwendung verantworteter Wertmaßstäbe.

● Fähigkeit zu Engagement und der Ausbildung komplexer sozialer »Gefühle« (wie Verantwortungsbereitschaft, Solidarität).

Im Laufe des Lebens werden immer neue Inhalte in A integriert oder doch an Vorhandenes in A assimiliert. So wird in der zweiten Lebenshälfte, vorausgesetzt es kam nicht zu erheblichen Entwicklungsstörungen, ein neuer Typos komplexer sozialer »Gefühle« entwickelt wie Gelassenheit, Weißheit ... Nicht wenige emotionale Anteile von P und I können durchaus von A und in A integriert werden. Man spricht dann geeignet von »integrierten Eltern-Ich-Anteilen« (iP) bzw. von »integrierten Kind-Ich-Anteilen« (iI).

Nun gelten einige Regeln:

1. Die einzelnen Ich-Zustände lassen sich an Worten, Handlungen, Ausdruck, Umgang mit Emotionen und Werten ... erkennen.

2. Wenn und solange nicht alle Ich-Zustände ausgebildet sind, übernehmen die vorhandenen alle anfallenden Aufgaben.

3. Unterschiedliche Inhalte von Aspekten der Ich-Zustände können zu erheblichen inneren Spannungen und Unsicherheiten führen. Das gilt vor allem, wenn sie widersprüchliche Informationen oder Botschaften enthalten. Vor allem widerstreitende Eltern-Ich-Aspekte, etwa durch verschiedene Wertvorstellungen von Vater und Mutter hervorgerufen, ergeben einen typischen Konflikt, für dessen Auflösung die Transaktionsanalyse Techniken bereit stellt.

4. Damit das A die in P und I gespeicherten Daten optimal nutzen kann, müssen drei Voraussetzungen erfüllt sein:

– die Grenzen der Ich-Zustände müssen stabil sein (sonst kommt es zu Verwischungen, Verwirrungen, Trübungen, Kontaminationen),

– die Grenzen müssen durchlässig sein (sonst kommt es zu Abspaltungen von einem oder mehreren Zuständen),

– die emotionalen Strukturen iP und iI in A müssen prägnant ausgebildet sein.

Diese vierte Regel enthält die Grundlagen der Psychopathologie der Transaktionsanalyse. Sie seien hier angedeutet entwickelt.

Sind die Ich-Grenzen instabil, wird ungeprüft Material aus einem Ich-Zustand in einen anderen übernommen. Man spricht dann von Trübungen (contamination). Folgende Fälle von Trübungen werden beschrieben:

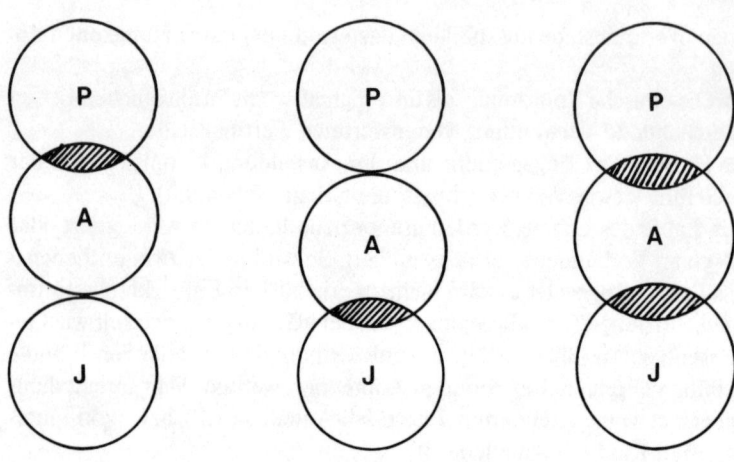

(1) Es wird ungeprüft Material aus P nach A übernommen und so verwandt, als entstamme es dem »Realitätsprinzip« A. Vorurteile sind ein klassisches Beispiel solcher Trübungen.

(2) Es strömt archaisches Material aus I in A ein. Symptome wie Ängste, absonderliche Vorstellungen, Illusionen, Tagträume... können die Folge sein.

(3) Hier addieren sich die beiden Trübungen. Das hat meist zur Folge, daß A sich nicht einwandfrei darstellen kann.

Die Theorie der Transaktionsanalyse führt die meisten *Neurosen* auf solche Trübungen zurück. Die Therapie versucht Trübungen zu klären und Ich-Grenzen zu stabilisieren. Vor allem die Integration als iI oder iP kann oft mühsam sein.

Sind die Ich-Grenzen undurchlässig, kommt es also nicht zu integrierenden Prozessen, ist eine Abspaltung eines Ich-Zustandes möglich. Die Transaktionsanalyse nennt folgende Abspaltungen:

(4) Die Abspaltung von P. Das P konnte nicht ausgebildet werden, entweder weil das Institut »Eltern« nicht wirksam wurde (broken-home-Situation), oder weil es als zu bedrohlich erfahren wurde. Es fehlen jetzt Drohbotschaften, Wertvorstellungen und Kontrollen. Als Steuerungsinstanzen funktionieren nur das launische I und ein überfordertes A. Symptome der Devianz (Kriminalität, Verwahrlosung ...) sind die Folge.

(5) Die Abspaltung des I. Dazu kann es kommen, wenn das I in der

Kindheit tyrannisch unterdrückt und alle seine Äußerungen (Spontaneität, Freude, Spiel ...) negativ sanktioniert wurden. Ein solcher Mensch nimmt alles »tierisch ernst«, er ist nicht selten fanatisch, rechthaberisch. (6) Die Abspaltung von P und I. Hier wurden nun alle elementaren Emotionen in Uneigentliche abgespalten. Ein solcher Mensch mag folgende Symptome zeigen:
– weil er keine Zuwendung erfahren kann, kommt es zum totalen psychischen Kollaps (Psychose),
– in gelegentlichen überheftigen Reaktionen versucht er seinen enormen Fehlbedarf an Zuwendung zu erzwingen (Psychopathie).
(7) Die Abspaltung von A begründet das Symptomfeld der Psychose. Fehlt zusätzlich ein weiterer Zustand, ist ein u. U. tödlich verlaufender katatoner Stupor (Zustand völliger Erstarrung und Unansprechbarkeit) die Folge.

Die Transaktionsanalyse benutzt die Namen für psychische Erkrankungen bewußt nicht als »Urteile«, sondern als therapeutische Handlungsanweisungen, die auf der Beobachtung bestimmter Symptome beruhen. Diese Haltung ist optimal und ideale Voraussetzung für eine gelunge Therapie.

b) Interaktionsanalyse

Wir unterscheiden insgesamt vier verschiedene Interaktionsmuster;
● horizontale Interaktionen,
● diagonale Interaktionen,
● gekreuzte Interaktionen und
● verdeckte Interaktionen.
Die Namen beziehen sich auf die Verbindungslinie zwischen den von zwei Interaktionspartnern dargestellten Ich-Anteilen. Die folgende Skizze mag das veranschaulichen:

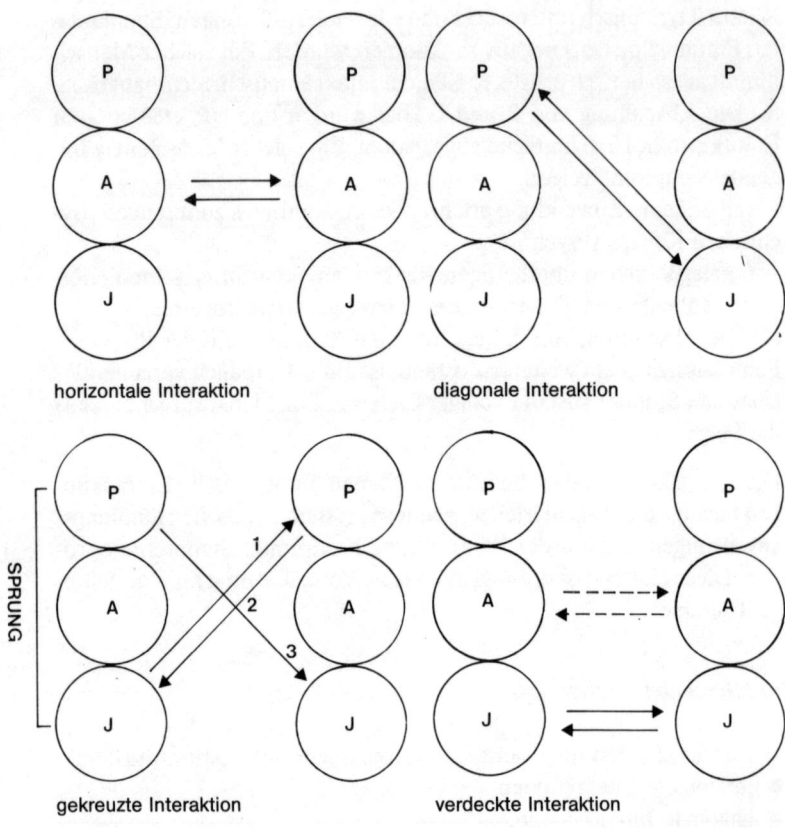

horizontale Interaktion   diagonale Interaktion

gekreuzte Interaktion   verdeckte Interaktion

Gekreuzte Interaktionen kommen durch einen Wechsel des Ich-Zustandes bei einem Partner zustande. Verdeckte Interaktionen maskieren durch eine Interaktionsweise (durch gestrichelte Linie dargestellt) eine andere (meist wird unter der Maske einer A-A-Transaktion eine andere ausgetragen). Während die ersten beiden Interaktionsmuster im Regelfall problemfrei praktiziert werden, sind die beiden letzten ausgesprochen konfliktträchtig.

Um die Schemata zu erläutern, sollen einige Beispiele angeführt werden (nach F. English):

a) A-A-Interaktion.

P. Werden wir pünktlich in Frankfurt landen?
Q. Nein, wir haben etwa 30 Minuten Verspätung.

298

Bei P-P-Interaktionen sind unkontrollierte Gefühle ausgeschlossen. Diese Interaktionen entstehen aus sachlicher Notwendigkeit. Sie sind zudem die einzigen, bei denen es nicht auf Zuwendung (strokes) ankommt. Es gibt jedoch auch eine Reihe von Interaktionen, die sich bloß als solche des A-A-Typs maskieren. Man spricht etwa über einen Menschen oder einen Zustand, ohne die Intention, eigentliche Information zu geben oder zu erhalten.

P: Gestern habe ich in diesem Restaurant eine halbe Stunde aufs Essen gewartet.
Q: Das ist noch garnichts: ich mußte eine ganze Stunde warten.
P: Es ist wirklich schrecklich. Die Leute verstehen nichts von Organisation.
Q: Da müßte man etwas unternehmen.
P: Ja, man sollte wirklich etwas tun.

Dies ist ein Beispiel für eine als A-A kaschierte P-P-Interaktion.

b) I-I-Interaktion.

P: Wir wollen Mutter und Kind spielen. Ich bin die Mutter, du das Kind.
Q: Immer muß ich das Kind sein.

Solche I-I-Interaktionen sind Spiele. Dabei geht es stets um Intimität, um in ihr gemeinsam unbefangen, kreativ, spontan zu sein. Nahezu alle Menschen wünschen sie – aber nur wenige sind zu ihr fähig. Soll ein solches Spiel nicht langweilig werden, müssen sich beide Partner akzeptieren und bereit sein, ihre Gefühle bewußt und ohne Einschränkung zu erleben. Ist das nicht der Fall, wird sich zumeist A einschalten. Dann würde P unseren Dialog fortsetzen mit:
P: Gut, dann wechseln wir ab. Du bist zuerst die Mutter, dann ich.
Ohne Realisationen von A können Interaktionen nicht sehr lange bestehen. Sie erschöpfen sich, werden unverbindlich, egoistisch, langweilig.

c) P-P-Interaktion.

P: Es sieht aus, als hätten wir wieder Verspätung.
Q: Ohne die gehts wohl nicht mehr.
P: Die Busse werden immer unpünktlicher.
Q: Genau das habe ich heute schon meinem Kollegen gesagt: Heute kriegt man nichts mehr so wie früher.
P: Da haben Sie Recht. Alles wird immer schlechter.
Q: Aber bezahlen muß man trotzdem. Und das nicht zu knapp.

Diese Transaktion läuft ohne Absicherung durch Realitätsorientierung ab. Es werden Vorurteile gesagt, verstärkt, bestätigt. Beide Partner empfinden sich bestätigt und o.k. bis hin zu Allmachtsgefühlen.

d) P-I-Interaktion.

P: Ich habe solche Kopfschmerzen.
Q: Ist es denn so schlimm?
P: Ja, ganz schrecklich.
Q: Es wird bestimmt bald besser.
P: Ich kann es kaum noch aushalten.
Q: Dann komm doch mal, ich werde dich ein bischen streicheln.

P. spielt hier die Rolle »kleiner Junge« und Q. die Rolle »gütige Mammi«.

Beide Partner erhalten Zuwendung und Bestätigung.
Hierher gehören aber auch eher negative Interaktionen:

P: Ich habe keine Lust mehr zu arbeiten.
Q: Das kannst du nicht! Du mußt weitermachen.
P: Ich bin aber schon so müde.
Q: Stell dich doch nicht so an. Dann wird es schon gehen.
P: Es ist aber viel zu heiß hier.
Q: Du hast es mir aber versprochen ...

Auch hier soll kein bestimmtes Resultat erreicht werden. Es geht um Zuwendung. Beide Partner sind miteinander beschäftigt. Wird zwischen zwei Partnern einer solchen komplementären Interaktion die Rolle nicht häufig genug gewechselt, kann die Interaktionsrolle zur festen sozialen Rolle werden. Vor allem dann werden gekreuzte Interaktionen als konfliktträchtig empfunden, weil ein Partner aus dem gewohnten Rollenspiel fällt und die erwartete Form der Zuwendung verweigert.

e) P-I/P-Interaktion:

P: Ich habe keine Lust mehr zu arbeiten.
Q: Du mußt aber schon weitermachen.
P: Es ist doch schrecklich mit dir, daß du mich ständig antreibst. Du solltest dich mehr beherrschen.

In dieser Interaktion springt P in ihrem zweiten Beitrag unvermittelt von einem I-Zustand in einen P-Zustand. In solchen gekreuzten Interaktionen kann weder positive noch negative Zuwendung erreicht werden, weil der Partner nicht mitspielt, indem er den Ich-Zustand wechselt. Klassische Beispiele solcher Interaktionen sind stillschweigend herausgehörte Unterstellungen:

300

f)

P: Wo hast du die Steaks gekauft? (A)
Q: Sind sie nicht in Ordnung? (I)
P: Wie spät ist es? (A)
Q: Immer werde ich kritisiert, wenn ich länger ausbleibe. (I)
P: Wie spät ist es? (P an I)
Q: Stell doch nicht so dumme Fragen. (P an I)

Wie kommt es nun zu einem solchen Wechsel der Ich-Zustände, an dem doch niemand Interesse haben sollte, da sie meist einen Abbruch des kommunikativen Geschehens bedeuten und niemandem Zuwendung einbringen. Vermutlich kann hier die Theorie und Praxis der Interaktionsanalyse kaum weiter führen. Ein erstes Licht auf diesen Fragenkomplex mag sie in Lebensrollenanalyse zu geben. Sind schon solche gekreuzte Interaktionen recht konfliktträchtig, so gilt das erst recht für verdeckte. Solche verdeckten Interaktionen maskieren sich zumeist als Angebot zu einer A-A-Interaktion, doch hinter dieser Maske wird eine P-I-Interaktion angestrebt, die den anderen ins Unrecht setzen, den eigenen Selbstwert steigern, den anderen ausnutzbar machen soll. Hier wird also Anerkennung als Selbstanerkennung angestrebt. Es kommt auf den blanken Sieg an. Oft handelt es sich dabei um Vernichtungsspiele (vgl. Seite 235). Ich möchte hier einige solcher verdeckten Interaktionen darstellen:

a) »Warum kommst du so spät nach Hause?«

P: Liebling, warum kommst Du heute wieder so spät nach Hause?
Q: Du weißt doch, daß ich viel zu tun habe.
P: Aber früher hattest du doch mehr Zeit für mich! Du liebst mich nicht mehr!
Q: Das ist nicht wahr ...

b) »Tu mir bitte nichts!«

P: Ich habe heute wieder solche Kopfschmerzen.
Q: Wie kann ich dir helfen?
P: Du kannst mir gar nicht helfen. Du machst es nur noch schlimmer.

Q: Soll ich dich allein lassen?
P: Du bist ein Schweinehund – einen Menschen in einer solchen Situation allein zu lassen ...

Dieses Spiel hat den Zweck der Eskalation der Hilfeleistung, bis sie nicht mehr erbracht werden kann. Menschen wie P. sind die typischen Versager (sie werden mißachtet, ihre Frauen laufen weg, ihre Arbeitgeber entlassen sie).

c) »Du bist ein minderwertiger Charakter!«

P: Ihre Rechnung überzieht den Voranschlag um 10.- DM.
Q: Ja, es mußte ein neues Ventil eingebaut werden. Das war im Voranschlag
nicht vorauszusehen.
P: Aber ich bezahle nur die vereinbarten 500,- DM.
Q: Dann werde ich klagen.
P: Ich habe ja gewußt, daß sie ein minderwertiger Charakter sind.

Hier spielen beide Partner ein Siegspiel miteinander. Beide setzen sich
ins Unrecht. Gewinnen wird der Unverschämtere. Und P. hat als Über-
lebensstrategie gelernt, daß das Infragestellen der charakterlichen Inte-
grität des andern eine wirksame Strategie ist.

d) »Sieh, was du angerichtet hast!«

P: Vati, dürfen wir heute länger aufbleiben?
Q: Ja, aber nur bis 10 Uhr.
P: Mutti, wir dürfen bis 10 Uhr aufbleiben.
R: Das kommt gar nicht infrage. Ihr geht gleich schlafen. (P. heulen – darauf R. zu
Q:) Sieh, was Du wieder einmal angerichtet hast.

R. ist ganz offensichtlich schuldig an diesem Familienstreit. Mit der
Schlußformel versucht sie aber P. die Schuld zu geben. Und das nicht
selten erfolgreich.

e) »Jetzt will ich Dir einmal was erzählen!«

P: Liebling, sollen wir heute abend ausgehen?
Q: Sicher! Das ist aber schön!
P: Ich habe mich auch schon auf den Abend gefreut.
Q: Übrigens brauche ich bald einen neuen Mantel.
P: Dafür haben wir kein Geld.
Q: Aber für dein Vergnügen hast du immer Geld. Ich will Dir mal etwas erzäh-
len: Ich schufte mich ab, und du gönnst mir noch nicht einmal eine kleine Freu-
de.

f) »Wenn Du nicht wärst, dann ...!«

P: Ich werde heute abend länger im Büro bleiben.
Q: Und ich soll zu Hause auf dich warten!
P: Aber bitte, Liebling, hab doch Verständnis!
Q: Nein! Ich versauere hier! Wenn du nicht wärst, könnte ich ein freies und schö-
nes Leben haben. Aber so ...

g) »Ist es nicht schrecklich?«

P: Der Bus hat wieder einmal Verspätung.
Q: Ja, man kann sich auf nichts mehr verlassen.
P: Früher war das alles einmal viel besser.
Q: Ja, das ist schrecklich heutzutage.

h) »Haben Sie schon gehört ...?«

P: Haben Sie schon gehört, die Fräulein T. ist wieder schwanger.
Q: Kennt man schon den Vater?
P: Ich glaube nicht. Die treibts doch mit jedem.
Q: Das wäre in unserer Jugend nicht vorgekommen.

i) »Warum nicht – ja aber ...«

P: Ich tippe alle meine Manuskripte selbst. Und deshalb die vielen Druckfehler.
Q: Warum lernen Sie nicht einmal anständig Maschinenschreiben?
P: Ja, das sollte ich wohl tun. Aber ich habe keine Zeit.
Q: Warum nehmen Sie sich denn keine Schreibkraft?
P: Daran habe ich auch schon gedacht. Aber es ist zu teuer.
Q: Warum finden sie sich dann nicht einfach mit Ihren Fehlern ab.
P: Ja, das möchte ich auch. Aber die Rezensenten, wissen Sie ... Und dann verlegt kein Verlag mehr meine Bücher.

Dieses Spiel ist an sich beliebig lange zu spielen, bis P. ein drastisches Ende setzt, auf das Q. nur noch schweigen kann. P. hat gesiegt. Er hat mitgeteilt, wie fleißig er ist und wie sparsam. Das kommt seiner Selbstachtung zugute.

Von solchen Spielen sind wohl nahezu 50 verschiedene beschrieben und nach der Theorie der Transaktionsanalyse analysiert worden. Um solche Spielchen sicher zu bestehen, bedarf es zumeist einer häufigen Simulation und des Durchdenkens verschiedenster Abwehrstrategien. Im Kommunikationstraining haben wir solche Spiele, unter denen ein Teilnehmer litt, ein Dutzend mal durchspielen lassen. Bis er ein oder zwei erfolgreiche Abwehrstrategien beherrschte. Sicher war damit die Kommunikationsstörung im Regelfall nicht behoben. Doch der Trainierte blieb Sieger und konnte so seine Schuld, Scham, Angst, Mindergefühle reduzieren und – mitunter auch – dem Partner die Freude am Spiel verleiden. Andererseits ist zu bedenken, daß solche Spiele ihren Grund in einem tief liegenden psychischen oder sozialen Konflikt haben können, der oft nur therapeutisch angegangen werden kann.
Ich will diesen Abschnitt zur Interaktionsanalyse schließen mit sechs Regeln, die Th.A. Harris aufstellte, um konfliktträchtige Interaktionen zu vermeiden:

1. Erkenne Dein Kind-Ich (Deine verwundbaren Stellen, Deine Ängste, Deine autonomen emotionalen Abläufe).

2. Kenne Dein Eltern-Ich (Deine festen Überzeugungen und Wertvorstellungen und die Weisen sie auszudrücken).

3. Sei aufgeschlossen gegenüber dem Kind-Ich des anderen Menschen (sprich es an, streichle es, beschütze es, fördere seine Spontaneität).

4. Reagiere bei wichtigen Entscheidungen nicht zu schnell, um dem Erwachsenen-Ich Gelegenheit zu geben, die Ansprüche aus den anderen Ich-Anteilen von der Realität zu trennen.

5. Wenn Du einer Sache nicht zureichend sicher bist, dann laß sie (unausgesprochen).

6. Erarbeite ein Wertesystem, denn ohne ethisches Fundament sind Erwachsenen-Entscheidungen auf die Dauer ungeordnet und ziellos.

c) Analyse einer Lebensrolle

Die Transaktionsanalyse setzt die Technik der Analyse einer Lebensrolle ein, um pathologische Zustände zu beheben. Sie soll hier nicht eigentlich entfaltet, sondern nur, insoweit sie zum Verständnis der transaktionsanalytischen Konflikttheorie nötig ist, dargestellt werden. Das geschieht wohl am besten durch die Entfaltung der wichtigsten Begriffe. *Positionen* oder *Grundhaltungen zum Leben* werden in den ersten drei Lebensjahren aufgebaut. Sie entstehen aus der Weise, wie Grundbedürfnisse befriedigt werden. E.Berne nennt drei Grundbedürfnisse:

● das Bedürfnis nach Anregung (stimulus hunger),

● das Bedürfnis nach Zuwendung (recognition hunger, hunger for strokes),

● das Bedürfnis nach Zeitstruktur (hunger for time structure).

Das Bedürfnis nach Anregung ist ein rein biologisches Bedürfnis. Bleiben Anregungen aus, versucht der Organismus sie durch Innenstimulation zu ersetzen (indem er etwa Halluzinationen produziert). Für die gesunde emotionale, soziale, intellektuelle und volitive Entwicklung eines Menschen ist ein hohes Maß von verarbeiteten Anregungen wichtig. Eine anregungsarme Kindheit ist später nicht mehr zu »heilen«. Mag der Betroffene nun ein schrecklicher »Langeweiler« oder eine schizoide, extrem nach innen gekehrte Persönlichkeit sein. Erst ein gut realisiertes Bedürfnis nach Anregung macht ein gesundes Auftauchen des Bedürfnisses nach Zuwendung (und Anerkennung) möglich. Alle Menschen benötigen solche Zuwendung, oft als »Streicheleinheiten« gegeben, die auf einer symbolischen Ebene das wiederholen, was sie als Kinder an

Zuwendung (nach Häufigkeit und Art) erhielten. Wird das Bedürfnis nach Zuwendung nicht erfüllt, kann ein Mensch die eigenartigsten Strategien wählen, um die Zuwendung zu erzwingen:

● Trotzanfälle und Wutausbrüche,

● Ungehorsam und Beleidigungen,

● Verbrechen oder Vergehen,

● psychische oder somatische Symptome,

● Selbstmord.

Das »Bedürfnis nach Zeitstruktur« meint, daß jeder Mensch eine Gliederung im zeitlichen Ablauf benötigt. Es gibt eine Zeit für ... So gibt es eine Zeit fürs

● Sich-Zurückziehen – Sich in Isolation begeben, sich auf sich selbst einschränken. Das bedeutet Schutz vor sozialer Inanspruchnahme und die Möglichkeit, durch »Selbststreicheln« problemlos Zuwendung zu erhalten, ein hohes Maß an Freiheit und Autonomie. Man kann sich selbst gut finden und sich für wichtig halten.

● Ritual – Sich unproblematisch über Klischees und Umgangsformen mit anderen Menschen auszutauschen. Klischees und Rituale vermitteln Sicherheit im festen Rahmen und überschaubare soziale Strukturen und garantieren ein Mindestmaß an Zuwendung, die ohne großes Risiko zu haben ist, etwa im Begrüßungszeremoniell, bei Coctailparty-Gesprächen ...

● Zeitvertreib – Oberflächlicher sozialer Austausch mit etwa folgenden Zielen:

– Pause einlegen zwischen sozial anstrengenden Aktivitäten,

– Intimität vermeiden,

– Zeit totschlagen,

– Suche nach einem Partner, der sich ausbeuten läßt oder mit dem A-Spiele gespielt werden können.

In manchem ähnelt der Zeitvertreib dem Ritual. Auch er fordert kein erhebliches Engagement und ist eine relativ sichere Weise, Zuwendung zu erlangen. Wie beim Ritual ist der emotionale Gewinn jedoch meist gering.

● Spiele und Manöver (Spiele sind hier verstanden als komplexe Verhaltensweisen, mit denen Menschen versuchen,

– den Realitäten zu entkommen oder

– sie neu zu fixieren.)

Diese Spiele (games) sind nicht zu verwechseln mit dem Spiel (play) etwa des Kind-Ich. Man spricht wohl besser von »Spielchen«. Zumeist wird bei solchen Spielen die Methode der verdeckten Interaktion gewählt. Unter der Maske eines A-Gesprächsangebots geschieht eine P-I-Interaktion, mit dem Ziel, das I des Partners zu besiegen. Wir wollen von P-Spielen sprechen (im Gegensatz zu I-Spielen). P-Spiele suchen Intimität und Verantwortung zu vermeiden, dabei werden diese nicht selten vorgespielt. Das P-Spiel ist ein Spiel mit gezinkten Karten.

Ein großer Teil des täglichen Lebens besteht aus solchen P-Spielen. Sie haben den Zweck:
- den Partner abzuwerten, um ihn besser ausbeuten zu können,
    um sich selbst aufzuwerten,
    um ihm Schuld, Scham, Angst, Mindergefühle beizubringen,
- Verantwortung zu vermeiden oder abzuschieben,
- Forderungen oder Wünschen auszuweichen,
- enge Kontakte zu vermeiden oder zu umgehen.

Das klassische Beispiel eines Spiels ist die Szene rund um einen Alkoholkranken:
- Der Kranke übernimmt im Spiel die Rolle des verfolgten Opfers, für das es nur im Alkohol Zuflucht und Geborgenheit gibt.
- Eltern und Ehepartner übernehmen die Rolle des Verfolgers – hier können sie Ärger und Unzufriedenheit ausleben.
- Arzt und Pfarrer übernehmen die Rolle des Retters - und erhalten so eine Aufgabe, für die sie sich einsetzen können.

Soll dem Kranken ernsthaft geholfen werden, müssen die Mehrzahl der Beteiligten ihre Rolle im Spiel aufgeben und damit von der Befriedigung ihrer persönlichen Bedürfnisse absehen lernen, die ihnen im Spiel mühelos gelingt.

● Aktivitäten – Der Betroffene strukturiert die Situation selbst und bleibt so weitgehend ihr Herr. Die Chance, Zuwendung zu erhalten, ist geringer, da diese von der Bewertung der Handlung durch andere abhängt (conditional strokes). Selbst A-A-Aktivitäten, die auf Grund ihres Arbeitscharakters nur wenig Zuwendung bringen, können von Ritualen, Spielen, Zeitvertreib umrankt und so lustvoll erlebt werden.

Aktivitäten hängen mit Produktivität, Arbeit ... zusammen. Sie können folgende Ziele haben:
- konstruktive Interaktion mit andern,
- Sich-Verbergen oder Fliehen,
- Intimität, die beim Wechsel von A zu I leicht gewonnen werden kann (Lob, Zuwendung und Anerkennung).

● Intimität. – Das ist eine Situation, in der Menschen sich offene und aufrichtige Gefühle im Bemühen um Autentizität wechselseitig entgegenbringen. Viele Menschen suchen solche Vertrautheit und fürchten sie gleichzeitig, denn emotionale Offenheit macht verwundbar. Diese ambivalente Haltung zur Intimität gefährdet sie durch übertriebene Spiele. Die Transaktionsanalyse betrachtet es als eines ihrer wichtigsten Ziele, den Mut zu solcher Offenheit zu vermitteln.

Diese sechs Modi der Zeitstrukturierung gehören zu den Grundbedürfnissen eines jeden Menschen. Wie er sie füllt und wie sie sich zueinander verhalten, das wird in seinen ersten Lebensjahren grundgelegt. Man erkennt leicht, wie sehr auch die transaktionsanalytische Theorie die Bedeutung der frühkindlichen Prägephase für die Ausbildung einer Persönlichkeit betont.

Aus der Weise wie diese drei Grundbedürfnisse (Anregung, Zuwendung, Zeitgliederung) in der Kindheit realisiert wurden, ergeben sich die vier *Grundeinstellungen* des Menschen, die hier kurz referiert werden sollen:

● Ich bin ok – du bist ok (symbiotisch).

Solange das Kind noch in einer physischen oder psychischen Einheit mit der Mutter lebt, ist alles ok. Das Baby erfährt sich als die Person, um die sich alles dreht. Es kommt zur Haltung:»Ich bin ok und alle, die sehen, daß ich ein Prinz bin, sind auch ok«. Diese Haltung wird aber bald schwer erschüttert.

● Ich bin nicht ok – du bist ok.

Erkennt sich das Baby hilflos seiner Umwelt ausgeliefert, erfährt es sich selbst als nicht ok. Die Mutter aber als Quelle von Nahrung, Wärme, Schutz, Freundlichkeit, Zuwendung... ist ok. Bleibt ein Mensch auf diese Position fixiert, wird eine Lebensrolle übernommen, die von Sinnlosigkeitsgefühlen, Resignation oder Depression, Suizidwünschen... bestimmt ist.

● Ich bin nicht ok – du bist nicht ok.

Beginnt das Kind mit Eigenaktivitäten (Laufen...), dann ist die mütterliche Sorge nicht mehr ganz so deutlich – es kann sich zum Teil schon selber helfen. Das erfährt das Kind als Zurücknahme der Zuwendungen. Dieser Zuwendungsverlust sorgt dafür, auch den anderen (die Mutter) als nicht ok zu empfinden. Jetzt gibt es im Leben keinen positiven Aspekt mehr. Die Lebensrolle des Menschen, der dieses Stadium fixiert, ist destruktiv. Richtet sich die Destruktion nach außen, kann es zu Verbrechen kommen, richtet sie sich nach innen, zu schweren psychischen Erkrankungen.

● Ich bin ok – du bist nicht ok.

Diese Position wird nur relativ selten entwickelt. Sie wird wohl nur erheblich bei Kindern, die sich sehr vernachlässigt vorkommen oder die mißhandelt werden. Die Pausen zwischen diesen Negativerfahrungen werden als positiv erlebt. Das Kind kommt zu dem Schluß: Nur mit mir allein bin ich ok – die andern sind ingesamt nicht ok. Wird diese Haltung fixiert, kommt es zumeist zu erheblichen sozialen Erkrankungen (Soziopathie, Kriminalität).

● Ich bin ok – du bist ok (realistisch).

Diese Grundeinstellung beruht *nicht* wie die vorhergehenden auf frühkindlichen unbewußten Erfahrungen und deren Verarbeitung. Sie ist vielmehr Ergebnis der Arbeit des A. Sie kommt zustande durch die Übernahme einer Ethik und der verantworteten und bewußten Entwicklung komplexer sozialer Gefühle (Verantwortungsgefühl, Solidarität ...). Es ist die Haltung des »Gelten und Geltenlassens«. Jetzt gibt es keine Verlierer. Ziel eines solchen Menschen ist es, über die Verwendung pareto-optimaler Strategien jede Interaktion so ausgehen zu lassen, daß alle Beteiligten gegenüber den objektiven Widerständen einer Situation Gewinner sind. Eine Lebenseinstellung, die dies ermöglicht und fördert, ist Ziel jeder Therapie vor dem Hintergrund der transaktionalen Theorie.

Damit ist aber auch zugleich die Grenze der Bedeutung transaktionaler therapeutischer Techniken aufgewiesen. Der so erfolgreich therapierte Mensch wird sich optimal in konkrete soziale Situationen einfügen. Das »Du bis nicht ok« muß jedoch, zumindest gesprochen hin auf unmenschliche oder entmenschlichende Systeme und Strukturen artikulierbar bleiben und zu Handlungskonsequenzen führen, selbst wenn sie vor dem Hintergrund *dieses* System als soziopathisch gewertet werden. Ich vermute, daß hier eine moderne psychoanalytische Theorie positiver zur Konfliktfähigkeit bildet, und ziehe sie deshalb in der Praxis vor.

Die *Lebensrolle* ist ein Lebensentwurf, der alle wichtigen Ereignisse enthält, die im Menschenleben geschehen werden auf Grund der Prägungen der ersten Lebensjahre. Hierher gehören vor allem die Lebenspositionen, (die zu den ok- nicht ok-Einstellungen führen). Ein weiteres Element, das die Lebensrolle bestimmt, sind die »elterlichen Botschaften«. Hierzu gehören vor allem:

● Schlußfolgerungen zum Überleben (survival conclusions) und die
● Entscheidungen, wie am günstigsten Zuwendung erhalten wird (decisions).

Die Botschaften der Eltern kommen zumeist aus dem I der Eltern und werden non-verbal in die archaischen Grundmuster des Kindes (aP und aA) eingebaut.

Die Überlebensschlüsse sagen dem Kind, wie es sich verhalten muß, um im Kampf ums Dasein überleben zu können. Sie bestimmen die Weisen des sozialen Durchsetzens, die Fähigkeit zu vertrauen oder zu mißtrauen ...

Die Zuwendungsentscheidungen implizieren die Basistechniken, durch welche Aktivitäten oder Nicht-Aktivitäten, durch welche Formen von Autonomie oder Heteronomie, durch welche Organisation der Zeitstruktur ... optimal Zuwendung erzielt werden kann.

Offensichtlich sind die so geprägten Inhalte zumeist nicht ideal, da sie das Kind in eine Welt einbaut, die mit der späteren nichts zu tun hat, eine Welt voller dunkler Emotionen, voller Unberechenbarkeit, voller unbeherrschbarer Zufälligkeiten. Auch sind die Techniken selbst nicht einfachhin auf spätere Entwicklungsstadien übertragbar.

So kommt es – wenn das Kind Glück hat – etwa ab dem siebten Lebensjahr unter dem Einfluß verbaler Botschaften der Eltern zur Entwicklung einer *Gegenrolle* (Gegenskript), die die lebenswidrigen Inhalte der archaischen Lebensrolle löschen oder doch neutralisieren kann. Dann werden die festen archaischen emotionalen Muster, die das Erleben und Reagieren auf Umwelt verzerren, einer realitätsgerechten Interpretation und Reaktion auf Umwelteinflüsse und -eindrücke weichen. Damit aber kennt ein Mensch neue und wirksame Mechanismen, um in der sozialen Welt zu überleben.

Gelingt der Aufbau einer Gegenrolle, dann lernt das Kind mit dieser Gegenrolle zugleich andere Weisen und Techniken, Zuwendung zu erhalten, als die frühkindlichen.

Gewinnt jedoch die Botschaft der Lebensrolle die Oberhand über die der Gegenrolle, dann kommt es offenbar zu erheblichen psychischen Störungen. In Verbindung mit anderen therapeutischen Schulen versucht die Praxis der Transaktionsanalyse in solchen Fällen die Elemente der archaischen Lebensrolle emotional erfahrbar zu machen. Es soll zu einer Auseinandersetzung des Menschen mit seinem so geprägten I kommen, das die Lebensrollenbotschaften gespeichert hat und sich verpflichtet fühlt, sie auch auszuführen, da die archaische Furcht vor Strafe durch die allmächtigen Eltern-Figuren wirksam bleibt. In der Verbindung von rationaler Einsicht in die Inhalte der Lebensrolle und deren emotionalem Durcharbeiten kann dann Therapie geschehen (etwa mit den Methoden der Gestalttherapie, des Psychodramas).

Es mag deutlich werden, das die Transaktionsanalyse im Gegensatz zur Psychoanalyse

● den frühkindlichen Prägungen eine fixierende Bedeutung zumißt und sie stärker negativ wertet und

● dem kindlichen Lernerfahren (beim Aufbau einer Gegenrolle) eine stärkere korrektive Möglichkeit zuspricht.

Manöver (racketts) sind Handlungsmuster, die auf Positionen oder auf Botschaften der Lebensrolle zurückgehen. Durch sie sollen archaische emotionale Bedürfnisse befriedigt werden. Im Manöver geht es um einen Ersatz für ein Gefühl, das in früher Kindheit nicht realisiert werden konnte (weil verboten oder abgewertet). Im Manöver werden solche Ersatzgefühle gesammelt und gespeichert, bis es zu einer Entladung kommt. In der Sprache der Transaktionsanalyse spricht man vom »Sammeln psychischer Rabattmarken«. Dabei bedeuten:

● brown stamps – Gefühle des Übelnehmens,
● red stamps – Zorn, Wut, Haß
● grey stamps – Minderwertigkeitsgefühle.

Solche Manöver wiederholen sich ständig. Die Ersatzgefühle erscheinen aufgesetzt, künstlich, sterotyp. So kann man denn nach einigem Training unterscheiden:

● Bedauern von einem Schuldgefühl-Manöver,
● Traurigkeit von einem Depressions-Manöver,
● Freundlichkeit von einem »Liebes-Kind-Manöver«.

Bei solchen Manövern fühlt sich der Partner meist bald ausgebeutet. Wie beim P-Spiel geht es also durchaus um einen emotionalen Gewinn, nur daß er durch Erpressung oder Nötigung gewonnen wird. Dabei wird der Ich-Zustand nicht gewechselt. Weil solche Manöver-Konstellationen relativ stabil sind, ist ein Partner immer der Ausgebeutete. Wird ihm das lästig und durchschaut er diese Mechanismen, kehrt der Ausbeuter meist zum P-Spiel zurück, um so wenigstens ein Minimum an Genugtuung für sich zu erhalten. Vermutlich steht hinter vielen P-Spielen ein gescheitertes Manöver.

Ein Beispiel mag solchen Wechsel von einem Hilflosigkeitsmanöver zu einem P-Spiel mit dem Ziel, den anderen ins Unrecht zu setzen, erläutern:

P: Mir geht es heute wieder so schlecht. (I)
Q: Ich werde dir sofort einen Tee machen, dann geht es dir wieder besser. (P)
P: Das wird mir auch nicht viel helfen. (I)
Q: Ich habe mit deinem Arzt gesprochen. Er sagt, du seist gesund. (A)
P: Ich habe mir gleich gedacht, daß du mich im Stich läßt, wenn es darauf ankommt. (P)

Sie werden bemerkt haben, daß Spiele und Manöver, obschon zumeist auf frühkindliche Prägungen zurückgehend, eine ergiebige und kaum versiegende Quelle von Konflikten sind, die um so reicher sprudelt, je weniger ein Partner sich der Störung nach Herkunft und Inhalt bewußt wird. Ich vermute, daß man sich – ehe man sich mit einem Partner in eine stabile oder längerdauernde Bindung oder Abhängigkeit begibt – über dessen Manöver und wichtigsten P-Spiele klar werden sollte. Man kann sich dann entscheiden, ob man sie für erträglich hält oder nicht. Nicht aber sollte man hoffen, sie schon im Laufe des Beisammenseins ändern zu können. Grundlegende Spielstrategien und Manöver kann weder der Betroffene noch sein Partner ändern. Man muß versuchen, damit zu leben – oder aber sich in Therapie begeben. Und liegt die Störung tatsächlich im Bereich von Spielen oder Manövern, ist sie also prinzipiell aus der Art der Kommunikationsstörung eindeutig auszumachen, dann – denke ich – gewährt die Technik der Transaktionsanalyse oft eine optimale Therapie über ihre Weise der Lebensrollen-Analyse.

Die Konflikttheorie der Transaktionsanalyse erscheint mir also als wichtige und sehr praktische Ergänzung der anderen vorgestellten Konflikttheorien. Wenn sie von spezifisch ausgebildeten Fachpsychologen mit therapeutischer Erfahrung gehandhabt wird, kann sie zu günstigeren und vor allem schnelleren Erfolgen führen als psychoanalytische Techniken. Vorausgesetzt immer, die Diagnose ist richtig gestellt und die Störungen sind im Rahmen der transaktionsanalytischen Theorie sicher und zwanglos zu beschreiben und zu deuten, ohne daß wesentliche uninterpretierte Reste bleiben.

Die Gefahren liegen an zwei Stellen:

● die Lebensrollen-Analyse wird von Autodidakten oder nicht spezifisch vorgebildeten Psychologen unternommen,

● die Beschreibung der Störung und der ihr zugrunde liegenden Ursachen wird unzulässig verkürzt, weil dem Therapeuten nur das begriffliche und therapeutische Instrumentar der Transaktionsanalyse zur Verfügung steht.

Diese Bedenken betreffen jedoch nicht die Interaktionsanalyse. Ich vermute, daß hier die vertiefte Kenntnis der transaktionsanalytischen Theorie manche – wenn auch nicht alle – Kommunikationsstörungen unter psychisch Gesunden erklären und damit im Prinzip behebbar machen kann.

4. Soziale Konflikte

Im vorigen Kapitel habe ich ausführlich über Konflikte gehandelt, die die menschliche Person betreffen, zwischen Menschen spielen, insofern sie Personen sind. Es gibt nun aber auch einen Typ von Konflikten, der zwischen sozialen Einheiten spielt (also zwischen Gesellschaften, Gruppen ...). In solchen Konflikten treten sich zwar auch Menschen gegenüber, aber sie handeln jetzt nicht als individuelle Personen, sondern als Agenten ihrer sozialen Einheit.

Solche Konflikte können – wie schon gezeigt wurde – das Außen einer sozialen Einheit betreffen oder das Innen. Man kann also geeignet von intrasozietären Konflikten sprechen und von intersozietären. Dabei ist zu berücksichtigen, daß zwischen beiden oft ein engere Beziehung besteht, als es auf den ersten Blick scheinen mag. Vor allem können sich intrasozietäre Krisen als intersozietäre Konflikte darstellen.

Die Theorie der sozialen Konflikte ist so alt, wie die Reflexionen von Menschen über die Ursachen von Kriegen oder Revolutionen – den offensichtlichsten Formen sozialer Konflikte.

K. Marx verwandte den Begriff »Konflikt« gelegentlich synonym mit »Widerspruch«. Er verwies auf die Widersprüche der materiellen Basis (etwa zwischen dem Stand der Entwicklung der Produktivkräfte und dem der Produktionsbedingungen). Hier sah er den primären Konflikt. Sekundär erst äußerte er sich in Konflikten zwischen sozialen Gruppen. Der moderne Marxismus verallgemeint:

> Da ein Konflikt durch das Zusammenstoßen gegensätzlicher Interessen oder Bedürfnisse zustande kommt, ist er an die Existenz zielstrebiger Systeme gebunden. Konflikte im gesellschaftlichen Bereich können sowohl zwischen ganzen Gesellschaftsklassen als auch zwischen einzelnen Menschen entstehen. Konflikte zwischen Gesellschaftsklassen beruhen auf dem Gegensatz der entsprechenden Klasseninteressen. Mit der Lösung des Konflikts muß nicht unbedingt auch der dem Konflikt zugrunde liegende Widerspruch gelöst sein. Ob mit der Lösung des Konflikts auch der betreffende Widerspruch gelöst wird, hängt davon ab, ob zum Zeitpunkt der Entstehung des Konflikts bereits alle Bedingungen und Mittel für die Lösung des ihm zugrunde liegenden Widerspruchs gegeben sind. Die Beziehungen zwischen Widerspruch und Konflikt sind nicht eindeutig. Ein und derselbe Konflikt kann auf Grund

ganz verschiedener Widersprüche entstehen, und ein und derselbe Widerspruch kann zu ganz verschiedenen Konflikten führen. Ob auf der Grundlage eines Widerspruchs ein Konflikt entsteht und welcher Art dieser Konflikt ist, hängt sowohl von dem betreffenden Widerspruch als auch von den jeweils gegebenen komplexen Wechselbeziehungen zwischen gesellschaftlichen und individuellen, objektiven und subjektiven, allgemeinen und besonderen, notwendigen und zufälligen Faktoren ab. [»Konflikt« in: Marxistisch-leninistisches Wörterbuch der Philosophie, hrsg. von G. Klaus und M. Buhr, rororo 6156, 593]

Diese Bindung des Konflikts an Widersprüche ist sicherlich ein wichtiger Beitrag für die moderne Konflikttheorie, besonders ergiebig ist sie für die Praxis jedoch nicht, insofern eine eindeutige Zuordnung von Widerspruch und Konflikt nicht möglich zu sein scheint.

Die Begründer der amerikanischen Soziologie sahen im Konflikt eine unvermeidbare Erscheinung aller menschlichen Gesellschaft und den Antrieb zum sozialen Wandel (vgl. etwa Th. N. Carver – 1907).

G. Simmel bestimmte »Konflikt« als psychologisch aufgeladene Unterart des Streits (der stets nach bestimmten Regeln abläuft) mit übergeordneten oder nahestehenden Personen. Doch diese individuale Sicht des Konflikts hat sich nicht durchgesetzt.

Ich will hier eine Theorie des sozialen Konflikts in Fortführung meiner Gesellschaftstheorie zu entwickeln versuchen. Von hierher lassen sich schon – wegen der Pluralität der beteiligten Instanzen und deren möglicher Entgegensetzung – folgende Konflikttypen herausstellen:

● Der Konflikt zwischen sozio-ökonomischem System und dem konkreten Stoffwechsel des Menschen mit der Natur (also etwa zwischen dem Stand der entwickelten Produktivkräfte und den Herrschafts- und Eigentumsverhältnissen).

● Der Konflikt zwischen dem System und seinen Strukturen (wenn etwa die Vermittlung durch entsprechende »Handlungen« nicht erfolgt oder nicht gelingt).

● Der Konflikt zwischen Makrosystemen und auf Autonomie bedachten Mikrosystemen innerhalb der Makrostruktur.

● Der Konflikt zwischen der symbolischen Sinnwelt und der konkreten gesellschaftlichen Vorgabe (etwa der menschlichen Verkehrsformen, die die Interaktionen bestimmen und lenken).

● Der Konflikt zwischen zwei konkurrierenden Sinnwelten.

● Der Konflikt zwischen Subsystemen mit divergierenden Interessen (z.B. Arbeitgeber- und Arbeitnehmerverbänden in der BR Deutschland).

Alle diese Konflikte sind prinzipiell intrasozietärer Art.

314

Auf der Ebene der Makrosysteme sozio-ökonomischer Art in ihrem politischen Gewand sind etwa folgende intersozietäre Konflikte zu nennen:

● Konflikte um territoriale Ansprüche (Grenzkonflikte, Konflikte um Einflußbereiche wie Absatzmärkte, Kolonien)

● Konflikte um die Verteilung von Rohstoffen.

● Konflikte um die Verteilung des von allen Menschen erwirtschafteten Sozialprodukts (Nord-Süd-Konflikt …).

● Konflikte aus verschiedenen weltanschaulichen Ansprüchen (Religionskriege …)

● Konflikte aus dem Bemühen, ein anderes System zu unterwerfen oder zu vernichten (etwa: viele Konflikte des 2. Weltkrieges).

● Konflikte aus kollektivem oder kollektiviertem Haß.

● Konflikte durch die Begrenzung der Entfaltungsmöglichkeiten.

Die Liste der Außenkonflikte ist leicht zu verlängern. Sie interessieren hier weniger, da praktische Lösungsstrategien allenfalls zu erheben sind, wenn übernational anerkannte und *durchsetzbare* Normen vorliegen. Sonst wird – ganz archaisch – die nackte Gewalt oder die Androhung nackter Gewalt diese Konflikte lösen. Wir haben zwar eine ausgedehnte Konfliktforschung, die internationale Konflikte speziell zu analysieren sucht. Aber deren Ergebnisse sind recht dürftig. Im allgemeinen laufen sie darauf hinaus, Techniken anzuführen, die den Kommunikationsabbruch zwischen den potentiellen Konfliktpartnern erschweren. Es handelt sich dabei eher um eine Konfliktprophylaxe als eine Konflikttherapie. Die den Konflikten zugrunde liegenden widerstreitenden Interessen werden nicht aufgehoben. Und so tun wir gut daran, um die Labilität des internationalen politischen Gleichgewichts zu wissen. Jede erhebliche Gleichgewichtsstörung könnte zu einer gewalttätigen Konfliktstrategie führen – und das kann Krieg bedeuten.

Insofern gesellschaftliche Funktionen (als Funktionen eines Systems) Binnen- oder Außenfunktionen sein können, kann dieses Funktionieren Konflikte herbeiführen, durchstehen und beenden lassen.

Ehe jedoch einige dieser Konflikte ausführlicher dargestellt werden, seien hier weitere Unterscheidungen eingebracht, die in der Terminologie der Konfliktforschung eine Rolle spielen:

● *Antagonistisch* ist ein Konflikt, wenn er zwischen Systemelementen mit antagonistischen Interessen stattfindet. Nach marxistischer Theorie sind antagonistische Konflikte notwendige Folgen der Klassengesellschaft und durch die Eigentums- und Herrschaftsverhältnisse im Kapitalismus unlösbar gemacht.

Antagonistisch scheinen also alle *Klassenkonflikte* zu sein. Man wird sie vermutlich als Formen der politischen Auseinandersetzungen innerhalb einer Gesellschaft interpretieren können. Das bedeutet, daß es ihnen nicht primär um Verteilungsfragen geht (wie etwa oft den industriellen Konflikten), sondern letztlich um Fragen des Privateigentums und der damit verbundenen Verfügungsgewalt an Produktionsmitteln und fremder Arbeit (K. Marx) und/oder um Fragen der Herrschaft (R. Dahrendorf). Hat Dahrendorf gegen Marx Recht, dann werden Klassenkonflikte immer dann auftauchen, wenn Menschen institutionalisierte Herrschaft über Menschen ausüben – auch in sozialistischen Gesellschaften. Zumeist versteht man heute konkrete Staatsformen als Formen der politischen Regelung in einer bestimmten Phase der Klassendifferenz. Das aber bedeutet, daß die konkrete Staatsform sich bei veränderter Klassensituation (und damit veränderter Klassendifferenzsituation) neu wird orientieren müssen. Wird ein Klassenkampf terroristisch unterdrückt, spricht man von *Totalitarismus* (etwa: Ostblockstaaten oder faschistische Staaten), wird er anerkannt und institutionalisiert, von *parlamentarischer Demokratie.*

Insofern eine Gesellschaft nur konfliktfrei sein könnte, wenn sie herrschaftsfrei wäre – andererseits aber eine herrschaftsfreie Gesellschaft sehr instabil bleibt, scheint der Klassenkonflikt ein Grundelement des gesellschaftlichen Lebens zu sein.

● *Auflösend* ist ein Konflikt, der innerhalb eines sozialen Gebildes mit dem Instrumentar, das diesem zur Verfügung steht, nicht aufgehoben werden kann, weil Interaktionen, die zur Konfliktlösung führen könnten, nicht mehr geschehen oder nicht mehr möglich sind. Solche Konflikte führen früher oder später zur Auflösung des sozialen Systems. Eine solche Auflösung kann ebensogut schleichend wie unter revolutionärem Getöse erfolgen.

● *Dysfunktional* heißt ein Konflikt, der die Leistung oder den Bestand eines sozialen Systems in Theorie und Praxis infrage stellt. Solche dysfunktionalen Konflikte sind häufig, wenn keine institutionalisierten Mechanismen zur Konfliktbewältigung zur Verfügung stehen.

● *Echt* ist ein Konflikt, der sich nicht selbst zum Zweck hat, sondern von den Parteien als Mittel eingesetzt wird, um ein bestimmtes Ziel zu erreichen. Ein echter Konflikt endet also, wenn dieses Ziel oder ein funktional äquivalentes erreicht wurde. Im unechten Konflikt ist der Konflikt selbst Handlungszweck. Nicht selten werden unechte, von barer Aggressivität geleitete Konflikte, die kein Ziel haben außer dem der Minderung des »aggressiven Drucks«, als echte Konflikte getarnt oder maskiert. Sol-

316

che Tarnungen können durchaus unbewußt geschehen.

● *Industriell* nennt man einen Konflikt, der aus den Interessengegensätzen zwischen Lohnarbeitern und Eigentümern (bzw. dem dessen Interessen vertretendem Management) zustande kommen und ohne grundlegende gesellschaftliche Veränderungen kanalisierbar oder gar auflösbar sind. Als Gegensatz zu industriellen Konflikten sei etwa der Klassenkampf erwähnt, der als Konflikt eine generelle Veränderung der bestehenden Eigentums- und Herrschaftsverhältnisse zum Ziel hat.
Industrielle Konflikte können recht verschiedene Ursachen haben. Nicht selten sind es Probleme

● der Organisation (Aufstiegschancen, strukturelle Gefährdung von Arbeitsplätzen …)

● der technischen Entwicklung (Automation, Einführung von Mikroprozessoren …),

● der Arbeits- und Lohnverhältnisse.

Es scheint jedoch zureichend festzustehen, daß in unserer Gesellschaft Lohnforderungen oft nur einen hohen Symbolcharakter haben und daß es nicht primär um eine Lohnerhöhung geht, sondern ganz einfach um einen Sieg in einer Auseinandersetzung. Insofern die Tarifparteien in der Bundesrepublik Deutschland nicht mehr Solidarverbände sind, sondern längst zu Vereinigungen wurden, die ihre Legitimation nahezu ausschließlich aus dem äußeren Erfolg beziehen, benötigen sie diesen Erfolg, um vor den Mitgliedern ihre Existenzberechtigung deutlich zu machen. Nicht wenige Arbeitskonflikte sind also zu unechten Konflikten geworden, wobei der Konflikt selbst und der Sieg zum Zweck der Handlungen werden, nicht aber ein eigentliches Konfliktziel (etwa eine bestimmte Lohnerhöhung) erkämpft werden soll.
Bei innerbetrieblichen Konflikten wird man nicht selten die Konfliktgründe ausmachen können, wenn man

● die zwischenmenschlichen Beziehungen und Solidarisierungsmechanismen beobachtet bzw.

● den Herrschafts- und Disziplinierungscharakter eines Unternehmens kennenlernt.

● *Informell* nennt man einen Konflikt, der nicht mit dem Mittel der Konfliktlösung ausgetragen wird, sondern informell, wenn solche informellen Konfliktlösungsweisen gesellschaftlich anerkannt sind. Informell wäre etwa ein Konflikt, der beigelegt wird und scheinbar verschwindet, indem man eine der Konfliktparteien aus dem Konflikt ausschließt (etwa durch Parteiverbot oder andere gesetzgeberische oder rechtsprechende Maßnahmen).

● *Institutionalisiert* ist ein Konflikt, wenn er und die Strategien seiner Bewältigung oder Aufhebung gesellschaftlich anerkannten Regeln folgen und sich innerhalb einer allgemein akzeptierten (mitunter gar vertraglich ausgemachten) Form abspielen. Oft sind solche Regeln auch einfach durch verläßliche Routine festgelegt. Wichtig ist bei solchen Konflikten, daß beide Konfliktpartner sich darauf verlassen können, daß der andere den Regeln gehorcht. So sind sicher manche Arbeitskämpfe in der Bundesrepublik Deutschland institutionalisierte Konflikte.

Diese Aufzählung mag deutlich werden lassen, daß sich weder die These, alle Konflikte trügen letztlich zur Erhaltung sozialer Systeme bei, noch die Ansicht, Konflikte seien grundsätzlich dysfunktional, halten läßt. Es gibt Konflikte, die Zeichen der Lebendigkeit eines sozialen Systems sind, aber auch solche, die seinen Todeskampf anzeigen. In jedem Fall aber sind Konflikte Beeinflussungsfaktoren sozialen Wandels. Die Formen und Arten des Konflikts bestimmen weitgehend Tempo und Radikalität des Wandels. Vermutlich läßt sich die These vertreten, daß je intensiver und gewaltsamer ein Konflikt abläuft, desto schneller und grundlegender der durch ihn besorgte Wandel sein wird.

Wir behaupten also nicht »abweichendes Verhalten« (T. Parsons) als Konfliktgrund, sondern Lebensfunktionen eines gesellschaftlichen Systems, das sich, wenn es leben will, wandeln und anpassen muß. Andererseits bin ich auch nicht der Meinung, Gesellschaften seien »Zwangsverbände« (J.J. Rousseau und einige moderne Soziologen) und deshalb seien schon zwingend alle gesellschaftlichen Systeme explosiv. Ich vermute – wie mehrfach gesagt – vielmehr eine Gleichursprünglichkeit von Individualität und Gesellschaftlichkeit der Person einerseits und damit auch vor dem Hintergrund personaler Wertung eine Gleichbedeutendheit von Person und Gesellschaft.

Ich nehme also an, daß sich die Gegensätzlichkeiten und damit auch die potentiell Konflikte auslösenden Spannungsfaktoren unmittelbar aus der zwingenden Struktur sozialer Systeme herleiten. Diese Gegensätzlichkeiten entstehen durch tatsächliche oder vermeindliche Ungleichheiten oder gar Ungerechtigkeiten, die dazu führen, daß eine Gruppe sich benachteiligt fühlt und den Konflikt auslöst. Im echten Konflikt geht es dabei zumeist

● um einen verbesserten gesellschaftlichen Status,

● um einen größeren Anteil an der Macht (und damit um weniger Unterdrückung, Ausbeutung ...) etwa im Rahmen der Strukturen,

● um einen größeren Anteil am gemeinsam erwirtschafteten Sozialprodukt.

Wichtig ist, daß keineswegs eine tatsächliche Ungleichheit, Ungerechtigkeit, Benachteiligung … vorliegen muß, es genügt vielmehr der Verdacht, die Vermutung, man sei oder werde benachteiligt, um den Konflikt auszulösen. Solche Benachteiligung kann vermutet werden, wenn vermeindliche oder tatsächliche Rechte gefährdet erscheinen, selbst wenn das Recht offensichtlich Ungleichheit oder Ungerechtigkeit zu Gunsten des sich benachteiligt Fühlenden festschreibt. Ganz offensichtlich sind solche Gruppenängste niemals auszuschließen und unter jeder denkbaren menschlichen Verfassung von sozialen Gebilden notwendig gegeben.

Ein gesellschaftlicher Konflikt kann sehr verschiedene Ausgänge haben:
● Die Parteien neutralisieren sich – der Konflikt schläft dann nicht selten einfach ein oder weicht aus dem Bereich des Manifesten ins Latente.
● Die Parteien verwunden sich mit dem Ziel, dem anderen mehr und schwerere Blessuren zuzufügen als man selbst erhält. Die ärgste Verwundung in solchem Kampf ist es zu unterliegen. Der Konflikt endet also mit dem Sieg einer Partei.
● Die eine Partei sucht die andere auszuschalten. Ziel eines solchen Konflikts ist nicht die Niederlage des Gegners, sondern seine Vernichtung.

Die vorgestellte Gliederung macht auch deutlich, daß das Hauptinteresse der meisten Sozialwissenschaftler und Soziologen den intrasozietären Konflikten (den Konflikten also zwischen Systemelementen innerhalb einer Gesellschaft) gehört. Für eine Theorie der intersozietären Konflikte (Kriege, Wirtschaftskonflikte, Verteilungskonflikte …) wird eine nur unzureichende Begrifflichkeit bereitgestellt. Nicht selten erweist es sich als Schwierigkeit etwa bei der Erforschung internationaler Konflikte, daß keine adäquaten Worte zur Hand sind.

In folgendem werde ich nun einige Konflikte etwas ausführlicher darzustellen versuchen.

1. Der Konflikt zwischen sozio-ökonomischem System und der Weise wie Menschen ihr gesellschaftliches Leben produzieren.

Dieser Spezialfall eines System-Struktur-Konflikts ist seit Marx zum meistdiskutierten geworden. Nach Marx herrscht in jeder vorkommunistischen Gesellschaft ein Konflikt zwischen Produktivkräften und Produktionsverhältnissen (wobei er mit »Produktion« keineswegs nur die von Waren oder gar nur die industrielle meint, sondern jede Art gesellschaftlicher oder gesellschaftlich vermittelter »Hervorbringung«). Insofern die Produktionsverhältnisse weitgehend ein sozio-ökonomisches System und die Produktivkräfte einen guten Teil der Weise, wie Menschen konkret ihr gesellschaftliches Leben produzieren, definieren, ist dieser erste ausgeführte intrasozietäre Konflikt nicht ganz unähnlich dem von Marx als grundlegend und gesellschaftlichen Wandel in Gang setzend, ja sozialen Fortschritt zuerst gewährleistend, behaupteten Konflikt.

Das sozio-ökonomische System kann zwar weitgehend aber nicht vollständig auf die Eigentumsverhältnisse zurückgeführt werden. Die Entwicklung der Produktivkräfte kann zwar den Rahmen ausziehen, in dem Menschen ihre Verkehrsformen bestimmen müssen oder doch – im Regelfall – de facto dies tun. Sie kann aber nicht die Verkehrsformen selbst zwingend und bindend bestimmen. Also ist dieser erste Konflikttyp deutlich vom gesellschaftlichen Basiskonflikt Marxens zu unterscheiden. Das bedeutet aber auch, daß ich nicht einfach die Theorien und Prognosen der marxistischen Ideologie werde übernehmen können.

Der Unterschied zwischen dem hier aufgeführten Konflikttyp und dem von Marx behandelten besteht vor allem in dem Ersatz ökonomischer Kategorien durch gesellschaftswissenschaftliche. Damit wird Gesellschaft nicht primär von ihrer Ökonomie her definiert, obschon die konkrete Verfassung von Ökonomie erhebliche Folgen für die Eigentumsverhältnisse hat, sondern primär von ihrer Eigenständigkeit und ihrer dialektischen Bezugsetzung zu Person. Damit tritt denn auch zur Charakterisierung der Produktionsverhältnisse nicht primär der Aspekt des Eigentums, sondern der der Herrschaft in den Vordergrund. Das Verhältnis von Person zu Gesellschaft und umgekehrt ist nicht zuerst bestimmt durch Eigentumssituationen, sondern durch Herrschaftspositionen. Dabei sei zugestanden, daß Eigentum und Herrschaft miteinander gekoppelt sein können (nicht aber sein müssen).

Die konkrete Produktion gesellschaftlichen Lebens ist also weniger durch Eigentumsverhältnisse als durch Herrschaftsverhältnisse bestimmbar. Denn in jeder Produktion gesellschaftlichen Lebens, werden über instinktoide Mechanismen Herrschaftsformen ausgebildet. Bislang hat noch jeder Versuch, diesem Mechanismus auszuweichen, zu neuen und oft katastrophalen Krisen geführt, die den psychischen oder sozialen Bestand einer Person bzw. einer Gesellschaft gefährdeten. Es scheint unmöglich, eine Gesellschaft aufzubauen, die davon ausgeht, sie sei eine Assoziation emanzipierter Erwachsener in absoluter Ebenbürtigkeit und unter Verzicht auf Dominanz.

Die utopische Annahme, eine solche Gesellschaft sei begründbar, und der Versuch, sie zu begründen, sind bislang immer gescheitert. Das zeigen die verschiedenen Mühen, eine sozialistische Gesellschaftsordnung aufzubauen. Der Grund des Scheiterns liegt nicht etwa in konkretem menschlichen Versagen, er ist auch keineswegs entschuldbar als Rest eines kapitalistischen und entsprechend entfremdeten Verhaltens, sondern liegt in dem eben erwähnten psycho-sozialen Mechanismus begründet. Der scheint Unter- und Überordnungsbeziehungen zu fordern, obschon ihre genauere Bestimmung weitgehend sozio-kulturell geschieht.

Das aber bedeutet, daß die Weisen, wie Menschen ihr gesellschaftliches Leben produzieren, keineswegs willkürlich gewählt werden können. Der Rahmen, in dem sie diese Produktion vornehmen, ist auch keineswegs bloß durch den Stand der Entwicklung der Produktivkräfte definiert. Es kommt eine sehr viel determinierende und – soweit wir heute wissen – kaum zu beeinflussende Komponente hinzu: das psychosoziale »Bedürfnis« nach Herrschaft und Beherrschung.

Ganz offensichtlich können wir das Bild einer aus gleichwertigen Partnern aufgebauten solidarischen Gesellschaft auch in unserem Selbstverständnis kaum unterbringen. Die Psychoanalyse nennt den Grund: Wir verbinden in uns kleinkindliche Ohnmacht mit narzistischen Allmachtsvorstellungen, die wir ausbildeten, um

● mit dem Gefühl unserer kindlichen Ohnmacht überhaupt leben zu können und

● um aus der unverläßlichen Elternbeziehung in ein verläßlicheres Selbstbewußtsein zu flüchten.

Als Kind erleben wir uns zugleich sehr klein und sehr groß. Nur wenn es uns gelänge, von uns ein (zutreffendes) Bild einer Figur mittlerer Größe zu machen, könnten wir eine Gesellschaft von Individuen gleicher Größe ausbilden,»die ihre Freiheit in dieser Gemeinschaft und nicht gegen sie verwirklichen wollen und die ihre Abhängigkeit untereinander nicht als einseitige Unterdrückungsverhältnisse hassen oder fürchten müssen, sondern als sinnvolles symmetrisches Aufeinanderangewiesensein bejahen können« (H.E. Richter).

Den konkreten Fall habe ich bei verschiedenen Studentenehepaaren erleben können, die sich um eine dominanzfreie Partnerschaft bemühten. Sie konnten allesamt diesen Weg bloß theoretisch, nicht aber emotional durchstehen. Es tauchten in aller Regel erhebliche emotionale Spannungen auf, die in Ängsten gründeten. Versuche, die Emotionalität zu überreden, doch mitzuspielen, sind wohl stets gescheitert. Keine theoretische Einsicht ist stark genug, um einen tiefsitzenden, vielleicht angeborenen emotionalen Widerstand überwinden zu können. Und theoretische Überzeugungen sind eine andere Sache als emotionale Realitäten.

Solche Konflikte zwischen Theorie und Praxis sind durchaus wertvoll, wenn sie nicht von einem borniertem Theoretiker durchgetragen werden, sondern von einem Menschen, der gewohnt ist, Theorie und Praxis aufeinander abzubilden. Sie machen nämlich den tatsächlichen Charakter eines Menschen und einer Bindung ziemlich sicher offenbar.

Vermutlich werden mich nun einige emanzipierte Leser des »Rassismus« verdächtigen, oder einige emanzipierte Leserinnen der Frauenfeindlichkeit. Ich behaupte aber keineswegs, daß der Mann zur Herrschaft berufen sei oder der Eigentümer, sondern nur, daß offensichtlich zwischenmenschliche Bezüge weitgehend bestimmt und institutionalisiert (oder doch ritualisiert) werden durch das Bedürfnis groß und klein, stark und schwach, mächtig und ohnmächtig, herrschend und gehorchend zu realisieren. Alle Versuche, emanzipierte Gleichheit zu praktizieren (auf gleich welcher Ebene auch immer) sind früher oder später an (vorläufig?) unüberwindbaren Widerständen gescheitert. Hierzu gehört sowohl die Partnerschaftsehe wie ein sozialistischer Staat. In allen Fällen kommt es entweder zur Ausbildung meist sehr drastischer Herrschaftssituationen oder aber zum Zerfall des Systems.

Ich vermute, daß die Illusion J.J. Rousseaus von emanzipierten, selbststarken Menschen, die miteinander einen Sozialpakt schließen und so politische Gesellschaft (Staat) begründen, daß eine solche Konzeption abstrakt ist. Und das aus mancherlei Gründen:

● Der von Rousseau geforderte Mensch hat vermutlich nie gelebt, da es nahezu unausweichlich ist, daß der kleine Mensch (das Kind also) sich gegenüber Erwachsenen schwach und ohnmächtig fühlt und in seiner »Menschenwürde« alltäglich oft beleidigt wird. Ebenso unausweichlich bildet ein solches Kind, um psychisch überleben zu können, Allmachtsvorstellungen aus. In dieser Spannung zwischen Zwerg und Prometheus lebend, wird es sich einmal eher als dieser, ein anderes Mal eher als jener fühlen. Nur die Situation der Mitte ist extrem labil und emotional nur begrenzt lange durchzustehen.

● Rousseau übersieht die Gleichursprünglichkeit von Individualität und Gesellschaftlichkeit, indem er Gesellschaft als eine über freien Konsens freier Individuen zustande gekommene Assoziation definiert.

Umsomehr beweisen Beispiele, wie tief das hierarchische Beziehungsmuster psychisch verwurzelt ist. Es besteht eine fast zwanghafte Anfälligkeit dafür, sich das Zusammenleben miteinander primär als eine offene oder versteckte einseitige Abhängigkeit vorzustellen. Eine Seite ist immer die kindliche und schwache, die andere die erwachsene und dominante. Und ist diese Struktur nicht klar erkennbar, dann ist man unter Umständen sogar unbewußt genötigt, sie durch provokative Manöver hervorzulocken. Es regen sich Gefühle des Mißtrauens, die es stets zuwege bringen können, das Machtproblem zu produzieren, das man vermeiden zu wollen sich einredet (H.E. Richter).

Während also in Mikrosystemen eine Anpassung der Herrschaftsverhältnisse an die Weise der konkreten Produktion gesellschaftlichen Lebens im Regelfall zu überschaubaren Konfliktsituationen führt, ist das im Bereich der Herrschaftsverhältnisse in Makrosystemen (etwa dem sozio-ökonomischen einer volkswirtschaftlichen Einheit) sehr viel schwieriger. Hier kann es zu Ungleichzeitigkeiten kommen. Das heißt: die Herrschaftsverhältnisse entsprechen nicht mehr der Weise, wie konkret Menschen ihr gesellschaftliches Leben hervorbringen. Einige Beispiele mögen solche Ungleichzeitigkeit erläutern:

● Nicht wenige junge Menschen leben in freier Gemeinschaft miteinander in einem »eheähnlichen Verhältnis« – die in Gesetz und Moral artikulierten Herrschaftsverhältnisse sehen solche Assoziationen nicht vor oder denunzieren sie als unsittlich.

● Im Bereich der Produktion industriell verwertbarer Energie kommt es zur Ausbildung von Werken, die sich mit Gebietsmonopol und weitgehend im öffentlichen Besitz einer marktwirtschaftlichen Ordnung entziehen. Dies mit steigender Tendenz, da Kraftwerke zunehmend zu teuer werden, um privatwirtschaftlich betrieben zu werden.

● Im Bereich des EG-Agrarmarktes kommt es zu Versuchen, den Landwirten ein gesichertes und vorausberechenbares Einkommen zu sichern – und das weitgehend unabhängig von der Nachfragesituation für landwirtschaftliche Produkte und von den Marktpreisen außerhalb der Gemeinschaft.

● Der Bürger kann inhaltlich praktisch keinen Einfluß auf die in den Parlamenten gemachte Politik nehmen, da er nur alle vier Jahre eine Partei wählen darf – ohne den geringsten Einfluß darauf zu haben, was diese dann politisch, wirtschaftlich, sozial unternimmt. Die mitbestimmende Demokratie ist im Politischen sehr viel weniger entwickelt als im Bereich des Privaten oder des Betrieblichen. Ganz offensichtlich ist die in der Bundesrepublik Deutschland (gegen das Grundgesetz) entwickelte Mischung aus Parteien- und Kanzlerdemokratie nicht vereinbar mit dem generell sich in anderen Bereichen entwickelndem Verständnis von Mitbestimmung und Mitverantwortung.

● Die Gewerkschaften entwickeln sich (vorläufig noch) zu staatstragenden etablierten Institutionen – viele Arbeitnehmer aber wünschen sich Solidargemeinschaften (wie sie die Gewerkschaften einmal waren). Sicherlich ist diese Liste zu verlängern. Hier wären u.a. zu nennen die Ablösung der Politik durch Soziotechnik und Bürokratie oder die Neuorientierung der Verteilungskämpfe an neu bewußt gewordenen Bedürfnissen. In allen Fällen beobachten wir, wie die etablierte Struktur eines Systems in die Nachzeitigkeit gerät zu konkreten Verhaltens- und Erwartungsmustern. Aus dieser Zeitverschiebung entsteht mit einiger Gewißheit ein Konflikt.

Dieser Konflikt manifestiert sich beim betroffenen Menschen meist in
● unguten Gefühlen,
● latenter bis offener Unzufriedenheit (die sich zeigt in Emotionen wie Unlust,»Staatsverdrossenheit«, politischer Resignation),
● Verweigerung endlich der Internalisierung wichtiger Wertordnungen und Sinnweltinhalte, von denen sich früher einmal eine konkrete Gesellschaft her selbst definierte.

Diese Stufen und Formen der Verweigerung sind – wenn sie allgemein werden – durchaus ein Zeichen einer ernsthaften Gefährdung eines sozialen Systems. Es kann versuchen, sich in seinen typischen Aktivitäten den veränderten Bedingungen der Systemelemente anzupassen. Mißlingt der Versuch oder wird er erst gar nicht unternommen (meist deshalb, weil es den»Mächtigen« an Realitätssinn fehlt – ähnlich den in den Omnipotenzträume flüchtenden Kindern, die sie einmal waren), dann kann es zu einem Stau an Unzufriedenheit kommen, der zu einer schleichenden oder offenen Revolution führt. Der Untergang der Republik von Weimar mag exemplarisch genannt werden.

Doch sei auch der klassische Konflikt erwähnt, der entsteht, wenn sich die Situation im Bereich der Produktivkräfte erheblich ändert und die Produktionsverhältnisse durch Moral und Rechtsordnung stabilisiert werden. Änderungen im Bereich der Produktivkräfte sind etwa:
● Veränderungen im technischen Bereich (Mikroprozessoren, Computer …),
● Veränderung im Bereich der Rohstoffe (Verknappung, neue Materialien …),
● Veränderung im Bereich der Menschen (die Internalisierung gesellschaftlicher Normen unterbleibt …).
Verweigert nun ein sozio-ökonomisches System in seinen Strukturen eine zureichende Anpassung der Produktionsverhältnisse an veränderte Produktivkräfte, wird sich – nach Marx –

● wenn die Produktivkräfte unter dem Mantel der bestehenden Produktionsverhältnisse ihre optimale Entwicklung erreicht haben und
● wenn im Schoß der alten Gesellschaftsordnung neue Formen der Produktionsverhältnisse herangereift sind,
in einem revolutionären Umsturz der bestehenden ökonomischen (und mittelbar auch der politischen) Ordnung eine neue Verfassung durchsetzen, die den bestehenden Produktivkräften neue Entwicklungschancen bietet und sie zur weiteren Entfaltung anregt.

Für Marx ist dieser Konflikt notwendig und im Prinzip positiv, weil endlich zu einer Gesellschaftsordnung führend, in der alle von der ökonomischen Verfassung ausgehenden Entfremdungen behoben sind (Kommunismus).

Kritisch ist hier anzumerken:

● Es ist fraglich, ob ein marxistischer also ein ökonomischer Sozialismus funktionieren kann, geht er doch von einem Menschenbild aus, das nachweislich falsch ist.

● Es ist fraglich, ob der optimistische Grundentscheid Marxens, nach dem die Weltgeschichte positiv (über den Kommunismus) ausläuft, eine ernsthafte Theorie für sich haben kann. Prinzipiell läßt sich mit gleichem Maß an Wissenschaftlichkeit (nämlich mit gar keinem) auch behaupten, die Weltgeschichte ginge übel aus – etwa mit der Selbstvernichtung der Menschheit.

Andererseits hat Marx Recht, wenn er annimmt, daß die von ihm beschriebene Situation eines sozialen Systems außerordentlich brisant sei und in aller Regel zu einer Veränderung des Systems führt. Ich vermute aber, daß Marx vor allem dann irrt, wenn er sich als Prophet einer künftigen Welt versucht. Er setzt voraus, daß die Weltgeschichte einen für Menschen erkennbaren Sinn habe – und daß er ihn erkannt habe. Nun ist die erste Prämisse ausgesprochen problematisch – die zweite aber ziemlich überheblich.

Doch sollte man bei aller Marx-Schelte nicht vergessen, daß seine Theorie des sozialen Wandels allemal qualitativ besser war als die aller seiner »bürgerlichen« Zeitgenossen. Und gegenüber den liberalen Visionen immerhin den Anschein der Wissenschaftlichkeit mit sich hatte. Das ist mehr als garnichts. Ärgerlich ist nur, wenn Marx-Adepten von »wissenschaftlichem Sozialismus« reden. Und dann nichts anderes als Plausibilitätsargumente anführen. Sie haben offensichtlich niemals gehört, daß sich wissenschaftliche von alltäglichen Behauptungen dadurch unterscheiden, daß man sie nicht nur plausibel machen muß, sondern auch beweisen können sollte – und das somit ein erheblicher Unterschied zwischen Gewißheit und Sicherheit einerseits und Wahrheit andererseits besteht, den zu verkennen gerade eine Eigenschaft ideologischen und nicht-wissenschaftlichen Vorgehens ist. Man kann schließlich allen möglichen Blödsinn plausibel machen – wie die Erfahrung und die Dialektik lehren.

2. Der Konflikt zwischen einem System und seinen Strukturen.

Will ein System funktional werden, bedarf es institutionalisierter (oder in seltenen Fällen auch spontan ausgebildeter) Strukturen. Da nun die Funktionabilität nach Innen und Außen ein Systemkriterium ist, ist für jedes System eine bestimmte Strukturierung nötig, die es ihm erlaubt, seinen »Sinn« zu realisieren und zu praktizieren. Unaufgebbar sind für Makrosysteme die Strukturen, die seine Rechts- und Sittenordnung garantieren und stabilisieren. Beide werden stets von Innen und Außen infrage gestellt. Denn kein System ist so stabil, daß es nicht wesentlich gefährdet wäre. Diese Gefährdung ist nichts anderes als der negative Ausdruck der grundsätzlichen Wandelbarkeit eines Systems – oder auch seiner Ersetzbarkeit durch ein anderes. Zu wichtigsten Strukturträgern des sozio-ökonomischen Systems »BR Deutschland« gehören etwa:

● Der »Staat« (als rechtsetzendes, rechtdurchsetzendes, rechtverwaltendes Subsystem), organisiert nach den Regeln des Grundgesetzes.

● Die »öffentliche Meinung« wie sie getragen und gebildet wird von Kirchen, Parteien, Gewerkschaften, Presse ...

● Parteien, Gewerkschaften (und andere »gesellschaftlich relevante Gruppen«, die auf der Makroebene tätig werden), insoweit ihnen die Artikulation des Volkswillens (sehr oft mit einer Manipulation dieses Willens verbunden) gegenüber anderen Strukturen (den politischen, ökonomischen ...) obliegt.

● Die gemeinsamen Überzeugungen der Führenden von einem deutschen Staatsvolk, von der Überlegenheit einer marktwirtschaftlichen Ordnung, von der Bundesrepublik als Rechts- und Sozialstaat, von dem Primat der Person vor der Gesellschaft, von dem sozial verpflichtenden Recht auf Eigentum an Produktionsmitteln und fremder Arbeitskraft ... kurzum die gesamte symbolische Sinnwelt in ihren gesellschaftlich relevanten Anteilen.

Wie schon gezeigt (Seite 117f) gibt es sehr verschiedenartige Strukturen. Sie sind keineswegs alle institutionalisiert. Allen aber gemeinsam ist, daß ein inhaltliches oder formelles Infrage-Stellen der einen oder der anderen Struktur erhebliche Sanktionen der Systemorgane nach sich zieht. Und das sind nach Lage der Dinge politische Organe. Kaum jemand, der nicht zu dem Was und Wie der Struktur des sozio-ökonomischen Systems der BR Deutschland Ja sagt, wird in Entscheidungspositionen aufrücken können, die für das System erheblich sind.

Und dennoch scheint heute ein Zustand eingetreten zu sein, der vermuten läßt, daß die Vermittlung zwischen System und seinen konstitutiven Strukturen nur noch bedingt funktioniert. Dabei kann davon ausgegangen werden, daß die institutionalisierten Strukturen noch im Wesentlichen intakt sind. Auch ist die »öffentliche Meinung«, insofern sie von den Massenmedien formuliert und artikuliert verbreitet wird, durchaus systemtragend oder doch stützend. Das mag deutlich geworden sein in den Fällen terroristischer Anschläge. Die Massenmedien, zumindest die meinungsbildenden, reagierten heftig gesellschaftsstabilisierend. So konnte man in einer renommierten deutschen Tageszeitung, die keineswegs unbedingt »rechts« steht, lesen, daß man sich alle jene werden merken müssen, die die noch nicht rechtskräftig verurteilten Häftlinge der ersten Terroristengeneration (A. Baader, U. Meinhof, J.-C. Raspe, I. Möller ...) mit Herr Baader oder als Frau Meinhof ... anredeten. Die universelle und durch Massenmedien angeheizte Staatshysterie erlaubte gesetzgeberische Maßnahmen, die sonst kaum möglich geworden wären, setzte aber andererseits auch faschistoide Reaktionen frei, die nicht übersehen werden dürfen. Hierzu sind durchaus auch Handlungen wie die H. Wehners zu rechnen, der die wenigen Bundestagsabgeordneten der SPD, die sich in der Sache des Kontaktsperregesetzes der Stimme enthielten, öffentlich im Bundestag abkanzelte. Leider fiel nicht das Wort von den »vaterlandslosen Gesellen«, dann wäre vermutlich auch Lieschen Müller das faschistoide solcher Eruptionen deutlich geworden (zumindest, wenn sie im Geschichtsunterricht mal gerade aufgepaßt oder sich in der Geschichte der SPD ein klein wenig ausgekannt hätte). Die äußerst heftige Reaktion der Systemstrukturen im Fall der Terrorismusangriffe, die das System treffen sollten und trafen, läßt jedoch keineswegs den Schluß zu, hier sei alles in Ordnung. Folgende Probleme sind zu bedenken:

● keineswegs alle Bundesbürger fühlen sich in ihrer Meinung durch die repräsentativen Massenmedien vertreten,

● keineswegs alle Bundesbürger wissen sich durch die etablierten »gesellschaftlich relevanten Gruppen« zureichend oder überhaupt ernsthaft vertreten,

● hysterische Reaktionen künden immer Funktionsstörungen an,

● die Inhalte der kollektiven Überzeugung der Führenden (der »Konsens aller Demokraten«) betrifft vermutlich immer weniger Sachverhalte und scheint durch relativ belanglose politische Konflikte gefährdet (damit verbunden ist eine Verrohung des politischen Stils und eine Polarisierung der politischen Überzeugungen).

Dieses alles läßt vermuten, daß einzelne Systemteile, mögen es nun Personen sein oder Gruppen, sich aus dem System BR Deutschland auszugliedern beginnen, indem sie sich etwa innerlich verweigern oder auch nur die Wertordnung nicht mehr internalisieren (und so zu ihrer eigenen machen). Die Vermittlung zwischen dem Systemrahmen und seinen Strukturen – damit aber auch die Funktion des Systems nach Innen und Außen – scheinen gestört.

Nach den Gründen für solche Störung zu fragen, ist keineswegs müßig, wennschon auch nicht sonderlich erfolgversprechend. Ich vermute folgende Gründe als erheblich:

● Der Staat dehnt seine Anspruchszone durch immer weitergehende Reglementierungen so weit aus, daß der Raum der staatsfreien Betätigung und der politisch spontanen Aktivität (ja auch der ökonomischen oder sozialen …) immer enger wird. Aus dieser reglementierten Welt scheint es nur den Ausweg der inneren Verweigerung zu geben.

● Der Staat scheint an erster Stelle die Interessen der ökonomisch (oder auch politisch) Mächtigen zu schützen (seien es Einzelne oder Gruppen), nicht aber, wie es seine Pflicht und eine seiner vornehmsten Aufgaben wäre, den Anspruch des ohnmächtigen, schwachen Individuums auf Schutz vor den Ansprüchen der Mächtigen durchzusetzen.

● Der Staat scheint nicht mehr politisch oder gar ethisch zu funktionieren, sondern nur noch ein Systemorgan zu sein, das möglichst technisch-optimal politische oder ökonomische Schwierigkeiten des Systems behebt.

● Unter der Hand scheint sich in manchen Fragen so etwas wie eine »Pressezensur« in der BR Deutschland auszubilden, insofern die Verantwortlichen prinzipiell systemgefährdende Beiträge nicht zulassen. Solche Zensur über (oft unbewußt) ablaufende psychische oder soziale Zwänge kann durchaus erheblicher und fataler sein als eine von sichtbaren institutionalisierten Instanzen ausgeübte. Das wissen wir etwa vom Beispiel der DDR.

● Viele »gesellschaftlich relevanten Gruppen« scheinen entweder zu reinen Systemorganen geworden zu sein (Kirchen, manche Parteien), oder aber barem Gruppenegoismus zu huldigen (Gewerkschaften, Unternehmerverbände …). Ganz offensichtlich fällt es vielen Bürgern schwer, ihre sozialen, wirtschaftlichen, politischen Interessen, bei einer dieser Gruppen aufgehoben zu wissen. Das legitime Anliegen der früheren APO stellt sich heute noch in manchen Formen von Bürgerinitiativen vor.

Wie aber wird eine solche Krise enden? Vermutlich indem der Konfliktgrund behoben wird. Der aber ist eine Überinstitutionalisierung der Systemstrukturen. Man kann sich natürlich fragen, ob nicht jedes System notwendig zum Perfektionismus neigt und sich dabei durch Überinstitutionalisierung selbst umbringt. Mit solchen Überinstitutionalisierungen sind nämlich nicht nur Distanzierungen der Systemteile vom System verbunden, nicht nur Vermittlungsschwierigkeiten zwischen System und seinen Strukturen, sondern auch und vor allem die Unfähigkeit, sich rechtzeitig und exakt den konkreten politischen und ökonomischen Notwendigkeiten anzupassen. In dieser Adaptationsschwierigkeit reduziert sich dieser Konflikt auf den vorher genannten. Das System wird also durch ein Flexibleres abgelöst werden müssen. K. Marx meint: Revolution sei nicht nur nötig,

weil die herrschende Klasse auf keine andere Weise gestürzt werden kann, sondern auch, weil die stürzende Klasse nur in einer Revolution dahin kommen kann, sich den ganzen alten Dreck vom Halse zu schaffen, um zu einer neuen Begründung der Gesellschaft befähigt zu sein. (MEW 3,36)

Vielleicht braucht ein Staatsvolk die gelegentliche Chance eines relativen Neuanfangs, um bestehen und leben zu können. Es wird dann ein bestehendes System mehr oder weniger behutsam aufheben – einer Schlange ähnlich, die sich ihrer zu engen Haut entledigt.

3. Der Konflikt zwischen dem Makrosystem und den auf Autonomie bedachten Mikrostrukturen

Dieser Konflikt scheint zumindest latent immer dann vorhanden, wenn Herrschaft ausgeübt wird. Jede Realisation von Herrschaft mindert nicht unerheblich die Mühen von Systemteilen nach Autonomie und Initiative. Gehen wir einmal davon aus, daß alle psychisch gesunden Menschen und alle sozial gesunden Systemteile ein Mehr an Freiräumen für Initiative und Autonomie anstreben, dann ist dieser Konflikt grundsätzlich systemimmanent und prinzipiell unvermeidbar.

Ganz allgemein scheint zu gelten: Wird eine Gruppe nicht vom System oder seinen Strukturen geschluckt und so weitgehend gleichgeschaltet, bildet sich innerhalb dieser Gruppe eine Tendenz aus, sich gegen das System (oder doch außerhalb seiner Einflußsphäre) einen Freiraum zu schaffen, in dem Initiativen und Autonomie entwickelt werden können. Die Beschneidung der Initiative durch ein sich perfektionierendes System wird dann zu dem unter 2. genannten Konflikttyp führen. Damit werden Gruppen automatisch gegen das System oder aber in einer von dem System prinzipiell nicht beherrschbaren Art im Systemaußen initiativ.

Nun wird ein System durch weitere Reglementierungen versuchen, eine solche Entwicklung abzufangen oder gar unmöglich zu machen. Das kann geschehen durch Auflösung der Gruppe oder durch ihre Integration in Systemfunktionen. Der erste Weg führt in der Regel zur inneren Emigration der Gruppenmitglieder oder auch zum Verschwinden in den Untergrund. Die zweite Strategie führt aber zur Zerstörung der Gruppe, selbst wenn sie mit den gleichen Mitgliedern und unter dem gleichen Namen weiterbestehen sollte. Denn die zwangsweise Veränderung der Gruppenziele wird auch dann zur Zerstörung führen, wenn der Zwang nicht unmittelbar die Ziele anspricht, sondern etwa über finanzielle Zuwendungen oder deren Verweigerung ausgeübt wird. Eine Gruppe mit einigem Charakter wird sich in solchen Fällen ohnehin auch formell auflösen

Die auf Autonomie bedachten Mikrosysteme können jedoch schon von Anfang an nicht als Systemteile des Makrosystems konzipiert sein. Einem solchen Konzept begegnen wir mitunter in den heutigen »Jugendreligionen«. Hier versagt das System ganz offensichtlich.

● Es fragt nicht, was denn eigentlich das Problem der sich so absetzenden Jugendlichen sei, das sie aus der Gesellschaft auswandern läßt, sondern sieht die Schuld entweder beim Jugendlichen oder bei den Missionaren der neuen Sekten. Man fragt nicht nach den Mißständen, die Jugendliche aus dem System heraustreiben, sondern geht von der falschen Voraussetzung aus, im Prinzip sei doch alles in Ordnung.

● Es erkennt nicht, daß in solchen Jugendreligionen nur in ohnmächtiger und hilfloser, mitunter gar abwegiger Art, das ausgetragen wird, was die versteckte eigene Krankheit ist. Vermutlich würden die meisten der sich lösenden Jugendlichen nicht auswandern, wenn das System mehr von dem bieten würde, was gerade junge Menschen noch den Mut haben offen zu suchen: Zuwendung, Solidarität, Beschäftigung mit Wesentlichem (Frage nach Sinn und Glaube), Zeit für Kommunikation, die nicht appelliert oder informiert.

Somit erkennt es ebenfalls nicht, daß es dringend der Hilfe durch so sensibilisierte junge Menschen braucht, die es in totaler Verkennung seiner eigenen Bedürfnisse nach außen lenkt. Eine menschliche Gesellschaft ist etwas ganz anderes als eine ökonomisch oder politisch erfolgreiche. Letztere ist ziemlich überflüssig – erstere wohl notwendig zum menschlichen Leben.

> Wenn man davon ausgeht, daß die sich absondernden Jugendkulturen zugleich abgesondert werden, daß die sich abgewiesen fühlende Mehrheit zugleich selbst aktiv abweist, und daß im Grunde ein innerlich zusammenhängendes Problem ist, was sich hier gegeneinander polarisiert, dann muß es im Sinne einer konstruktiven Lösung darauf ankommen, sich die Verbundenheit miteinander sichtbar zu machen. Das ist – vor jeder moralischen Wertung – ein simpler logischer Schluß. (H. E. Richter)

Ist aber das System, etwa in seinen Strukturen, noch überhaupt zu solch einer Leistung fähig – oder aber reagiert es in seinen kirchlichen Strukturen auf die Jugendreligionen ähnlich hysterisch wie in seinen politischen auf den Terrorismus? Ich vermute, daß man durchaus Aspekte sehen kann, die es nicht schwer fallen lassen, diese Frage zu bejahen.

Die Jugendsekten gefährden den etablierten Bereich der Systemstrukturen und damit mittelbar oder unmittelbar auch das System selbst. Sie sind unbeherrschbar. In ihnen geschieht Bedürfnisbefriedigung ohne etablierte Kontrolle (und sei es auch nur die Befriedigung religiöser Bedürfnisse). Vor allem aber ist es die Größe der angesprochenen Gruppe, die Probleme aufwirft.

Währte das Jugendalter noch vor gut 50 Jahren etwa sieben Jahre lang (13 bis 20), so beginnt es heute schon oft mit dem 10. Lebensjahr und endet erst mit Beginn des 4. Lebensjahrzehnts. Die Verdreifachung der psychischen Reifezeit innerhalb zweier Generationen erlaubt es nicht mehr, solche Jugendreligionen als vernachlässigbare Ereignisse im Horizont jugendlicher Verwirrung zu interpretieren. Man kann nicht einfachhin »die Jugend« als eine psychische und/oder soziale Erkrankung abtun, die die Zeit selbst heilt. Denn das tut sie keineswegs immer. Und junge Menschen im dritten Lebensjahrzehnt sind intellektuell geschulter, organisatorisch geschickter als die oft 10 Jahre jüngeren der Großeltern- (und zum Teil auch der Eltern-)generation. Mit dieser Dehnung der Jugend auf eine zwei Jahrzehnte umfassende Phase ergeben sich für jede Gesellschaft konkrete Probleme, die sie entweder lösen oder an denen sie untergehen muß.

Ich vermute, daß die beiden Unfähigkeiten, die oben erwähnt wurden, offensichtlich sind und irreperabel. Es fällt mir schwer, an eine Selbsttherapie des Systems zu glauben. Diese ist umso unwahrscheinlicher als sich die zuständigen Strukturen des Systems, sich auf völlig abwegige und ungeeignete Weise mit dem Problem auseinandersetzen. Sie vermuten, es handle sich um ein Marketing-Problem der etablierten Institutionen, die nur ihr Angebot genügend attraktiv machen müssen, um wieder glaubwürdig zu wirken. Das Problem liegt tiefer. Es liegt zum guten Teil in dem offensichtlichen Gleichschaltungsversuch von Struktur- und Systeminteressen. Bei dem durchaus berechtigten Mißtrauen, daß jeder junge Mensch (zumindest der psychisch und sozial gesunde) etablierten Organisationen entgegenbringt,

● weil er auf ihre Wert- und Organisationsstruktur kaum Einfluß nehmen kann,

● weil er vermutet, daß er hier nur »integriert« und zu einem brauchbaren Systemteil herangezüchtet werden soll,

bei solchem oft durchaus berechtigtem Mißtrauen, wird er – wenn eben möglich – die Integration in ein Vollzugsorgan des Systems verweigern. Und das umso heftiger, je intelligenter, je sensibler und je kritischer er ist. Daß diese drei Eigenschaften ihn keineswegs davor schützen, sich in noch belastendere Abhängigkeiten zu begeben als jene, denen er zu entgehen hofft, ist offensichtlich. Aber Ablehnung macht ebenso blind wie Liebe.

Die Blindheit der Systemliebe ist nun aber beachtlich bei nahezu allen »Integrierten« entwickelt. Ich vermute, daß es Gründe der Selbstachtung und der Gruppenzwänge sind, die sie ganz offensichtliche Mißstände nicht sehen lassen. So neigt das System dazu, Menschlichkeit auf dem Altar der Effizienz, des Erfolges, des Konsums ... zu opfern. Menschlichkeit ist kaum eine Kategorie, die im Horizont politischer oder ökonomischer Entscheidungen eine tatsächliche (dagegen oft eine maskierende und vorgegebene) Rolle spielt. Ich kann es verstehen, wenn junge Menschen da nicht mitmachen.

Vermutlich werden einige Leser mir in dieser Analyse nicht folgen. Ich möchte mich deshalb hier auf eine keineswegs des progressiven Denkens verdächtige Autorität stützen – auf Papst Paul VI. Er meinte 1971:

> Die heute noch vorwiegende Art der Erziehung begünstigt einen engstirnigen Individualismus. Ein Großteil der Menschen versinkt in geradezu maßloser Überschätzung des Besitzes. Schule und Massenmedien stehen nun einmal im Bann des etablierten Systems und können daher auch nur einen Menschen formen, wie dieses System ihn braucht, einen Menschen nach dessen Bild, keinen neuen Menschen, sondern nur eine Reproduktion des herkömmlichen Typs. (De iustitia in mundo, 51f)

Ich vermute, daß diese Analyse zutrifft. Trifft sie aber zu, was sollen dann junge Menschen machen, um sich dem Mechanismus der

Entmenschlichung durch Schule und Massenmedien zu entziehen? Kann man da nicht verstehen, daß sie sich in Institutionen flüchten, die vom System verstoßen wurden, in der Hoffnung hier Menschlichkeit zu finden.

Ich vermute, daß Kirchen sich solange schwer tun mit sinnvoller Jugendarbeit, solange sie diese Arbeit (etwa an Studenten und Schülern) als systemintegrierend verstehen. Vielleicht müßten sie sich selbst als Systemgegner (im Sinne der Worte Paul VI) interpretieren und gerieren lernen, wenn sie wieder glaubwürdig werden wollen. Aber davon ist keine Spur zu bemerken. Es ist durchaus üblich, systemkritischen Gruppierungen Zuschüsse zu verweigern und Geistliche aus ihrem Seelsorgsdienst abzuberufen, nachdem man sie zuvor als marxistisch und damit als widerchristlich denunzierte.

Das Üble an solchen Kampagnen ist ihre partielle Wahrheit. Der Marxismus ist in wesentlichen Teilen tatsächlich antichristlich und kann von einem Christen nicht ohne erhebliche Verluste an religiöser Substanz übernommen werden. Andererseits sind manche Analysen Marxens sehr zutreffend – aber sie betreffen stets kritisch die bestehende gesellschaftliche Ordnung und wollen sie aufheben. Das kann aber auch ein Christ mit sehr gutem Gewissen wollen.

Nun werden Sie sich fragen, ob ich nicht doch erheblich vom Thema abgekommen bin. Ich denke nicht. Unser Thema lautet: Autonomiebestrebungen in Subsystemen. Und hier interessieren vor allem die Teilsysteme, die sich aus jungen Menschen rekrutieren, die nach größerer Autonomie gegenüber den Ansprüchen der etablierten Gruppen und Strukturen streben: angefangen von den Jugendorganisationen der etablierten Parteien über die kritische Jugend in den Kirchen bis hin zu den Auswanderern in den Jugendreligionen.

Da sich heute die Erwachsenenwelt oft nur in politisch und ökonomisch ganz unkritischen und unerheblichen Organisationen (wie Sportvereinen, Kaninchenzuchtvereinen, Chören und Assoziationen von Gartenlaubenbesitzern) zusammenschließt – und *man* allenfalls einer Partei oder Gewerkschaft beitritt, weil es klug oder auch notwendig zu sein scheint, hat vor allem die Jugend die Rolle der kritischen Instanz übernommen – was umso wichtiger ist, als die »gesellschaftlich relevanten Gruppen« (wie Kirchen, Gewerkschaften, Parteien) sich selten, halbherzig oder gar nicht in gelegentlichen zartfühlenden und eher lieblich denn offen ausfallenden Versuchen basaler Systemkritik üben.

Warum sie das tun? Nun ganz offensichtlich aus Schwäche und mangelndem Vertrauen in eine Demokratie, die in der Tat durch solches mangelndes Vertrauen erheblich labilisiert wird. So wird der Grund der Schwäche zu ihrer Ursache. Das aber beschreibt einen Teufelskreis, aus dem auszubrechen vermutlich nur schwer möglich sein wird, ohne politischen und ökonomischen »Schaden« anzurichten.

4. Der Konflikt zwischen der symbolischen Sinnwelt und den konkreten gesellschaftlichen Vorgaben.

Dieser Konflikt kann zwei Darstellungsformen annehmen:
● Die symbolische Sinnwelt zerfällt und trägt nicht mehr »von innen« die konkreten gesellschaftlichen Vorgaben, also etwa die institutionalisierten Formen der Interaktionen zwischen Menschen und Teilsystemen.

● Die symbolische Sinnwelt ist zwar weitgehend intakt, entspricht aber nicht den Erfordernissen, wie sie die objektiven Vorgaben (wie etwa die Entwicklung der Produktivkräfte oder die der Produktionsverhältnisse ...) zur humanen Darstellung verlangen.

In beiden Fällen kommt es zu Krisen, die sich in Konflikten artikulieren, die selten anders ausgehen, als in einem qualitativen Wandel der Strukturen.

Ich beginne mit der Darstellung der ersten Konfliktursache: dem Zerfall einer allgemein akzeptierten symbolischen Sinnwelt. »Symbolische Sinnwelt« bezeichnet – wie Sie wissen – ein einheitliches Erklärungsmuster, das es einer Gruppe, einer Gesellschaft ... erlaubt, die sie betreffenden Ereignisse sinnvoll zu erklären, in Zusammenhängen zu ordnen und emotional und rational beherrschbar zu machen. Fehlt einer Gruppe oder einer Gesellschaft (ganz allgemein: einem sozialen System) eine solche (kollektive) Sinnwelt, wird es offenbar zu erheblichen Zerfallserscheinungen kommen, da sie den Bedürfnissen ihrer Mitglieder nach Verhaltenssicherheit und Orientierung nicht nachkommen kann.

Ich vermute, daß wir heute im Bereich der Sinnwelt in der Bundesrepublik Deutschland nicht mehr von einer grundsätzlichen Gemeinsamkeit sprechen können. Der einmal vielgerühmte »Konsens der Demokraten« zerbricht bei geringfügigen politischen Belastungen und wird dann nur nach außen hin notdürftig gekittet. Sachliche Meinungsverschiedenheiten werden weitgehend personalisiert, der politische Gegner zum Feind gemacht. Zentrale Fragen der politischen und ökonomischen Demokratie werden nur gegen erbitterten Widerspruch – und oft nur nach Anrufung von Gerichten (nicht also mehr nach den primären Spielregeln der Demokratie) – lösbar. Der politische Gegner wird als

»Gefahr für das Vaterland« abqualifiziert … Das alles sind zweifelsfreie Symptome, daß eine einheitliche, allgemein (implizit) wie selbstverständlich akzeptierte (weil allgemein internalisierte) Wertordnung nicht mehr existiert. Eine solche Wertordnung ist aber nur durch eine gemeinsame Sinnwelt und deren Internalisierung verbindlich und selbstverständlich zu machen.

Mit dem Sinnweltzerfall ist nun aber – wie schon der Aufweis der Symptome deutlich machen mag – eine tiefgreifende gesellschaftliche Krise verbunden. Symptome dieser gesellschaftlichen Krise mögen etwa sein:

● Tendenzen zur Auflösung der bestehenden ökonomischen Ordnungsstrukturen. Die bestehende ökonomische Ordnungsstruktur ist im Wesentlichen durch zwei Elemente definierbar: Marktwirtschaft und Privateigentum an Produktionsmitteln. Beide Elemente werden langsam ausgehöhlt, weil und insofern sie nicht mehr durch eine allgemein akzeptierte Werteordnung, sondern allenfalls noch durch bloßes Gesetz geschützt werden.

Der Einfluß von Planelementen im Bereich der ökonomischen Makrostruktur nimmt schnell und sicher zu. Über Konjunktur-, Geldmengen-, Kartell-, Energiepolitik, die allen Beteiligten durchaus notwendig oder doch nützlich zu sein scheint, treten politisch motivierte und orientierte Planfaktoren auf, die zunehmend den ökonomischen Ablauf regulieren – und das gerade in der Absicht, Marktprozesse zu modifizieren oder gar aufzuheben. Oft werden solche Manipulationen entschuldigt mit dem Hinweis, der Markt bringe sich selber um, wenn man ihn nicht von außen (mit politischem Instrumentar also) am Leben erhalte. Das Argument mag stimmen. Zu fragen ist jedoch, ob nicht die Entwicklung der Produktivkräfte selbst schon eine Veränderung der Produktionsverhältnisse über das Instrumentar der Politik erzwingt. Das aber bedeutet sowohl eine Relativierung und Schwächung der wesentlichen Inhalte kollektiver ökonomischer Sinnwelt als auch ein Symptom dieser Schwäche.

Auf der anderen Seite unterliegt das Eigentum einem deutlichen Entpersonalisierungsprozeß. Es gab einmal eine Zeit, in der »Eigentum« primär Verfügungsgewalt bedeutete. Heute ist dieser Begriff, angewandt auf Eigentum an Produktionsmitteln, weitgehend funktionalisiert und damit relativiert worden – unter dem Einfluß innerer und äußerer Notwendigkeiten. Zu den inneren mag man zählen, daß die wachsenden Unternehmensgrößen einerseits und das Aufkommen von Publikumsgesellschaften andererseits zwingen, angestellten Unternehmern – oft hochqualifizierten Fachleuten also – wesentliche Verfügungsentscheidungen über Eigentum zu überlassen. Das Management ist heute in Großunternehmen (vor allem in Publikumsgesellschaften) so stark geworden, daß es den juristischen Eigentümern kaum mehr möglich ist, ernsthaft auf die Unternehmensführung Einfluß zu nehmen. Der Trend zur »Herrschaft der Fachleute« (Technokratie) ist auch in anderen Bereichen unverkennbar. Aber auch äußere Notwendigkeiten führten dazu, das Verfügungsrecht über Eigentum an Produktionsmitteln zu relativieren. Die gesetzlich eingeführte Mitbestimmung ist nur ein erster Schritt, der ganz sicher im Laufe der kommenden Jahre zu weitergehender Funktionalisierung des Begriffs »Privateigentum« führen wird. Es ist eine Frage der Definition, wie man den Schnitt zwischen Kapitalismus und Sozialismus legt. Aber daß eine erhebliche Tendenz besteht, Markt + Privateigentum durch Plan + Gesellschaftliches Eigentum abzulösen, sollte offenbar sein. Der dabei wie selbstverständlich auftauchende Sozialismus erscheint zunächst völlig ideologielos. Er ist weder liberalistisch noch marxistisch (und mit welchen anderen Ideologien sich auch immer Sozialismus wird verbinden können), sondern bloß pragmatisch. Die einfache Technik technisch optimaler Problemlösungen führt dorthin. Die Probleme verschwinden nur, wenn eine Lösung hin auf mehr Plan und mehr Funktionalisierung des Eigentums gewählt werden.

Nun wäre es aber töricht anzunehmen, diese ideologielose ökonomische Verfassung besäße nicht die Tendenz, sich ideologisch abzusichern, wenn nur einmal ein halbwegs stabiler ökonomischer Zustand erreicht ist. Ich vermute, daß der Zerfall der einheitlichen Sinnwelt weitgehend auf den Zerfall der klar strukturierten ökonomischen Basis zurückgeführt werden kann. Daß aber andererseits auch der Zerfall einer einheitlichen Sinnwelt die Veränderung der ökonomischen Basis beschleunigt, weil kein Sinnsystem den Gesetzgeber daran hindert, Problemlösungen nur nach Maßgabe ökonomisch-technischer Rationalität auszuführen.

● Ablösung der Politik durch Soziotechnik.

Auf diesen Prozeß habe ich schon verschiedentlich verwiesen. Das System fordert, um zureichend effizient bleiben zu können – die höchstmögliche Effizienz. Und die ist nur erreichbar, wenn es gelingt, ökonomische und politische Probleme zum Verschwinden zu bringen. Und das geschieht nach eindeutigen technischen Kriterien und mit eindeutig technischen Methoden. Während eine politische (oder gar ethische) Lösung allemal voraussetzt, daß zwei mögliche und gangbare Alternativen zur Verfügung stehen, kennt die Technik nur eine. Und das ist genau die, die das Problem möglichst ohne Rest- und Folgeprobleme aus der Welt schafft.

Doch genau hier liegt der Hund begraben. Insofern keine einheitliche und verbindlich angenommene Theorie zur Verfügung steht, kann niemand genau sagen, welche Folgeprobleme eine technisch optimale Lösung mit sich bringt. Allenfalls können noch die Probleme der gleichen Struktur (also bei ökonomischen Problemlösungen die ökonomischen) mitberücksichtigt werden – aber es gibt auch übergreifende Folgen von Problemlösungen.

So hat eine ökonomische Lösung politische Folgen, eine Lösung im Bereich von Politik und Ökonomie (der Basis also) Folgen für Ideologie, Moral, Rechtsordnung ... Um tatsächlich optimale Problemlösungen zu finden, muß eine universelle Theorie zur Verfügung stehen, die mit gutem Bestätigungsgrad folgende Bereiche und ihre wechselseitige Abhängigkeit erklärt:
– Sein und Bewußtsein,
– Produktivkräfte und Verkehrsformen,
– Wertordnung der Herrschenden und der Beherrschten,
– materiellen Einsatz und politischen Erfolg (etwa in der Entwicklungspolitik),
– Gründe von Krisen und wirtschaftspolitisches Verhalten,
– Gemeinnutz und Eigennutz,
– Veränderung und Fortschritt,
– Freiheit des Bürgers und staatlicher Intervention.

Wie Sie sehen, ist die geforderte Theorie, der geforderte Sinnweltrahmen, keineswegs durch eine nationalökonomische Theorie zu füllen, obschon deren Besitz hilfreich sein könnte, um so erhebliche Fragen wie die
– nach dem Verhältnis zwischen Geldmenge und Geldwertschwund,
– nach dem Verhältnis von Wirtschaftswachstum und Geldwertschwund,
– nach dem Verhältnis von Arbeitslosigkeit und Geldwertschwund ...
zu beantworten. Doch solch eine universale ökonomische Theorie ist vermutlich nur in einer strengen planwirtschaftlichen Ordnung und nur als für diese gültig zu erstellen. Eine strenge planwirtschaftliche Ordnung ist aber nur dann möglich, wenn auch der Außenhandel planwirtschaftlich organisiert ist (letztlich im Sinne einer Weltplanwirtschaft). Um aber einen solch gigantischen Wirtschaftsverband planwirtschaftlich auch nur am Kollaps vorbeizuführen, fehlt uns heute jedes theoretische Instrumentar. Wie es ja eine der Schwierigkeiten jeder makroökonomischen Planung ist, daß sie ohne zureichende Theorie nur dem Mechanismus von trial-error eventuelle Fortschritte verdankt. Die-

ser Mechanismus ist aber nur in relativ bescheidenen Makrosystemen sinnvoll einzusetzen (etwa in der Wirtschaftspolitik kleinerer Entwicklungsländer) oder in Kriegswirtschaften, die entweder nach dem Krieg zusammenbrechen können oder aber durch die Ökonomie des Besiegten zureichend gestützt werden.

Die Theorie, die ich meine, ist philosophischer Art. Meines Wissens hat bislang nur der Marxismus eine solche universelle Theorie entwickelt. Da sie jedoch im anthropologischen Ansatz zu sehr dem 19. Jahrhundert verhaftet und inzwischen empirisch falsifiziert ist*, scheint sie zur Lösung unserer Probleme weniger geeignet. Es kommt also darauf an, eine neue universelle Theorie zu finden. Durch lange Jahrhunderte übernahm das Christentum eine solche Funktion. Es wurde abgelöst von dem halb-religiösen Liberalismus. Wir können davon ausgehen, daß religiöse Lösungen, die den Glauben an Gott oder irgendeine Form einer prästabilisierten Harmonie voraussetzen, nicht mehr eine neue kollektive Sinnwelt tragen können. Es kommen also nur noch philosophische universale Theorien infrage. Und hier wagte der Marxismus einen ersten Versuch. Insofern er der erste war, ist er ziemlich geglückt.

Das Fehlen einer einheitlichen Theorie, einer verbindlichen Sinnwelt, hat also zur Folge, daß ökonomische und politische Probleme pragmatisch gelöst werden. Das wiederum hat zur Folge, daß die Nachfolgeprobleme auf anderen Ebenen nicht in den Problemlösungskalkül eingehen. Sie werden erst deutlich, wenn sie vorhanden sind. Ihre Unvorhersehbarkeit aber zeigt das Dilemma einer bloß technischen Problemlösungsideologie. Der politische und ökonomische Pragmatismus kann vermutlich nicht aus sich lange bestehen. Und wer sich auf ihn einläßt, vergibt sich die Chance, die Zukunft mitzubestimmen.

Zugleich aber ist solcher Pragmatismus vermutlich recht inhuman. So kann technisches Problemlösen eine Volkswirtschaft etwa dahin bringen, wo unsere gerade steht: Obschon die Hauptaufgabe der Ökonomie – die Versorgung der Bevölkerung mit Gütern und Dienstleistungen – durchaus zufriedenstellend »funktioniert«, hat sie, um dieses Funktionierens willen, inzwischen mehr als 20% der von ihr begriffenen Menschen ins psychische, soziale oder moralische Abseits gestellt. Oder um

---

* Die Falsifizierung einer Theorie ist noch lange kein Grund, sie verschwinden zu lassen. Theorien, die einmal die Würde von Sinnweltanteilen erworben haben, verschwinden nur dann in den Schubladen der Geistesgeschichte, wenn sie durch eine andere oder einen neuen Sinnweltrahmen ersetzt werden. Auf diesem Mechanismus beruht die noch ungebrochene Kraft der marxistischen Theorie.

es härter zu sagen: Sie produziert zuviel menschlichen Ausschuß, um ihr das Prädikat menschlich geben zu können. Doch es dürfte nahezu unmöglich sein, solche Unmenschlichkeit grundsätzlich zu vermeiden – es sei denn, man verfüge über eine humane und gut bestätigte Theorie.

● Herrschaft einer evolutionistischen Theorie.

Wie gesagt, unserer Politik und Ökonomie, unserem sozio-ökonomischen System überhaupt fehlt eine zureichende Theorie, um seinen physischen Bestand – zumindest aber seinen menschlichen – zu sichern. Doch ist das System nicht ganz ohne Theorie. Diese Theorie ist zwar eher implizit und unausdrücklich. Dennoch aber ziemlich verbreitet. Das üble an dieser Theorie ist ihr Bestätigungsgrad. Er ist nahezu Null. Mit dem gleichen Wahrheits- ja gleichem Plausibilitätsanspruch kann sie durch eine genau entgegengesetzte Theorie ersetzt werden. Diese schwachsinnige Theorie läßt sich »Evolutionismus« nennen. Gemeint ist damit die Annahme, daß die Strategie technisch optimaler Problemlösungen ipso facto zu einem allgemeinen Fortschritt zum Besseren führen werde. Ähnlich wie die Natur ihre Probleme so löse, daß sie verschwinden, ohne auf Nachfolgeprobleme in anderen Schichten auch nur die geringste Rücksicht zu nehmen, also völlig theorielos pragmatisch verfahre, und so doch eine Entwicklung von Einzellern zum Menschen – eine recht fortschrittliche also – zustande gebracht hat, müsse auch der Mensch seine gesellschaftlichen Probleme lösen. Der Fortschritt stelle sich dann ganz von selbst ein (vgl. Seite 148). Dieses Argument hat mancherlei Löcher. Auf einige sei hier verwiesen:

– Man kann ebenso gut behaupten, die pragmatischen Lösungen der Menschen würden sie in den Untergang durch Selbstvernichtung führen.

– Es gibt keinen vernünftigen Grund anzunehmen, daß gesellschaftliche Prozesse nach den Regeln biologischer ablaufen sollten.

– Es ist keineswegs sicher, daß die Naturentwicklung tatsächlich planlos verlaufen ist.

– Man kann nicht leicht ein biologisches Kriterium finden, das sicherstellt, die Entwicklung zum Menschen sei tatsächlich ein Fortschritt. Vielleicht ist der Mensch nur ein Ergebnis der Technik der biologischen Systeme, ihre Probleme durch die Entwicklung komplexerer Gebilde zu lösen. Der Mensch ist zwar die komplexeste biologische Struktur – ist er damit aber auch die biologisch beste?

Ich vermute also, daß man eine solche evolutionistische Theorie nur dann mit gutem Gewissen vetreten kann, wenn man, wie die frühen Väter einer kapitalistischen Ideologie, noch sehr fromm ist und daran glaubt, daß ein Gott in alles seinen Sinn gegeben hat und prästabilisierte Harmonien seinem Schöpfungswillen entsprechen. Mit anderen Worten: Der Evolutionismus scheint mir nur als Teiltheorie einer universellen geschichtsphilosophischen oder geschichtstheologischen Konzeption haltbar zu sein. Auf solche aber rekurrieren unsere Schmalspurtheoretiker nicht, weil sie nicht einmal *bewußt* über die Theorie verfügen, der sie folgen.

Dieses sind so einige Symptome der gesellschaftlichen Krise, die zum einen durch das Fehlen einer verbindlichen Sinnwelt hervorgerufen wird und zum andern sich in solchem Fehlen manifestiert.

Doch muß ich – ehe ich unmittelbar zum Thema weiteres sage – an dieser Stelle ein wenig einhalten. Es gibt nämlich Menschen, die das Fehlen einer verbindlichen Sinnwelt begrüßen. Sie argumentieren, daß von einer verbindlichen »Ideologie« unmenschliche Zwänge ausgehen:

● Die Toleranz gegenüber dem Andersdenkenden sei nicht gewährleistet.

● Die Zwänge, die von einem verbindlichen Konzept ausgingen, ließen nicht mehr die Möglichkeit zur schnellen unkonventionellen Reaktion zu.

Beide Argumente sind durchaus ernst zu nehmen. Doch treffen sie nicht primär die theoretischen Gehalte symbolischer Sinnwelten, sondern Ideologien. Im Gegensatz zu *Ideologien,* die kohärente Systeme von erkenntnis- und handlungsleitenden Ideen (und damit auch Interessen) darstellen, sind Sinnwelten sehr viel weniger interessendefinierend. Sie sind – im Gegensatz zu Ideologien – auch sehr viel selbstverständlicher. In ihnen konkretisiert sich gleichsam der »Zeitgeist«, in ihnen verdichten sich die allen gemeinsamen Vorurteilsstrukturen. Ihre Selbstverständlichkeit und ihre allgemeine Akzeptation unterscheiden sie gerade von Ideologien. Zugleich aber lassen sie auch die genannten Einwände als relativ unerheblich erscheinen. In keinem Fall kann man eine Population, die doch erst durch eine herrschende Sinnwelt zu einer Gesellschaft wird, schon als »geschlossen« beschreiben. Ein solches Konzept übersieht, daß keine Gesellschaft ohne einen gemeinsamen Grundkonsens über Werte und Strukturen sowie deren Funktionen bestehen kann. Zumindest nicht über längere Zeit.

Doch nun zu weiteren Folgen des Zerfalls der Sinnwelt, wie er in der BR Deutschland seit gut 10 Jahren deutlich wird:

● Es entsteht ein weltanschauliches Vakuum.

Solche weltanschaulichen Vakua sind nicht beliebig lange existenzfähig, vor allem dann nicht, wenn sich eine auf den ersten Blick brauchbare und in manchen Aspekten faszinierende Alternative anbietet. Das aber ist der Marxismus für die einen, der Anarchismus für die anderen. Es stehen durchaus also zumindest zwei Weltbilder bereit, die in das entstandene Vakuum einzurücken bereit und fähig sind. Ich vermute, daß der Marxismus die besseren Chancen hat, denn seine Antinomien und Verkehrtheiten sind nicht ganz so offensichtlich wie die des Anarchismus. In jedem Fall aber steht zu erwarten, daß das Vakuum von einer Weltanschauung gefüllt wird, die systemfeindlich ist und die die Auflösung des bestehenden sozio-ökonomischen Systems in der BR Deutschland zum erklärten Ziel hat. Ich vermute, wir sollten uns damit abfinden, daß es uns entweder gelingt, eine zureichend umfassende Theorie dem Marxismus entgegenzustellen oder aber marxistisch unterwandert zu werden. Eine dritte Möglichkeit entzieht sich meinem Blickfeld.

● Privatisierung von Sinnfragen.

Da nur im Horizont einer universellen Theorie etwa der Sinn von
- Wachstum
- Fortschritt
- Freiheit
- Privateigentum
- Marktwirtschaft

angegeben werden kann, stellt sich beim Fehlen einer solchen Theorie das Gefühl von Sinnlosigkeit ein. Zumindest aber wird man den Kritikern des Sinn der Heiligen Kühe unserer ökonomischen Ordnung, nicht deren Wert und Bedeutung so erklären können, daß sie davon ablassen, sie schlachten zu wollen. Und das ist schlimm genug.

Schlimmer aber ist noch, wenn sich zutiefst im Inneren der Menschen, die an den Schaltstellen der ökonomischen und politischen Macht stehen, die Frage nach dem Sinn dringlich und unbeantwortbar stellt. Es gibt in der universellen Erfahrung der Sinnfreiheit oder gar Sinnlosigkeit nur einen möglichen Ausweg: Die Privatisierung der Sinnfrage. Und in dem gleichen Maße wie alles herum sinnlos zu sein scheint, stellt sich die privatisierte Frage um so dringender. Sie scheint ein Symptom dafür zu sein, daß eine verbindliche Sinnwelt nicht mehr existiert. Die privat, also losgelöst von einem Theorienrahmen, innerhalb dessen sie allenfalls heuristische Bedeutung hat, gestellte Frage nach dem Sinn des eigenen Lebens ist stets eine Krisenfrage. Die Krise kann – wie schon gezeigt – psychischer Natur sein, aber auch – wie hier deutlich werden mag – gesellschaftlicher.

Immerhin hat das Fehlen einer verbindlichen Theorie dazu geführt, daß die meisten der oben genannten Begriffe nicht einmal mehr zureichend definiert werden können. Insofern sie theoretische Begriffe sind, erhalten sie erst aus dem Kontext einer konsistenten Theorie ihre Bedeutung. Die semantische Bedeutungslosigkeit aller dieser Worte macht die Größe der Sinnweltkrise deutlich, in der wir uns befinden. Die Bedeutung der Worte wurde emotional. Sie erwecken in uns bestimmte Gefühle, wenn wir sie gebrauchen oder hören – ohne daß wir sagen könnten, was wir denn exakt damit bezeichnen wollen.

Doch nun zum zweiten Typ der hier zu behandelnden Konflikte. Jetzt nehmen wir an, eine bislang herrschende Sinnwelt erweist sich als unzureichend und wird von einer anderen, zutreffenderen, brauchbareren, infrage gestellt und geprüft. Es steht also Sinnwelt gegen Sinnwelt. Dieses Gegenüber ist zur Zeit in der BR Deutschland weniger akut. Es ist jedoch in Ländern, die nicht so offensichtlich wie wir in der BR Deutschland oder in den USA unter dem Fehlen einer verbindlichen Sinnwelt leiden, ausgeprägt. Hierzu gehören etwa Italien, Großbritannien und Japan, um nur einige OECD-Länder zu nennen. Doch auch viele Entwicklungsländer und die Staaten der OPEC sind zu erwähnen.

Die Begegnung einer Sinnwelt mit einer anderen kann sehr verschiedene Gründe haben. Einige davon sind:

● Eine im Krieg besiegte Nation wird mit der Sinnwelt der Sieger konfrontiert (B: Deutschland mit dem amerikanischen Liberalismus oder dem russischen Bolschewismus 1945).

● Eine kolonisierte Nation wird mit der Sinnwelt der Kolonisatoren konfrontiert (B: Indianer mit dem Christentum).

● Die jungen Menschen einer Nation fühlen sich in ihrem System unwohl und lehnen mit ihm auch seine Sinnwelt ab, suchen zugleich aber auch eine neue (B: viele organisierte Jugendverbände in ihrer Akzeptation marxistischer Theorien).

In den beiden ersten Fällen führt ein »Kulturschock« zur Relativierung der alten, für selbstverständlich gehaltenen Ordnung von Werten und Normen. Im zweiten Fall das Versagen der herrschenden Sinnwelt. Dieser zweite Fall ist vermutlich für uns interessanter. Welche Erfahrungen sind es nun im Einzelnen, die zur langsamen Abwendung gerade kritischer Teile der Bevölkerung von der herrschenden Sinnwelt und damit vom bestehenden gesellschaftlichen System führen?

● Die alte Sinnwelt stellt keine ausreichenden Interpretationshilfen zur Verfügung, um neue Phänomene sinnvoll zu erklären und neue Erfahrungen sinnvoll zu deuten.

Damit entläßt sie bestimmte Erfahrungsbereiche in die Sinnlosigkeit. Erwachsene haben sich zumeist daran gewöhnt, solche Sinnlosigkeiten zu verdrängen, solange sie nicht selbst unmittelbar betroffen werden (etwa im Fall von Arbeitslosigkeit oder ungerechtfertigtem Verlust von Freiheit oder Eigentum). Nicht so junge Menschen. Wenn sie nicht extrem angepaßt erzogen wurden, akzeptieren sie keineswegs Unsinnigkeiten als notwendig. Und sie beginnen eine Theorie zu suchen, die es ihnen erlaubt, scheinbare Unsinnigkeiten sinnvoll zu deuten. Das ist oft genug der Marxismus, der etwa für die Arbeitslosigkeit durchaus plausible Erklärungen zur Verfügung stellt.

Aber warum wird jede Sinnwelt einmal unfähig, alle möglichen Erfahrungen und Erscheinungen zu erklären und zumindest emotional beherrschbar zu machen? Nun jede Sinnwelt geht aus von *bestimmten* Erfahrungen und Erscheinungen, sie geht ferner aus von bestimmten Wertorientierungen, die eine Erfahrung wichtiger sein läßt als eine andere. In beiden Bereichen können leicht Veränderungen eintreten. So kann unter bestimmten gesellschaftlichen und psychischen Bedingungen eine bislang als unerheblich abgetane Erfahrung plötzlich bedeutsam werden. Hier wäre etwa die Erfahrung zu nennen, daß industrielle Produktion stets eine Umweltbelastung bedeutet. Es kann aber auch so sein, daß es ganz neue Erfahrungen zu verarbeiten gilt. So wurden etwa jahrzehntelang in der BR Deutschland junge Menschen bevorzugt in den Arbeitsprozeß hineingenommen. Die Jugendarbeitslosigkeit war unterdurchschnittlich hoch. Das wurde anders, als während der letzten Rezession aus sehr verschiedenen Gründen Newcomers nur noch sehr beschränkt vom Arbeitsmarkt aufgenommen wurden, und Jugendarbeitslosigkeit als eine neue Erfahrung auftauchte. In beiden Fällen wird es dazu kommen, daß die Betroffenen die herrschende Sinnwelt infrage stellen und auf die Suche nach einer universelleren gehen, um ihren Zustand wenigstens deuten zu können.

● Es tauchen Konflikte neuer Art auf, für deren Verständnis oder gar Lösung die alte Sinnwelt keine Strategie bereit hält.

Solche neuen Konflikte können entstehen durch einen veränderten Stand der Entwicklung der Produktivkräfte. Dazu gehören etwa in unserer Zeit:

– die Entwicklung von Mikroprozessoren und einer neuen Computergeneration, die es erlaubt, menschliche Arbeitskräfte einzusparen (das führt zu struktureller Arbeitslosigkeit zumindest für die Dauer der Umstellung der Produktion),

- Verknappungen im Rohstoffbereich (etwa des Erdöls), die dazu zwingen, die bisherigen Wachstumsvoraussetzungen zu überprüfen (Wachstum ist aber einer der Voraussetzungen einer funktionierenden kapitalistischen Ordnung),
- die Weigerung mancher junger Menschen, sich mit bestehenden Systemen oder dessen Strukturen zu identifizieren,
- die Abwendung breiter Bevölkerungsschichten vom Konsumdenken, nach dem sich Glück und Zufriedenheit, soziale Anerkennung und Erfolg im Konsum niederschlagen oder durch Konsum zu erreichen sind.

Alle diese Entwicklungen sind nur beschränkt umkehrbar und kaum beherrschbar. Sie führen notwendig zu ökonomischen und in deren Folge auch zu politischen Krisen. Da nun aber für alle diese krisenauslösenden Momente die Überreste der einst herrschenden (liberalen) Sinnwelt keine zureichende Deutung noch, da sie nicht in den Erfahrungsschatz der Väter dieser Ideologie eingingen, eine zureichende Lösungsstrategie bereit haben, steht zu vermuten, daß viele sich zunächst bemühen werden, die auftauchenden Konflikte vordergründig, d.h. technisch – pragmatisch aus der Welt zu schaffen. Sie werden sich jedoch von wie von selbst am Leben erhalten, da die Quellen, denen sie entspringen, nicht trocken gelegt wurden. Das Herumdoktern an Symptomen, das wir heute erleben, wird vermutlich einige Zeit die Tiefe und den Umfang der Krise verschleiern können und die Konfliktgründe unerheblich erscheinen lassen, doch eine Behebung ist nur möglich, wenn die alte durch eine neue Sinnwelt ersetzt wird, die – nocheinmal sei es gesagt –, durchaus erhebliche marxistische Elemente aufnehmen wird.

Manche Leser werden vermutlich meine – in ihren Augen – pessimistische Prognose nicht teilen (wollen). Das ist durchaus verständlich. Doch vermute ich nicht etwa, weil ich dem Marxismus besonders liebenswerte Seiten abgewinnen könnte, ihn als den Nachfolger der traurigen Überreste einer liberal konzipierten symbolischen Sinnwelt, sondern
● weil er das einzige philosophische Konzept darstellt, das den formellen Anforderungen genügt, die an eine neue Sinnwelt zu stellen sind,
● weil die neue Sinnwelt verträglich sein muß mit sozialistischen Verkehrs- und Produktionsformen des gesellschaftlichen Lebens,
● weil heute nicht wenige junge Leute offen und versteckt, bewußt oder unbewußt marxistische Thesen vertreten. Ich kenne eine nicht geringe Zahl von Studenten, die Marxisten sind, ohne es zu wissen. Das ist ein Zeichen dafür, daß zumindest für nicht wenige Studenten Teile des Marxismus zur Würde einer Sinnwelt aufgerückt sind.

5. Der Konflikt zwischen zwei Strukturelementen innerhalb eines Systems

Dieser Konflikttyp ist recht verbreitet. Er hat verschiedenste Darstellungsformen: Dazu gehören

● Kompetenzkonflikte,
● Paritätskonflikte,
● Verteilungskonflikte,
● Einflußkonflikte ...

Ich will hier nur auf einen Konflikt eingehen, den zwischen Gewerkschaften und Arbeitgeberverbänden. Zu Gewerkschaften schließen sich abhängig Beschäftigte zusammen, um bestimmte in ihrem Interesse (und sekundär auch im Interesse ihrer Mitglieder oder tertiär im Interesse aller abhängig Beschäftigten oder quartär aller Personen eines ökonomischen Systems) liegende Ziele zu erreichen. Ihre wichtigste Aufgabe ist in der BR Deutschland der Abschluß von Tarifverträgen. Zu diesem Zweck können sie Druck ausüben. Umstritten ist, ob die Fähigkeit, Kampfmaßnahmen zu veranlassen, Wesensmerkmal einer Gewerkschaft ist. Doch muß sie wohl in jedem Fall in der Lage sein, Konflikte mit Arbeitgebern auszulösen, durchzuführen und zu beenden.

In ihrer Eigenschaft als Verhandlungs- und Vertragspartner der Gewerkschaften vertreten die Arbeitgeberverbände in der BR Deutschland insbesondere die wirtschaftlichen und sozialen, sowie die sozialpolitischen Belange ihrer Mitglieder. Die wirtschaftspolitischen Aufgaben werden dagegen eher von den Unternehmerverbänden und entsprechenden Organisationen wahrgenommen. Die Arbeitgeberverbände proklamieren als ihre Zielsetzungen: Eigeninitiative, Selbstverantwortung, Privateigentum, Unternehmerfreiheit und eine gesamtwirtschaftlich (= kostenneutrale) Lohnpolitik zu propagieren und – soweit möglich – durchzusetzen. Diese Zielsetzungen schaffen naturgemäß potentiellen Konfliktstoff gegenüber den Gewerkschaften, wenn es etwa um

● Lohnerhöhungen (absolute oder über Arbeitszeitverkürzungen)
● Sozialleistungen (Lohnfortzahlung im Krankheitsfall, Kündigungsschutz unter bestimmten Umständen, Urlaubszahlungen ...)
● Mitbestimmung in der Betriebsleitung oder der Verteilung der erwirtschafteten Erträge oder im Bereich von Investitionen oder Betriebsstilegungen ... geht.

In der Bundesrepublik sind solche Konflikte außerordentlich stark ritualisiert. Ausgegangen wird von der Situation des *Arbeitsfriedens*. Das ist ein konfliktloser Zustand, der einen geordneten Ablauf der Ökonomie garantieren soll. Friedenspflicht besteht für beide Tarifparteien prinzipiell während der Laufzeit von Tarifverträgen. Ein Arbeitskampf ist zumeist nur dann statthaft, wenn eine Konfliktsituation, die durch verschiedene Positionen während der Tarifverhandlungen ausgelöst wird, weder durch Verhandlungen der Parteien, noch durch die Einschaltung eines neutralen Schlichters zu einem Kompromiß gebracht werden kann. Wie alle stark ritualisierten Konflikte werden Arbeitskonflikte

- gelöst durch Kompromisse
- ausgetragen bei formeller »Waffengleichheit«
- in der Regel ohne ungebetene Vermittlung Dritter.

Nun ist das Thema Waffengleichheit im Kontext von Streik und Aussperrung schon zur Genüge diskutiert worden. Ganz offensichtlich sind die beiden Parteien, insofern Verbände, waffengleich wenn sie Streik und Aussperrung (zumindest die reaktive oder Abwehraussperrung) als Konfliktinstrumentar verwenden, mit dem Ziel, den Konflikt zu ihren Gunsten zu lösen. Keine Parität besteht jedoch bei den durch die Verbände Vertretenen. Aussperrung richtet sich ganz unmittelbar gegen den arbeitenden Menschen, während sich Streik gegen den Kapitalertrag des besitzenden Menschen richtet. Der Faktor Arbeit wird also unmittelbarer vom Arbeitskampf betroffen als der Faktor Kapital, denn Arbeit ist dem Menschen sehr viel unmittelbarer eigen als Eigentum an Produktionseinrichtungen, die von anderen bedient werden.

Auch das Thema »Tarifautonomie« ist schon genügend diskutiert. Tatsächlich verhandeln die Tarifparteien im Konfliktfall recht autonom und – außer von ihren Mitgliedern – keiner anderen Instanz verantwortlich oder von keiner anderen Instanz abhängig. Doch darf nicht vergessen werden, daß diese Autonomie stets nur relativ sein kann. Leiden unter einem Arbeitskonflikt unbeteiligte Dritte, kann es nach den Regeln der Güterabwägung durchaus angebracht sein, daß sich Fremdinstanzen (Politik, Rechtsprechung) in den Konflikt zwangsschlichtend einschalten können. Zumindest darf ein solches Intervenieren nicht als unmöglich und als der freiheitlich-demokratischen Grundordnung widersprechend von vornherein abgelehnt werden. Das Grundgesetz der BR Deutschland räumt in Art. 9 § 3,3 den Konfliktparteien ganz erhebliche autonome Rechte ein, die ein zwangsweises Beenden eines Streiks oder einer Aussperrung weitgehend verbieten. Dennoch ist keineswegs a priori auszuschließen, daß nicht durch gewerkschaftliche Aktivitäten die Ordnung des Grundgesetzes erheblich gestört werden könnte. Hier mag die Frage erlaubt sein, ob es nicht sinnvoll wäre, die Aktivitäten der Verbände durch ein Gesetz zu regeln.

Die Gewerkschaften sind – auch nach ihrer Zerstörung der »Konzertierten Aktion«, die entfernt einige Funktionen des in der Verfassung von Weimar konzipierten Wirtschafts- und Sozialrates übernommen hat – durchaus ihrer etablierten Rolle gerecht geblieben.

Ja, sie versuchten und versuchen über das Instrument der Systemintegration ihre Macht zu stärken. Die gegenwärtige Diskussion um die gewerkschaftliche Beteiligung in institutionalisierten Räten (Investitionsräte, Planungsräte, Strukturräte …), zeugen von dem gewerkschaftlichen Bemühen, über Institutionalisierung ihren Einflußbereich auch in politischen Strukturen zu vergrößern.

Man kann sich fragen, was geschehen wird, wenn die Gewerkschaften einmal diesen Weg – auf Grund bestimmter politischer Konstellationen – als ungangbar betrachten. Es ist nicht auszuschließen, daß sie sich vom Systemganzen distanzieren und es zu einer Entflechtung der politischen und ökonomischen Strukturen kommt – die keineswegs im Sinne des Systems liegen muß (selbst, wenn sie – auch auf personaler Ebene realisiert – gelegentlich als »Filzokratie« getadelt wird).

Andererseits kann ein Nachgeben in Sachen gewerkschaftlicher Wünsche zu einem gewerkschaftlichen Machtzuwachs führen, der einen Mißbrauch keineswegs ausschließt – und sie für das System gefährlich werden läßt.

Man darf sich fragen, ob sie – vor allem in ökonomischen und politischen Krisen – nicht doch ihr Interesse hin auf eine grundlegende Veränderung der ökonomischen Ordnung der Bundesrepublik wenden könnten. Es ist in der Menschheitsgeschichte nur selten vorgekommen, daß nicht-relativierte Macht nicht mißbraucht worden wäre.

Es ist nun keineswegs der Trend des allgemeinen Bewußtseins, daß

● die Einflußsphäre der Gewerkschaften zurückginge oder

● daß ihre Macht, die sie in diesen Sphären auszuüben imstande sind, zunehmend relativiert würde.

Ich vermute, daß die Macht der Gewerkschaften im Laufe der kommenden zwei Jahrzehnte die faktische Macht des Kapitals überholen wird. Damit soll nicht das Gespenst eines Gewerkschaftsstaats an die Wand gemalt werden, obschon syndikalistische Tendenzen keineswegs allen deutschen Gewerkschaften fremd sind. Es soll nur darauf verwiesen werden, daß in Gewerkschaften, unter bestimmten Umständen, ein politisch oder ökonomisch nicht mehr zu kontrollierender Machtfaktor heranwachsen kann, der in seiner Machtausübung unserem heutigen Verständnis von Demokratie nicht mehr entspricht.

Zugegeben sei allerdings auch, daß es durchaus Einflüsse von seiten des Kapitals auf den Gesetzgeber gab und gibt, die ebenfalls nicht mit unserem üblichen Demokratieverständnis vereinbar sind, nach dem der Gesetzgeber an erster Stelle das allgemeine Wohl im Auge zu behalten habe, niemals aber gegen es tätig werden dürfe.

Da ich schon einmal dabei bin, Prognosen zu wagen, will ich damit fortfahren. Ich vermute für das achte Jahrzehnt unseres Jahrhunderts folgende Entwicklungen:

a) Die Verbände (außer vielleicht die Gewerkschaften) verlieren viel von ihrer partnerschaftlichen Position gegenüber Regierung und Parlament. Das kann (muß nicht) bedeuten, daß zugleich ihr Einfluß auf beide Instanzen nicht unerheblich zurückgeht.

b) Der Antagonismus zwischen Gewerkschaften und Arbeitgeberverbänden wird sich verdeutlichen. Es wird zu harten Auseinandersetzungen kommen.

c) Die Idee einer optimalen Bedürfnisbefriedigung tritt in den Schatten von harten Verteilungskämpfen.

d) Die wirtschaftliche Ordnungspolitik wird vermutlich an Bedeutung verlieren. Dafür wird jedoch die Macht der Bürokratie erstarken. Sie wird zu einem konstitutiven Funktionsprinzip des Systems werden.

Ganz offensichtlich bedeutet eine solche Entwicklung das Auftauchen neuer und vielleicht auch qualitativ anderer Krisen als die, die wir seit Jahrzehnten gewohnt sind. Es ist keineswegs auszuschließen, daß die starke Ritualisierung der Arbeitskonflikte zurückgenommen wird, und es zu sehr unmittelbaren und heftigen Konfrontationen kommt. Es ist fraglich, ob dann dem System mit seiner an Ideen verarmten Führung (der politischen wie der ökonomischen) genügend Reserven zur Verfügung stehen, diese Konflikte konstruktiv zu beheben. Es ist keineswegs auszuschließen, daß eine Mehrheit der Bürger in den Wirren zahlreicher und undurchschaubarer ökonomischer Konflikte, Sehnsüchte nach einem »starken Mann« entwickelt, der wieder Ruhe und Ordnung im Lande herstellt. Ein faschistischer Ausgang ist also nicht auszuschließen. Da in den Gewerkschaften aber ein starkes antifaschistisches Moment realisiert ist, werden gerade sie es sein, die diesen Ruf nach starken Männern verantwortlich vermeiden helfen. Ich hoffe, daß all die Feindschaft, die sich zwischen den Tarifpartnern abzuzeichnen beginnt, die Gewerkschaften nicht blind macht.

Im zweiten Teil dieses Abschnitts will ich – ebenso exemplarisch wie im ersten – einige intersozietäre Konflikte zu beschreiben versuchen. Solange es nicht einen »Weltstaat« gibt (vermutlich ist seine Existenz abstrakte Utopie), solange es also nicht *eine* sich solidarisch über alle möglichen (also auch politischen) Grenzen hinaus verhaltende Menschheit gibt, wird es intersozietäre Konflikte zwischen Makrosystemen geben. Und nur über diese will ich hier handeln. Selbstverständlich sind Konflikte zwischen Mikrosystemen keineswegs auszuschließen. Sie wurden zum Teil schon im ersten Abschnitt dieses Kapitels unter dem Stichwort »intrasozietäre Konflikte« dargestellt, weil ich den Bezugsrahmen für das »Intra« und das »Inter« durch sozio-ökonomische Makrostrukturen bestimmt habe, die in etwa einer Volkswirtschaft entsprechen.

6. Territoriale Konflikte

Wer vermutet, die Zeit der Konflikte um Territorien sei mit dem Zweiten Weltkrieg endgültig abgeschlossen, irrt. Es sind keineswegs nur ehemalige Kolonien, die gegeneinander territoriale Ansprüche haben. Auf einer etwas anderen Ebene und etwas »zivilisierter« artikulieren sich solche Ansprüche heute als Ansprüche auf Einflußsphären. Militärische Blocks und »Allianzen« sind nicht selten auf dieses Mühen zurückzuführen. Doch geht es keineswegs nur um politische Einflußbereiche, die gegeneinander abgegrenzt werden, sondern auch um ökonomische. Solches Bemühen kann durchaus neokolonialistische Züge annehmen. Beispiele für neokolonialistische Aktivitäten gibt es Hunderte. Ich will hier eines anführen, weil es relativ überschaubar und eindeutig ist. Es handelt sich um Folgendes: Die EG will erreichen, daß Thailand seinen Export von Tapioka (aus dem Futtermittel hergestellt werden) erheblich einschränkt, weil die europäischen Getreidebauern in dem billigen aber ausgezeichneten Futtermittel ein Konkurrenzprodukt zur eigenen teuren Futtergerste sehen. Im März 1979 reiste deshalb der Agrarkommissar der EG, Gundelach, nach Bangkok und zwang der thailändischen Regierung eine »freiwillige« Exportbeschränkung auf: Thailand mußte sich verpflichten, 1979 nicht mehr zu liefern als 1978 und ab 1980 seinen Export in die EG schrittweise zu drosseln. Als Gegenleistung versprach die Gemeinschaft Geld, damit sich Thailand von der Tapiokakultur lösen könne. Sie erschöpfe den Boden zu schnell. Aber dieser Versuch, Erpressung als gottgefälliges Werk erscheinen zu lassen, geht noch weiter: Im Juli 1979 versuchte die EG den Import von Tapioka in die Gemeinschaft durch hohe Zollabgaben erheblich zu verteuern. Das nennt man in der Fachsprache des Neokolonialismus: »den Zollsatz dekonsolidieren«. Unverschämt wird die Sache nun, da man auch diesen Schritt als Wohltat für die Dritte Welt hinzustellen versucht. Durch solche Verteuerung könnten dann andere Lieferländer in die Lieferlücke stoßen! Das aber ist alles nur möglich, weil Thailand ökonomisch zur Einflußsphäre des Westens gehört. Wie lange wohl noch? Die neokolonialistischen Aktivitäten der SU sind noch erheblicher. Schon seit Jahrzehnten plündert sie die sie umgebenden Satelliten systematisch aus. Sie nötigt anderen Staaten Verträge auf, die nur ihr nutzen. Sie macht eine monetäre Politik, die ausschließlich ihr hilft ... Die Bemühungen etwa Rumäniens sich aus dieser unfreundlichen Umarmung zu lösen, werden nicht ganz so erfolgreich sein, wie es die Sympathie mit einem kleinen ausgebeuteten Land wahr haben möchte.

So haben denn die Staaten der Dritten Welt, wenn sie nicht sehr reich sind – wie viele der OPEC-Staaten –, nur zu wählen zwischen dem Neokolonialismus der SU und dem des »Westens«. Beide unterscheiden sich voneinander dadurch, daß die Länder des Westens meist besser zahlen.

Der territoriale Konflikt um die politische und ökonomische Vorherrschaft in den meisten Ländern Afrikas ist keineswegs schon ausgestanden. Ich vermute, daß die Amerikaner diesen einst »schwarzen Fleck« auf der Karte der Einflußsphären nicht gerne in einen roten gewandelt sehen möchten. Und das hat nicht nur politische, sondern auch ökonomische Gründe.

Eine kapitalistische Wirtschaftsordnung ist prinzipiell eine Überproduktionswirtschaft. Frei werdende Profite suchen profitable Anlagen. Dadurch kommt es zu Überinvestitionen und zu Überproduktion. Diese Überproduktion gilt es unterzubringen. Und da gibt es verschiedene volkswirtschaftliche Möglichkeiten:

● die Produktion von Gütern, die weder in den Konsum noch in den Investitionsbereich wandern, sondern dazu bestimmt sind, so oder so vernichtet zu werden (etwa Rüstungsgüter),

● der Export von Gütern,

● der Export von Kapitalien, die in den Entwicklungsländern eine gute Rendite abzuwerfen versprechen.

● staatliche Subventionen, die unrentable Produktionszweige scheinbar rentabel halten (die Profite werden aus Steuergeldern finanziert).

Wie Sie sehen, es gibt verschiedene Möglichkeiten für eine Überproduktionswirtschaft, ihre Waren auch bei erheblicher Überproduktion so zu verwerten, daß eine Rendite erwirtschaftet werden kann. Die befriedigensten wären die beiden genannten Formen des Exports. Sie setzen voraus, daß die Länder, in die exportiert wird

- politisch stabil und
- ökonomisch solvent

bleiben. Beides aber ist nur zu sichern, wenn sie in einer Einflußsphäre eines ökonomischen und politischen Giganten liegen, der für beides zureichend sorgen kann. Die Existenz solcher ökonomischer (und damit auch mittelbar politischer) Einflußsphären ist also für Volkswirtschaften mit großer Überproduktion eine Frage existentieller Notwendigkeit, obschon sie auf die Dauer auch so sich ihrer Probleme nicht werden entledigen können – denn die Kosten für beides: die politische Stabilität und die ökonomische Solvenz des kleinen Partners können politisch und ökonomisch zu hoch werden, als daß sie noch mit Rentabilitätsgründen zu rechtfertigen wären.

Wieder gilt es Mißverständnisse zu vermeiden. Ich habe grundsätzlich nichts gegen Überproduktion – ja, ich bin der Ansicht, daß die dadurch gesicherte Konkurrenz der Anbieter allemal besser ist als die der Nachfrager wie sie in den sozialistischen Unterproduktionswirtschaften nahezu automatisch ensteht. Es geht hier vielmehr völlig wertungsfrei um die Darstellung möglicher Konfliktgründe. Und einer ist ganz sicher eine kapitalistische Überproduktionswirtschaft. Ein anderer ist der mehr oder weniger unverschämte Neokolonialismus, mit dem die drei ökonomischen Großmächte (USA, EG und SU) die Länder der Dritten Welt tyrannisieren. Der Kampf um Absatz- und Rohstoffmärkte hat die Zeit des klassischen Kolonialismus völlig unbeschadet überstanden. Die Konflikte sind nahezu dieselben geblieben, wennschon sie etwas behutsamer ausgetragen werden. Unlösbar scheinen sie jedoch allemal.

7. Konflikte um die Verteilung von Rohstoffen.

Zweifellos gibt es eine Reihe von Rohstoffen (einige Metalle, organische Energiequellen …), die nur beschränkt zur Verfügung stehen. Einige werden gar in einigen Jahrzehnten nicht mehr neu in den ökonomischen Verwertungspross eingebracht werden, da sie »erschöpft« sind. Nun kann man auf diese Tatsache sehr verschieden reagieren. Man mag etwa versuchen, ein Nullwachstum zu erreichen, Ersatzenergiequellen zu erschließen, das Rohstoffrecycling zu intensivieren. Oder auch alles drei.

Doch da gibt es Hindernisse. Wie schon gesagt, tendiert eine kapitalistische Ökonomie zur Überproduktionswirtschaft und ist als solche auf dauerndes Wachstum angewiesen. Dieses kann nur vorübergehend durch inflationäre Geldentwertung vorgegaukelt werden. Ebenfalls sind sozialistische Volkswirtschaften, wenn auch aus ganz anderen Gründen auf ständiges Wachstum verwiesen. Eine Unterproduktionswirtschaft muß auf Grund des steten Nachfrageüberhangs notwendig wachsen, wenn es nicht zur Unzufriedenheit unter der Bevölkerung und damit zur politischen Labilität kommen soll. Also sind die beiden ersten Welten auf Wachstum verwiesen. Sie können ein Nullwachstum nur dann realisieren, wenn sie sich zuvor einem radikalen Systemwandel unterzogen haben. Den aber wollen die Betroffenen nicht.

So bleibt denn nur eine Alternative. Man kann fleißig versuchen, sich für die noch verbleibende Zeit ein Maximum an den beschränkten Rohstoffen anzueignen. Das aber ist wiederum nur möglich, wenn politische und/oder ökonomische Gewalt (nach Art des Neokolonialismus) ausgeübt wird. Obschon die USA und die SU selbst zu den rohstoffreichsten Ländern der Welt gehören, zwingt beide der erhöhte Verbrauch und die Gefahr einer Erschöpfung der Quellen, im Ausland dazuzukaufen. Die übrigen rohstoffreichen Länder (sieht man einmal von Kanada, der Südafrikanischen Union und Australien ab) sind politisch und ökonomisch relativ schwach. Ihr Reichtum besteht allein in ihrer Teilhabe an einem Rohstoff-Oligopol. Gelingt es ihnen, sich zu einem Kartell zusammenzuschließen und ein Rohstoff-Monopol zu bilden, kann es zu einer ökonomischen Gefährdung der Großen kommen. Sie werden vermutlich das Mittel eines begrenzten kriegerischen Konfliktes nicht scheuen, wenn es um die Existenz ihrer Volkswirtschaften geht. Denn mit denen steht und fällt die politische Struktur dieser Länder.

Ich vermute hier einen erheblichen Konfliktherd, der dazu führen kann, daß die offensichtliche Rohstoffkrise in offenen politischen oder doch ökonomischen Konflikten ausgetragen wird, bei denen es um die Existenz einer volkswirtschaftlichen Ordnung gehen kann.

8. Konflikte um die Vormacht einer Sinnwelt (»Religionskriege«)

Man kann nun der eigenartigen Meinung sein, daß es so etwas wie Religionskriege heute nicht mehr geben könne. Diese Meinung ist offensichtlich falsch. Der Krieg, den die Amerikaner in Vietnam verloren, war weitgehend ein solcher Krieg um die Vorherrschaft einer Sinnwelt. Viele militärische Aktionen der SU in den Nachkriegsjahren galten keineswegs nur der politischen und ökonomischen Stabilität dieser Region, sondern waren auch Auseinandersetzungen um die ideologische Vorherrschaft.

»Religionskriege« sind gerade bolschewistischen Marxisten nicht fremd. Sie sind in ihrer Mehrheit der Auffassung, daß die Weltrevolution – und damit die Bekehrung aller Menschen zum Marxismus – nicht »von selbst« komme, sondern durchaus militärisch unterstützt werden müsse, wenn bestimmte Konstellationen vorliegen (wie etwa in Ungarn, der DDR, der CSSR …).

Warum kommt es immer wieder zu solchen Religionskriegen? Menschen haben eine eigentümliche Tendenz konserviert, die Verhaltensforscher im Tierreich nicht selten beobachten: Es geht um den Primat der Information über das individuelle Leben. Um die (genetische) Information weitergeben zu können, sieht manches tierische Verhalten den Untergang des Individuums vor. Beim Menschen fand ein oberflächlicher Wandel von der genetischen zur rationalen oder sozialen Information statt. Schon immer waren Menschen bereit, um der Verbreitung, ja des Siegs der ihnen zur Verfügung stehenden sozialen Information willen, sich selbst und andere, ja ganze Gesellschaften, insofern sie Träger einer anderen sozialen Information (also etwa einer anderen Sinnwelt) waren, zu vernichten, auszulöschen.

Ideologische Abweichung und ideologische Anpassung werden allgemein stärker negativ oder positiv sanktioniert als etwa genetische. Kriege, um einen fremden »Glauben« zu vernichten und den eigenen zu verbreiten, dürften vermutlich so alt sein, wie es organisiertes Glauben in sich abgrenzenden Glaubensgemeinschaften gibt. Im Christentum aber wurde das Ganze erst paradox. Im Namen und Anspruch der Liebe seinen Nächsten umzubringen, weil er anderer Meinung ist, dürfte aufweisen, wie sehr sich auch im christlichen Denken durch lange Jahrhunderte im Entgegensatz zwischen Emotion und Theorie, die Emotion durchsetzte. Und die gibt dem Menschen vor aller Theorie und aller möglichen rationalen Kontrolle den Befehl, die Information, die das eigene Verhalten (das soziale, das religiöse, das politische …) bestimmt, weiterzugeben und zu verhindern, daß sie untergeht.

Sicher sind damit nicht immer spektakuläre Religionskriege verbunden. Es gibt auch Religionskriege im Untergrund. Wenn man etwa versucht, einen Lehrer mit einer vom Kollektiv nicht getragenen politischen oder religiösen Position aus seinem Amt zu vertreiben oder erst gar nicht zuzulassen, dann liegt hier der gleiche Selbstschutz- und Verbreitungsmechanismus der Information vor wie bei Religionskriegen (Massenvernichtung von Ketzern, Kreuzzügen, Inquisition, Heilige Kriege gegen Kommunisten …).

Religionskriege sind insofern unausweichlich, weil die Disposition zur Erhaltung und Verbreitung der Verhalten bestimmenden sozialen

Information dem Menschen angeboren zu sein scheint. Hier liegt ganz offensichtlich ein Aspekt vor, der von der modernen Friedens- und Konfliktforschung nicht immer zureichend beachtet zu werden scheint. Alle Forderung nach Toleranz, alle Einsicht, daß Kriege allen Beteiligten nur schaden können, alles das vermag auf lange Sicht gesehen so gut wie nichts gegen den emotional geleiteten Zwang, Informationen zu erhalten und zu verbreiten.

Ich vermute, daß mehr Kriege des 20. Jahrhunderts, das sich doch als Jahrhundert der Freiheit und der Toleranz vorzustellen bemüht, aus letztlich diesem primitiven und daher kaum zu beeinflussenden Antrieb entspringen, die eigene Information zu erhalten und auszubreiten, als aus wirtschaftliche Interessen.

Ich will nun nicht behaupten, der Rassismus sei eine Erscheinung des 19. und 20. Jahrhunderts, denn die Menschen haben keineswegs verlernt, auch um die Erhaltung der genetischen Art (ähnlich wie um die der sozialen) zu kämpfen und fremde Arten, wenn möglich, zu vernichten. Hierher gehören die in den vergangenen 100 Jahren zu beobachtenden Rassendiskriminierungen in fast allen Ländern der Erde.

Es ist durchaus verständlich, wenn sich der Begriff»Rassismus« heute generalisiert und auf jede Form von Informationstyrannei angewandt wird.

»Rassismus« bezeichnet oft jede Opposition gegen abweichendes Verhalten (dem ja eine irgendwie geartete abweichende Information oder Informationsverarbeitung zugrunde liegt). Rassismus kann sich also darstellen als

● Kampf gegen abweichendes Sexualverhalten,

● Kampf gegen Emanzipationsbestrebungen,

● Kampf gegen ideologische Minderheiten (in der BR Deutschland etwa gegen Kommunisten und Anarchisten einerseits und Nationalsozialisten andererseits),

● Kampf gegen rassisch Schwächere (antijüdische Haltungen sind in der Bundesrepublik sehr viel verbreiteter als gemeinhin zugegeben wird)...

Rassismus ist die vermutlich ursprünglichste Form eines Religionskrieges. Die»großen« Religionskriege sind eher als Verdichtungen und Kollektivierungen solcher kleinen zu sehen. Man sollte nicht vergessen, daß so universale Kriege wie der 2. Weltkrieg große Religionskriege waren:

● Der einen Partei ging es darum, den jüdisch-bolschewistischen Imperialismus auszurotten.

● Die andere wollte den Nationalsozialismus vernichten.

Daß dabei auf beiden Seiten gigantische Massenmorde organisiert wurden, ist eines der Charakteristika von Religionskriegen, an denen keineswegs nur Soldaten beteiligt sind, sondern alle tatsächlichen und potentiellen Bewahrer einer sozialen (oder genetischen) Information: Also auch Frauen und Kinder.

9. *Konflikte aus kollektivem oder kollektiviertem Haß*

Sicherlich sind Religionskriege zumeist auch Eruptionen elementaren Hasses, denn wir Menschen sind so programmiert, daß wir auf abweichendes Verhalten aus abweichender (sozialer oder genetischer) Information zunächst mit Angst reagieren. Da wir aber so nicht sonderlich erfolgreich leben können und Angst auch keine unmittelbaren Strategien bereit stellt oder bereit stellen läßt, die eigene Information zu verbreiten und die fremde zu vernichten, pflegt sich Angst in Haß zu verwandeln, wenn die Bedrohung eine bestimmte Schwelle überschreitet. »Haß« meint eine Emotion, die mit dem Verlangen verbunden ist, dem anderen (dem Haßobjekt) irgendwie zu schaden oder ihm Leid zuzufügen.

Wir alle wissen aus unserem eigenen Leben, daß uns Haß keineswegs fremd ist. Besonders intensiv aber hassen wir, wenn uns eine Information begegnet, die mit der unseren unverträglich ist. Nicht selten konnte ich Eruptionen des Hasses bei mir und anderen beobachten, wenn ernsthaft die eigene Vorurteilsstruktur infrage gestellt oder Selbstverständliches als falsch oder doch als unselbstverständlich behauptet wurde.

Besonders übel aber wird es mit dem Haß, der schon an sich eine reich sprudelnde Konfliktquelle und zugleich eine nicht selten konfliktbegleitende Emotion ist, wenn er sich kollektiviert oder wenn er kollektiviert wird. Haß ist die Drehscheibe eines eskalierenden Konflikts: Ein an sich harmloser Konflikt produziert Haß und damit sind alle Strategien einer sinnvollen Konfliktbewältigung außer Kraft. Es bleibt meist nur noch der Weg in die Eskalation: d.h. der Konflikt wird arational und auf immer steigendem Niveau ausgetragen – bis hin zur (sozialen, psychischen, physischen) Vernichtung des Gegners. Haß ist stets ein Zeichen erhöhter Gefahr. In aller Regel lassen sich jetzt Konflikte nicht mehr nach den gleichen Strategien lösen, die sich in sonst ähnlichen Situationen bewährten. Oft empfiehlt es sich, in dieser Situation alle Konfliktlösungsversuche abzubrechen und den Konflikt solange in sich selbst schmoren zu lassen, bis die Haßkomponenten ausgetrocknet sind. Das geht natürlich nicht immer.

Vor allem geht das dann nicht, wenn der Haß kollektiviert wurde.

Mit dem Haß kann es ähnlich bestellt sein wie mit der Angst – das Objekt kann wechseln oder ausgewechselt werden, wenn auch nicht mit der gleichen Leichtigkeit wie das der Angst. Haß ist ein Ausdruck destruktiver Aggressivität. Diese aber ist eine Stimmung, die, obschon von einem bestimmten Objekt ausgelöst, sich doch relativ leicht anderen Objekten zuwenden kann und sich dann mit allen Kennzeichen autonomer Emotionalität vorstellt. Diese Austauschbarkeit des Haßobjekts macht hassende Menschen anfällig für Kollektivierungen, die um so leichter gelingen, je stärker die ursprüngliche Angstbesetzung war.

Ist ein Mensch einmal in einer Konkurrenzsituation unterlegen oder wird er blamiert oder enttäuscht und reagiert dann mit Haß, wird dieser Haß übertragbar sein auf bislang eher mit Angst besetzte Situationen oder Menschen. Das mögen Juden sein oder Kommunisten oder Anarchisten oder Terroristen. Diese Übertragung geschieht zumeist durch demagogische Manipulationen. Der Manipulator kann sein:

● ein einzelner Demagoge,

● die öffentliche Meinung oder die sie darstellenden oder produzierenden Medien,

● eine kollektive Angst, die,»wie von selbst« in aggressiven Haß umschlägt.

Ganz sicher sind manche Kriege aus solchen Kollektivierungen erwachsen. Vermutlich ging dem ersten Weltkrieg in vielen beteiligten Ländern ein kollektivierter Aggressionsstau voraus, der sich unter allgemeiner Hochstimmung bei Kriegsausbruch abbaute. So schlitterten denn die Völker in einen Krieg, den»eigentlich niemand wollte«.

Doch hat auch dieser Typ eines intersozietären Konflikts mitunter nicht ganz so auffallende Gesichter wie das eines Krieges. Es kann durchaus dazu kommen, daß über Kollektivierungsmechanismen

● ein Volk das andere haßt,

● eine Klasse die andere haßt (Klassenhaß als Grund des Klassenkampfes),

● eine Konfession die andere haßt,

● eine Mehrheit die Minderheit haßt ...

Der Haß als extremste Darstellungsform einer aggressiven Stimmung ist prinzipiell immer möglich, wenn Aggressivität destruktiv wird. Grundsätzlich aber kann alle Aggressivität destruktiv sein oder (gemacht) werden. Aggressivität aber ist eine mögliche Reaktion auf Frustration, aus welchen Quellen sie auch immer gespeist wird. Quellen der Frustration können durchaus auch eigene Emotionen (wie etwa

Angst) sein. Der Frustrationsgrund muß keineswegs im Außen liegen. Wegen dieses Sachverhalts sind Frustrationen nicht prinzipiell zu beheben. Das aber bedeutet, daß wir es lernen müssen, mit der Möglichkeit des Hasses, auch des kollektivierten, zu leben.

Ich vermute hinter all den utopischen Entwürfen, die uns die Möglichkeit einer Welt ohne Haß vorgaukeln, ein recht verkehrtes Menschenbild. Ein Mensch wie er – auch ohne sein gesellschaftliches Umfeld als ihn bestimmend zur Hilfe zu nehmen – ist, wird vermutlich stets die Möglichkeit haben zu hassen – und diese Möglichkeit auch gelegentlich realisieren. Und es wird immer die Chance geben, diesen Haß zu kanalisieren und damit zu kollektivieren – ihm ein entsprechendes Objekt zu geben. Jetzt kann der Haß ungestraft ausgelebt werden. Welch eine Chance für einen destruktiv-aggressiv gestimmten Menschen, der durch zahllose gesellschaftliche Zwänge gehindert, endlich einmal einer seiner stärksten Emotionen freien Lauf lassen kann!
Mit diesen Überlegungen will ich den Abschnitt über soziale Konflikte enden. Sie werden bemerkt haben, daß soziale Konflikte nicht einfach als individuelle Konflikte des Menschen in einer Gesellschaft oder einer Gruppe beschrieben werden können, sondern daß neue Qualitäten hinzukommen. Eine der wichtigsten ist die Gleichschaltung der emotionalen Stimmung über Gruppeneffekte.

Deutlich aber wird auch geworden sein, daß alle Konflikte ein gemeinsames Merkmal haben, das entweder Konfliktgrund oder auch Konfliktsymptom sein kann (wenn es schon nicht beides zugleich ist) - in der Konfliktphase selbst erscheint eine unverstellte selbstverständliche Kommunikation zwischen den Konfliktparteien nicht möglich zu sein – in manchen Fällen kommt es auch zum Kommunikationsabbruch, so daß Interaktionen vielleicht nur noch vom Typ des »Kampfes« möglich sind.

5. Konflikte und Krisen als Kommunikationsprobleme

Ich habe schon dargestellt, in welchem Umfang Person und Gesellschaft im Horizont von Sprache spielen, ja erst in diesem Horizont realisierbar werden. Krisen und Konflikte von Personen und Gesellschaften und zwischen Personen und Gesellschaften werden sich also auch im Horizont von Sprache darstellen lassen, haben vielleicht hier ihren allgemeinen und besonderen Grund.

Ich will im Folgenden versuchen, Krisen und Konflikte als Kommunikationsprobleme bzw. als Folgen von Kommunikationsproblemen darzustellen. Dabei ist mir deutlich, daß es sich dabei nicht um eine vollständige Theorie aller psychischen und sozialen Störungen und Katastrophen handeln kann. Doch ich denke, daß sich eine Vielzahl von Krisen und Konflikten sich zwanglos als Kommunikationsstörungen beschreiben lassen (symptomatisch und zum Teil auch kausal). Das hat selbstverständlich erhebliche Folgen für die Bewältigung und Vermeidung von Krisen und Konflikten, seien es nun individuelle oder soziale.

Ich nehme an, daß optimale Minimalisierung von psychischen und sozialen *destruktiven* Krisen und Konflikten erreichbar wäre, wenn es gelänge, Menschen in eine ideale Kommunikationsgemeinschaft zu stellen, die möglichst offen (gegen niemanden abgeschlossen) und möglichst dynamisch (also nicht beschreibbar durch kollektive konstante Vorurteile oder eine dogmatisierte symbolische Sinnwelt) sein müßte.

Zunächst werde ich versuchen, die Schwierigkeiten aufzuzeigen, eine solche ideale oder auch nur nach dem Maß des möglich Erscheinenden optimale Kommunikationsgemeinschaft zu bilden. Damit werden zugleich auch eine Reihe von Faktoren dargestellt werden, die soziale und psychische Konflikte auslösen und begleiten. Ich denke, daß diese Methode zumindest heuristisch recht brauchbar sein wird.

Das gilt auch für das Auffinden von Konfliktlösungsstrategien: Die Wiederherstellung einer entsprechenden Kommunikationssituation wird oft eine Konfliktlösung vorbereiten – oder gar besorgen.

Das Wort von der »Kommunikationsgemeinschaft« wurde von K. Jaspers in den Sprachgebrauch der modernen Philosophie eingebracht. Jaspers unterschied u. a. drei Typen solcher Kommunikationsgemeinschaften:

- Die Gemeinschaft, die alle Menschen als Verstandeswesen ausmacht (»Kommunikationsgemeinschaft des Bewußtseins überhaupt«).
- Die Gemeinschaft aller Menschen mit gemeinsamer symbolischer Sinnwelt (Kommunikationsgemeinschaft des Geistes).
- Die Gemeinschaft gleichgerichteter vitaler Interessen und Sympathien (Gemeinschaft des Daseins).

Wenn heute von »Kommunikationsgemeinschaft« gesprochen wird, muß zunächst ausgemacht werden, welche dieser drei gemeint ist. Konkrete Kommunikation wird in jedem Fall sehr viel anders aussehen und andere Möglichkeiten und Grenzen haben.

Kommunikationsgemeinschaft ist sicher ein wesentliches Element im Prozeß der Konstitution von Gesellschaft. Man kann »Gesellschaft« vom Begriff »Kommunikationsgemeinschaft« her definieren. Wenn zwischen den Mitgliedern einer Gesellschaft keine Kommunikation stattfindet oder gar unmöglich geworden ist, ist die Gesellschaft zerfallen, gestorben. Optimal funktionierende Kommunikation dagegen stärkt und sichert die Gesellschaft konstituierenden Bezüge. Kommunikationsgemeinschaft ist aber auch die Bedingung der Möglichkeit des Auffindens von Wahrheit.*

Unsere Frage lautet nun: Wie muß Kommunikationsgemeinschaft funktionieren, damit Gesellschaftskonstitution und Wahrheitsfindung optimal verlaufen? Ich werde zunächst eine Liste von Störgrößen aufstellen und ausführen; von Störgrößen, die die Kommunikationsgemeinschaft stören, ja bis hin zum Kommunikationsabbruch zerstören können. Es sind das:

- Verwechslung der Kommunikationsebenen.
- Nicht durchschaute Herrschaftsansprüche in kommunikativen Abläufen.
- Angstbesetzte Kommunikation.
- Kommunikation in Ungleichzeitigkeit.

---

* Hier wird »Wahrheit« im vorwissenschaftlichen, pragmatischen Sinn des Begriffes verstanden. (Der wissenschaftliche ist wohl stets semantisch zu definieren.) Mit J. Habermas verstehe ich in diesem Sinn »Wahrheit« als Eigenschaft eines Satzes, »dem jedes zurechnungsfähige Subjekt zustimmen müßte, wenn es seine Meinung nur lange genug in uneingeschränkter und zwangloser Kommunikation prüfen kann«. Damit ist durchaus die *Erwartung* verbunden, daß es sich mit der Realität so verhält, wie wir es auf Grund des behaupteten Gehalts eines Satzes annehmen. Die gegebene Konsensdefinition der Wahrheit hat also auch normativen Charakter.

● Kommunikation bei divergenten Interessen, Bedürfnissen, Stimmungen, Erwartungen.

● Kommunikation bei verschiedenen emotionalen Bedeutungen von Worten.

● Kommunikation bei Unfähigkeit, eindeutiger Darstellung von Emotionen und Bedürfnissen.

● Kommunikation über die Schranken der (soziolinguistischen) Codes hinaus.

● Kommunikation über die Grenzen einer symbolischen Sinnwelt hinweg (Sapir-Whorfsche-Relativität).

● Kommunikation bei Nicht-Beachtung sprachlicher Regeln.

Sicher ist dieser Katalog nicht vollständig. Für unsere Ziele ist er jedoch zureichend. Er erlaubt zu entwickeln, wie Konflikte, die auf gestörte Kommunikation zurückzuführen sind, entstehen und somit auch wie Sie vermindert oder gar aufgelöst werden können.

1. Die Verwechslung der Kommunikationsebenen.

Die kommunikativen Ebenen (oder Schichten) sind*
● Information
● Selbstdarstellung
● Kontaktvergewisserung
● Appell

Im günstigen Fall wird die Redesituation (die auf allen vier Ebenen sehr verschieden zu bestimmen ist) durch sprachliche Akte ausdrücklich definiert.

Zur Bestimmung der *Informationssituation* werden Informative verwendet.

Hierher gehören Verben wie
● sagen (sprechen, reden ...),
● fragen (antworten, entgegnen ...),
● erwähnen (zitieren, wiedergeben ...).

Zur Bestimmung von *Selbstdarstellungssituationen* Repräsentativa:
● behaupten, versichern, beteuern ...
● offenbaren, gestehen, enthüllen ...
● berichten, mitteilen, erklären ...
● hoffen, fürchten, wünschen ...

---

* Vgl. dazu: R. Lay, Führen durch das Wort, München (Langen-Müller) 1978, 149–205.

Zur Bestimmung von *Kontaktsituationen* Kontaktiva:
● verpflichten, versprechen, bestätigen ...
● entschuldigen, verzeihen ...
● raten, warnen, ermuntern ...

Zur Bestimmung von *Appellsituationen* Appellativa:
● befehlen, auffordern, bitten, verbieten, erlauben, sich weigern ...
● vorschlagen, empfehlen ...

Eine solche, eine Situation definierende Äußerung besteht aus einem dominierendem Satz (der die Situation benennt) und einem abhängigen Satz (der über den Gegenstand handelt). Die Aussage:»Ich verspreche dir, morgen zu kommen«, erweist sich als kontaktive Aussage mit dem Inhalt, daß der so Sprechende morgen zum Angesprochenen kommen wird. Solche Aussagen, bei denen der Sprecher mit dem Akt des Aussprechens genau die Handlung vollzieht, die der verwendete Ausdruck darstellt, sind in der Praxis jedoch keineswegs immer so ausdrücklich formuliert. Der Sprecher und der Hörer müssen aus meist nicht-sprachlichen Umständen erschließen, wie die Redesituation von beiden gedacht wird. Und da kommt es zu vielen Mißverständnissen.

Ein nicht unerhebliches Moment, das zu solchen Mißverständnissen beiträgt, ist die konkrete Verfaßtheit unseres gesellschaftlichen Systems. In ihm besteht die Tendenz, Informationen hoch zu bewerten, Selbstdarstellung und Kontaktvergewisserung dagegen geringer. Das hat zur Folge, daß sich Menschen die Maske der Information aufsetzen, obschon sie sich selbst darstellen oder den Kontakt zum Partner prüfen wollen.

Immerhin gibt es einige Situationen, bei denen das kontaktive Element eindeutig überwiegt. Das ist vor allem die Begrüßung (etwa zu Beginn eines Gesprächs). Aus der Art des Grußes und seiner Erwiderung schließen beide Partner (meist recht unbewußt) auf die kontaktive Situation. Es ist also nicht nur grob unhöflich, flüchtig zu grüßen oder Grüße so zu erwidern, sondern kann auch zu erheblichen Fehldeutungen über die Bindungssituation zwischen Partnern führen. Und gerade solche Unklarheiten sind konfliktträchtig.

Im allgemeinen ist also zu empfehlen, die kommunikative Situation eindeutig zu halten oder zu machen. Da ich diese Probleme in meinem Buch »Führen durch das Wort« ausführlich dargelegt habe, will ich es hier mit diesen Andeutungen genug sein lassen. Offensichtlich ist wohl geworden, daß die Kenntnis der *kommunikativen Intention* des Partners (Information, Selbstdarstellung, Kontaktvergewisserung, Appell) zwingend notwendige Voraussetzung für einen sinnvollen Ablauf des kommunikativen Geschehens ist. Dabei ist durchaus zu berücksichtigen, daß die Gesprächsintention von Satz zu Satz wechseln kann, ohne daß das sprachlich markiert würde. Nur der Ausdruck (der sprachliche und somatische) werden beim Übergang auf eine andere Kommunikationsebene wechseln. Die Sensibilisierung für das Erkennen der jeweiligen Redesituation ist eine notwendige Voraussetzung für sinnvolles menschliches Miteinanderumgehen. Die Verkenntnis der kommunikativen Intention führt mit Sicherheit, wenn sie zur Regel wird, zu Frustrationserfahrungen mit dem Ausgang in Konflikte verschiedener Art.

2. Nicht durchschaute Herrschaftsansprüche in kommunikativen Abläufen.

Das Wort von der »herrschaftsfreien Kommunikation« ist heute in aller Munde, wenn es darum geht, optimale Kommunikationssituationen zu definieren. Ich denke, daß da mitunter übertrieben wird. Es ist keineswegs jede Kommunikation von Übel, in der Herrschaft ausgeübt wird (vorausgesetzt, Herrschaft als diese ist nicht schon abzulehnen), sondern bloß sich bewußt oder unbewußt als herrschaftsfrei tarnende Herrschaft.

Herrschaft aber kann sehr verschieden ausgeübt werden. Ich unterscheide hier

● Herrschaft des Systems (des sozio-ökonomischen oder sozio-kulturellen),

● Herrschaft von Strukturen und

● Herrschaft in Funktionen (etwa Rollen).

Unser sozio-ökonomisches System in der BR Deutschland ist etwa durch folgende herrschenden Merkmale charakterisierbar:

● Das Streben nach individuellem Nutzen (Egoismus) ist systemkonstitutiv, insofern es die ökonomische Basis des Systems sichert (Marktwirtschaft, Konkurrenzprinzip …).

● Die Interaktionen der Systemteile sind durch »damit«-Bezüge bestimmt (etwa des Typs: »Ich gebe, damit gibst«, »Ich tue das, damit du jenes tust« …).

● Leistungs- und Konsumbereitschaft der meisten Systemelemente sind eingefordert und werden entsprechend belohnt (Leistungsprinzip, Konsumprinzip).

Da die meisten Merkmale schon behandelt wurden, ist hier nur weniges zu ergänzen.

Das *Zweckprinzip* institutionalisiert eine an sich durchaus menschliche

Verhaltensweise, nach der kommunikatives Geschehen auch Außenzwecke kennt. So kann ich durchaus etwas tun, damit andere etwas für mich tun. Der Sinn des Prinzips ist nicht der manipulative Eingriff in die Freiheitssphäre des anderen, sondern das Hervorbringen von Handlungen zum Nutzen beider Partner (in annähernder Gleichwertigkeit). Dennoch kann das Prinzip auf eine doppelte Weise entarten:

● Es kommt zu manipulativen Interaktionen, bei denen ein Partner ausschließlich seinen Nutzen berücksichtigt und bereit ist, den Schaden des anderen anzustreben, zu dulden oder doch nicht zu bedenken. Es kann dazu kommen, daß nicht nur die Handlung des anderen, sondern gar der andere selbst als Mittel zum eigenen Nutzen betrachtet wird. Manipulative Intentionen sind im zwischenmenschlichen Verkehr nicht gerade selten.* Sie bringen allgemein eine Haltung des Mißtrauens in die Kommunikationssituation. Das kann soweit gehen, daß Menschen sich prinzipiell fragen, was der andere denn eigentlich von ihnen wolle, wenn dies nicht auf Anhieb einsichtig ist. Eine solche prinzipielle Vermutung, alle Kommunikation dem Zweckprinzip in seiner potentiellen manipulatorischen Varianten zu unterstellen, zerstört nicht nur die kommunikative Basis in einzelnen sozialen Situationen, sondern mitunter die Kommunikationsfähigkeit eines Menschen. Daß sich hier viele und tiefgehende Konflikte grundlegen, ist offensichtlich. Optimale Kommunikation setzt voraus, daß sich keiner der Partner irgendwie manipuliert fühlt. Eine starke Orientierung am Zweckprinzip aber hat meist zur Folge, daß der sich so Orientierende auch zu manipulativer Kommunikation bereit ist.

● Eine zweite Entartung des Zweckprinzips besteht in seiner Universalisierung. Das bedeutet, daß nahezu ausschließlich zweckhafte Interaktionen geleistet (angeboten, erwünscht, geduldet ...) werden. Die kommunikativen Situationen werden durch zweckrationales Bemühen jeder Spontaneität beraubt. Wenn ich der (irrigen) Auffassung bin, daß die soziale Welt im wesentlichen rational organisiert ist, werde ich Emotionen und Spontaneität als Störgrößen bestimmen und möglichst zu eliminieren trachten. Das führt oft zu einer erheblichen Überbewertung des informativen Anteils in kommunikativen Abläufen.

Insofern diese Haltung nicht von einer realen, sondern fiktiven sozialen Welt ausgeht und den tatsächlichen Bedürfnissen von Menschen nicht gerecht wird, ist sie konfliktträchtig. Der Ausschluß spontaner Interaktionen, die unmittelbar Emotionen oder Stimmungen darstellen und realisieren, spart den gesamten emotionalen Aspekt aus der zwischen-

---

* Vgl. *R. Lay*, Manipulation durch die Sprache, München, 1977.

menschlichen Begegnung aus, obschon gerade dieser zuerst Mitmenschlichkeit begründet und zwischen Menschen vermittelt. Nicht zufällig sind eine Reihe von individuellen und sozialen Konflikten auf Störungen auf der emotionalen Ebene zwischenmenschlicher Interaktion zurückzuführen.

Das *Konsumprinzip* bewertet den Teilnehmer an gesellschaftlichen Prozessen nach Maßgabe seines Konsums. Wie beim Leistungsprinzip ausgegangen wird vom Menschen als Produzenten, so beim Konsumprinzip in analoger Weise von Menschen als Verbraucher von Leistungen. Da jedoch das Produzieren (nicht nur zeitlich) vor dem Konsumieren steht, die Arbeit vor dem Verbrauch, hat das Konsumprinzip, wenn es zum obersten Prinzip der Selbst- oder Fremddefinition eines Menschen wird, noch eine Nuance vermehrter Unmenschlichkeit mit sich. Interpretiert ein Mensch sich selbst von seiner Fähigkeit zu Konsumieren her, wird er sich in seinem Selbstverstehen von Sachkategorien abhängig machen und sich dabei selbst versachlichen.

Doch hat das Konsumprinzip – ähnlich wie das Leistungsprinzip – darüber hinaus Zwangscharakter (»Konsumterror«). Wer sich weigert, am allgemeinen Konsumieren teilzunehmen, wird durchaus nicht gesellschaftlich belohnt, sondern gilt als Sonderling, Geizhals ... Snob. Der soziale Standard ist auch definiert durch den Konsum. »Man« muß bestimmte Dinge besitzen, wenn »man« einer bestimmten sozialen Schicht zugehören möchte.

Darüber hinaus gilt es zu sehen, daß eine marktwirtschaftliche Ordnung (als systembestimmendes Element) tendentiell einer Überproduktionswirtschaft entspricht. Auf die Dauer wird hier nur die Steigerung der Inlandsnachfrage helfen. Die aber ist letztlich bezogen auf den Konsumgüterbereich. Dieser ist also wachsend zu halten oder zu machen. Zwar kann hier der Staat helfen (etwa durch Steuererleichterungen oder durch unmittelbare Subventionen), doch letztlich wird hier eine Nationalökonomie auf ihre eigenen Techniken verwiesen. Dazu gehört vor allem das Schaffen von Bedürfnissen, die niemand hat.

Bedürfnisse können durchaus geschaffen werden – im Gegensatz zu den Behauptungen mancher Apologeten der Werbebranche. Problematisch und konfliktträchtig wird dieser Prozeß, wenn das Warenangebot Bedürfnisse schafft, die niemand hat, andere wesentliche Bedürfnisse dagegen unbefriedigt bleiben. Wenn z.B. das Bedürfnis nach Anerkennung nicht befriedigt wird, und ein Mensch – durch Werbung veranlaßt – sich ein bestimmtes Auto-Modell zulegt, um so Anerkennung zu erlangen ... In einer Konsumgesellschaft werden zwar meist die materiellen Bedürfnisse befriedigt, die ideellen jedoch oft vernachläßigt. Reichtum (materieller) und psychische Vereisung und Verelendung können durchaus Hand in Hand gehen – und tun es oft auch.

Es mutet eigentümlich an, daß der ökonomische Armutsbegriff (arm ist, wer kein Geld hat) universaliert wurde. Dabei ist doch ganz offensichtlich, daß ein gefühlsarmer Mensch sehr viel ärmer dran ist, als der, der sich keinen Fernseh-Empfänger leisten kann. Der Ökonomismus unserer Sprache ist durchaus ein Indiz dafür, daß unsere Gesellschaft sozioökonomisch definiert werden muß. Unsere Gesellschaft ist nicht nur ihrem Selbstverständnis nach, sondern auch tatsächlich eine Leistungs- und Konsumgesellschaft, also zu bestimmen als sozio-ökonomisches System (und nicht etwa primär als sozio-kulturelles).

Über diese vier Prinzipien (Egoismus, Verzwecklichung, Leistung und Konsum) übt unser gesellschaftliches System Herrschaft sowohl auf Einzelne wie auch auf Gruppen (und andere Teilsysteme und Systemstrukturen) aus. Diese Zwänge können in die konkrete Interaktion eingehen und damit Kommunikation unter das Gesetz unerkannter, maskierter Herrschaft stellen und so korrumpieren. Daß auf diese Weise verstümmelte Kommunikation zwischenmenschlichen Bezüge erheblich gefährdet, ist offensichtlich. Und mit der Störung der zwischenmenschlichen Abläufe kommt es zu erheblichen Problemen bei der Identitätsfindung der Person, die nur in zwischenmenschlichen Prozessen geschieht.

Auch von Institutionen und Riten gehen erhebliche Zwänge aus, die – wenn sie unreguliert und gar maskiert in Kommunikation eingehen – Kommunikation stören, ja zerstören können. In einer optimalen (und erst recht in einer idealen) Kommunikationsgemeinschaft kommt undurchschaute Herrschaft dieser Art nicht vor. Die einfachste Weise sie auszuschließen, ist gegeben, wenn der Sprechakt selbst die Art der Institutionalisierung oder Ritualisierung nennt. Hierher gehören Verben wie:

● begrüßen, danken, gratulieren, kondolieren …
● wetten, heiraten, taufen, verfluchen …
● bekanntmachen, verkünden, verurteilen, bezeugen …

Diese Verben sind an sich verständlich und definieren eine soziale Situation auch dann, wenn kein abhängiger Satz folgt.»Ich danke dir!«ist in einer bestimmten Situation ebenso verständlich wie;»Ich danke dir für deine Hilfe!«

Oft aber sind Herrschaftssituationen über Riten oder Institutionalisierung nicht einfach erkennbar. Das kann daran liegen, daß
● sie verschleiert werden oder daß

● sie »selbstverständlich« geworden sind.

Beginnen wir mit den Repräsentanten zweier öffentlicher Strukturen: Staat und Kirche. Der *Staat* institutionalisiert das Verhalten seiner Bürger über dem Mechanismus des *Rechts*. Die *Kirche* institutionalisiert das Verhalten ihrer Gläubigen, ja aller Bürger über den Mechanismus der *Moral*. Dabei soll nicht gemeint sein, daß sie Menschen sagt, was gut und was schlecht sei vor dem Anspruch einer religiösen Letztinstanz, sondern daß sie moralisches Handeln sanktioniert oder sanktionieren läßt. Wer unmoralisch handelt, wird von *Gesellschaft* verstoßen, mißachtet, verurteilt ... selbst wenn er alle Gesetze beachtet. Dabei tendieren Kirchen dazu, die Menge des Erlaubten und Verbotenen immer differenzierter und extensiver zu beschreiben.

Man wird sich fragen, wie Staat und Kirche ihre institutionalisierende Kraft ausüben können. Nun das können sie nur, insofern sie Strukturen des sozio-ökonomischen Systems repräsentieren und als dessen Agenten tätig werden. Sie bleiben das aber nur, wenn sie es stützen. Die rechtlichen und moralischen öffentlichen Gebote und Verbote haben also – insofern sie öffentlich gelten und öffentlich sanktioniert werden – die Funktion, ein sozio-ökonomisches System zu stabilisieren. Für den Staat ist diese Verwiesenheit aufs System existentiell, denn der Zusammenbruch einer sozio-ökonomischen Ordnung bedeutet (heute zumindest) allemal Revolution. Soziale ohne politische Revolutionen sind undenkbar (wohl umgekehrt politische, die die sozio-ökonomische Struktur nicht erheblich beeinflussen und von ihr kaum beeinflußt werden).

Aber auch für die Kirche ist die Akzeptation durch das sozio-ökonomische System von erheblicher Bedeutung. Fiele sie fort, käme es zu einer Privatisierung der Kirche, zur arg gefürchteten Säkularisation. Damit würde die Einflußnahme auf den Staat als »Partner« fortfallen. Das aber bedeutete Machtverlust. Wer aber einmal Macht ausgeübt hat, verzichtet selten freiwillig darauf – ja er versucht zumeist, die erworbenen »Besitzstände« eher noch auszubauen.

Das aber bedeutet: Stellen Staat oder Kirche Gebote und Verbote auf, dann verpflichten diese ethisch nur relativ. Relativ auf Humanität. Das aber meint, daß Gebote und Verbote ihren Verpflichtungscharakter verlieren, wenn sie

● nicht erfüllbar sind oder

● entmenschlichend oder Menschen entwirklichend wirken.

Als Strukturelemente eines sozio-ökonomischen Systems behaupten sie oft einen nahezu absoluten Verpflichtungscharakter. Negative Sanktionen werden völlig unabhängig davon angedroht und vollstreckt, ob das

Gebot oder Verbot seinen normativen Kern verloren hat oder nicht (oft genug hat es gar niemals einen besessen).

Wichtiges Kriterium ist das »Funktionieren« der konkreten Gesellschaft – die Frage, ob es sich dabei auch um die – nach dem Stand der Entwicklung von Sein und Bewußtsein – menschlichste handelt, wird kaum diskutiert, sondern allenfalls dogmatisch behauptet. Wer bezweifelt, daß die »freiheitlich demokratische Ordnung des Grundgesetzes« (FDOG) nach Maßgabe des Möglichen die humanste sei, kann sicher sein, daß sich die Häscher der politischen Polizei für ihn interessieren. Wer bezweifelt, daß die Kirche in ihrer Bindung an Staat und System richtig liegt oder gar seine Bedenken anmeldet, kann ebenso sicher sein, daß er bischöflichen Unwillen (wenn nichts ärgeres) auf sich zieht. Wer den normativen Charakter unerfüllbarer Gebote oder entmenschlichender infrage stellt, wird seine Probleme mit Institutionen haben.

Wie sehr Kirche als konkrete Kirche in einem betreffenden Land systemverbunden ist, ist leicht zu bemerken: Sehr verschieden stellen sich – je nach Systemsituation – nationale Kirchen dar. Daraus wird auch deutlich, daß es hier nicht um eine Kritik von universellen, den Herrschaftsbereich konkreter Systeme übergreifenden Kirchen geht, sondern um die von konkreten Kirchen einzelner Länder. Es gibt auch Kirchen, die sich in einzelnen Ländern (vor allem der dritten Welt) *gegen* das sozio-ökonomische System stellen. Und das nicht nur in der Hoffnung, daß sich dieses Engagement nach einer Revolution auszahlt.

Strukturträger wie Staat und Kirche üben also Herrschaft aus über Recht und Moral. Ihre Herrschaft wird im Einzelfall illegitim, wenn Recht und Moral ihren normativen Kern (und damit ihren Verpflichtungscharakter) verlieren, dennoch aber Herrschaft durchgesetzt oder auch nur beansprucht wird. Ihre Herrschaft wird aufs Ganze illegitim, wenn das sozio-ökonomische System selbst entmenschlichend wirkt und menschlichere Alternativen konkret realisierbar erscheinen.

Konkreter Staat und konkrete Kirche müssen sich dann qualitativ in ihrem Verhältnis zu Menschen ändern, müssen sich also reformieren, revolutionieren ... oder sie werden reformiert oder revolutioniert. Das zweite häufiger.

Insofern ein sozio-ökonomisches System schwanger geht mit seinem Nachfolger – und das meist trotz aller Abtreibungsversuche –, geht die Schwangerschaft oft Hand in Hand mit der inhaltlichen (und meist auch formalen) Änderung von Systemstrukturen.

In konkreten Kommunikationssituationen gehen Rechts- und Moralvorstellungen der genannten Art (als mit äußerlicher und öffentlicher

Sanktion verbunden) ein. Es kommt darauf an, das als Herrschaft zu erkennen. Es kommt darauf an, diese Herrschaft als systembedingt zu verstehen. Es kommt darauf an, den normativen und verpflichtenden Charakter dieser Herrschaftsaussagen zu prüfen. Wenn dies alles geschieht, ist auch unter den (nicht immer) repressiven Einflüssen von öffentlichen Systemstrukturen Kommunikation optimalisierbar.

Neben den öffentlichen Strukturträgern begegnen wir einer Menge von privaten. Im Rahmen der Institutionen bilden sie eine Fülle von Riten aus, die ebenfalls mehr oder weniger verpflichten. Ihre Verpflichtung beziehen sie aus der Möglichkeit, Ungehorsam gegen Riten (ritualisierte Handlungsabläufe) negativ, Gehorsam dagegen positiv zu sanktionieren. Wer das tut, was *man* tut im Bereich einer privaten Struktur, wird sicher belohnt werden. Wer sich nicht sozialkonform verhält, ebenso sicher bestraft. Etwa durch Entzug von Zuwendung, Anerkennung, Aufstieg ... und den (oft glückenden) Versuch, ihm Schuld-, Scham-, Angst- oder Mindergefühle beizubringen.

Nun gilt für Riten ganz Ähnliches, wie das für Gebote und Verbote öffentlicher Strukturträger Gesagte. Wenn möglich aber strafen private Strukturen noch härter, weil unmittelbarer. Menschen können leichter eine Geldstrafe durch ein ordentliches Gericht verkraften als einen langandauernden Zuwendungsentzug in Familie oder Betrieb. Die Sanktionsmechanismen von privaten Strukturen sind noch diffiziler und oft noch unmenschlicher als die der öffentlichen. Wenn man nicht sehr aufmerkt.

In konkreten Kommunikationssituationen sind private Riten oft viel aufdringlicher als öffentliche Verbote. Es kann sogar sein, daß ein Verstoß gegen Recht und/oder Moral positiv gewertet wird. In Gruppen, in denen solches geschieht (etwa denen von »Subkulturen«), ist zumeist die Repression über Riten besonders zwingend.

Neben öffentlichen Systemen, die durch öffentliche Strukturen funktional werden (also durch öffentliche Wertorientierungen, Sinnwelten, Schichtungen, Eigentumsverhältnisse, Herrschaftsverhältnisse ...), welche durch die öffentliche Rechts- und Sittenordnung geschützt und durch öffentliche Sanktionen gesichert werden, gibt es zahlreiche private Systeme (Familien, Gruppen, Betriebe, Vereine, Verbände ...), die durch private Strukturen funktional werden. Diese privaten Strukturen werden privat geschützt und sanktioniert (etwa durch Gruppenzwänge, durch Ausschlußdrohung, durch Bußen und »Strafen«). Die privaten Systeme besitzen Strukturen, die den öffentlichen weitgehend entsprechen. So kann ein Betrieb etwa folgende Strukturen entwickeln:

● kulturell: Wertordnung (Leistung, Treue, Initiative, »Betriebsideologie« …)

● sozial: Hierarchie und Durchlässigkeit hierarchischer Stufen in Kommunikation oder Aufstiegschancen, Einstellung zu kranken, behinderten Mitarbeitern, zu Frauen im Betrieb, »Betriebsklima« …

● ökonomisch: strukturelle Veränderungen im Produktionsablauf und die Haltung dazu, innerbetriebliche Organisationsformen, Einstellung zu Kunden, Lieferanten, sozialem Umfeld …

● personale: Motivationstechniken, Sozialisationshilfen, Koordination von Wünschen, Bedürfnissen …

Diese Strukturen werden als Riten funktional. Wie verhalten sich nun aber die privaten Strukturen zu öffentlichen? Stehen sie ebenfalls im Dienst des öffentlichen Systems. Insofern sie sich in einem von öffentlichen Strukturen ausgezogenen Rahmen bewegen (Familie, Vereine, Betriebe …) sicherlich, denn der Rahmen erlaubt nur Riten, die entweder systemstützend oder wenigstens systemneutral sind. So erziehen die weitaus meisten Eltern eine Generation von systemtauglichen Menschen (»nützlichen Mitgliedern der menschlichen Gesellschaft, die einmal was werden und ihre Pflicht tun«). Der in Klammern gesetzte Ausdruck ist meist eine Rationalisierung elterlichen Verhaltens, die gar nicht begreifen, wie sehr sie Agenten des sozio-ökonomischen Systems geworden sind. Denn dieses System legt fest, welcher Menschentyp ihm am genehmsten ist. Und er belohnt diese Genehmheit durch sozialen Aufstieg, soziale Anerkennung … Welche Eltern möchten schon ihr Kind aus diesem Mechanismus herausnehmen.

Ich kenne nur sehr wenige Eltern, die bewußt ihre Kinder auf vollenderes Menschsein hin erziehen und denen die Verwertbarkeit ihrer Kinder durch das sozio-ökonomische System recht gleichgültig ist. Wenn sie das tatsächlich tun und nicht nur zu tun meinen, wenn es ihnen zudem noch gelingt, ihre Kinder zur Konfliktfähigkeit zu bilden, sind sie nahezu ideale Pädagogen. Aber sie sind in einer hoffnungslosen Minderheit.

Solange Erfolg und Glück miteinander identifiziert werden, solange Glück zum Handlungsmaßstab und zum Handlungsziel gemacht wird im Rahmen des institutionell und rituell Möglichen, solange werden wir in unseren Familien eine Generation von Systemangepaßten erziehen oder doch zu erziehen versuchen.

Betrachten wir nun einmal die in privaten Strukturen ablaufenden Kommunikationsprozesse. Zumeist werden sie beansprucht, frei zu sein von undurchschauter Herrschaft (etwa zwischen Kindern oder Eltern oder Mitarbeitern oder Verbandsmitgliedern oder …), wenn keine persönliche Autorität (funktionale oder hierarchische) im Spiel ist. Doch damit irren sie. Die Herrschaft eines Systems wie es sich ausdrückt in Institutionalisierungen und/oder Ritualisierungen scheint allgegenwärtig. Wer sich nicht an die Regeln hält, wird aus der Kommunikationsgemeinschaft nicht selten entlassen. Konflikte und Krisen sind die Regel. Erst wenn es einer solchen konkreten Kommunikationsgemeinschaft gelingt, die Mechanismen der strukturellen Gewalt, unter denen sie steht, zu durchschauen und metakommunikativ zu relativieren, wird so etwas möglich wie ein Normenwandel. Er ist zwar beschränkt auf *diese* Kommunikationsgemeinschaft, aber das bedeutet schon eine ganze Menge. Haben die Mitglieder gelernt, mit der ihnen neu entstandenen Freiheit umzugehen, werden Interaktionen ganz neuer Qualität möglich – die oft ein befreiendes und beglückendes soziales Erlebnis hergeben. Nun ist das Lernen von metakommunikativ erworbener Freiheit gar nicht einfach. Denn Freiheit kann neue Ängste zuspielen, wenn nicht zugleich gelernt wird, die neu erworbenen Freiheitsräume befriedigend zu nutzen.

In gruppendynamischen oder gruppentherapeutischen Veranstaltungen können Institutionalisierungen und Ritualisierungen, die systembedingt sind, relativiert und weitgehend abgebaut werden. Zugleich aber muß der Umgang mit den neu erworbenen Möglichkeiten gelehrt werden. Ich weiß aus eigener Erfahrung, wie schwierig die Reintegration in systembeherrschte Strukturen und wie angstvoll die neuerworbene Freiheit besetzt sein kann. Der Transformationsprozeß von partieller Freiheit im Kommunikationsgeschehen, wie er gruppendynamisch erlernt und erprobt wird, in Kommunikationsabläufe, die unter der maskierten und anonymen Herrschaft des Systems oder seiner Strukturen stehen, ist außerordentlich schwer zu erlernen. Eine analoge Erfahrung machen wir bei der Enttabusierung der Sexualität. Die so gewonnene Freiheit im Sexualverhalten (das sehr wohl auch eine Form von kommunikativer Interaktion sein sollte) führte zu einem Anwachsen bestimmter sexueller Ängste, die an die Stelle der Schuldangst einer repressiven Sexualmoral treten.

Angst in kommunikativen Abläufen kann aber – wie noch zu berichten ist – ein erheblicher Störfaktor sein.

Dennoch rede ich hier einem doppelten Lernen das Wort! Möglichst viele Menschen sollten erlernen:

● die Regeln und Methoden der Metakommunikation und

● die Möglichkeiten von spontaner Kommunikation (frei von mittelbaren oder unmittelbaren Systemansprüchen).

Ich weiß, daß es keine angstfreie Freiheit gibt, die mehr ist als das bloße Gefühl von Freiheit. Aber ich denke, wir können solche Ängste erträglich machen, wenn es gelingt, *regelmäßig* das Erlernte zu praktizieren. Das muß nicht einmal immer schwierig sein. So sollten etwa beide Ehepartner gruppendynamische Erfahrungen haben. Oder in einem Unternehmen konfliktgefährdete Mitarbeiter, die alltäglich miteinander interagieren ...

Zum dritten kennen wir Herrschaftsmuster, die weitgehend systemunabhängig sind, obschon die Ausübung von Herrschaft nicht selten im Sinne des Systems erfolgt. Solche funktionalen Muster sind allbekannt und sehr viel schwerer zu maskieren als die oben genannten. Hierher gehören etwa:

● Vater – Kind,
● Herr – Knecht,
● Lehrer – Schüler,
● Richter – Beurteilter.
● Helfer – Hilfloser.

Die Beziehungen zwischen den einzelnen Status sind oft institutionalisiert oder ritualisiert und damit partiell systemabhängig. Die *Form der Beziehung* liegt vor jeder Systemdifferenzierung (d.h. es gibt kein System, privat oder öffentlich, in dem solche Rollen nicht vorkämen). Die damit vorgestellte Herrschaft ist keineswegs an sich abzulehnen. Abzulehnen aber ist

● der Mißbrauch solcher Rollen,
● die Stabilisierung solcher Rollen im Status.

Mißbraucht werden solche Rollen etwa, wenn sie auf Situationen übertragen werden, in denen sie nichts zu suchen haben. Dabei verstehe ich die

● Vater-Kind-Rolle als definiert durch die emotional positiv besetzte Beziehung der Abhängigkeit zwischen einem Mächtigen und einem Ohnmächtigen, der sich vom Mächtigen verdankt weiß (oder glaubt).

● Herr-Knecht-Rolle als definiert durch die Beziehung zwischen einem Befehlenden und einem Gehorchenden, wobei sich der Gehorchende in seiner (sozialen) Existenz als vom Befehlenden abhängig weiß (oder vermutet).

● Lehrer-Schüler-Rolle als definiert durch die Beziehungen zwischen Informationsbesitzer und Informationsbedürftigem, wobei die Informationsweitergabe als Herrschaftsinstrument verstanden wird.

● Richter-Verurteilter-Rolle als definiert durch die Beziehung, in der ein Mensch über einen anderen auf Grund institutioneller, ritueller oder privater Vorlagen urteilt (ihn be- oder verurteilt).

● Helfer-Hilfloser-Rolle als definiert durch die Beziehung, in der ein Mensch einem anderen hilft (und so sein Selbstwertgefühl, sein soziales Ansehen steigert oder sich der Dankbarkeit dessen versichert, dem er hilft).

Vielleicht wird das letztgenannte komplementäre Rollenpaar nicht immer als Herrschaftssituation zu benennen sein. Doch gilt es zu bedenken, daß auch caritative Zuwendung oft nichts anderes ist als offenes oder verstecktes Herrschenwollen.

Es gibt nun zahlreiche menschliche Beziehungen, in denen solche Zuordnungen und Abhängigkeiten nichts zu suchen haben, etwa zwischen an sich gleichgeordneten Partnern (Eheleuten, Freunden, Kollegen…), oder zwischen Dienstleistungen gebenden und empfangenden (Beamter – Bürger; Pfarrer – Gläubiger).

Alle mißbräuchlichen Verwendungen solcher Rollen bergen in sich reichen Konfliktstoff. Wir wissen heute zureichend sicher, daß der Besitz von Wissen zum Zweck der Begründung und Ausübung von Herrschaft demotivierend wirkt und das so belastete Verhältnis konfliktträchtig ist.

Auch die Ausdehnung der Vater-Kind-Rolle etwa auf den Bereich konkreter Seelsorge (Hirte – Schaf) kann nicht nur jede sinnvolle Kommunikationsgemeinschaft unmöglich machen, sondern auch zu sozialen und/oder psychischen Spannungen bei beiden Partnern führen. Die einseitige Fixierung auf eine bestimmte Rolle ist für jede längerwährende Interaktionsgemeinschaft außerordentlich konfliktträchtig. Kaum ein Mensch kann sich (oder möchte sich auch nur) dauernd in der Interaktion mit einem anderen auf eine bestimmte (durch Konventionen und Riten) festgelegte Rolle beschränken.

Eine andere Fehlentwicklung des Rollenverhaltens sehe ich in der Fixierung von Rollenmustern. Solche Fixierungen liegen vor, wenn die Rolle, obschon nicht mehr funktional gerechtfertigt, weiter gespielt wird. Wenn also etwa der Lehrer auch außerhalb der Lehrinteraktion Lehrer »spielt« oder der Vorgesetzte außerhalb der Dienstzeit »Vorgesetzter« oder der Vater gegenüber dem erwachsenen Kind noch immer die Vaterrolle vorführt. Diese Fixierungen sind deshalb konfliktträchtig, weil sie keine andere Rechtfertigung haben als den übergreifenden illegitimen Herrschaftsanspruch eines Partners.

Im Fall des Mißbrauchs oder der Stabilisierung von Rollenverhalten über den funktionell gegebenen Rahmen hinaus, werden in die konkrete Kommunikationssituation Herrschaftsansprüche eingebracht, die eine optimale Kommunikation nicht gewährleisten, da beide Partner im

Bereich von Information, von Selbstdarstellung, von Kontaktvergewisserung und Appell außerordentlich reduziert sind. Eine möglichst vollständige Kommunikation auf allen vier kommunikativen Ebenen ist jedoch für optimale Interaktionen unbedingt nötig. Wenn wir Menschen schon nur noch in Rollenspielen miteinander interagieren können, dann sollten wir diese Rollen wenigstens

● möglichst nicht extensiv interpretieren und

● in Pluralität mit denselben Partnern spielen.

Wünschenswert ist dabei durchaus, daß auch die genannten fünf klassischen Herrschaftssituationen soweit als irgendmöglich herrschaftsfrei gehalten werden. Das bedeutet, daß der »Herrschende« von seinem durch Institutionen oder Riten gesicherten Recht auf Herrschaftsausübung möglichst wenig Gebrauch macht. Damit schwächt er zwar seine hierarchische Autorität, kaum aber seine funktionale. Zudem baut er (überflüssige) Ängste in der Interaktionssituation ab. Das gemeinsam erzielte Ergebnis der Interaktion (etwa Bildung und Ausbildung oder optimale Produktion) wird so langfristig eher optimiert.

Nicht durchschaut werden Herrschaftsansprüche in konkreten kommunikativen Situationen jedoch auch, wenn symbolische Sinnwelten ideologisch verformt werden. Solche deformierten Sinnwelten üben massive Zwänge auf alle aus, die zu dieser Gesellschaft gehören oder gehören möchten. Offener Widerspruch zur ideologisierten Sinnwelt führt meist über das Stadium des Outsiders zu dem des Outcast. Gesellschaften exkommunizieren eher einen Abweichler im Bereich der kollektiven Interessen als einen »Verbrecher« klassischen Types (der sich etwa gegen Strafgesetze der Gesellschaft vergeht). Terroristen werden sehr viel intensiver verfolgt, gehaßt und verurteilt als ein Mensch, der einen anderen tötet, ohne das System und seine Ideologie infrage zu stellen.

Die Ideologie zensiert auch durchaus in »freien« Gesellschaften. Es gibt Themen, über die man nicht ungestraft frei und öffentlich sprechen darf. Dazu zählen etwa in der BR Deutschland zur Zeit etwa folgende:

● Die Todesursache der des Terrorismus Verdächtigen in Stuttgart-Stammheim

● die positiven Aspekte des »Dritten Reichs«,

● die Diskrepanz zwischen Grundgesetz und der »freiheitlich-demokratischen Ordnung«

● die Unmenschlichkeit von Marktwirtschaft …

● die Absicht des Staates seine Schulden durch Inflation zu tilgen,

● die Erfahrung mancher, daß es in der DDR im Privaten menschlicher zugehe als hier,

- die Vermutung, die SU sei weniger kriegswillig als die USA,
- die Annahme, die kommende Revolution sei begrüßenswert ...

Neben diesen Themen gibt es eine Reihe anderer, die in privaten Strukturen streng tabuisiert sind (in Familien, in Betrieben, in Verbänden ... kann man keineswegs über alles frei und öffentlich sprechen, ohne ins Aus zu geraten). Sehr wohl: Es geht hier um die freie und vorurteilslose Kommunikation, nicht um das Behaupten bestimmter Thesen. Wer bereit ist, sich über bestimmte Themen noch zu unterhalten, zeigt, daß er nicht den Horizont des allgemeinen Vorurteils akzeptiert.

Ideologien sind aber nichts anderes als kollosale Vorurteilssysteme. Jedes sozio-ökonomische System bildet so ziemlich als erstes ein solches Vorurteilssystem aus. Es hat den Zweck, das System zu stabilisieren und Herrschaft und Interessen in ihm zu legitimieren. Wer da noch Fragen stellt, stellt das System infrage. Und das ist nur möglich, wenn man bereit ist, die Strafe (Exkommunikation = Entlassung aus der Kommunikationsgemeinschaft) zu akzeptieren.

Ideologien sind der Feind jeder Aufklärung. »Habe Mut, dich deines eigenen Verstandes zu bedienen« (I. Kant) ist die mutigste Aufforderung, die ich kenne. Solcher Mut akzeptiert keine Selbstverständlichkeiten, die zumeist doch nichts anderes als ideologische Vorurteile sind.

Wenn ich andererseits herrschaftsfreie Kommunikation als *eine* Bedingung zur optimalen gesellschaftlichen Verfassung und Wahrheitsfindung behaupte, bin ich mir darüber im Klaren, daß eine so verfaßte Gesellschaft keineswegs stabil im Sinne einer Systemstabilität ist, die sich nur über den Terror von Vorurteilen und kollektiver Verdummung langfristig durchhalten läßt.

3. Angstbesetzte Kommunikation

Ich will hier keine Theorie der Ängste entwickeln. Einiges wurde dazu schon gesagt. Hier sei nur eine gewisse Systematisierung versucht. Ich unterscheide:
1. Thematische Ängste (= Furcht)
2. Unthematische Ängste:
a. Entwicklungsängste,
b. Soziale Ängste,
c. Trennung- und Bindungsängste.
Thematisch sind Ängste, wenn das Ziel, auf das sich Angst richtet, von dessen Vorstellung Angst ausgeht, wohl bestimmt ist. So kann ich Angst haben, ein schlechtes Examen zu machen, mich mit Grippe zu infizie-

ren, meinen Arbeitsplatz zu verlieren ... In diesen Fällen will ich von
»Furcht« sprechen.

Ist die Angst unthematisch, wechselt sie häufig ihr Thema. Die
angstauslösenden Vorstellungen können schnell wechseln. Zudem ist
die Vermeidungsstrategie bei Ängsten (im Vergleich zur Furcht) oft auf-
fallend inadäquat. Wer sich vor Grippe fürchtet, kann sich impfen lassen. Wer sich vor Grippe ängstigt, wird jedes kleine Unwohlsein als Zeichen nahender Grippe verstehen – und sie etwa durch Alkoholgenuß zu
bekämpfen trachten.

Solche Ängste können Schutzängste sein. Die bekannteste Schutzangst
ist die Entwicklungsangst, die den oft jungen Menschen daran hindert,
sich Situationen auszusetzen, denen er physisch, psychisch oder sozial
nicht gewachsen ist. Die angstauslösenden Vorstellungen sind noch
nicht thematisiert, weil die individuellen Erfahrungen noch keine sauberen Thematisierungen zulassen. Hierher gehören vermutlich auch
Ängste mancher Pubertierender vor sexuellem Verkehr.

Soziale Ängste sind Ängste vor Sozialkontakt schlechthin, weil in solchen Kontakten negativ gewertete Ereignisse auftreten könnten. Dazu
zählen etwa:
- die Angst, kritisiert zu werden,
- die Angst, nicht Bester zu sein, oder gar besiegt zu werden,
- die Angst, zeitlich oder menschlich in Anspruch genommen zu werden,
- die Angst, etwas hergeben zu müssen,
- die Angst, sich zu blamieren,
- die Angst, in eine unterlegene Rolle hineinzugeraten,

Bindungsängste können mit solchen Sozialängsten Hand in Hand gehen. »Bindungsangst« bezeichnet die Angst, sich an eine Überzeugung
(etwa politische oder religiöse), an einen Beruf, einen Menschen, eine
Rolle ... zu binden, in der Vermutung, daß solche Bindung, Verlust von
Freiheit bedeute. Nicht wenige Menschen reagieren auf jeden Druck
durch Gegendruck, weil sie ihre Freiheit beeinträchtigt wähnen. Das
kann durchaus auch der Fall sein, wenn der Druck von Menschen,
Strukturen, Systemen, Situationen ... ausgeht. Es gibt jedoch eine Art
von Druck, die man als »Entwicklungsdruck« bezeichnen könnte: Die
Psyche fordert konkrete Realisationen freier Möglichkeiten an, um
Identifikationsprozesse und Selbstverwirklichungsabläufe in Gang setzen zu können. Auf der anderen Seite verschließt die Realisation *einer*
Möglichkeit die mancher anderen. Diese mit Angst begleitete Konfliktsituation ist für den heranreifenden Menschen »normal« (d.h. statistisch

gesehen tolerabel und üblich), nicht jedoch für den »Erwachsenen«. Lösungsängste stellen sich vor als die Angst, sich selbst zu verlieren. Sie sind – wie schon gesagt – dann besonders heftig, wenn die betroffene Person kein sinnvolles Verhältnis zum eigenen Sterben besitzt. Sie können sich artikulieren unter der Maske verschiedenster Befürchtungen. Etwa der Furcht vor materiellem, sozialem, idealem ... Verlust. Gemeinhin nennt man alle nicht thematischen länger andauernden Ängste (außer den Entwicklungsänsten) pathologisch. Damit sind sie schon *Folgen* psychischer oder/und sozialer Konflikte. Da sie andererseits solche Konflikte auch auslösen oder verstärken können, mag man in Ängsten einen Angelpunkt der Eskalation psychischer und sozialer Konflikte sehen.

Hier interessiert die Bedeutung von Ängsten für die Konstitution einer Kommunikationsgemeinschaft.

Das Verhältnis von Angst und Gesellschaftsbegründung ist keineswegs einschichtig. Nicht wenige Menschen realisieren ihre Gesellschaftlichkeit aus »Angst vor dem Alleinsein« (einer Trennungsangst). Dahinter steht jedoch oft ein ungelöster Konflikt.

● Vor allem ichschwache Personen versuchen Ich-Funktionen an Kollektive zu delegieren.

● Andere suchen Gesellschaft, weil sie unfähig sind, ihre Gesellschaftlichkeit in der Bindung an *einen* Partner zufriedenstellend zu realisieren.

● Wieder andere suchen Gesellschaft, weil nur diese ihnen den Erfolg, die Anerkennung sichert, die sie für ihre Selbstinterpretation nötig haben, um vor sich bestehen zu können ...

● Wieder andere benützen Gesellschaft als Schutz; ihre Anonymität oder ihre Macht bieten besseren Schutz als alle mögliche Eigenaktivität. Dennoch ist ein Mensch keineswegs als Angstwesen Gesellschaftswesen, wennschon das Fehlen konkretisierter Gesellschaftlichkeit erhebliche Ängste freisetzen kann.

Somit ist also Angst wohl *stets* als Störfaktor in konkreter sozialer Interaktion zu sehen. Die kommunikativen Bedürfnisse psychisch Geschädigter begründen und tragen keine Kommunikationsgemeinschaft, sondern verwenden sie nur zu eigenen Zwecken. Das Postulat angstfreier Kommunikation scheint mir für die Konstitution einer optimalen Kommunikationsgemeinschaft unaufgebbar zu sein. Das schließt nicht aus, daß die Teilhabe an einer solchen Gemeinschaft Angst mindert oder gar verschwinden läßt. Im Gegenteil.

Daß soziale Ängste Kommunikation gefährden, scheint unmittelbar einsichtig. Daraus folgt, daß eine ideale Kommunikationsgemeinschaft ein Klima schaffen muß, das solche Ängste verlernen läßt. Das aber scheint nur möglich zu sein, wenn jeder in solcher Gemeinschaft frei über seine Bedürfnisse sprechen darf. Und daß andererseits kein anderer Teilnehmer sich gezwungen fühlen darf, auf diese Bedürfnisdarstellung zu reagieren. Beides zu lernen ist schwer. Ich kenne nicht Wenige, denen der erste Schritt gelungen ist, nicht aber der zweite.

Sie erwarten nicht selten, daß ihre Selbstdarstellung ihnen das Recht gibt, daß andere, ihren Wünschen oder Vorstellungen entsprechend, auf sie eingehen. Oft genug sind sie bitter enttäuscht, weil ihre Umgebung solche Selbstdarstellungen nicht gewohnt ist. Sie reagiert hilflos – ist der Selbstdarstellung ausgeliefert. Das aber besorgt bei den so Ausgelieferten das Gefühl von Verärgerung, Ausgenutztsein, Frustration (weil man nicht mit gleicher Münze zurückzahlen kann).

Ist dagegen die soziale Umwelt den zweiten Schritt, der stets zusammen mit dem ersten gelehrt werden sollte, gegangen, dann kann sie durchaus ein Eingehen auf die Darstellung des Betroffenen verweigern. Hat er selbst aber diese Stufe nicht erreicht, wird er sich frustriert fühlen, werden seine sozialen Ängste unter Umständen wachsen, wird ihm der Mut genommen, auch in Zukunft aus sich herauszugehen ...

Aber auch Bindungsängste können Kommunikation erschweren, vor allem solche, die einen Entschluß, eine Stellungnahme, eine Entscheidung einfordert. Da die Bindungsangst die Kommunikationsgemeinschaft selbst betreffen kann, kann eine radikale Gefährdung jeder nicht bloß unverbindlichen Kommunikation vorliegen.

Ähnliches gilt für Trennungsängste. Jeder, der sich Kommunikation aussetzt, wird es sich gefallen lassen müssen, lieb gewordene Überzeugungen, ja selbst Vorurteile, die inzwischen persönlichkeitskonstitutiv geworden sind, infrage gestellt zu sehen. Wird er jetzt aggressiv abwehren, wird die Kommunikation gestört oder gar gefährdet. Ich denke, daß Toleranz eine zwingende Voraussetzung ist, um frei von Trennungsängsten kommunikative Situationen durchstehen zu können. Das Lernen von Toleranz wird ein nicht unerhebliches Element darstellen bei jeder Therapie von sozialen Konflikten oder Krisen.

Ängste erschweren optimale Kommunikation aber vor allem, weil sie sich maskieren und auf den ersten Blick als Furcht erscheinen möchten. Furcht ist aber prinzipiell rationaler Kontrolle und damit auch in gewissem Umfang rationalen Argumenten zugänglich. Es sind Strategien zu entwickeln, die sie mindern oder gar abbauen. Anders die Angst. Sie ist zumeist *autonom,* der rationalen Kontrolle unzugänglich und unabhängig von möglichen Einsichten. Gegen Angst läßt sich nicht rational argumentieren. Zudem haben Ängste meist recht versteckte Gründe und Ursachen, die im konkreten Kommunikationsgeschehen nicht offenbar werden, die also auch normalerweise nicht kommunikativ behoben werden können. Gegen Ängste sind also – wie auch immer sie sich sekundär thematisieren mögen – keine eigentlichen Abwehren möglich – außer in der Behebung der verborgenen Angstquellen.

Die scheinbar oder tatsächlich unvernünftigen und inadäquaten Reaktionen des Sich-Ängstigenden auf sekundäre Angstobjekte labilisieren eine Kommunikationsgemeinschaft außerordentlich, da die Mehrheit ihrer Mitglieder diese Reaktionen nicht versteht und sie – da sie rationale Gründe sucht – falsch interpretiert und sich somit auch dem Sich-Ängstigenden gegenüber inadäquat verhält. Was diesen wiederum frustriert, seine sozialen Ängste verstärkt und ihn an die Peripherie der Kommunikationsgemeinschaft drängt. Alles dies verstärkt im Regelfall den Konflikt, der der Angst zugrunde liegt.

Aus all dem mag ersichtlich werden, wie wichtig es ist, daß die Kommunikation in einer optimalen Kommunikationsgemeinschaft angstfrei ablaufen muß – und daß stark angstbesetzte Mitglieder nur nach oder während einer angstbehebenden Therapie voll integriert werden sollten (wenn es sich nicht schon bei der Gemeinschaft um eine Therapiegruppe handelt).

4. Kommunikation in Ungleichzeitigkeit

»Ungleichzeitigkeit« bezeichnet ein Verhaltensmerkmal einer Person, nicht in Gleichzeitigkeit mit anderen zu leben oder ein Verhaltensmerkmal, das eine Person in bestimmten Bereichen ungleichmäßig entwikkelt erscheinen läßt. Ich nenne die erste gesellschaftliche, die zweite individuelle Ungleichzeitigkeit. »Ungleichzeitigkeit« kann Vorzeitigkeit (= seiner Zeit voraus sein) oder Nachzeitigkeit (= seiner Zeit nachhinken) bedeuten. Hier interessiert vor allem die Nachzeitigkeit, da sie in kommunikativen Prozessen zumeist problematischer erfahren wird als Vorzeitigkeit.

Beginnen wir mit der individuellen Nachzeitigkeit. Zumeist besteht sie darin, daß bestimmte (oder auch alle) emotionale oder wertende Anlagen nicht entsprechend dem kalendarischen Alter oder den intellektuellen oder antriebshaften Fähigkeiten entwickelt wurden. Bleibt die Fähigkeit, Emotionen zu entwickeln und wertend zu urteilen, in vorpubertärer Reife stecken, spricht man gemeinhin, bei »normaler« Entwick-

379

lung der intellektuellen und volitiven Anlagen und Begabungen, von *Psychopathie*. Nun kennt solche Psychopathie Stufen. Die weitaus meisten Menschen besitzen Bereiche in ihrer emotionalen und wertenden Struktur, die unzulänglich entwickelt wurden. Sind diese für Interaktionen nicht erheblich, besorgen sie im Regelfall keine Konflikte und werden zumeist erst im Verlauf einer Therapie oder erst spät oder gar nicht bemerkt. Von solchen versteckten Ungleichzeitigkeiten soll hier ebenfalls nicht gehandelt werden.

Man wird – wie aus gruppendynamischen Seminaren hinlänglich bekannt – bei nahezu jedem Menschen durchaus bemerkbare Grenzen im Bereich der emotionalen Erlebnisverarbeitung und Selbstdarstellung finden, die durchaus den kommunikativen Prozeß hindern können, wenn sie nicht von *allen* Beteiligten akzeptiert werden. Ganz Entsprechendes gilt auch für die Fähigkeit, Situationen und Abläufe sicher und zutreffend sittlich zu werten. Nicht wenige Menschen versuchen, infantile Werturteilsaussagen mit geradezu dogmatischer Intoleranz und Intransigenz durchzuhalten. Sie fallen mit solchen eigentümlichen Wertungen, die sie zudem noch als die Gemeinschaft bindend verkünden, den übrigen nicht nur auf die Nerven, sondern hindern auch effektive Kommunikation. Nicht selten sind an solchen Pseudomoralisten durchaus hoffnungsvolle Kommunikationsgemeinschaften zerbrochen. Mitunter hilft nur der Ausschluß eines solchen Mitglieds. Da im Bereich der Psychopathie nur begrenzte therapeutische Möglichkeiten zur Verfügung stehen, wird auch die Gruppe in solchen Fällen kaum therapeutisch wirken. Daß ein Psychopath in einem *unlösbaren* Konflikt lebt, muß von beiden akzeptiert werden.

Emotionale Nachreifung scheint dagegen durchaus möglich, wenn sie nicht an Werturteilsunreife gebunden auftritt und nicht den Gesamtbereich der Emotionalität umfaßt. Inadäquate emotionale Reaktionen, die nicht als regressiv (und damit nach Fortfall der Abwehrsituation von selbst enden) zu beschreiben sind, können durchaus oft in gemeinsamem Bemühen einer Gruppe behoben werden. Wichtig ist jedoch, daß der Betroffene sich völlig angstfrei in der Gemeinschaft geben und mit dem Ausdruck seiner Emotionen experimentieren darf. Bei solchem Experimentieren fallen nicht selten die emotionalen Barrieren fort – vor allem dann, wenn sie in Ängsten gründen.

Kommunikationsgemeinschaft muß also auch stets als ein Raum verstanden werden, in dem ihre Mitglieder angstfrei experimentieren dürfen. Sie muß darum wissen, daß kaum ein Mensch frei ist von emotionalen Ausfallserscheinungen und im Werturteilen seine durch persönlichkeitskonstituierende Vorurteile bestimmte Grenzen hat. Der Respekt vor der anderen Person muß auch deren Defizienzen akzeptieren. Da wir Menschen Entwicklungswesen sind, sind wir stets vor dem Anspruch vollendeter Entwicklung Mängelwesen. Und diese Mängel zeigen sich bei verschiedenen Menschen sehr verschieden. Nur wer im Gegenüber eine vollendete Persönlichkeit sucht, wird seine infantile Vermutung mit herber Enttäuschung bezahlen. Die triviale Erkenntnis, daß es keinen Menschen gibt, an dem nicht seine Erzieher irreversible Schäden produzierten, relativiert nicht nur törichte Hybris und pubertäre Allmachtsträume, sondern ist auch eine Grundlage jeder Toleranz. Die gibt es bekanntlich nur unter Schwachen.

Die Einbildung von der idealen Persönlichkeit ist sicher eine erhebliche Konfliktquelle. Menschen, die sich an irgendeinem Ideal messen, sind außerordentlich gefährdet. Der Konflikt zwischen Ideal und Realität kann zu den eigentümlichsten Störungen führen – bis hin zum Verworfenheitswahn.

Doch ist solche Vorstellung auch sozial außerordentlich konfliktträchtig. Sie hat mitunter die Überzeugung der beliebigen Bildbarkeit eines Menschen zur Folge. Und die ist falsch. Der Bildbarkeit sind nicht nur genetische, sondern auch durch die prägenden Umwelteinflüsse der ersten Lebenserfahrungen psychische und soziale Grenzen gezogen, die oft nicht überschritten werden *können*. Mitunter hat sie jedoch auch zur Folge, daß Menschen andere wegen ihrer Fehler und Schwächen verachten. Auch solche Haltung ist konfliktträchtig und führt nicht selten zu destruktiven Sozial- und/oder Individualkonflikten. Dabei ist jedoch zu beachten, daß die erwähnte Haltung selbst schon Konfliktsymptom ist.

Über dieses Problem der individuellen Ungleichzeitigkeit und der damit verbundenen Problematik im Bereich der Emotionen und Werturteile handelt recht gründlich – wenn auch in geänderter Terminologie – die »Transaktionsanalyse«.*

»*Soziale* Ungleichzeitigkeit« bedeutet, daß in bestimmten Bereichen vor allem der Intellektualität, der Kritikfähigkeit (etwa des kritischen Wissens), der Vorurteilsstruktur ... eine Person hinter dem Stand der gesellschaftlichen Entwicklung herhinkt. Dieses Hinken zu beheben ist nicht immer leicht, da solche Ungleichzeitigkeit darstellende Momente durchaus wesentliche Persönlichkeitsanteile sein können.

Offensichtlich aber ziehen die Inhalte sozialer Ungleichzeitigkeit jeder Kommunikation Grenzen, da solche Inhalte aus dem Kommunikations-

---

*Vgl. dazu etwa: Th. A. Harris, Ich bin o.k. – Du bist o.k. Reinbeck 1975

geschehen herausgehalten werden müssen – es sei denn, man wünsche den klärenden diagnostischen Konflikt.

In den meisten Fällen wird soziale Ungleichzeitigkeit von Betroffenen rationalisiert als Konservatismus, als Geschichtsverbundenheit, als Hochschätzung von Traditionen – doch darf solche Argumentation nicht irritieren. Tatsächlich bedeutet alles dieses keineswegs »Leben in Nachzeitigkeit«.

Nachzeitige Menschen sind keineswegs solche, die die »gute alte Zeit« loben und lieben – obschon unter ihnen gehäuft Nachzeiter vorkommen dürften. Ein paar Beispiele für solche Nachzeitigkeit:

● Die Meinung, eine klassische Monarchie wäre für eine politische Gesellschaft in der Phase spätindustrieller Entwicklung sinnvoll.

● Die Meinung, man könnte über Kausalüberlegungen die Existenz Gottes beweisen. (Solche »Beweise« setzen u.a. eine realistische Begriffsbildung voraus –die aber ist inzwischen falsifiziert).

● Die Meinung, eine marktwirtschaftliche Ordnung sei für alle Stufen der Entwicklung der Produktivkräfte optimal (auch etwa für Entwicklungsländer).

● Die Meinung, eine zukünftige Revolution sei notwendig vom Übel.

● Die Meinung, Menschen seien beliebig zu bessern.

● Die Meinung, es gebe objektive erkennbare Gesetze über Natur, Geschichte, Ökonomie …

● Die Meinung, der Mensch sei vor allem ein rationales Wesen.

● Die Meinung, im Zweifelsfall habe der Vorgesetzte Recht.

● Die Meinung, man könne alle eigenen Fehler beheben.

● Die Meinung, die Sonne drehe sich um die Erde, oder man könne mit Zirkel und Lineal eine Kreisfläche in eine flächengleiche Rechteckfläche wandeln, oder man könne ein mechanisches Perpetuum mobile konstruieren, oder man könne Politikern vor der Wahl trauen …

Alle diese Meinungen sind in ganz ähnlicher Weise töricht.

Ich habe einmal anläßlich einer Seminarübung die Aufgabe gestellt, man möge sich die bemerkten Vorurteile der anderen notieren. Das Ergebnis war recht überraschend. Nahezu alle Teilnehmer bescheinigten allen anderen den Besitz wenigstens eines Nachzeitigkeit festmachenden Vorurteils. Bei der Durchsprache verweigerte ein Teil der so Ausgestatteten die Zustimmung, sie fühlen sich verkannt. Aber in einigen dieser Fälle war die Vorurteilsstruktur so offensichtlich, daß nur der Betroffene sie nicht sah. Und das alles nach nur fünf Tagen gemeinsamen intensiven kommunikativen Mühens.

Besonders dicht und störend werden Vorurteile, wenn sie über einen

Gegenstand handeln, der zur Zeit politisch aktuell ist. In den vergangenen Monaten erlebte ich dies etwa an der Frage nach der Ergänzung unserer Energiequellen durch Kernreaktoren. Fast alle hatten eine Meinung. Kein einziger, der mir begegnete, besaß aber zureichende Kenntnisse über Reaktortechnik um seine Pro- und Contragründe auch nur halbwegs zutreffend zu belegen. (Ganz abgesehen davon, ist Reaktortechnik ein so komplexes und kompliziertes Wissensfeld, daß auch Fachleute nur noch über Teilgebiete vollständig informiert sind.) Nun sind solche Pseudodiskussionen, die aus der Position beiderparteilicher Unwissenheit heraus geführt werden zwar für den beobachtenden Psychologen und Soziologen ausgesprochen ertragreich. Für die Debattanten aber konfliktträchtig. Ich habe es nicht selten erlebt, daß es über solche, an sich durchaus entscheidbare Sachfragen zum Kommunikationsabbruch kam, weil keiner der beiden Partner die Sachlage zureichend kannte. Steht ein Vorurteil gegen ein anderes, ist der destruktive Konflikt schon einprogrammiert.

Besonders heftig aber werden solche Vorurteile verteidigt, wenn
● sie materielle Interessen abdecken,
● sie von Kind auf als selbstverständlich wahr betrachtet wurden,
● sie Gegenstand öffentlicher politischer Diskussion sind,
● sie den Werturteilsbereich berühren,
● sie verschiedentlich gemachte Äußerung infrage stellen (und so die Glaubwürdigkeit eines Menschen bedrohen) ...

Solche aus konträren Vorurteilen herrührende Konflikte sind sehr oft Konflikte zwischen zwei Welten: der gegenwärtigen mit einer vergangenen oder zukünftigen.

Nun ist die totale Gleichzeitigkeit aller in einer Kommunikationsgemeinschaft miteinander Interagierenden nicht zu erreichen – schon wegen der verschiedenartigen unauflösbaren Vorurteilsstrukturen. Dennoch aber wird jeder in einer optimalen Kommunikationsgemeinschaft bereit sein, wenn es zu Konflikten über Sachaussagen kommt, zu bedenken, daß vielleicht er der Grund des Konflikts sei. Daß vielleicht er irgendwo in unkritischer Ungleichzeitigkeit lebt.

Noch störender als diese sich in inhaltlich formulierbaren Problemen darstellende Ungleichzeitigkeit ist eine solche, die formale Aspekte (Methoden, Verkehrsformen, Tabuisierungen, Definitionen) betrifft. Hält ein Mitglied ein Thema für tabuisiert, dann kommt es zumeist zum Konflikt. Ganz ähnliches gilt auch in Methodenfragen: Ist ein Mensch der Überzeugung, man könne semantisch wahre Theorien machen, ist der Streit mit einem Wissenschaftstheoretiker fast unausweichlich. Besonders unergiebig und – bei ungeschulten Kommunikationspartnern – konfliktträchtig sind Meinungsverschiedenheiten über einzuschlagende Methoden. Es gibt kaum unproduktivere Streitfälle. Prinzipiell muß daran festgehalten werden, daß Probleme Methoden bestimmen (und nicht umgekehrt). Der Methodendiskussion hat also stets eine Diskussion um eine Problemanalyse voranzugehen. Problemorientierte Diskussionen werden meist auch für Methodenfragen relevante Ergebnisse liefern. Ebenso unerquicklich sind Diskussionen um Definitionen. Theoretisch ist eine Definition zwar eine freie Setzung, die nur der Bedingung zu genügen hat, den Objektbereich, den sie sprachlich darzustellen helfen soll, zu öffnen und nicht etwa zu verschließen. So kann man »Freiheit« schlecht definieren als das Fehlen äußerer Zwänge. Der Objektbereich wird damit unzulässig verengt, wenn er im Bereich des Menschlichen spielen soll. Denn weitgehend frei von äußeren Zwängen sind auch Fliegen an der Wand oder Regenwürmer im Boden. Nun ist dieser Aspekt der Definition nicht der einzige, der zu berücksichtigen ist. Da viele Worte unserer Sprache Emotionen tragen (und nicht nur semantische Bedeutungen), ist zu beachten, daß die apriorische Emotion an eine Bedeutung angebunden wird, wenn man definiert. So kann man »Sozialismus« definieren, daß niemand dagegen (oder dafür) sein kann. Doch der »emotionale Wert« des Wortes sperrt sich gegen solche Methoden. »Sozialismus« definiert als Verkehrsform, in der Gerechtigkeit, Freiheit und Solidarität optimal verwirklicht sind – und das bei einem Partner, bei dem das Wort »Sozialismus« mit einer negativen emotionalen Qualität bedacht ist, macht einen Konflikt durchaus absehbar. Schlitzohrigkeit im Definitorischen zahlt sich kommunikationstechnisch selten aus. Die meisten Füchse landen allemal beim Kürschner.

Die verschiedenen emotionalen Besetzungen von Worten können durchaus Symptom einer bestimmten Vorurteilsstruktur und Ausdruck einer Ungleichzeitigkeit (einer individuellen wie sozialen) sein.

5. Kommunikation bei divergenten Interessen
(Bedürfnissen, Erwartungen, Stimmungen)

Daß Kommunikation durchaus nicht unter verschiedenen Interessen, Stimmungen, ja selbst Vorurteilen leiden *muß*, wird nur der leugnen, der nicht die auch positiven Aspekte von Konflikten in kommunikativen Abläufen kennt. Das setzt aber voraus, daß alle Teilnehmer am kommu-

384

nikativen Prozeß konfliktfähig sind, d.h. in der Lage sind, Konflikte und ihre Ursachen zu erkennen und sich mit ihnen in metakommunikativen Interaktionen auseinanderzusetzen. Eine umgreifende Konfliktunfähigkeit ist zwar zweifelsfrei pathologisch, doch gibt es für viele Menschen im Bereich von Interessen, Stimmungen, Vorurteilen Grenzen, die sie nicht aufzugeben in der Lage sind, weil sie sie nicht erkennen oder anerkennen.

Eine elementare Konfliktfähigkeit setzt fünf Strategien als beherrscht voraus:

● Ich muß Erwartungen, Zuschreibungen, Etikettierungen anderer zwar tolerieren können – zugleich mich aber von ihnen distanzieren.

● Ich muß erkennen, daß Bedürfnisse anderer zumeist nicht eindeutig, oder vor ihrer eigenen Werteordnung ambivalent sind.

● Ich muß erkennen, daß dies zu inkonsistenter Kommunikation (auf allen kommunikativen Ebenen) führt.

● Ich muß erkennen, daß die Erwartungen, Bedürfnisse, Stimmungen, Vorurteile meiner Partner gesellschaftlich vermittelt sind (zumindest in ihrer Darstellung).

● Ich muß erkennen, daß alles dies auch für mich zutrifft und daß mein Partner genau so meine Begrenzungen erfährt.

Die Erziehung zur Konfliktfähigkeit im Bereich von Interessen, Stimmungen und Vorurteilen ist die Grundlage jeder Erziehung, wenn sie menschlich ausgehen soll. Und dennoch wird sie zumeist so sehr vernachlässigt, daß die Probleme divergierender Interessen, Stimmungen und Vorurteile für Kommunikation – soweit noch nicht geschehen – hier ausgeführt werden müssen.

Interessen gründen zumeist in Bedürfnissen oder Erwartungen in Bezug auf die Bedürfnisbefriedigung (das können Erwartungen sein, die die Weise der Bedürfnisbefriedigung betreffen, aber auch solche die den Zustand der Bedürfnisbefriedigung angehen – Verlaufserwartungen und Erfüllungserwartungen also). Die Bedürfnisse können typisch kommunikativer Art sein (etwa Selbstdarstellung, Kontaktvergewisserung) oder auch von außen in die kommunikative Situation hineingetragen werden (Bedürfnis nach Schlaf, Sex, Sicherheit, Schutz, Zugehörigkeit, Achtung, Wertschätzung, Selbstverwirklichung ...). Diese Bedürfnisse werden nun aber auf verschiedenen kommunikativen Stufen zumeist verschlüsselt dargestellt. Sicherlich wäre es am einfachsten, wenn wir Menschen uns darauf einigten, auf der informatorischen Stufe über unsere Bedürfnisse zu sprechen und sie so eindeutig zu benennen. Das hat aber mancherlei Schwierigkeiten:

● über eine Reihe von Bedürfnissen spricht »man« nicht (Sex, Selbstachtung …),

● über andere Bedürfnisse kann man nicht sprechen, weil sie nicht deutlich werden, sich einer unmißverständlichen sprachlichen Artikulation entziehen,

● über die meisten Bedürfnisse spricht man nicht, weil das als egozentrisch qualifiziert werden könnte,

● über tatsächliche Bedürfnisse spricht man nicht, weil man sich damit hilflos seiner sozialen Umwelt ausliefern und sich selbst eine Blöße geben und damit verwundbar machen würde,

● über Bedürfnisse spricht man nicht, weil sie mit starken Emotionen verbunden sind – und man Emotionen nicht unkontrolliert zeigen darf.

Diese Vebote sind pathogen und erlauben keine angstfreie Kommunikation. Wenn wir sinnvoll und optimal miteinander umgehen wollen, müssen wir lernen:

● uns über unsere Bedürfnisse klar zu werden,

● sie eindeutig darstellen zu können,

● Mut zu haben, die Emotionen, die mit der Darstellung verbunden sind, zu zeigen,

● die Nicht-Akzeptation unserer Befriedigungswünsche durch andere zu akzeptieren.

Sehr viele Konflikte und Krisen entstehen, weil Menschen es nie lernten oder – wenn sie es als Vierjährige beherrscht haben sollten – wieder verlernten, sinnvoll mit eigenen und fremden Bedürfnissen und Erwartungen umzugehen.

Ganz allgemein kann man davon ausgehen, daß Interessen auf Bedürfnisse und Erwartungen zurückgeführt werden können.

»Reines« Interesse ist außerordentlich selten – so selten, daß es in konkreten Interaktionen nicht in Betracht gezogen werden muß. Man kann durchaus streiten, ob es »reines« Interesse überhaupt gibt. Das Interesse am Spiel mag reinem am nächsten kommen. Doch ist Zweckfreiheit des reinen Spiels keineswegs auch Zielfreiheit. Es hat sein Ziel in sich selbst. Und wie selten begegnen wir schon reinem (d.i. zweckfreiem) Spiel! Selbst wenn ein Spieler Zweckfreiheit vermutet, kann er durchaus unbewußten Interessen ausgeliefert sein, die sein Handeln bestimmen.

Nun machen gerade diese »unbewußten Interessen« (Bedürfnisse, Erwartungen) menschliche Kommunikation so kompliziert. Wer unter der motivierenden Kraft eines solchen Interesses steht, wird allenfalls über ein ungenaues unsicheres Ahnen über seine Bedürfnisse und Erwartungen verfügen. Er wird durchaus als Frustrierter reagieren, wenn diese unformulierbaren Interessen nicht realisiert werden – und zwar in möglichst genau der Weise wie sie unbewußt vorhanden sind.

Das unzuhanden Vorhandene macht menschliche Kommunikation so schwierig, weil keiner der Partner weiß, was in den Tiefenschichten der eigenen und fremden Psyche tatsächlich abläuft. An welche nicht erinnerten (vielleicht gar erinnerungsunfähigen) Erfahrungen, Bedürfnisse, Hoffnungen, Sehnsüchte, Enttäuschungen ... sich ein bestimmter Text anlagert. Allenfalls in überraschenden oder inadäquaten Reaktionen mag eine solche Legierung von Bewußtem und Unbewußtem gelegentlich deutlich werden, ohne daß damit aber schon die Art des unbewußten Anteils erhebbar wäre.

Ich vermute, daß aller »Oberflächenkommunikation« eine »Tiefenkommunikation« entspricht, die in meist unkontrollierbarer Weise ihren zumindest emotionalen Beitrag am Oberflächengeschehen leistet. Wenn wir im Seminarverlauf Gespräche analysieren, zeigt sich, daß nahezu alle Beiträge assoziativ an den vorhergehenden (oder einen vorhergehenden) geknüpft werden – und keineswegs sach- oder problemorientiert. Bei normalen Diskussionen beträgt die Menge solcher »assoziativer Reaktionen« etwa 70%, bei normalen freien Gesprächen (in Pausen, bei Tisch ...) noch immerhin etwas über 50%. Überraschend war schon, daß freie Gespräche häufiger eine themenorientierte Reaktion erlaubten als themenorientierte. Es mag sein, daß der Selbstdarstellungswille »im Ernstfall« noch größer ist und noch stärker den informatorischen Kontext infrage stellt.

Assoziative Verküpfungen (von Sätzen) oder Anknüpfungen (von Gesprächsbeiträgen) sind also häufig. Und die assoziativen Kettungen sind oft auch metakommunikativ nicht aufzuklären. Selbst wenn dieses gelingt, zeigt sich, daß unterhalb der Ebene des kommunikativen Geschehens eine Reihe meist unbewußter Prozesse abläuft. Diese Prozesse können fruchtbar sein und störend.

Fruchtbar sind sie, wenn das Gespräch nicht erststellig informatorisch sein sollte, sondern der Selbstdarstellung, der Kontaktvergewisserung oder -verstärkung oder dem Appell (dem Ausdruck also eines Bedürfnisses oder einer Erwartung) dienen sollte und zudem beide Partner auf dieser Tiefenschicht miteinander harmonieren (was sich etwa als Zuneigung, Freundschaft, Liebe ... zeigen kann). Sehr wohl ist zu beachten: Beide Bedingungen müssen erfüllt sein.

Fruchtbar im themenzentrierten Informationsgespräch sind solche Prozesse nur in Ausnahmen – wenn etwa besonderer Wert auf Kreativität gelegt wird.

Über die Tiefenkommunikation (= unbewußte Abläufe während der Kommunikation in ihren bewußten Anteilen) können zahlreiche störende aber auch harmonisierende und fruchtbare Anstöße in die Kommunikationsgemeinschaft gegeben werden – doch stets so, daß sie nicht beherrschbar, nicht planbar oder gar ausschließbar wären. Die »Irrationalität« (das meint den nicht von bewußter Rationalität gesteuerten Verlauf) jeder menschlichen Kommunikation, die gerade über unbewußte Interessen eingebracht wird, darf niemals unterschätzt werden. Deshalb sind Gesprächsabläufe in einer optimalen Kommunikationsgemeinschaft keineswegs rational faßbar oder gar lenkbar. Der Versuch, solche Abläufe metakommunikativ rational zu machen oder gar zu lenken, würde die optimale Kommunikationsgemeinschaft stören – vielleicht gar als Gemeinschaft zerstören.

Störungen auf der Ebene der Tiefenkommunikation sind nur – wie oft mühsam erworbene Erfahrung in therapeutischer Praxis zeigt – konfliktträchtig. Solche Konflikte sind umso problematischer, da sie sich einer sicheren Beherrschbarkeit oder gar der rationalen Kontrolle durch den Therapeuten weitgehend entziehen. Fruchtbar können sie werden, wenn es gelingt, sie über Methoden der Widerstandsanalyse verständlich und damit – langfristig – beherrschbar zu machen. Solche Widerstände bei unbewußt divergierenden Interessen sind besonders dann problematisch, wenn der Widerstand schon Schutzmechanismus eines sich erhalten wollenden Konflikts ist, dessen Natur dem Patienten nicht deutlich ist. Sicher ist auch dann eine Widerstandsanalyse ein Weg zur Konflikterkenntnis, doch der Weg kann langwierig und mühsam sein.

Diese für die therapeutische Situation dargestellten Probleme betreffen durchaus auch die »gewöhnliche« Kommunikationssituation, wenn auch nicht immer im gleichen dramatischen Ausmaß.

Neben divergenten Interessen können jedoch auch nicht vereinbare Stimmungen den kommunikativen Ablauf erheblich stören oder gar gefährden. Gemeint ist eine Situation, in der zwei kommunikative Subjekte (Personen, Gruppen) miteinander interagieren (oder es doch zumindest versuchen), wobei beide unter dem Anspruch unvereinbarer Stimmungen stehen. Unvereinbar scheinen mit zu sein: Freude – Trauer; Liebe – Haß; Geiz – Großmut; Egoismus – Philanthropie; Egozentrik – Alterozentrik; Hoffnung – Hoffnungslosigkeit … Bei solchen antagonistischen Stimmungen kommt es nur selten dazu, daß die Stimmung des einen den anderen »ansteckt«. Häufiger ist gar eine Verstärkung der negativen (lebensfeindlichen) Emotion. So ist bekannt, daß bestimmte Formen der Niedergeschlagenheit oder gar Depression, die in der Hoffnungslosigkeit, der Leere vor Zukunft ihre pseudorationale Entsprechung haben, nicht durch aufmunternde Worte, die auf die doch so schöne Zukunft verweisen, behoben werden können, sondern eher noch verstärkt werden. Mir sind zwei Fälle bekannt, in denen ein so geartetes »Trösten« von Freunden den Getrösteten in den erfolgreichen Selbstmord trieb.

Begegnen sich also zwei Kommunikationssubjekte in zwei einander ausschließenden Stimmungen, wird die Kommunikation allenfalls erfolgreich sein, wenn sie die Stimmungsbereiche ausklammert und menschliche Zuwendung zeigt oder annimmt. Doch auch das ist keineswegs immer möglich. Selbstmorden als suizidale Selbstdarstellung, suizidaler Appell oder als suizidale Kontaktvergewisserung kann man allenfalls begegnen, indem man versucht, die Tiefenstruktur über eine Tiefenkommunikation anzusprechen. Also etwa die suizidale Selbstdarstellung in eine nicht-suizidale lockt. Gelegentlich mag dabei die Selbstdarstellung des Helfenden Auslöserfunktion haben, wenn es ihm gelingt, beim Gefährdeten so etwas wie Solidarität zu wecken.

Nun ist der Suizid ein kommunikativer Grenzfall, in dem die Kommunikation abgebrochen werden soll oder absurd weitergeführt werden möchte. Doch das hier Gesagte gilt keineswegs nur für diese Grenzfälle. Leichter schon ist die kommunikative Situation, wenn die beiden einander begegnenden Emotionsfelder nicht mit einander ausschließenden Emotionen besetzt sind. So kann ein Hassender wie ein Liebender durchaus begeistert werden, oder ein Geiziger wie auch ein Großmütiger hoffen ... Kommunikation ist möglich, insofern eine gemeinsame emotionale Basis hergestellt werden kann (selbst bei divergierenden Interessen). Die Fähigkeit, eine solche gemeinsame emotionale Basis zu produzieren, ist eine wichtige Kunst, die erlernt werden kann. Sie ist weitgehend verbunden mit der Fähigkeit,

● aktiv (und nicht nur reaktiv) Emotionen oder Stimmungen in sich selbst zu produzieren und sie

● so dazustellen (über den Ausdruck), daß sie bei anderen induziert werden.

Wer diese Technik beherrscht, wird leicht zu einem funktionalen Führer in einer Kommunikationsgemeinschaft. Er hat sorglichst darauf zu achten, daß er seine so gewonnene Autorität, als auch seine Fähigkeiten nicht einsetzt, um maskiert Herrschaft auszuüben. Die Versuchung ist ziemlich groß, vor allem wenn in der Selbstinterpretation dieses Menschen, das Ausüben von Herrschaft positiv besetzt ist (das ist sehr häufig der Fall bei Menschen, die unter Mindergefühlen leiden oder litten).

6. Kommunikation bei verschiedenen emotionalen Bedeutungen von Worten

Diese Störungsquelle habe ich schon verschiedentlich angesprochen. Gemeint ist, daß gerade die Worte, die eine erhebliche Bedeutung in der Konstitution einer symbolischen Sinnwelt haben, stark emotional besetzt und zugleich semantisch oft ziemlich leer sind. Es ist für manche ein Schock, wenn sie begreifen, daß gerade ihre größten Worte nichts bezeichnen, sondern Auslöser und Ausdruck von Emotionen sind. Sie sind semantisch leer, haben oft keine erhebbare semantische Bedeutung, sondern eine ausschließlich emotionale. Der Versuch, eine semantische Bedeutung zu erheben, wird entweder scheitern oder aber er wird ein außerordentlich unbefriedigendes Gefühl hinterlassen. Es ist so, als hätte man Heiliges verraten.

Solche »großen Worte« sind etwa: Gott, Liebe, Glück, Vaterland, Freiheit, Abendland, Gemeinschaft … Sicher wird jetzt der eine oder andere Leser protestieren. Und dazu hat er ein relatives Recht, wenn er

● eine saubere Definition des durch das Wort Bezeichneten anbietet und zudem

● diese Definition als verbindlich durchsetzt.

Ein absolutes Recht mag er dabei für das Wort »Gemeinschaft« in Anspruch nehmen. Denn dieses Wort hat bei *einigen* Soziologen einen durchaus semantischen Sinn (der allerdings in der Praxis des Gebrauchs immer wieder durch die durchs Wort ausgelösten Emotionen überwuchert wird). Da ich das Wort in der Zusammensetzung »Kommunikationsgemeinschaft« selbst verwende, mag hier der Ort sein, zu erklären, was ich mit »Gemeinschaft« bezeichne. In der älteren deutschen Soziologie (von F. Tönnies, 1887) wurde es dem Wort »Gesellschaft« entgegengestellt und bezeichnet »einen sozialen Zustand instinktiver, gewohnheitsbedingter oder ideenbezogener Gemeinsamkeit, die auf Neigung, Liebe, Zuwendung oder verwandten Emotionen aufruht.« »Gemeinschaft« wird zu einem sozialethischen Ordnungsbegriff, insoweit in ihm die Tendenz zur Ablösung ursprünglicher sozialer Zustände durch rationalkünstliche Beziehungsformen (Gesellschaften, Zivilisation) bedauert wird. »Gemeinschaft« spielt also in einem romantischen und zumeist auch kulturpessimistischen Sprachspiel.

Im *Recht* hat das Wort eine überkommene Bedeutung (Zweckgemeinschaft, Gütergemeinschaft, Erbengemeinschaft …). Auch in der Politik wird es gelegentlich verwandt, dann aber auch mit emotional appellativem Beigeschmack (»Europäische Gemeinschaft«).

Ich verstehe es hier ganz unkompliziert in der Verwendung, die ihm K. Jaspers in seiner Definition von Kommunikation (vgl. Seite 359f) gab. Es bezeichnet eine Gruppe von Menschen, die durch eine gemeinsame Funktion (Kommunikation) bestimmt ist und die versucht, Kommunikation zu realisieren. Dabei soll das Wort möglichst emotionsfrei verwendet werden. Ich weiß, daß das nicht möglich ist, denn es vermittelt zwingend Emotionen wie Geborgenheit, Angenommensein... Das aber kann eine Kommunikationsgemeinschaft leisten – muß es aber nicht.

Worin liegt also die Problematik von Worten, deren emotionale Bedeutung die semantische überwuchert? Sie evozieren unter der Vorgabe von Information Emotionen, sie verfälschen also die Kommunikation, indem sie unter der Maske von Information die appelative Ebene ansprechen. Das kann sehr wohl bei beiderseitiger Täuschung funktionieren. Beide Partner wissen nicht was sie tun, wenn sie im Reich solcher Worte miteinander interagieren – sehr oft jedenfalls nicht. Und das Ergebnis kann dann durchaus das Gefühl von »Gemeinschaft« sein. Der Austausch der Worte (semantisch sinnleerer oder doch sinnarmer Worte) führt dazu, daß die Kontaktebene gestärkt wurde. Voraussetzung aber ist, daß beide Partner im Horizont ein und derselben symbolischen Sinnwelt miteinander umgehen.

Es gibt kaum eine größere Befriedigung in und nach einem Gespräch, wenn man die eigene Vorurteilsstruktur und die des Partners zugleich verstärkt und bestätigt findet. Auf keinem Mist gedeiht Solidarität (oder besser deren Schein) so gut wie auf dem gemeinsamer Vorurteile. Daß es sich dabei um eine Scheinsolidarität handelt, wird erst deutlich, wenn man Solidarität von Toleranz her definiert und praktiziert. Besser würde hier das Wort »Kameraderie« passen.

Stimmen dagegen die symbolischen Sinnwelten nicht miteinander überein, haben also die großen Worte andere Bedeutungen (emotionale und pseudosemantische), dann kommt es zumeist zu destruktiven Konflikten. Diese werden von Emotionen wie Ärger, Zorn, Wut, Haß und Vorwürfen wie Starrsinn, Dummheit, Bosheit, Revolutionär oder Reaktionär ... begleitet. Solche Emotionen und Vorwürfe signalisieren zumindest einen vorläufigen Kommunikationsabbruch.

Sehen in einer metakommunikativen Szene, die erst nach Abklingen der meist autonom ablaufenden Emotionen sinnvoll und erfolgreich sein kann (das kann mitunter Jahre währen), beide Partner den Grund des Konfliktes, kann er unter Umständen behoben werden. Es sei denn – und das ist keineswegs selten – die autonome Emotion hat sich zu einer Haltung verdichtet und ist somit nahezu zeitlos geworden. Zorn, Haß ... haben sich verfestigt. Kommunikation bleibt auf Dauer ausgeschlossen. Und das ist keineswegs immer pathologisch.

Es wäre nun ziemlich töricht zu fordern, daß emotionstragende Worte aus kommunikativen Abläufen verbannt würden. Denn 1. gibt es davon sehr viel mehr als man gemeinhin vermutet und 2. soll eine Kommunikationssituation keineswegs emotionsfrei gehalten werden.

Ob ein Wort Emotionen trägt und welche hängt zumeist von dem Kontext ab, in dem ein Wort gelernt wurde. Da aber viele basale Worte in der frühen Kindheit gelernt werden, in der eine rationale Bewältigung der Um- und Mitwelt noch nicht oder doch nicht adäquat möglich ist, sondern allenfalls eine emotionale, erhalten vor allem Worte die keinen wahrnehmbaren Gegenstand bezeichnen oder doch keiner eindeutigen und sinnlich bestimmbaren Situation zugeordnet werden können, eine emotionale Bedeutung (aus dem Lernzusammenhang heraus). Die ursprüngliche Emotion kann zwar im Laufe der Zeit vergessen werden oder sich bei häufigem Wortgebrauch abnutzen. Das alles darf aber nicht darüber hinwegtäuschen, daß auf der Ebene der Tiefenkommunikation die archaischen Bedeutungen (und das sind allemal emotionale) noch vorhanden sind und ihr Wesen treiben.

Doch nicht nur in der Kindheit ist die Rationalität weitgehend reduziert, sondern auch in manchen Lebenssituationen (etwa im Zustand der Liebe oder dem heroischer Gefühle). Auch in solchen Situationen können Worte gelernt werden, deren Bedeutung vorwiegend emotional ist. Ich bin mir ziemlich sicher, daß die emotionale Bedeutung der Worte »Kommunist« mir nicht von meinen Eltern in meiner frühen Kindheit beigebracht wurde, sondern von meinen Lehrern und meiner politischen Umwelt im Verlauf meiner späteren Kindheit und Jugend. Ich habe ziemlich lange gebraucht, um mich von dem Zwang des Erlernten zu emanzipieren. Ich vermute, daß es bei solchen Lernprozessen, die nicht in früher Kindheit stattfanden, durchaus eine Löschung durch Gegenlernen gibt. Und daß solches Gegenlernen durchaus durch die Ausbildung kritischen Bewußtseins erleichtert wird.

Das aber bedeutet, daß zumindest bei einer ziemlichen Menge der emotionstragenden Worte sekundäres Lernen (bzw. Verlernen) hilfreich sein kann. Prinzipiell ist anzustreben, daß bei relativ neutralen Worten mit einer exakt angebbaren semantischen Bedeutung, der emotionale Gehalt möglichst gering bleibt, um eine saubere und ertragreiche Kommunikation zu ermöglichen oder doch zu erleichtern.

Bleiben wir bei Wort »Kommunist«. Die meisten Bundesbürger vor allem einfacherer Bildungsherkunft besetzten das Wort negativ. Da sie oft nicht wissen, was das Wort semantisch bedeutet, ist es für sie ein bloßes Vehikel von Emotionen. Von 1933 bis zur Gegenwart ist in Deutschlands Westen das Wort im Munde von Politikern fast ausschließlich als Schimpfwort verwendet worden – mit negativer emotionaler Besetzung. Jeder, der eine andere symbolische Sinnwelt besaß oder besitzt, wird zum Kommunisten (Göbbels machte alle Juden dazu, Franz Josef Strauß alle Terroristen). Dabei hat das Wort eine genaue Bedeutung. Es bezeichnet eine (vorwiegend ökonomische) Verkehrsform mit drei Merkmalen:

● Planwirtschaft anstelle von Marktwirtschaft,

● soziales Eigentum an Produktionsmittel statt privates

● und annähernde Gleichverteilung von individuellem Eigentum.

Man kann dafür sein oder dagegen. Aber schimpflich ist es sicher nicht, dafür zu sein. Es gibt kaum Sozialutopiker, die nicht Wunschkommunisten waren (von Platon bis Marx). Ihre Gesellschaft ist durchaus ehrenwert. Zumindest ebenso ehrenwert wie die der erbittertsten Feinde der Kommunisten, der Faschisten.

Aber mit dem Wort »Faschist« bringe ich wieder einen Emotionsauslöser ins Spiel, der Kommunikation gefährden kann.

7. Kommunikation bei Unfähigkeit eindeutiger Darstellung von Emotionen.

Auch dieses Thema wurde schon verschiedentlich angedeutet. Das Problem ist relativ einfach zu beschreiben – schwer aber zu lösen. Es gibt Menschen, die ihre Emotionen nicht eindeutig darstellen (können), und zwar aus einem (oder mehreren) der folgenden Gründe:

● Sie lernten nie, wie man Emotionen zeigt.

● Sie sind emotional verarmt.

● Sie lernten Emotionen zwar zeigen, aber auf eine anderen ungewohnte Weise.

● Sie sind sich selbst nicht klar, was sie gerade fühlen.

● In ihnen laufen gleichzeitig zahlreiche emotionale Prozesse ab, mit zum Teil einander widersprechenden Darstellungsformen.

Ich will, da dieses Thema für die Theorie und Praxis von Konflikten und Krisen von erheblicher Bedeutung ist, diese Ursachen im Einzelnen etwas ausführen.

Manche Menschen lernten nie recht, wie man Emotionen zeigt. Sie entstammen zumeist Familien, in denen »man« so etwas nicht tat. Emotionen zu zeigen, galt als Zeichen von Schwäche oder Undiszipliniertheit oder Unanständigkeit. Nun werden Sie vielleicht meinen, solche Familien seien selten. Da irren sie sich. In meinem Erfahrungshorizont (Studenten, Manager) war das Gefühlezeigen durchaus oft mit Zeichen negativer Sanktionen (falschen) erzieherischen Bemühens verbunden. Es wurde nie recht erlernt oder schon in früher Kindheit verlernt. Viele Gefühle darf man nur im Rahmen des Rituals zeigen (Trauer bei Todesfall, Freude bei Hochzeit ...). Außerhalb dessen zeigt »man« sie nicht.

So falsch erzogene Menschen sind ziemlich arm dran. Sie müssen die merkwürdigsten Wege suchen, um ihren emotionalen Haushalt im Gleichgewicht zu halten. So werden oder sind sie nicht selten ausgesprochen sentimental und können bei der übelsten Fernsehschnulze bittere Tränen weinen. Nach außen zeigen sie zumeist eine Standard-Emotion, von der sie wissen, daß sie ihnen optimale soziale Anerkennung oder Erfolg bringt. Etwa eine gleichbleibende Freundlichkeit.

Da niemand so recht weiß, woran man mit ihnen ist, ist Kommunikation ungestört eigentlich nur auf dem Level von Information möglich. Und weil sich dieser nicht lange in Ausschließlichkeit durchstehen läßt, kommt es entweder zu kommunikativen Episoden oder aber zu Mißverständnissen, die Kommunikation stören.

Ein so psychisch verunstalteter Mensch hat durchaus den Wunsch, sich selbst darzustellen, sich seiner sozialen Kontakte zu vergewissern; doch besitzt er nicht das immer auch emotionale Ausdrucksrepertoire, diese Wünsche zu markieren und zu verdeutlichen. So verbreitet er denn auch nicht selten eine Atmosphäre ziemlicher Kälte. Darunter leiden vor allem die Menschen, mit denen er in Kommunikation auf anderer Ebene als der informativen treten *muß:* Etwa Ehepartner oder Kinder. Ich kenne Männer, die nicht einmal (selbst kaum mehr in Floskeln) ihrem Ehepartner sagen können, daß sie ihn lieben. Sie versuchen das etwa durch Geschenke zu »sagen«. Da Schenken gegenüber Kommunikation eine relativ unengagierte Form der Interaktion ist, bleibt sie auch relativ unerheblich oder gar mißverständlich, zweideutig und oft auch unglaubwürdig. Vermutlich »glauben« wir nur dem gesprochenen Wort – vertrauen nur der kommunikativen Interaktion. Zumindest muß sie alle anderen begleiten.

Der Prozeß, wieder Emotionen zeigen zu lernen, ist nicht ganz unproblematisch. Nur in leichteren »Fällen« helfen Musiktherapie oder ähnliches*.

---

* Vgl. dazu: *R. Lay,* Dialektik für Manager, München, 1974, 93 ff

Mitunter geht dieser Zustand emotionaler Ausdrucksarmut oder -unfähigkeit in den der emotionalen Verarmung oder Verödung über. Es gibt aber auch Menschen, die schon in der Kindheit relativ gefühlsarm waren. Das sind wiederum vor allem Kinder, denen in den ersten Lebensmonaten und -jahren wenig oder keine emotionale Zuwendung entgegengebracht wurde (Ansprechen, Anlächeln, Hautkontakt). Im ärgsten Fall werden nur einige sozial negativ bewertete Emotionen beherrscht wie Haß, Wut, Neid, Rache ... Solche schon früh geschädigten Menschen landen relativ oft hinter Gittern, nachdem sich ihre Mitwelt über ihre »emotionale Rohheit«, ihre »blinde Zerstörungswut«, ihre »ungezügelte Triebhaftigkeit« gebührlich empörte. Auf den Einfall, daß hier unter Umständen Menschen nur eine allerletzte ihnen verbliebene Strategie wählten, um mit anderen Menschen Kontakt zu finden, kommt kaum jemand. Der Gedanke: »Hier will sich jemand an Gesellschaft rächen« ist allemal erträglicher als der: »Hier realisiert ein Mensch die einzigen emotionalen Möglichkeiten, die er noch hat«.

Nicht immer endet emotionale Vereisung im Gefängnis. Es gibt für den emotionsarmen Menschen andere Wege, um Aufmerksamkeit und Zuwendung zu erhalten. Sie sind zwar ebenso inadäquat und hoffnungslos erfolglos wie die eines »Verbrechers«, doch immerhin sozial noch geschätzt. Einige »Eisbären« versuchen sich durch weit überdurchschnittliche Leistungen oder außerordentliche Handlungen anderer Art die Zuwendung zu verschaffen, das Interesse zu erwecken, das sie – wie jeder andere Mensch – zum Leben brauchen. Sie erhalten auch zumeist Anerkennung. Kaum jedoch einmal die Zuneigung, um derentwillen sie das alles tun. Deshalb ist ihre Strategie ihrem Problem unangemessen. Ist das aber so, sprechen wir von psychischer Störung. Menschen, ohne zureichende Strategie Konflikte zu lösen, müssen sich, wenn es um einen Konflikt geht, der sie in der Radikalität ihrer menschlichen Existenz betrifft, unbedingt einen Therapeuten oder Psychiater aufsuchen, der allein ihnen helfen kann. Die Hoffnung, es werde schon von selbst besser werden, ist trügerisch und bloß wieder eine solche dem Problem unangemessene Strategie.

Das Problem der Gefühlsarmut ist vor allem, daß sie die Wurzel Sozialität keineswegs kappt, sondern daß sie mit *allen* Mitteln versucht, auch aus dieser Wurzel Kraft zu schöpfen und von hierher sich selbst zu interpretieren. »Wer bin ich schon, es sei denn, ich bin es in den Augen anderer!« sagte mir einmal einer meiner Patienten.

Ich kannte einen jungen Mann, der selbst auf starke emotionale Appelle nicht oder nicht adäquat ansprach (etwa Tod der Mutter, gut bestandenes Examen, Haßreaktionen seiner Kommilitonen). Er war gerade 24 Jahre alt, als er sich erschoß. In seinem Nachlaß fanden wir einige von ihm verfaßte Gedichte von unglaublicher Zartheit. Seitdem bin ich etwas vorsichtiger mit der Bestätigung der Diagnose, die eine soziologisch und psychologisch unwissende Umgebung gern stellt: gefühlskalt.

Ich gehe in der Praxis davon aus, daß es keine gefühlskalten, -armen, -verrohten Menschen gibt, sondern, daß sie es alle nur nicht lernten, wie man welche Gefühle adäquat zeigt und hervorruft. Ich vermute, daß diese Voraussetzung die kommunikative Bindung nicht nur erheblich erleichtert, sondern daß sie allein in der Lage ist, den Eisberg, in dessen Mitte irgendwo vorzeigbare Emotionen schlummern, abzuschmelzen. Wieder andere zeigen zwar Emotionen, diese aber werden von ihrer Umwelt falsch interpretiert. Sie sind zumeist in Familien groß geworden, in denen wenigstens ein Mitglied emotional inadäquat oder ambivalent zu reagieren pflegte (wenn etwa ein Elternteil schizoid war). Es kann – bei im übrigen durchaus normalen Reaktionen – zu mißverständlichen emotionalen Darstellungen kommen. So kann etwa das Gefühl des Mitleids zu einem Ausdruck führen, der als »blödes Grinsen« bezeichnet wird. Sie können sich sicher vorstellen, daß es solche Menschen nicht leicht haben. Ihr Verhalten in kommunikativen Situationen, das immer auch Ausdruckverhalten ist, das allein Sprechverhalten authentisch interpretiert, ist mißverständlich und daher verwirrend. Es bedarf einigen Einfühlungsvermögens und einiger Gewöhnung bis störungsfreie Kommunikation mit einem so Geschädigten möglich wird. Die soziale Umwelt sollte sich in diesen Fällen durchaus um kommunikative Kontakte mühen. Mißlingen sie nämlich wiederholt, kann es zu sozialen Ängsten kommen mit der Tendenz, sich sozial abzukapseln und aus der Kommunikationsgemeinschaft zu entlassen. Das bedeutet völlig überflüssige Tragik und vermeidbares Leid.

Fehlinterpretiert werden etwa
● bestimmte Kopfhaltungen als Arroganz (dann wäre ein Kamel ein sehr arrogantes Tier),
● bestimmter Tonfall als ironisch (obschon er vielleicht interessiert sein soll),
● bestimmtes Schmunzeln als lüstern (obschon es durchaus wohlwollend gemeint ist),
● interessiertes, mitfühlendes Fragen als Neugier ...
Die Korrektur solcher nicht den Ausdruckskonventionen entsprechenden Verhaltensmuster ist oft nahezu unmöglich, da das Ausdrucksverhalten (vor allem, wenn es sich um den Ausdruck von Emotionen han-

delt) relativ spontan abläuft und nur beschränkt rationaler Kontrolle oder Einflußnahme offen steht. Auch die *Unklarheit über die eigene emotionale Stimmung* kann zu erheblichen Kommunikationsstörungen führen. Diese Unklarheit wird sich zwar mitunter im Kommunikationsablauf verringern und zu eindeutig identifizierbaren Emotionen führen. Doch das ist keineswegs zwingend. Das Problem unklarer und uneindeutiger Emotionen besteht darin, daß ich – und entsprechend auch andere – nicht weiß, woran ich eigentlich mit mir bin. Diese Ungewißheit und Unsicherheit wird auch in das gesamte kommunikative Verhalten eingebracht. Die daraus folgenden uneindeutigen Reaktionen (vor allem im Ausdruck) führen zu einer allgemeinen Verunsicherung der kommunikativen Situation – vor allem insofern die Uneindeutigkeit die Ebenen der Selbstdarstellung, der Kontaktaufnahme und -vergewisserung sowie des Appells betrifft. Uneindeutig bleibt oft auch sogar die im Ausdruck vorzustellende Grundübereinstimmung mit dem Partner oder den Partnern bzw. mit den Kommunikationsinhalten. Ein solcher – nur über das Ausdrucksverhalten eindeutig zu erhebender und darzustellender Grundkonsens aber ist eine wichtige Voraussetzung, damit die kommunikativen Abläufe konfliktfrei geschehen.

Die Uneindeutigkeit des emotionalen Ausdrucks als Folge der Uneindeutigkeit der emotionalen Stimmung kann sogar durchgehend einen Menschen erfassen. Er weiß dann nicht, woran er »eigentlich« mit sich selbst ist. Da das Echo aus der kommunikativen Umgebung ebenfalls nicht eindeutig ist und nicht selten häufig wechselt, kommt es zu Problemen in der Selbstdefinition. Die Frage: »Wer bin ich eigentlich?« wird kaum beantwortbar, da sie voraussetzt,

● daß sich eine Person über ihr emotionale Grundstimmung klar ist und
● relative konstante Reaktionen auf vergleichbare emotionale Situationen und Ausdruckshandlungen aus der sozialen Umwelt erfolgen.
Unklarheit über die eigene grundlegende emotionale Tönung scheint bei Jugendlichen und Heranwachsenden eher die Regel zu sein. In dem gleichen Umfang wie es zu einer reifen Selbstinterpretation kommt, sollte sie verschwinden.

Eine Hilfe, die Kenntnis über die eigene emotionale Grundstimmung und die konkreten situationsabhängigen Emotionen zu weiten, ist ein gelegentlicher Versuch, die augenblickliche emotionale Situation in Worte zu fassen und darüber mit einem anderen Menschen zu sprechen. Da man nicht über Emotionen sprechen kann, wie über einen klassischen Informationsgegenstand (etwa eine Sache, ein Ereignis . . .), sondern sie auch im Ausdruck vorstellen muß, um sich zureichend eindeutig verständlich zu machen, wird dabei zugleich auch die Eindeutigkeit des emotionalen Ausdrucks geprüft oder geprobt.

Vielen Menschen fällt es zu Beginn nicht einfach, ein bestimmtes Wort einer bestimmten Emotion zuzuordnen. Es empfiehlt sich unter Umständen, zuvor 20 bis 30 Emotionen aufzulisten und diese Tabelle als Orientierungs- und Benennungshilfe zu verwenden.

Die Unklarheit über die eigene oder die fremde emotionale Stimmung ist ein durchaus erheblicher psychischer und sozialer Konfliktherd. Sie macht es unmöglich, Situationen (psychische und soziale) zureichend eindeutig zu bestimmen, um sich sicher in ihnen verhalten zu können. Die allgemeine Verkehrsunsicherheit in vielen Interaktionen ist nicht selten auf solche Uneindeutigkeiten zurückzuführen.

Das mag ein Beispiel zeigen. In der Begrüßungssituation versuchen die meisten Menschen sich des Kontakts (etwa der Sympathie) zu vergewissern. Wird der Gruß im Ausdruck nicht zureichend eindeutig erwidert, bleibt die Kontaktunsicherheit bestehen. Das wird dazu führen, daß der Partner andere Strategien, die mitunter zeitraubend und keineswegs eindeutig kontaktiv sind und deshalb zusätzliche Verwirrung stiften können, einsetzt. Oder aber er nimmt die Kommunikation auf – und das auf einem unsicheren und ungeprüften Fundament. Es ist nicht schwer einzusehen, daß in beiden Fällen eine optimale Kommunikation nicht gewährleistet ist und Konflikte durchaus vorprogrammiert sind.

Die Uneindeutigkeit einer Grußbeantwortung (oder auch eines Grußangebots) kann sehr verschiedene Gründe haben:

● Der begrüßte oder der grüßende Partner sind sich selbst nicht über die augenblickliche kontaktive Situation klar und können deshalb nicht eindeutig agieren oder reagieren.

● Einer der Partner verkennt die augenblickliche Bedeutung der kontaktiven Vergewisserung des anderen (die vielleicht durch nicht erkannte psychische Abläufe undeutlich bleibt.)

● Einer der Partner hat sich eine laxe Begrüßungsform angewöhnt, da er sich des beiderseitigen Kontakts sicher ist und von seiner Seite aus keine Vergewisserungsbedürfnisse vorliegen.

● Einer der Partner hat einfach »keine Zeit«.

Wichtig ist jedoch, daß man stets einen *Gruß als Frage* versteht. Und den Gegengruß als Antwort. Die Frage lautet: »Wie stehst du zu mir?«

Uneindeutig sind oft auch jene Appelle, die von psychisch kranken Menschen ausgehen. Wir haben sehr wohl Anlaß anzunehmen, daß viele neurotische Symptome Appellfunktion haben. Aber diese Appelle an die soziale Umwelt sind keineswegs allgemein, weder den Appellierenden noch den Mitgliedern des sozialen Umfelds verständlich. Deshalb kann es zu interpretierenden Korrekturen kommen. Diese Korrekturen aber sind mit der naiven Interpretation des neurotischen Appells nicht zureichend verträglich. Es ist ganz offensichtlich, daß solch »widersprüchliches Verhalten« nicht nur die kommunikativen Abläufe gefährdet, sondern auch den Bestand der Kommunikationsgemeinschaft selbst infrage stellen kann. Dabei ist zu beachten, daß neurotische Appelle – wie alle Appelle – nur »sinnvoll« sind, wenn sie adäquat beantwortet werden. Das aber setzt voraus, daß sie nicht nur verstanden, sondern auch akzeptiert werden. Die Akzeptation eines neurotischen Appells liegt aber meist nicht im Interesse des neurotisch Gestörten, da eine optimale Therapie nur gewährleistet ist, wenn sich die Mitwelt in die neurotischen Spiele nicht einbeziehen läßt.

Neurotische Symptome zeigen nun nicht etwa nur Neurotiker. Bei ihnen sind sie jedoch Teile ihres gewohnten und regelmäßig gezeigten Verhaltensrepertoirs geworden. Neurotische Symptome zeigen in emotional unbeherrschten Situationen oder unter starken Belastungen nahezu alle Menschen. Das oben für den Fall einer neurotischen Störung Gesagte gilt für alle Menschen in Krisensituationen. Der kritische Persönlichkeitshintergrund führt zu durchaus widersprüchlichen Appellen. Ein Mensch, der nicht weiß, woran er eigentlich mit sich selbst ist, wird auch nicht seiner Mitwelt sagen können, was er »eigentlich« von ihr will. Der Inhalt des Gewollten kann in wenigen Augenblicken wechseln. Ja das Gewollte kann gerade ein Nicht-Gewolltes sein. Selbst absurde Wünsche können durchaus auch von psychisch »Normalen« unter bestimmten Umständen gezeigt werden.

Ein Sonderfall solcher Uneindeutigkeit liegt vor, wenn unter psychischen und sozialen Belastungen verschiedene Emotionen sehr schnell aufeinander gezeigt werden. Es kann dann zwar jede Emotion für sich durchaus adäquat dargestellt werden und zu entsprechenden Formen der Selbstdarstellung, der Kontaktvergewisserung und des Appellierens führen, doch die schon bald folgende andere Emotion führt, selbst bei entsprechend eindeutiger Darstellung, die soziale Mitwelt, vor allem aber eine Kommunikationsgemeinschaft in erhebliche Interpretationsschwierigkeiten bis hin zu Krisen. Ich kenne Personen, die innerhalb weniger Augenblicke, ohne erkennbaren Anlaß, ihre emotionale Stimmung so vollständig ändern, daß

● die neue Emotion der vorhergehenden widerspricht und
● die rationalen von der Emotion eingeforderten Inhalte und ihre Dar-

stellungen einander einfachhin widersprechen.

Eine solche Person kann in wenigen Minuten vom Konservativen zum Revolutionär werden. Und das keineswegs einmal im Leben, sondern alle paar Tage wechselnd. Da aber Kommunikationsgemeinschaften nur möglich sind, wenn die Teilnehmer ihre Erwartungen an das Verhalten des anderen nicht ständig getäuscht sehen, bedeutet eine solche Darstellung, selbst sicher schon Ausdruck von Krise und Konflikt, eine Belastung. Sie kann oft nur minimalisiert werden, indem die soziale Mitwelt den Betroffenen nicht »ganz ernst« nimmt. Da er aber ernst genommen werden will, kann es zu den eigentümlichsten Methoden kommen, dieses Ernstnehmen zu erzwingen. Etwa durch das Aufbringen von Gerüchten.

Im Rahmen meiner Erfahrungen handelt es sich hierbei um eine schwierig zu therapierende Form einer psychopathischen Störung, die infantile emotionale Muster bis ins Erwachsenenalter konserviert und in die Persönlichkeitsstruktur einbaut. Der schizoide Schein, den solche Personen mitunter um sich verbreiten, darf nicht darüber hinwegtäuschen, daß es sich keineswegs um eine eigentliche schizoide Störung handeln muß (obschon auch das vorkommt).

8. Kommunikation, die die Schranken von (soziolinguistischen) Codes überschreitet.

Über die Codes der Soziolinguistik habe ich schon an anderen Stellen ausführlich gehandelt*, so daß ich mich hier auf ein kurzes Resumee beschränken kann.

Auf Grund verschiedener radikal verschiedener Sozialisationsmuster eignen sich Menschen im Verlauf der primären Sozialisation (während der ersten fünf Lebensjahre) sprachlich verschiedene Ausdrucksmuster an, die vor allem die Syntax betreffen. Wegen der basalen Differenz der Sozialisation (sie geschieht entweder im Wir-Feld oder einem Ich-Du-Feld) kommt es zu radikal verschiedenen sozialen (und damit also auch sprachlichen) Verhaltensmustern. Dabei gilt als Faustregel, die Sprache der im Ich-Du-Stil (personenspezifisch) Sozialisierten ist komplexer als die der im Wir-Stil (status-spezifisch) Sozialisierten. Zwischen beiden Gruppen bestehen tiefgreifende Unterschiede in allen Bereichen des sozialen Verhaltens: im Sprachverhalten wie im Erkenntnis-

---

* Vgl. Grundrisse einer komplexen Wissenschaftstheorie II, Frankfurt (Knecht) 1973; Dialektik für Manager, München 1974, 31–35 (rororo 6979, 23–25); Führen durch das Wort, München (Langen-Müller) 1978, 241–244.

verhalten, im Verhältnis zu Emotionen wie in der Fähigkeit, sie auszudrücken, im Verhältnis zu Strukturen und Funktionen, wie in der Art der Kooperation (wie ihrer Verweigerung). Ganz offensichtlich sind also Kommunikationsgemeinschaften, die Menschen beider Sozialisationstypen miteinander vereinen, nicht unproblematisch.

● Konflikte der einen Gruppe werden von den anderen nicht verstanden oder falsch interpretiert

● Bedürfnisse, Erwartungen, Stimmungen werden auf sehr verschiedene Weise eingebracht und durchgesetzt.

● Das Verhalten zur Autorität ist grundlegend verschieden (wird entweder von der Funktion oder von der Person her bestimmt).

● Das Verhältnis zur spontanen Äußerung und die Tendenz, etwa solidarisches Verhalten zu zeigen, sind einander unähnlich …

Im allgemeinen wird man also Menschen verschiedener Sozialisationstypen (die übrigens in lockerer Verbindung mit sozialer Schichtung stehen), nur in ausgesprochen informationsorientierten aktuellen Kommunikationssituationen zusammenführen, wenn man Konflikte nicht provozieren will. Geht es um Selbstdarstellung, um die Methoden der Vergewisserung von Sozialkontakten oder auch deren Begründung und Ausbau, geht es um die Weise zu appellieren … sind die Darstellungen so unterschiedlich, daß sie mit einiger Gewißheit zunächst falsch erkannt und interpretiert werden. Klassenspezifisches Comment kann diese Differenzen noch verstärken.

Wir müssen davon ausgehen, daß die Grundzüge primärer Sozialisation irreversibel und daher nur an der Peripherie veränderbar sind. Das aber bedeutet, daß sogenannte »korrektive Erziehungsstrategien« im Schulalter zu spät kommen (»kompensatorische Erziehung« kann allenfalls Defekte kompensieren, nicht aber beheben).

Begegnen sich Mitglieder beider Gruppen spontan, wählen sie meistens ebenso spontan den Kommunikationshorizont, in dem ein Minimum an Konfliktmöglichkeiten angelegt ist: den der Information. Ist aber das informatorische Hin und Her erschöpft, weiß man sich oft nichts mehr zu sagen. Solch sprachlose Situationen werden meist als unangenehm oder gar peinlich empfunden. Es empfiehlt sich also, wenn eine Begegnung mit Menschen verschiedenen Sozialisationstyps notwendig oder nützlich erscheint, sich im Bereich der informatorischen Kommunikation so gründlich vorzubereiten, daß der Stoff nicht ausgeht. Manche haben darin hohe Perfektion erreicht: Etwa im Erzählen immer neuer Geschichten ohne hohe emotionale Ansprüche

9. Kommunikation über die Schranken einer symbolischen Sinnwelt hinaus.

Sicherlich gibt es einige Gegenstände, die in nahezu allen Sinnwelten mit ähnlicher Bedeutung ausgestattet werden. Doch schon ein Versuch, diese Gegenstände zu tabellieren scheitert zumeist. Verstehe ich mit dem Wort »Wasser« tatsächlich dasselbe, was der Bewohner der Wüste, ein Fischer vor Algarve, was ein Eskimo, was ein australischer Eingeborener, was ein Nordindianer ... darunter versteht? Ich bin ziemlich sicher, daß Menschen, denen Wasser etwas Selbstverständliches ist, das auf Wunsch aus einem Hahn fließt, den Begriff anders meinen als Menschen, deren Leben der Kampf mit dem Wasser – oder der Kampf ums Wasser ist, die im Wasser etwas Heiliges sehn ... Vielleicht ist die Identität der Begriffe noch am universellsten über die Horizonte der Sinnwelten hin erhalten, wenn es sich um technische Güter handelt, um Uhren, um Autos ... Um Uhren? Nein auch das stimmt nicht ganz. So wissen wir, daß in der Sinnwelt der Hopiindianer Zeit nicht als Dauer, sondern als Entfernungspunkt (am 3. Tage statt nach 2 Tagen) vorkommt.

Die Guaraniindianer sehen im Menschen eine Art Gefäß, das einem Wort zu einem diesseitigen Ausdruck verhilft. Der jenseitigen Realität, der des Wortes, stehen Juguare näher, deren Gebrüll von den Archéindianern als eine höhere Form menschlicher Sprache verstanden wird (Jajar = Herr des Wortes).

Nach der Aussage der Sinnwelt der Kaxuyana wird ein Mensch, der in unserer Welt stirbt, nach Passieren des Spiegelpunktes in einer Antipodenwelt wiedergeboren. Hinter der Illusion des Todes sei das Leben ewig. Denn das Leben ist Teil des höchsten Wesens. Es wird sehr symbolisch-abstrakt gedeutet als Summe der gesamten Welt – als »wirkliche Sonne«, deren täuschende Widerspiegelung unsere ist.

Die Witoto beschreiben den Beginn aller Dinge so:

> Was war anders da, als das Nicht-Wirkliche? Ein Abbild der Illusion. Aus dem Nichts, der bloßen Illusion, schuf der Vater, der eine Illusion ist, durch Aneinanderknüpfen der Leere das Leben. Der Vater berührte ein Truggebilde. Es gab keinen Stab, es zu halten: An einem Traumfaden hing er den Trug mit dem Hauche. Er prüfte, wo der Grund des leeren Trugbildes war, es war aber nichts da. »Leeres knüpfe ich an«. Jetzt knüpfte der Vater weiter, prüfte den Grund dieses Wortes und tastete nach dem leeren Scheinsitz. Am Traumfaden knüpfte der Vater das Leere an ... (nach K. Th. Preuss)

Ganz offensichtlich ist eine Kommunikationsbrücke aus unserer Sinnwelt in die der Indianer nicht leicht zu finden. Ihre Mythen sind uns fremd. Zwei Überzeugungen scheinen aber im Mittelpunkt zu stehen:

»Unsere Welt« ist eine Scheinwelt, eine Spiegelwelt der realen. Und: das Wort ist vor den Sachen. Ihre Sinnwelt unterscheidet sich in ihren Symbolen wie in ihren Sinngebungen.

Es wäre nun falsch, bestimmte Berichte aus dem des universellsten Interpretationsrahmens, der Sinnwelt also, zu entlassen. Was vermuten Sie, meint ein Shawneeindianer, wenn er sagt: »Eine Höhlung bewegt einen trockenen Fleck mit Hilfe eines Geräts«? Hier sind offenbar die tätigen und die leidenden Gegenstände anders aufeinander bezogen als in unseren europäischen Sprachen. Der Shawnee meint: »Mit einer Stange wird ein Lauf (etwa ein Gewehrlauf) gereinigt«.

Schon W. von Humboldt erkannte (1848), daß in jeder Sprache eine eigentümliche Weltsicht zum Wort kommt. Daß also zwischen Erkenntnis und Sprache ein wechselseitiger Begründungszusammenhang besteht. Diese Einsicht erhielt ihre schärfste Artikulation im Sapir-Whorfschen Relativitätspostulat:

● Sprache bestimmt Denken (E. Sapir: linguistischer Determinismus)
● Sprache entspricht Weltbild (B. L. Whorf, linguistische Relativität)
● Grammatiken bilden einen Ideenfilter. Sie begründen zwar nicht Ideen, doch gibt es Ideen einer Sprache, die sich in einer anderen nicht adäquat ausdrücken lassen.

Die beiden ersten Thesen werden heute meist abgeschwächt, die letzte unbedingt akzeptiert.

Sapir nahm an, daß das vollständige Vokabular einer Gesellschaft (bestimmt durch ihre gemeinsame Sinnwelt) ein komplettes Inventar ihrer Ideen, Interessen und Beschäftigungen sei.

Nun werden Sie vermutlich meinen, das alles gilt nur für einander sehr fremde Sinnwelten, wie die der Europäer und der Indianer. Das ist falsch.

Schon geringfügige Abweichungen von der standardisierten Sinnwelt einer Gesellschaft und die damit verbundene Änderung der Sprache führen zu erheblichen Kommunikationsproblemen. Oft verschleiert nur der gemeinsame gute Wille den tatsächlich lang erfolgten Kommunikationsabbruch. Ist solch guter Wille im Spiel, dann werden die Partner versuchen, über die materialen Inhalte der Meinungsverschiedenheiten diskutierend, zu einer Meinung zu kommen.

So versuchen sich evangelische und katholische Christen seit Jahrzehnten in solch inhaltvollem Dialog. Ähnliches gilt auch für manche Christen und einige Marxisten ... Solche Dialoge sind stets zum Scheitern verurteilt, da das Gespräch Fragen der Dogmatik beider Parteien berührt, nicht aber eine Abklärung der Verschiedenheit der symbolischen

Sinnwelten bringt, vor deren Hintergrund allein die differente Dogmatik interpretierbar würde. Ein Verbalkompromiß gaukelt allenfalls einen Realkompromiß vor.

Es gibt jedoch auch die Situation, in der beide Partner keineswegs guten Willens sind und absichtlich die Kommunikationsgemeinschaft miteinander brechen (zentrale Gesellschaft - Randgruppen; Vater - Sohn, Eheleute). Es wäre nun töricht, eine oberflächliche Strategie der Schlichtung (der Konfliktminderung also) zu wählen, mit der nicht zugleich das Gemeinsame und Unterschiedene der beiden Sinnwelten zur Sprache käme.

Ganz allgemein gilt: Die Sinnwelt definiert einen bestimmten Denkstil als optimal. Solcher Denkstil ist bestimmt und bestimmt andererseits in dialektischem Wechselspiel:

● Vorurteile,

● Weltbilder (die strukturierte Summe der theoretischen Einstellungen des Menschen zur Welt)

● Weltanschauungen (die strukturierte Summe der praktischen und wertenden Einstellungen des Menschen zur Welt),

● sprachliche Möglichkeiten (die Kompetenz = die Fähigkeit eines idealen Sprechers, ein abstraktes System sprachgenerativer Regeln zu beherrschen),

● Interessen (Bedürfnisse, Erwartungen).

Der Denkstil legt etwa im Bereich der Wissenschaften fest:

● was man erforschen soll - und was unerheblich ist,

● was man erforschen darf, und was »dumm«, nicht rational, gefährlich ist,

● was im Interesse der Menschen (oder »der Wissenschaft«) liegt.

Ein Denkstil legt apriori fest und kann deshalb nicht mit den Mitteln rationaler Überzeugung angesprochen werden. Inhaltlich ist er bestimmt durch eine Menge meta- und paläotheoretischer Grundannahmen (die sich zur Sinnwelt verdichten). Geschützt wird er durch Ängste und Verunsicherungen, die er zu meiden verspricht. Die Einheit im Denkstil senkt also das Konfliktpotential unter Umständen ziemlich langzeitig im Inneren der von ihr geleiteten Struktur, erhöht aber das zwischengesellschaftliche Konfliktpotential oft nicht unerheblich.

Das Überschreiten von Sinnweltgrenzen in kommunikativer Aktion kann langfristig nur erfolgreich sein, wenn sich beide Parteien in einem metakommunikativen, reflektorischen Prozeß über den eigentlichen Grund ihrer Differenzen einlassen. Das kann dann dazu führen, daß zumindest den anderen nicht mehr Dummheit oder Bosheit unterstellt werden. Es wird eine Unverträglichkeit in wenigstens einem erheblichen Punkt der verschiedenen Sinnwelt festgestellt, der vielleicht nicht aufgeben kann, weil sich von hier aus eine Struktur oder eine Person definiert und dadurch ihre Identität findet.

Da es unmöglich ist, zwei symbolische Sinnwelten von einiger Erheblichkeit, sittlich gegeneinander zu werten, besteht keinerlei Anlaß, die eigene für besser zu halten als irgendeine andere. Damit verbietet sich jedes missionarische Pathos, das sich so gern in »geschlossenen Gesellschaften« entwickelt. In jenen Gesellschaften also, die sich im Besitz der reinen und unüberholbaren Wahrheit wähnen und sich so

● gegen alles andere – weil doch nur falsch – absichern, abschließen und
● dann aus dem so konstruierten Getto Verbindlichkeitsansprüche

formulieren, um alle Menschen zu beglücken.

Mir fällt es sehr schwer, den deutschbrasilianischen Missionar Protásio Frikel für einen schlechten Christen zu halten. Jahrelang lebte er mit Indianern im brasilianisch-surinamesischen Grenzgebiet. Schließlich kam er zu der Überzeugung, daß er mit seiner christlichen Mission den Indianern nichts anbieten könne, was ihrer Geistigkeit überlegen sei. Er wurde Völkerkundler.

Kommunikationsgemeinschaften sind also stets recht gefährdete und labile Gebilde. Und dennoch ist das Akzeptieren wenigstens einer notwendig für die psychische und/oder soziale Gesundheit eines Menschen.

Ich bin der Meinung, daß das Ziel transformatorischen oder auch revolutionären Bemühens von Menschen nicht primär eine prinzipielle Neuorientierung im Bereich der Eigentums- und Herrschaftsverhältnisse (soziale Revolution) oder gar nur eine Neuordnung im Bereich von Recht und Moral (politische Revolution) sein darf. Es muß das Ziel jeder Neuorientierung hin auf ein menschliches Miteinander, zusammen mit einer Verminderung der Gründe und Folgen von destruktiven Krisen und Konflikten, eine Neuordnung im Bereich der Verkehrsformen sein. Und diese Neuordnung der Weise, wie Menschen miteinander umgehen, ist durchaus definierbar von ihren Möglichkeiten her, in ungefährdete Kommunikationsgemeinschaften einzutreten.

Sie werden bemerken, daß Revolution oder aber auch Transformation nicht eine Sache der Ideologen sein kann (weder der Politiker noch der Ökonomen), sondern an erster Stelle der Menschen, die durch den Leidensdruck der Kommunikationsbeschränkung, ja des Kommunikationsabbruchs – in jedem Fall aber der Kommunikationsgefährdung bewegt, mit den Mitteln der gerichteten Reform oder aber auch der

Anwendung von Zwängen eine menschenwürdigere Welt bereiten. Ich vermute, daß Zwänge geübt gegen Unmenschlichkeit, weder als politisch noch moralisch verwerflich qualifiziert werden können. Und da wir heute in der Lage sind – über alle ideologischen Lager und Sinnwelten hinaus – zu sagen, was »menschlich« meint, ist die Normierung veränderten Verhaltens nach IST und SOLL keineswegs abstrakter Willkür, wie so oft in der Vergangenheit, ausgeliefert.

Im folgenden – dritten – Teil dieses Buches, will ich an einzelnen Fällen psychischer und/oder sozialer Krisen und Konflikte eine für den Fall zutreffende therapeutische Praxis aufweisen versuchen. Dabei bin ich mir im Klaren, daß die Brauchbarkeit einer Theorie (von deren Wahrheit kann man nicht sprechen, sobald sich Theorie aus dem ursprünglichen Theorie-Praxis-Eins in einen relativen Eigenstand entläßt) einzig und allein darin besteht, daß sie es erlaubt, Strategien zu entwickeln, Krisen und Konflikte, insoweit destruktiv, zu beheben, zu mindern oder in konstruktive zu wandeln und damit zu vermenschlichen.

Liefern Sie mir bitte über die Buchhandlung:

Erwin Küchle
......Ex. **Menschenkenntnis für Manager**
276 Seiten, geb., DM 24,--

Joachim Kath
......Ex. **Marketing für Manager**
Das David-Goliath-Prinzip
240 Seiten, geb., DM 26,--

Hannes Hartman-Hilter
......Ex. **Der Ehevertrag auf der Grundlage
des neuen Scheidungsrechts**
152 Seiten, geb., DM 20,--

Absender:

**Wirtschaftsverlag
Langen-Müller/Herbig**
Hubertusstraße 4

8000 München 19

Erwin Küchle
Menschenkenntnis für Manager

Erwin Küchle, Menschenkenntnis für Manager, Der Schlüssel zum Anderen

276 Seiten, geb. DM 24,--

Fördern Sie Ihre Fähigkeit, andere mit möglichst hoher Treffsicherheit zu erkennen: Welche Verhaltensweisen lassen charakteristische Rückschlüsse zu ... was sagt die Sprache eines Menschen aus ... welche Verständigungsbarrieren sind im Umgang mit Menschen zu überwinden ... was weiß der Menschenkenner über Semantik und Soziolinguistik ... wie kann das Verhalten eines Menschen dialektisch beeinflußt werden ...?

Joachim Kath
Marketing für Manager

Joachim Kath, Marketing für Manager, Das David-Goliath-Prinzip

240 Seiten, geb. DM 26,--

Das David-Goliath-Prinzip

Größere und kleinere Firmen sollen von den ganz großen lernen und dabei sehr viel Geld sparen. Ein umfassendes Marketing erfordert einen finanziellen und personellen Aufwand, den sich letzten Endes nur Konzerne leisten können. Von den dort auf dem Gebiet des Marketing entwickelten Arbeitsmethoden kann jedoch auch jeder Unternehmer profitieren, der sein eigener Marketing-Chef ist. Schritt für Schritt entwickelt der Autor ein in die Praxis übertragbares Marketing-Konzept, aus dem konkrete Maßnahmen abgeleitet werden können. Kath zeigt, was ein vernünftiges Marketing wirklich zu leisten vermag.

Hannes Hartman-Hilter
Der Ehevertrag auf der Grundlage des neuen Scheidungsrechts

Hannes Hartman-Hilter, Der Ehevertrag auf der Grundlage des neuen Scheidungsrechts

152 Seiten, geb. DM 20,--

Die Angst geht um unter den Ehepartnern und Heiratswilligen in Deutschland. Die Angst, den Irrtum bei der Partnerwahl auch noch materiell teuer bezahlen zu müssen. RA Hartman-Hilter weist den Weg aus dem immerhin möglichen Dilemma. Das Gesetz erlaubt es, für den Fall einer späteren Trennung vertragliche Regelungen zu treffen. Aber auch steuerliche oder erbrechtliche Gründe können den Ausschlag geben für den Abschluß eines Ehevertrages. Dieses Buch gibt dazu Ratschläge, ergänzt durch eine Fülle von Musterverträgen.

Über Ihre Veröffentlichungen ... auf den angekreuzten Fachgebieten informieren Sie mich bitte künftig regelmäßig:

☐ Unternehmensführung
☐ Personalführung
☐ Marketing / Verkauf / Werbung
☐ Rhetorik / Dialektik / Korrespondenz
☐ Rechnungswesen / Finanzkontrolle
☐ Verwaltungsorganisation
☐ Wirtschaftsrecht
☐ Finanzierung / Kapitalanlage
☐ EDV spezial
☐ Soziologie

☐ Senden Sie mir ständig ihr aktuelles Gesamtverzeichnis

☐ Senden Sie mir ständig alle Prospekte Ihrer Neuerscheinungen.

3. Teil

Fälle

In diesem Teil will ich versuchen, die vorgestellten Theorien über den Rahmen der gegebenen Beispiele hinaus praktisch zu machen. Die dargestellten Fälle sind nicht fingiert, wohl aber so weit in konkreten Daten modifiziert, daß zwar die Struktur des Konflikts oder der Krise erhalten bleibt, nicht aber die Darstellung des persönlichen Schicksals für Fremde dechiffrierbar würde.

Wegen der weitgehenden Stilisierung, Typisierung und Universalisierung spreche ich denn hier auch von »Fällen« – ein Wort, das ich mir in der Begegnung mit konkreten Menschen nicht gestatten würde. Aber die Ablösung des Konfliktgeschehens von der konkreten Person, erlaubt wohl die Verwendung dieses Worts.

Ich werde die einzelnen Fälle zunächst einmal sehr gerafft darstellen. Ich verwende zumeist dabei nicht die Worte des Betroffenen. Mitunter wird in wenigen Zeilen das Ergebnis zahlreicher Gespräche vorgestellt. In einem zweiten Abschnitt versuche ich dann die Grundzüge der therapeutischen Praxis zu entwickeln. Dabei ist davon auszugehen, daß sich die zu Grunde liegende Theorie zusammen mit der Therapie ständig neugestaltete, und nicht etwa der Therapie vorauslag. Da ich der Auffassung bin, daß der Therapeut die Theorie weitgehend mit dem Patienten zusammen erarbeiten sollte, damit so optimal dem Patienten seine Situation, sein Widerstand, seine Konflikte und Krisen verständlich werden – und daß dieses Erarbeiten keineswegs eine pädagogisch verbrähmte Weise sein darf, dem Patienten ein theoretisches Apriori zu vermitteln und ihn internalisieren zu lassen, wurde i.a. auf die Verwendung einer metapsychologischen Fachsprache verzichtet. Die theoretische Arbeit wurde weitgehend vom Patienten geleistet. Der Therapeut stellte gelegentlich ein (inhaltlich durchaus modifizierbares) Vokabular zur Verfügung. Sicher könnte damit schon eine gewisse Vorentscheidung zugunsten einer Theorie getroffen werden, denn »die Grenzen meiner Sprache bedeuten die Grenzen meiner Welt« – das gilt ganz sicher auch für die Sprache, die sich im Verlauf der Therapie zwischen Patienten und Therapeuten herauszubilden pflegt. Weitere Einsicht ist also nur möglich im gemeinsamen Dehnen des Sprachhorizonts. Und da ist es durchaus möglich – und oft genug auch nötig – die wohldefinierten Begriffe eines metapsychologischen Systems (etwa des der Psychoanalyse) mit abweichenden Inhalten zu begeben, um das auszudrücken, was der jeweils Andere zunächst vorsprachlich ahnt, vermutet, fühlt, ohne es in diesem Zustand auch nur halbwegs verständlich wiedergeben zu können.

Wenn Krisen und Konflikte weitgehend durch Kommunikationsstörungen (bis hin zum Kommunikationsabbruch) beschrieben werden können, dann wird die Behebung von Krisen und Konflikten, weitgehend davon abhängen, in welchem Umfang der Betroffene in der Lage ist, sich dem Konfliktpartner adäquat sprachlich darzustellen. In nicht wenigen Fällen hat also der Therapeut auch die Rolle eines Sparring-Partners zu übernehmen. Er muß versuchen, den Betroffenen wieder kommunikationsfähig zu machen. Sicherlich gilt es dabei zunächst einmal, emotionale Widerstände abzubauen. Doch da der Konfliktgrund nicht selten darin liegt, daß der Patient nicht in der Lage war, den Kommunikationszerfall aufzuhalten, müssen auch – rein technisch – seine kommunikativen Fähigkeiten entwickelt werden. Nicht selten werden Konflikte unlösbar, ja geraten ins Eskalieren, weil ein Konfliktpartner (meist aber beide) niemals lernte, einen Konflikt richtig zu erkennen, in seinen Gründen zu verstehen und so konstruktiv zu Ende zu führen. Das können durchaus Mängel im Sozialisationsgeschehen gewesen sein, Bildungsfehler also. Es kann aber auch so sein, daß ein Mensch ganz einfach hilflos einer Konfliktsituation gegenübersteht, da der Partner in einer völlig unerwarteten Weise reagiert. In beiden Fällen ist Technik nachzulernen. Aber nicht nur Technik: Um Konflikte zu verstehen, ist es – da wir nur das verstehen, was wir begreifen und nur das begreifen, was wir mit Begriffen greifen können – nötig, auch ein entsprechendes Vokabular zu besitzen und auf Situationen abbilden zu lernen. Dieses Vokabular sollte optimal den objektiven Bedürfnissen der Krisen- oder Konfliktsituation angepaßt sein. Das aber bedeutet, daß immer auch emotionale, sich jeder Rationalität sperrende Momente sprachlich behandelt werden müssen. Da dieses aber nicht adäquat möglich ist, sondern in meist nur entfernter Annäherung, gilt es, diese Annäherung so weit als möglich voranzutreiben. Das aber ist nur möglich, wenn die »therapeutische Sprache« im Verlauf der Therapie selbst erst ausgemacht wird. Insbesondere hat der Therapeut darauf zu achten, ob neben der verschobenen semantischen Bedeutung von Worten und Sätzen nicht auch eine außergewöhnliche Begabung mit emotionalen Bedeutungen vorliegt. Er wird versuchen müssen, sich in beide Bedeutungen einzufinden, um den Patienten da abzuholen, wo er semantisch und emotional steht.

Bei neurotischen Störungen ist die Technik mitunter relativ einfach. Indem der Therapeut versucht, den kritischen oder konflikthaften Zustand des Patienten zu beschreiben, kann – vorausgesetzt die Autoritätssperren sind aufgehoben und ein Klima der Gleichberechtigung ist erzeugt – der Patient sagen, wenn er sich nicht, etwas, oder voll verstanden fühlt. Im Laufe solcher »Verständnisvorschläge« wird der Therapeut – je nach Vorbildung des Patienten – differenziertere Begriffe einführen, nachdem er sie – wenn nötig – erklärt hat (gesagt hat, was er *jetzt* darunter versteht). Im Laufe von 20 bis 30 Gesprächen von 45–60 Minuten entwickelt sich dann zumeist zwischen Patient und Therapeut eine Sprache heraus, die es beiden erlaubt, sich ohne Rückfragen nach Bedeutungen relativ unproblematisch verständlich zu machen. Natürlich wird der Therapeut versuchen, die Therapiesprache in der Nähe der Umgangssprache zu halten.

Das gilt selbstverständlich auch für die Diagnose. Ich halte es für nicht sonderlich nützlich, wenn der Therapeut einem Patienten eine Diagnose aufklebt wie ein Etikett. Im Gegensatz zu somatischen Krankheiten (bei denen man vielleicht ganz unbefangen von »dem Blinddarm von 303« oder der »Gastritis von 215« sprechen kann) sind psychische Störungen nicht so einfach zu etikettieren, weil sie nicht selten im Verlauf der Therapie ihre Symptomatik ändern. Vor allem mit Etiketten wie »Hysterie«, »Zwangsneurose«, »Paranoia« ... sollte man nicht arbeiten. Sie verstellen auch sprachlich und emotional den spontanen Zugang zum Patienten, der für eine erfolgreiche Therapie unumgänglich notwendig ist. Zudem werden dem Patienten nicht beobachtete Eigenschaften apriori zugesprochen, nur weil sie zum allgemeinen lehrbuchhaften Symptombild der Hysterie, der Zwangsneurose oder einer Paranoia passen. Das kann recht übel ausgehen. Da die Lehrbücher auch nicht mit Prognosen geizen, wird ein ungeschulter Therapeut diese Meinungen – oft ganz unbewußt – übernehmen und sie auf die konkreten Heilungschancen übertragen. Auch das ist schlecht – vor allem bei schlechter Lehrbuch-Prognose. Zum anderen wird der Therapeut diese seine für sich vielleicht feststehende Diagnose verbal oder nicht-verbal auch dem Patienten mitteilen – wie die damit verbundenen Therapiechancen. Ganz offensichtlich ist das für den Bereich psychischer Störungen nicht immer optimal.

So sind denn allgemein Etikettierungen zu verwerfen. Sie können allenfalls als mehr oder weniger entfernte Anhaltspunkte beim Einstieg in die therapeutische Praxis hilfreich sein. Verbunden mit der Bereitschaft, sie jederzeit zu ändern. So werden Sie denn auch verstehen, daß in der folgenden Darlegung grundsätzlich keine Diagnose gestellt ist.

Die dargestellte Praxis hat folgende Eigenschaften:

● Sie ist auch sprachlich das Ergebnis der Bemühungen von Patient und Therapeut, verständlich zu machen, worin denn eigentlich Ursache und Verlauf eines Konflikts oder einer Krise gründen.

● Sie war in allen dargestellten Fällen erfolgreich. Das soll heißen, die vorgestellte therapeutische Praxis führte stets zu einer konstruktiven Auflösung von Konflikten und einer positiven Überwindung kritischer Situationen.

Es handelt sich also nicht um wissenschaftliche Theorien, sondern um therapeutische – um bewußt gewordene theoretische Anteile einer gelebten Theorie-Praxis-Einheit.

Der Leser wird also nicht in den theoretischen Abschnitten Teile einer konsistenten Theorie psychischer oder sozialer Krisen finden.

Wie der Patient die gewonnenen Einsichten in die Praxis umsetzte, wird im Regelfall deshalb nicht berichtet, weil solche Praxisumsetzungen sehr individuell der konkreten Krise, dem konkreten Konfliktfall angepaßt werden müssen und keineswegs leicht generalisierbar sind. In anderen Fällen sind die praktischen Konsequenzen aber auch so selbstverständlich, daß sie gar nicht erst ausgeführt werden müssen. Sollte sich der Leser in der einen oder anderen Situation wiederfinden, wird er versuchen, nachdem er den Grund und den Verlauf einer Krise oder eines Konfliktes erkannt und verstanden hat, selbst Strategien zu dessen Bewältigung zu entwickeln. Sollte das nicht möglich sein, oder sollte sich ein Konflikt aus irgendwelchen Gründen als unlösbar oder eine kritische Situation als unüberwindbar herausstellen, obschon Lösung und Überwindung existentiell notwendig erscheinen, wird der Betroffene gut daran tun, einen Fachmann (etwa einen Psychotherapeuten) aufzusuchen und um Rat zu fragen.

Zu Theorien oder strategischen Einsichten gibt es zwei Zustimmungstypen, die sehr voneinander zu unterscheiden sind:

● Die verstandesmäßige Zustimmung (notional assent) stellt sich immer dann ein, wenn die Theorie etwas plausibel erklärt, so daß kein sinnvoller Widerspruch möglich zu sein scheint. Existentielle Betroffenheit ist nicht gegeben. Auch kann durchaus eine emotionale Zustimmung (bewußt oder unbewußt) verweigert werden.

● Die reale Zustimmung (real assent) geht über die rationale hinaus, insofern hier auch eine emotionale Zustimmung gegeben wird – zumindest aber eine emotionale Weigerung, die sich in sehr versteckten Formen der Abwehr manifestieren kann, nicht deutlich wird.

Offensichtlich gilt es prinzipiell eine *reale Zustimmung* des Patienten zur gemeinsam entwickelten Strategie zu erreichen. Die aber festzustellen, erfordert einige therapeutische Erfahrung, die die Gründe von mitunter sehr maskierten Widerständen und Abwehrreaktionen richtig erkennt und wertet.

412

Ein Kriterium für eine reale Zustimmung kann sein der durchhaltende Wille, das Erkannte in praktische Strategien umzusetzen und die Beharrlichkeit im Einsatz solcher Strategien. Unbewußte Widerstände manifestieren sich oft in einer erheblichen Unlust, eine Erkenntnis praktisch zu machen – oder in einem schnellen Abbruch praktischer Bemühungen. Doch nicht immer sind solche Unlustgefühle ein sicherer Ausweis verborgener Widerstände – es mag auch durchaus sein, daß ein Mensch sich auf Grund frühkindlicher Prägung schwer tut, Erkanntes in Praxis zu übersetzen – oder auch weil er dieses niemals gelernt hat.

Ganz allgemein gilt: Dieses Buch – und erst recht dieser Teil des Buches – kann und soll dem Leser helfen, sich und andere in Konflikt- und Krisensituationen besser zu verstehen und Strategien zu entwickeln, konstruktiv aus solchen Situationen herauszufinden. Es setzt einen im Wesentlichen psychisch und sozial gesunden Menschen voraus. Liegt ein begründeter Verdacht auf eine psychische oder soziale Erkrankung vor, sollte stets ein Psychotherapeut oder ein Psychiater aufgesucht werden. Ein Buch kann niemals einen Therapeuten – seine Lektüre niemals eine Therapie ersetzen.

1. Fall
Begegnung mit der eigenen Kindheit

Frau A ist 26 Jahre alt, seit fünf Jahren verheiratet (kinderlos). Sie klagt, ihre Ehe verkümmere. Die Kommunikation mit ihrem Mann sei erheblich gestört. Sie beschränke sich auf Information, Streit oder Schweigephasen.

A kommt aus einer harmonischen Arbeiterfamilie. Sie erwarb nach Abitur und Studium einen akademischen Abschluß. Sie vertritt energisch die These von der Gleichberechtigung von Mann und Frau (zumeist ohne emanzipatives Pathos). Sie erstrebt eine Ehe ohne definierte Rollen. Die Partner sollen ihre Aktivitäten nach innen und außen frei aushandeln. Dieses klare Konzept bringt sie in eine gewisse emotionale und intellektuelle Dominanzsituation.

Ihr Partner entstammt einer mittelständischen Angestelltenfamilie, deren Harmonie durch starke narzistische Fixierungen der Mutter gestört erscheint. Er besitzt ebenfalls einen akademischen Abschluß und ist in einem sozialen Beruf tätig, der ihn stark in Anspruch nimmt. Rational stimmt er den Vorstellungen seiner Frau über eine partnerschaftlich zu gestaltende Ehe zu.

Der Konfliktsituation liegen einige allgemeine und einige spezifische Konfliktauslöser zugrunde, die vermutlich zum guten Teil in der frühen Kindheit gegründet sind. Hier sind zu nennen:

1. Zwischen den Partnern laufen zahlreiche emotionale Prozesse autonom (d.h. ohne rationale Kontrolle) ab. Das ist durchaus normal. Jeder Mensch besitzt ein Repertoire solcher autonomer Reaktionen, mit denen er auf bestimmte Auslöser reagiert. Das enge Zusammenleben in einer Ehe stellt nun zumeist gehäuft solche Auslöser zur Verfügung. Es kommt also häufig zu Emotionen wie Zorn, Ärger, Wut, Haß, Mißgunst, Angst ausgebeutet zu werden, Angst nicht angenommen zu werden, Angst den Partner zu verlieren ... Solche Emotionen verlaufen zum guten Teil völlig unabhängig von Willen und Einsicht. Kennt ein Mensch diesen Sachverhalt nicht, wird er in Handlungen oder Worten, die in einer von solchen Emotionen geführten Stimmung geschehen oder gesprochen werden, nicht eine kindliche Reaktion auf die Auslöser sehen, sondern wird den ihm bekannten erwachsenen Menschen erleben, obschon dieser im Verlauf autonomer Reaktionen und in deren Darstellungsweise nahezu zwangshaft wie das Kind handelt, das er einmal war, als er nicht anders auf kränkende oder ängstigende Eindrücke aus seiner Umwelt reagieren konnte als emotional.

Wird es aber möglich, den Grund dieser Abläufe bei sich und anderen zu erkennen, und bei sich und anderen das Kind zu erfahren, das er oder ich einmal waren – und das in solchen Zuständen Gesagte entsprechend zu interpretieren, dann wird – eine reale Zustimmung zur Theorie vorausgesetzt – nach einiger Erfahrung zumindest folgendes erreicht werden können:

● Die Identifikation solcher autonomer Emotionalität mit dem, der sie darstellt, wird gelockert und auf seine Kindheit hin relativiert.

● Es wird vermieden, in solchen Situationen aktiv oder reaktiv Entscheidungen zu treffen, Worte zu sprechen, Handlungen zu unternehmen, da sie in jedem Fall dem augenblicklichen Stand der entwickelten Persönlichkeit inadäquat – also infantil sind. Die emotional gesteuerten Aktionen und Reaktionen des Partners werden entsprechend gewertet und gewürdigt.

● Er wird den Mechanismus kennen lernen, der solche Emotionen auslöst und der den Ablauf solcher Emotionen steuert (etwa ihre Stärke, ihr Enden ...), und sich und anderen mit mehr Geduld begegnen.

414

● Er wird vielleicht einige autonome Emotionen begrüßen lernen, weil sie ihm Aufschluß geben können über sonst verborgen bleibende Regeln, nach denen eigene und fremde psychische Reaktionen ablaufen.

2. In Mittelschichtfamilien werden zumeist die festgefügten familiären Rollenmuster des sozialen Makrosystems sehr viel stärker internalisiert als bei Kindern der sozialen Unterschicht. Die Übernahme gesellschaftlich vorgegebener Rollenmuster kann vor allem dann besonders prägend und irreversivel sein, wenn die Familienverhältnisse durch die psychische Störung eines Elternteils weniger durch Spontaneität, als durch Institutionalisierungen oder Ritualisierungen bestimmt sind. Die Überich-Imperative sind dann, was solche Rollenmuster anbetrifft, oft nahezu zwingend.

In unserem Fall gab ein Partner diese – ohnehin schon lockeren – Bindungen an die gesellschaftlich fixierten Rollenvorgaben auf. Auslöser waren vermutlich einschüchternde und demütigende Erfahrungen in der Mädchenzeit. Diese führten dazu, daß sich Protestinhalte im Überich entwickelten. Solche Protestinhalte sind die einfachen Negationen der ursprünglichen Inhalte. Sie gehören keineswegs der kritischen Ich-Instanz zu, sondern sind – auch in ihren Absolutheitsansprüchen und Entweder-Oder-Forderungen leicht als Überich-Inhalte identifizierbar. Zwar ist es prinzipiell möglich, daß sich aus der Dialektik zwischen ursprünglichem und protestierendem Überich-Inhalt eine positive Förderung des kritischen Ich ergibt – das muß aber nicht sein. In unserem Fall war das nur sehr beschränkt gegeben. Es galt also zwei Einsichten zu vermitteln:

● Das Gleichberechtigungsbemühen ist zum Teil Forderung des protestierenden Überich. Es muß in eine Ich-Forderung umgewandelt werden. Diese ist erkenntlich, weil sie nicht im Entweder-Oder, sondern in einem toleranten Sowohl-als-auch denkt, weil sie Übergänge sieht und zu Kompromissen bereit ist, weil sie undogmatisch wirkt und nicht den anderen zu ihm fremden Verhaltensweisen zwingen will ...

● Die Rolleninternalisierung des Partners ist sehr viel stärker und gehört damit zu seiner psychischen Grundausstattung. Selbst wenn er einsieht, daß diese nicht optimal ist, wird im Einzelfall die durch die Grundausstattung besorgte Stimmung die Überhand gewinnen über alle theoretische Einsicht. Diese kann sich allenfalls durchsetzen, wenn die Theorie nicht nur aus Liebe zum Partner akzeptiert wird, sondern wenn es zu einer realen Zustimmung kommt. Diese kann aber jahrelang auf sich warten lassen und ist nicht zu erzwingen. Jeder Zwang oder Druck in diesem Bereich führt zu bewußten oder unbewußten Widerstands-oder Abwehrreaktionen. Der unbewußte Widerstand kann sich in Gefühlen der Unlust, der Gereiztheit, des Ärgers, die unbewußte Abwehr in Ver-Handlungen (vergessen, verlieren, versprechen, verhören ...) darstellen. Die Sensibilität muß wachsen, um unbewußte Widerstände und Abwehrtechniken des Partners kennen zu lernen und zu akzeptieren. Es ist grundsätzlich unmöglich, daß eine Theorie, der man eine bloß rationale Zustimmung gab, im Konfliktfall über die emotionale Stimmung, wie sie reaktiv in der Kindheit angelegt wurde und sich in frühkindlich erworbenen Werte- und Handlungsmuster konserviert, siegt.

3. Eine partnerschaftliche Bindung scheint kaum praktikabel zu sein, da Menschen – aus Gründen, die uns weitgehend unbekannt sind – am Machtprinzip hängen, das sich wohl stets durchsetzt, wenn sie sich durch das Fehlen klarer Führungsverhältnisse verunsichert fühlen. Zumeist hält ein Mann die neben ihm gleich starke Frau auf Grund soziokultureller Vorgaben, über die zu verfügen nicht in seiner Macht steht, nicht angstfrei aus. Er sieht seine weitgehend über Identifikationen (etwa mit der Mann-Rolle) aufgebaute Identität gefährdet. Deshalb verweigert er, sich ihr gegenüber völlig zu öffnen, weil das einer Selbst-Auslieferung gleich käme, die eines Mannes unwürdig ist, und zu Herrschaftszwecken gegen ihn ausgenutzt werden kann. Dieser Prozeß verläuft meist unbewußt. Als Abwehrfolge entdeckt der Mann bei seiner Frau Eigenschaften, die diese Verweigerung (oder gar einen emotionalen Rückzug) rechtfertigen. Er wird Gründe finden, sich reaktiv gekränkt zu fühlen und eine Verteidigungsposition zu beziehen. Auf diese Weise rationalisiert er seine – vielleicht unbewußten – Ängste vor der Dominanz seiner Frau.

Doch auch die Frau ist an einer Eskalation dieses Konflikts, der bei jedem Versuch, eine Ehe streng partnerschaftlich zu führen, unausweichlich scheint, beteiligt. Es geht ihr nicht darum, daß ihr Mann ihr einen größeren Spielraum *schenkt* (das wäre ja nur ein Zeichen seiner Dominanz), sondern daß sie ihn sich erkämpft oder ihn verteidigt. Deshalb sind geschenkte Spielräume – und mögen sie noch so ausgedehnt sein – immer unzureichend. Da solches Erkämpfen meist schon seit den Mädchentagen mit einer Reihe von negativen Erfahrungen verbunden ist, scheint es unausweichlich, daß dieses Bemühen um aktive Eigenentfaltung durch lange Perioden mit Reizbarkeit und Depressivität, mit Schadenfreude und Selbstvorwürfen verbunden wird. Sperrt nun in diesem Konflikt der Partner noch seine Emotionalität, kann es von der latenten

Krise zum offenen Konflikt kommen: Sie läßt sich das nicht gefallen und verlangt, daß er sich öffnet und sich stellt. Gerade das aber kann er nicht, um seine Ängste nicht zu vermehren. Das aber führt in der Regel zur Eskalation des Konflikts, es sei denn, sie erkennt die Gründe seiner emotionalen Sperre (Angst!). Wenn sie seine Abschließung als Äußerung reiner Herrschsucht mißversteht, kann der Konflikt jahrelang währen und eine Ehe emotional aushöhlen.

Beide Partner also versagen sich unbewußt emotional einer Lösung, die sie bewußt anstreben.»Sie selber provozieren aus ihrem Inneren heraus einen Machtkonflikt – im Widerspruch zu ihrem progressiven Ehekonzept. Und ihre Liebe scheitert nicht an dem Konzept, und auch nicht an dem Fortschritt in der praktizierten symmetrischen Verteilung der Verantwortlichkeiten und Lasten in der Kooperation. Sondern sie scheitert daran, daß beide innerlich noch in hohem Maße von eben dem Machtmotiv bestimmt sind, gegen dessen äußere Manifestation sie so erbittert ankämpfen.« (H. E. Richter)

2. Fall
Im Korsett von Riten

Herr B. ist 22 Jahre alt. Seit drei Jahren Student. Er klagt, daß er nach anfänglich guten Studienerfolgen nun im Lernen blockiert sei, Examensängste ihn hinderten, sich überhaupt Examina zu stellen, außer oberflächlichen Bindungen, Freundschaften nicht mehr möglich seien. B. kommt aus einer streng katholischen Familie, in der er unter deutlich verstärkter Mutterbindung relativ konfliktfrei aufwuchs. Seine religiöse Orientierung ist recht ausgeprägt. Die jetzige Situation läßt ihn an einen Studienabbruch denken. Gelegentliche Suizidgedanken nimmt er selbst – nach eigenen Angaben – nicht sonderlich ernst. Dennoch versteht er sich selbst als depressiv. Er ist der Ansicht, daß alles, was er bislang erfolgreich abschloß, unerheblich und kaum der Mühe wert gewesen sei. Er masturbiere häufig – fühle sich danach aber weniger erleichtert als verstärkt deprimiert.

Da die Krisensituation sehr verschiedene Ursachen haben kann, wurde zunächst sichergestellt, daß der hirnorganische Befund normal ist. Zudem ergab das MMPI (= Minnesota Multiphasic Personality Inventory) nur leicht erhöhte Werte in folgenden Bereichen: HY (Konversionshysterie – 28), D (Depressivität – 31) und SC (Schizoidie - 40), während die Werte PD (soziale Fehlanpassung – 19) und ES (Ich-Stärke) mehr oder weniger deutlich unter dem Durchschnitt lagen. Eine psychotherapeutische Behandlung erschien also angebracht. Der Patient konnte schon bald einige der Faktoren erkennen und real akzeptieren, die ihn in seine Krise führten. Diese reale Akzeptation erwies sich bei der nachfolgenden (erfolgreichen) Therapie als ausgesprochen hilfreich. Sie erstreckte sich unter anderem auf folgende Inhalte.

1. Eine der Ursachen seiner Verweigerung (»der Weigerung meines Unbewußten, mitzuspielen«) ist sicher die Erfahrung, daß er zunehmend mehr in eine von Institutionen und Riten geregelte Welt hineinwächst, die ihm kaum mehr Raum zu spontaner Aktivität läßt. Endlich im Beruf, sei er ganz eingebunden in die Korsettstangen einer von Institutionen und Ritualen definierten Gesellschaft. Er müßte diese prinzipiell akzeptieren und gar aktiv mitspielen, um integriert zu werden, sich zu Hause zu fühlen.

Dieses Schicksal macht ihm Angst und er ist nicht bereit, das Spielchen mit sich spielen zu lassen, ein gut funktionierender Automat innerhalb eines Systems zu werden.

Es gelingt ihm jedoch zu akzeptieren, daß, wennschon das Leben in der Berufswelt von Institutionalisierungen und Ritualisierung geprägt ist, so dennoch ein spontanes privates Leben – gleichsam neben Gesellschaft her – entfaltet werden kann, wenn nur er und sein möglicher zukünftiger Partner die Mechanismen des Systems erkennen und geplant und gezielt Abwehrstrategien entwickeln. Um ein solches Verhalten einzuüben, soll er zunächst in der (recht kleinen) Therapiegruppe sagen und tun wozu er gerade Lust hat. Die Gruppenmitglieder spielen ausgezeichnet mit. So gelingt es dem Patienten, zunächst einmal zu erkennen, daß ihn seine Ängste genau zu dem unfähig machen, wonach er sich am meisten sehnt: nach spontaner von anderen akzeptierter Selbstdarstellung. Nach einigen zaghaften Versuchen, die die Gruppe lebhaft verstärkt, wird zunächst eine nahezu angstfreie und ungehemmte Selbstdarstellung im Rahmen der Gruppe möglich.

Selbstverständlich ist die Übertragung von Verhaltensweisen, deren Funktionieren in einer Therapiegruppe geübt wird, auf das Leben in freier Wildbahn keineswegs einfach und mißlingt in aller Regel, wenn der oder die Partner nicht die Hintergründe und die Zusammenhänge kennen. Am günstigsten haben sie selbst Erfahrungen aus gruppendynamischen oder therapeutischen Veranstaltungen.

Nun werden Sie sicherlich einwenden, daß ein solcher therapeutischer

Ansatz es einem Menschen ermöglichen kann, in einer unmenschlichen Welt ein kleines Nest zu bauen, in dem er sich menschlich fühlen kann – ohne menschlich wirklich zu sein – denn das setze eine vermenschlichte Gesellschaft voraus, die ihre Freiräume und die ihrer Mitglieder nicht zunehmend mehr durch Institutionalisierungen und Ritualisierungen einschränke. Das ist zweifelsfrei richtig. Und es ist durchaus besser und sehr wünschenswert, daß sich Menschen daran machen, diesen Mißstand von Gesellschaft zu beheben. Dazu scheinen mir aber nicht erststellig, psychisch gestörte oder desorientierte Menschen geeignet zu sein. Ihnen zunächst einmal ein Reservat von Menschlichkeit zu schaffen, das es ihnen erlaubt, Verweigerungssymptome weitgehend abzubauen, scheint mir schon eine wichtige Aufgabe zu sein

2. Eine weitere Ursache der Verweigerung ist sicher eine »sekundäre Ich-Schwäche«. Damit ist gemeint ein Zustand, in dem schon entwickelte Ich-Fähigkeiten regressiv zurückgenommen werden oder doch eine weitere Entfaltung des Ich nicht stattfindet, obschon die Veränderung der äußeren Situation eine solche Entwicklung als geschehen voraussetzt. Die Gründe einer Verweigerung der Ich-Entwicklung können verschiedener Art sein. Sicherlich ist eine der häufigsten die Angst vor dem Erwachsenwerden, Ängste vor den Forderungen und Anforderungen dieser unheimlichen Welt, die wegen dieser Unheimlichkeit denn nicht selten als schlecht oder minderwertig, als hassens- und vernichtenswert qualifiziert wird, sind keineswegs selten. Es mag zwar sein, daß solche Qualifikationen einen brauchbaren Revolutionär schaffen – einen gesunden Menschen jedenfalls bringen sie nicht hervor.

Warum aber erscheint die Welt der Erwachsenen sovielen Jugendlichen unheimlich und unwirtlich? Nicht selten, weil sie eine reglementierte Welt ist mit einer beängstigenden Wertordnung, die vor allem spontanes und unberechenbares Handeln negativ sanktioniert. Belohnt wird der optimal Angepaßte, der scheinbar die Repressionen und Zwänge nicht mehr spürt, weil er die perverse Wertordnung des Systems voll inernalisierte. Innerhalb des Systems spricht man dann von »integriert« oder von »voll integriert«. Solche Integrierung zeigt sich daran, daß der Betroffene

● »konstruktiv mitarbeitet«, d.h. sich jeder Kritik an der basalen Wert- und Normenordnung des Systems enthält, ja, wenn möglich, anderen durch sein Prestige, seine Autorität hilft, sie zu internalisieren,

● sich voll an das System mit seinen Versorgungsleistungen (Versorgungen im Bereich nahezu aller Bedürfnisse: den sozialen, den geistigen,

den religiösen, den erotischen, den psychischen …) ankoppelt und möglichst wenig Bedürfnisse außerhalb des vom System vorgegebene Rahmens und außerhalb der vom System institutionalisierten Art realisiert (oder auch nur das Bedürfnis empfindet, sie außerhalb zu realisieren),
● seine Interaktionen (einschließlich der konflikthaften) nach den Spielregeln reguliert, die das System ihm vorschreibt oder doch nahelegt.
Erfüllt ein Mensch diese Bedingungen, ist er »integriert«. Das was zu meiner Jugendzeit noch eine offene Beleidigung, ein Synonym zu »heteronom« gewesen ist, wird in einer repressiven Gesellschaft zu einem positiv wertenden Eigenschaftswort. Ich vermute, daß eine Gesellschaft, die einen Begriff wie »integriert« positiv verwendet, stets repressiv ist – und daher geändert werden sollte. Es ist mir durchaus verständlich, wenn zunehmend mehr junge Menschen es vorziehn, nicht erwachsen zu werden, um sich nicht den Repressionen solcher Gesellschaft auszuliefern. Ich verstehe auch, daß man solche Gesellschaften (von Familien bis hin zu sozio-ökonomischen Systemen) als faschistisch bezeichnet – denn sie sind es. Sie schreiben sich nämlich absoluten Eigenwert zu, wobei sie doch bloß einen relativen haben – hingeordnet auf die immer auch individuelle Menschlichkeit.
Sekundäre Ich-Schwäche als Verweigerung, sich in ein repressives System (mag es ein familiäres, ein politisches, ein betriebliches, ein religiöses … sein) eingliedern zu lassen, kann sogar als eine Art »normaler«, ja gesunder Reaktion auf pathogene gesellschaftlichen Zwänge angesehen werden. Und vielleicht hat hier auch der erheblich herausgezögerte Abschluß der Adosleszenz einen durchaus gesunden Grund.
Andererseits kann dieser Zustand – weder psychisch noch sozial – auf die Dauer bestehen. Es kommt darauf an, ein Agreement zu treffen, das eine so weitgehende Integration der Systemnormen und -werte erlaubt, daß eine wenigstens minimale Assoziation zwischen System und Person zustande kommt. Ist dann eine Person stark genug, kann sie immer noch versuchen, systemkritisch zu wirken. Mit anderen Worten, es gilt ein Arrangement zu treffen, daß die augenblickliche Krise behebt, ohne einer Versöhnung mit dem zurecht als Unwert Empfundenen das Wort zu reden. Wie alle Kompromisse mit dem als Übel Erkannten, setzt auch dieser voraus, daß das Übel als – im Augenblick – unausweichlich und nicht gegen ein kleineres austauschbar akzeptiert wird, und der Kompromiß die innere Distanz zum Übel nicht gefährdet. Das aber kann nur gelingen, wenn die sich ursprünglich verweigernde Person wenigstens einen gleichgesonnenen Menschen findet, mit dem sie über ihre Probleme offen sprechen kann.

Ich halte es für falsch, eine therapeutische Arbeit darauf anzulegen, das Leben prinzipiell konfliktfrei zu halten. Es kommt vielmehr darauf an zu lernen,

● überflüssige Konflikte zu meiden und
● notwendige durchzustehen.

Und da dazu oft die rechten Strategien fehlen, müssen sie sehr viel eindringlicher erlernt werden als Konfliktvermeidungstechniken.

Akzeptieren Menschen mit »sekundärer Ich-Schwäche« dieses Ziel einer Therapie real, wird der Behandlungswiderstand sehr viel geringer sein, weil die bestehende Ich-Struktur nicht vernichtet oder auch nur manipuliert, sondern weiterentwickelt werden wird.

Die »sekundäre Ich-Schwäche« artikuliert sich nicht selten in ungewöhnlich heftigen Fragen nach dem Sinn des Lebens, nach dem eigenen Lebensentwurf. Die Heftigkeit und existentielle Eindringlichkeit der Frage entlarvt sie als Krisensymptom. Es muß also *therapeutisch* und nicht bloß belehrend oder Wissen vermittelnd darauf eingegangen werden. Da die Sinnfrage mitunter religiös mystifiziert wird, seien einige Thesen aufgestellt, deren Beachtung sich in der therapeutischen Praxis als ausgesprochen nützlich erwiesen hat (vgl. dazu: A. Adler, Der Sinn des Lebens):

● Unsere Meinung von den großen und wichtigen Tatsachen des Lebens hängt von unserem Lebensstil ab.

● Die Meinung eines Menschen über sich selbst und über seine Welt verdichtet sich in den Inhalten, die er als Sinn des Lebens findet und denen, die er als Sinn seinem eigenen Leben gibt.

● Wer zu diesen beiden Sinnbereichen in Widerspruch lebt, setzt sich nicht nur ins Unrecht, sondern gefährdet auch seine psychische und soziale Gesundheit.

● Die Sinnfindung und Sinngabe ist weitgehend davon bestimmt, welche Meinung sich ein Mensch als Kind von Welt gebildet hat (denn die Meinung des Erwachsenen sind zwar differenzierter, kaum aber grundlegend anders).

Diese Thesen haben wichtige Konsequenzen für die individuelle Sinnsuche:

● Sie kann nur erfolgreich sein im Zusammenhang mit einem konkreten Lebensstil – und die gegebenen Antworten sind nur vom Lebensstil her interpretierbar.

● Der Lebensstil ist aber weitgehend von der Meinung bestimmt, die man sich als Kind von der Welt gemacht hat (vor allem von der sozialen).

● Viele psychische und soziale Störungen gehen auf Lebenslügen zurück, indem man entweder versucht, gegen die objektiven und subjektiven Vorgaben Lebenssinn zu finden und zu suchen, oder aber indem man den gefundenen Lebenssinn verrät.

Diese Thesen mögen zeigen, wie behutsam mit der Sinnproblematik umgegangen werden muß. Ich vermute, daß es besser wäre, sie der Verkündung durch spekulative Philosophen und Theologen zu entziehen und sie in die Hand des Psychologen zu geben.

Vor allem sei festgestellt, daß jeder Mensch einen eigenen Lebensentwurf hat, der nicht von anderen, etwa idealisierten her, normiert oder gar bewertet werden kann. Sittliches Handeln ist stets Handeln aus Treue zum eigenen Lebensentwurf.

A. Adler konnte überzeugend aufweisen, daß alle Menschen, vom Einbrecher bis zum Selbstmörder, von einer bestimmten Meinung ausgehen, die, wenn sie der Realität entspräche, objektiv zutreffend wäre. Sie entspricht aber in aller Regel nicht der Realität, weil ein Mensch einer bestimmten Situation einen falschen Sinn gegeben hat. Dieser Fehler kann auf eine mangelhafte Entwicklung des individuellen Lebensentwurfs zurückgehen, kann aber auch in einer sekundären Korruption dieses Entwurfs durch repressive Eingriffe in menschliche Wertvorstellungen zustande kommen. Dabei ist zu berücksichtigen, daß auch die absoluten Negationen repressiv vermittelter Werte (über Protestautomatismen) diesen Werte zuzurechnen sind. In einer Welt mit übertriebenen und egoistischen Eigentumsvorstellungen kann das Stehlen als Protest durchaus in die Werteordnung dieser Gesellschaft passen – jedenfalls hat sie ihn und seine Folgen produziert.

Gerade die Einsicht in die Möglichkeiten und Grenzen des Sinnsuchens und Findens können dem psychisch Gestörten recht hilfreich sein – vor allem in den »Fällen sekundärer Ich-Schwäche«.

3. Eine dritte Einsicht, die real geworden, im vorgestellten Fall außerordentlich hilfreich war, betraf das Gottesbild. Auch das Gottesbild spannte B. ein in ein Netzwerk von sanktionierten religiösen Geboten und Verboten, die jede Spontanietät erschwerten oder einfachhin als »Sünde« verboten. Im Hintergrund stand ein Gottesbild, das – obschon in der Kindheit eines Menschen relativ verbreitet – im Prozeß der Reife zumeist abgeworfen wird, weil im Widerspruch zu allen Erfahrungen stehend und Leben nicht entfaltend, sondern verkürzend. Es ist das das Bild von lohnenden und strafenden Gott.

Gott bewertet nach den Normen seiner Gebote das menschliche Verhalten – und ahndet eine schwere Abweichung mit ewiger Höllenstrafe, wenn sie nicht vorher über institutionalisierte oder ritualisierte Mechanismen gesühnt wird. Es mag durchaus sein, daß in seiner Kindheit der Monotheismus ein solches Gottesbild entwickelte. Es entspricht jedenfalls nicht einer christlichen Gottesvorstellung. Jesus brachte keine Drohbotschaft, um Menschen einzuschüchtern und gefügig, sondern eine Frohbotschaft, um sie autonom und glücklich zu machen. Und die wesentliche Aussage dieser Botschaft ist, daß Gott = Liebe sei, die in allen Formen menschlicher Liebe sich wie in einem Spiegel oder wie in einem Rätselbild verborgen, verzerrt und entstellt vielleicht, aber erkennbar allemal darstellt. Und diese Liebe, die die Christen Gott nennen, ist bedingungslos, d.h. sie hängt von keiner Bedingung (etwa menschlichem Wohlverhalten) ab.

Die Vorstellung eines manipulierbaren Gottes, der durch unsere Handlungen zum Guten oder Bösen beeinflußt werden könnte, ist doch nichts anderes als eine Projektion erfahrener menschlicher Autorität auf die »Superautorität Gott«. Aber Jesus hat nirgendwo gesagt, daß Gott etwas mit Autorität zu tun habe.

Auch die Vorstellung eines fernen Gottes (im Himmel) wäre eher kurios, wenn sie nicht so bedrohlich falsch wäre. Wenn »Gott« überhaupt irgendetwas Reales bezeichnet, dann etwas allgegenwärtig Reales, das uns in allen Dingen und Situationen, in allen Menschen und Handlungen begegnen kann und soll. Auch hier scheint ein Infantilismus am Werk zu sein, nach dem alle Autorität auf Erden ungerecht und unzulänglich ist und daher die vollkommene Autorität nur wo anders (im Himmel etwa) bestehen könne.

Nachdem B. die religiöse Angst verloren hatte, nachdem er real akzeptierte, daß solche ängstigenden Gottesbilder nichts anderes sind, als in der Kindheit aus (miserablem) pädagogischen Gründen vermittelte Disziplinierungshilfen, daß wir Menschen vielmehr, wenn wir unseren Lebensentwurf realisieren, es lernen, einmal zu dem Anspruch einer bedingungslosen Liebe »Ja« zu sagen (das nennen die Theologen »Himmel«), brach eine weitere Stange aus dem Korsett, in das ihn gesellschaftliche Zwänge (als deren Agenten Eltern, Lehrer und Seelsorger fungierten) und er sich selbst eingeschnürt hatte. Gerade das Fortfallen religiös begründeter Ängste und Schuldgefühle führt oft zu einer erheblichen psychischen Entlastung, die einer Gesundung sehr förderlich ist. Im späteren Verlauf der Therapie entwickelte B. ein sehr positives und lebensbejahendes repressionsfreies Gottesbild. Es gelang ihm zunehmend, sich in meditativem Üben positiv menschlicher Zuwendung auszuliefern und sich vertrauend dem Leben zu stellen.

Schließlich wurde es möglich, die Angst vor dem Sterben und dem »Leben nach den Tod« so weit zu relativieren, daß sie sich als »normale« Furcht darstellte, ohne psychische Abwehr von Sterbensvorstellungen. Endlich gelang es B., sich auch innerlich von vielen gesellschaftlichen Zwängen zu lösen, indem er darauf verzichtete, einmal groß, mächtig, allgemein anerkannt zu sein. Er begriff, daß die weitaus meisten Menschen um solcher und ähnlicher Ziele willen gehindert werden, das Gesamt ihres Lebens zu bejahen.

Vielleicht werden Sie fragen, was denn aus einem solch lebensuntüchtigen Menschen geworden ist? Nun, er verdient heute – ohne seine distanzierte Haltung zu dominanten gesellschaftlichen Systemen aufgegeben und ohne seinen »Ehrgeiz« (sein Streben nach Macht, Anerkennung und Größe) nur auch im Geringsten reaktiviert zu haben – vermutlich mehr als die meisten Leser dieses Buches. Ich denke dabei an mehr als eine Viertel Million DM jährlich. Und er hatte kein anderes Startkapital als sich selbst.

Falschen oder schiefen Gottesbildern begegnet der Therapeut in nahezu allen Analysen. Im günstigsten Fall hat der Analysand sich davon ohne allzu arge Folgen (etwa Ängste oder Schuldgefühle) zugunsten eines vermeindlichen Atheismus befreien können. Dieser »Atheismus« ist deshalb nur vermeindlich, weil er nicht etwa Folge oder Inhalt einer Ich-Orientierung ist, sondern nichts als berechtigter Protest gegen einen Über-Ich-Inhalt, der ohne das Überich zu verlassen, in sein Gegenteil umschlug. Dieser »Protestatheismus« ist psychologisch gesehen unbedenklich, weil er zumeist nicht zu Schuldgefühlen führt, die sich im Überich-Ungehorsam einzustellen pflegen. Anders dagegen ein Atheismus, dessen Überich-Ungehorsam erfahren wird, selbst wenn er aus (meist unzulänglicher) Ich-Orientierung entspringt. Dann ist der »Gott« im Überich eine Instanz, die keinen Ungehorsam, keine Verleugnung zuläßt, es sei denn um den Preis der Gefährdung der eigenen Existenz. Die Emanzipation von solchem schlecht-kindlichem Gottesglauben ist ein außerordentlich krisenhaftes Geschehen, das bei zusätzlichen psychischen Belastungen, wie sie in der Adoleszenz eher üblich sind, zu unauflösbaren Konflikten führen kann, die sich dann neurotisch manifestieren.

Ich halte es für wichtig, daß, zumindest im christlichen Denkraum, das Kind über den bedingungslos liebenden Gott seine ersten religiösen Erfahrungen macht und nicht über das Bild des lohnenden und strafenden Gottes. Gerne gebe ich zu, daß es für »Erzieher« sehr viel leichter ist, die eigene Strafdrohung oder Lohnverheißung mit göttlicher Zu-

oder Abwendung zu verstärken. Doch wer mit solchen psychischen Keulen zuschlägt, begeht erheblichere und folgenträchtigere Erziehungsfehler als der, der einmal ein Fehlverhalten des Kindes mit einem Klaps auf den Po ahndet, obschon eine eigentümlich verschrobene Pädagogik das eine gleichgültig läßt, während sie das andere tadelt.

Ich will hier nicht behaupten, daß alle gute Erziehung religiös sein müsse. Aber religiöse Erziehung ist nur gut (zumindest im Horizont christlicher Traditionen), wenn sie Gott als bedingungslos liebenden ins kindliche Bewußtsein und Verständnis einführt. Ich vermute, daß wir dann eine Menge neurotischer und psychotischer Störungen nicht therapieren müßten – ganz einfach, weil sie nie entstehen. Ganz zu schweigen von den vielen, die bewußt oder unbewußt unter ihrer abwegigen Religiosität leiden, ohne jemals einen Therapeuten oder Psychiater aufzusuchen. Sie gehen höchstens zu einem Geistlichen ihres Bekenntnisses, der sie bestenfalls auf die Infantilismen ihres Gottesbildes aufmerksam macht.

4. Ein vierter Bereich, in dem eine Umorientierung notwendig war, um B. zu einem freien (und damit gesunden) Menschen reifen zu lassen, betraf seine Sexualität. Wie viele Jugendliche unseres Kulturkreises lernte er von seiner Mutter und im Religionsunterricht, daß Sexualität hingeordnet sei auf erotische Bindung und nur in deren Rahmen menschlich realisiert werden könne. Ferner hatte ihm irgendwer beigebracht, daß Masturbation »schwere Sünde« sei, die durchaus die Höllenstrafe nach sich ziehen könne. Nun hatte sich B. selbst schon von dieser zweiten Annahme emanzipiert. Das aber mit schlechtem, zumindest aber unsicherem Gewissen.

Zunächst also galt es, die Einsicht zu vermitteln, daß jedes (auch ein eventuell göttliches) Gebot oder Verbot seinen verpflichtenden Kern verliert, wenn es

● entweder nicht erfüllbar

● oder aber Menschlichkeit entwirklichend

ist. Die nur begrenzte Erfüllbarkeit eines eventuellen Verbots jugendlicher Selbstbefriedigung kann die eventuelle subjektive Verpflichtung des Gebots objektiv aufheben.

Sehr viel problematischer war schon die Lösung von Sexualität und Erotik, die notwendig zu sein schien, um autosexuelle Handlungen ohne autoerotischen Hintergrund verständlich zu machen. Solches Verständnis ist vor allem dann wichtig, wenn ein (meist junger) Mensch durch autosexuelle oder homosexuelle Erfahrungen sich selbst als autoerotisch oder homoerotisch interpretiert. Solche Interpretation – besonders die homoerotische – kann, wegen des gesellschaftlichen Verdikts der Homoerotik (das auch die Homosexualität mitbetrifft, weil in unserm Kulturraum auf Grund weitgehend unaufgehellter Mechanismen Sexualität und Erotik miteinander legiert zu werden pflegen), zu erheblichen Krisen führen, die ohne reale Basis sind.

Problematisch ist eine solche Lösung, als *reife* Erotik und *reife* Sexualität etwas miteinander zu tun haben – jeder Mensch aber in bestimmten Bereichen und in bestimmten Situationen sexuell und erotisch unreif agieren oder reagieren kann. Eine Überich-Bindung jedenfalls von Sexualität und Erotik ist in aller Regel so undifferenziert und unreif, daß sie zunächst einmal aufgehoben werden muß, wenn sie zu Krisen und Konflikten führt. Die Gefahr einer solchen Auflösung sehe ich in der Entwicklung einer vagabundierenden Sexualität, die kaum psychologisch oder soziologisch positiv zu werten ist. Sie verstärkt oft die psychischen und/oder sozialen Konflikte. Andererseits ist jedoch auch das Bewußtsein zu vermitteln, daß es legitim sexuelle Handlungen geben kann, die ohne erotische Bindung geschehen. Grundsätzlich ist zu akzeptieren, daß sexuelle Bedürfnisse zu den physiologischen, erotische zu den sozialen gehören. Und daß diese zwar aufeinander hingeordnet sind, nicht aber unauflöslich aneinander gekoppelt sein müssen. In dem hier beschriebenen Fall kam es tatsächlich zu einigen problematischen Situationen im Ablösungsprozeß. Das physiologische Bedürfnis Sexualität wurde nicht nur – wie in solcher Erkenntnis nahezu zwangsläufig – enttabuisiert, sondern auch einige Zeit vagabundierend realisiert. Dieser Realisationsform machten eine Reihe realer Einsichten ein Ende:

● Realisierte Sexualität betrifft – im Gegensatz zur Befriedigung anderer physiologischer Bedürfnisse – (außer im Fall autosexueller Betätigung) auch einen anderen Menschen, für den Sexualität vielleicht eine sehr viel andere Bedeutung hat.

● Reife Sexualität wird in aller Regel an reife Erotik gebunden, so daß nur eine recht unreife vagabundiert. Die Reife im sexuellen Verhalten ist aber als Teil und Ausdruck der Reife der gesamten Persönlichkeit unbedingt anzustreben.

Nach einer etwa drei Jahre währenden Therapie war B. in der Lage:

● Spontane Interaktionen mit Menschen einzugehen, die diese »angenehm« berührten.

● Spontane Bedürfnisse zu artikulieren und sich von Befriedigungssurrogaten einerseits und Anpassung der Bedürfnisse an das Befriedigungsangebot andererseits frei zu machen.

426

● Seine Bedürfnisse nach Akzeptation und Gerechtigkeit zu realisieren, ohne daß seine Versuche in destruktiven Konflikten endeten.

Er war in der Lage, ein glücklicher und erfolgreicher Mensch zu werden, obschon er sich nicht vom sozio-ökonomischen System (oder irgendeinem anderen repressivem Großsystem) vereinnahmen ließ, sondern aus seiner Kritik keinerlei Hehl machte.

Es ist also durchaus möglich, mit Menschen unseres sozio-ökonomischen Systems auch ökonomisch sinnvoll zu interagieren, ohne die Normen und Werte des Systems internalisiert zu haben.

Ich denke, daß gerade dieser Fall vielen Menschen, die in reiner Protesthaltung oder auch in Zynismus oder Depression kapitulierten, Hoffnung geben kann. Sicher wurde unser Patient kein Revolutionär, aber er bringt immerhin das Kunststück fertig, in einer hoch pathogenen Gesellschaft recht gesund und – das ist nahezu unwahrscheinlich – auch »normal« zu leben.

3. Fall
»Ich bin nie ganz bei der Sache!«

Herr C. ist 24 Jahre alt. Nach einem Hochschulabschluß ist er in einem sozialen Beruf tätig. Er stammt aus einer kinderreichen Unterschichtfamilie mit ausgeprägten Aufsteigerambitionen und recht konservativen Denkmustern. Obschon er sich privat und beruflich im großen ganzen wohl fühlt, klagt er darüber, daß er niemals – auch in Begegnungen mit seiner Freundin – ganz bei der Sache sei, sondern immer wieder in einer besseren Zukunft. Das mache ihm volles Engagement unmöglich.

Wie in nicht wenigen Familien mit ausgeprägten Aufsteiger-Ambitionen war die Erziehung nicht von liebender (eher von sorgender) Zuwendung bestimmt. Vor allem wurde vermieden, starke Zuwendung oder andere Gefühle zu zeigen. Ebenso wurden emotionale Darstellungen der Kinder nicht durch die Eltern verstärkt, sondern eher abgewertet. Das betraf auch die Darstellung autonomer Emotionen. Das hatte zur Folge, daß zu entsprechenden Emotionen keine adäquaten Darstellungsformen und somit auch keine adäquaten Mitteilungsformen entwickelt wurden. Somit konnten auch Konfliktsituationen nicht entsprechend vorgestellt werden. Ärger, Gefühl des Gekränktseins … und andere Konflikte anzeigende Stimmungen drücken sich nicht adäquat nach außen aus, sondern verschwanden nur, wenn es dem Betroffenen gelang, sich auf sich selbst zurückzuziehen und »in der Einsamkeit« mit dem Konflikt fertig zu werden.

Nun aber stellt sich heraus, daß der Beruf keine zureichende Zeit läßt, diese zeitraubende und introvertierte Form der Konfliktbewältigung zu praktizieren. Emotionen wie Ärger werden zu einer tragenden Stimmung. Diese Stimmungen geraten in einen eskalierenden Circulus vitiosus, insofern Ärger zu Unlust, Unlust zu einer negativen Grundhaltung in den Interaktionen, diese zum Tadeln (und Verweigern von Anerkennung oder anderen Formen positiver Streicheleinheiten) führt. Das aber bringt Ärger mit sich. Vermehrten Ärger.

Um dennoch mit der so zunehmend miserabler werdenden Situation leben zu können, zieht sich C. in die Zukunft zurück, von der er erwartet, daß sie einmal das große Glück, die große Chance bringt. Dabei ist ihm durchaus deutlich, daß es sich um eine Art von Verweigerung handelt, die es ihm unmöglich macht, sich ganz der Gegenwart zu stellen und sich ganz mit ihr einzulassen.

Hilfreich war die Internalisierung folgender Einsichten:

1. Insofern Hoffnung nicht zur Aktion ruft, sondern zu einem passiven Erwarten oder bloßen Abwarten wird, entartet sie zum Tagträumen. Solches Tagträumen, das für die Pubertät – oft in Verbindung mit Machtphantasien – typisch sein kann, ist regressiv zu interpretieren und eine pubertäre Art, Konflikten auszuweichen (und sie über phantastische Mechanismen durchaus auch emotional zu entschärfen). Diese Regression ist auch bei Erwachsenen (oder Spätadoleszenten) nicht selten,
● wenn eine Häufung von frustrierenden Erfahrungen
● oder die Erfahrung der Unfähigkeit zur adäquaten Konfliktbewältigung
zusammentreffen mit allgemeiner Überlastung (arbeitstechnischer, sozialer, emotionaler …). Sie ist das also eine typische Streßreaktion.

Zugleich gilt es aber auch zu erkennen, daß es sich hierbei um eine Form der Realitätsflucht (der Flucht vor Realität) handelt, mit der Gefahr einer wenigstens partiellen Realitätsablösung. Das aber wiederum verstärkt die Krise und führt zu zusätzlichen Frustrationserfahrungen, da die Reaktionen auf eine eingebildete und nicht auf die reale Welt hin erfolgen.

Vermutlich treten Fluchtreaktion aus der Härte und der Unbill des Alltags bei Kindern aus Aufsteigerfamilien gehäuft auf. In solchen Familien gehört der Traum von einem besseren Morgen oft zum Standardrepertoire und wird eher positiv verstärkt.

Damit verbunden ist die Tendenz, die Gegenwart mit ihren Situationen und Menschen nicht ganz ernst zu nehmen. Sich nicht ganz in sie zu verlieren. Das wiederum erlaubt es, die auftauchenden psychischen und sozialen Konflikte in analoger Weise zu relativieren und ins Unerhebliche zu verschieben.

Es liegt nahe, an eine gestörte Identitätsfindung zu denken. Insofern Identifikationen mit einem (Noch-)Nicht immer problematisch sind, fehlen starke reale Instanzen, die die Identitätsfindung sichern könnten, die nun einmal auch über Identifikationen zu verlaufen pflegt. Gemeinhin unterscheidet man folgende Identifikationsstufen:

● Die Identifikation mit der Mutter (Uridentität).

● Die Identifikation mit dem gleichgeschlechtlichen Elternteil (erste Identifikation mit einer geschlechtsspezifischen Rolle).

● Die Identifikation mit Erziehern (Lehrern, Kindergärtnerinnen …), also ebenfalls mit versorgenden und konkret-bekannten Personen.

● Die Identifikationen mit Stars (also mit abstrakt-bekannten Personen, mit denen keine personale Interaktion zustande kommt),

● Die Identifikation mit Rollen und Funktionen,

● Die Identifikation mit Sinnweltanteilen und Zielen (vielleicht auch mit Institutionen, zu denen sich diese verdichten).

Das Identifikationsobjekt wird also mit zunehmender Reife abstrakter, bis es endlich – bei optimaler psychischer Entwicklung – der eigene »Lebensentwurf« ist, von dem her erststellig Identität begründet wird.

C. machte jedoch in einer unguten Weise sein Identifikationsobjekt abstrakt – er verlagerte es in die Unwirklichkeit des bloß erwarteten Zukünftig.

Alles das führte dazu, daß einige Emotionen nicht (mehr) recht gehabt werden. Dazu gehören vor allem Freude (die stets ein sich Vergessen an den Augenblick voraussetzt) und Glück (das gerade das Fehlen von unbefriedigten Bedürfnissen – also gerade nicht das Sich-Entwerfen in Zukunft – voraussetzt). Das Fehlen solcher positiv empfundener Emotionen kann zu einer Ausbildung eines »So-what-Syndroms« führen, das durch folgende Merkmale bestimmt ist: Allgemeine Unlust (»Was solls?«) + depressive Grundstimmung + Rückzug aus Sozialkontakten + Antriebsschwäche. Sind diese vier Merkmale aneinander gekoppelt, wird ein »Knacken« der so gesicherten psychischen Festung nicht leicht sein. Man sollte also dem Mauerbau in den Anfängen wehren.

Schon den Griechen war die Hoffnung eine verdächtige »Tugend« – sie vermuteten in ihr ein gutes Maß an Realitätsflucht. Und eine Quelle von

Unfreiheit, weil sie den Hoffenden an die Leine seiner eigenen Erwartungen nimmt. Die Forderung, dem Tag zu leben, als sei er der wichtigste – der letzte gar –, hat ein gutes Maß Weisheit mit sich. Denn glücklich, zufrieden, froh sein können wir Menschen nur in der Gegenwart – in einer möglichst totalen.

Erst über die Vermittlung christlicher Religiosität wurde das jüdische Hoffen auf das glorreiche Kommen des Messias, der einen mächtigen Judenstaat gründen werde (oder doch solle), auch als profanes heimisch im europäischen Denken. Es ließ sich einige Zeit, um utopische Entwürfe als Zukunftsprojektionen aus der Negation der Negation der Gegenwart zu produzieren. Die kamen denn aber um so kräftiger – bis sie im Marxismus einen kaum zu überbietenden Gipfel erreichten. Dennoch bleibt die Frage der Griechen uns Heutigen nach wie vor gestellt: Ist das Hoffen nicht vielleicht ein Verrat an der Gegenwart, die sich bitter rächt, indem sie sich dem Hoffenden entzieht?

2. Mußte C. Techniken beherrschen lernen, mit Konflikten *sozial* und zwar konstruktiv sozial umzugehen. Nun werden Techniken leichter erlernt, wenn zwei Bedingungen erfüllt sind:
● Der Betroffene sieht ein, daß er ein technisches Defizit hat und
● er darf die Techniken zunächst einmal in einem entschärften Raum (etwa einer Trainingssituation) ausprobieren.
Die zweite Bedingung war nicht leicht zu erfüllen, da es nicht geboten zu sein schien, C. in eine Therapiegruppe aufzunehmen. Es galt also Techniken auszuwählen, die auch »in freier Wildbahn« kontrollierbar bleiben und im Fall einer Konfliktzuspitzung abgebrochen werden können. Zunächst lernt C. seine augenblicklichen Emotionen, Stimmungen, Einfälle auszudrücken – indem er spontan von sich spricht. Die zunächst häufig verwendeten »Man-Formulierungen« (»Man versucht halt, gerecht zu sein«...) lösen sich zugunsten von Ich-Formulierungen auf. C. lernt also von sich selbst zu sprechen – und das nicht nur von seinen Ansichten und Meinungen, sondern auch von seinen Versuchen, Erwartungen, Problemen. Kritik und Tadel werden verbindlicher, da sie nicht mehr in der apodiktischen Form: »Sie haben ...« formuliert werden, sondern C. über seinen Eindruck spricht, und welche Vorstellungen, Erwartungen, Befürchtungen ... sich mit diesem Eindruck verbinden. Tadel und Kritik werden so leichter angenommen und erzeugten weder im Kritisierenden noch im Kritisierten das ungute Gefühl, das frustrierende Situationen zu begleiten pflegt.
Nach einem halben Jahr gezielten und kontrollierten Übens (mit Check-

430

liste) sind ihm die elementaren Regeln der Kommunikation selbstverständlich geworden. Gelegentliche Fehler treten noch auf durch die Verwechselung der kommunikativen Ebenen (der informatorischen, der kontaktiven, der selbstdarstellenden und der appellativen). Da er im Elternhaus weitgehend Kommunikation nur als Information oder Appell erfuhr, war es anfangs schwer, deutlich zu machen, daß viele Menschen hinter den Masken solcher Funktionen, Kontakt suchen oder sich selbst darstellen wollen. Vor allem erkennt er auch »versteckte Appelle« (das sind Appelle zweiter Stufe, die sich hinter einem primären verbergen, so daß der Appellierende etwas ganz anderes will, als er appellierend ausdrückt – manchmal das gerade Gegenteil). Die dazu notwendige soziale Sensibilisierung konnte in einem zweiwöchigen Sensibilisierung-Training (»Sensitivity training«) soweit vermehrt werden, daß danach eine fruchtbare Selbstarbeit möglich wurde. Doch auch sie bedarf der dauernden Kontrolle, die, da sie nicht durch eine Therapiegruppe erfolgt, der Lernende weitgehend selbst übernehmen und in gelegentlichen Gesprächen objektivieren muß.

Waren einmal die wesentlichen Mängel und Störungsquellen im Bereich der einfachen Kommunikation behoben, konnte ein vorsichtiges Training der Metakommunikation beginnen. Hier erwies sich der geschützte Raum des therapeutischen Gesprächs als Einstieg günstig. Relativ einfache und überblickbare Gesprächsabschnitte wurden metakommunikativ durchgearbeitet. C. erlebt, daß emotionale aber auch kommunikative Schichten offengelegt und bewußt gemacht werden, die während des »normalen« kommunikativen Ablaufs entweder gar nicht oder nur ahnend wahrgenommen werden. Das war für ihn ein überraschendes Neuheitserlebnis. Die dieses Erfahren begleitenden Emotionen waren positiv und nur selten getrübt durch die Einsicht, daß den meisten kommunikativen Abläufen prinzipiell auch metakommunikativ nicht zur erschließende Dimensionen (des bewußtseinsunfähigen Unbewußten) zugrunde liegen und mit erheblichen Impulsen in Inhalt, Form, Emotion … eines Gesprächs eingehen. Seine Neugier wurde so eheblich, daß er allen Ernstes plante, sich einer großen Analyse zu unterziehen, um wenigstens einen ersten Zugang zu diesen verborgenen Schichten der eigenen Psyche zu erhaschen.

Die »Tricks«, mit denen man in freier Wildbahn metakommunikative Prozesse in Gang setzen kann, ohne daß das Außergewöhnliche der Situation die Partner zurückschrecken läßt, hatte C. bald gelernt. Jene Partner, die sich ihm nicht überlegen fühlten, akzeptierten auch seine Neigung, anfangs selbst dann metakommunikativ tätig zu werden, wenn weit und breit auch nicht einmal ein latenter Konflikt in Sicht war. Dieser Eifer reduzierte sich jedoch bald auf ein vernünftiges Maß.

4. Fall
»Ich weiß nicht mehr, wo ich eigentlich hingehöre!«

Herr D. ist 32 Jahre als er zu einem ersten Gespräch kommt. Er stammt aus einer Beamtenfamilie, mit einer starken positiven Besetzung von »law and order«. Der Vater ist ziemlich dominant, was jedoch dazu führte, daß sich D. emotional stark an die Mutter band. Er hat zwei jüngere Schwestern. Nach dem Abitur wurde er Mitglied in einer religiösen Gemeinschaft – wozu die Eltern nur nach langem Zögern eine formale Zustimmung gaben. Hier wurde er zwei Jahre lang einer Reihe von Belastungen ausgesetzt, die dazu führten, daß er sich von seiner Vergangenheit emotional ablöste.

Eine solche radikale Ablösung führt zu einer Identitäts-Zerstörung, da Identität sich immer auch aufbaut aus den Erfahrungen und Identifikationen (mit Werten, Rollen, Bedeutungen ...) der eigenen Vergangenheit. Aus der Begegnung mit Jugendlichen, die einige Zeit religiösen Gemeinschaften vom Typ der »Jugendreligionen« angehörten, sind mir solche Identitätszerstörungen geläufig geworden. An die Stelle der zerstörten Identität tritt dann, über die Identifikation mit neuen Werten, Rollen, Bedeutungen ... der Aufbau einer neuen. Es ist durchaus verständlich, daß »alte Bekannte« der Auffassung sind, sie hätten es mit einem anderen Menschen zu tun. Es ist das ein anderer Mensch – mit einer anderen psychischen und sozialen Identität.

Solche Identitätszerstörungen sind deshalb so problematisch, weil die neu aufgebaute
● nicht die frühkindlichen prägenden Erfahrungen erreichen kann – und es so zu latenten Konflikten zwischen bewußten und unbewußten psychischer Anteilen kommen wird (die sich oft neurotisch vorstellen),
● traditionslos ist und ein Mensch ohne seine eigene Geschichte sich selbst notwendig realitätsfremd interpretiert.
In unserem Fall verwendete die religiöse Gemeinschaft u.a. folgende Techniken, um die alte Identität zu brechen und – partiell – neu aufzubauen (Techniken, die in dieser Brutalität von keiner der neuen religiösen Gemeinschaften verwendet werden):

432

● Alle Gegenstände, die als persönliches Eigentum hätten verstanden werden können (Bücher, Kleidung ...), mußten abgegeben werden.

● Die Korrespondenz mit den Eltern wurde weitgehend reduziert, die mit anderen Menschen schrittweise abgebaut.

● Gleich nach der Aufnahme in die Wohngemeinschaft mit anderen Mitgliedern der religiösen Gemeinschaft mußte er unterschreiben, daß er auf die Wahrung des Briefgeheimnisses verzichte, sowie auf seinen guten Ruf. Diese Unterschrift war halbjährlich zu wiederholen.

● Er wurde einem nahezu vollständigen und umfassenden Spitzelsystem unterworfen. Alle seine Handlungen und Worte, die weniger systemkonform zu sein schienen, wurden dem »Meister« gemeldet. Dieser zensierte regelmäßig alle ab- und eingehende Post, konnte je nach Gutdünken Briefe zurückgeben oder nicht weiterleiten ..., so daß er über solche Zensur weitere Informationen erhielt. Der Aufbau eines privaten Raums war unmöglich, das Leben total öffentlich gemacht. Endlich wurde er auch genötigt, selbst seine Kameraden zu bespitzeln.

● Geschlafen wurde grundsätzlich in einem großen Schlafraum, so daß auch nachts die Öffentlichkeit gewahrt blieb.

● Die anderen Mitglieder der Gemeinschaft, mußten mit »Sie« angeredet werden, unabhängig von emotionalen Bindungen. Das schuf einen Raum emotionaler Vereinsamung und Distanz. D. redete nach zwei Jahren auch seine Mutter mit »Sie« an.

● Er durfte nur mit den Mitgliedern der Gemeinschaft sprechen, die auf der gleichen Stufe der Einführung waren – ausgenommen den Meister. Doch seine Gesprächspartner konnte er selbst unter den Kameraden der gleichen Einführungsstufe nicht frei wählen. Die Gesprächspartner wurden vom Meister bestimmt oder zufällig zusammengesetzt. Zweiergespräche waren nahezu unmöglich und außerordentlich verpönt. Die Gesprächsgruppen mußten wenigstens drei Mitglieder haben.

● Auf ein Klingelzeichen (davon gab es mehr als 20 täglich) mußte die augenblickliche Beschäftigung abgebrochen und sofort eine andere, genau vorgeschriebene begonnen werden. Die Arbeiten waren z.T. recht sinnlos. So wurde oft täglich mehrmals ein Treppengeländer abgestaubt.

● Die Benutzung von Tageszeitungen, Rundfunk oder Fernsehen war verboten, so daß jede Beziehung zum Außengeschehen abgeschnitten war.

● Mehrmals wurde D. betteln geschickt.

● Essen und Trinken waren nur in Gemeinschaft im Speisesaal erlaubt. Während der Nahrungsaufnahme waren Sühneübungen nicht selten. Sie konnten vorgeschrieben werden (als Strafe) oder auch frei gewählt

werden (etwa um einer Bestrafung zuvorzukommen). Dazu zählten:
- den Speisenden die Füße küssen,
- öffentlich seine Schuld bekennen,
- am »Katzentisch« kniend essen ...
● Verschiedentlich fand eine »Steinigung« statt, bei der alle Anwesenden ihre nicht selten aggressiven und übertriebenen Beschuldigungen vorbringen konnten, ohne daß sich D. dagegen wehren durfte.
● An normalen Tagen waren etwa zwei Stunden mögliche Gesprächszeiten. Sonst herrschte Stillschweigen – das vor allem nach religiösen oder in die Gemeinschaft einführenden Vorträgen. Mußte etwas dringliches gesagt werden, dann in einer Fremdsprache.
● Die Kleidung war streng uniform. Abweichungen wurden nicht zugelassen.
● Über Geld – auch nur in den kleinsten Mengen – konnte nicht verfügt werden.
● Täglich wurde vier bis fünf Stunden gebetet, wobei Inhalt und Form weitgehend vorgeschrieben waren.
● Waren die Bindungen an den Meister und die Gemeinschaft durch die Ablösung von vergangenen Werte- und Normenordnungen und die Internalisierung der neuen weitgehend gefestigt, begann der Meister mit der Strategie der Angst vor dem Fortgeschicktwerden, die begonnene Internalisierung zu verstärken. Eine Angst, die D. jahrelang begleitete.

Nach zwei Jahren war der Internalisierungsprozess so weitgehend abgeschlossen, daß die Zügel gelockert werden konnten. Im 3. Jahr der Zugehörigkeit zur Gemeinschaft durfte D. einmal in der Woche Zeitung lesen (wenngleich er jetzt kein Interesse mehr daran hatte), im 5. Jahr durfte er zum ersten Mal alleine ausgehen, im 10. Jahr etwas Geld (bis 2,– DM) gelegentlich und aus wichtigem Grund bei sich tragen. D. war gerade 30 Jahre alt geworden, als sich heftige vegetative Störungen einstellten, die mit höheren Dosen von Beruhigungs- und Schlafmitteln (Valium, Tavor; Vesparax, Rohypnol) erträglich gehalten werden konnten. Zwei Jahre später besuchte er mich ohne Wissen seiner Vorgesetzten zu einem ersten Gespräch.

Nun erschien es mir erstaunlich, daß ein Mensch solche psychische Vergewaltigung überhaupt ohne noch größeren Schaden überstanden hatte. Zu erwarten wäre eine Realitätsablösung gewesen, die bei weitgehender Konfliktfreiheit innerhalb der Gemeinschaft (deren kollektive Psychose den Ausbruch einer individuellen überflüssig machte) zu einer Konfliktscheu mit Außenweltinstanzen geführt hätte. In diesem Fall wä-

re das nahezu alle Bedürfnisse befriedigende Angebot der Gemeinschaft zureichend gewesen und – auf objektiv hohem psychotischen Niveau – ein relativ zufriedenes Leben mit hohen Werten der Internalisierung der Normen und Werte und einem hohen Akzeptationsgrad der
Angebote der Gemeinschaft und damit auch der Annahme durch die
Gemeinschaft zu erreichen gewesen. D. wäre »voll intergriert« gewesen.
Warum kam es nicht zu dieser normalen und – von Seiten der Gemeinschaft – wünschenswerten Entwicklung? Wie kam es zu den unbewußten Konflikten, die sich als vegetative Störungen darstellten? Ich vermute, daß es das starke Interesse für Naturwissenschaft war, das sogar zu
der Erlaubnis der Gemeinschaft führte, vorübergehend eine naturwis-
senschaftliche Disziplin zu studieren, was ihn mit der realen Welt verband. Er vergaß nie vollständig – obschon die gesamte Erziehung innerhalb der Gemeinschaft den Zweck hatte dies vergessen zu lassen – daß
zwischen Selbstverständlichkeit, Unbezweifelbarkeit, Sicherheit … einerseits und Wahrheit andererseits eine solche Kluft klafft, daß diese
beiden selten zusammengehören. Und so akzeptierte er niemals die
internalisierte Normen- und Werteordnung auch als optimal der Realität entsprechend, wennschon sie ganz die seine geworden war.

Weitere Gespräche ergaben u.a. folgende Schwierigkeiten:
● Die Realitätsverschiebung und partielle Realitätsablösung wurden
weitgehend erkannt, doch wurden weder Strategien beherrscht, sie zu
beheben, noch wurde einsichtig, wie solches Beheben ohne drastische
Schuld (gefühle) möglich sein könnte. (Die Werteordnung der Gemeinschaft war durch die harten Internalisierungszwänge so angeeignet worden, daß sie durchaus den Inhalten des in der Kindheit geprägten Überich entsprach, ja sogar im Konfliktfall, diese ersetzten).
● Schon unter leichten Belastungen kam es zu Regressionen auf pubertäre oder infantile Ausdrucksweisen sexueller oder aggressiver Handlungen. D. hatte seine Adoleszenz nicht nur nicht abgeschlossen, sondern war psychisch nach seiner Bindung an die religiöse Gemeinschaft
nicht mehr gereift. Er reagierte im Bereich des Emotionalen und Werturteilens weitgehend wie ein knapp 20-jähriger.
● Die Konfliktfähigkeit war stark reduziert. Konflikte wurden in der Gemeinschaft entweder unterdrückt oder stark ritualisiert ausgetragen. Die
Kommunikationsfähigkeit war schwach ausgebildet (zum Teil vermutlich wegen der erheblichen Konfliktunfähigkeit).
● Die Sexualität erschien erheblich reduziert. Außer in gelegentlichen
autosexuellen Handlungen wurden kaum sexuelle Bedürfnisse bewußt.

D. hatte noch niemals normale sexuelle Beziehungen mit einem Partner.

Im Verlauf der Gespräche stellte es sich heraus, daß D.

● sich erheblich ängstigte, seinen Lebenssinn zu verfehlen,
● in seiner Gemeinschaft eine Ersatzmutter gesucht und gefunden hatte, so daß er nahezu nahtlos von einem perfekten Versorgungssystem an ein anderes gekoppelt wurde.

Die entscheidende Frage für den Therapeuten war: Sollte er D. aus der religiösen Gemeinschaft herausführen, ohne sicher zu sein, daß er jemals zureichende Mechanismen entwickeln werde, um in freier Wildbahn zu überleben? War es besser, die neurotische Entwicklung einzugrenzen und Strategien zu vermitteln, die das Leben in der Gemeinschaft konfliktfreier gestalten konnten? Noch vor 20 Jahren wäre das für die meisten Therapeuten kein Problem gewesen. Hier war eine psychische Entwicklung abgebrochen worden, hier eine neurotische Entwicklung in Gang gekommen, also galt es, die abgebrochene Entwicklung weiterzuführen und die Neurose so weit als irgend möglich zu beheben. Dazu wäre eine Trennung von der objektiv hoch pathogenen Gemeinschaft Voraussetzung gewesen. Heute wird man da meist vorsichtiger verfahren. Mitunter rankt sich eine Persönlichkeit um ihre neurotische Störung wie eine Stangenbohne um eine Bohnenstange. Und es kann unverantwortlich sein, die Stange herauszuziehen, wennschon sie noch so krumm (pathogen) ist.

Ich entschloß mich nach langem Zögern, nicht auf der Trennung von der Gemeinschaft zu bestehen. Das wird den meisten meiner Leser befremdlich vorkommen. Ist doch gerade das Schicksal von D. im Zeitalter der »Jugendreligionen« nicht ganz ungewöhnlich. Ich gehe in der Therapie davon aus, daß – wenn eben möglich – drastische Schritte vermieden werden sollten – zumindest zu Beginn. Es kann durchaus sein, daß die Therapie selbst psychische Kräfte freisetzt, die zur Entwicklung der psychischen und sozialen Persönlichkeit führen und damit ein Verlassen der religiösen Gemeinschaft ermöglichen.

Die Hauptschwierigkeit bestand für mich darin, die religiösen Motive von D. als religiös zu akzeptieren, obschon sie insgesamt ohne jede Schwierigkeit auf relativ triviale psychische Mechanismen zurückgeführt werden konnten. Ich entschloß mich, zunächst einmal einen religiösen Entwicklungsprozeß in Gang zu setzen, die die durch die Gemeinschaft nach Art von Überich-Inhalten vermittelte Religiosität kritisch prüfen und gegebenenfalls in den Ich-Bereich überführen konnte.

Ein Problem bestand darin, daß während der Reifung der Religiosität von kindlicher oder pubertärere Überich-Regligiosität zu einer kritischen Ich-Religiosität nicht selten eine Phase scheinbaren Atheismus erfahren wird. Den aber hielt D. für verwerflich.

Dennoch kreisten von Widerstands- und ersten Übertragungsanalysen abgesehen, die Gespräche der ersten Monate hauptsächlich um das Thema: »Was heißt das eigentlich: Ich glaube an Gott»? Im Verlaufe dieser Zeit entwickelte sich ohne bewußte religiöse Krisen (die unbewußten zeigten sich an mitunter erheblichen Behandlungswiderständen, deren Analyse ganz erheblich zum Erfolg der Therapie beitrug) langsam eine Einheit von Glaubensinhalt und Handlungsorientierung. »Wie muß ich handeln, damit ich sagen kann: Ich glaube an Gott?« Zudem führte dieses Fragen, verbunden zunächst mit sehr vorläufigen Antwortversuchen und Handlungskonzepten, zu einer erheblichen Veränderung des Gottesbildes, das langsam alle Infantilismen wie von selbst abstreifte. Gott wurde schließlich – im Entgegensatz zum Überich-Gottesbild – als bedingungslos liebender Gott erfahren. Damit war ein wichtiger Grundstein für das Gelingen der weiteren Therapie gelegt. Sie mußte folgende Inhalte zur realen Akzeptionen führen:

1. Jede Gemeinschaft – auch eine religiöse – benötigt zu ihrer Selbstdefinition der Outsider. Outsider-sein ist also für alle Beteiligten nichts objektiv Schlechtes. Es gilt aber diese Outsider-Position, die sicherlich ein geringeres Maß von Zuwendung der Gemeinschaft mit sich bringt als eine Insider-Position, nicht nur zu akzeptieren (so daß nicht mehr nach dem Insider-Sein gestrebt wird), sondern sie auch emotional positiv zu besetzen. Es ist fraglich, ob das geschehen kann, ohne emotional befriedigende Bindungen im Außen der Gemeinschaft. Diese sind selbstverständlich nicht systemkonform (da das System beansprucht, auch die sozialen Bedürfnisse aus sich heraus voll zu befriedigen), aber auch nicht systemgefährdend. Solche Bindungen haben für den Betroffenen zudem den Vorteil, daß er in ihnen alles lernen kann, was ihm zu einer optimalen Bewältigung der realen Welt noch fehlt (Konfliktfähigkeit, Realitätsbewußtsein, Verzicht auf regressives Verhalten ...).

Ein Problem besteht zumeist darin, diese Bindungen aufzubauen. Es herrscht eine ausgesprochene Scheu, gleichsam »verbotene« Bindungen einzugehen. Und Bindungen, die sich gar erotisch beschreiben lassen, werden in einer Art »Stupor sexualis« abgewehrt. Also gilt es

2. ein sinnvolles Verhältnis zur Erotik aufzubauen. Zunächst einmal war »Erotik« auf Grund der bürgerlich-religiösen Bildung mit Neugier,

Angst, Unsicherheit besetzt. Erst als es gelang aufzuzeigen, daß in jeder Freundschaft Erotik eine erhebliche Rolle spielt, daß sie der Antrieb hinter jeder selbstlosen Zuwendung ist, erst als also die Selbstverständlichkeit erotischer Beziehungen seit der ersten Kindergartenfreundschaft akzeptiert wurde, konnte langsam die merkwürdige Scheu, ein Gemisch aus Überich-Verboten oder- Drohungen und projektiver Schuld abgebaut werden. Damit war aber noch nicht sehr viel erreicht, denn die allgemeine Bindungsscheu, die nur das angstfreie Eingehen ritualisierter oder institutionalisierter Bindungen ohne allzu großes emotionales Engagement zuließ, stand der weiteren Entwicklung im Wege.

Im Gegensatz zu den heutigen Jugendreligionen verweigerte jene religiöse Gemeinschaft ihm alle Angebote von zärtlicher und hingebender Zuwendung. Sie stellte sie sogar unter erhebliche negative Sanktionen. Er wurde nicht nur in strenge Autoritätsbezüge mit von ihm unbeeinflußbaren Gehorsamsmechanismen eingebunden (die Bereitschaft zu »blindem Gehorsam« war eine grundsätzliche Voraussetzung), er wurde nicht nur von allem materiellen Besitz getrennt (alle Einkünfte, aller Besitz verfiel bedingungslos der Gemeinschaft), sondern zugleich wurde ihm alles verweigert, was eine menschliche Entwicklung über das »Startkapital« hinaus ermöglicht hätte – vor allem also liebevolle Zuwendung, zärtliche Freundschaft, verantwortliches Gestalten von Beziehungen.

D. war schon bei seinen ersten Kontakten mit der religiösen Gruppe nicht sonderlich kontaktsicher. Kontakte konnten leichter im institutionalisierten Raum einer geregelten Gruppenorientierung aufgebaut werden als auf Grund spontaner und immer wieder neu eingeforderter Entschlüsse. Das war sicher einer der Gründe für seinen Lebenssicherungsversuch durch die enge Bindung an seine Gemeinschaft. Jetzt war nicht zu erwarten, daß sich die Kontaktprobleme schlagartig ändern würden. Die Kontaktscheu nahm sogar nahezu psychotische Formen an – und das nicht nur im Rahmen des durch die gruppenspezifische Mißhandlung Erklärlichen. Sie stellte sich als das eigentliche Hindernis der psychischen Gesundung heraus. Sie also galt es abzubauen. Doch dazu war es nötig, zunächst einmal deren Gründe kennenzulernen.

Auf der anderen Seite stand zu befürchten, daß eine restituierte Kontaktfähigkeit zu ersten und starken sozialen Grunderfahrungen (etwa des erotischen Typs) führen konnte, so daß er seine Gemeinschaft verließ, da der unbewußt weitgehend entscheidende Grund seiner Bindung an die Gemeinschaft fortgefallen war. Dennoch mußte das Risiko eingegangen werden.

Zunächst wurde die Individualtherapie durch eine gemischte Therapie (Individual- + Gruppentherapie) abgelöst. In diesem künstlichen Raum wurden nun reale Einsichten vermittelt, die die soziale Praxis langsam umformten. Nach etwa zwei Jahren war D. in der Lage »normale« erotische Beziehungen aufzunehmen, ohne die bekannten Ängste:

● die Angst vor zu fester Bindung, die nicht mehr emotional beherrschbar ist,

● die Angst vor erotischer Bindung, die stets sexuell interpretiert und über diese Interpretation projektiv schuldbesetzt wird,

● die Angst vor Bindung mit einem andersgeschlechtlichen Partner, da dieser als unberechenbares und unheimliches Wesen vermittelt worden war.

Diese Ängste wurden langsam überwunden, als es gelang in D. ein positives Verständnis (das nicht antisexuell fixiert war) von Ehelosigkeit aufzubauen, das der, in seinem Lebensentwurf erheblichen Forderung, nicht zu heiraten, zureichend entsprach. Ein »Bei-keinem-Menschen-eine-Heimat-haben«, um statt dessen bei Gott Heimat zu suchen, konnte als der positive Gehalt des Ehelosigkeits-Vorsatzes akzeptiert und verinnerlicht werden. Damit aber waren erotische Bindungen ausgeschlossen, die diesen Teil des Lebensentwurfs gefährdeten oder übermäßig problematisierten. Zugleich was es D. möglich geworden, in seiner religiösen Gemeinschaft konfliktfrei mit deren religiösen Wertvorstellungen zu leben, wennschon er das Normensystem zum Teil problematisierte.

Da die Kontaktscheu zum guten Teil begründet zu sein schien in einer frühkindlichen Erfahrung, daß man keinem Menschen unbedingt trauen könne (also ein angebrochenes Urvertrauen kein bedingungsloses Vertrauen in sich, in Situationen, in andere Menschen zuließ), war nur eine begrenzte Korrekturmöglichkeit gegeben. Die Mutter hatte sich ihrem Ältesten (wie bei Erstkindern nicht selten) eher sorgend, denn liebevoll zugewandt. Großflächiger Hautkontakt war dem Kind kaum angeboten worden (er galt als »unanständig«).

Es galt, im Rahmen des Möglichen, Vertrauen zu lernen. In seiner Gemeinschaft war er durch die Institutionalisierung des Spitzelwesens dazu angehalten worden, prinzipiell niemandem zu trauen oder gar zu vertrauen – man wußte ja niemals, ob der andere nicht in einem Anfall von »Gewissensnot« oder unter erheblichen Druck gesetzt, das in ihn gesetzte Vertrauen schnöde verriet.

Zumeist geschieht eine erste Annäherung an ein bedingungsloses Vertrauen in der Begegnung mit dem Therapeuten. Dieses Vertrauen wird verschiedentlich getestet (meist unbewußt). Erweist es sich durch lange Testreihen und über mehrere Jahre als unbedingt tragfähig, kann es dazu kommen, vorausgesetzt, die soziale Umwelt bereitet keine Enttäuschungen, daß das Vertrauen langsam auf eine zweite oder dritte Person oder auch eine Gruppe ausgedehnt wird. Die daraus entstehenden Vertrauensbindungen verstärken auch das (soziale) Selbstvertrauen. Das aber führt zu einem Sich-öffnen-können.

Solches Sich-Öffnen ist vermutlich eine offene oder geheime Sehnsucht aller Menschen. Viele aber erfahren, daß es von anderen mißbraucht wird. Sie haben die Fähigkeit, sich zu öffnen, die sie – günstigenfalls – als Kinder besaßen, langsam Schritt um Schritt zurückgenommen und endlich verlernt. Aber die Sehnsucht, nach dem sich völlig gefahrlosen Sich-öffnen-Können ist geblieben. Sie ist ein Ausdruck der grundlegenden Gesellschaftlichkeit der menschlichen Person, die nur in einer pathologischen Rückbindung auf sich selbst diese elementare soziale Valenz unsozial absättigen kann.

Ich halte dieses bedingungslose Sich-Öffnen für eine wichtige Voraussetzung jeder Therapie. Bei religiösen Menschen ist da ein sinnvolles Gottesbild eine wichtige Hilfe. Während der Therapie wurde – auch später von der Gruppe – jede Andeutung eines unverlogenen Sich-Öffnens sofort stark positiv verstärkt, so daß es langsam immer selbstverständlicher wurde, gänzlich vorbehaltlos über prinzipiell *alle* Probleme und Ängste, soweit bewußtseinsfähig, zu sprechen.

D. besaß eine starke religiöse und sexuelle Scham. Es dauerte ziemlich lange, bis er – völlig ungedrängt – von seinen sexuellen und religiösen Gefühlen, Wünschen, Interessen und Konflikten sprechen konnte. Aber dann tat er es, nachdem er einige Versuchsballons gestartet hatte, ganz offen – erstaunlich offen für einen Menschen seiner geistigen Herkunft. Ich vermute, daß diese Offenheit für ihn das Erlebnis war, was eine Katharsis einleitete und in Gang hielt.

Alles das konnte nun nicht in seiner religiösen Gemeinschaft entfaltet werden. So blieb denn nichts anderes übrig, als ein gedoppeltes Leben leben. Um darunter nicht zu leiden, mußte D. die Erkenntnis internalisieren, daß es nahezu allen Berufstätigen so geht. Die Aufspaltung in Privat und Öffentlich ist keineswegs unproblematisch und kann durchaus pathogen sein – d.h. zu de facto für den Einzelnen unlösbaren Konflikten führen. Allenfalls wird die Scheinlösung versucht, daß man nur in einem der beiden Lebensbereiche »wirklich« ist, im anderen aber uneigentlich, nur vorübergehend, unwirklich.

Diese Scheinlösung mußte verhindert werden. Es war deutlich, daß die religiöse Gemeinschaft den Bereich des Öffentlichen abzudecken und ihm zu entsprechen hatte – denn sie ließ, wegen manigfacher Manipulationen, kein privates Leben in bedingungslosen Bezügen zu. Es galt also ein emotional befriedigendes Leben außerhalb der Gemeinschaft aufzubauen. Sicher ist diese Lösung nicht systemkonform und sie steckt voller potentieller Konflikte. Doch war D. inzwischen stark genug, solche Konflikte sinnvoll durchzustehen.

Er ist noch heute ein treues Mitglied seiner religiösen Gemeinschaft, obschon er dort als Einzelgänger und Außenseiter gilt. D. weiß jetzt, wohin er gehört.

5. Fall
»Ich finde mich nicht mehr zurecht!«

Frau E. ist 52 Jahre alt und verheiratet mit einem leitenden Angestellten. Sie zog drei Kinder auf, die jetzt alle »aus dem Haus« sind. Das Elternhaus war weitgehend kleinbürgerlich konservativ bei ziemlicher Dominanz des Vaters, mit dem sie unbewußt lange Jahre ihren Ehepartner – zu dessen Ungunsten – verglich. Doch seit etwa 10 Jahren ist die Beziehung frei von existentiellen Krisen. Die Menopause trat vor gut einem Jahr ein. Das Klimakterium in der Prämenopause verlief ohne sonderliche psychische Störungen – sieht man einmal von zwei handlungsleitenden Angstbereichen ab (an einer versteckten Krankheit zu leiden und alt zu werden). Die klimakterischen Beschwerden in der ersten Postmenopause hielten sich in Grenzen: Vielleicht waren die genannten Ängste ausgeprägter. Eine eventuell vorhandene wachsende Antriebsschwäche oder sinkende Leistungsfähigkeit wurde durch eine rege vielseitige Aktivität kompensiert und nicht bemerkbar gehalten. Die schon zuvor wegen einer vegetativen Schwäche vorhandene Schlaflosigkeit nahm jedoch zu, vor allem bei Übernachtungen außerhalb des eigenen Heimes. Dazu kam ein häufiges »Imponieren«. Nachbarn und Bekannte wurden mit »imponierenden« Daten aus der eigenen Erlebniswelt überzeugt, daß sie es mit einer nicht unbedeutenden und gebildeten Frau zu tun haben. Immer deutlicher wurde jedoch der Eindruck einer halbbewußten Unzufriedenheit. »Irgend etwas stimmt da doch nicht!« – »Ich finde mich nicht mehr zurecht!« Solchen Einsichten wurde zwar der Weg in Vollbewußte zumeist verweigert, doch verrieten zahlreiche Reaktionen auf Umwelteinflüsse ein gutes Maß von Desorientierung. Alles das ist nun nichts Ungewöhnliches. Eine »sekundäre Desorientierung« gehört zur midlife crisis dazu. Doch gelegentliche Überreaktionen (etwa bei ungewöhnlichem Verhalten der Kinder) ließen eine lockere Therapie angeraten erscheinen.

Den therapeutischen Gesprächen lag eine »Systemtheorie der Person« zugrunde, die die im ersten Teil dieses Buches entwickelte Theorie über die Struktur der Person um einen Gesichtspunkt ergänzt, der aus der Theorie sozialer Systeme stammt. Ich nehme an, daß die kulturelle, die soziale und die ökonomische Struktur der Person sich wechselseitig konstituieren und in einem wechselseitigen dialektischen Begründungszusammenhang stehen:

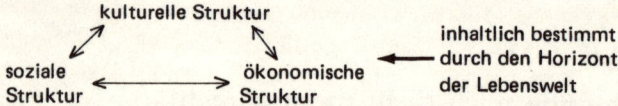

Zur kulturellen zählt vor allem die Sinnwelt (und damit die sinnbegabenden Momente des Ich und des Überich). Zur sozialen zählen etwa die Status und Rollen; zur ökonomischen endlich das Verhältnis zur gesellschaftlichen Arbeit, zu Konsum, zu Politik ... Primär erschien zunächst einmal eine Änderung der sozialen Struktur vorzuliegen, insofern die Mutterrolle nicht mehr unmittelbar realisiert werden konnte, obschon sich E. mühte, ihre Kinder nach wie vor zu »ummuttern«, sich um sie und für sie zu sorgen ... Es ließ sich jedoch nicht verheimlichen, daß da drei weitgehend autonome Personen im Schoß der Familie herangewachsen waren, die die sorgende Mutter nicht mehr brauchten und suchten. Insofern also die Mutterrolle faktisch funktionslos wurde, und die Interpretation von E. durch ihre Familienangehörigen sich – schleichend – gewandelt hatte, sah sie sich genötigt, auch ihre Selbstdefinition zu modifizieren.

Wegen der engen Bindung an die anderen Strukturelemente führte das auch zu grundlegenden Änderungen in diesen Bereichen. Besonders stark betroffen war die symbolische Sinnwelt. Der »Sinn des Lebens einer Frau« ist in der Altersgruppe von E. oft noch relativ stark durch Überich-Inhalte des Rollentyps geprägt. Dazu gehört eine weitgehende Fixierung auf die herkömmliche Mutterrolle (als erheblichem Lebenssinn einer Frau). Auch die Adoleszenz wurde als Vorbereitung auf Ehe und Mutterschaft interpretiert, so daß auch wesentliche Inhalte des Ich in Hinordnung auf diese Rolle definiert wurden. Mit dem progressiven Sich-Erschöpfen der beherrschten Darstellungen in der sozialen Struktur, war auch die kulturelle erheblich labilisiert.

Entsprechendes galt auch für die ökonomische Struktur (ein Wort, das hier selbstredend nur analog zum volkswirtschaftlichen Gebrauch dieses Begriffes verstanden werden kann). Die Rolle der Mutter und Hausfrau bestimmt weitgehend auch das ökonomische Verhalten. Zumeist wird die Rolle des Produzenten nicht erkannt (obschon die Mutter und Hausfrau eine gesellschaftlich außerordentlich wichtige Dienstleistung im Führen des Haushalts und dem Aufziehen der Kinder produziert). Das Verhältnis zum Volkswirtschaftlichen erschöpft sich in Konsumentenaktivitäten und -problemen. Geldwertschwund und potentielle Arbeitslosigkeit des Partners werden zumeist auf die Konsumsituation der sozialen Einheit »Familie« bezogen. Das galt selbst für eine etwa einjährige Periode, in der Frau E. – während der Arbeitslosigkeit ihres Mannes – selbst wieder in den früheren Beruf wechselte. Die Familie war ökonomisch – das heißt in Hinordnung auf ihren Konsum – zu sichern.

Erhebliche Änderungen der konkreten *Lebenswelt* eines Menschen, mögen sie von ihm selbst oder anderen veranlaßt sein, führen stets in neuen Orientierungen (das kann ein Examen, die Pubertät, ein Berufswechsel, der Tod des Partners, eine Krankheit ... sein). Mit der Veränderung der Lebenswelt zerbrechen eine Reihe von Selbstverständlichkeiten, die bisherigen psychischen und sozialen Besitz infrage stellen und zu einem Neuerweb auffordern. Für die konkrete Lebenswelt eines Menschen gilt:

● Ihre Realität wird nicht bezweifelt (mögliche Bedrohungen, die zu Zweifeln führen könnten, werden abgewehrt).

● Sie ist geordnet und bezogen auf das Hier des Körpers und das Jetzt der Gegenwart. Sie ist also nicht homogen. Gewißheiten schwinden mit der Entfernung vom Hier und Jetzt.

● Alle anderen akzeptierten Wirklichkeitsbereiche (Träume, Verstehen anderer Personen, die materielle und soziale Welt »an sich« ....) werden von ihr umgriffen.

● Sie bedarf in ihrer Selbstverständlichkeit keiner Überprüfung. Sie ist da. »Ich weiß, daß sie wirklich ist! Ich gehe davon aus, daß sie real ist!« Dabei ist sie real nur in ihren Objektivationen:

– wenn sie Gegenstände oder Sachverhalte produziert,
– wenn sie sich (im Sprechen) symbolisch repräsentiert,
– wenn sie sich im Rollenspiel realisiert.

● Solange ihre Routine nicht gestört wird, sind ihre Probleme unproblematisch, d.h. mit dem Instrumentar dieser Welt zu lösen. Tauchen problematische Probleme auf, wird zunächst versucht, sie als »abweichend« zu etikettieren oder auf andere Weise unerheblich zu machen.

● Was für ihre Grundmuster erheblich ist, wird weitgehend gesellschaftlich bestimmt.

Was bedeutet nun also ein Zerbrechen einer Lebenswelt? Ganz sicher werden sich manche alten Raster der Persönlichkeit (kulturelle, soziale, ökonomische) als unzulänglich erweisen.

Es mag sich die Frage stellen, ob das Zerbrechen des Interpretationsrahmens einer Person (im Zerfall einer Lebenswelt) tatsächlich von strukturellen Änderungen ausgelöst wird, oder ob strukturelle Änderungen Folgen der zusammenbrechenden Lebenswelt sind. Beides ist möglich.

Es kann durchaus sein, daß ein Mensch scheinbar grundlos, selbst seine strukturellen Vorgaben zu ändern beginnt (Heraustreten aus alten Rollen, Veränderungen des Verhaltens als Produzent ...), doch in unserem Fall liegt es nahe, die konkrete Krise als durch von außen besorgte Veränderungen und durch klimakterische Umstellungen ausgelöst anzunehmen. Das ist insofern beruhigend, als plötzliche Veränderungen, die nicht durch physiologische Umstellungen oder Modifikationen in der ökonomischen oder sozialen Struktur begründet werden können, leichter an eine psychische Erkrankung denken lassen.

Im konkreten Fall von E. galt es diese Zusammenhänge real verständlich zu machen und Hilfestellung bei der Neuorientierung der Lebenswelt und der personalen Strukturelemente zu geben. Dabei war damit zu rechnen, daß selbst bei normalem Verlauf, die klimakterischen Störungen erst nach einigen Jahren abklingen werden. Ich vermute, daß – wie die Labilisierung eines Strukturelements zu einer allgemeinen Labilisierung der Lebenswelt (und damit der Person) führen kann – die Stabilisierung eines Strukturelements auch die anderen stabilisiert, vorausgesetzt die Stabilisierung erfolgt so, daß sie nicht mit den individuellen und sozialen Möglichkeiten der konkreten Person in Entgegensatz gerät. Wir begannen mit der ökonomischen Struktur und ihrer Stabilisierung. E. war vor ihrer Ehe Kinderschwester. Also sollte sie im Rahmen ihrer Ausbildung und Erfahrung liegende »öffentliche« (d.h. den familiären Rahmen sprengende) Verpflichtungen eingehen. Sie übernahm ehrenamtlich eine Reihe von sozialen Aufgaben. Das füllte sie so weit aus, daß eine Rückkehr in den alten Beruf – auch wegen der zu fürchtenden Belastungen – zunächst nicht angebracht erschien.

Nun aber reicht das »Ausgefülltsein« durch eine Nebenbeschäftigung, die leicht als eine Art Hobby gedeutet werden könnte, nicht aus. Es kommt darauf an, die Beziehung zur Beschäftigung so zu vertiefen, daß von ihr her wesentliche Anregungen für eine neue Selbstdefinition möglich werden. Das gelingt sehr viel leichter, wenn eine eigentliche und entgeltliche Berufsarbeit übernommen wird (auch halbtagsweise). Ich empfehle darum meist eine berufliche Tätigkeit – unter der Voraussetzung, daß sie als emotional bereichernd erlebt wird. Das Selbstwertgefühl wird damit wesentlich stabilisiert. Das ist bei Frau E. durchaus wünschenswert, denn ihr gelegentliches Imponieren zeigt, daß es keineswegs stabil ist. Da aber andererseits die Vorstellung »Berufsarbeit« mit der Vorstellung »Familie-Ernähren-Müssen« (auf Grund der Biographie von Frau E.) verbunden war, schien es angebracht, die Rationalisierung: »Das ist zu schwer für mich« zu akzeptieren und nicht als klimakterisch bedingte Abwehr zu deuten.

Der Einbau von Elementen »öffentlicher Handlungen« in die in wesentlichen Anteilen neu zu begründende Sinnwelt fiel um so leichter, als diese Handlungen nicht nur als ausgesprochen sinnvoll, sondern auch als gesellschaftlich anerkannt und emotional befriedigend erlebt wurden. Doch welche Haltungen, Handlungen, Interaktionsweisen wurden jetzt auf Grund welchen Kriteriums sinnvoll? Wie wir wissen, ist diese Frage nur beschränkt und nicht adäquat kommunikabel beantwortbar. Das Kriterium, das bislang weitgehend die Sinnantworten der Frau E. bestimmte, war das der Nützlichkeit, der Wichtigkeit. Zugegeben, das diese Kriterien nicht sonderlich ertragreich sind und eher auf ein in Sinnfragen anspruchsloses Gemüt schließen lassen. Sie gaben doch zunächst eine tragfähige Basis ab, auch öffentlichen Aktionen Sinn zu geben – jedenfalls in wenigstens der gleichen Weise, wie die privaten an Sinn verloren. Da es sich hier nicht um eine eigentliche Therapie handelte, war ein gründliches Prüfen dieser heuristischen Vorgabe, Sinnkriterien auszumachen, weder notwendig noch angebracht.

Die Neuorientierung besorgte auch nicht unwesentliche Veränderungen im Bereich der Religiosität, die aufs Ganze emanzipierter geworden zu sein scheint. Soziale Orientierungen übernahmen die Funktion, die einmal eher passives »Für-wahr-Halten« gehabt hatten. Die Theorie-Handlungs-Einheit zwischen Glauben und Handeln war, allerdings um eines allgemeinen Rückzugs aus der Theorie willen, stärker ausgebildet als in den letzten Jahrzehnten. Und das in einem sozialen Horizont, in dem nicht wenige Frauen die Probleme und Konflikte des Klimakteriums, durch eine Flucht in theologische (meist triviale) Theorie und privatisierte religiöse Praxis zu lösen versuchen.

Das ökonomische Verhalten war durch die öffentliche Aktivität ebenfalls zu ändern. Doch diese Änderungen, gingen »wie von selbst«. Sie artikulierten sich in sinkendem Interesse an Konsumfragen und einer kritischen Zuwendung zur Arbeitswelt. Mitunter kam es sogar zu zögernden Äußerungen systemkritischer Art. Das ist für eine Frau, die bislang völlig systemunkritisch alle Systemäußerungen und -forderungen für selbstverständlich angemessen und fraglos richtig hielt, deren Kritik sich also im Wesentlichen auf den Bereich des vom System Zugelassenen erstreckte (Kritik an praktizierter Systemkritik, Kritik an einer politischen Partei aus dem Blickwinkel einer anderen ...), ein beachtenswerter Fortschritt. Die größere Offentlichkeit der gesamten Persönlichkeitsorientierung führte zu einer nicht unbeträchtlichen Weiterung der vom Ich abgedeckten und interpretierten Räume.

Innerhalb von zwei Jahren war die neue Lebenswelt den emotionalen, rationalen und antriebsmäßigen Vorgaben von Frau E. entsprechend ausgebildet. Die klimakterischen Störungen gingen zurück. Auch die Vorstellung des langsamen Alterns, des Eintritts in das letzte Lebensdrittel, wurde nicht mehr abgewehrt, denn es hatte seinen Sinn bekommen und war nicht mehr von der panischen Angst vor der Sinnlosigkeit besetzt.

6. Fall
»Ich werde oft verkannt!«

Frau F. ist 21 Jahre alt und studiert Philosophie. Ihre Eltern haben sie und zwei jüngere Brüder kleinbürgerlich sozialisiert. Aber »die Große« ist – Studentin – der Stolz der ganzen Familie – und das lastet auf F. Sie fühlt sich in wichtigen Entscheidungen (auch der Berufsentscheidung oder der, einen Partner zu wählen) unfrei und unter erheblichem Gruppendruck durch die Familie. Die Schule hat sie ohne Schwierigkeiten absolviert.

F. unterhält seit etwa einem halben Jahr »ernsthafte« erotische Beziehungen zu einem etwa gleichaltrigen Studenten, die sie jedoch vor ihren Eltern, bei denen sie nach wie vor wohnt, geheimhalten muß. Seit einigen Wochen klagt sie über zunehmende Phasen »geistiger Abwesenheit«, über Konzentrationsschwäche und bislang noch nie erlebte Examensängste.

Erst im Verlauf weiterer Gespräche stellt sich heraus, daß F. recht repressiv erzogen wurde. So wurde sie als Kind in ihrer räumlichen Bewegungsfreiheit regelmäßig erheblich eingeschränkt, damit sie nicht »soviel anstellen könne«. Vor allem die Mutter begrenzte die kindliche Motorik auf ein absolutes Mindestmaß. »Ruhig-sitzen« wurde zu einer erheblich sanktionierten Forderung. Es fällt schwer, bei der geistigen und körperlichen »Quirlichkeit«, die F. heute zeigt, sich diese Bewegungslosigkeit als konfliktfrei realisiert vorzustellen. Das war sie auch nicht.

Es standen erhebliche Beschränkungen im Bereich von Autonomie und Initiative zu erwarten, die beide in gerade den Jahren prägeartig grundgelegt werden, in denen sie mit lebhafter Motorik verbunden sind. Autonomiebemühungen und Versuche in Initiative sind im Vorschulalter – je jünger das Kind um so mehr – an Bewegung gebunden. Es ist zumeist – zumindest wird so rationalisiert – der Wunsch der Eltern, das Kind vor Situationen zu bewahren, denen es physisch oder psychisch nicht gewachsen sei, der solche oder ähnliche Bewegungsbeschränkungen erzwingt. Erst auf Nachfragen geben viele Eltern zu, daß ein »ruhiges Kind« weniger strapaziös und weniger laut sei, als ein »Wirbelwind«, und daß sie dazu neigen oder neigten, kindliches Verhalten, das ihrer Bequemlichkeit entgegenkommt und die gestreßten Nerven nicht weiter strapaziert, durch alle möglichen Belohnungen zu verstärken. Das kann zur Folge haben, daß initiative oder autonome Handlungen des Kindes, weil nicht positiv verstärkt, sondern eher bestraft, mit Ängstlichkeit und projektiver Schuld (mit der Tendenz Handlungen zu meiden, die Schuldgefühle hervorrufen könnten) legiert werden. Solche Bezüge sind dann meist nur schwer zu lösen oder auch nur zu lockern.

Es schien, als wenn F. zunächst einmal angstfreie Realisation von Autonomie und Initiative zu üben hatte. In diesem Lernprozeß verschwanden die erwähnten Schwierigkeiten. Das läßt vermuten, daß die der Therepie zugrunde liegende triviale Hypothese zutreffend war.

Wie aber sind angstfrei Autonomie und Initiative zu lernen? Beide drücken sich in Handlungen aus. Und zumeist sind es nicht die (abstrakten) Vorstellungen von Autonomie und Initiative die Angstgefühle erzeugen, sondern die von ihnen geführten Handlungen. Solches Lernen kann nur den Bereich ausfüllen, den die frühkindliche Bildung auszufüllen erlaubt. Verlernt werden kann allenfalls Angst, die in Verbindung mit autonomer und initiativer Selbstdarstellung erlernt wurde, nicht aber die frühkindliche Prägung, insoweit sie den für diese Person charakteristischen Persönlichkeitsrahmen fixiert. Hier sind Einflußnahmen nur im Verlauf einer groß angelegten psychotherapeutischen Behandlung (etwa einer großen Analyse) möglich. Diese aber scheint bei F. nicht angebracht zu sein.

Beide, Autonomie und Initiative, lassen sich nun im allgemeinen am ehesten angstfrei realisieren (und so Angst »verlernen«) in der Trainingssituation einer geeigneten Gruppe. Der Übergang in das »gewöhnliche Leben« ist Schritt um Schritt sicherzustellen. Das meint: Es hat nicht viel Sinn, ein angstfreies Verhalten innerhalb der Gruppe zu praktizieren – bis die Grenzen der überhaupt praktikablen Autonomie und Initiative erreicht sind, sondern es kommt darauf an, jeden erheblicheren Lernschritt möglichst umgehend im »praktischen Leben« zu realisieren. Der nächste sollte von der Gruppe erst dann verstärkt werden, wenn er auch außerhalb der Gruppe beherrscht wird. Damit läßt sich eine Gefahr jeder Gruppentherapie überwinden: die praktische Unübersetzbarkeit des Gelernten in den Alltag und die damit verbundene Aufspaltung des Lebens in zwei Lebensräume. Diese kann durchaus dazu führen, daß die Therapiegruppe zu einer lebensnotwendigen Krücke wird, die niemals fortgeworfen werden kann, weil nur in ihr menschliches und angstfreies Leben praktiziert wird.

F. zeigte schon nach gut 30 Gruppensitzungen, an denen sie nach anfänglichem Zögern sehr aktiv teilnahm, um die eigene Therapie und die der anderen voranzubringen, ganz erhebliche Fortschritte:

● Die Abnabelung von der Familie gelang nahezu vollständig. Der familiäre Gruppendruck wurde unerheblich, als F. sich gegen den Willen ihrer Eltern ein eigenes Zimmer suchte und sich ganz von dem Versorgungssystem »Familie« ablöste.

● Sie lebt mit ihrem Freund oft über mehrere Wochen zusammen, wobei auch dieses Verhältnis weitgehend angstfrei erlebt wird. Es wird keinerlei Zwang wahrgenommen, es in Entsprechung des familiären Herkunftsystems zu organisieren und die auf solche Bindungen ausgeübten üblichen Überich-Besetzungen und sozialen Zwänge zu akzeptieren.

● Konzentrationsmängel, Examensängste und die gesamte sekundäre Symptomatik war nach einem guten halben Jahr verschwunden, so daß nach etwa einem Jahr die Abnabelung von der Therapiegruppe unproblematisch eingeleitet wurde.

7. Fall
»Ich habe mein Leben verloren!«

Herr G. ist 31 Jahre alt und steht – nach akademischem Abschluß – in einem Lehrberuf. Er stammt aus einer »intakten« bürgerlichen Familie, in der es nicht üblich war, spontan Emotionen (Zuwendung, Ärger ...) zu zeigen. Er ist unverheiratet. Seit etwa einem Jahr leidet er unter depressiven Verstimmungen und ziemlicher Antriebsschwäche. »Es ist doch eigentlich alles gleichgültig!« – »Was solls schon?« ... Nach eigener Ansicht nimmt der Wunsch und die Fähigkeit, emotional stärker besetzte soziale Bindungen einzugehen, seit einiger Zeit deutlich ab. Dafür weitet sich das Bedürfnis, den privaten Freiraum zu schützen und gegen alle möglichen Störungen abzuschirmen, obschon dieser Freiraum nur begrenzt sinnvoll gestaltet werden kann (Fernsehen und andere eher passive Formen der Unterhaltung).

Im Verlauf einiger Gespräche verdichtet er sein Problem in Formeln wie:

● »Ich werde zu alt, um die Weichen in meinem Leben neu zu stellen. Jetzt kann ich es nur noch anständig zu Ende leben.«

● »Wenn ich auf mein Leben zurückschaue, sehe ich nur enttäuschte Hoffnungen und überstarke Anstrengungen. Alles das hat sich aufs Ganze nicht gelohnt.«

● Ich denke häufiger ans Sterben. Dann frage ich mich: »Soll das schon alles gewesen ein?« – »Ist das das Leben?«

Nun ist es keineswegs selten, daß solche Formeln eine existentielle Krise in der Lebensmitte anzeigen. G. schien eigentlich dafür noch etwas zu jung zu sein. Andererseits waren soziale und psychische Daten gegeben, die die midlife crisis auszulösen pflegen:

● Ein weiterer beruflicher Aufstieg erschien unwahrscheinlich. Jede Investition von Ehrgeiz also unangebracht. Ebenso war die Gefahr eines Abstiegs gering.

● Die Hoffnung, einen erfüllenden Lebenspartner zu finden, war aufgegeben worden, nachdem sich einige engere Bindungen als unbefriedigend erwiesen hatten.

● Die Libido sexualis erschien reduziert (was vom Betroffenen auf Alterserscheinungen zurückgeführt wird und nicht – wie eher zutreffend – auf eine Reduktion nahezu im gesamten libidinösen Antriebsbereich).

● Die geistigen Interessen werden – angeblich wegen der beruflichen Überforderung – geringer, das Neugierverhalten erschöpft sich im Nachspüren eher kurioser und unerheblicher Zusammenhänge (etwa der Klatschereien in der Schule oder der Nachbarschaft).

● Ein Nachlassen der physischen und psychischen Spannkraft wird überbewertet und führt zu einer hypochondrischen Einstellung zum eigenen Körper.

Ganz offensichtlich war die Sinnweltorientierung des Herrn G. weitgehend gestört und nicht mehr zureichend tragfähig. Er war nicht in der Lage, Sinnzusammenhänge zu sehen (auf Grund eines universalen

Interpretationsrahmens) oder gar zu stiften. Das bedeutet, da uns die soziale oder auch die eigenpsychische Welt nicht schon an sich Sinn als vorgegeben anbieten, einen Sinnverlust.

Solcher Sinnverlust hat in aller Regel folgende Konsequenzen:

● Aufgabe oder bigotte Verstärkung der Religiosität, um die Kapitulation vor der Sinnfrage deutlich zu machen oder sie mit Pseudosinngebungen zu kaschieren.

● Entzauberung der Welt – sie hat nichts mehr Geheimnisvolles, nichts mehr Hintergründiges an sich, sondern ist platt und feindlich und – mitunter gar – lästig.

● Das meist implizite Wissen um einen Lebensgrund verschwindet und wird abgelöst von dem meist für explizit gehaltenen Wissen, daß doch alles gleichgültig sei oder unerheblich oder nebensächlich ...

● Der »Dialog zwischen den einzelnen psychischen Instanzen« wird aufgegeben. Widersprüchliche Forderungen werden nach feststehendem Ritual erledigt. Eine Ich-Bildung und Ich-Korrektur (im Sinne einer Anpassung an die veränderten eigenpsychischen und sozialen Vorgaben) findet nicht mehr statt. Das Verschwinden des inneren Dialogs bedeutet zumeist eine Flucht in »Gesetz und Ordnung«. Insofern die Stabilität der eigenen Persönlichkeit nicht mehr psychisch gesichert wird, muß sie sozial gesichert werden, indem ein Korsett verläßlicher sozialer Strukturen Stützfunktion übernimmt. Jede Gefährdung dieser stützenden Strukturen wird als Gefährdung der eigenen Persönlichkeit (oft unbewußt!) interpretiert und entsprechend heftig abgewehrt. Damit verbunden ist oft eine starke Ritualisierung oder Institutionalisierung des sozialen Lebens. Hierzu gehört übrigens auch das religiöse Leben, das sich – wenn es ernsthaft durchgehalten wird – im Vollzug von Ritualien, in der Identifikation von Christlichkeit mit Kirchlichkeit (oder sonst einem institutionalisiertem Standard) erschöpft.

Der therapeutische Rahmen wird von dem der Frau E. nicht sonderlich unterschieden sein. In beiden Fällen geht es um den Aufbau einer neuen Lebenswelt (und der damit weitgehend identischen neuen Selbstdefinition) mit deren sozialen, kulturellen und ökonomischen Konsequenzen.

Der therapeutische Prozeß war jedoch bei G. deutlich problematisiert durch seine depressive Grundstimmung, die auch alles therapeutische Bemühen mit einem: »Was solls eigentlich?« begleitete. Obschon der Leidensdruck bei G. erheblich war, war der Wille zu einer Neuorientierung und den damit verbundenen Mühen anfangs außerordentlich gering. Er hätte kaum eine Therapie begonnen, wenn ihn nicht sein Hausarzt, den die Hypochondrie seines Patienten störte (solche Hausärzte gibt es noch!), energisch motiviert hätte.

So ist es nicht erstaunlich, daß vor dem eigentlichen Therapiebeginn eine Fülle von Widerständen zu beheben waren. Das war schwierig, weil der Patient kaum zu dem Minimum an Kooperation bereit war, das eine Widerstandsanalyse nun einmal erfordert. Es galt also Widerstände gegen den Abbau von Widerständen mit dem Instrumentar einer außerordentlich konservativen Pädagogik zu überwinden – um überhaupt zu einer sinnvollen Therapie zu kommen.

Die weitaus meisten Therapeuten verweigern jede Therapie, wenn der Patient nicht von Anfang an bereit ist (wegen starken Leidensdrucks oder erheblicher Neugier ...), engagiert mitzuarbeiten. Das aber hätte im Fall von G. bedeutet, ihn dem Selbstheilungsprozeß der Zeit zu überlassen. (Was gut gehen kann, aber oft nicht gut geht – vor allem bei erheblichem depressivem Hintergrund.)

Die eigentümliche Mischung aus spätadoleszenter und Mittlebenskrise, wobei diese beiden Krisenbereiche nicht nur unmittelbar aufeinander folgen (ohne jede krisenfreie Zwischenphase, in die »normalerweise« die Jahre des Auf- und Ausbaus von Familie und Beruf fallen), sondern miteinander verwoben erscheinen, ist vermutlich kein Sonderfall. Es scheint sich eine Tendenz abzuzeichnen, nach der die Verzögerung der adoleszenten verbunden wird mit einem vorzeitigen Beginn der Mittlebenskrise. Sollte eine solche Verflechtung häufiger werden, dann kann das erhebliche berufspolitische und sozialpolitische Konsequenzen haben.

Mag sein, daß die Verzögerung des Adoleszenzabschlusses auf die kulturellen Vorgaben zurückgeführt werden kann, weil vielleicht die Fülle und Menge und scheinbare Widersprüchlichkeit des zu Internalisierenden und zu Integrierenden einen beängstigenden Umfang annahm. Die vorgezogene Mittlebenskrise dürfte jedoch gründen in konkreten ökonomischen Prozessen, etwa einer leistungsmäßigen Überforderung, den Drohungen, die vom praktizierten Konkurrenzprinzip ausgehen können, in überstarke Reglementierung, die die Eigeninitiative begrenzt, in einem Sozialwesen, das nicht mehr lehrt, Risiken in Selbstverantwortung zu übernehmen und durchzutragen ...

Nun, die Therapie des Herrn G. mußte dieses mitbedenklich machen, um den Patienten zu einer aktiven Mitarbeit zu motivieren. Nach etwa einem Jahr gesprächstherapeutischer Bemühungen, war Herr G. »gruppenfähig« geworden. Es erschien angebracht, eine gemischte Therapie zu versuchen. Zu Beginn der gruppentherapeutischen Arbeit, wiederholten sich alle Sperrungen der beginnenden Gesprächstherapie – jedoch durch die Gruppenaktivität erheblich verkürzt. Dennoch dauerte es fast ein weiteres Jahr, bis G. aktiv Gruppenprozesse mitzugestalten versuchte und seine therapeutische Konsumentenhaltung aufgegeben war. Damit konnte denn auch eine eigentliche Behandlung beginnen, die unmittelbar »reale Zustimmungen« auszubilden erlaubte. Nach einem weiteren Jahr begann G. recht eigenständig mit einer umfassenden Revision seines psychischen und sozialen Lebens:

● Er verließ seinen Beruf als beamteter Lehrer und übernahm eine Position im Personalbüro eines größeren Unternehmens.

● Er heiratete eine Frau, die etwa 10 Jahre jünger war als er selbst.

● Er verließ die kirchliche Institution, in der er eingeboren war, und bemühte sich intensiv um religiöse Bildung.

● Er betätigte sich nebenberuflich politisch.

Sie werden sagen, daß es sich hier um einen »anderen Menschen« handelt, als den, den ich Ihnen eingangs vorgestellt habe. Das »anders« übertreibt. Es war sicherlich die gleiche Persönlichkeit, denn die gewählte Therapie konnte keine Persönlichkeitsänderung einleiten. Aber sie setzte Kräfte, Aktivitäten und Bereitschaft zum Wagnis frei, die durch lange Jahre verschüttet gewesen waren.

Mancher wird eine solche Therapie des Schuttabräumens vielleicht belächeln. Aber sie kann – wie das Beispiel des Herrn G. zeigt, überraschende Erfolge haben. Andererseits hätte eine frühe diagnostische Fixierung und die damit oft gegebene Festlegung der therapeutischen Strategie aus G. einen »hoffnungslosen Fall« machen können, der nur noch zu einem mit Medikamenten oder einer Dauertherapie gestützen reduzierten Leben in der Lage gewesen wäre.

Übrigens waren die vier erwähnten Folgen seiner psychischen und sozialen Neuorientierung durchaus erfolgreich. G. bezeichnet sich selbst – gut zwei Jahre nach Abschluß seiner Therapie – als glücklich. Es scheint, als habe er sein Leben gewonnen. Zwar sind manche seiner Aktionen noch unreif – spätadoleszent – aber er führte sie selbst in die Reife.

Sachregister

457

Personenregister

460

Literatur

Adler, A., *Der Sinn des Lebens,* Frankfurt (Fischer-Taschenbuch 6179) 1973

Berger, P. und Th. Luckmann, *Die gesellschaftliche Konstruktion der Wirklichkeit,* Frankfurt (Fischer) 1969

Berne, E., *Spiele der Erwachsenen,* Reinbek (Rowohlt-Taschenbuch 6735), 1970

English, F., *Transaktionale Analyse und Skriptanalyse,* Hamburg (WVA) 1976

Fromm, E., *Haben oder Sein,* München (dtv 1490), 1979

Habermas, J. und N. Lubmann, *Theorie der Gesellschaft oder Sozialtheorie,* Frankfurt am Main (Suhrkamp) 1976

Harris, Th. A., *Ich bin o.k., - Du bist o.k.,* Reinbek (Rowohlt Taschenbuch 6916), 1975

Langen, D., *Psychotherapie,* Stuttgart (Thieme) 1973[3] (dtv 4063)

Mertens, W., *Erziehung zur Konfliktfähigkeit,* München (Ehrenwirth) 1974

Richter, H. E., *Der Gotteskomplex,* Reinbek (Rowohlt) 1979

Schreiber, H., *Die Krise in der Mitte des Lebens,* München (Bertelsmann) 1978

Sullivan, H. S. *Das psychotherapeutische Gespräch,* Frankfurt (Fischer Taschenbuch 6313), 1976

Wiswede, G. und Th. Kutsch, *Sozialer Wandel,* Darmstadt (Wissensch. Buchgesellschaft) 1978

Bücher für die Wirtschaftspraxis

Jesuitische Debattierkunst – eine scharf geschliffene Waffe

**Rupert Lay
Dialektik
für Manager**

Methoden des erfolgreichen
Angriffs und der Abwehr

Wirtschaftsverlag Langen Müller Herbig

248 Seiten, Efalin, DM 24,–

Ein Werk von Prof. Dr. Rupert Lay S. J., dessen Seminare über Dialektik im Management-Institut regelmäßig auf Monate ausgebucht sind.

Geheimrezepte zur dialektischen und rhetorischen Überwindung von Gegnern aller Schattierungen. – Gewandte, geschickte und erprobte Techniken in Verhandlungsführung, in Diskussionen und bei öffentlichen Reden sichern den Erfolg.
Erfahren Sie, wie
**rhetorische Fallen gestellt werden ...
Diskussionen erfolgreich zu lenken sind ...
Einwände abgeblockt werden können ...
unfaire Gegner lächerlich gemacht werden ...
die eigene Meinung durchzusetzen ist ...
wie man Störungen zum eigenen Vorteil nutzt ...**

Dieses Buch entstand aus den Seminaren über ›Dialektik‹, die Professor Lay S. J. seit Jahren mit ständig steigendem Erfolg beim Management-Institut durchführt. Es weist den Weg, wie Gespräche, Diskussionen, Verhandlungen, Sitzungen, Reden **erfolgsorientiert** gestaltet werden können.

Die eigene Persönlichkeit retten im Streß des beruflichen Alltags

Rupert Lay
**Meditations-
techniken
für Manager**

Methoden zur Persönlichkeitsentfaltung

Wirtschaftsverlag Langen-Müller/Herbig

Mit den ständig wachsenden beruflichen Anforderungen wird es immer schwerer, auch einmal an sich selbst zu denken, sich auch nur ein wenig auf sich selbst zu besinnen. Es wächst die Gefahr, sich selbst zu verlieren. Das neue Werk von Prof. Rupert Lay wendet sich ganz bewußt an jenen großen Personenkreis, der heute in besonderem Maße seelischer und gesundheitlicher Gefährdung ausgesetzt ist. Ihm will er Hilfe geben mit der Neuerscheinung

Meditationstechniken für Manager
– Wege zur Persönlichkeitsentfaltung –
(320 Seiten, Efalin, DM 28,–)

Das Werk gibt eine solide, verständliche Einführung in die Grundbegriffe der Psychologie ... weist Wege zu einer systematischen Selbstanalyse ... umreißt den philosophischen und historischen Weg der Meditation ... untersucht den Verlauf unterschiedlicher Meditationsweisen ... gibt eine Fülle von Beispielen zu praktizierender Meditation.

Wirtschaftsverlag Langen-Müller/Herbig · München

Bücher für die Wirtschaftspraxis

Stopp den Feinden unserer Wirtschaftsordnung!

Der Ruf nach Investitionslenkung und erzwungener Wirtschaftssteuerung durch einen ideologisierten Staatsapparat wird von den linken Politgruppen immer lauter erhoben. Dem muß der um sein Recht kämpfende Unternehmer, der dem Erfolg seines Unternehmens verpflichtete Manager mit fundierten Argumenten entgegentreten können. – Das Rüstzeug dazu liefert nun Prof. Dr. Rupert Lay S.J. mit seinem neuen Werk

Marxismus für Manager
– Kritik einer Utopie –
(432 Seiten, Efalin, DM 28,–)

Dieses Werk bietet **Information** über Begriffe wie Materialismus · Dialektik · Entfremdung · Kommunismus · Soziale Revolution · Staat. Räte · Führung und Elite sowie **Diskussionsmunition** zu den Themen Proletariat · Kapitalismus · Arbeitswertlehre · Mehrwert · Konjunkturtheorien · Syndikalismus · Anarchismus

---

Erfolgreiche Rede- und Verhandlungstechniken für den Praktiker

Was den Erfolg einer Rede ausmacht, wie man Vorschläge und Angebote wirkungsvoll präsentiert, wie Einwände erfolgreich abgeblockt werden können, sagt Alfred Mohler, ein Praktiker der Rede und Verhandlungstechnik, in seiner Neuerscheinung

Überzeugend reden — erfolgreich verhandeln
(160 Seiten, Efalin, DM 24,–)

Erfahren Sie alles, was Sie für die Praxis wissen müssen über den Aufbau eines Vortrags ... die Gliederung einer Rede ... Ausdrucksmöglichkeiten des Redners ... Kontaktaufnahme und Kontaktpflege ... Methoden des erfolgreichen Angebots ... Techniken der Verhandlungsführung ...
Alfred Mohler zeigt auf, wie die Gewandtheit im Umgang mit Menschen entscheidend verbessert werden kann, wie Ideen überzeugender vertreten und Vorschläge **leichter durchgesetzt werden können.**

Wirtschaftsverlag Langen-Müller/Herbig · München